Lehrbuch des modernen Arabisch

Neue Ausgabe

W0071441

Langenscheidt

Lehrbuch des modernen Arabisch

von Günther Krahl, Wolfgang Reuschel, Eckehard Schulz

unter Mitarbeit von Monem Jumaili

Langenscheidt

Berlin · München · Wien · Zürich · New York

Gesondert lieferbar:

– ein Schlüssel zu den Übungen dieses Lehrbuchs (Bestell-Nr. 45008)
– zwei Audio-CDs mit den Lesetexten und Dialogen sowie Grammatik- und
  Lexikübungen (Bestell-Nr. 45003)

www.langenscheidt.de

© 1974 Verlag Enzyklopädie Leipzig
unter dem Titel: Lehrbuch des modernen Arabisch Band I
© 2005 Langenscheidt KG – Berlin und München
Druck: H. Heenemann
Printed in Germany
ISBN 978-3-468-45007-5

10030

Inhaltsverzeichnis

8

Vorwort zur 3. Auflage

Dank der Hinweise Lernender und Lehrender war es mir möglich, in der 3. Auflage eine Reihe von Korrekturen und Ergänzungen vorzunehmen. Der generelle Aufbau, die Texte und die Seiteneinteilung der ersten Auflage wurden aber mit geringen Abweichungen beibehalten, damit diese, der Schlüssel und die Audio-CDs weiterhin parallel benutzt werden können.

Die arabische Schrift ist jetzt etwas größer und übersichtlicher und die Vokalzeichen sind nun besser positioniert. Ab Lektion 5 werden die für den Computersatz typischen Ligaturen verwendet und einige Texte am Ende des Buches werden in unterschiedlichen arabischen Schrifttypen gegeben, um eine Vertrautheit mit einigen wenigen der vielen arabischen Schriften zu erreichen.

Im Grammatikteil wurden einige geringfügige Ergänzungen (z.B. Kausalsätze in Lektion 24) vorgenommen. Die Übungen sind jetzt mit **L** bei den lexikalischen, **G** bei den grammatischen und **K** bei den Konversationsübungen wie im Schlüssel durchnumeriert.

Das Glossar ist nun mechanisch-alphabetisch geordnet, um dem mit dem Wurzelsystem des Arabischen noch nicht vertrauten Anfänger einen schnelleren Zugang zu den Einträgen zu ermöglichen. Die Nummer der Lektion, in der das gesuchte Wort zum ersten Male auftaucht, befindet sich jetzt hinter dem deutschen Äquivalent.

Erheblich erweitert wurden das deutsche und das arabische Sachregister am Ende des Buches, damit es noch besser als Nachschlagewerk im Sinne einer noch zu schreibenden Grammatik des modernen Arabischen benutzt werden kann.

Besonderen Dank für die redaktionelle Mitarbeit schulde ich Herrn Christfried Naumann, meinem Kollegen Monem Jumaili sowie Frau Susanne Schleif und Herrn Matthias Kluge.

Anmerkungen, Anregungen und kritische Hinweise nehme ich gern entgegen, um sie in eine verbesserte Nachauflage einfließen zu lassen.

Leipzig 1998   Eckehard Schulz

Vorwort zur 1. Auflage

Das Lehrbuch des modernen Arabisch Teil I, wie es einst von meinen hochverehrten und leider viel zu früh verstorbenen Lehrern Wolfgang Reuschel und Günther Krahl konzipiert und erarbeitet wurde, mußte nach mehr als 20 Jahren erfolgreicher Nutzung in der Lehre inner- und außerhalb Deutschlands einer Überarbeitung unterzogen werden, weil die Texte nicht mehr zeitgemäß und im Übungsteil Erfahrungen aus der Vergangenheit umzusetzen waren.

Da sich dieses Lehrbuch mit seinem inneren Aufbau bewährt hat, sind in der Überarbeitung auch nur sehr behutsame Veränderungen vorgenommen worden, die vor allem in der Neuformulierung der Texte und den sich daraus ergebenden Umstellungen im Vokabular sowie in der Einführung einiger neuer Übungstypen und der Veränderung der für den Konversationsunterricht vorgesehenen Übungen bestehen.

Bei der Neukonzipierung der Texte wurde der Vermittlung und Festigung von immer wieder auftretenden Mustern der geschriebenen und gesprochenen Sprache besondere Aufmerksamkeit geschenkt und versucht, dem Lernenden einen Leitfaden für die Bewältigung verschiedenster Alltagssituationen an die Hand zu geben. Neu aufgenommen wurden möglichst zeitlose Nachrichtentexte und Übungen zum verstehenden Hören, die den Studenten an den Nachrichtenstil der Presse und an das Erfassen von Rundfunk- und Fernsehnachrichten heranführen.

Der Grammatikteil entspricht zum größten Teil dem Vorläufer. Einige Umstellungen (z.B. frühere Einführung der Kardinalzahlen) resultieren aus den Erfahrungen der Unterrichtspraxis und aus notwendigen Ergänzungen (z.B. ذو und ذات, Verkleinerung). Im Hinblick auf die Bedürfnisse der Lernenden, die oft bei Arabisch-Kursen in den arabischen Ländern ihre Sprachbeherrschung komplettieren, wurde zwar grundsätzlich die ursprüngliche Terminologie beibehalten, jedoch durch die gebräuchliche arabische Terminologie (meist in Klammern nachgestellt) ergänzt, um es ihnen zu ermöglichen, sich die dort gebräuchlichen Termini anzueignen.

Das überarbeitete Lehrbuch hat wie sein Vorgänger die Vermittlung des modernen Hocharabisch zum Ziel, weil es sich gezeigt hat, daß nur über diesen Weg später auch eine Einarbeitung in die verschiedensten dialektalen Varianten des Arabischen zu erreichen ist. Allerdings wurden in der Überarbeitung die Dialogpassagen in Satzbau und Vokabular stärker der Umgangssprache angepaßt, ohne freilich gänzlich zum Dialekt überzugehen. Im Unterschied zu seinem Vorläufer finden sich im Übungsteil einige Verweise und Übungen, wo der Gebrauch dialektaler Elemente verdeutlicht wird, um dem Lernenden Sprachmuster zu vermitteln, die der verbreiteten Diglossie im Arabischen, also dem Nebeneinanderbestehen von normierter Hochsprache und Dialekt und ihrer situationsbedingten Verwendung, Rechnung tragen. Die damit verbundene und vielleicht nicht immer gelungene Gratwanderung möge der kundige Nutzer verzeihen. Mir war daran gelegen, dem Lernenden dort Brücken zu bauen, wo sich der ausschließliche Gebrauch der Hochsprache als steif, umständlich und nicht situationsgerecht erweist.

Um die Studierenden aber nicht gänzlich zu verwirren, wurden die Endungen in den Dialogpassagen nach den Regeln des modernen Hocharabisch geschrieben, auch wenn sich die Praxis anders gestaltet. Hier muß der Lektor stets zwischen praxisbezogener Toleranz und theoretischer Strenge abwägen.

So hat es sich z.B. in der Unterrichtspraxis am Orientalischen Institut der Universität Leipzig bewährt, im Unterschied zu den anderen Texten bei den Dialogpassagen nicht auf dem Mitlesen bzw. auf dem Mitsprechen aller Endungen zu bestehen, sondern sich den Gepflogenheiten des gesprochenen Arabisch der Gebildeten anzupassen; das bedeutet u.a. auch, die Lernenden schneller zu befähigen, selbst aktiv zu sprechen. Um aber nicht in die Gefahr zu geraten, einen Absolventen hervorzubringen, der nur "Küchenarabisch" beherrscht, muß bei allen anderen Texten erhöhte Aufmerksamkeit auf die korrekte Verwendung des Hocharabischen gerichtet werden, damit er sich in Wort und Schrift adäquat äußern kann.

Besonderes Augenmerk gilt der Vermittlung und ständigen Wiederholung von stereotypen Wendungen (Begrüßung, Verabschiedung, Wünsche, Anrede, Vorstellung, Befinden, Entschuldigung), von Sprichwörtern und Redewendungen und von landeskundlichen und historischen Kenntnissen einschließlich des einschlägigen Vokabulars (religiöse Pflichten, arabisch-islamische Geschichte), um mit den Texten nicht nur eine Illustration der dargestellten Grammatik, sondern gleichzeitig einen Wissenszuwachs bzw. eine Untersetzung der in islamkundlichen Veranstaltungen gewonnenen Erkenntnisse durch die adäquate Terminologie zu erreichen.

Neu ist auch die Unterteilung der Übungen in die Bereiche Grammatik, Lexik, Konversation und Komplexübung, die einer besseren Strukturierung der Lehre dienen soll, auch wenn im Grunde keine strenge Teilung dieser Bereiche möglich ist und mancher meinen mag, diese Grammatikübung gehöre doch in die Lexik und umgekehrt. Zusätzlich sind Wiederholungsübungen eingearbeitet worden, die systematisch zwei bis drei Lektionen zuvor behandelte Schwerpunkte wieder aufnehmen, weil es sich gezeigt hat, daß die Vergessensrate der Lernenden relativ hoch ist. Dabei werden Übungen, die zuvor als Grammatikübungen ausgewiesen waren, z.T. als Lexikübungen mit neuer Lexik wiederholt, weil davon ausgegangen wird, daß sich die grammatischen Kenntnisse in der Zwischenzeit gefestigt haben.

Mit diesen Veränderungen wird angestrebt, dem Lehrbuch neben seinem bisherigen Haupteinsatzfeld, dem Hochschulunterricht, eine noch bessere Nutzbarkeit in der außerakademischen Sprachausbildung zu verleihen. Natürlich wird der Nutzer viele ihm wichtige Themenbereiche vermissen, doch er möge sich immer vor Augen halten, daß dieses Buch ein Lehrbuch für Anfänger ist, das zwar alle wesentlichen und für eine korrekte Sprachbeherrschung erforderlichen grammatikalischen und syntaktischen Probleme behandelt, aber nie erschöpfend sein kann.

Dem Lernenden sei gesagt, daß das moderne Arabische mit all seinen Besonderheiten in der morphologischen und syntaktischen Struktur und in der Aussprache durchaus eine in Wort und Schrift erlernbare Sprache ist. Wem es durch Fleiß, etwas Talent und mit Hilfe der Lehrenden gelingt, sich die in diesem Lehrbuch behandelten Grundlagen der Grammatik und den vorgegebenen Wortschatz anzueignen, dem wird im Kontakt mit Arabern vielleicht bald die ermutigende Erfahrung zuteil, daß er nicht zuletzt schon durch korrekte Beherrschung des Hocharabischen als Gesprächspartner geschätzt wird; denn selbst gebildeten Arabern fällt es oft nicht leicht, ihre eigene Sprache entsprechend den seit der Zeit der Entstehung des Koran - also seit ca. 1300 Jahren - fast unverändert gültigen Regeln zu verwenden.

Dieses Lehrbuch wird wie sein Vorgänger durch Tonträger ergänzt, die alle Texte und diejenigen Grammatik- und Lexikübungen einschließen, die für die Arbeit mit Tonträgern geeignet sind. Außerdem wird zu dem Lehrbuch auch ein Schlüssel zu den Übungen erscheinen, der das selbständige Arbeiten mit dem Buch befördern soll.

Besonderer Dank für die Mitarbeit gebührt Herrn Monem Jumaili, der viele eigene Ideen eingebracht und den fast ausschließlich von mir selbst verfaßten Texten die muttersprachliche Kompetenz gegeben hat. Zu großem Dank verpflichtet bin ich auch Herrn Dr. Roland Kühnel und Herrn Jesko Kleine für ihre Mitwirkung an der inhaltlichen Gestaltung und beim Lesen der Korrekturen sowie Frau Dr. Ingelore Goldmann, Herrn Dr. Abed Samarraie und Herrn Dr. Avihai Shivtiel für eine Vielzahl von Hinweisen und Korrekturen und Frau Constance Heinig und Frau Farida Misraoui für die Mitarbeit an der Endredaktion. Äußerst hilfreich war auch die Zusammenarbeit mit Frau Christine Kontressowitz und Frau Dr. Esther Debus-Gregor vom Langenscheidt-Verlag, die mir bei der Konzipierung und Gestaltung des Lehrbuches stets mit Rat und Tat zur Seite standen.

Schließlich bin ich Frau Gitta Krahl, Frau Lieselotte Reuschel und Frau Dr. Bettina Reuschel dankbar dafür, daß sie mir als Erbinnen meiner hochverehrten Lehrer das Vertrauen für die Überarbeitung geschenkt und bei der inhaltlichen Gestaltung weitgehend freie Hand gelassen haben.

Ich hoffe und wünsche, daß sich dieses Lehrbuch - wie sein Vorläufer - in der Praxis bewährt. Anmerkungen, Anregungen und kritische Hinweise nehme ich gern entgegen, um sie in eine verbesserte Nachauflage einfließen zu lassen.

Leipzig 1995   Eckehard Schulz

Benutzerhinweise

Das vorliegende überarbeitete Lehrbuch ist wie sein Vorgänger als Grundkurs für Anfänger konzipiert, bei dem weiterhin einer sprechorientierten Ausbildung besondere Aufmerksamkeit geschenkt wird. Die Lektionen gliedern sich in die Teile Grammatik, Vokabeln (V), **Text 1** und **Text 2** (außer Lektion 1) und Übungen, die ab Lektion 4 in lexikalische (**L**), grammatische (**G**) und Konversationsübungen (**K**) sowie eine abschließende Komplexübung (ab Lektion 2) unterteilt sind.

Im Mittelpunkt steht die Vermittlung des grammatischen und lexikalischen Grundbestandes des modernen Arabisch, die den Lernenden schrittweise befähigen soll, geschriebene und gesprochene Texte zu verstehen, selbständig ein Gespräch mit einem Araber zu führen und auch selbst arabische Texte zu übersetzen und zu schreiben. Um diese Ziele zu erreichen, sind neben der Darstellung der Grammatik unterschiedlichste Texte (Berichte, Kommentare, Interviews, Dialoge, Briefe u.a.m.) mit entsprechenden Übungen aufgenommen worden. Die Texte sind in Stil und Vokabular bei den ersten Lektionen natürlicherweise stärker von den jeweils vermittelten Grammatikkenntnissen beeinflußt, und mit dem Fortschreiten im Stoff kommen sie den Gegebenheiten des modernen Arabisch immer näher. Wenn der kundige Nutzer bei einigen Stellen meint, hier hätte besser eine anderes Wort oder eine andere Konstruktion gestanden, dann sei ihm gesagt, daß mir aus methodisch-didaktischen Gründen daran gelegen war, nicht ständig auf später zu behandelnde morphologische und syntaktische Strukturen vorzugreifen.

Ich erlaube mir, den Lernenden und Lehrenden folgende Hinweise zur Benutzung dieses Buches an die Hand zu geben, die als Anregung verstanden werden sollten und mit der am Orientalischen Institut der Universität Leipzig gepflogenen Praxis weitgehend übereinstimmen:

Für die Vermittlung jeder Lektion sind 7 bis 8 Unterrichtsstunden vorgesehen, wobei mindestens die gleiche Stundenzahl zur Vor- und Nachbereitung durch die Studenten veranschlagt werden muß. Um den Studenten genügend Zeit zu geben, den neuen Stoff zu verarbeiten und die neuen Vokabeln zu lernen, sollte darauf geachtet werden, daß nach der Einführung der neuen Grammatik und Lexik genug Zeit (z.B. das Wochenende) liegt und sich erst daran die Übungen anschließen, die durch die vorgegebenen Hausaufgaben vorbereitet werden sollten.

Bei der Abfolge der Vermittlung des Stoffes sollte folgendermaßen verfahren werden:

- Einführung in die Grammatik (1 Stunde)
- Phonetik/Kalligraphie (1 Stunde, nur im 1. Semester)
- Lexikalische Übungen (1 Stunde)
- Grammatische Übungen (1 Stunde)
- Textinterpretation (1 Stunde)
- Konversation (1. Semester 1 Stunde, ab 2. Semester 2 Stunden)
- Komplexübung (1 Stunde)

Phonetik und Kalligraphie:

In dieser Lehrveranstaltung des 1. Semesters steht die Vermittlung der korrekten Aussprache und der Schrift im Mittelpunkt. Wichtig ist das laute Vorlesen der Texte durch die Studenten, wobei die anderen Studenten auftretende Fehler notieren und im Anschluß gemeinsam mit dem Lektor auswerten. Als Grundlage für die Schreibübungen sollten vor allem die Texte 1 und geeignete Grammatik- und Lexikübungen dienen. Gute Erfahrungen sind in Leipzig mit Diktaten gemacht worden, in denen systematisch bestimmte arabische Lautgruppen geübt werden und der Student schrittweise lernt, zunächst sehr ähnlich klingende Laute wie

ط / ت ،ص / س ،س / ز ،د / ذ ،د / ض ،ض / ظ ،ء / ع

nach Gehör zu schreiben und zu unterscheiden.

Grammatik und grammatische Übungen:

Am Beginn jeder neuen Lektion sollte die Einführung in die Grammatik stehen. Auch wenn die durch **A** (= Anmerkung) gekennzeichneten Stellen meist nur Erläuterungen oder Kommentare zur genaueren Erklärung der grammatischen Regeln und z.T. Verweise auf umgangssprachliche bzw. dialektale Verwendungsweisen umfassen, sollten sie von vornherein in der Lehre berücksichtigt werden.
Die grammatischen Übungen verwenden nur z.T. den Wortschatz der aktuellen Lektion, um dem Lernenden neben der Bewältigung der neuen grammatischen Erscheinungen nicht auch noch die Beherrschung der neuen Lexik aufzubürden. Die meisten Übungen zur Grammatik sind Transformationsübungen, aber es kommen auch Einsetz-, Kopplungs- und Ergänzungsübungen vor. Dabei besteht das Ziel darin, bei Ausschaltung der Muttersprache einen größtmöglichen Lerneffekt zu erzielen.

Lexikalische Übungen und Textinterpretation:

Ziel dieser Übungen ist es, die neue Lexik durch den Lektor zu erläutern, möglichst in Wortverbindungen zu vermitteln und schrittweise paradigmatische Beziehungen im Wortschatz zu verdeutlichen. Um den Lernenden nicht zu überfordern, beziehen sich die Bedeutungsangaben im Vokabelverzeichnis jeweils nur auf die aktuelle Bedeutung im jeweiligen Text. Weiterführende Angaben wurden auf ein Minimum beschränkt. Darauf aufbauend sind die Texte mündlich und/oder schriftlich durch die Studenten zu übersetzen und mögliche Übersetzungsvarianten zu diskutieren. Es ist auch möglich, den immer als Dialog konzipierten Text 2 im Rahmen der Konversation zu lesen und zu besprechen.

Die Vokabelverzeichnisse sind alphabetisch nach Wurzeln geordnet und führen die neuen Vokabeln aus den Texten der jeweiligen Lektion auf. In den Übungen kommen nur sporadisch Wörter vor, die nicht in den Texten vorhanden sind. Die in der Darstellung der Grammatik über dieses Vokabular hinausgehenden Wörter sind, wenn sie nicht ohnehin aus den Texten abgeleitet wurden, nicht in die Vokabelverzeichnisse aufgenommen worden. Bei einigen Übungen zur Lexik und Konversation wird zusätzlicher Wortschatz (spezielle Termini, Sprichwörter und Redewendungen) vermittelt, der ebenfalls nicht in die Verzeichnisse aufgenommen wurde.

Konversation:

Die vorgegebenen Konversationsübungen sind als Anregungen zu verstehen, die der Lektor in Übereinstimmung mit den Interessen und Wünschen der Lernenden entsprechend variieren sollte. Besonders wichtig für den Erfolg dieser Übungen ist das immer wieder geforderte Rollenspiel, in dem der Lektor mit wachsendem Fortschritt der Lernenden immer mehr in den Hintergrund treten kann. Fingerspitzengefühl des Lektors ist vor allem dann gefragt, wenn es darum geht abzuwägen, ob er bei jedem Fehler der Studenten sofort korrigierend eingreift, oder, ob er im Interesse des Abbaus von natürlichen Hemmungen auf ständige Unterbrechungen des Redeflusses verzichtet und erst später verbessert. Zur "Entkrampfung" der Atmosphäre sollte bei den Konversationsübungen auch die schulübliche Sitzordnung vermieden werden.

Im ersten Semester sollte für Konversationsübungen wegen der noch wenig entwickelten Grundlagen je Lektion nur 1 Stunde vorgesehen werden. Ab dem 2. Semester sind 2 Stunden zu veranschlagen und im Gegenzug die Übungen in Kalligraphie bzw. Phonetik zu reduzieren.

Komplexübung:

Die Komplexübung am Schluß der Lektionen hat die Kontrolle der erworbenen Kenntnisse in Grammatik und Lexik zum Ziel und soll außerdem erste Grundlagen für das Übersetzen in die Fremdsprache

16

legen. Ein methodisches Prinzip dieser Übung ist die Wiederholung früher vermittelter Kenntnisse. Die Komplexübung kann sowohl im Unterricht durchgearbeitet werden als auch die Grundlage für einen schriftlichen Abschlußtest nach jeder Lektion bilden. Den möglichen Vorwurf der "Verschulung" des Lehrbuches durch diese Art von Kontrollen nehme ich gern in Kauf, wenn sie der Festigung des Stoffes dienen und den Lernenden zur kontinuierlichen Arbeit mit dem Lehrbuch zwingen. In Abhängigkeit von den Ergebnissen in der Komplexübung kann der Lehrende auch entscheiden, welche Wiederholungsübungen in den folgenden Lektionen besonders intensiv durchzuarbeiten sind oder u.U. auch weggelassen werden können.

Glossar:
Das arabisch-deutsche Glossar umfaßt ca. 2600 Einträge, ist im Gegensatz zu den Vokabelverzeichnissen der Lektionen mechanisch-alphabetisch geordnet und nur z.t. vokalisiert. Diese Ordnung wurde abweichend von der ersten Auflage gewählt, um das Buch für den Anfänger leichter handhabbar zu machen, auch wenn dadurch eine ganze Reihe wichtiger paradigmatischer Beziehungen im arabischen Wortschatz verdeckt werden.

Übersichtstafeln:
Im Anhang finden sich neben einer Übersicht über die Kardinal- und Ordinalzahlen vollständig vokalisierte Übersichtstafeln zu den wesentlichen arabischen Verbal- und Nominalformen.

Sachregister:
Das zweigeteilte Sachregister umfaßt alle wesentlichen deutschen und arabischen morphologisch-syntaktischen und linguistischen Termini, die im Lehrbuch Verwendung finden, und soll es dem Lernenden erleichtern, die entsprechenden Stellen zu finden. Die Seiten, die sich schwerpunktmäßig mit der betreffenden Erscheinung befassen, werden halbfett angegeben.

Verwendete Abkürzungen

Anmerkung	A	Plural	pl., Plur.
Akkusativ	A. Akk.	Partizip	Ptzp.
ägyptisch	äg.	1. Radikal	R_1
amtlich	amtl.	2. Radikal	R_2
beziehungsweise	bzw.	3. Radikal	R_3
Kollektivum	coll.	russisch	russ.
dasselbe	dass.	Seite	S.
determiniert	det.	sich	s.
englisch	engl.	siehe	s.
etwas	etw.	siehe auch	s.a.
feminin	f., fem.	Singular	sg., Sing.
folgend(er, -e, -es)	folg.	sogenannt	sog.
französisch	franz., fr.	Stamm	St.
Grammatik	G	syrisch	syr.
Genitiv	G.	transitiv	trans.
geographisch	geogr.	unter anderem	u.a.
Grammatik	Gram.	und andere mehr	u.a.m.
indoeuropäisch	ide.	unter Umständen	u.U.
indeterminiert	indet.	Übung	Ü
intransitiv	intrans.	übertragene Bedeutung	übertr.
italienisch	ital.	umgangssprachlich	umg.
jemand	jmd.	und so weiter	usw.
jemandem	j-m.	und viele(s) andere (mehr)	u.v.a. (m.)
jemanden	j-n.	Vokabelverzeichnis	V
jemandes	j-s.	vergleiche	vgl.
maskulin	m., mask.	wörtlich	wörtl.
Konversation	K	zum Beispiel	z.B.
Lexik	L	zum Teil	z.T.
Nominativ	N.	*muṯannan* = Dual	ث
oder ähnlich	o.ä.	*ǧamᶜ* = Plural	ج
Person	P.	*mu'annaṯ* = feminin	م

Lektion 1   الدرس الأول

1.   **Das Alphabet** (أَلْحُرُوف الأَبْجَدِيَّة)

Der Lautbestand der arabischen Sprache wird im Schriftsystem durch 29 Buchstaben (حُرُوف ج حَرْف) dargestellt: 26 Konsonanten (حُرُوف ساكِنة) und 3 Vokale (حُرُوف مُتحرّكة), von denen zwei auch konsonantischen Wert haben können.

1.1. Die Lautung

Keine Schwierigkeiten in der Aussprache gibt es bei den folgenden Lauten, die wie oder zumindest ähnlich wie im Deutschen ausgesprochen werden.

b (ب) wie in *Band, Bild, Bund*
       (stimmhafter bilabialer Verschlußlaut)

t (ت) wie in *Tante, Tinte, Tulpe*
       (stimmloser dentaler Verschlußlaut)

ḫ (خ) wie in *Bach, Buch*
       (stimmloser velarer Reibelaut)

d (د) wie in *Damm, Ding, Duft*
       (stimmhafter dentaler Verschlußlaut)

r (ر) wie in (mundartlich) *Rand, Rind, rund*
       (stimmhafter präpalataler Vibrationslaut, Zungen-*r*)

z (ز) wie in *Sand, sind, Sund*
       (stimmhafter präpalataler Reibelaut)

s (س) wie in *Raspel, Rispe*
       (stimmloser präpalataler Reibelaut)

š (ش) wie in *Schule, Schale, Schieber*

(stimmloser präpalataler Zischlaut)

ġ (غ) wie in (neuhochdeutsch) *Rand, Rind, rund*

(stimmhafter velarer Reibelaut, Zäpfchen-*r*)

f (ف) wie in *fand, findet, Fund*

(stimmloser labiodentaler Reibelaut)

k (ك) wie in *Kante, Kind, Kunde*

(stimmloser postpalataler Verschlußlaut)

l (ل) wie in *lange, Linde, Lunge*

(stimmhafter präpalataler Laterallaut)

m (م) wie in *Mann, Milde, Mulde*

(stimmhafter bilabialer Nasallaut)

n (ن) wie in *Nacken, nicken, Nuß*

(stimmhafter präpalataler Nasallaut)

h (ه) wie in *Halt, Hilde, Huld*

(stimmloser laryngaler Hauchlaut)

' (ع) wie in *'anders, 'innen, 'unter*

(stimmloser laryngaler Verschlußlaut; der Laut entsteht beim Lösen des Verschlusses der Stimmritze (Glottis). Er wird im Deutschen vor jedem vokalisch anlautenden Wort gesprochen, im Wortinneren auch bei präfigierten Wörtern und Komposita: *'un'umgänglich, Kurz'arbeit*. Einen besonderen Buchstaben gibt es dafür nicht. Im Englischen heißt dieser Laut "glottal-stop".)

y (ي) wie in *Jacht, Juchten*

(stimmhafter präpalataler Engelaut)

ā (١)   wie in *Jahr, Star, rar*

> (langer Vokal der mittleren Reihe mit geringer Hebung der Zunge = offener Vokal)

A1 Lautliche Vokalvarianten bleiben in diesem Lehrbuch unberücksichtigt.

ī (ي)   wie in *wir, ihr, vier*

> (langer Vokal der vorderen Reihe mit starker Hebung der Zunge = geschlossener Vokal)

ū (و)   wie in *Kur, nur, Ruhe*

> (langer Vokal der hinteren Reihe mit starker Hebung der Zunge und gleichzeitiger Rundung der Lippen = geschlossener Vokal)

A2 Auch die kurzen Vokale *a, i* und *u* sowie die Diphthonge *ai* und *au* lauten wie im Deutschen. Vgl. dazu G 1.2.2.

Aus anderen europäischen Sprachen sind folgende Laute bekannt:

ṯ (ث)   wie engl. *thank, three, thirty*

> (stimmloser interdentaler Reibelaut)

ǧ (ج)   wie engl. *journey, job*

> (stimmhafter präpalataler Verschluß-Reibelaut); in Teilen des ägyptischen Sprachraums als "*g*" gesprochen

ḏ (ذ)   wie engl. *the, with, mother*

> (stimmhafter interdentaler Reibelaut)

w (و)   wie engl. *wall, when, with*

> (stimmhafter bilabialer Reibelaut)

Für das Arabische charakteristische und nur durch häufige Hör- und Sprechübungen mit arabischen Lektoren zu erlernende Laute sind:

ḥ (ح)   (stimmloser pharyngaler Reibelaut)

ᶜ (ع)   (stimmhafter pharyngaler Reibelaut)

21

Beide Laute haben ihre Artikulationsstelle im Schlund (Pharynx). Beim *Ḥā'* (zu den Buchstabennamen s. G 1.2.4.) werden die Muskeln des Schlundes soweit einander genähert, daß nur noch ein kleiner Spalt zwischen ihnen liegt. Durch diesen entweicht gleichmäßig der Luftstrom, wobei das für den Laut typische Geräusch entsteht. Der *Ḥā'*-Laut ist von dem *Hā'*-Laut deutlich zu unterscheiden.

Beim *ᶜAin* werden die Muskeln des Schlundes stark angespannt und aneinandergepreßt. Der Luftstrom muß sich mit starkem Druck durch diesen Verschluß hindurchzwängen, ohne ihn allerdings zu sprengen. *ᶜAin* ist als stimmhafter Reibelaut von dem stimmlosen Verschlußlaut *Hamza* deutlich zu unterscheiden.

ṣ (ص)
ḍ (ض)
ṭ (ط)
ẓ (ظ)

Diese sog. emphatischen Laute haben die gleichen Artikulationsstellen wie die ihnen entsprechenden nicht-emphatischen Laute: *s, d, t, z.* Bei der Aussprache der emphatischen Laute wird der gesamte Sprechapparat leicht angespannt und der hintere Teil der Zunge zum weichen Gaumen hin angehoben.

A3 Die richtige Aussprache der emphatischen Laute ändert etwas die Qualität der Vokale und Diphthonge in ihrer Umgebung, z. B. a >å, i > russ. hartes y, Öffnung von u > o.

q (ق) (stimmloser velarer Verschlußlaut)

Die Aussprache des *Qāf* unterscheidet sich von der des *Kāf* dadurch, daß der hintere Teil der Zunge soweit wie möglich zurückgeführt wird, um mit dem hinteren Teil des weichen Gaumens einen Verschluß zu bilden.

A4 Ordnung der arabischen Konsonanten nach ihrer Artikulationsstelle:

bilabial:	*b, m, w*
labiodental:	*f*
interdental:	*ḏ, ṯ*
dental:	*d, t, ḍ, ṭ*
präpalatal:	*n, l, r, z, ẓ, s, ṣ, š, ǧ, y*
postpalatal:	*k*
velar:	*ġ, q, ḫ*
pharyngal:	*ᶜ, ḥ*
laryngal:	*', h*

1.2. Die Schreibung

1.2.1. Die arabische Schrift ist eine Kursivschrift und wird von rechts nach links geschrieben.

Die Buchstaben werden bis auf sechs (nämlich ا د ذ ر ز و) nach beiden Seiten verbunden.

Die Buchstaben haben unterschiedliche Größen (Höhe und Breite); es gibt aber keine Großbuchstaben.

Jeder Buchstabe hat eine unveränderliche Grundform; wenn er am Wortende oder isoliert steht, wird diese bei den meisten Buchstaben mit einem unter die Zeile geführten "Schnörkel" versehen.

Die arabische Schrift hat nur wenige Buchstabenformen. Zur klaren Unterscheidung formgleicher Buchstaben werden unterschiedlich ein bis drei Punkte (diakritische Punkte) entweder über oder unter den Buchstaben gesetzt.

Beispiel: نـ *Nūn*, تـ *Tā'*, ثـ *Ṯā'*, بـ *Bā'*, يـ *Yā'*

Diese Hinweise zur arabischen Schrift gelten sowohl für die Druck- als auch für die Schreibschrift. Der Unterschied zwischen beiden besteht darin, daß in der Schreibschrift zahlreiche Buchstaben vereinfacht geschrieben werden.

Der Studierende soll die arabische Schrift gleichzeitig lesen und schreiben lernen. Deshalb halten wir es für notwendig, bei den Schreibübungen zunächst mit der Druckschrift zu beginnen und schrittweise zur Schreibschrift überzugehen. So prägen sich dem Studierenden die Prototypen der arabischen Buchstaben sowohl beim Lesen als auch beim Schreiben ein. Die Einführung der Schreibschrift schon in Lektion 1 könnte erhebliche Unsicherheiten zur Folge haben. Trotzdem muß zu einem möglichst frühen Zeitpunkt, d. h. wenn der Studierende die arabische Schrift einigermaßen sicher beherrscht, dem tatsächlichen Schriftgebrauch Rechnung getragen werden, indem fortan die Druckschrift gelesen und die Schreibschrift geschrieben wird.

Die Besonderheiten der Schreibschrift sind in tabellarischer Form am Ende von Lektion 3 zusammengestellt. Dort sind auch eine Anzahl von Wörtern, die der Studierende bis zu diesem Zeitpunkt kennengelernt hat, in Druck- und Schreibschrift als Beispiele einander gegenübergestellt.

Dem Lektor wird empfohlen, beginnend mit Lektion 4, sich dann, wenn er Beispiele an die Tafel schreibt, der arabischen Schreibschrift zu bedienen und sie mit den Studierenden auch zu üben.

1.2.2. Die orthographischen Hilfszeichen (اَلْحَرَكَات)

Zur genaueren lautlichen Fixierung existiert ein System orthographischer Hilfszeichen. Je nachdem, ob sie beim Druck verwendet werden oder nicht, spricht man von einem vokalisierten oder unvokalisierten Text. Im allgemeinen sind die gedruckten oder geschriebenen arabischen Texte unvokalisiert. Die im folgenden behandelten Hilfszeichen wurden im Lehrbuch nur soweit gesetzt, als sie für das sichere Erlernen der richtigen Lautung notwendig sind. Die orthographischen Hilfszeichen für die kurzen Vokale, für die das arabische Alphabet keine Buchstaben hat, sind:

Fatḥa = kurzes *a*, kleiner Schrägstrich (´) über dem Konsonanten.

Beispiele: بَ *ba*, فَ *fa*, وَ *wa*

(*Fatḥa* vor *Alif* = langes *ā*: مَا *mā*)

Kasra = kurzes *i*, kleiner Schrägstrich (ˌ) unter dem Konsonanten.

Beispiele: بِ *bi*, لِ *li*, مِ *mi*

(*Kasra* vor *Yā'* = langes *ī*: كَبِير *kabīr*)

Ḍamma = kurzes *u*, Häkchen in der Form eines kleinen *Wāw* (´) über dem Konsonanten.

Beispiele: مُدُن *mudun*, كُم *kum*, هُم *hum*

(*Ḍamma* vor *Wāw* = langes *ū*: نُون *Nūn*)

Weitere orthographische Hilfszeichen:

Sukūn = Vokallosigkeit; kleiner Kreis (°) über dem Konsonanten.

Beispiele: تَحْت *taḥta*, نَحْنُ *naḥnu*, مِنْ *min*

Šadda = Verstärkungs-,Verdopplungszeichen (Gemination); Doppelhäkchen in der Form eines kleinen *Sīn* (ّ) über dem Konsonanten. *Fatḥa* und *Ḍamma* werden über, *Kasra* unter das *Šadda* gesetzt.

Beispiele: شُبَّاك *šubbāk*, مُعَلِّم *muᶜallim*, تَقَدُّم *taqaddum*

Der verdoppelte Konsonant wird wie im Italienischen deutlich verlängert ausgesprochen.

Madda = Zeichen über *Alif* (آ) zur Kennzeichnung des langen *'ā*.

Beispiele: أَلآن *al'ān*, قُرآن *qur'ān*

Diphthonge:

Die Hilfszeichen *Fatḥa* und *Sukūn* in Verbindung mit *Wāw* und *Yā'* werden dazu verwendet, die beiden Diphthonge *au* und *ai* zu bezeichnen.

Beispiele: لَوْح *lauḥ*, فَوْقَ *fauqa*, بَيْت *bait*, كَيفَ *kaifa*

1.2.3. *Hamza* ء und *Tā' marbūṭa* ة

Hamza, geschrieben wie ein kleines ^c*Ain*, hat fast immer einen Trägerbuchstaben. *"Hamza*träger*"* sind ا (*Alif*), و (*Wāw*) und ي (*Yā'*). Welches von ihnen in Frage kommt, ist in einem komplizierten Regelsystem festgelegt (s. Lektion 24).

Es genügt zunächst, sich zu merken, daß der Hamzaträger am Wortanfang stets *Alif* ist, also: أَنْتَ *'anta*, أُمّ *'umm*, إنْ *'in*.

Eine besondere Form des *Tā'* ist das sog. *Tā' marbūṭa* ة, also ein *Hā'* mit zwei Punkten. Es kommt nur im Auslaut vor und kennzeichnet u.a. feminine Nomina. In der Aussprache bleibt es meist unberücksichtigt (vgl. Lektion 2, A5), wenn es nicht als erstes Glied einer Genitivverbindung im sog. Status constructus steht. (vgl. Lektion 6)

1.2.4. *Allāh* (Gott) wird meist in der Form ا لله (in Schönschrift: اَللّٰهُ) geschrieben. Das *Šadda* über dem *Lām* zeigt hier die Verdoppelung des *Lām*; das kleine *Alif* über dem *Šadda* bedeutet, daß nachfolgend ein langes *ā* zu sprechen ist.

Auch bei *raḥmān* (Erbarmer) und anderen Wörtern wird dieses kleine *Alif* gesetzt, d.h. auch hier ist danach ein langes *ā* zu sprechen. So ergibt sich dann in einer kalligraphisch gestalteten Schönschrift folgendes Bild für "Im Namen Gottes, des Allerbarmers":

Solche künstlerisch gestalteten Schriften sind erst mit einiger Erfahrung lesbar und vor allem bei Koranausgaben gebräuchlich.

Hier noch einige unkommentierte Beispiele, die Sie mit dem Lektor entschlüsseln können:

1.2.4. Das Alphabet in der traditionellen Anordnung

Name des Buchstabens	Transliteration	Isolierte Stellung	Endstellung	Mittelstellung	Anfangsstellung
Alif	ā	ا	ﺎ	ﺎ	ا
Bā'	b	ب	ﺐ	ﺒ	ﺑ
Tā'	t	ت	ﺖ	ﺘ	ﺗ
Ṯā'	ṯ	ث	ﺚ	ﺜ	ﺛ
Ǧīm	ǧ	ج	ﺞ	ﺠ	ﺟ
Ḥā'	ḥ	ح	ﺢ	ﺤ	ﺣ
Ḫā'	ḫ	خ	ﺦ	ﺨ	ﺧ
Dāl	d	د	ﺪ	ﺪ	د
Ḏāl	ḏ	ذ	ﺬ	ﺬ	ذ
Rā'	r	ر	ﺮ	ﺮ	ر
Zāy	z	ز	ﺰ	ﺰ	ز
Sīn	s	س	ﺲ	ﺴ	ﺳ
Šīn	š	ش	ﺶ	ﺸ	ﺷ
Ṣād	ṣ	ص	ﺺ	ﺼ	ﺻ
Ḍād	ḍ	ض	ﺾ	ﻀ	ﺿ
Ṭā'	ṭ	ط	ﻂ	ﻄ	ﻃ
Ẓā'	ẓ	ظ	ﻆ	ﻈ	ﻇ
ʿAin	ʿ	ع	ﻊ	ﻌ	ﻋ
Ġain	ġ	غ	ﻎ	ﻐ	ﻏ
Fā'	f	ف	ﻒ	ﻔ	ﻓ
Qāf	q	ق	ﻖ	ﻘ	ﻗ
Kāf	k	ك	ﻚ	ﻜ	ﻛ
Lām	l	ل	ﻞ	ﻠ	ﻟ
Mīm	m	م	ﻢ	ﻤ	ﻣ
Nūn	n	ن	ﻦ	ﻨ	ﻧ
Hā'	h	ه	ﻪ	ﻬ	ﻫ
Wāw	w, ū	و	ﻮ	ﻮ	و
Yā'	y, ī	ي	ﻲ	ﻴ	ﻳ

A5 1. Der erste Buchstabe des Alphabets ist eigentlich *Hamza*. Da jedoch *Alif* sehr häufig als Träger des *Hamza* verwendet wird, hat man es an die erste Stelle im Alphabet gesetzt. In der Schrift dieses Lehrbuches wird das mit *Fatḥa* vokalisierte *Hamza* über *Alif* im Grammatikteil stets in der Form أ geschrieben, wenn kein *Hamzat waṣl* (vgl. Lektion 2 , S. 38) vorliegt.

2. Bei der Transliteration arabischer Wörter wird das *Hamza* in Anfangsstellung in diesem Lehrbuch nicht berücksichtigt. Wir geben also Wörter wie أُمّ, أَنْتَ oder إنْ mit *umm, anta* und *in* und nicht mit *'umm, 'anta* und *'in* wieder.

3. Am Ende eines Wortes kann in bestimmten Fällen *Yā'* (ى) auch ein langes *ā* ausdrücken. In manchen arabischen Ländern wird deshalb zur Unterscheidung das *Yā'*, wenn es den Lautwert langes *ī* hat, auch in der Endstellung mit zwei Punkten geschrieben: ي

4. Das hier zur Darstellung der arabischen Laute bzw. Buchstaben verwendete Transliterationssystem (Buchstaben des lateinischen Alphabets, zum Teil mit zusätzlichen Unterscheidungsmerkmalen in Form von Punkten, Strichen oder Häkchen) wurde auf dem 19. Internationalen Orientalistenkongreß in Rom 1935 festgelegt. Wenn sich im Lehrbuch die "Umschrift" arabischer Wörter vom methodischen Gesichtspunkt als empfehlenswert erweist, verwenden wir ebenfalls dieses System.

Übungen

In den Übungen der Lektionen 1, 2 und 3 (ca. 3 Wochen) werden die Grundlagen der arabischen Lautung und Schreibung vermittelt. Dabei wird nach dem methodischen Prinzip Hören - Sprechen - Lesen - Schreiben verfahren.

Da es erfahrungsgemäß längere Zeit dauert, bis sich der Studierende mit dem Lesen und Schreiben der arabischen Schrift zurechtfindet, beginnen wir mit Hör- und Sprechübungen, für die ein Vokabular von etwa 80 arabischen Wörtern, die Gegenstände und Personen aus der unmittelbaren Umgebung des Studierenden bezeichnen, die Grundlage bildet. Es wird also im Sinne der direkten Methode gleich mit dem Sprechen begonnen, ohne daß der Studierende zunächst weiß, wie die im Gespräch verwendeten Wörter geschrieben werden. Zugleich prägt sich der Studierende die richtige Betonung der Wörter ein, ohne von irgendwelchen Akzentregeln belastet zu sein. Da die ersten Übungen, nachdem sie im Kolleg mit dem Lektor durchgeführt worden sind, dem Studierenden als Hausaufgabe zum Lesen gegeben werden, haben wir, trotz gewisser methodischer Bedenken, die Umschrift hinzugefügt. Die dreispaltige Anordnung ermöglicht die Kontrolle beim häuslichen Lesen. Der Studierende sollte dazu angehalten werden, die mittlere und rechte Spalte abzudecken und sich nur auf den arabischen Text zu konzentrieren.

Lektion 1

Die Übungstexte der Lektionen 1, 2 und 3 können später als Schreibübungen verwendet werden. Zunächst sind jedoch die Schreibübungen
der Lektion 1 (Ü8) zu absolvieren, die - aufgebaut nach dem Prinzip der
Ähnlichkeit der Buchstaben - eine gewisse Schreibtechnik vermitteln
sollen.
Alle in den Übungen der Lektion 1 verwendeten Vokabeln sind im
Vokabelverzeichnis der Lektion 2 zusammengefaßt.

Ü1 Der Lektor spricht die folgenden Wörter mit deutlicher Artikulation
vor und läßt sie von jedem einzelnen Studierenden nachsprechen. Er
überprüft, verbessert und erläutert die Aussprache und versucht dabei,
durch Gesten oder durch das Zeigen auf einen Gegenstand dem
Studierenden das intuitive Erfassen der Bedeutung zu ermöglichen. Zur
Kontrolle fragt er ab und zu nach der deutschen Bedeutung des Wortes,
um falsche Assoziationen zu vermeiden.

as-salāmu ᶜalaikum	Friede sei mit euch *(eine der vielen arabischen Begrüßungsformeln)*	اَلسَّلَامُ عَلَيْكُم
ana	ich *(das an sich lange ā am Wortende von* اُنا *wird hier kurz gesprochen)*	أَنَا
anta	du (m.)	أَنْتَ
anti	du (f.)	أَنْتِ
wa	und *(steht ohne Zwischenraum, vor dem folgenden Wort)*	وَ
ana wa-anta	ich und du	أَنَا وَأَنْتَ
ana wa-anti	ich und du	أَنَا وَأَنْتِ
anta wa-ana	du und ich	أَنْتَ وَأَنَا
anti wa-ana	du und ich	أَنْتِ وَأَنَا
anta wa-anti	du und du	أَنْتَ وَأَنْتِ

28

anti wa-anta	du und du	أَنْتِ وَأَنْتَ
huwa	er	هُوَ
hiya	sie	هِيَ
huwa wa-hiya	er und sie	هُوَ وهِيَ
hiya wa-huwa	sie und er	هِيَ وهُوَ
ana wa-anta wa-huwa	ich und du und er	أَنَا وأَنْتَ وهُوَ
ana wa-anti wa-hiya	ich und du und sie	أَنَا وأَنْتِ وهِيَ

Ü2 Es gelten die gleichen Anweisungen wie bei Ü 1

ana mu^{c}allim.	Ich bin Lehrer.	أَنَا مُعَلِّم.
ana mu^{c}allima.	Ich bin Lehrerin.	أَنَا مُعَلِّمة.
anta ṭālib.	Du bist Student.	أَنْتَ طَالِب.
anti ṭāliba.	Du bist Studentin.	أَنْتِ طَالِبَة.
huwa ṭālib.	Er ist Student.	هُوَ طَالِب.
hiya ṭāliba.	Sie ist Studentin.	هِيَ طَالِبَة.
ana mu^{c}allim wa-anta ṭālib.	Ich bin Lehrer und du bist Student.	أَنَا مُعَلِّم وأَنْتَ طَالِب.
ana mu^{c}allim wa-anti ṭāliba.	Ich bin Lehrer und du bist Studentin.	أَنَا مُعَلِّم وأَنْتِ طَالِبَة.
huwa ṭālib wa-ana mu^{c}allim	Er ist Student und ich bin Lehrer.	هُوَ طَالِب وأَنَا مُعَلِّم.
hiya ṭāliba wa-ana mu^{c}allim.	Sie ist Studentin und ich bin Lehrer.	هِيَ طَالِبَة وأَنَا مُعَلِّم.
hiya ṭāliba wa-huwa ṭālib.	Sie ist Studentin und er ist Student.	هِيَ طَالِبَة وهُوَ طَالِب.

29

Ü 3 Es gelten die gleichen Anweisungen wie bei Ü1.

hunā	hier	هُنَا
hunāka	dort	هُنَاكَ
hunā wa-hunāka	hier und dort	هُنَا وهُنَاكَ
ana hunā wa-anta hunāka.	Ich bin hier und du bist dort.	أَنَا هُنَا وأَنْتَ هُنَاكَ.
ana hunā wa-anti hunāka.	Ich bin hier und du bist dort.	أَنَا هُنَا وأَنْتِ هُنَاكَ.
huwa hunā wa-hiya hunāka.	Er ist hier und sie ist dort.	هُوَ هُنَا وهِيَ هُنَاكَ.
anta huna wa-huwa hunāka.	Du bist hier und er ist dort.	أَنْتَ هُنَا وهُوَ هُنَاكَ.
hunā waraq.	Hier ist Papier.	هُنَا وَرَق.
hunā qalam.	Hier ist ein Bleistift.	هُنَا قَلَم.
hunā kurrāsa.	Hier ist ein Heft.	هُنَا كُرَّاسَة.
hunā kitāb.	Hier ist ein Buch.	هُنَا كِتَاب.
hunā šanṭa.	Hier ist eine Tasche.	هُنَا شَنْطَة.
huna waraq wa-hunāka qalam	Hier ist Papier und dort ein Bleistift.	هُنَا وَرَق وهُنَاكَ قَلَم.
hunā kurrāsa wa-hunāka kitāb.	Hier ist ein Heft und dort ein Buch.	هُنَا كُرَّاسَة وهُنَاكَ كِتَاب.
hunā kitāb wa-hunāka šanṭa.	Hier ist ein Buch und dort eine Tasche.	هُنَا كِتَاب وهُنَاكَ شَنْطَة.
hunā ṭāwila.	Hier ist ein Tisch.	هُنَا طَاوِلَة.
hunā kursī.	Hier ist ein Stuhl.	هُنَا كُرْسِيّ.

hunā ḫizāna.	Hier ist ein Schrank.	هُنَا خِزَانَة.
hunā miṣbāḥ.	Hier ist eine Lampe.	هُنَا مِصْبَاح.
hunā lauḥ.	Hier ist eine Tafel.	هُنَا لَوْح.
hunā ṭāwila wa-hunāka kursī.	Hier ist ein Tisch und dort ein Stuhl.	هُنَا طَاوِلَة وَهُنَاكَ كُرْسِيّ.
hunā ḫizāna wa-hunāka miṣbāḥ.	Hier ist ein Schrank und dort eine Lampe.	هُنَا خِزَانَة وهُنَاكَ مِصْبَاح.
hunā ḫizāna wa-hunāka lauḥ.	Hier ist ein Schrank und dort eine Tafel.	هُنَا خِزَانَة وهُنَاكَ لَوْح.
hunā bāb.	Hier ist eine Tür.	هُنَا بَاب.
hunā šubbāk.	Hier ist ein Fenster.	هُنَا شُبَّاك.
hunā ğidār.	Hier ist eine Wand.	هُنَا جِدَار.
hunā bāb wa-hunāka šubbāk.	Hier ist eine Tür und dort ein Fenster.	هُنَا بَاب وهُنَاكَ شُبَّاك.
hunā ğidār wa-hunāka bāb.	Hier ist eine Wand und dort eine Tür.	هُنَا جِدَار وهُنَاكَ بَاب.

Ü4 Der Lektor stellt Fragen nach dem Muster: مَا هُنَا؟ "Was ist hier?"/ مَا هُنَاكَ؟ "Was ist dort?"/ bzw. مَنْ هُنَا؟ "Wer ist hier?" / مَنْ هُنَاكَ؟ "Wer ist dort?" und zeigt dabei auf einen Gegenstand bzw. eine Person. Der Studierende antwortet mit هُنَا bzw. هُنَاكَ und ergänzt das Wort, auf das die Frage zielt.

Lektor:	Was ist hier?	مَا هُنَا؟
Student:	Hier ist eine Tür.	هُنَا بَاب.
Lektor:	Wer ist hier?	مَنْ هُنَا؟
Student:	Hier ist ein Lehrer.	هُنَا مُعَلِّم.

Lektion 1

Lektor:	Was ist hier und was ist dort?	مَا هُنَا وَمَا هُنَاكَ؟
Student:	Hier ist eine Tür und dort ein Tisch.	هُنَا بَاب وَهُنَاكَ طَاوِلَة.
Lektor:	Wer ist hier und wer ist dort?	مَنْ هُنَا وَمَنْ هُنَاكَ؟
Student:	Hier ist ein Student und dort eine Studentin.	هُنَا طَالِب وَهُنَاكَ طَالِبَة.

Als Wörter, nach denen gefragt werden kann, kommen in Frage:

بَاب، خِزَانَة، كُرْسِي، طَاوِلَة، كُرَّاسَة، كِتَاب، وَرَق، شَنْطَة، قَلَم، لَوْح، جِدَار،

شُبَّاك، مِصْبَاح، طَالِبَة، طَالِب، مُعَلِّم، مُعَلِّمَة

Ü5 Der Lektor läßt die Studierenden die Wörter und Sätze aus den Übungen 1-4 lesen. Dabei sind die mittlere und rechte Spalte abzudecken. Er gibt dabei ständig Hinweise auf Lautung und Schriftbild.

Ü6 (Hausaufgabe) Ü5 wird wiederholt. Die Begrüßungsformel zu Beginn von Ü 1 wird dabei weggelassen.

Ü7 Der Lektor bereitet Ü 8 vor, indem er den Studierenden die einzelnen Buchstaben und Buchstabenverbindungen in der dort gegebenen Anordnung vorschreibt und ihre Schreibweise (Duktus) erklärt. Er erläutert durch einige Beispiele, wie die als Hausaufgabe gedachte Ü 8 auszuführen ist und macht dabei besonders auf die Buchstaben aufmerksam, die **nicht** nach links verbunden werden können.

Ü8 Die folgende Übung ist als rein schreibtechnische Übung gedacht. Sie soll keine neuen Wörter vermitteln. Als Orientierung für die korrekte Schreibung sollen die für jede Buchstabengruppe angeführten Beispiele dienen. Wichtig ist aber, daß der Lektor zunächst generelle Hinweise zur Schreibung gibt, um zu verhindern, daß sich falsche Schreibweisen bei einzelnen Buchstaben verfestigen.

Ü8 (Hausaufgabe) Die vor den einzelnen Schreibübungen angeführten Buchstabenkombinationen sind als Orientierung für die ersten Schreibversuche gedacht. Ausführliche Schreibübungen finden sich am Anfang des Schlüssels zu diesem Lehrbuch.

ا أ إ آ ا ، ب ـب ـب ب ، ت ـت ـت ت

ث ـث ـث ث ، ن ـن ـن ن ، ي ـي ـي ي

بت بن بي

Verbinden Sie die folgenden isoliert geschriebenen Buchstaben zu Wörtern:

ي+ب (6   ي+ا (5   أ+ن+ا (4   أ+ب+ا (3   أ+ب+ا (2   أ+ب (1

ن+ب+ا (11   ب+ي+ن (10   ب+ي+ت (9   أ+ن (8   أ+ي (7

ا+ن+ن+ي+ب (15   ت+ي+ن (14   ب+ا+ب (13   ب+ن+ت (12

ب+ث (18   ث+ا+ب+ت (17   ب+ي+ت+ي (16

ج ـج ـج ج ، ح ـح ـح ح ، خ ـخ ـخ خ

Verbinden Sie die folgenden isoliert geschriebenen Buchstaben zu Wörtern:

ح+ا+ج (6   ح+ج (5   ت+ح+ت (4   ن+ح+ن (3   أ+خ+ا (2   أ+خ (1

ح+ي+ن (11   ب+خ (10   ح+ب (9   ج+ب+ن (8   ج+ي+ب (7

ب+ح+ن (15   أ+ح+ب (14   ح+ب+ي+ب (13   ح+ب+ي+ب (12

ج+ا+ح (18   أ+ح+ت+ن (17   ت+ا+ج (16

د ـد ، ذ ـذ ، ر ـر ، ز ـز ، و ، و ، ير يد خذ بو

Verbinden Sie die folgenden isoliert geschriebenen Buchstaben zu Wörtern:

1) د+ب+ر   2) د+ا+ر   3) ت+د+ب+ي+ر   4) د+ج+ا+ج

5) د+ح+ر+ج   6) أ+د+ر+ي   7) ت+د+ر+ي+ب

8) ي+د+ر+ي   9) ذ+ب+ذ+ب   10) ر+ب   11) ر+ي+ح

12) ر+و+ح   13) ت+ر+ت+ي+ب   14) ج+د+د

15) ج+د+ي+د   16) ب+ي+ت   17) ب+ا+ب

18) أ+ب+و+ا+ب   19) ح+ب+ر   20) خ+ذ   21) أ+و

22) ز+ج+ا+ج   23) ي+د   24) ي+ر+ي   25) أ+ر+ى

26) ر+أ+ي   27) د+و+ن   28) أ+ب+و

س ـسـ ـس س ، ش ـشـ ـش ش، سا سيـ

ص ـصـ ـص ص ، ض ـضـ ـض ض

ط ـطـ ـط ط ، ظ ـظـ ـظ ظ، بط طن ضر

Verbinden Sie die folgenden isoliert geschriebenen Buchstaben zu Wörtern:

1) س+ي+ن   2) ش+ي+ن   3) ص+ا+د   4) ض+ا+د

5) د+ر+س   6) د+ر+و+س   7) ص+ح+ي+ح   8) ص+ح+ا+ح

9) ص+ب+ا+ح   10) س+ب+ب   11) ش+خ+ص

12) س+ب+ح   13) أ+س+ب+ا+ب   14 ش+ر+ب

15) ش+ر+ط+ي   16) ش+ر+ح   17) ت+ش+د+ي +د

18) ص+د+ر   19) ض+ر+ب   20) إ+ج+ا+ص

21) إ+ص+د+ا+ر   22) ط+ر+ب   23) ط+ب+ي+ب

24) أ+ظ+ن   25) أ+ر+ض   26) ض+د

ع ـع ـع ع ، غ ـغ ـغ غ ، ف ـف ـف ف

ق ـق ـق ق ، كـ ـكـ ـك ك ، ل ـل ـل ل

لا ـلا عيـ يه فل فكـ كا حق

Verbinden Sie die folgenden isoliert geschriebenen Buchstaben zu Wörtern:

1) ع+ي+ن   2) غ+ي+ن   3) غ+ي+د+ا   4) ف+ي   5) ف+و+ق

6) ص+د+ي+ق   7) ك+ي+ف   8) ك+ر+س+ي   9) ا+ل+آ+ن

10) ط+ا+ل+ب   11) و+ر+ق   12) ر+ج+ل   13) ك+ل

14) ح+ق   15) ح+ق+و+ق   16) ر+ج+ا+ل   17) أ+و+ر+ا+ق

18) ك+ب+ي+ر   19) ص+غ+ي+ر   20) ن+ظ+ي+ف

21) ط+و+ي+ل   22) ط+و+ا+ل   23) أ+ع+ط+ي

24) ي+ح+ك+ي   25) ح+ا+ل   26) ص+ب+ا+ح

27) ا+ل+خ+ي+ر   28) ش+ك+ر+ا   29) ع+ف+و+ا

مـ ـمـ م ، هـ ـهـ ه ، ـة ، ة

لم مجـ مما يها فيه طة ، لها

Verbinden Sie die folgenden isoliert geschriebenen Buchstaben zu Wörtern:

1) ا+ن+ت+م   (2 ن+ع+م   (3 ه+ذ+ا   (4 ه+ذه+ه   (5 ه+ل

6) م+ن   (7 م+إ+ذ+ا   (8 م+ع   (9 ج+م+ي+ع   (10 ه+ن+ا

11) ه+ن+ا+ك   (12 م+ع+ل+م   (13 م+ع+ل+م+و+ن

14) ط+ا+و+ل+ة   (15 خ+ز+ا+ن+ة   (16 م+ص+ب+ا+ح

17) غ+ر+ف+ة   (18 ق+ل+م   (19 م+د+ي+ن+ة   (20 ا+س+م

21) ف+ت+ا+ة   (22 ه+ا+ت   (23 ش+ن+ط+ة   (24 ق+د+ي+م

25) ت+ر+ج+م   (26 ا+س+م+ع   (27 م+ر+ح+ب+ا

28) ا+ل+س+ل+ا+م   (29 م+ر+ة   (30 م+ه+م   (31 م+ه+م+ة

32) م+ا+ه+م

Lekton 2

الدرس الثاني

1. Der Artikel (أداة التعْريف)

1.1. Der bestimmte Artikel (deutsch der, die, das) lautet im Arabischen أَلْ. Er ist in Kasus (Fall), Genus (Geschlecht) und Numerus (Zahl) unveränderlich, wird mit dem Substantiv zusammengeschrieben und bildet mit ihm eine lautliche Einheit:

das Haus	أَلْبَيْت	al-bait	Haus	بَيْت	bait
das Heft	أَلْكُرّاسة	al-kurrāsa	Heft	كُرّاسة	kurrāsa

Wir nennen ein Substantiv mit vorgesetztem Artikel أل determiniert.

A1 Ohne Artikel determiniert sind zahlreiche Eigennamen, z.B. لُبْنَان "Libanon", مُحَمَّد "Muḥammad". Andere Möglichkeiten der Determination lernen wir später kennen. Einen unbestimmten Artikel, also "ein Lehrer, eine Lehrerin", gibt es im Arabischen nicht.

1.2. Beginnt das Substantiv, dem der Artikel vorgesetzt wird, mit einem der Laute

ت ، ث ، د ، ذ ، ر ، ز ، س ، ش ، ص ، ض ، ط ، ظ ، ل ، ن

so wird das ل des Artikels den genannten Lauten assimiliert, die dadurch verdoppelt werden:

	assimiliert			**nicht assimiliert**	
der Freund	أَلصَّديق	aṣ-ṣadīq	das Haus	أَلْبَيْت	al-bait
der Mann	أَلرَّجُل	ar-raǧul	das Zimmer	أَلْغُرْفة	al-ġurfa
die Sonne	أَلشَّمْس	aš-šams	der Mond	أَلْقَمَر	al-qamar

A2 Nach den beiden letztgenannten Beispielen werden die Buchstaben, denen das ل des Artikels assimiliert wird, حُروف شَمْسية "Sonnenbuchstaben", alle übrigen حُروف قَمَرية "Mondbuchstaben" genannt.

1.3. Das *Hamza* des Artikels wird nur dann als Verschlußlaut (*glottal-stop*) gesprochen, wenn das betreffende mit Artikel versehene Wort einen Satz oder selbständigen Satzteil einleitet. Im Satzinnern verschwindet das *Hamza*. In der Schrift steht dann statt *Hamza* das sog. *Waṣla* ٱ:

Er ist der Lehrer.	هُوَ ٱلْمُعَلِّم	der Lehrer	أَلْمُعَلِّم
gesprochen:	*huwal-muᶜallim*		*al-muᶜallim*
mit dem Freund	مَعَ ٱلصَّدِيق	der Freund	أَلصَّدِيق
gesprochen:	*maᶜaṣ-ṣadīq*		*aṣ-ṣadīq*
Wo ist die Tafel?	أَيْنَ ٱللَّوْح ؟	die Tafel	أَللَّوْح
gesprochen:	*ainal-lauḥ*		*al-lauḥ*

1.3.1. Endet das vorhergehende Wort auf einen langen Vokal, so wird dieser in der Aussprache gekürzt:

fī + al-bait > fil-bait فِي ٱلْبَيْت < فِي + أَلْبَيْت (im Haus)

ᶜalā + aṭ-ṭāwila > ᶜalaṭ-ṭāwila عَلَى ٱلطَّاوِلة < عَلَى + أَلطَّاوِلة (auf dem Tisch)

1.3.2. Endet das vorhergehende Wort vokallos, so wird das *Sukūn* durch einen Hilfsvokal ersetzt, in der Regel ein *i* (خُذِ ٱلْكِتَاب < خُذْ "Nimm das Buch!"), bei der Präposition مِنْ ein *a* (مِنَ ٱلْبَيْت "aus dem Haus"). Bei einigen Pronomen und Verbalsuffixen mit dem Vokal *u* ist auch der Hilfsvokal ein *u*.

A3 Auf die Schreibung des *Waṣla* wird im Folgenden verzichtet; dafür steht *Alif* ohne *Waṣla*.

A4 Das *Hamza* des Artikels wird wegen dieser Eigenschaft *Hamzat al-waṣl* "Verbindungs-*Hamza*", das gewöhnliche *Hamza* aber *Hamzat al-qaṭᶜ* "Trennungs-*Hamza*" genannt. Auch bei anderen Wortarten und Wörtern ist manchmal das anlautende *Hamza* ein "Verbindungs-*Hamza*".

2. Das Genus (أَلْجِنْس)

Im Arabischen gibt es zwei Genera (Geschlechter): Maskulinum (مُذَكَّر) und Femininum (مُؤَنَّث). Substantive mit der Endung ة -*at* sind fast immer feminin. Substantive ohne diese Endung meist maskulin.

A5 Bei alleinstehenden Wörtern oder am Satzende spricht man das *t* der Femininendung (*Tāʾ marbūṭa*) nicht mit und läßt das Wort auf *a* auslauten.

A6 Es gibt - zahlenmäßig allerdings kaum ins Gewicht fallende - Abweichungen von der oben formulierten Regel, u.a. folgende:

Bei Personen entscheidet das natürliche Geschlecht, nicht die äußere Form des Wortes: اُمّ "Mutter" ist fem., obwohl das Wort keine Femininendung hat; fast alle Länder- und alle Städtenamen, die Bezeichnungen für Körperteile, die paarweise vorhanden sind, und einige wenige andere Substantive maskuliner Form (vgl. im Grundvokabular z.B. أَرْض und شَـمْس) sind Feminina; andere Substantive werden manchmal als Maskulinum, manchmal als Femininum behandelt.

Als solche nicht ohne weiteres erkennbare Feminina werden in diesem Buch bei der erstmaligen Nennung durch ein nachgestelltes (م) gekennzeichnet.

3. Der Nominalsatz (أَلْجُمْلة الإِسْمِيَّة)

Der einfache arabische Nominalsatz besteht aus zwei Satzgliedern: dem Subjekt (أَلْمُبْتَـدأ) und dem Prädikat (أَلْخَـبَر) . Er hat generell-präsentischen Zeitwert und keine Kopula (Satzband).

3.1. Subjekt kann ein Substantiv (اِسْم) , ein Personal- (ضَمِير) oder Demonstrativpronomen (اِسْـم إِشَارَة) sein, Prädikat ein Adjektiv (صِفة), ein Substantiv oder ein Adverb (ظَرْف) bzw. eine Präpositionalgruppe (alle diese Wortarten erscheinen im Grundvokabular).

Folgende Varianten kommen häufig vor:

Satzstruktur 1 = das Subjekt ist ein determiniertes Substantiv (اِسْم مُعَرَّف) oder ein Pronomen und steht voran.

a 1 **Substantiv**	- Adjektiv
Das Haus ist groß.	أَلْبَيْت كَبِير.
a 2 Substantiv	- (indet.) Substantiv
Der Mann ist (ein) Lehrer.	أَلرَّجُل مُعَلِّم.
a 3 Substantiv	- Adverb
Der Lehrer ist hier.	أَلْمُعَلِّم هُنَا.
	- Präpositionalgruppe
Der Lehrer ist im Zimmer.	أَلْمُعَلِّم في الْغُرْفَة.
b 1 **Personalpronomen**	- Adjektiv
Er (es) ist groß.	هُوَ كَبِير.

b 2 Personalpronomen   - (indet.) Substantiv

Er ist (ein) Lehrer.   هُوَ مُعَلِّم.

    - (det.) Substantiv

Er ist der Lehrer.   هُوَ الْمُعَلِّم.

b 3 Personalpronomen   - Adverb

Er ist hier.   هُوَ هُنَا.

    - Präpositionalgruppe

Er ist im Zimmer.   هُوَ فِي الْغُرْفَة.

c 1 **Demonstrativpronomen**   - Adjektiv

Dies(er) ist groß.   هَذَا كَبِير.

c 2 Demonstrativpronomen   - (indet.) Substantiv

Dies(er) ist (ein) Lehrer.   هَذَا مُعَلِّم.

c 3 Demonstrativpronomen   - Adverb

Dies(er) ist hier.   هَذَا هُنَا.

    - Präpositionalgruppe

Dies(er) ist im Zimmer.   هَذَا فِي الْغُرْفَة.

A7 Die Verbindung Demonstrativpronomen - **determiniertes** Substantiv ergibt eine andere Bedeutung: dieser Lehrer هَذَا الْمُعَلِّم
Bei determiniertem Prädikat muß hier zusätzlich das Personalpronomen der 3. Person eingefügt werden:

Dies ist der Lehrer.   هَذَا هُوَ الْمُعَلِّم.

Dies ist die Lehrerin   هَذِهِ هِيَ الْمُعَلِّمَة.

Das *a* in der ersten Silbe von هَذَا und هَذِهِ ist lang, obwohl dies im Schriftbild nicht zum Ausdruck kommt! Zu sprechen ist also: *hāḏā*.

Satzstruktur 2 = das Subjekt ist ein indeterminiertes Substantiv (مُنكَّر)
und steht am Schluß.

Adverb   - Substantiv

Hier ist ein Lehrer.   هُنَا مُعَلِّم.

Präpositionalgruppe   - Substantiv

Im Zimmer ist ein Lehrer.(Ein Lehrer ist im Zimmer.)   فِي الْغُرْفَة مُعَلِّم.

3.2. In der mit "ja" oder "nein" zu beantwortenden Entscheidungsfrage ist die Wortstellung wie im Aussagesatz, nur wird die Partikel هَلْ (seltener die Partikel أ) vorangestellt.

Ist er hier?   هَلْ هُوَ هُنَا؟

Ist das groß?   هَلْ هَذَا كَبِير؟

Das "oder" der Doppelfrage lautet im Arabischen أَمْ :

Ist das groß oder klein?   هَلْ هَذَا كَبِير أَمْ صَغِير؟

Bei der mit den Fragepronomen ما "was" oder مَن "wer" eingeleiteten Ergänzungs- bzw. Wortfrage ersetzt das Fragepronomen das Subjekt:

Was ist das?   مَا هَذَا؟

Wer ist das?   مَنْ هَذَا؟

Was ist hier?   مَا هُنَا؟

Wer ist hier?   مَنْ هُنَا؟

(Zu den Formen ما هذه und من هذه vgl. unten, 3.3.3.)

Ist ein Substantiv oder Adjektiv Prädikat einer solchen Ergänzungsfrage, so wird (einer Kopula vergleichbar) das Personalpronomen هو (bzw. هِي ; vgl. unten, 3.3.3.) zwischen Fragepronomen und Prädikat eingeschoben:

Was ist die Gesundheit?   مَا هِيَ الصِّحَّة؟

Wer ist (der) Lehrer?   مَنْ هُوَ (ال) مُعَلِّم؟

A8 Bei Sätzen, die mit einem Verb eingeleitet werden, steht als Fragepronomen statt ما im allgemeinen die erweiterte Form مَاذَا.

3.3. Die Genuskongruenz

3.3.1. Zwischen Subjekt und adjektivischem Prädikat besteht Genuskongruenz. Ist also das Substantiv feminin, muß das Adjektiv die Femininendung annehmen.

feminines Subjekt = feminine Form des adjektivischen Prädikates	maskulines Subjekt = maskuline Form des adjektivischen Prädikates

a 1 أَلْخِزَانَة كَبِيرَة. Der Schrank/das Haus ist groß. أَلْبَيْت كَبِير.

b 1 هِيَ كَبِيرَة. Er/es ist groß. هُوَ كَبِير.

c 1 هَذِهِ كَبِيرَة. Dieser/dieses ist groß. هَذَا كَبِير.

3.3.2. Genuskongruenz besteht auch zwischen pronominalem Subjekt und nominalem Prädikat:

Er ist (ein) Lehrer. هُوَ مُعَلِّم.

Sie ist (eine) Lehrerin. هِيَ مُعَلِّمَة.

3.3.3. Auch bei der mit ما oder مَن eingeleiteten Ergänzungsfrage hängt das Genus eines als Prädikat stehenden Pronomens davon ab, ob nach einem Maskulinum oder einem Femininum gefragt wird, also:

Was ist das? مَا هَذَا؟

Wer ist das? مَنْ هَذَا؟

Wer ist er? مَنْ هُوَ؟

bei der Frage nach einem Maskulinum,

Was ist das? مَا هَذِهِ؟

Wer ist das? مَنْ هَذِهِ؟

Wer ist sie? مَنْ هِيَ؟

bei der Frage nach einem Femininum.

Dementsprechend lautet das bei der Ergänzungsfrage eingeschobene Personalpronomen (vgl. oben, 3.2.) هُوَ bei maskulinem, هِي bei femininem Prädikat:

Was ist der Name? Wie heißt er? مَا هُوَ الإسْم؟

Was ist die Sonne? ما هِيَ الشَّمْس؟

Wer ist (der) Lehrer? مَنْ هُوَ (ال)مُعَلِّم؟

Wer ist (die) Lehrerin? مَنْ هِيَ (ال)مُعَلِّمَة؟

A9 Genuskongruenz besteht auch zwischen einem den Satz einleitenden Verb und dem folgenden Substantiv: maskuline Form يُوجَدُ, feminine Form تُوجَدُ : es gibt, befindet sich, ist vorhanden

Satzstruktur 1, a 3 unter Voransetzung von يوجد bzw. توجد :

Der Lehrer befindet sich im Zimmer.	يوجد المعلم في الغرفة.
Der Schrank befindet sich im Zimmer.	توجد الخزانة في الغرفة.

Satzstruktur 2 unter Voransetzung von يوجد bzw. توجد :

Hier befindet sich ein Lehrer.	يوجد هنا معلم.
Hier befindet sich ein Schrank.	توجد هنا خزانة.

In dem mit ماذا eingeleiteten Fragesatz verwendet man im allgemeinen die maskuline Form: Was befindet sich in dem Zimmer? ماذا يوجد في الغرفة؟

Mit dieser Lektion beginnend werden zu jeder Lektion Vokabelverzeichnisse gegeben. Sie enthalten alle aus den vorhergehenden Lektionen noch nicht bekannten Wörter, die in den Texten, den Übungen und zum Teil auch in der Grammatik vorkommen. Bei polysemen Wörtern wird meist nur die im Text vorliegende, jeweilige aktuelle Bedeutung angegeben. Die Vokabeln sind alphabetisch nach Wurzeln geordnet, d. h. als erster Ordnungsbuchstabe gilt stets R1 (Vgl. dazu Lektion 4). Im Interesse der Übersichtlichkeit ist *Fatḥa* nur z.T. gesetzt worden.

Dem Studierenden mag es anfangs noch manche Schwierigkeit bereiten, von jedem Wort die Wurzel zu erkennen. Mit fortschreitender Übung wird er sich jedoch rasch die Fertigkeit aneignen, jedes gesuchte Wort im Vokabelverzeichnis zu finden. Diese Fertigkeit ist jedoch notwendig, um das nach dem gleichen Prinzip geordnete, gebräuchlichste arabisch-deutsche Wörterbuch von **Hans Wehr** benutzen zu können.

An dieser Stelle noch ein allgemeiner Hinweis, der dem Studierenden das Auffinden vieler Wörter erleichtern wird. م (*Mīm*) als erster Buchstabe eines Wortes ist selten R1, meist Präfix (مُـ، مِـ، مَـ). Das Wort مَخْزَن ist im Vokabelverzeichnis und im Wörterbuch nicht unter *Mīm* eingeordnet, sondern unter *Ḫā´*, das Wort مِصْبَاح unter *Ṣād* und das Wort مُعَلّم unter ^c*Ain*.

V (Beinhaltet die in Lektion 1 und 2 verwendeten Vokabeln.)

Vater	أب ج آباء	gut, "okay"	تمام
Nimm! *(mask./fem.)*	خُذْ ! / خُذِي !	neu	جَدِيد ج جُدُد
Bruder	أخ ج إخْوة	Wand	جِدار ج جُدْران
Schwester	أُخْت ج أخوات	(das) Sitzen	جُلُوس
Boden, Erde	أرْض (م) ج أراضٍ	schön	جمِيل ج ـون
Allah, Gott	الله	Gerät	جهاز ج أجْهِزة
bei Gott	والله	Fernseher	~ تلفزيون
(Präp.) bis, nach	إلَى	Videogerät	~ فيديو
Mutter	أُمّ ج أُمَّهات	gut	جَيِّد ج ـون
(Präp.) vor *(lok.)*	أمامَ	Garten	حَدِيقة ج حدائِقُ
ich	أنا	Buchstabe	حرْف ج حُرُوف
du *(m.)*	أنْتَ	Bad, Toilette	حمّام ج ـات
du *(f.)*	أنْتِ	Gott sei Dank!	الـحمْدُ لله
ihr *(2.P.Pl.m.)*	أنْتُمْ	Zustand	حال ج أحْوال
ihr *(2.P.Pl.f.)*	أنْتُنَّ	Schrank	خِزانة ج ـات، خزائِنُ
Fräulein	آنِسة ج ـات	gut	خيْرٌ
etwa: Grüß Dich!	أهْلاً بِكَ / بِكِ	Mir geht es gut.	أنا بِخَيْرٍ
Herzlich willkommen!	أهْلاً وسهْلاً	ich weiß nicht	لا أدْرِي
jetzt	الآن	Radio	رادِيو ج راديوهات
auch	أيْضاً	Mann	رجُل ج رِجال
wo	أيْنَ	*etwa:* Grüß dich!	مرْحباً
Paris	باريس	Bett	سرير ج أسِرَّة
nicht schlecht	لا بأسَ (بِهِ/ بِها)	(Zimmer-)Decke	سَقْف ج سُقُوف
Tür	باب ج أبْواب	Frieden	سلام
Haus	بَيْت ج بُيُوت	Friede sei über Euch!	السلامُ عليْكُم
(Präp.) unter	تحْتَ	Auf Wiedersehen!	مع السلامة
nach unten	إلى تحْتُ	Name; Nomen	إِسم

Herr (Anrede)	سَيِّد ج سادة	ich habe	عِنْدِي
Frau (Anrede)	سَيِّدة ج ات	du hast (m./f.)	عِنْدَكَ / عِنْدَكِ
Fenster	شُبَّاك ج شبابيكُ	Familie	عائِلة ج ـات
Danke!	شُكْراً	Zimmer	غُرْفة ج غُرَف
die Sonne	الشَّمْس (م)	Mädchen	فتاة ج فتيات
Tasche	شنْطة ج شُنَط، ـات	Fāṭima	فاطمة
Gesundheit	صِحَّة	(Präp.) über auf	فَوْقَ
Morgen	صباح	(Adv.) oben	فَوْقُ
Guten Morgen!	صباح الخير	nach oben	إلى فوقُ
(Antwort)	صباح النور	(Präp.) in	في
Lampe	مِصْباح ج مصابيحُ	alt	قديم ج قُدماءُ
Freund	صَديق ج أصْدِقاءُ	Fortschritt	تقدُّم
Freundin	صَديقة ج ـات	kurz, klein	قصير ج قِصار
klein, kurz	صغير ج صِغار	(Schreib-)Stift	قـلم ج أقْلام
Tisch	طاوِلة ج ـات	Mond	قمر
Arzt	طبيب ج أطِبَّاءُ	Kairo	القاهِرة
Ärztin	طَبيبة ج ـات	groß	كبير ج كِبار
Küche	مطْبخ ج مطابِخُ	Buch	كِتاب ج كُتب
Student	طالِب ج طُلَّاب/ طلبة	Heft	كُرَّاسة ج ـات، كراريسُ
Studentin	طالِبة ج ـات	Stuhl	كُرْسِيّ ج كراسيّ
lang, groß	طويل ج طِوال	Telefongespräch	مُكالمة تلفونِيَّة
gut	طَيِّب ج ـون	wie	كَيْفَ
bitte (Antwort auf شكراً); Verzeihung, Pardon	عفواً	Wie geht es dir? (m.)	كَيْفَ حالُكَ /
		~ (f.)	كَيْفَ حالُكِ؟
Lehrer	مُعلِّم ج ـون	(Präp.) für	لِ
Lehrerin	مُعلِّمة ج ـات	nein	لَا
(Präp.) auf; an	عَلَى	Auf Wiedersehen!	إلى اللِقاء
(Präp.) bei	عِنْدَ	Tafel	لَوْح ج ألْواح

45

was (Fragepronomen)	ما	dieser	هذا
was (Fragepronomen mit nachfolgendem Verb)	ماذا	diese	هذِهِ
		Gib!	هات
wann	مَتى	Fragepartikel	هَل
Stadt	مدِينة ج مُدُن	sie (3.P.Pl.m.)	هُمْ
Maria	مَرْيَم	sie (3.P.Pl.f.)	هُنَّ
Abend	مساء	hier	هُنا
Guten Abend!	مساء الخير	dort	هُناكَ
(Antwort)	مساء النُّور	er	هُوَ
(Präp.) mit	مَعَ	sie	هِيَ
wer	مَنْ	und	وَ
(Präp.) von; aus	مِنْ	es gibt, es befindet sich	يُوجَدُ / تُوجَدُ
wir	نَحْنُ	Papier (coll.)	ورق ج أوْراق
sauber	نظِيف ج نُظفاءُ	schmutzig	وسِخ
ja	نَعَمْ	japanisch	يابانِيّ
Schlaf	نَوْم		
Hallo!	هالو		

Text 1   البيت

البيت كبير وجميل. توجد في البيت غرفة للجلوس وغرفة للنوم وغرفة للأخت وغرفة لي ومطبخ وحمام وأمام البيت حديقة جميلة. الأب معلم والأم طبيبة والأخت طالبة وأنا طالب أيضاً. عندي غرفة كبيرة وفي الغرفة طاولة وكرسي وسرير كبير وخزانة وراديو قديم وجهاز فيديو ياباني وجهاز تلفزيون جديد ومصباح قديم وشبّاك كبير.

Text 2

مكالمة تلفونية

محمّد: هالو، من هناك ؟

مريم: هنا مريم.

محمّد: مرحباً. هنا محمد. صباح الخير. كيف حالك؟

مريم: صباح النور. أنا بخير الحمد لله.

محمّد: أين أنت الآن؟

مريم: أنا الآن في باريس. كيف الحال؟

محمّد: أنا بخير. كيف الصحة؟

مريم: شكراً، لا بأس. وكيف حال العائلة؟

محمّد: العائلة بخير، شكراً. وكيف الأب؟

مريم: هو الآن في القاهرة وهو بخير الحمد لله.

محمّد: كيف فاطمة؟

مريم: هي بخير، الحمد لله.

محمّد: أين فاطمة؟

مريم: هي في البيت مع طالبة.

محمّد: كيف باريس؟

مريم: والله باريس مدينة جميلة وكبيرة. أين صالح؟

محمّد: لا أدري أين هو.

مريم: طيّب، مع السلامة وإلى اللقاء.

محمّد: مع السلامة.

Übungen:

Ü1 Schreiben Sie alle Substantive aus Text 1 heraus und ergänzen Sie in Klammern das jeweilige Personalpronomen!(schriftl. Hausaufgabe)

Ü2 Der Lektor nennt die Substantive

بيت، جدار، غرفة، جلـوس، نـوم، مطبخ، حمـام، حديقـة، طاولـة، كرسـي،
سرير، خزانة، راديو، فيديو، تلفزيـون، جهاز، مصبـاح، شبـاك، قلـم، شـنطة،
لوح، ورق، سقف، أرض

erklärt die Schreibung und läßt sie von den Studenten nachsprechen.

Ü3 Der Lektor wiederholt die in Ü2 aufgeführten Wörter. Der Student spricht sie unter Hinzufügung des Artikels (أَلْ) nach.

Ü4 Der Lektor nennt aufeinanderfolgend die Substantive aus Ü2 in determinierter Form. Der Student spricht sie nach und wiederholt sie unter Voransetzung der Präposition مع.

Ü5 Gleiche Übung mit der Präposition في.

Ü6 Gleiche Übung mit der Präposition على.

Ü7 Gleiche Übung mit der Präposition أمام.

Ü8 Gleiche Übung mit der Präposition عند.

Ü9 Gleiche Übung mit der Präposition إلى.

Ü10 Gleiche Übung mit den Präpositionen فوق/تحت.

Ü11 Gleiche Übung mit der Präposition لِ.

Ü12 Ergänzen Sie die passende(n) Präposition(en).

أنا ... البيت. القلم ... الشنطة. الحديقة ... البيت. فاطمة ... الصديق. أحمـد
... المطبـخ. الـورق ... الشنطة. الطاولـة ... الغرفة. الراديـو ... الخزانـة.
محمد ... الأم. الطالب ... المعلم. الكراسة ... الشنطة. أحمد ... بـاريس.
الأب ... القاهرة. اللوح ... الجدار. الكرسي ... الطاولة. الورق ... الطاولة.

Ü13 Der Lektor nennt die Wörter:

معلم، طالب، الأب، الصديق، رجل، السيد...

Der Student bildet damit und den Personalpronomen هو, أنا und أنتَ Nominalsätze.

أنت الصديق.	صديق >	معلم > هو معلم.
هو السيد.	السيد >	طالب > أنا طالب.

Ü14 Gleiche Übung mit den Substantiven

طبيبة، معلمة، طالبة، المعلمة الطالبة، صديقة، الفتاة، الآنسة، السيدة...

und den Personalpronomen هي und أنتِ.

Ü15 Der Lektor nennt die Substantive

الشبّاك، المصباح، اللوح، البيت، الرجل، القلم، الطالب، الكتاب، الراديو،
السرير، الأب، النوم، الجلوس، المعلم، الطالب، الكرسي، الصباح

Der Student bildet unter Verwendung der Adjektive كبير، صغير، جميل
Nominalsätze.

الشبّاك < الشبّاك كبير.

Ü16 Wie Ü15 unter Verwendung der Substantive

الغرفة، الشنطة، الطاولة، الكرّاسة، الخزانة، الطالبة، الفتـاة، المدينـة، القـاهرة،
الأم، الكرّاسة، الحديقة.

Ü17 Der Lektor nennt und erläutert die Adjektive

جديد/قديم ، طويل/قصير ، نظيف/وسخ

Der Student bildet Nominalsätze mit den Substantiven aus Ü15 und 16
nach dem Muster:

الطاولة جديدة والكرسي قديم.
الطالب طويل والطالبة صغيرة.
الغرفة نظيفة واللوح وسخ.

Ü18 Der Lektor spricht einzeln die Sätze:

الكتاب جديد. البيت قديم. الخزانـة كبيرة. الشبّاك صغير. الطالبـة جميلـة.
الغرفة نظيفـة. الأرض وسخة. المعلـم طويـل. الطالب صغير. القلم قصـير.
الخزانة جديدة. اللوح نظيف. الغرفة وسخة. المصباح صغير. الشنطة قديمـة.
الطاولة كبيرة. البيت جميل. الرجل صغير.

Der Student spricht sie zunächst nach und ersetzt dann das
substantivische Subjekt durch هو bzw. هي.

Ü19 Die Studenten bilden selbständig Fragesätze mit dem Frageadverb
أينَ "wo" und den Substantiven aus Ü15 und 16 und geben eine sinnvolle
Antwort.

Ü20 Beantworten Sie die vom Lektor gestellten Fragen!

ماذا يوجد في الغرفة (في البيت، في الخزانة، في الشنطة)؟

ماذا يوجــد على الطاولـة (على الجـدار، على الخزانـة، على السرير، على الكرسي)؟

Ü21 Der Lektor deutet auf Gegenstände im Zimmer und fragt:

ما هذا؟ ما هذه؟

Ü22 Der Lektor fragt:

هل هذا شبّاك (لوح، كرسي، ...)؟

Der Student antwortet bejahend:

نعم، هذا ... / نعم، هذه ...

oder verneinend:

لا، هذا ... / لا، هذه ...

Ü23 Beantworten Sie die folgenden Fragen mit نعم oder لا und dem Personalpronomen der 1.P.Sg. als Subjekt:

هل أنــتَ طــالب (معلــم، المعلـم، رجـل، السيد ...، كبيـر، صغير، جديـد، طويل)؟

هل أنتِ طالبة (معلمة، المعلمة، فتـاة، الآنسـة ...، كبـيرة، صغيرة، جديـدة، طويلة)؟

Ü24 Der Lektor erklärt die Verwendung von عِنْدي "ich habe/bei mir ist" und عِنْدَكَ/عِنْدَكِ "du hast/bei dir ist" und fragt:

هل عِنْدَكَ/عِنْدَكِ كرسي (رادیو، شنطة، قلم، بيت، خزانة، كرّاسة، غرفـة، فيديو ...)؟

Der Student antwortet:

نعم، عندي ...

Ü25 Der Lektor fragt:

هل عندكَ/ عندكِ بيت كبير (غرفة جديدة، قلم طويل، شنطة نظيفة ...) ؟

Der Student antwortet verneinend mit dem Antonym des jeweiligen Adjektivs:

لا، عندي بيت صغير usw.

Ü26 Der Lektor fragt:

مَن عندكَ/ عندكِ؟

Der Student antwortet nach dem Muster:

عندي الأخـت. عندي المعلم. عندي ...

Ü27 Lektor (sich an einen Studenten wendend):

Lektor : هاتِ الـ...

Student : خذِ الـ...

Lektor : شكراً

Student : عفواً

Ü28 Der Lektor erläutert die Verwendung der Begrüßungs- und Abschiedsformeln und übt sie mit den Studenten in Anlehnung an Text 2.

صباح الـخير / النور	أهلاً وسهلاً
مع السلامة	أهلاً بكَ / بكِ
السلام عليكم	كيفَ حَالُكَ / حَالُكِ؟
وعليكم السلام	كيف الصِحّة؟
إلى اللقاء	كيف الـ...؟
مَرْحَباً	الْحَمْدُ لله
مساء الـخير / النور	أنا بـخير
	أنا تـمام

Ü29 Der Lektor fragt:

أين البيت (الغرفة، الشنطة، الطاولة، الكرسي، المعلم، الطالب ...) ؟

Der Student antwortet nach dem Muster

لا أدْري أين البيت. لا أدري أين الـ ...

Ü30 Übersetzen Sie ins Arabische (schriftl. Hausaufgabe)!
Ich bin groß. Er ist Student. Die Tasche ist neu. Das Zimmer ist groß. Die Mutter ist Ärztin. Sie ist Studentin. Ich habe ein japanisches Video-(gerät). Du hast (m.) einen großen Garten. Du hast (f.) eine schöne Tasche. Aḥmad ist Student. Der Tisch ist alt. Die Lampe ist neu. Er ist in der Küche. Das Fenster ist sauber. Die Tafel ist schmutzig. Der Vater ist Lehrer.

Ü31 Alle Studenten beantworten die Frage:

مَا اسْمُكَ؟ مَا اسْمُكِ؟

Komplexübung:

1. Verbinden Sie die folgenden isoliert geschriebenen Buchstaben zu Wörtern!

6. ح+ا+ب+ص ‏.6   ا+ن+ا ‏.1

ر+ي+خ+ل+ا ‏.7   ب+ا+ل+ط ‏.2

ف+ي+ك ‏.8   ي+ا+م+ن+ا+ل+ا ‏.3

ك+ل+ا+ح ‏.9   م+ا+ل+س+ل+ا ‏.4

ه+ل+د+م+ح+ل+ا ‏.10   م+ك+ي+ل+ع ‏.5

2. Lesen und übersetzen Sie die Wörter aus 1.!

3. Übersetzen Sie ins Arabische!

Der Tisch ist groß. Die Tasche ist alt. Der Student ist neu. Die Tafel ist schmutzig. Du hast (f.) eine Tasche. Du hast (m.) ein Haus. Er ist in der Küche. Der Vater ist Lehrer. Die Mutter ist Ärztin. Das Fenster ist alt. Ich bin Student. Vor dem Haus ist ein Garten. Ich habe ein Bett, eine Lampe und ein Radio. Die Lampe ist alt.

4. Ersetzen Sie in folgenden Sätzen das Subjekt des Satzes durch das jeweilige Personalpronomen!

الطاولة كبيرة. البيت جميل. المصباح صغير. القلم قصير. الطالبة جميلة. الأرض وسخة. الشنطة قديمة. الحديقة أمام البيت. الخزانة جديدة.

5. Bilden Sie mit den folgenden Substantiven und den Adjektiven كبير und صغير Nominalsätze!

جدار، سرير، سقف، حرف، جهاز، مصباح، صديـق، حمـام، طاولـة، ورق، كتاب، كرّاسة، كرسي، مدينة، لوح، غرفة، قمر، شمس، شبّاك، باب، بيت

6. Beantworten Sie folgende Sätze verneinend und mit dem jeweiligen Antonym des Adjektivs!

هل عندك بيت جديد؟   هل عندك غرفة كبيرة؟

هل عندك قلم قصير؟   هل عندك لوح نظيف؟

7. Ergänzen Sie die passende Präposition!

الكتاب ... الطاولة. المعلّم ... الغرفة. هو ... البيت. الصديق ... الصديق.

8. Schreiben Sie folgende Wörter in Umschrift!

الطّالِب، الـخزانة، الـمُعلّم، الله، الشّمس، الحمد لله، مع السلامة، الصّديق

Lektion 3

الدرس الثالث

1. Der Numerus (أَلْعَدَد)

Das Arabische unterscheidet beim Nomen, Pronomen und Verb (أَلْفِعْل)
drei Numeri: Singular (أَلْمُفْرَد), Plural (أَلْجَمْع) und Dual (أَلْمُثَنَّى).
In dieser Lektion behandeln wir den Plural des Nomens und
Personalpronomens, deren Singular aus Lektion 1 und 2 bereits bekannt
ist.

1.1. Das Personalpronomen

Pl.		Sg.	
sie (m.)	هُمْ	er	هُوَ
sie (f.)	هَنَّ	sie	هِيَ
ihr (m.)	أَنتمْ	du (m.)	أَنْتَ
ihr (f.)	أَنتنَّ	du (f.)	أَنْتِ
wir	نحْنُ	ich	أَنَا

A1 Der Hilfsvokal bei هـم und أنتم ist -*u* (vgl. Lektion 2, G 1.3.2.). Zur Reihenfolge 3.
Person, 2. Person, 1. Person s. Lektion 5, G 1.3.

1.2. Substantiv und Adjektiv

Es gibt beim arabischen Nomen zwei Arten des Plurals, den äußeren und
den inneren oder, wie sie meist genannt werden, den gesunden
(أَلْجَمْع السَّالِم) und den gebrochenen Plural (جَمْع التَّكْسِير). Der äußere
oder gesunde Plural wird durch Suffixe gebildet.
Der innere oder gebrochene Plural entsteht durch eine Veränderung der
Vokalstruktur der Singularform.

1.2.1. Der gesunde Plural hat zwei Formen, eine maskuline (جَمْع مُذَكَّر)

auf (سالِم) ـُونَ *-ūna* und eine feminine (جَمْع مُؤَنَّث سالِم) auf ات- *-āt*.

Pl.		
m.	fleißige Lehrer *muᶜallimūna muǧtahidūna*	مُعَلِّمُونَ مُجْتَهِدُونَ
f.	fleißige Lehrerinnen *muᶜallimāt muǧtahidāt*	مُعَلِّمات مُجْتَهِدات
Sg.		
m.	ein fleißiger Lehrer *muᶜallim muǧtahid*	مُعَلِّم مُجْتَهِد
f.	eine fleißige Lehrerin *muᶜallima muǧtahida*	مُعَلِّمَة مُجْتَهِدَة

1.2.2. Der gebrochene Plural hat viele Formen, von denen wir hier zunächst die Modellstrukturen فِعَال *fiᶜāl* und أَفْعَال *afᶜāl* nennen (s. Lektion 4).

Sg.		Pl.	
raǧul	رَجُل	*riǧāl*	رِجَال
ṭawīl	طَويل	*ṭiwāl*	طِوَال
qalam	قَلَم	*aqlām*	أَقْلَام

A2 Die meisten Substantive und Adjektive bilden entweder den gesunden oder den gebrochenen Plural (oder auch mehrere gebrochene Plurale), manche haben sowohl den gesunden als auch den gebrochenen Plural. Genaue Auskunft darüber gibt das Wörterbuch.

In diesem Lehrbuch wird die gebräuchliche Pluralform jedes Substantivs und der meisten Adjektive angegeben. In den Vokabelverzeichnissen steht zwischen Singular und Plural ein ج (= arab. جَمْع *ǧamᶜ* "Plural"). Sind bei einem Nomen mehrere Pluralformen gebräuchlich, steht zwischen ihnen ein Komma. Wird in Einzelfällen nur die Pluralform eines Wortes verzeichnet, so wird diese durch ein vorgesetztes ج gekennzeichnet.

2. Das Adjektiv (اَلصِّفَة)

2.1. Die Form: Jedes Adjektiv hat eine maskuline und eine feminine Singularform:

m.	مُجْتَهِد	كَثِير	طَوِيل	كَبِير
f.	مُجْتَهِدة	كَثِيرَة	طَوِيلَة	كَبِيرَة

sowie eine maskuline gesunde oder gebrochene und eine feminine Pluralform:

m.	مُجْتَهِدُونَ	كَثِيرُونَ	طِوَال	كِبَار
f.	مُجْتَهِدات	كَثِيرَات	طَوِيلَات	كَبِيرَات

Welche Form im Einzelfall gebraucht wird, hängt vom übergeordneten Wort ab.

2.2. Die Funktion: Das Adjektiv hat zwei Funktionen, eine attributive und eine prädikative (zu letzterer vgl. Lektion 2, G 3.1.).

prädikativ

Das Haus ist groß.	أَلْبَيْت كَبِير.
Das Zimmer ist neu.	أَلْغُرْفَة جَدِيدَة.

attributiv

das große Haus	أَلْبَيْتُ الكَبِير
das neue Zimmer	أَلْغُرْفَةُ الجَدِيدَة
ein großes Haus	بَيْت كَبِير
ein neues Zimmer	غُرْفَة جَدِيدَة

A3 Nehmen Sie den vokalischen Auslaut der Wörter أَلْبَيْتُ (al-baitu) und أَلْغُرْفَةُ (al-gurfatu) zunächst ohne Erklärung zur Kenntnis. Näheres dazu steht in Lektion 4, G 3.

55

2.3. Im Singular besteht zwischen Substantiv und Adjektiv Kongruenz (vgl. Lektion 2, G 3.3.1.- 3.3.2.)

im Numerus

Das Haus ist groß.	أَلْبَيْتُ كَبِير.
Singular	
das große Haus	أَلْبَيْتُ الْكَبِير
Singular	

im Genus

Das Haus ist groß.	أَلْبَيْتُ كَبِير.
maskulin	
das große Haus	أَلْبَيْتُ الْكَبِير
maskulin	
Das Zimmer ist neu.	أَلْغُرْفَة جَدِيدَة.
feminin	
das neue Zimmer	أَلْغُرْفَةُ الْجَدِيدَة
feminin	

bei attributiver Funktion des Adjektivs außerdem **im Status** (= Determination/Indetermination)

das große Haus	أَلْبَيْتُ الْكَبِير
determiniert	
das neue Zimmer	أَلْغُرْفَةُ الْجَدِيدَة
determiniert	
ein großes Haus	بَيْت كَبِير
indeterminiert	
ein neues Zimmer	غُرْفَة جَدِيدَة
indeterminiert	

und **im Kasus** (s. Lektion 4, G 3.1., 3.2.).

2.4. Im Plural ist die Kongruenz zwischen Substantiv und Adjektiv davon abhängig, ob das Substantiv Personen oder Nicht-Personen bezeichnet.

Bezeichnet es Personen, so besteht wie im Singular mit dem Adjektiv Kongruenz im Numerus und Genus, bei attributiver Funktion des Adjektivs auch im Status und Kasus.

prädikativ:

Die Lehrer sind fleißig.	أَلْمُعَلِّمُونَ مُجْتَهِدُونَ.
Die Lehrerinnen sind fleißig.	أَلْمُعَلِّمَاتُ مُجْتَهِدَاتٌ.
Die Männer sind groß.	أَلرِّجَالُ طِوَالٌ.

attributiv:

die fleißigen Lehrer	أَلْمُعَلِّمُونَ الْمُجْتَهِدُونَ
die fleißigen Lehrerinnen	أَلْمُعَلِّمَاتُ الْمُجْتَهِدَاتِ
die großen Männer	أَلرِّجَالُ الطِّوَالُ
große Männer	رِجَالٌ طِوَالٌ

Bezeichnet das Substantiv Nicht-Personen, so hat das Adjektiv in attributiver und prädikativer Stellung die Form des femininen Singulars. Kongruenz besteht also genau genommen nur bei attributiver Funktion des Adjektivs, und zwar im Status und Kasus. Wir sprechen jedoch auch von einer Genus- und Numeruskongruenz, denn **der Plural von Wörtern, die Nicht-Personen bezeichnen, gilt als femininer Singular.**

prädikativ:

Die Tische sind groß.	أَلطَّاوِلَاتُ كَبِيرَةٌ.
Die Stifte sind neu.	أَلْأَقْلَامُ جَدِيدَةٌ.

attributiv:

die großen Tische	أَلطَّاوِلَاتُ الْكَبِيرَة
die neuen Stifte	أَلأَقْلَامُ الْجَدِيدَة

2.5.   In den Beispielen für die prädikative Stellung des Adjektivs kann das jeweilige Subjekt durch das entsprechende Personalpronomen ersetzt werden.

هُوَ كَبِير.	أَلْبَيْتُ كَبِير.
هِيَ كَبِيرَة.	أَلْغُرْفَةُ كَبِيرَة.
هُمْ مُجْتَهِدُونَ.	أَلْمُعَلِّمُونَ مُجْتَهِدُونَ.
هُنَّ مُجْتَهِدَات.	أَلْمُعَلِّمَاتُ مُجْتَهِدَات.
هِيَ كَبِيرَة.	أَلطَّاوِلَاتُ كَبِيرَة.
هِيَ جَدِيدَة.	أَلأَقْلَامُ جَدِيدَة.

In den letzten beiden Beispielen steht mit هِيَ das sing. fem. Pronomen, weil طَاوِلَات und أَقْلَام als fem. Singular gelten.

V

Essen, Speise	أَكْلة ج أكلات	Übersetze!	تُرْجِمْ / تُرْجِمِي
Emirat	إمارة ج إمارات	Tunesien, Tunis	تُونِس
Papa	بابا	Käse	جُبْنة
Bus	باص ج ـات	Algerien	الجزائِر
Kühlschrank	بَرَّادة ج ات	Universität	جامِعة ج ـات
(Präp.) nach (temp.)	بَعْدَ	fleißig	مُجْتَهِد ج ون
Land	بلد ج بلاد / بُلْدان	Station, Haltestelle	محطَّة ج ـات
Eier (coll.)	بَيْض	Geschäft	محلّ ج ـات

Milch	حَلِيب	Hauptstadt	عاصِمة ج عواصِمُ
Brot	خُبْز	großartig	عَظِيم ج عُظماءُ
Bäckerei	مَخْبِز ج مَخابِزُ	Oman	عُمانُ
Geschäft	مَخْزِن ج مَخازِنُ	Wiederhole!	أعِدْ ! / أعِيدِي !
Gemüse, Grünzeug	ج خَضْراوات	Mittagessen	(طعام) الغَداء
Schule	مَدْرسة ج مَدارِسُ	Maghreb, Marokko	المَغْرِب
Laden	دُكَّان ج دكاكينُ	Fehler, falsch	غلط ج أغْلاط
ich gehe zu / nach ...	أذْهَبُ إلى	Frühstück	فُطُور
Marmelade	مُرَبّى	Obst	فاكِهة ج فواكِهُ
Butter	زُبْدة	häßlich	قَبِيح ج قِباح
Saudi Arabien	السَعُودية	Zug	قِطار ج ات
Zucker	سُكَّر	wenig	قليل ج ـون
Sudan	السُّودان	Kaffee	قَهْوة
Syrien	سُوريا (م)	Bibliothek,Buchgeschäft	مَكْتَبة ج ـات
Markt	سُوق (م) ج أسْواق	viele	كَثِير ج ون، كِثار
Auto	سَيّارة ج ات	Computer	كُمْبِيُوتَر ج ات
Tee	شاي	Kuwait	الكُوَيْت
Getränke	ج مَشْرُوبات	Kleidung	ج مَلابِسُ
Straße	شارِع ج شوارِعُ	Libyen	لِيبيا
richtig	صَحِيح ج صِحاح	zum Beispiel	مَثَلاً
Flugplatz	مَطار ج ات	Ägypten	مِصْر
Flugzeug	طائِرة ج ات	Jemen	اليَمَن
Irak	العِراق	Tag	يَوْم ج أيّام
Honig	عسل	heute	اليَوْمَ
Saft, Juice	عصير		

في المدينة Text 1

المدينة كبيرة وجميلة. توجد في المدينة بيوت صغيرة قليلة وبيوت كبيرة كثيرة. الشوارع نظيفة وطويلة وفي الشوارع سيّارات كثيرة وتوجد في المدينة محطّة وفي المحطّة قطارات وأمام المحطّة باصات ومخازن ومحلّات كثيرة مثلاً للسيّارات وللملابس وللكمبيوتر ومخابز ودكاكين للخضروات وللمشروبات ومكتبات.

وفي المدينة مطار كبير وجديد وفي المطار طائرات من بلدان كثيرة مثلاً من مصر وسوريا واليمن والسعودية والعراق وتونس والجزائر والمغرب وليبيا والسودان وعمان والإمارات والكويت. أنا من هذه المدينة وأنا طالب في الجامعة.

في البيت Text 2

محمّد: صباح الخير.

الأم: صباح النور.

محمّد: كيف حالكِ؟

الأم: بخير الحمد لله. وكيف حالك؟

محمّد: والله ، أنا بخير. أين بابا؟

الأم: هو في المدينة.

محمّد: أين فاطمة؟

الأم: هي في المدرسة.

محمّد: أين الفطور؟

الأم: الفطور في المطبخ.

محمّد: ما هو فطور اليوم؟

الأم: على الطاولة قهـوة وشـاي وفي البـرّادة جبنـة وبيـض وعسـل ومربى وعصير وخبز وفواكه وزبدة.

محمّد: أين السكر والحليب؟

الأم: السكر هنا والحليب في البرّادة.

محمّد: شكراً. هل أنتِ اليوم في البيت؟

الأم: نعم، في الصباح أنا في البيت وبعد الغداء أَذْهَبُ إلى السوق. وأنتَ؟

محمّد: أنا في الجامعة إلى المساء.

ألأم: مع السلامة.

محمّد: مع السلامة.

Übungen:

Ü1 Der Lektor arbeitet mit den Studenten die in den Lektionen 2 und 3 auftretenden Pluralformen durch und spricht die folgenden Substantive (Singular und Plural) vor und läßt sie von den Studenten einzeln nachsprechen:

معلمة – معلمات		رجل – رجال	
الطاولة – الطاولات		صديقة – صديقات	
الرجل – الرجال		المعلم – المعلمون	
شنطة – شنطات		القلم – الأقلام	
طالبة – طالبات		الصديقة – الصديقات	
طاولة – طاولات		قلم – أقلام	
الطالبة – الطالبات		السيدة – السيدات	
الآنسة – الآنسات		الشنطة – الشنطات	
فاكهة – فواكهُ		مدرسة – مدارسُ	

سوق – أسواق   بيت   – بيوت

جامعة – جامعات   يوم   – أيّام

مدينة – مدن   شـارع – شـوارعُ

سيّارة – سيّارات   محطّة – محطّات

قطار – قطارات   باص   – باصات

مخزن – مخازنُ   كتاب   – كتب

مطار – مطارات   طائرة – طائرات

بلد   – بلدان/ بلاد   الشارع – الشوارعُ

Diese Übung wird mehrfach wiederholt, damit sich die Studenten die ihnen bisher unbekannten Plurale einprägen.

Ü2 Der Lektor nennt von den in Ü1 gegebenen Wörtern den Plural, der Student den Singular.

Ü3 Ausgangsform ist der Singular, der Student nennt die Pluralform.

Ü4 Der Lektor spricht die folgenden Adjektive (Singular und Plural) vor und läßt sie von den Studenten einzeln nachsprechen:

كبير – كبار   كثير   – كثيرون   قصير   – قصار

جميل – جميلون   طويل   – طوال   مجتهد – مجتهدون

صغير – صغار   قليل   – قليلون   جديد   – جدد

قديم – قدماء   عظيم   – عظماء   جيد   – جيدون

نظيف – نظفاء/نظاف

Ü5 Der Lektor nennt von den in Ü4 gegebenen Adjektiven den Plural, der Student den Singular.

Ü6 Ausgangsform ist der Singular der in Ü4 aufgeführten Adjektive. Die Studenten nennen die Pluralform.

Ü7 Der Lektor nennt aus dem Wortmaterial von Ü1 und Ü4 jeweils ein Substantiv im Singular oder Plural und ein Adjektiv. Die Studenten bilden daraus Nominalsätze.

شنطة – صغير   >   الشنطة صغيرة.

طالبات – جميل   >   الطالبات جميلات.

Ü8 Ausgangspunkt ist das Beispielmaterial von Ü7. Der Lektor nennt aus determiniertem Substantiv (Sg. und Pl.!) und Adjektiv bestehende

Ü8 Ausgangspunkt ist das Beispielmaterial von Ü7. Der Lektor nennt aus determiniertem Substantiv (Sg. und Pl.!) und Adjektiv bestehende Nominalsätze. Der Student ersetzt das Substantiv durch das entsprechende Personalpronomen.

هو مجتهد.　　<　　الرجل مجتهد.

هي جديدة.　　<　　الأقلام جديدة.

Ü9 Die Studenten beantworten die folgenden vom Lektor gestellten Fragen entweder mit نعم oder mit لا:

هل أنتَ كبير (صغير، جميل، مجتهد، طويل، معلم، طالب)؟

هل أنتِ كبيرة (صغيرة، جميلة، مجتهدة، طويلة، طالبة، معلمة)؟

هل أنتم كبار (صغار، مجتهدون، طوال، كثيرون، قليلون)؟

هل أنتنّ كبيرات (صغيرات، مجتهدات، كثيرات، صديقات، طالبات)؟

نعم، أنا صغير.　　<　　هل أنتَ صغير؟

لا، أنا طالبة.　　<　　هل أنتِ معلّمة؟

لا، نحن قليلون.　　<　　هل أنتم كثيرون؟

نعم، نحن طالبات.　　<　　هل أنتنّ طالبات؟

Ü10 Der Lektor deutet auf Gegenstände im Zimmer und fragt nach ihnen mit ما هذا؟، ما هذه؟ oder ماذا يوجد هناك؟.
Der Student beantwortet die Frage mit einem Satz, dessen Prädikat eine indeterminierte attributive Fügung (Substantiv + Adjektiv) ist.

يوجد هناك شبّاك كبير.

يوجد هناك كرسي صغير.

هذا كتاب جديد.

هذه خزانة قديمة.

Ü11 Die Studenten bilden selbständig Nominalsätze der Satzstruktur 2 (vgl. Lektion 2, G 3.1.) unter Voransetzung von

في الشنطة　　　هناك　　　هنا

على السقف　　في الخزانة　　في الغرفة

في البيت　　على الجدار　　على الطاولة

und einer sich anschließenden attributiven Fügung.

هنا كتاب جديد.

في الشنطة أقلام كثيرة.

على السقف مصباح كبير.

Der Lektor wiederholt den Satz, der vom Studenten noch einmal nachgesprochen wird.

Dem Lektor wird empfohlen, dabei den vom Studenten gebildeten Satz mit صحيح "richtig", عظيم "prächtig", "prima" oder غلط/خطأ "falsch", "Fehler" zu bewerten. Mit der Aufforderung (mask.) أعِد, (fem.) أعيدي und (mask.) ترجِم (fem.) ترجمي läßt er einzelne Sätze wiederholen bzw. übersetzen.

Ü12 Lesen Sie
a) alle Substantive, Adjektive und Pronomen des Vokabulars der Lektionen 2 und 3 und achten Sie besonders auf die Pluralformen!
b) die in G 2.2. - 2.5. aufgeführten arabischen Beispiele!
Der Lektor berichtigt fehlerhaft ausgesprochene Wörter und Sätze und läßt sie mehrfach wiederholen.

Ü13 Schreiben Sie die Beispiele aus Ü9 ab. Zur Erleichterung und zur Kontrolle für den Studenten schreibt sie der Lektor auch an die Tafel. - Das Beispielmaterial kann durch den Lektor beliebig vermehrt werden.

Ü14 (Hausaufgabe) Setzen Sie die Adjektive جديد، جميل، كبير، صغير

jeweils als determiniertes Attribut zu den folgenden Substantiven:

بيت، شنطة، شنطات، قلم، أقلام، كرسي، طاولة، طاولات، غرفة، طالبة،
طالبات، صديقة، صديقات

البيت الجديد   >   بيت + جديد

الطاولات الكبيرة   >   طاولات + كبير

Die Übung wird schriftlich ausgeführt und zu Beginn des nächsten Kollegs von einzelnen Studenten vorgelesen.

Ü15 (Hausaufgabe) Wiederholen Sie Ü11 schriftlich und bilden Sie etwa 12 Sätze!

Ü16 (Hausaufgabe) Wiederholen Sie Ü7 und Ü8!

Ü17 Der Lektor erklärt erneut die Grußformeln und die Frage nach dem Befinden mit den entsprechenden Antworten und übt sie jeweils zu Beginn und zu Ende jeder Stunde mehrmals.

Ü18 Beantworten Sie die folgenden Fragen (schriftl. Hausaufgabe):

ما هـي العاصمـة السـورية (اللبنانيـة، العراقيـة، المصريـة، اليمنيـة، السـعودية، التونسية، الجزائرية، المغربية، الليبية، السودانية، العمانية، الكويتية)؟

Ü19 Fügen Sie jedem Substantiv im Vokabelverzeichnis dieser Lektion ein passendes Adjektiv hinzu! Bilden Sie zuerst die indeterminierte und danach die determinierte Form!

أكلة جيدة > أكلة

الأكلة الجيدة > الأكلة

Ü20 Wie Ü19, aber mit den Pluralformen der Substantive!

Ü21 Ersetzen Sie in Text 1 die Adjektive durch ihr jeweiliges Antonym!

Ü22 Übersetzen Sie ins Deutsche!

البيت جديد. توجد هناك باصات كثيرة. أنا في المكتبة الصغيرة. المحطة فـي المدينة. المدن كبيرة. الطالبات المجتهـدات في الجامعة. هناك خضـروات وفواكه. أذهب إلى السوق. هنا في المطـار طـائرات كثيرة. الزبـدة والعسـل والحليب والعصير والجبنة والبيض في البرّادة. القهـوة والشـاي والسـكر علـى الطاولة. هناك طائرات من الإمارات وتونـس والجزائر والسعودية والسـودان والعراق وعمان والمغرب والكويت وليبيا وسوريا ومصر واليمن.

Ü24 (Hausaufgabe) Lernen Sie die Pluralformen der bislang behandelten Substantive, Adjektive und Pronomen (Lektion 2 und 3!). Der Lektor kontrolliert diese auch in den nachfolgenden Stunden mehrmals in mündlicher oder schriftlicher Form!

Komplexübung:

1. Verbinden Sie folgende isoliert geschriebene Buchstaben zu Wörtern!

1. ك+ي+ف ح+ا+ل+ك؟   5. ه+و ف+ي ا+ل+ب+ر+ا+د+ة.

2. ب+خ+ي+ر.   6. أ+ي+ن ا+ل+م+ش+ر+و+ب+ا+ت؟

3. و+ك+ي+ف ح+ا+ل+ك؟   7. ه+ي ع+ل+ى ا+ل+ط+ا+و+ل+ة.

4. أ+ي+ن ا+ل+ف+ط+و+ر؟   8. م+ع ا+ل+س+ل+ا+م+ة.

2. Lesen und übersetzen Sie die Wörter aus 1.!

Lektion 3

3. Ergänzen Sie die Pluralformen der folgenden Substantive und fügen Sie dem Plural ein passendes Adjektiv hinzu!

رجل، صديقة، معلّم، قلم، سيّدة، سيّد، شنطة، مدرسة، آنسة، برّادة، شـارع،

قطار، محطّة، باص، كتاب، طائرة، مطار، يوم، بيت، طاولة، سـوق، مدينـة،

سيّارة، مخزن، دكّان، بلد، جامعة، طالب، طالبة، كرّاسة، كرسي، أكلة

4. Bilden Sie den maskulinen Plural folgender Adjektive und ergänzen Sie ein passendes Substantiv!

كبير، جميل، صغير، قديم، نظيـف، كثير، طويـل، قصيـر، مجتهـد، جديـد،

جيّد، قليل، عظيم

5. Übersetzen Sie ins Arabische!
Die Studenten sind neu. Die Lehrerinnen sind schön. Dort sind viele Männer. Die Taschen sind neu. Die neuen Getränke sind im Kühlschrank. Die großen Flugzeuge sind aus Kuwait. Die neue Kleidung ist aus Tunesien.

6. Schreiben Sie die arabischen Äquivalente für
Grüß Dich! / Guten Morgen! / Guten Abend! / Wie geht es Dir? / Auf Wiedersehen! und dazu die jeweilige Antwort!

7. Schreiben Sie folgende Wörter in Umschrift!

بابا، إمارة، طائرة، الجبنـة، الجزائر، محطّة، محـلّ، دكّـان، سيّـارة، سكّـر،

مجتهد، خضروات، عظماءُ، عسل، شوارعُ، مدارسُ

8. Bilden Sie mit jedem der arabischen Personalpronomen einen Nominalsatz, der aus Personalpronomen, indeterminiertem Substantiv und passendem Adjektiv besteht!

9. Übersetzen Sie ins Arabische!
ein großer Tisch - Die Tische sind groß./ ein kleines Haus - Die Häuser sind klein./ eine fleißige Studentin - Die Studentinnen sind fleißig./ ein großer Mann - Die Männer sind groß./ eine alte Tasche - Die Taschen sind alt.

Anhang: **Besonderheiten der Schreibschrift**

Wortbeispiele

Geschriebene Druckschrift (Nash)	*Schreibschrift (Ruqʿa)*
بيت	بيت
جدار	جدار
خزانة	خزانة
سقف	سقف
شباك	شباك
مصباح	مصباح
طاولة	طاولة
غرفة	غرفة
كتاب	كتاب
كرسي	كرسي
ورق	ورق
مجتهد	مجتهد
في	في
مع	مع
من	من
نعم	نعم
لا	لا
السلام عليكم	السلام عليكم
كل	كل
كان	كان
ممتاز	ممتاز

Alphabet in geschriebener Druckschrift (*Nash*)

Isolierte Stellung	Endstellung	Mittelstellung	Anfangsstellung
ا	ـا	ـا	ا
ب	ـب	ـبـ	بـ
ت	ـت	ـتـ	تـ
ث	ـث	ـثـ	ثـ
ج	ـج	ـجـ	جـ
ح	ـح	ـحـ	حـ
خ	ـخ	ـخـ	جـ
د	ـد	ـد	د
ذ	ـذ	ـذ	ذ
ر	ـر	ـر	ر
ز	ـز	ـز	ز
س	ـس	ـسـ	سـ
ش	ـش	ـشـ	شـ
ص	ـص	ـصـ	صـ
ض	ـض	ـصـ	ضـ
ط	ـط	ـطـ	طـ
ظ	ـظ	ـظـ	ظـ
ع	ـع	ـعـ	عـ
غ	ـغ	ـغـ	غـ
ف	ـف	ـفـ	فـ
ق	ـق	ـقـ	قـ
ك	ـك	ـكـ	كـ
ل	ـل	ـلـ	لـ
م	ـم	ـمـ	مـ
ن	ـن	ـنـ	نـ
ه	ـه	ـهـ	هـ
و	ـو	ـو	و
ي	ـي	ـيـ	يـ

Alphabet in Schreibschrift (*Ruqᶜa*)

Isolierte Stellung	Endstellung	Mittelstellung	Anfangsstellung
ا	ل	ل	ا
ب	ب	ب	ب
ت	ت	ت	ت
ث	ث	ث	ث
ج	ج	ج	ج
ح	ح	ح	ح
خ	خ	خ	ج
د	د	د	د
ذ	ذ	ذ	ذ
ر	ر	ر	ر
ز	ز	ز	ز
س	س	س	س
ش	ش	ش	ش
ص	ص	ص	ص
ض	ض	ض	ض
ط	ط	ط	ط
ظ	ظ	ظ	ظ
ع	ع	ع	ع
غ	غ	غ	غ
ف	ف	ف	ف
ق	ق	ق	ق
ك	ك	ك	ك
ل	ل	ل	ل
م	م	م	م
ن	ن	ن	ن
ه	ه	ه	ه
و	و	و	و
ي	ي	ي	ي

Lektion 4

الدرس الرابع

1. Radikal, Wurzel, Modellstruktur

1.1. Die meisten arabischen Wörter lassen sich auf eine Wurzel zurückführen, die in der Regel aus drei Konsonanten besteht. Sie werden Radikale genannt. Wir bezeichnen sie mit R_1, R_2, R_3.

Diese dreiradikalige Wurzel bringt einen bestimmten Begriffsinhalt zum Ausdruck. So wohnt z.B. der Wurzel K-T-B (ك – ت –ب) die Bedeutung "schreiben" inne, der Wurzel Ḏ - H - B (ذ – ه – ب) die Bedeutung "gehen", der Wurzel Š - R - B (ش – ر – ب) die Bedeutung "trinken".

Dieser Begriffsinhalt wird durch kurze und lange Vokale zwischen den Konsonanten, durch Präfixe und Suffixe sowohl hinsichtlich der Wortart (Verb, Substantiv, Adjektiv) als auch der grammatischen Kategorie (Tempus, Modus, Numerus, Kasus usw.) spezifiziert.

Man kann vereinfachend sagen, daß im arabischen Wort die Wurzelkonsonanten (Radikale) semantische und die Vokale grammatische Funktion haben.

Beispiele:

KaTaBa	(كَتَبَ)	= er hat geschrieben
KāTiB	(كاتِب)	= schreibend; Schreiber, Schriftsteller
KiTāB	(كِتَاب)	= Buch
KuTuB	(كُتُب)	= Bücher
maKTūB	(مَكتوب)	= geschrieben; Brief
maKTaBa	(مَكتَبَة)	= Bibliothek, Buchhandlung

1.2. Zur systematischen Darstellung der zahlreichen Wortformen verwenden die arabischen Grammatiker Modellstrukturen, die sie mit ف für R_1 (1.Radikal), mit ع für R_2 (2.Radikal) und mit ل für R_3 (3.Radikal) darstellen.

Fā', *ᶜAin* und *Lām* stehen in den Modellstrukturen als variable Größen für einen hohen Formalisierungsgrad in der Morphologie, für die theoretisch jeder beliebige Konsonant eingesetzt werden kann.

فَعَلَ *faʿala* ist die Modellstruktur für das Perfekt (3.P.Sg.m.):

كَتَبَ، ذَهَبَ

فَاعِل *fāʿil* ist die Modellstruktur für das Partizips des Aktivs:

كَاتِب

فَعِيل *faʿīl* ist eine typische Modellstruktur des Adjektivs:

كَبِير، صَغِير

فِعَال *fiʿāl* ist eine typische Modellstruktur des gebrochenen Plurals:

كِبَار

أَفْعَال *afʿāl* ist eine typische Modellstruktur des gebrochenen Plurals:

أَقْلام

Die sichere Kenntnis der am häufigsten vorkommenden Modellstrukturen ist einer guten Sprachbeherrschung dienlich.

2. Der gebrochene Plural (جَمْع التَّكْسِير)

2.1. Der überwiegende Teil der Nomina bildet den gebrochenen Plural.

Es gibt kaum Regeln, nach denen man mit Sicherheit aus der Singularform die dazugehörige Pluralform ableiten kann. Der Studierende muß deshalb für jedes Nomen (mindestens) zwei Wortformen lernen, nämlich Singular und Plural.

A1 Regelmäßigkeiten in der Pluralbildung gibt es nur bei einigen Gruppen von Verbalnomina, die den gesunden Plural bilden. Entsprechende Hinweise werden in den jeweiligen Lektionen gegeben.

2.2. Es gibt zahlreiche gebrochene Pluralformen. Die am häufigsten vorkommenden sind: فُعُول، أَفْعَال، فِعَال

Folgende Nomina haben die Modellstruktur فِعَال :

كبير / كِبَار، صغير / صِغَار، قصير / قِصَار / طِوَال، طويل، صحيح / صِحَاح

Die Modellstruktur أَفْعَال haben die Wörter:

قلم / أَقْلام، ورق / أَوْرَاق، لوح / أَلْوَاح، باب / أَبْوَاب

Die Modellstruktur فُعُول haben die Wörter:

بيْت / بُيُوت، سقْف / سُقُوف

A2 Weitere Modellstrukturen des gebrochenen Plurals sind u. a.:

فُعُل، فُعَل، فُعَّال، أَفْعِلَة، أَفْعُل، فَوَاعِل، فَعَالِلُ، فَعَالِيلُ، أَفْعِلاءُ، فُعَلاَءُ، فَعَائِلُ

Zum *Ḍamma* im Auslaut s. Lektion 7, G 3.

3. Deklination (تَصْريفُ الأَسْمَاء) und Nunation (التَّنوين)

3.1. Mit Hilfe der drei kurzen Vokale kennzeichnet das Arabische drei Kasus: - *u* = Nominativ (حالة الرَفْع), -*i* = Genitiv (الجرّ / الإضافة), -*a* = Akkusativ (حالة النصْب). In vokalisierten Texten stehen dafür die Vokalzeichen *Ḍamma, Kasra* und *Fatḥa*.

N.	der neue Lehrer	أَلْمُعَلِّمُ الجَدِيدُ	*al-muᶜallimu l-ǧadīdu*
G.	des neuen Lehrers	أَلْمُعَلِّمِ الجَدِيدِ	*al-muᶜallimi l-ǧadīdi*
A.	den neuen Lehrer	أَلْمُعَلِّمَ الجَدِيدَ	*al-muᶜallima l-ǧadīda*
N.	die neue Lehrerin	أَلْمُعَلِّمَةُ الجَدِيدَةُ	*al-muᶜallimatu l-ǧadīdatu*
G.	der neuen Lehrerin	أَلْمُعَلِّمَةِ الجَدِيدَةِ	*al-muᶜallimati l-ǧadīdati*
A.	die neue Lehrerin	أَلْمُعَلِّمَةَ الجَدِيدَةَ	*al-muᶜallimata l-ǧadīdata*

3.2. Nach den Kasusendungen *-u, -i, -a* wird als Kennzeichen der Indetermination ein *-n* (*Nūn*) gesprochen. Diesen Vorgang nennt man Nunation (تَنْوين). Es entstehen also die Endungen: *-un, -in, -an*. In vokalisierten Texten wird die Nunation durch die zweifache Setzung des jeweiligen Vokalzeichens ausgedrückt: ᵘ oder ʺ = *-un*, ₌ = *-in*, ʺ = *-an*.
Im Akkusativ indeterminierter Nomina, die nicht auf ة (*Tāʾ marbūṭa*) auslauten, steht am Schluß des Wortes ein *Alif*, das jedoch keine Lautqualität ausdrückt.

N.	ein neuer Lehrer	مُعَلِّمٌ جَدِيدٌ	*muᶜallimun ǧadīdun*
G.	eines neuen Lehrers	مُعَلِّمٍ جَدِيدٍ	*muᶜallimin ǧadīdin*
A.	einen neuen Lehrer	مُعَلِّماً جَدِيداً	*muᶜalliman ǧadīdan*
N.	eine neue Lehrerin	مُعَلِّمَةٌ جَدِيدَةٌ	*muᶜallimatun ǧadīdatun*
G.	einer neuen Lehrerin	مُعَلِّمَةٍ جَدِيدَةٍ	*muᶜallimatin ǧadīdatin*
A.	eine neue Lehrerin	مُعَلِّمَةً جَدِيدَةً	*muᶜallimatan ǧadīdatan*

A3 Bestimmte arabische Wörter bilden auf Grund ihrer Wortstruktur nur zwei Kasusendungen, manche sogar nur eine.

A4 Eine größere Anzahl von Wörtern hat auch indeterminiert keine Nunation, darunter viele gebrochene Plurale, z.B. شَبَابِيكُ، أَصْدِقَاءُ، قُدَمَاءُ ; vgl. dazu Lektion 7, G 3.

3.3. Die Deklinationsendungen des gesunden Plurals lauten: ـُونَ - *ūna* = Nominativ und ـِينَ *-īna* = Genitiv und Akkusativ bei mask. Wörtern, ـَاتٌ *-ātu(n)* = Nominativ und ـَاتٍ *-āti(n)* = Genitiv und Akkusativ bei fem. Wörtern.

	determiniert	indeterminiert	
N.	أَلْمُعَلِّمُونَ	مُعَلِّمُونَ	*(al-)muᶜallimūna*
G.	أَلْمُعَلِّمِينَ	مُعَلِّمِينَ	*(al-)muᶜallimīna*
A.	أَلْمُعَلِّمِينَ	مُعَلِّمِينَ	*(al-)muᶜallimīna*
N.		مُعَلِّمَاتٌ	*muᶜallimātun*
G.		مُعَلِّمَاتٍ	*muᶜallimātin*
A.		مُعَلِّمَاتٍ	*muᶜallimātin*
N.	أَلْمُعَلِّمَاتُ		*(al-)muᶜallimātu*
G.	أَلْمُعَلِّمَاتِ		*(al-)muᶜallimāti*
A.	أَلْمُعَلِّمَاتِ		*(al-)muᶜallimāti*

3.4. Der gebrochene Plural hat die gleichen Deklinationsendungen wie der Singular.

	Pl..		Sg.	
indeterminiert				
N.	أَقْلَامٌ	*aqlāmun*	قَلَمٌ	*qalamun*
G.	أَقْلَامٍ	*aqlāmin*	قَلَمٍ	*qalamin*
A.	أَقْلَامًا	*aqlāman*	قَلَمًا	*qalaman*
determiniert				
N.	أَلْأَقْلَامُ	*al-aqlāmu*	أَلْقَلَمُ	*al-qalamu*
G.	أَلْأَقْلَامِ	*al-aqlāmi*	أَلْقَلَمِ	*al-qalami*
A.	أَلْأَقْلَامَ	*al-aqlāma*	أَلْقَلَمَ	*al-qalama*

3.5.   Die Kasusfunktionen:
Nominativ   = Subjektkasus,
Genitiv   = Präpositionalkasus und Attributskasus,
Akkusativ   = Kasus des direkten Objekts und Adverbialkasus.

3.6.   Arabische Texte sind im allgemeinen, wie schon in Lektion 1 vermerkt, unvokalisiert. Deshalb werden auch für die Kasusendungen keine Vokalzeichen gesetzt. Für die Aussprache dieser Endungen, d. h., ob sie gesprochen werden oder nicht, gibt es keine allgemeingültige Regel. Während sie bei Rezitationen vollständig zu hören sind, werden sie in der Umgangssprache weitgehend weggelassen.
Wir empfehlen für die Ausbildungszeit dem Lektor und dem Studierenden, die Aussprache dem Rundfunkarabisch anzugleichen und die Kasusendungen (und die anderen Endungen mit kurzem Vokal) außer beim letzten Wort vor einer Sprechpause und am Schluß eines Sinnzusammenhanges (Satz, Teilsatz) mitzusprechen. Durch das Mitsprechen der Kasusendungen werden die syntaktischen Bezüge klarer.

هَذَا بَيْتْ، هَذِهِ غُرْفَة، هَذَا بَيْتٌ كَبِيرٌ، هَذِهِ غُرْفَةٌ جَمِيلَة، هُنَاكَ مُعَلِّمُونْ، هُنَاكَ الْمُعَلِّمُونَ الْجُدُدْ.

4.   Die Betonung

4.1.   Für die Betonung kommen nur die drei letzten Silben eines Wortes in Betracht. Die Nunation wird dabei, wenn gesprochen, mitgezählt.

4.2.   Betont wird die letzte Silbe mit langem Vokal:
   ki-*tāb*   ki-*tā*-bun
   ǧa-*dīd*   ǧa-*dī*-dun
   ma-*ḫā*-zin   ma-*ḫā*-zi-nu
jedoch nie der vokalische Auslaut des Wortes:
   hu-nā
   kur-sī *(aber:* kur-*sī*-yun*)*

4.3.   Enthalten die drei letzten Silben keinen langen Vokal, so liegt die Betonung auf der vorletzten Silbe, wenn dies eine geschlossene Silbe (Lautfolge Konsonant - kurzer Vokal - Konsonant) ist:
   mu-ᶜ*al*-lim
   mu-*tar*-ǧim,
bzw. wenn das Wort nur zweisilbig ist:
   an-ta
   ra-ǧul

74

sonst generell auf der drittletzten Silbe, gleichgültig, welche Struktur sie hat:

mu-ᶜ*al*-li-ma

muǧ-*ta*-hi-dun

4.4. Die in der modernen arabischen Sprache geltende Forderung, die Betonung dürfe über die drittletzte Silbe hinaus nicht weiter nach vorn rücken, verlangt eine Verlagerung der Betonung, wenn sich durch das Mitsprechen der Nunation oder die Anfügung von Suffixen die Silbenzahl verändert:

ṭā-li-ba	ṭā-*li*-ba-tun
mu-ᶜal-li-ma	mu-ᶜal-*li*-ma-tun
ku-tu-bun	ku-*tu*-bu-nā *(unsere Bücher)*
mu-ᶜal-li-mun	mu-ᶜal-*li*-mu-nā *(unser Lehrer)*
ṭā-li-ba	ṭā-*li*-ba-tun
	ṭā-li-*ba*-tu-nā *(unsere Studentin)*
mu-ᶜ*al*-li-ma	mu-ᶜal-*li*-ma-tun
	mu-ᶜal-li-*ma*-tu-nā *(unsere Lehrerin)*

Die Studierenden empfinden es im allgemeinen nicht als schwierig, die arabischen Wörter richtig zu betonen. Durch das Hören und Lesen der Texte und durch die zahlreichen Übungen haben sie genügend Gelegenheit, sich die Betonung einzuprägen. Deshalb wurde in diesem Lehrbuch auch darauf verzichtet, Betonungszeichen zu setzen.

5. Präpositionen (حُرُوف الْجَرّ)
Alle Präpositionen haben den Genitiv nach sich.

يُوجَدُ عَلَى الطَّاوِلَةِ كِتَاب.

تُوجَدُ فِي الْبَيْتِ غُرَفٌ كَثِيرَة.

ذَهَبَ الطَّالِبُ مِنَ الْبَيْتِ إِلَى المَحَطَّة.

بِ "mit" und لِ "für" werden mit dem folgenden Wort zusammengeschrieben. Nach لِ fällt außerdem das *Alif* des Artikels weg:

بِالْقَلَمِ ، لِلرَّجُلِ

A5 Wie in vielen anderen Sprachen dienen auch im Arabischen die Präpositionen häufig zum Ausdruck der Verbalrektion. Sie gehören in solchen Fällen fest zum Verb und müssen mit diesem zusammen gelernt werden. So bedeutet z.B. قَامَ "aufstehen", قَامَ بِ "durchführen" und قَامَ عَلَى "sich gegen jmdn. od. etw. erheben".

V

deutsch, Deutscher	ألْماني ج ألْمان	du (f.) kauftest	اِشْتَرَيْتِ
oder (in Entscheidungsfragen)	أمْ	schlau, geschickt	شاطِر ج شُطّار
d.h.	أيْ	Medizin (als Wissenschaft)	طِبٌّ
(Präp.) mit, mittels; in	بِ	Weg, Straße	طريق ج طُرُق
etwa: Glückwunsch!	مُبارك !	Zahl, Ziffer	عدد ج أعْداد
umg.	مبْرُوك !	eine Zahl von, einige	عددٌ مِن
Antwort: Gott segne dich!	ا لله يُبارِك فِيكَ	arabisch, Araber	عربي ج عرب
sehr	جِدًّا	das heißt	يعْني
Leder / Leder-	جِلْد / جِلْدِي	ich habe verstanden	فَهِمْتُ
Tinte	حِبر	du (m.) hast verstanden	فَهِمْتَ
modern, neu	حديث ج حِداث	du (f.) hast verstanden	فَهِمْتِ
Bushaltestelle	محطّة الباصاتِ	Wörterbuch	قاموسٌ ج قواميسُ
Lektion, Unterrichtsstunde	درْس ج دُرُوس	etwa	تقْريبـاً
Studium; Studie	دِراسة ج ـات	ich habe geschrieben	كَتَبْتُ
ich ging	ذَهَبْتُ	du (m.) hast geschrieben	كَتَبْتَ
du (m.) gingst	ذَهَبْتَ	du (f.) hast geschrieben	كَتَبْتِ
du (f.) gingst	ذَهَبْتِ	Schreiben (Tätigkeit)	كِتابة ج ـات
ich sah	رأيْتُ	Schriftsteller, Sekretär	كاتِب ج كُتّاب
du (m.) sahst	رأيْتَ	geschrieben; Pl. Schriftstücke, Briefe	مكْتُوب ج مكاتِيبُ
du (f.) sahst	رأيْتِ	Fakultät	كُلِّية ج ـات
bequem, angenehm	مُريح	Radierer, Radiergummi	مِمْحاة
Roman	رواية ج ـات	linke Seite	يسار
Lineal	مِسْطرة ج مساطِرُ	nach links	إلى اليسار
Baum	شـجرة ج أشْجار	rechte Seite	يمِين
ich kaufte	اِشْتَرَيْتُ	nach rechts	إلى اليمين
du (m.) kauftest	اِشْتَرَيْتَ		

A6 Das anlautende ا bei اِشْتَرَيْت ist ein *Hamzat waṣl* und wird in den Vokabelverzeichnissen mit اٍ wiedergegeben. *Hamzat waṣl* im Satzinneren findet sich u.a. beim Artikel (vgl. Lektion 2 G 1.3.), bei den Imperativen (vgl. Lektion 8 G 2.) sowie bei den Verben und Infinitiven der Stämme VII, VIII, IX und X (vgl. Lektion 18 und 22).

Text 1	في السوق

ذهبتُ من البيت إلى المدينة بالسيّارة الجديدة ورأيت في الطريق إلى المدينة سيّارات وباصات كثيرة. وفي المدينة ذهبت إلى مكتبة واشتريت من المكتبة كتباً أي قاموساً عربياً ـ ألمانياً وقاموساً ألمانياً ـ عربياً ورواية وورقاً للكتابة وأقلاماً وحبراً وممحاة ومسطرة وكراريسَ وشنطة جلدية للدراسة. أنا طالب في كلّية الطب. هذه الكلّية هي كلّية كبيرة وحديثة.

Text 2	أين الطريق إلى ...؟

أحمد: أهلاً وسهلاً. كيف حالك؟

مريم: بـخير الـحمد لله وكيف أنت؟

أحمد: تمام وكيف العائلة؟

مريم: العائلة بخير.

أحمد: وكيف البيت الجديد؟

مريم: البيت الجديد جميل ومريح جدّاً.

أحمد: مبروك!

مريم: الله يبارك فيك.

أحمد: أين الطريق إلى محطّة الباصات؟

مريم: من هنا إلى هذا البيت الكبير ومن هناك إلى اليمين ومن شارع القاهرة إلى اليسار وعند المحلّ الكبير إلى اليمين وهناك تحت الأشجار الكبيرة محطّة الباصات. هل فهمت؟

أحمد: نعم، فهمت تقريباً. يعني من هنا إلى هذا البيت الكبير ومن هناك إلى
اليمين ومن شارع القاهرة إلى اليسار وعند المحلّ الكبير إلى اليمين
وهناك تحت الأشجار الكبيرة محطّة الباصات.

مريم: هذا صحيح، أنت فهمت، والله أنت شاطر.

أحمد: شكراً، مع السلامة.

مريم: مع السلامة وإلى اللقاء.

Übungen

L

L1 Fügen Sie den in Text 1 vorkommenden Substantiven, die kein Attribut haben, ein passendes Adjektiv hinzu!

L2 Geben Sie die Wurzel der folgenden Substantive an:

معلم، طالب، صديق، خزانة، مصباح، شبّاك، جـدار، غرفـة، لـوح، كتـاب،
كرّاسة، ورق، سيّارة، قطار، مخزن، مدينة

L3 Der Lektor spricht die folgenden Substantive vor. Der Student spricht sie nach und ergänzt den Plural:

طاولـة، معلمـة، شبّاك، بـاب، كرّاسـة، كتـاب، رجـل، معلـم، طالـب، قلـم،
كرسي، مصباح، مخزن، سيّارة، قطار، فتاة

L4 Ergänzen Sie die Teilsatzstruktur توجد في المدينة "in der Stadt gibt es..." durch ein Pluralsubjekt! Verwenden Sie alle Ihnen bekannten passenden Substantive!

L5 Setzen Sie in den folgenden Sätzen die richtige Präposition ein! Zur Auswahl stehen: ب، من، إلى، مع، أمام، على، عند، في.

ذهبت ... الصديق ... هناك.

رأيت الأصدقاء .../... المحطّة.

اشتريت الكراريس ... المخزن.

هل ذهبت ... المحطّة ... البيت؟

هل ذهبت ... هناك ... السيّارة أم ... القطار؟

ماذا يوجد ... الطاولة؟

ماذا يوجد .../... الخزانة؟

هل توجد ... البيت سيّارات كثيرة؟

L6 (Hausaufgabe) Bilden Sie mit jeder der in L5 angegebenen Präpositionen einen Satz! Schreiben Sie die Sätze in Ihr Heft und tragen Sie sie im nächsten Kolleg vor!

G

G1 Ersetzen Sie im Text 2 - wo möglich - das Subjekt der Sätze durch das entsprechende Personalpronomen der 3. P.!

G2 (schriftliche Hausaufgabe) Wandeln Sie in den folgenden Sätzen das im Singular stehende Subjekt in den Plural um! Achten Sie dabei auf die richtige Form des Adjektivs!

هناك بيت جميل.   >   هناك بيوت جميلة.

هناك مدينة جميلة.

في البيت غرفة كبيرة.

الجدار نظيف.

اللوح كبير.

الصديق في الغرفة.

في الغرفة باب.

على الطاولة شنطة.

الدرس جديد.

هناك مخزن جديد.

في المدينة محطّة.

في المحطّة قطار.

هنا فتاة جميلة.

G3 Der Student trägt die in G2 gegebenen und die von ihm erarbeiteten Sätze im Kolleg vor. Der Lektor kontrolliert die Richtigkeit. Er überprüft auch die richtige Schreibung der vom Studenten vorgelegten Hausaufgabe.

G4 Bei den in G3 gebildeten Sätzen ist dem Subjekt ein passendes adjektivisches Attribut hinzuzufügen.

توجد في المدينة بيوت.   >   توجد في المدينة بيوت قديمة.

G5 Wie G4 . Ausgangspunkt ist die Teilsatzstruktur توجد في الغرفة "im Zimmer gibt es ...".

G6 Bei den in G5 gewonnenen Sätzen ist dem Subjekt ein passendes adjektivisches Attribut hinzuzufügen.

G7 Wie G4. Ausgangspunkt ist die Teilsatzstruktur توجد على الطاولة "auf dem Tisch befinden sich ...".

G8 Dem Subjekt der in G7 gebildeten Sätze ist wiederum ein passendes Adjektiv als Attribut hinzuzufügen.

G9 Antworten Sie auf die Frage ماذا رأيت أمام البيت؟ "Was hast du vor dem Haus gesehen?" mit رأيت أمام البيت + indeterminiertes Pluralobjekt. Zu verwenden sind Plurale solcher Wörter wie

فتاة، معلم، سيّارة، رجل، طالب .

G10 Fügen Sie dem Objekt der in G9 gebildeten Sätze ein passendes Adjektiv als Attribut hinzu!

G11 Wie G9. Ausgangspunkt ist die Frage ماذا اشتريت مـن الدكّـان/ المحلّ؟ "Was hast du im Laden gekauft?".

G12 Erweitern Sie die in G11 gebildeten Sätze dergestalt, daß Sie statt des einfachen substantivischen Objekts das Syntagma عدد من ... "eine Anzahl von", im Akkusativ also عدداً من, setzen!

اِشتريت من المخزن عدداً من الأقلام.

G13 Dem Objekt der in G11 und G12 gewonnenen Sätze ist wiederum ein Adjektiv als Attribut hinzuzufügen, bei den Sätzen aus G12 dabei sowohl dem Substantiv عدد als auch dem eingesetzten Pluralobjekt.

اِشتريت من المخزن كرّاسات كثيرة.

اِشتريت من المخزن عدداً كبيراً من الأقلام الجميلة.

G14 Determinieren Sie in den folgenden Sätzen das singularische oder pluralische Objekt durch Voranstellen des Artikels (schriftl. Hausaufgabe)!

رأيتُ بيوتاً قديمة.

هل رأيتَ فتاة جميلة؟

هل رأيتَ معلمين جدداً؟

هل اشتريتَ كتباً كثيرة؟

اِشتريتُ أقلاماً جديدة.

اِشتريتُ سيّارة قديمة.

رأيتُ في الطريق بيوتاً كثيرة.

اِشتريتُ قاموساً وورقاً وأقلاماً وحبراً.

رأيتُ في الشنطة الجلدية كتاباً وممحاة ومسطرة.

هل اشتريت مشروبات وجبنة ومربى وعسلاً؟

هل رأيت كمبيوترات كثيرة في الدكّان؟

هل كتبْتَ روايات؟

هل كتبْتَ قاموساً؟

K

K1 (Hausaufgabe) Lesen Sie Text 2 und arbeiten Sie ihn so durch, daß Sie selbständig, ohne Zuhilfenahme der Textvorlage, einen Dialog dieser Art führen können! Die Studenten sollen bei der Vorbereitung des Dialogs, der auch in allen folgenden Lektionen verlangt wird, in Gruppen mit verteilten Rollen arbeiten.

K2 (Hausaufgabe) Erarbeiten Sie einen kurzen Vortrag über einen Einkauf und tragen Sie ihn im nächsten Kolleg vor!

K3 Beschreiben Sie unter Anlehnung an Text 2 z.B. den Weg vom Hauptbahnhof oder von Ihrer Wohnung zur Universität. Der Lektor kontrolliert dabei sowohl die phonetische als auch die lexikalische und grammatische Richtigkeit.

Komplexübung:

1. Ersetzen Sie in den folgenden Wörtern die Radikale durch ف/ع/ل und vokalisieren Sie die entstandenen Modellstrukturen!

درس، بيت، شمس، قمر، ورق، قطار، كتاب، جهاز، صبـاح، سـلام، حبر، مصر، شجرة، كاتب، طالب، طالبـة، عائلة، فاطمـة، شنطة، غرفة، سيّارة، كبير، صغير، وسخ، طبيـب، صديـق، مطبـخ، مكتـب، لـوح، مدينـة، شبّاك، دكّان

81

2. Bestimmen Sie die Wurzel der folgenden Wörter!

مكتبة، دراسـة، مسـطرة، مكتـوب، شـاطر، محطّـة، محطّـة، طريـق، كبـير، أشـجار، كراريس

3. Setzen Sie die richtige Präposition ein!

ذهبت ... المحطّة ...الباص. توجـد ... الغرفـة كراسـي كثيرة. كتبـت ... الورق الجديد. الشنطة ... الطاولة. أحمـد ... المعلّم. ذهبـت ... المكتبـة. رأيت ... البرّادة مشروبات كثيرة. المحطّة ... الأشـجار. ذهبـت ... شـارع القاهرة ... اليسار و... المحلّ الكبير ... اليمين. إشتريت ... المكتبـة كتبـا. ذهبـت ... البيت ... المدينة ...السيّارة. ذهبـت ... اليسـار ... اليمـين و... هناك ... المحطّة.

4. Übersetzen Sie ins Arabische!
Ich sah einen neuen Zug. Ich kaufte neue Bücher und Stifte. Im Kühlschrank sah ich Käse, Butter, Brot, Marmelade, Milch und Obst. Ich kaufte ein Wörterbuch, Tinte und einen Radiergummi. Ich ging in die Stadt. Die Bushaltestelle ist unter den großen Bäumen. In der Stadt gibt es wenige kleine und viele große Häuser. Auf dem Flugplatz sind Flugzeuge aus Ägypten, Jemen, Syrien, Tunesien, Irak, Algerien, Libyen und den Emiraten.

5. Übersetzen Sie die folgenden Wörter und Wortgruppen unter Hinzufügung der richtigen Form des Adjektivs جديد ins Arabische und vokalisieren sie die Endungen!
Haus, in Häusern, Züge, mit dem Lehrer, die Lehrerinnen, Männer, auf den Papieren, Stühle, mit den Getränken, vor den Geschäften, mit dem Auto, in den Universitäten, vor der Station, in den Büchereien, mit den Studentinnen, die Freunde, Busse, Straße, in den Flugzeugen, zum Baum, im Roman, in den Betten, auf den Geräten

6. Schreiben Sie Ihnen bislang bekannte Wörter der Modellstrukturen:

فَاعِل، مَفْعَلَة، فَعْل، فِعَال، فَعْل، فِعَالة، فِعْل

Ligaturen im arabischen Text:

Da das Arabische als verbunde Kursivschrift gedruckt wird, haben sich im Laufe seiner kalligraphischen Entwicklung eine Reihe von Ligaturen herausgebildet, die nur z.T. standardisiert sind, aber häufig in gedruckten Texten auftreten. Bis zu dieser Lektion wurde auf den Gebrauch dieser Ligaturen verzichtet, um unnötige Schwierigkeiten beim Lesen und Schreiben zu vermeiden. Beginnend mit Lektion 5 werden Ligaturen verwendet, die von modernen arabischen Textverarbeitungsprogrammen zur Verfügung gestellt werden und auch in gedruckten Texten zu finden sind.

Häufige Ligaturen sind:

بم لم لما محمد ممل مجد مختار بحر نخر تجر يحر الهموم أحمد اختي

بم لم لما محمد ممل مجد مختار بحر نخر تجر يحر الهموم أحمد اختي

Zur Illustration wird den Lernenden hier der Text 1 dieser Lektion zunächst ohne und dann mit Ligaturen vorgestellt.

Text 1 (ohne Ligaturen!)

في السوق

ذهبتُ من البيت إلى المدينة بالسيّارة الجديدة ورأيت في الطريق إلى المدينة سيّارات وباصات كثيرة. وفي المدينة ذهبت إلى مكتبة واشتريت من المكتبة كتباً أي قاموساً عربياً ـ ألمانياً وقاموساً ألمانياً ـ عربياً ورواية وورقاً للكتابة وأقلاماً وحبراً وممحاة ومسطرة وكراريسَ وشنطة جلدية للدراسة. أنا طالب في كلّية الطب. هذه الكلّية هي كلّية كبيرة وحديثة.

Text 1 (mit Ligaturen!)

في السوق

ذهبتُ مـن البيـت إلى المدينـة بالسيّارة الجديـدة ورأيت في الطريـق إلى المدينـة سيّارات وباصات كثيرة. وفي المدينة ذهبت إلى مكتبة واشتريت من المكتبة كتباً أي قاموساً عربياً ـ ألمانياً وقاموساً ألمانياً ـ عربياً ورواية وورقاً للكتابـة وأقلامـاً وحبراً وممحاة ومسطرة وكراريسَ وشنطة جلدية للدراسة. أنـا طـالب في كلّيـة الطب. هذه الكلّية هي كلّية كبيرة وحديثة.

83

Lektion 5

الدرس الخامس

1. Die Perfektform (أَلْمَاضِي)

1.1. Die Perfektform ist eine der beiden einfachen Verbformen des Arabischen. Sie bezeichnet in der überwiegenden Zahl der Fälle eine Handlung (Geschehen, Zustand) in der Zeitstufe der Vergangenheit.

A1 Die Perfektform kann auch zum Ausdruck von Handlungen in den Zeitstufen Gegenwart und Zukunft verwendet werden, wie z. B. in Bedingungs- und Wunschsätzen, bei Flüchen u. a. Das hängt damit zusammen, daß die Perfektform eigentlich tempusindifferent ist und die Verbalhandlung lediglich konstatiert.

Für die deutsche Übersetzung wählt man in Abhängigkeit vom Kontext das Perfekt oder das Präteritum:

كَتَبَ   er hat geschrieben, er schrieb

ذَهَبَ   er ist gegangen, er ging.

A2 Im Deutschen wird das Verb in Wörterbüchern o. ä. im Infinitiv aufgeführt. Die arabische Zitierform ist die 3. P. Sg. m. der Perfektform.

Also deutsch: schreiben, arabisch: كَتَبَ er hat geschrieben.

Die Vokabelangaben in diesem Lehrbuch erfolgen in der in beiden Sprachen üblichen Zitierform. Beispiel: كَتَبَ "schreiben" (statt der genauen Entsprechung "er hat geschrieben").

1.2. Die Perfektform hat nach R_1 und R_3 stets Vokal *a* (*Fatḥa*),

R_2 hat meist *a* (*Fatḥa*):

كَتَبَ	schreiben
ذَهَبَ	gehen
فَعَلَ	tun, machen
oft *i* (*Kasra*): شَرِبَ	trinken
سَمِعَ	hören

A3 Verben mit *u* (*Ḍamma*) nach R_2 sind verhältnismäßig selten. Sie sind immer Intransitiva, kommen nur in der Schriftsprache vor und entsprechen deutschen Verbalgruppen mit Adjektiv + Hilfsverb (z. B. حَسُنَ "etw. war [oder wurde] gut, schön" u. a.).

1.3. Die Konjugation (تَصْرِيف الأَفْعَال)

Die Reihenfolge der Personen im Konjugationsparadigma ist 3. Person -
2. Person - 1. Person. Sie entspricht der arabischen Tradition und der in
fast allen Arabisch-Lehrbüchern geübten Praxis. Die Personen werden
durch Suffixe ausgedrückt. Im folgenden Paradigma wurde das selbständige Personalpronomen in Klammern hinzugefügt, um eine
übersichtliche Gliederung zu erreichen und auf sonst notwendige
Angaben zu Person, Genus und Numerus verzichten zu können.

(هُو) فَعَلَ		(هُم) فَعَلُوا
(هِي) فَعَلَتْ		(هُنَّ) فَعَلْنَ
(أنتَ) فَعَلْتَ	Perfektform	(أنتم) فَعَلْتُم
(أنتِ) فَعَلْتِ	(Grundstamm)	(أنتنَّ) فَعَلْتُنَّ
(أنا) فَعَلْتُ		(نحن) فَعَلْنَا

Die 3. P. Pl. m., also die Form فعلوا, wird auch dazu benutzt, das
unpersönliche "man" auszudrücken. Das *Alif* von فعلوا wird nicht
gesprochen. In der Schrift fällt es bei Anfügung von Suffixen weg.

A 4 Der Hilfsvokal bei der Form فعلتم lautet *u*, bei فعلتْ *i*; vgl. Lektion 2, G 1.3.2.

2. Der Verbalsatz (أَلْجُمْلَة الفِعْلِيَّة)

2.1. Der arabische Verbalsatz besteht entweder aus einem Verb (فِعْل)
allein

Er hat getrunken. شَرِبَ.

Er ist angekommen. وَصَلَ.

(wobei das Subjekt im Verb enthalten ist; das selbständige
Personalpronomen kann zur Verstärkung gesetzt werden),
einem Verb + folgendem Subjekt (أَلْفاعِل)

Der Mann hat getrunken. شَرِبَ الرَّجُلُ.

Der Freund ist angekommen. وَصَلَ الصَّدِيقُ.

oder einem Verb (+ Subjekt) + Objekt

Er (der Mann) hat Wein getrunken. شَرِبَ (الرَّجُلُ) النَّبِيذَ.

Er (der Mann) hat danach gefragt. سَأَلَ (الرَّجُلُ) عَنْ ذَلِكَ.

Diese Sätze können durch Präpositionalgruppen und Nebensätze beliebig erweitert werden.

2.2. Die normale Wortfolge im Verbalsatz ist Verb - Subjekt - Objekt. Auch beim verbalen Fragesatz ändert sich diese Wortfolge nicht. Das Verb folgt unmittelbar der Fragepartikel هَلْ, dem Fragepronomen oder -adverb.

شَرِبَ الرَّجُلُ النَّبِيذَ.

هَلْ شَرِبَ الرَّجُلُ النَّبِيذَ؟

Die Wortfolge Verb - Objekt - Subjekt im Aussage- und im Fragesatz wird dann gebraucht, wenn das Subjekt der hervorzuhebende Satzteil ist.

Hat Muḥammad das getan? هَلْ فَعَلَ ذَلِكَ مُحَمَّدٌ؟

Ja, Muḥammad hat das getan. نَعَمْ ، فَعَلَ ذَلِكَ مُحَمَّدٌ.

A5 Die Wortfolge ist hier vom Satzakzent abhängig. Der betonte Satzteil wird an das Ende, manchmal auch an den Anfang des Satzes gestellt.

Die Wortfolge Subjekt - Verb - (Objekt) ist im Aussagesatz ebenfalls möglich. Dem Vorangestellten geht meist eine Konjunktion oder Partikel voraus. Wir erwähnen hier zunächst nur die Konjunktion أَنَّ "daß", die Objektsätze einleitet (vgl. unten, G 2.4.).

2.3. Im Verbalsatz gelten folgende Kongruenzregeln:

2.3.1. Steht das Verb vor dem Subjekt, so besteht zwischen beiden immer Kongruenz im Genus, nicht aber im Numerus. Den Satz leitet stets eine Singularform des Verbs ein. Dabei steht die Form der 3. P. Sg. m. vor einem maskulinen Substantiv im Singular oder vor einem Substantiv im Plural, das männliche Personen bezeichnet, die Form der 3. P. Sg. f. vor allen femininen Substantiven im Singular und allen anderen Pluralen.

Subjekt:

m. Sg.	ذَهَبَ الرَّجُلُ إِلَى هُنَاكَ.
Pl.	ذَهَبَ الرِّجَالُ إِلَى هُنَاكَ.
f. Sg.	ذَهَبَتِ الْفَتَاةُ إِلَى هُنَاكَ.
Pl.	ذَهَبَتِ الْفَتَيَاتُ إِلَى هُنَاكَ.
wie f. Sg.	(Pl. von Nicht-Personen) . وَصَلَتِ الرَّسَائِلُ إِلَى هُنَاكَ

A6 Die maskuline Form steht auch - trotz femininen Subjekts - bei einigen unpersönlich oder passivisch konstruierten Verben. Sie kann auch verwendet werden, wenn das (feminine) Subjekt nicht unmittelbar dem Verb folgt.

2.3.2. Steht das Verb hinter dem Subjekt, so besteht zwischen beiden sowohl Genus- als auch Numeruskongruenz.
Subjekt:

m. Sg.	سَمِعْتُ أَنَّ الرَّجُلَ ذَهَبَ إِلَى هُنَاكَ.
Pl.	سَمِعْتُ أَنَّ الرِّجَالَ ذَهَبُوا إِلَى هُنَاكَ.
f. Sg.	سَمِعْتُ أَنَّ الْفَتَاةَ ذَهَبَتْ إِلَى هُنَاكَ.
Pl.	سَمِعْتُ أَنَّ الْفَتَيَاتِ ذَهَبْنَ إِلَى هُنَاكَ.
wie f. Sg.	(Pl. von Nicht-Personen) . سَمِعْتُ أَنَّ الرَّسَائِلَ وَصَلَتْ إِلَى هُنَاكَ
	(ich habe gehört, daß ...) (zur Konstruktion mit أَنَّ vgl. 2.4.)

Dem Studierenden sei nochmals ins Gedächtnis gerufen: **Der Plural von Wörtern, die Nicht-Personen bezeichnen, gilt als femininer Singular.**

2.4. Der Objektsatz
In den Abschnitten 2.1. und 2.2. haben wir die normale Wortfolge des Verbalsatzes kennengelernt. Statt des Objekts in Gestalt eines Substantivs kann auch ein Satz stehen. Ein solcher sog. Objektsatz wird

oft mit der Konjunktion أَنَّ (حرف الربْط / العطْف) "daß" eingeleitet, nach der das Substantiv im Akkusativ steht:

Der Freund hat geschrieben, daß Muḥammad in Berlin angekommen ist.

كَتَبَ الصَّدِيقُ أَنَّ مُحَمَّداً وَصَلَ إِلَى برلين.

Ich habe gehört, daß die Delegation gestern angekommen ist.

سَمِعْتُ أَنَّ الْوَفْدَ وَصَلَ أَمْسِ.

Im mit أَنَّ eingeleiteten Objektsatz selbst gilt stets die Wortfolge

Subjekt - Verb - (Objekt).

Unmittelbar nach أَنَّ steht also **nie** ein Verb.

		Nebensatz			Hauptsatz	
برلين.	إِلَى	وَصَلَ	مُحَمَّداً	أَنَّ	الصَّدِيقُ	كَتَبَ
		Verb	Subjekt			
		Objektsatz			Subjekt	Verb
أَمْسِ.		وَصَلَ	الْوفدَ	أَنَّ	ــتُ	سَمِعْ
		Verb	Subjekt			
		Objektsatz			(Subjekt +)	Verb

A7 Selbstverständlich kann auch ein Nominalsatz Objektsatz sein. Die normale Wortstellung ändert sich nicht. Das Subjekt steht wie beim Verbalsatz nach أَنَّ im Akkusativ. Das Prädikat bleibt im Nominativ: سمعت أَنَّ مُحَمَّداً مريضٌ "ich habe gehört, daß Muḥammad krank ist".

3. Die *Nisbe*-Endung (أَلنِّسْبَة)

3.1. Die sog. *Nisbe*-Endung lautet ـِيٌّ, f. ـِيَّةٌ (in Umschrift -ī, f. -īya, mit Nunation -īyun bzw. -īyatun), wird an Substantive und verschiedene Verbalnomina (مصْدر), jedoch selten an Zahlen, Präpositionen und Pronomen angefügt und bildet (Beziehungs-) Adjektive und Substantive. Die *Nisbe*-Endung ist das produktivste wortbildende Suffix im Arabischen und den deutschen adjektivbildenden Suffixen -ig, -isch und den substantivbildenden Suffixen -ist, -er vergleichbar. Die Endungen ة und ـَا fallen bei Anfügung der *Nisbe* weg.

libanesisch; Libanese	لُبْنَانٌ > لُبْنَانِي	Libanon
syrisch; Syrer	سُورِيَا > سُورِي	Syrien
politisch; Politiker	سِيَاسَة > سِيَاسِي	Politik

A8 Einzelheiten über bestimmte Lautveränderungen bei Anfügung der *Nisbe* besonders an Wörter mit seltener vorkommenden Endungen können einer größeren Grammatik (z.B. der "Grammar of the Arabic Language" von W. Wright) entnommen werden.

Attributiven Fügungen des Typs Substantiv + Adjektiv mit *Nisbe*-Endung entspricht im Deutschen oft ein Nominalkompositum:

| Schulbuch, Lehrbuch | كِتَاب + مَدْرَسَة > كِتَابٌ مَدْرَسِيٌّ |
| Handelsbeziehungen | عَلاَقَات + تِجَارة > عَلاَقَاتٌ تِجَارِيَّةٌ |

3.2. Auch für das Adjektiv mit *Nisbe*-Endung gelten die bereits in den Lektionen 2 und 3 gegebenen Kongruenzregeln für den Nominalsatz (Subjekt - adjektivisches Prädikat) und die attributive Fügung (Substantiv - adjektivisches Attribut).

3.3. Substantive mit *Nisbe*-Endung, die Personen bezeichnen, und Adjektive mit *Nisbe*-Endung, die als Attribut zu Substantiven stehen, die Personen bezeichnen, haben meist den gesunden Plural:

لُبْنَانِيٌّ / لُبْنَانِيُّون، لُبْنَانِيَّة / لُبْنَانِيَّات

طُلاَّب لُبْنَانِيُّون، طَالِبَات لُبْنَانِيَّات

A9 Manche *Nisbe*-Nomina bilden einen (kollektiven) Plural ohne Endung:

arabisch, Araber عَرَبِيّ / عَرَب / arabische Studenten طُلاَّب عَرَب .

Sie sind als Vokabeln genauso zu lernen wie einige Berufsbezeichnungen mit dem Plural auf ة oder andere *Nisbe*-Nomina, die einen gebrochenen Plural haben, z.B. صَيْدَلِي Pl. صَيَادِلَة "Apotheker", تُرْكِي Pl. أَتْراك "türkisch; Türke".

V

andere *(m./f.)*	آخَرُ/ أُخْرَى	gestern	أَمْسِ
Spanien	إِسْبانيا	daß *(+ Akkusativ)*	أَنَّ
essen	أَكل	Familie, Verwandte; Anhänger	أَهْل ج أَهالٍ
Deutschland	أَلْمانيا		

Portugal	البُرْتُغال	fragen j-n. (nach)	سأل ه (عن)
Programm	بَرْنامج ج برامِجُ	ich fragte ihn	سألتُهُ
Großbritannien	بَريطانيا	reisen, fahren	سافر
danach	بعد ذلِكَ	Grüße (Aḥmad)!	سلِّمْ على (أحمد)!
Belgien	بلْجيكا	Grüße j-n. von mir!	سلِّمْ لي على
Polen	بُولُنْدا	~ (fem.)	سلِّمي لي على
(Präp.) zwischen	بَيْنَ	hören j-n., etw.	سمِع ه ، هـ
Handel / Handels-	تِجارة / تِجاري	Politik	سِياسة
Händler	تاجِر ج تُجَّار	politisch, Politiker	سِياسي ج ـون
Türke	تُرْكِي ج أتْراك	Schweden	السُويد
müde, matt	تَعْبان	Schweiz	سُوِيسْرا
Versammlung	اِجْتِماع ج ـات	trinken etw.	شرِب هـ
Republik	جُمْهُورية ج ـات	östlich, orientalisch	شرْقِي
Gespräch;	حَدِيث ج أحادِيثُ	Firma, Betrieb	شركة ج ـات
auch: Überlieferung von Taten und Aussprüchen des Propheten und seiner Gefährten		Monat	شهْر ج شُهُور، أشْهُر
Nachricht, Meldung	خبر ج أخْبار	Sache, Ding	شَيْء ج أشْياءُ
hinausgehen aus (zu)	خـرج من (إلى)	etwa: Dein Morgen sei schön! (Nachtgruß umg.)	تصْبِح على خير!
Dänemark	الدنْمارك	~ (fem.)	تُصْبِحين على خير
Disko	دِيسْكُو	(Antwort:) Deiner auch!	وأنت من أهْلِهِ
das, jenes (Dem.pr.)	ذلِك	Apotheker	صيْدلِيٌّ ج صيادِلة
gehen	ذهب	Essen, Mahlzeit	طعام ج أطْعِمة
Brief, Schreiben	رِسالة ج رسائِلُ	Restaurant	مطْعم ج مطاعِمُ
tanzen	رقص	wissen, kennen j-n. etw.	عرف ه، هـ
Tanzbar	مرْقص ج مراقِصُ	abhalten (Tagung); abschließen (Vertrag)	عقد هـ
Zentrum	مرْكز ج مراكِزُ	Beziehung, Verhältnis	علاقة ج ـات
Rußland	رُوسيا		

Sehenswürdigkeiten	ج مَعالِمُ	ich war	كُنْتُ
arbeiten	عَمِل	du (m./f.) warst	كُنْتَ / كُنْتِ
Arbeit, Tätigkeit	عَمَل ج أَعْمال	er war / sie war	كان / كانَتْ
(Präp.) über	عَنْ	Libanon	لُبْنانُ
Frankreich	فِرَنسا	schmackhaft	لَذيذ
machen, tun etw.	فَعَل هـ	Ungarn	المَجَر
Gedanke, Idee	فِكْرَة ج أَفْكار	noch einmal, erneut	مَرَّةً أُخْرَى
Hotel	فُنْدُق ج فَنادِقُ	krank, Kranker	مَريض ج مَرْضَى
Finnland	فِنْلَنْدا	Wein	نَبيذ
(Präp.) vor (temp.)	قَبْلَ	Norwegen	النُّرويج
Empfang, Begrüßung	اِسْتِقْبال ج ـات	Österreich	النِّمْسا
lesen etw.	قَرَأ هـ	Holland	هُولَنْدا
wirtschaftlich	اِقْتِصادِي	ankommen, eintreffen (bei, in)	وَصَل (إلى)
ich sagte ihm	قُلْتُ لهُ	(hin-)legen, -stellen etw.	وَضَع هـ
du (m./f.) sagtest	قُلْتَ / قُلْتِ	Heimat, Vaterland	وَطَن ج أَوْطان
er sagte / sie sagte	قال / قالتْ	Delegation	وَفْد ج وُفود
schreiben etw.	كتب هـ		

Text 1

الاستقبال

وصل أحمد أمس إلى برلين. ذهبت إلى المطار وقلت له : أهلاً وسهلاً في ألمانيا! من المطار ذهبنا إلى الفندق وفي الطريق إلى الفندق سألته: كيف حالك وكيف العائلة وكيف محمّد والأصدقاء؟

قال: أنا بخير والعائلة ومحمّد والأصدقاء أيضاً والحمد لله.

وبعد ذلك سألته عن العمـل وقال: العمل جيّد الآن. سافرت قبـل شـهر إلى النمسا وسويسرا وهولندا وبريطانيا وفرنسا وعقدت هناك اجتماعات مع تجّـار من هذه البلدان وسمعتُ أنّ العلاقات الاقتصادية والتجارية جيّدة بيـن هـذه

91

البلدان والبلدان العربية وكتبت من هناك رسائلَ كثيرة إلى شــركات في الوطن العربي وإلى الأهل أيضاً.

وبعد الحديث عن العمل ذهبنا إلى المطعم وأكلنا طعاماً شـرقياً وقال أحمـد: الطعام لذيذ جدّا. وبعد الأكل شربنا الشاي.

في المدينة **Text 2**

أحمد: هالو! مساء الخير.

صباح: مساء النور. أنت هنا؟

أحمد: نعم ، ذهبت إلى المحطّة. كيف حالك؟

صباح: أنا بخير، الحمد لله وكيف حالك؟

أحمد: شكراً بخير. أين كنتِ أمس؟

صباح: أمس كنتُ في الجامعة وأنت أين كنت أمس؟ سمعتُ أنّ فاطمة وصلت إلى الفندق. هل هذا صحيح؟

أحمد: نعم ، هذا صحيح. هي الآن في الفندق.

صباح: وماذا فعلتَ أمس؟

أحمد: وا لله، كُنْتُ أمس مع فاطمة في الفندق وفي المساء خرجنا مــن الفنـدق وذهبنا إلى مرقص ورقصنا إلى الصباح في ديسكو صغير.

صباح: واليوم؟ ما هو البرنامج ؟ ديسكو مرّة أخرى؟

أحمد: لا، اليوم سألتُ في الفندق عن معالم هـذه المدينـة والآن أنـا في الطريـق إلى المدينة. هناك أشياء جميلة كثيرة.

صباح: وفاطمة؟

أحمد: وا لله، هي في السرير. هي تعبانة.

صباح: هذه أيضاً فكرة جيّدة. أنا ذهبت إلى مركز المدينة أمس. هـو جميـل وكبير جدّا وأنا تعبانة إلى اليوم. مع السلامة، وسلّم لي على فاطمة.

أحمد: مع السلامة وسلّمي على صالح وتصبحين على خير.

صباح: وأنت من أهله. مع السلامة.

Übungen

L

L1 Setzen Sie vor die Substantive die richtige Form von وصل:

... المعلم. ... المعلمون. ... الطلاب. ... الفتاة.

... الفتيات. ... الوفود. ... الرجال. ... المعلمات.

... الوفد. ... الصديق. ... الأصدقاء. ... محمّد.

L2 Stellen Sie bei den Substantiven von L1 die Verben den Substantiven nach. Achten Sie auf die Kongruenzregeln!

L3 Vervollständigen Sie die folgenden Sätze durch das Verbs ذهب :

...الصديق إلى البيت. ... الأصدقاء إلى الفندق. ... الفتيات إلى الأصدقاء. ...

الفتاة إلى الصديقة. ... الطالب إلى المعلم. ... الطلاب إلى الغرفة. ...

السياسيون إلى الاجتماع. ... الرجال إلى المحطة. ... الطالبات إلى المخزن. ...

أحمد إلى المطار.

L4 Setzen Sie in den folgenden Sätzen die richtige Form von وضع ein! (Die in Klammern stehenden Nomina und Pronomen werden nicht mit-gelesen.):

(الطالب) ... الكتاب في الخزانة. (المعلمة) ... القلم على الطاولة. (أنا) ...

المصباح على الكرسي. (أنت) ... المصباح على الأرض. (نحن) ... الخزانة في

الغرفة. (هي) ... الكتب في الشنطة.

L5 Geben Sie auf die folgenden Fragen eine sinnvolle Antwort:

هل ذهبت إلى الصديق؟ هل ذهبت إلى هناك مع الصديقة؟ إلى أين وصل الوفد

العراقي؟ إلى أين وصلت الوفود العربية؟ إلى أين ذهب الوفد العراقي؟ إلى أين

ذهبت مع الوفد العراقي؟ أين وضعت الكتب؟ هل سمعتم الخبر؟ لمن كتبت

الرسالة؟ مع من شربت النبيذ؟ من أين اشتريت المصباح؟ من عقد الاجتماع؟

هل فعلن ذلك؟ أين رأيتم الأصدقاء؟ من عرف ذلك؟ مع من ذهبتم إلى هناك؟

هل قرأت الأخبار؟ من فعل ذلك؟ إلى أين ذهبوا؟ إلى أين سافروا؟ ماذا رأيتم

هناك؟ ماذا اشتريت من المخزن؟ ماذا قلت للأصدقاء العرب؟

Die Übung läßt sich beliebig erweitern, indem andere Substantive und Verbformen eingesetzt werden.

L6 (Hausaufgabe) Vokalisieren Sie die Endungen der Sätze in L7!

Lektion 5

L7 Fragen Sie mit dem richtigen Fragepronomen oder -adverb nach Subjekt, Objekt oder Präpositionalgruppe der folgenden Sätze! Wandeln Sie dabei Verbformen der 1.P. in solche der 2.P. um!
Verwenden Sie folgende Fragewörter:

من، لِمن، مع من، ماذا، أين، إلى أين، مِن أين.

فعل ذلك محمد. > من فعل ذلك؟

قرأت الكتب. > ماذا قرأت؟

اشتريت ذلك من المخزن. > من أين اشتريت ذلك؟

كتب الرسالة صديق عربي. كتبت للصديق رسالة. كتبت رسالة للصديق. قرأت كتاباً جديداً. وصل الوفد إلى المطار. اشتريت القلم من المخزن. اشتريت من المخزن قلماً جديداً. ذهب الوفد إلى الفندق. عقدت الوفود العربيـة اجتماعاً. عقدت الوفود اجتماعات كثيرة. ذهبوا إلى الفندق. وضعت الكتـاب على الطاولة. وضعنا الكتب في الخزانة. شربنا النبيذ مـع الأصدقاء. سمعت أخباراً جديدة. فعل ذلك صديق. رأينا فتيـات جميـلات. يوجـد المصبـاح علـى السقف. توجد الكراسي والطاولـة على الأرض. يوجـد اللـوح على الجـدار. وصلت الوفود من البلدان العربية.

L8 Bilden Sie aus den folgenden jeweils 2 Substantiven eine determinierte attributive Fügung, indem Sie das 2. Substantiv durch Anfügen der Nisbe-Endung in ein Adjektiv verwandeln!

بلدان – عرب > البلدان العربية

علاقـات – تجـارة، كتـاب – مدرسـة، اِجتمـاع – سياسـة، كتـب – عـرب، علاقات – سياسة، طالب – العراق، طلاب – الجزائر، معلمون – لبنان، أرض – عرب، جمهورية – عرب، حروف – شمس، حروف – قمر

G

G1 Der Lektor nennt in willkürlicher Reihenfolge die selbständigen Personalpronomen. Der Studierende ergänzt die richtige Perfektform folgender Verben:

شرب / قرأ / وصل / ذهب / سمع / كتب / فعل / سأل / عمل / أكل /
عقد/ وضع

94

G2 Die im folgenden genannten einfachen Verbalsätze mit dem Verb in der 1. P. Sg. sind in Fragesätze mit dem Verb in der 2. P. Sg. m. umzuwandeln.

فعلتُ ذلك   >   هل فعلتَ ذلك؟

كتبت الرسالة. كتبت رسالة. كتبت رسائل. سمعت الخبر. سمعت الأخبار. سمعت أن الوفد العراقي وصل إلى برلين. عرفت الرجل. عرفت الفتـاة. عرفـت أن الطالب ذهب إلى هناك. عرفت أن الطلاب ذهبوا إلى البيـت. قـرأت الخبر. قـرأت الأخبـار. قـرأت أن الوفـد (السوري، العراقي، الجزائـري، السـعودي، الكويتي، المصري) وصل إلى برلين. قرأت الرسالة. قرأت الرسائل. وصلـت إلى هنـاك. وصلـت إلى برلـين. ذهبـت إلى الفنـدق. ذهبـت إلى هنـاك. ذهبـت إلى الصديق. ذهبت إلى المعلم. رأيت الفتيات. اشتريت السيارة. سافرت بالقطار. شربت الشاي. سألت المعلم. أكلت الخبز. شربت القهوة. سألت الأم. عملـت في البيت. عملت في المخزن. عقدت اجتماعاً.

A11 Da سافر "reisen", "fahren" - obwohl anderer Struktur als فعل، كتب، ذهب und die anderen behandelten Verben - im Perfekt genauso konjugiert wird wie jene, verwenden wir dieses Verb ebenso wie die als Vokabeln vermittelten Formen اشتريت، رأيت usw. in den Übungen.

G3 Wie G2, doch wird als Ausgangsform die 1. P. Pl. genommen.

كتبنا الرسالة   >   هل كتبتم الرسالة؟

G4 Wie G3, doch ist von der 3. P. Sg. m. auszugehen, die im Fragesatz beibehalten wird.

كتب الرسالة.   >   هل كتب الرسالة؟

(Die Sätze mit den Verbformen رأيت und اشتريت werden in Ü 4; 5; 6 weggelassen.)

G5 Gleiche Übung, doch ist Ausgangsform die 3. P. Sg. f.

G6 Gleiche Übung, doch ist Ausgangsform die 3. P. Pl. m.

G7 Wandeln Sie die folgenden Sätze in mit أنّ eingeleitete Objektsätze um!

الغرفة جميلة. البيت قديم. المعلم طويل. وصلت الوفود أمس. وصــل الوفـد إلى المطار. عقدت الوفود اجتماعاً. سافر الأصدقاء إلى برلـين. العلاقـات التجاريـة جيدة. ذهب الأصدقاء العرب إلى هناك. وصلت الصديقـة إلى المحطة. وصلـت وفود كثيرة.

Lektion 5

Stellen Sie, zum jeweiligen Objektsatz passend, einen der folgenden
Hauptsätze voran:

هل عرفت؟ قرأنا، هل سمعتم؟ سمعتُ

البيت جميل. >   سمعت أن البيت جميل.

Achten Sie darauf, daß sich bei Verbalsätzen nach أنّ die Wortstellung
ändert!

K

K1 Wie heißen die Hauptstädte der folgenden Länder?

النمسـا، هولنـدا، بريطانيـا، فرنسـا، بولنـدا، روسـيا، المجـر، فنلنـدا، الدنمـارك،
النرويج، السويد، بلجيكا، إسبانيا، البرتغال

Antworten Sie nach folgendem Muster:

عاصمةُ النمسا هي. ...

K2 Schreiben Sie Ihren Namen und Ihre Adresse in Arabisch.

K3 Bereiten Sie in Anlehnung an Text 2 für das nächste Kolleg einen
Dialog vor (Begrüßung, Frage nach Befinden, Frage nach vergangenen
Aktivitäten, Verabschiedung)!

Komplexübung:

1. Setzen Sie in die freien Stellen die richtige Form von وصل ein!

... الصديقة. ... الوفود. ... الرجال. ... أحمد إلى المطعم. ... المعلّمون. ...
البرنامج. ... الطالبات إلى المرقص. ... السياسي إلى سويسرا.

2. Setzen Sie in die freien Stellen die richtige Form von شرب ein!

سمعت أنّ الرجـال ... العصير. كتب أحمـد أنّ الطالبـات ... الشـاي. ...
الأصدقاء القهوة مع السكّر. عرفت أنّ المعلّمات ... العصير في الفندق. سمعت
أنّ مريم ... كوكا في الصباح. سمعت أنّ الطلاّب ... المشروبات. كتب أحمـد
أنّ محمّداً ... القهوة مع العصير.

3. Bilden Sie aus den folgenden jeweils 2 Substantiven eine
determinierte attributive Fügung, indem Sie das 2. Substantiv in ein
Nisbe-Adjektiv umwandeln!

جمهورية – عـرب، حـروف – شـمس، طـالـب – جزائـر، إجتمـاع – سياسـة،
معلّمون –لبنان، كتب – العراق، أرض، عرب، كتاب – مدرسـة، علاقـات
– سياسة

4. Wandeln Sie die aufgeführten einfachen Verbalsätze mit dem Verb
in der 1.P.Sg. in Fragesätze mit dem Verb in der 3.P.Pl.m. um und
übersetzen Sie die Antworten!

عملت في المخزن. وصلت إلى الفندق. وضعت الكتاب تحت الشـنطة. سمعـت
خـبراً جيّـداً. سـألت عـن الطريـق. عملـت في الشـركة الفرنسية. رقصـت في
المرقص. سألت عن معالم المدينة. كتبت رسالة طويلة. أكلت في المطعـم طعامـاً
شرقياً. سمعت أنّ فاطمة تعبانة. وضعت الجبنة على الطاولة.

5. Übersetzen Sie ins Arabische!

Guten Abend. Wie geht es Dir? Mir geht es gut. Wie geht es Dir?
Danke, gut. Wo warst du gestern? Ich war mit Aḥmad in der Universität
in der Medizinischen Fakultät. Was hast du dort gemacht? Ich habe
Bücher gelesen und im Restaurant Tee getrunken. Was hast du abends
gemacht? Abends war ich mit Aḥmad in der Disko. Was hat Aḥmad in
Frankreich gemacht? Er hat viele Briefe geschrieben und Versamm-
lungen mit französischen Firmen abgehalten.

6. Stellen Sie Ihnen bekannte Wörter mit den Modellstrukturen أفْعال
und فواعِل zusammen!

7. Wie heißen die arabischen Termini für Nominalsatz, Verbalsatz,
Perfektform, Numerus, Singular, Plural, maskulin und feminin?

Lektion 6

الدرس السادس

1. Die Genitivverbindung (أَلْمُضاف والْمُضاف إلَيْهِ)

Die nähere Bestimmung eines Substantivs kann nicht nur durch ein attributives Adjektiv, sondern auch durch ein sich im Genitiv anschließendes Substantiv erfolgen. Beide Substantive stehen zueinander im Verhältnis von Leitwort (Nomen regens) und Attribut (Nomen rectum) als 1. (أَلْمُضاف) und 2. Glied (أَلْمُضاف إلَيْهِ) einer Genitivverbindung.

1.1. Das Leitwort steht ohne Artikel und ohne Nunation im sog. **Status constructus**.

das Haus eines Mannes	بَيْتُ رَجُلٍ
das Haus des Mannes	بَيْتُ الرَّجُلِ

Endet das im Status constructus stehende Wort auf ة, wird das *Tā´ marbūṭa*

im Nominativ zu *-tu*	شَنْطَةُ الْمُعَلِّمَةِ	Sprich: *šanṭatu l-muᶜallimati*
im Genitiv zu *-ti*	شَنْطَةِ الْمُعَلِّمَةِ	Sprich: *šanṭati l-muᶜallimati*
im Akkusativ zu *-ta*	شَنْطَةَ الْمُعَلِّمَةِ	Sprich: *šanṭata l-muᶜallimati*

Die Genitivverbindung kennzeichnet durchaus nicht immer nur ein Besitzverhältnis wie im Beispiel بَيْتُ رَجُلٍ, sondern auch eine Zugehörigkeit:

das Mitglied einer arabischen Delegation	عُضْوُ وَفْدٍ عَرَبِيٍّ

und ein Merkmal oder eine Eigenschaft:

das Symbol einer festen Freundschaft	رَمْزُ صَدَاقَةٍ عَمِيقَةٍ

A1 Die Frage nach dem Besitzer wird ebenfalls in Form einer Genitivverbindung ausgedrückt.

"Wessen Haus ist das?"	بَيْتُ مَنْ هَذَا؟

Da es im Arabischen keine Komposita gibt, dient die Genitivverbindung neben anderen Syntagmen auch dazu, Wortverbindungen mit festem lexikalischem Wert zu schaffen, die etwa unseren Komposita vergleichbar sind.

das Studentenheim ﺑَﻴْﺖُ ﺍﻟﻄَّﻠَﺒَﺔ

Die Übersetzung des indeterminierten ﺑَﻴْﺖُ ﻃَﻠَﺒَﺔٍ lautet dabei nicht "das Haus von Studenten", sondern "ein Studentenheim".

A2 Wortverbindungen wie "ein Haus des Mannes", "ein Mitglied der arabischen Delegation" usw. werden mit Hilfe von Präpositionen ausgedrückt.
In Frage kommt vor allem die Präposition ﻣِﻦْ (manchmal auch ﻝِ):

ein Haus des Mannes ﺑَﻴْﺖٌ ﻣِﻦْ ﺑُﻴُﻮﺕِ ﺍﻟﺮَّﺟُﻞِ
wörtl.: ein Haus von den Häusern des Mannes

ein Mitglied der arabischen Delegation wörtl.: ﻋُﻀْﻮٌ ﻣِﻦ ﺃَﻋْﻀَﺎﺀِ ﺍﻟْﻮَﻓْﺪِ ﺍﻟْﻌَﺮَﺑِﻲّ
ein Mitglied von den Mitgliedern der arabischen
Delegation

A3 ﺃَﺏ (Vater), ﺃَﺥ (Bruder) und ﻓَﻢ (Mund) haben als erstes Glied einer Genitivverbindung folgende Formen für Nominativ, Genitiv und Akkusativ:

ﺃَﺑُﻮ، ﺃَﺑِﻲ / ﺃَﺑَﺎ / ﺃَﺧُﻮ / ﺃَﺧِﻲ، ﺃَﺧَﺎ / ﻓُﻮ، ﻓِﻲ، ﻓَﺎ also ﺃَﺑُﻮ ﺃَﺣْﻤَﺪ، ﻣَﻊ ﺃَﺑِﻲ ﺃَﺣْﻤَﺪ، ﺳَﺄَﻝ ﺃَﺑَﺎ ﺃَﺣْﻤَﺪ

1.2. Bei einer Genitivverbindung mit mehreren Gliedern (Genitivkette) stehen alle Glieder außer dem letzten im Status constructus.

die Richtigkeit der Politik der Regierung ﺻِﺤَّﺔُ ﺳِﻴَﺎﺳَﺔِ ﺣُﻜُﻮﻣَﺔِ ﺍﻟْﺒَﻠَﺪِ
des Landes

1.2.1. Erstes Glied einer Genitivverbindung soll - im guten Stil - nicht mehr als ein Substantiv sein. Während wir z. B. im Deutschen "der Leiter und die Mitglieder der Delegation" sagen, also zwei Substantive mit einem nachfolgenden Genitiv, nehmen wir im Arabischen nur ein Substantiv als Leitwort, setzen das andere hinter die Genitivverbindung und stellen den Bezug zum 2. Glied durch das entsprechende Personalsuffix (vgl. unten, G 2.) her:

wörtl.: der Leiter der Delegation und ﺭَﺋِﻴﺲُ ﺍﻟْﻮَﻓْﺪِ ﻭَﺃَﻋْﻀَﺎﺅُﻩُ
ihre Mitglieder

1.2.2. Für die Determinationsverhältnisse in der Genitivverbindung gilt folgendes:
a) Wenn das 2. Glied determiniert ist, so gilt auch das im Status constructus stehende 1. Glied als determiniert. Ein adjektivisches Attribut zum 1. Glied muß also den Artikel erhalten.
Da jedoch die Glieder der Genitivverbindung nicht voneinander getrennt werden dürfen (mit einer Ausnahme - vgl. Lektion 7, G 2.5.), muß das Attribut entweder der ganzen Genitivverbindung nachgestellt werden:

das schöne Haus des Mannes   بَيْتُ الرَّجُلِ الْجَمِيلُ

oder aber es wird, um eine mögliche Verwechslung mit "das Haus des schönen Mannes" zu vermeiden, dem 1. Glied nachgestellt und das 2. Glied der nunmehr aufgelösten Genitivverbindung mit لِ angefügt:

أَلْبَيْتُ الْجَمِيلُ لِلرَّجُلِ

Letztgenannte Konstruktion kommt im modernen Arabisch außerordentlich häufig vor.

b) Wenn das 2. Glied indeterminiert ist, so gilt das im Status constructus stehende 1. Glied als indeterminiert:

ein Studentenheim   بَيْتُ طَلَبَةٍ

Ein adjektivisches Attribut zum 1. Glied, also zu بيــت, wird indeterminiert nachgestellt:

ein neues Studentenheim   بَيْتُ طَلَبَةٍ جَدِيدٌ

Der gesunde maskuline Plural verliert als 1.Glied der Genitivverbindung das ن.

die Lehrer des Studenten   مُعَلِّمُو الطَّالِبِ

mit den Lehrern des Studenten   مَعَ مُعَلِّمِي الطَّالِبِ

2. Die suffigierten Personalpronomen (أَلضَّمَائِرُ الْمُتَّصِلَة)

Das Arabische kennt neben den sog. selbständigen Personalpronomen auch suffigierte Personalpronomen.

2.1. Sie lauten:

Pl.		Sg.
هُمْ -	3.P.m.	ه -
هُنَّ -	3.P.f.	هَا -
كُمْ -	2.P.m	كَ -
كُنَّ -	2.P.f.	كِ -
نا -	1.P.	- ـِي (نِي beim Verb)

A4 Der Hilfsvokal bei هم und كم ist -*u*.

2.2. Die Personalsuffixe können an
- Substantive,
- Präpositionen,
- verschiedene Partikeln und Konjunktionen (u. a. أَنَّ "daß") und
- Verben
angefügt werden.

2.2.1. In Verbindung mit Substantiven entsprechen die Personalsuffixe den deutschen Possessivpronomen.
Substantiv und Personalsuffix verhalten sich zueinander wie das 1. und 2. Glied einer determinierten Genitivverbindung. Das Substantiv ist das Leitwort und steht im Status constructus, d. h. ohne Artikel und ohne Nunation.

Pl.		Sg.	
ihr (m.) Haus	بَيْتُهُمْ	sein Haus	بَيْتُهُ
ihr (f.) Haus	بَيْتُهُنَّ	ihr Haus	بَيْتُهَا
euer (m.) Haus	بَيْتُكُمْ	dein (m.) Haus	بَيْتُكَ
euer (f.) Haus	بَيْتُكُنَّ	dein (f.) Haus	بَيْتُكِ
unser Haus	بَيْتُنَا	mein Haus	بَيْتِي

Ein als Attribut hinzugefügtes Adjektiv muß den Artikel erhalten:

euer neues Haus   بَيْتُكُمُ الْجَدِيدُ

2.2.1.1. Besonderheiten der Lautung und Schreibung:
Das Personalsuffix der 1. P. Sg. assimiliert jeden unmittelbar vorangehenden kurzen Vokal.

mein Buch   كِتَابِي

in meinem Buch   فِي كِتَابِي

Hast du mein Buch gesehen?   هَلْ رَأَيْتَ كِتَابِي؟

Nach vorangehendem, meist genitivischem -*i* oder -*ī* (auch -*ai*) wird das -*u* der Suffixe der 3. Person zu -*i*:

هِنَّ > هُنَّ   هِمْ > هُمْ   هِ > هُ

101

in seinem Haus   فِي بَيْتِهِ

in ihrem (Pl. m.) Haus   فِي بَيْتِهِمْ

in ihrem (Pl. f.) Haus   فِي بَيْتِهِنَّ

Das *-u* bzw. *-i* nach dem Suffix ه ist lang zu sprechen: *baituhū / fī baitihī*
Das auslautende ة wird bei Anschluß von Personalsuffixen zu ت.

eine Lehrerin   مُعَلِّمَةٌ

meine Lehrerin   مُعَلِّمَتِي

deine Lehrerin usw.   مُعَلِّمَتُكَ

Der gesunde maskuline Plural verliert nicht nur als 1. Glied einer Genitivverbindung, sondern auch bei Anfügung von Personalsuffixen das ن .

deine Lehrer   مُعَلِّمُوكَ

bei ihren Lehrern   عِنْدَ مُعَلِّمِيهِمْ

Ich habe eure Lehrer gesehen.   رَأَيْتُ مُعَلِّمِيكُمْ

Nach langem *ā*, *ī* und *ai* wid das Personalsuffix der 1. P. Sg. zu يَ.

mit meinen Lehrern   (مُعَلِّمِي] نَ [+ يَ) مَعَ مُعَلِّمِيَّ

A4 Merken Sie sich: "Meine Lehrer" heißt مُعَلِّمِيَّ und nicht مُعَلِّمُويَ.

2.2.2. In Verbindung mit Präpositionen entsprechen die Personalsuffixe dem Dativ oder Akkusativ der Personalpronomen im Deutschen.

mit ihm   مَعَهُ

von ihnen   مِنْهُمْ

bei uns   عِنْدَنا

Mit Hilfe der Präpositionen مَعَ، ل، عِنْدَ + Personalsuffix wird das deutsche Wort "haben" wiedergegeben. Am häufigsten ist die Präposition عند "bei":

Hast du viele Bücher?   هَلْ عِنْدَكَ كُتُب كَثِيرَة؟

A5 In der gleichen Bedeutung wie عِنْدَ wird manchmal die Präposition لَدَى gebraucht.

Auch die Präposition لِ "für", vor allem zur Hervorhebung eines Eigentumsverhältnisses, und die Präposition مَعَ "mit" zum Ausdruck eines augenblicklichen Bei-sich-habens werden dazu verwendet.

2.2.2.1. Besonderheiten der Lautung und Schreibung: لِ lautet vor Suffixen mit Ausnahme des Suffixes der 1. P. Sg. لَ :

لَهُ ، لَهَا ، لَكَ usw., jedoch لِي .

مِنْ verdoppelt bei Anfügung des Suffixes der 1. P. Sg. das ن : مِنِّي .

إِلَى und عَلَى lauten vor Suffixen عَلَيْ- und إِلَيْ- :

Pl.		Sg.	
عَلَيْهِمْ	إِلَيْهِمْ	عَلَيْهِ	إِلَيْهِ
عَلَيْهِنَّ	إِلَيْهِنَّ	عَلَيْهَا	إِلَيْهَا
عَلَيْكُمْ	إِلَيْكُمْ	عَلَيْكَ	إِلَيْكَ
عَلَيْكُنَّ	إِلَيْكُنَّ	عَلَيْكِ	إِلَيْكِ
عَلَيْنَا	إِلَيْنَا	عَلَيَّ	إِلَيَّ

Dieser Regel folgt auch die Präposition لَدَى .

2.2.3. An ein Verb angefügt haben die Personalsuffixe die Funktion eines Akkusativobjekts.

Ich habe das Buch gekauft.	اِشْتَرَيْتُ الْكِتَابَ.
Ich habe es gekauft.	اِشْتَرَيْتُهُ.
Ihr habt die Briefe geschrieben.	كَتَبْتُمُ الرَّسَائِلَ.
Ihr habt sie geschrieben.	كَتَبْتُمُوهَا.
(الرسائل gilt als f. Sg., deshalb ها)	
Nimm den Bleistift!	خُذِ الْقَلَمَ.
Nimm ihn!	خُذْهُ.
Haben sie den Saft getrunken?	هَلْ شَرِبُوا الْعَصِيرَ؟

Ja, sie haben ihn getrunken. نَعَمْ شَرِبُوهُ.

Hast du der Veranstaltung beigewohnt? هَلْ حَضَرْتَ الْحَفْلَةَ؟
= Warst du bei der Veranstaltung?

Ja, ich habe ihr beigewohnt (= ja, ich war dort). نَعَمْ حَضَرْتُهَا.

2.2.3.1. Besonderheiten der Lautung und Schreibung:

Die 3. P. Pl. m. der Perfektform verliert bei Anschluß eines Personal-
suffixes das *Alif*: شَـرِبُوهُ . Bei der 2. P. Pl. m. wird vor dem
Personalsuffix ein *Wāw* eingefügt: كَتَبْتُمُوهُا

3. Determination (Zusammenfassung)

Ein Substantiv ist determiniert durch

den Artikel: اَلْبَيْتُ

einen folgenden Genitiv: بَيْتُ الرَّجُلِ

ein Personalsuffix: بَيْتُهُ

4. Das Adverb (اَلظَّرْف)

Das Arabische hat keine besondere Form für das Adverb. Adverbielle
Beziehungen werden durch den Akkusativ oder durch Präpositionalgruppen ausgedrückt. Den Akkusativ haben vor allem die sog. Umstandsadverbien, zu denen auch die Adverbien der Zeit (ظَرْف الزَّمان)
gehören.

morgens, früh	صَبَاحًا	< Morgen	صَبَاح
mittags	ظُهْرًا	< Mittag	ظُهْر
abends	مَسَاءً	< Abend	مَسَاء

am Morgen des heutigen Tages = heute morgen صَبَاح الْيَوْمِ

am Abend des heutigen Tages = heute abend مَسَاءَ الْيَوْمِ

An die Stelle des Akkusativs kann in manchen Fällen auch eine
Präpositionalgruppe mit فِي treten: صَبَاحًا = فِي الصَّبَاح . Im allgemeinen
sind jedoch die Umstandsadverbien lexikalisiert. Der Student kann sie
nicht selbständig bilden, sondern muß sie als Vokabeln lernen. Mehr zu
Adverbialkonstruktionen steht in Lektion 22.

V

Professor, Meister	أُسْتاذ ج أساتِذة	Lehrer, Dozent	مُدرِّس ج ـون
tausend	أَلْف ج آلاف	Dollar	دُولار ج ات
Amerika	أمْريكا	Ticket, Karte	تذْكِرة ج تذاكِرُ
erster / erste	أوَّل م أُوْلَى	Präsident, Leiter, Vorsitzender	رئِيس ج رُؤَساءُ
welcher/welche	أيٌّ / أيَّة	Begleiter	مُرافِق ج ـون
Was kostet ... ?	بكمِ (ال...)؟	Symbol	رمْز ج رُمُوز
übermittle etw. an j-n. *(Imp.)*	بَلِّغْ هـ لـ	ich will ... (etw.)	أُريدُ ... (هـ)
zweiter / zweite	ثانٍ م ثانية	ausgezeichnet, prächtig, wunderbar	رائع
der zweite / die zweite	الثانِي م الثانية	Woche	أُسْبُوع ج أسابيعُ
Ausländer, ausländisch	أجْنِبِي ج أجانِبُ	Theater, Bühne	مسْرح ج مسارحُ
Antwort	جواب ج أجْوِبة	Theaterstück	مسْرحِية ج ـات
anwesend sein, beiwohnen	حضر هـ	Preis	سِعْر ج أسْعار
Sie *(gehobene Anrede)*	حضْرة / حضْرتُكَ / حضْرتُكُمْ	Reise, Fahrt	سفر ج أسْفار
Dozent, Vortragender	مُحاضِر ج ون	reisend, auf Reisen sein, Reisender	مُسافِر ج ون
Feier, Veranstaltung	حفْلة ج ـات	touristisch	سِياحِيّ
Regierung	حُكُومة ج ـات	Niveau	مُسْتَوًى ج ات
Gruß	تَحِيَّة ج ـات	danken j-m. für	شكر ه على
etwa: Zunächst beste Grüße ... *(am Briefanfang)*	تَحِيَّة طيبة وبعد ...	besichtigen, anschauen etw.	شاهد هـ
Dienst, Dienstleistung	خِدْمة ج ـات	schwierig, schwer	صعْب ج صِعاب
etwa: Kann ich ihnen helfen?	أية خدمة؟	Mittag	ظُهْر
hinausgehen aus	خرج (يَخْرُجُ) من	lieb, teuer, edel	عزيز ج أعِزَّاءُ
aufrichtig	خالِص / مُخْلِص	mein Lieber!	عزيزِي
diplomatisch, Diplomat	دِبْلوماسِيّ ج ـون	meine Liebe!	عزيزتِي
Klasse, Stufe	درجة ج ـات	Mitglied	عُضْو ج أعْضاء
		Welt, Universum	عالَم ج عوالِمُ

Lektion 6

international	عالِميّ	Sprache	لُغة ج ـات
tief, tiefgründig	عميق	köstlich, interessant	مُمْتِع
Überschrift, Titel auch: Adresse	عُنْوان ج عناوِينُ	Fach, Stoff	مادَّة ج موادُّ
Physik	فِيزياء	gestern Abend	مساءَ الأمْس
stark, mächtig	قَويّ ج أقوياءُ	König, Monarch	مِلك ج مُلُوك
Büro; Schreibtisch; Arbeitszimmer	مكْتب ج مكاتِبُ	Warten, Erwartung	اِنتِظار
Reisebüro	مكْتب السفر	so; auf diese Weise	هكذا
Chemie	كِيمياء	es gibt	هُناك
(Präp.) bei (lok. u. temp.)	لدىَ	Beamter, Angestellter	مُوظَّف ج ـون
		Zeit, Zeitraum	وقْت ج أوْقات

Text 1

رسالة إلى محمد

عزيزي محمد

تحية طيبة وبعد...

كيـف حـالك؟ وصلتـني رسالتك قبـلِ أسبوع وقرأت فيهـا أنّـك ذهبـت إلى المسرح. أنا ذهبت مسـاء الأمس أيـضاً إلى المسرح هنـا في برلـين. المسرح في مركـز المدينة. شـاهدت مسـرحية لشيكسبير ، عنوانها '' الملـك لـير''. هـذه المسرحية طويلة جدّا ومتعة.

رأيت في المسرح الكثير من الأجانب وبينهم سياسـيون ودبلوماسـيون وعرفت كثيرين منهم. وحضرت بعد المسرح حفلة جميلة ورائعة مع أصدقائي في بيت الطلبة.

كيف فاطمة ومريم وأحمد؟ وكيف الدراسة؟ هل فهمـت الـدروس في الطبّ؟ دراستي إلى الآن جيّدة والمدرّسون والمحاضرون والأسـاتذة على مسـتوى جيّد جدّا وحضرت إلى الآن دروساً كثيرة في الطبّ والكيمياء والفيزياء وهـي مـوادّ صعبة. كيف الدروس عندكم في الجامعة؟ هل المستوى جيّد؟

أنا في انتظار جوابك. بلّغ تحيّاتي لفاطمة وأحمد ومريم وسلّم لي كثـيراً عليهـم.

صديقك المخلص

بيتر

في مكتب السفر

Text 2

الموظّفة: أهلاً وسهلاً، أية خدمة؟

بيتر: نعم، أنا أريد تذكرة الى أمريكا.

الموظّفة: متى؟

بيتر: اليوم.

الموظّفة: في أي وقت؟

بيتر: الآن أو في المساء.

الموظّفة: إلى أية مدينة؟

بيتر: إلى وشنطن.

الموظّفة: درجة أولى أو ثانية أي سياحية؟

بيتر: درجة أولى.

الموظّفة: هناك طائرة في المساء.

بيتر: جيّد جدّا. بكم التذكرة؟

الموظّفة: بألف دولار.

بيتر: هذا كثير جدّا.

الموظّفة: نعم، الأسعار هكذا. حضرتك من أين؟

بيتر: أنا ألماني.

الموظّفة: لغتك العربية جيّدة جدّا، أين درستها؟

بيتر: درستها في الجامعة في ألمانيا.

الموظّفة: هل سافرت إلى بلدان عربية أخرى؟

بيتر: نعم سافرت إلى تونس والجزائر والمغرب والكويت والسعودية وسوريا.

الموظّفة: يعني، أنت مسافر إلى بلدان كثيرة؟

بيتر: نعم، هذا صحيح، أنا موظّف في شركة عالمية.

الموظّفة: شكراً، مع السلامة.

بيتر: مع السلامة.

Lektion 6

Übungen

L

L1 Jeder Student beantwortet die Frage اِسْمُكِ/اِسْمُكَ اسْمُكَ (هو) ما sowie die

vom Lektor gestellten Fragen هـذه؟ / هـذا ما اسـم / ما اسْمُهُ / ما اسْمُها
usw.!

L2 Ein Student bildet mit den Wörtern

بيت، غرفة، شنطة، رسالة، كتاب، كتب، قلم، كرّاسة، كراريس، سيّارة

Fragesätze nach dem Muster هذا؟ من بيت "Wessen Haus ist das?". Ein
anderer Student antwortet darauf mit

هذا بيتي / هذا بيت المعلّم / هذا بيت صديقتي

u.a., d.h., Prädikat soll eine Genitivverbindung oder ein durch
Personalsuffix determiniertes Substantiv sein.

L3 Ein Student stellt Fragen nach dem Muster

هل هذا بيتك؟ هل هذه غرفتك؟

Ein anderer Student antwortet darauf entweder bejahend:

نعم، هذا بيتي. نعم، هذه غرفتي.

oder verneinend:

لا، هذا بيت صديقي. لا، هذه غرفة صديقتي.

Formulieren Sie die Fragen anhand des Vokabelverzeichnisses dieser
Lektion.

L4 Fügen Sie den folgenden, durch Personalsuffix determinierten
Substantiven das Adjektiv جديد (جُدُد، جديدة، جديدة) als Attribut hinzu!

بيتي   >   بيتي الجديد

غرفتك، معلمكم، أصدقاؤنا، كتبنا، سيارته، بسيارته، في فندقنا، أمام مسرحنا،

صديقتي، مرافقكم، في مطارهم، سياستهم، مدرستك، جامعتها، مخزنه

L5 Beantworten Sie folgenden Fragen mit einem der Zeitadverbien

اليوم، أمس، في الصباح، في المساء

صباحاً، ظهراً، مساءً

صباح اليوم، صباح الأمس

ظهر اليوم، ظهر الأمس

مساء اليوم، مساء الأمس

متى سافر صديقكم إلى برلين (دمشق، بيروت، بغداد، الجزائر)؟

متى ذهبت إلى الجامعة (المسرح، المحطة، بيتك، بيته، هناك)؟

متى عقد الوفد اجتماعه؟

متى شربت الشاي مع أصدقائك (مع أصدقائك العرب، مع أصدقائك الأجانب)؟

متى كتبتم رسالتكم؟

متى اشتريت الكتب (الكتاب، الشنطة، الكراريس، السيّارة)؟

متى رأيت الأصدقاء (الوفد، أعضاء الوفد، مرافقكم)؟

متى حضرتم الحفلة؟

متى سمعت الخبر؟

متى عرفت ذلك؟

متى فعلوا ذلك؟

متى سافروا إلى سوريا (العراق، مصر، تونس، ...)؟

L6 Bestimmen Sie die Wurzel der folgenden Wörter!

مكتب / مسرح / مدرسة / مركز / مرقص / مكتبة / مطعم / محطة / مطبخ /
مطار / مخزن / مُعلّم / مُوظّف / مُدرّس / مُحاضِر / مُرافِق / مِصباح / مِمْحاة
/ مِسْطرة / طالِب / تاجِر / كاتِب

G

G1 Verbinden Sie die folgenden Wörter zu Genitivverbindungen!

1.Glied   2.Glied (determiniert)

باب، أبواب، جدار، جدران، شبابيك، غرف	1. بيت
أبواب، جدار، جدران، شبابيك، سقف، أرض	2. غرفة
كتاب، كتب، غرفة، بيت، سيّارة، شنطة	3. صديق
كتب، بيت، غرفة، سيّارة، شنطة، قلم	4. محمد
أقلام، بيوت، سيّارة، رسائل، كتب	5. صديقة

6. مدينة   مسرح، مسارح، جامعة، شوارع، مخازن، محطّة

7. عاصمة   مدارس، محطّات، معالم، جامعات، مخازن

8. وفد   عضو، أعضاء، مرافق، مرافقون، رئيس، سيّارة

G2 Bilden Sie mit dem Wortmaterial von G1 Gruppen 1. bis 7., Genitivverbindungen, bei denen das 2. Glied nicht durch den Artikel, sondern durch ein Personalsuffix determiniert ist.

شبابيك غرفتي، مسرح مدينتنا

G3 Setzen Sie die in G2 , 1.und 2., gebildeten Genitivverbindungen in den Akkusativ, indem Sie einen Verbalsatz mit رأيتُ bilden!

رأيت باب البيت، رأيت أبواب الغرفة.

G4 Ersetzen Sie das nach den Präpositionen ل، على، إلى stehende Substantiv in den folgenden Sätzen durch das entsprechende Personalsuffix der 3. P.!

ذهب إلى الصديق.	<	ذهب إليه.
سافر إلى العاصمة.		وصل الوفد إلى المطار.
توجد الكتب على الطاولة.		قلت للأصدقاء: مع السلامة.
كتب للصديق رسالة.		ذهبوا إلى أصدقائهم.
كتبت للصديقة رسالة.		يوجد اللوح على الجدار.
قلت للمعلّم: صباح الخير.		ذهبنا إلى المسرح.
وصلت القطارات إلى المحطّة.		سلّم على الأصدقاء!

G5 Setzen Sie die folgenden Wortverbindungen durch Vorsetzen der Präposition مع bzw. في in den Genitiv!

بيته الجديد   <   في بيته الجديد

مسرحنا الجميل، جامعتنا القديمة، سيارته القديمة، صديقتي الجديدة، أصدقاؤك العرب، وفدهم التجاري، حكومتنا القديمة، صديقاتهن السوريات، جامعاتكم الجديدة، مطارنا الكبير، كرّاسته الصغيرة، مرافقهم الألماني، وفودنا الأجنبية، اجتماعاتكم الطويلة

K

K1 (schriftl. Hausaufgabe) Schreiben Sie in Anlehnung an Text 1 einen Brief an einen arabischen Freund, in dem Sie über den Empfang eines gemeinsamen Freundes in Ihrer Heimatstadt berichten!

K2 Bereiten Sie in Anlehnung an Text 2 einen Dialog zum Thema "Reisebüro" (Begrüßung, wohin: Land, Stadt, wann, Verabschiedung) vor!

Komplexübung:

1. Verbinden Sie die folgenden Wörter zu Genitivverbindungen!

2. Glied	1. Glied
أعضاء، مرافق، رئيس، سيّارة، إجتماع، سياسيون، غرف	الوفد
مسارح، شوارع، جامعة، دكاكين، مدارس، فندق، محطّات	مدينة
شنطات، كتب، إجتماعات، رسائل، معلمون، مرقص، مطعم	المعلّمون
موظّفون، مرضى، عمل، وفود، سياسيون، أطباء، مكاتب	الحكومة
غرف، جدران، أبواب، شبابيك، حديقة، بلكون	بيته

2. Übersetzen Sie ins Arabische!

die alte Adresse meiner Freundin, das alte Büro des neuen Präsidenten, ein Büro des Beamten, einer der Könige der arabischen Welt, eines der schönen Häuser der Stadt, der Leiter und die Mitglieder der arabischen Delegation, die neue Tasche des Lehrers, eines der neuen Theater der Hauptstadt, die vielen Sehenswürdigkeiten Syriens, die Angestellten und die Leiter des Reisebüros, die vielen Firmen der königlichen Familie, ein Mitglied der Delegation, die Büros der Angestellten des Reisebüros, das Auto eines arabischen Studenten, das Theater und die Häuser der Stadt, die Dozenten und die Studenten der Universität der Hauptstadt, die aufrichtigen Grüße des Freundes, die neuen Theaterstücke des Stadttheaters

3. Ersetzen Sie das präpositionale Objekt in den folgenden Sätzen durch das jeweilige suffigierte Personalpronomen!

ذهبوا إلى المحطّة. كتبوا أسماءهم على الكراريس. رأيته على الخزانة. وضعت الأوراق على الطاولات. سافرنا إلى الأصدقاء. سلّم على فاطمة ومريم وصباح! وصلوا إلى العاصمة. كتبنا حروفاً عربية على اللوح. شكرتهم على التذاكر. وصلنا إلى مطعم المحاضرين.

111

4. Übersetzen Sie folgenden Brief ins Arabische!

Meine liebe Maria!

Wie geht es Dir? Wie geht es Fāṭima?

Ich habe viel Arbeit. Das Studium ist schwierig und ich habe sehr viele Stunden. Bis jetzt habe ich Unterrichtsstunden in Medizin, Physik und Chemie besucht. Die Dozenten und Professoren der Universität haben ein gutes Niveau. Wie läuft das Studium bei Euch?

Hast du Muḥammad gesehen oder bist du zu ihm gefahren? Ich habe einen Brief an ihn geschrieben. Seine Antwort ist gestern eingetroffen. Er hat geschrieben, daß er in Kairo ins Theater gegangen ist und daß er dort den ägyptischen Präsidenten und viele Politiker und Diplomaten gesehen hat.

Ich warte auf Deine Antwort. Grüße Fāṭima von mir.

Dein Freund

Peter

Lektion 7

الدرس السابع

1. Die Imperfektform (ألمُضارِع)

1.1. Die Imperfektform ist neben der Perfektform (Lektion 5) die zweite der beiden einfachen Verbformen des Arabischen. Sie bezeichnet fast immer eine Handlung in den Zeitstufen Gegenwart (ألحاضِر) oder Zukunft (ألمُسْتقْبَل) .

A1 Die Imperfektform kann manchmal zum Ausdruck von Handlungen in der Zeitstufe der Vergangenheit verwendet werden, so in manchen Nebensätzen. Das hängt damit zusammen, daß die Imperfektform eigentlich tempusindifferent ist und die Verbalhandlung lediglich in ihrem Verlauf schildert.

1.2. Die Imperfektform ist gekennzeichnet durch die Vokallosigkeit von R_1 und einen sog. Imperfektvokal nach R_2, der sowohl a (*Fatḥa*) als auch i (*Kasra*) oder u (*Ḍamma*) sein kann.
Auf R_3 folgt der Vokal u oder ein Suffix.
Die Personen werden durch Präfixe ausgedrückt.

1.3. Die Konjugation: Imperfekt/Indikativ (Grundstamm)

Pl.		Sg.
(هم) يَفْعَلُونَ		(هو) يَفْعَلُ
(هنَّ) يَفْعَلْنَ	Imperfekt	(هي) تَفْعَلُ
(أنتم) تَفْعَلُونَ	Indikativ	(أنتَ) تَفْعَلُ
(أنتنَّ) تَفْعَلْن	(Grundstamm)	(أنتِ) تَفْعَلِينَ
(نحن) نَفْعَلُ		(أنا) أَفْعَلُ

Lektion 7

Bei den bisher behandelten Verben

فَعَلَ   يَفْعَلُ

ذَهَبَ   lautet der   يَذْهَبُ

سَأَلَ   Imperfektvokal *a*,   يَسْأَلُ

قَرَأَ   also   يَقْرَأُ

(2.P.Sg.f.) تَقْرَئِينَ

(3./2.P.Pl.m.) يَقْرَؤُونَ / تَقْرَؤُونَ

ebenso bei

شَرِبَ   يَشْرَبُ

سَمِعَ   يَسْمَعُ

Er lautet *u* bei

كَتَبَ   يَكْتُبُ

und *i* bei

عَرَفَ   يَعْرِفُ

عَقَدَ   يَعْقِدُ

A2 Bei Verben mit و als R₁ fällt dieses و in der Imperfektform weg:

وصل > يصل، وضع > يضع . Vgl. dazu Lektion 11!

A3 Im Vokabelverzeichnis jeder Lektion sind alle Verben in der Perfekt- und Imperfektform angegeben. Dem Studierenden wird dringend empfohlen, beide Formen zu lernen, da es keine Regeln dafür gibt, wie der Imperfektvokal lautet. Lediglich bei Verben, die in der Perfektform nach R₂ *i* haben, ist der Imperfektvokal bis auf verschwindend geringe Ausnahmen *a*.

1.4. Zur Hervorhebung des futurischen Zeitwerts kann der Imperfektform die Partikel سَوْفَ oder deren verkürzte Form سَـ als Präfix vorgesetzt werden:

Er wird dir (gewiß) schreiben.   سَوْفَ يَكْتُبُ لَكَ ، سَيَكْتُبُ لَكَ.

114

2. Demonstrativpronomen (أَسْمَاء الإِشَارَة)

2.1. Das Demonstrativpronomen für das örtlich oder zeitlich Naheliegende lautet:

	Pl.	Sg.
dieser, diese, dieses; das	هَؤُلَاءِ	هَذَا m.
		هَذِهِ f.

Das Demonstrativpronomen für das örtlich oder zeitlich Fernerliegende lautet:

	Pl.	Sg.
jener, jene jenes; das	أُولَئِكَ	ذَلِكَ m.
		تِلْكَ f.

A4 Bei هَذَا، هَذِهِ، هَؤُلَاءِ und ذلك hat die erste, bei أُولَئِك die zweite Silbe ein langes *ā*, das nicht, wie sonst üblich, durch *Alif* zum Ausdruck gebracht wird.

Dagegen ist das anlautende *u* von أولئك kurz.

2.2. Das Demonstrativpronomen wird dem durch den Artikel determinierten Substantiv vorangestellt:

dieser Mann	هَذَا الرَّجُلُ
jener Mann	ذَلِكَ الرَّجُلُ
dieses Mädchen	هَذِهِ الْفَتَاةُ
jenes Mädchen	تِلْكَ الْفَتَاةُ
diese Männer	هَؤُلَاءِ الرِّجَالُ
jene Männer	أُولَئِكَ الرِّجَالُ
diese Mädchen	هَؤُلَاءِ الْفَتَيَاتُ
jene Mädchen	أُولَئِكَ الفَتَيَاتُ

115

A5 Vor Pluralen von Wörtern, die Nicht-Personen bezeichnen, steht natürlich die fem.

sing. Form des Demonstrativpronomens: تلك البيوت، هذه الغرف .

2.3. Das Demonstrativpronomen wird dem durch ein Personalsuffix determinierten Substantiv nachgestellt:

dieser mein Freund صَدِيقِي هَذَا

diese seine Bücher كُتُبُهُ هَذِهِ

diese unsere Freunde أَصْدِقَاؤُنَا هَؤُلَاءِ

2.4. Bezieht sich das Demonstrativpronomen auf das 1. Glied einer Genitivverbindung, so wird es ebenfalls nachgestellt:

dieses Buch des Lehrers كِتَابُ الْمُعَلِّمِ هَذَا

jene Freunde meines Lehrers أَصْدِقَاءُ مُعَلِّمِي أُولَئِكَ

2.5. Bezieht es sich auf das 2. Glied der Genitivverbindung, so steht es vor diesem, also zwischen 1. und 2. Glied:

das Buch dieses Studenten كِتَابُ هَذَا الطَّالِبِ

der Freund jenes Mädchens صَدِيقُ تِلْكَ الْفَتَاةِ

A6 Es wird jedoch nachgestellt, wenn das 2. Glied der Genitivverbindung ein durch ein Personalsuffix determiniertes Nomen ist:

das Buch dieses meines Freundes كِتَابُ صَدِيقِي هَذَا

Eine Konstruktion dieser Art kann also doppeldeutig sein, da sich das Demonstrativpronomen (bei gleichem Genus beider Glieder der Genitivverbindung) sowohl auf das 1. Glied (dieses Buch meines Freundes) als auch auf das 2. Glied der Genitivverbindung beziehen kann.(vgl. oben 2.3.)

2.6. Die Demonstrativpronomen haben nicht nur, wie in 2.2. - 2.5. dargestellt, hinweisende Funktion, sondern werden auch substantivisch gebraucht. Sie können im Nominalsatz Subjekt, im Verbalsatz Subjekt oder Objekt sein:

Das (dies) ist ein Lehrer. هَذَا مُعَلِّمٌ.

Diese haben den Wein getrunken.	شَرِبَ هَؤُلاءِ النَّبِيذَ.
Das hat Muḥammad getan.	فَعَلَ ذَلِكَ مُحَمَّدٌ.

Beim Nominalsatz ist dabei wieder auf Genus- und Numeruskongruenz zwischen Subjekt und Prädikat zu achten, bei durch Artikel determiniertem Prädikat auch auf die Einfügung des Personalpronomens (vgl. Lektion 2, A 7):

feminines Prädikat	maskulines Prädikat
هَذِهِ مُعَلِّمَةٌ.	هَذَا مُعَلِّمٌ.
هَذِهِ كَبِيرَةٌ.	هَذَا كَبِيرٌ.
هَذِهِ هِيَ الْمُعَلِّمَةُ.	هَذَا هُوَ الْمُعَلِّمُ.
هَذِهِ هِيَ الْكُتُبُ.	
هَؤُلاءِ هُنَّ الْمُعَلِّمَاتُ.	هَؤُلاءِ هُمُ الْمُعَلِّمُونَ.

Im lexikalischen Bereich kommen vor allem Verbindungen mit ذَلِكَ recht oft vor: لِذَلِكَ "deshalb", بَعْدَ ذَلِكَ "danach", قَبْلَ ذَلِكَ "davor", مَعَ ذَلِكَ "dennoch", "trotzdem" u. a.

3. Diptota (أَلْمَمْنُوع مِنَ الصَّرْفِ)

3.1. In Lektion 4 haben wir die Deklination von Nomina kennengelernt, die indeterminiert die Nunation haben und 3 Kasus bilden. Sie werden Triptota genannt. Nomina, die indeterminiert keine Nunation haben und nur 2 Kasus bilden, werden Diptota genannt. Zum Vergleich stellen wir im folgenden Schema Triptota und Diptota einander gegenüber:

	Diptota/Triptota (determiniert)	Diptota (indeterminiert)	Triptota
N.	أَلْخَزَائِنُ الْبَيْضَاءُ	خَزَائِنُ بَيْضَاءُ	رَجُلٌ كَبِيرٌ
G.	أَلْخَزَائِنِ الْبَيْضَاءِ	خَزَائِنَ بَيْضَاءَ	رَجُلٍ كَبِيرٍ
A.	أَلْخَزَائِنَ الْبَيْضَاءَ	خَزَائِنَ بَيْضَاءَ	رَجُلاً كَبِيراً

Merkmal der Diptota, wenn sie nicht durch den Artikel oder anderweitig determiniert sind, ist also das Fehlen des auslautenden *Nūn* und das Zusammenfallen der Genitiv- und Akkusativendung.

A7 Diptota sind vor allem die Plurale von mehrkonsonantigen Wörtern (*fawāᶜil, faᶜālil, faᶜālīl, fuᶜalā'* u. a.) und Adjektive der Form *afᶜal*, fem. *faᶜlā'* (diese Struktur haben viele Farbadjektive; vgl. das Vokabelverzeichnis dieser Lektion und Lektion 25).

In den Vokabelverzeichnissen und im Glossar werden Diptota mit einem *Ḍamma* im Auslaut gekennzeichnet: أَصْدِقَاءُ، خَزائِنُ، أَبيضُ

3.2. Diptotische Nomina, die durch den Artikel, ein Personalsuffix oder einen folgenden Genitiv determiniert werden, werden dadurch also zu Triptota:

فِي الْخَزَائِنِ الْبَيْضَاءِ / فِي رَسَائِلِهَا / مَعَ أَصْدِقَاءِ الطَّالِبِ

V

Einige Wörter sind mit *(coll.)* als Kollektiva gekennzeichnet, die in Lektion 20 ausführlich behandelt werden.

nehmen etw.	أَخَذ (يَأْخُذُ) هـ	Balkon	بَلْكُون
usw., *Abk.*	إلَى آخِرِهِ	Bier	بيرة
sicherlich, bestimmt	بِالتَّأْكيدِ	weiß	أَبْيَضُ م بَيْضاءُ
essen etw.	أَكل (يَأْكُلُ) هـ	darunter	(مِن) بَيْنَهُ / بينها
Speisen	ج مَأْكُولات	Äpfel *(coll.)*	تفّاح
europäisch	أُوْرُبِّيّ	folgend	تـال (التالِي)
Eiskrem	أَيْسٌ كَريم	dann, danach	ثُمَّ
Auberginen *(coll.)*	باذِنْجان	Knoblauch *(coll.)*	ثُوم
Orangen *(coll.)*	بُرْتُقال	Kellner *(fr. garçon)*	جرْسُون ج ـات
Zwiebeln *(coll.)*	بصل	Kellnerin	جرْسونة ج ـات
Wassermelonen *(coll.)*	بَطّيخ / بِطّيخ	sich setzen, sitzen auf	جلس (يَجْلِسُ) على
Kartoffeln	بطاطِسُ		
Rinder *(coll.)*	بقر	Nüsse *(coll.)*	جوْز
Krämer, Händler	بقّال ج ـون	hungrig	جوْعانُ م جوْعَى ج جِياع

Pilger	حاجّ ج حُجّاج، حجيج	fragen j-n. nach	سأل (يسْأَلُ) ه عن
heiß; scharf	حارّ	Frage	سُؤال ج أسْئِلة
Dessert; Süßigkeit	حلْوَى ج حلاوَى	wohnen in	سكن (يسْكُنُ) في
rot	أحْمَرُ م حَمْراءُ	Messer	سِكّين ج سكاكينُ
Leben	حياة		*(mask. u. fem.)*
manchmal	أحْياناً	Salat	سلطة / سلاطة
Hammel, Lamm	خرُوف ج خِرْفان	Fische *(coll.)*	سمك ج أسْماك
für	خاصّ بِ	Jahr	سنة ج سنوات، سِنُون
grün	أخْضَرُ م خضْراءُ	schwarz	أسْودُ م سوْداءُ
Essig	خلّ	Feilschen	مُساومة ج ـات
verschieden	مُخْتلِف	Suppe	شُورْبة / شُرْبة
Pflaumen *(coll.)*	خوْخ	Kauf	شِراء
Gurken *(coll.)*	خِيار	Appartement, Suite	شِقّة ج شِقق
Hühner *(coll.)*	دجاج	Form, Art	شكْل ج أشْكال
betreten etw., eintreten	دخل (يدْخُلُ) هـ	in folgender Art, Weise, Form	بالشكْل التالي
studieren etw.	درس (يدْرُسُ) هـ	Gabel	شوْكة ج ـات
Mehl	دقيق	Ausdruck, Terminus	مُصْطلح ج ـات
ohne, unter	دُونَ / بدون	notwendig für	ضَرُوري لـ
jener, jene, jenes; das	ذلِك م تِلْكَ ج أولئِكَ	Abendessen	طعام العشاء
gehen (zu)	ذهب (يذْهَبُ) (إلى)	Wetter	طقْس
zurückkehren (nach, zu)	رجع (يرْجِعُ) إلى	bestellen etw., bitten, daß	طلب (يطْلُبُ) هـ، أنْ
Nachschlagen, Überprüfung	مُراجعة	verlangen von j-m., daß	طلب منه أنْ
Reis	رُزّ	Tomaten	طُماطِمُ
Flasche	زُجاجة ج ـات	ʿAbd ar-Razzāq *(Eigenn.)*	عبد الرزّاق
pflanzen etw.	زرع (يزْرَعُ) هـ	Linsen *(coll.)*	عدس
Oliven *(coll.)*	زيْتُون	mineralisch	معْدَنِيّ
		irakisch	عِراقِيّ

119

durstig	عَطْشانٌ م عَطْشَى ج عِطاش	auch	كَذلِك
wissen etw., daß	عَلِمَ (يَعْلَمُ) هـ، أَنّ	Fleisch	لَحْم ج لُحُوم
arbeiten	عَمِلَ (يَعْمَلُ)	erforderlich (für)	لازِم (لِ)
Weintrauben (coll.)	عِنَب	freundlich, nett	لَطِيف ج لُطَفاءُ
normal	عادِيّ	Löffel	مِلْعقة ج ملاعِقُ
offen, geöffnet	مَفتوح	Mandeln (coll.)	لَوْز
Rettiche (coll.)	فِجْل	Farbe	لَوْن ج أَلْوان
Pilze (coll.)	فُطْر	Tag und Nacht	لَيلَ نَهارَ
bitte	تَفضَّلْ م تَفضَّلِي	Zitronen (coll.)	لَيْمُون
bitte (als Aufforderung)	مِن فَضْلِكَ (م) مِن فَضْلِكِ	Zeitraum	مُدَّة ج مُدد
Pfeffer	فِلْفِل	Mal	مَرَّة ج ات
Tasse	فِنْجان ج فَناجِينُ	zum ersten Mal	لِلمَرَّة الأُولى
verstehen etw.	فَهِمَ (يَفْهَمُ) هـ	Aprikosen (coll.)	مِشْمِش
Bohnen	فُول	Salz	مِلْح
Vorspeisen	ج مُقبِّلات	verboten	مَمْنوع
lesen etw.	قَرأَ (يَقْرَأُ) هـ	Bananen (coll.)	مَوْز
nahe bei	قَريب مِن	Wasser	ماء ج مِياه
Café	مَقهًى ج مَقاهٍ	in Hinsicht auf	بِالنِسْبةِ لِ
Saal	قاعة ج ـات	schauen auf	نَظر (يَنْظُرُ) إلى
Karte, Liste	قائِمة ج ـات، قَوائِمُ	die Leute	الناس
Speisekarte	قائِمة الطعام	dieser, diese	هذا م هذِهِ ج هؤلاءِ
wie, wie auch, weiterhin	كما	Wohl bekomm's!	هَنِيئًا مَرِيئًا!
Glas	كأْس (م) ج كُؤُوس	(Antwort)	هَنَّأَك اللهُ!
Alkohol	كُحُول	Mahlzeit	وَجْبة ج وجَبات

عند البقّال **Text 1**

أدرس اللغة العربية لمدّة سنة في جامعة القاهرة وأسكن في بيت قريب من الجامعة. أجلس أحياناً مع أصدقائي في بلكون شـقّتي وننظـر إلى النـاس والسيّارات والمحلّات في الشارع. توجـد في هـذا الشارع محـلّات كثيرة ومن بينها بقّال قريب من بيتي وذلك المحلّ مفتوح تقريباً ليل نهار.

واليوم أذهب للمـرّة الأولى إلى هـذا البقّال لشـراء الأشياء الضروريـة للحيـاة اليومية مثل المأكولات والمشروبات وأشياء أخرى كثيرة. سأطلب منه ما كتبتـه على ورقة بالشكل التالي:

مشروبات: عصير برتقال، ماء معدني

مأكولات: دقيق، عدس، زبدة، جبنة، ملح، فلفل أسود، رزّ

لحوم: لحم خروف، دجاج، سمك، لحم بقر

فواكه: تفّاح، موز، عنب، زيتون، ليمون، بطّيخ، خوخ، مشمش

خضراوات: باذنجان، بصل، ثوم، خيار، بطاطس، طماطم، فول

علمت من أصدقائي العرب أنّ البقّال الحاجّ عبد الرزّاق رجل لطيف وشاطر في المساومة وأنه سيسألني بالتأكيد: أية خدمة، يا سيّدي؟ وكذلك: هل تفهم اللغة العربية؟ ومن أين أنت؟ وأسئلة أخرى. وبعد ذلك سأدخل مقهىً مـن مقـاهي الشارع وأشرب هناك فنجاناً من الشاي، ثم أرجع إلى البيـت وآخـذ قاموسي لمراجعة المصطلحات العربية الخاصّة بالمأكولات والمشروبات.

في المطعم

Text 2

الجرسونة: أهلاً وسهلاً، مساء الخير، أية خدمة؟

بيتر: مساء النور، هات قائمة الطعام من فضلك، أنا جوعان، أقرأ ما عندك من أكلات.

الجرسونة: تفضّل، هنا القائمة! عندنا مأكولات شرقية مختلفة وأيضاً مأكولات أوربية.

بيتر: هل عندكم بيرة؟ أنا عطشان.

الجرسونة: لا، والله، الكحول ممنوع في بلدنا.

بيتر: وماذا أشرب؟

الجرسونة: عندنا عصير وماء معدني وبيبسي وبيرة بدون كحول.

بيتر: أشرب بيرة بدون كحول وما هذه الأكلات؟

الجرسونة: هي أكلات شرقية أي عربية وبينها أكلات حارّة جدًا.

بيتر: هات هذه الوجبة مع الرزّ ولحم الدجاج والخضراوات والسلاطة. هل هذه الأكلة حارّة؟

الجرسونة: لا، هي عادية وكيف بالنسبة للمقبّلات والشوربة؟

بيت: لا آكل شوربة في هذا الطقس الحارّ. المقبّلات فكرة جيّدة. ما هي هذه المقبّلات؟

الجرسونة: عندنا مقبّلات كثيرة جدًا مثلاً لحوم مختلفة وسمك وفطر وزيتون وخضروات وفواكه ولوز وجوز وباذنجان وفجل وفول وفول إلى آخره.

بيتر: أنا آخذ هذه المقبّلات أي لحم البقر والسمك والفطر.

الجرسونة: وبعد الأكل شاي أو قهوة؟

بيتر: قهوة، من فضلك.

الجرسونة: مع السكّر؟

بيتر: لا، بدون سكّر.

الجرسونة: وكيف بالنسبة للحلوى بعد الأكل أو الأيس كريم؟

بيتر: أيس كريم فكرة جيدة.

الجرسونة: تفضّل، هنا البيرة والأكل. هنيئاً مريئاً.

بيتر: هَنَّاك الله وهات من فضلك ملعقة وشوكة وسكّين.

Übungen

L

L1 Determinieren Sie die im folgenden genannten Substantive durch den Artikel und setzen Sie das entsprechende Demonstrativpronomen هؤلاء، هذه، هذا davor!

بيت   >   هذا البيت   بيوت   >   هذه البيوت

رجال   >   هؤلاء الرجال

غرفة، غرف، فواكه، طلاب، طلاب، بلد، بلدان، كتاب، طالبات، علاقات، يـوم، مساء، مسرح، سيارة، سـيارات، مشـروبات، مـأكولات، لغـة، لـون، ألـوان، فتيـات، فتاة، أصدقـاء، صديـق، أرض، خضـروات، شـوكة، سـكّين، ملعقـة، كأس، فنجان

L2 Wie L1 unter Voranstellung von أولئك، تلك، ذلك.

L3 In der folgenden Übung wird eine Reihe von Genitivverbindungen genannt. Setzen Sie die entsprechende Form von هذا so ein, daß sie sich a) auf das 2. Glied b) auf das 1. Glied der Genitivverbindung beziehen.

كتاب الصديق   >   كتاب هذا الصديق / كتاب الصديق هذا

كتاب صديقي   >   كتاب صديقي هذا

لون السيارة، بيوت الطـلاب، أصدقـاء الفتـاة، عاصمـة البلـد، جامعـة المدينـة، غرف البيت، معلم صديقي، طلاب جامعتنا، معلمو المدرسـة، علاقـات البلـد، أعضاء الوفد، قاعة الطعام، فواكه البلد

L4 Gleiche Beispiele wie L3, jedoch wird ذلك (bzw. تلك oderأولئك) eingesetzt!

L5 Bilden Sie mit Hilfe der genannten Substantive und attributiven Fügungen Nominalsätze mit den Demonstrativpronomen هذا bzw. هذه oder هؤلاء als Subjekt und dem determinierten Substantiv als Prädikat!

بيت   >   هذا هو البيت.   غرفة   >   هذه هي الغرفة.

معلم، طلاب سوريون، طالبات جديدات، صديق، أصدقاء عرب، رجل، فتاة،

جميلة، رسالة، كتاب جديد، شنطة، كأس، غرفة كبيرة، عاصمة، مدينة،

مطعم، مسرح، جامعة، قائمة، قاعة.

L6 (Hausaufgabe) Setzen Sie die in Klammern stehenden Substantive und Adjektive in den richtigen Kasus und vokalisieren Sie die Endung!

اشتريت (أقلام سوداء، ورق جديد، كرسي أحمر، كتب عربية، فنجان أخضر،

فواكه، خضروات).

رأيت (رجال، معلمونا، الطلاب العراقيون، أصدقاء عرب، مدن كثيرة).

ذهب إلى (أصدقاء عرب، أصدقاؤنا هؤلاء، مطاعم كثيرة، معلمتنا).

كتبت (رسالة، رسائل كثيرة، كتاب).

دخلت (بيتكم، القاعة الحمراء، مطعم جميل، مسرح المدينة).

وضعت الكتب في (الشنطة السوداء، خزائن بيضاء).

شربت (نبيذ أحمر، نبيذ أبيض، كأس من النبيذ، كأس من النبيذ الأبيض).

درست (اللغة العربية، لغات كثيرة، الحياة في البلدان العربية).

عرفت (المعلّمون العرب، المسافرون، طلاّب منهم).

L7 (Wiederholung) Fragen Sie mit dem richtigen Fragepronomen oder - adverb nach Subjekt, Objekt oder Präpositionalgruppe der folgenden Sätze! Wandeln Sie dabei Verbformen der 1.P. in solche der 2.P. um! Verwenden Sie folgende Fragewörter:

من، لِمن، مع من، ماذا، أين، إلى أين، مِن أين.

من فعل ذلك؟	<	فعل ذلك محمد.
ماذا قرأت؟	<	قرأت الكتب.
من أين اشتريت ذلك؟	<	اشتريت ذلك من المخزن.

ذهبوا إلى الفندق. وضعت الكتاب على الطاولة. وضعنا الكتب في الخزانة. شربنا النبيذ مع الأصدقاء. سمعت أخباراً جديدة. فعل ذلك صديق. رأينا فتيات جميلات. يوجد المصباح على السقف. توجد الكراسي والطاولة على الأرض. يوجد اللوح على الجدار. وصلت الوفود من البلدان العربية. كتب الرسالة

صديق عربي. كتبت للصديق رسالة. كتبت رسالة للصديق. قرأت كتاباً جديداً. وصل الوفد إلى المطار. اشتريت القلم من المخزن. اشتريت من المخزن قلماً جديداً. ذهب الوفد إلى الفندق. عقدت الوفود العربية اجتماعاً. عقدت الوفود اجتماعات كثيرة.

G

G1 Wandeln Sie bei den folgenden Sätzen die Perfektform der 3.P.Sg.m. in die Imperfektform der 3.P.Sg.m. um!

كتب رسالة. > يكتب رسالة.

خرج من الغرفة. ذهب إلى المطعم. دخل القاعة. أخذ قائمة الطعام.

شرب القهوة (الشاي، البيرة، الماء، النبيذ).

أكل اللحم (الرزّ، الخضروات، الفواكه).

كتب رسالة. قرأها. وضعها في الخزانة.

G2 Setzen Sie bei den Sätzen von G1 anstelle der Perfektform nacheinander die Imperfektform der 1.P.Sg und der 1.P.Pl. ein!

كتب رسالة. > أكتب رسالة. نكتب رسالة.

G3 Wandeln Sie die Sätze von G1 in Fragesätze mit der Imperfektform 2.P.Sg. und Pl. um!

كتب رسالة. > هل تكتب رسالة؟ هل تكتبون رسالة؟

G4 Beantworten Sie die in G3 gebildeten Sätze mit نعم oderلا ! Verwenden Sie die Imperfektform 1.P.Sg. bzw. Pl.!

هل تكتب رسالة؟ > نعم، أكتب رسالة.

هل تكتبون رسائل؟ > نعم، نكتب رسائل.

هل تشرب القهوة؟ > لا، أشرب البيرة.

G5 Wandeln Sie die in den folgenden Sätzen vorkommenden Perfektformen in Imperfektformen um und umgekehrt!

يصل الوفد العراقي اليوم. تصل الوفود العربية ظهر اليوم. يجلسون في القاعة الكبيرة. أشرب فنجاناً من القهوة. هل تأكل اللحم والخضروات؟ يطلب لحم الدجاج. أكلوا طعاماً شرقياً. نشرب الشاي بعد الأكل. يجلسون في مطعم من مطاعم المدينة. هل تعرف هؤلاء الأصدقاء؟ نعم، أعرفهم. هل تفهمون ذلك

الرجل؟ هل فهمتني؟ هل تفهموني؟ عقدوا اجتماعاً. كتبن رسائل كثيرة. أسمـع ذلك. وضع كتبه في الشنطة. قرأنا تلك الكتب. فعل ذلك أصدقاؤنـا الألمـان. ندرس اللغة العربية.

G6 Der Lektor nennt in willkürlicher Reihenfolge von den unten angegebenen Verben verschiedene Personen in der Perfektform und läßt sie in die entsprechende Imperfektform umwandeln.

ذهب، درس، كتب، شرب، فعل، سمـع، وصـل، وضـع، سـأل، قـرأ، حضـر، عقد، عرف، خرج، رجع، زرع، أكل، عمل، طلب، علم، دخل

G7 Umgekehrt!

G8 (Wiederholung) Die im folgenden genannten einfachen Verbalsätze mit dem Verb in der 1. P. Sg. sind in Fragesätze mit dem Verb in der 2. P. Sg. m. umzuwandeln.

فعلتُ ذلك >هل فعلتَ ذلك؟

قرأت الخبر. قرأت الأخبـار. قـرأت أن الوفـد (السـوري، العراقـي، الجزائـري، السعودي، الكويتي، المصري) وصل إلى برلين. قرأت الرسالة. قـرأت الرسـائل. وصلت إلى هناك. وصلـت إلى برلـين. ذهبت إلى الفنـدق. ذهبـت إلى هنـاك. ذهبت إلى الصديق. ذهبت إلى المعلم. رأيت الفتيات. اشتريت السيارة. سافرت بالقطار. شربت الشاي. سألت المعلم. أكلـت الخـبز. شـربت القهـوة. سـألت الأم. عملت في البيت. عملت في المخـزن. عقـدت اجتماعـاً. كتبـت الرسـالة. كتبت رسالة. كتبت رسائل. سمعت الخـبر. سمعت الأخبـار. سمعت أن الوفـد العراقي وصل إلى برلين. عرفت الرجل. عرفت الفتاة. عرفت أن الطالب ذهب إلى هناك. عرفت أن الطلاب ذهبوا إلى البيت.

K

K1 Beantworten Sie die Fragen

ماذا تشـرب (تشـربين) صباحاً / في الصبـاح (ظهـراً / في الظهر، مساءً / في المساء، قبل الطعام، بعد الطعام)؟

ماذا تأكل (تأكلين) صباحاً/ في الصباح (ظهراً / في الظهر، مساءً / في المساء)؟

K2 Erzählen Sie, wie Sie den morgigen Tag verbringen werden! Verwenden Sie dabei die Futurpartikel سـ bzw.سوف !

سأخرج من البيت صباحاً. سأذهب إلى . . . ، سأعمل في. . .

K3 (Hausaufgabe) Schreiben Sie in Arabisch einen "Einkaufszettel für einen Großeinkauf"! Nutzen Sie das Wörterbuch zur Ermittlung der notwendigen Vokabeln und fragen Sie den Lektor nach möglichen regionalen/dialektalen Varianten für bestimmte Nahrungsmittel etc.!

K4 Führen Sie in Anlehnung an Text 2 ein Gespräch über einen Gaststättenbesuch!

Komplexübung:

1. Ergänzen Sie das entsprechende Demonstrativpronomen für das örtlich oder zeitlich Naheliegende!

. . . الطقس، . . . المعلّمون، . . . الطالبات، . . . الشوكات، . . . المدرسة، . . .

المقبّلات، . . . السنة، . . . السادة، . . . الكراريس، . . . السيّدات، . . . الرسائل،

. . . الزجاجة، . . . الأعضاء، . . . مكتب

2. Ergänzen Sie nun in 1. das entsprechende Demonstrativpronomen für das örtlich und zeitlich Fernerliegende!

3. Übersetzen Sie ins Arabische!

dieser Freund, dieses Buch meines Freundes, jene Tasche der Lehrerin, das neue Haus jenes Beamten, die Getränke jenes Restaurants, dieses Gemüse des Krämers, diese Flasche des Freundes, diese seine Hefte, diese unsere Freunde, jene Gaststätten der Stadt

Das (dies) ist der Lehrer. Das ist eine Schule. Diese haben den Saft getrunken. Das (diese) ist die Kellnerin.

4. Wandeln Sie bei folgenden Sätzen die Perfektform des Verbs in die Imperfektform um!

وصل الوفد العراقي اليوم. وصلت الطائرات إلى القاهرة. درسنا اللغة العربية. عرفت الكثير من الدبلوماسيين. قرأت كتباً جديدة. حضرن حفلة طويلة. طلبتِ مشروبات. أكلتم أطعمة شرقية. عملتنّ في المطعم. رجعتُ إلى البيت. دخلت المحلّ. عقدوا اجتماعاً. فهمتُ الدرس. أكلتم لحماً وبيضاً.

5. Übersetzen Sie folgenden "Einkaufszettel"!

Eier, Butter, Käse, Milch, Brot, Marmelade, Zucker, Saft, Honig, Obst, Gemüse, Äpfel, Auberginen, Orangen, Wassermelone, Kartoffeln, Bier, Knoblauch, Nüsse, Essig, Pflaumen, Gurken, Mehl, Reis, Oliven, Fisch, Tomaten, Linsen, Weintrauben, Rettich, Pilze, Pfeffer, Salz, Bohnen, Mandeln, Aprikosen, Bananen, Zitronen

6. Übersetzen Sie ins Arabische!

Ich werde ein Jahr Arabisch an der Universität Kairo studieren. Er wird im Studentenheim wohnen. Sie wird einen Brief schreiben. Sie werden Tee trinken. Nein, ich trinke Bier. Werdet ihr Alkohol trinken? Nein, wir werden Saft trinken. Ich habe Hunger und Durst. Haben Sie Vorspeisen? Ja, wir haben sehr viele Vorspeisen. Ist das Essen scharf? Nein, es ist normal. Scharfes Essen ist gut bei heißem Wetter. Haben Sie Mineralwasser? Gib mir bitte Messer, Gabel und Löffel! Guten Appetit! Dankeschön.

Lektion 8   الدرس الثامن

1.   **Konjunktiv** (اَلْمُضَارِعُ الْمَنْصُوبُ) **und Apokopat** (اَلْمُضَارِعُ الْمَجْزُومُ)

Die Imperfektform gliedert sich in mehrere Modi.
Der Indikativ (vgl. Lektion 7) dient generell zum Ausdruck einer
Handlung (eines Geschehens, auch eines Zustandes). Dasselbe gilt auch
für den Konjunktiv (auch als Subjunktiv bezeichnet) und den Apokopat
(auch Jussiv genannt), die jedoch nie in freier Stellung vorkommen,
sondern nur nach bestimmten Konjunktionen und Partikeln gebraucht
werden.

1.1.   Die Konjugation

Apokopat	Konjunktiv	Indikativ
يَفْعَلْ	يَفْعَلَ	(هُوَ) يَفْعَلُ
تَفْعَلْ	تَفْعَلَ	(هِيَ) تَفْعَلُ
تَفْعَلْ	تَفْعَلَ	(أَنْتَ) تَفْعَلُ
تَفْعَلِي	تَفْعَلِي	(أَنْتِ) تَفْعَلِينَ
أَفْعَلْ	أَفْعَلَ	(أَنا) أَفْعَلُ
يَفْعَلُوا	يَفْعَلُوا	(هُمْ) يَفْعَلُونَ
يَفْعَلْنَ	يَفْعَلْنَ	(هُنَّ) يَفْعَلْنَ
تَفْعَلُوا	تَفْعَلُوا	(أَنْتُمْ) تَفْعَلُونَ
تَفْعَلْنَ	تَفْعَلْنَ	(أَنْتُنَّ) تَفْعَلْنَ
نَفْعَلْ	نَفْعَلَ	(نَحْنُ) نَفْعَلُ

A1 Konjunktiv und Apokopat gibt es nur von der Imperfektform. Die Perfektform hat
nur einen Modus, den Indikativ.

Konjunktiv und Apokopat unterscheiden sich vom Indikativ dadurch,
daß an die Stelle des kurzen *u* nach R₃ ein *a* (Konjunktiv) tritt bzw. R₃
vokallos ist (Apokopat) und die Suffixe *-īna* und *-ūna* gekürzt werden.
Bei letzterem wird an das nun auslautende lange *-ū* - wie bei der
3.P.Pl.m. der Perfektform - in der Schrift ein *Alif* angefügt, das nicht
gesprochen wird.

1.2. Die Anwendung
1.2.1. Der Konjunktiv steht in Nebensätzen nach folgenden Konjunktionen:

أَنْ "daß"

Ich bitte dich, das zu tun (wörtl.: ... , daß du das tust).	أَطْلُبُ مِنْكَ أَنْ تَفْعَلَ ذَلِكَ.
(fem.) Ich bitte dich, das zu tun.	أَطْلُبُ مِنْكِ أَنْ تَفْعَلِي ذَلِكَ.
Ich bitte euch, das zu tun (wörtl.: ... , daß ihr das tut).	أَطْلُبُ مِنْكُم أَنْ تَفْعَلُوا ذَلِكَ.

لا أَنْ , kontrahiert أَلّا "daß nicht"

Ich bitte dich, das nicht zu tun (wörtl.: ... , daß du das nicht tust).	أَطْلُبُ أَنْ لا / أَلّا تَفْعَلَ ذَلِكَ.

لِ ، كَيْ und لِكَيْ "damit", حَتّى "so daß, bis"

Er fragte den Freund, damit er den Weg kennt.	سَأَلَ الصَّدِيقَ لِكَيْ/كَيْ/ لِيَعْرِفَ الطَّرِيقَ.
Er fragt, so daß/bis er die Antwort weiß.	يَسْأَلُ حَتّى يَعْرِفَ الجْوَابَ.

Er steht auch nach der die Zukunft verneinenden Negation لَنْ (vgl. 3.3.).

A2 Am häufigsten von diesen Konjunktionen kommt أَنْ vor. - Zur Abgrenzung von أَنَّ, das ebenfalls "daß" bedeutet, gilt folgendes:
Verben, die eine Feststellung treffen, leiten den Objektsatz mit أَنَّ ein (es folgt das Subjekt in Gestalt eines Substantivs im Akkusativ oder eines suffigierten Personalpronomens, dann das Verb in der Perfekt- oder Imperfektform).
Verben, die eine Hoffnung, Befürchtung, einen Wunsch, eine Forderung o. ä. zum Ausdruck bringen, leiten den Objektsatz mit أَنْ (+ folgendem Konjunktiv) ein.
Nur nach بَعْدَ أَنْ "nachdem" und مُنْذُ أَنْ "seit" steht die Perfektform.
Vgl. im einzelnen Lektion 20, G 3!

1.2.2. Der Apokopat steht nach den Negationen لَمْ und لا und nach لِ .
Mit لَمْ "nicht" werden Handlungen in der Zeitstufe der Vergangenheit verneint (vgl. unten, 3.2.); mit لا "nicht" wird der verneinte Imperativ gebildet (vgl. unten, 3.1.). Mit der Präposition لِ + Apokopat wird der positive Befehl vor allem der 3.Person ausgedrückt.

Er soll das tun!	لِيَفْعَلْ ذَلِكَ!

2. Der Imperativ (الأَمْر)

Bildung und Konjugation:
Ausgangsform ist die 2. P. Sg. und Pl. des Apokopat. Das Präfix *ta-* wird weggelassen und die nun entstandene Doppelkonsonanz durch einen Vorschlagvokal aufgelöst.
In der Schrift steht *Alif* mit *Hamza* (**im Satzinneren** *Hamzat waṣl*!). Der Vokal lautet *i-* bei Verben, deren Imperfektvokal ein *a* oder *i* ist:

(أَنتَ)	إِفْعَلْ	إِعْرِفْ
(أَنتِ)	إِفْعَلِي	إِعْرِفِي
(أَنتم)	إِفْعَلُوا	إِعْرِفُوا
(أَنتنَّ)	إِفْعَلْنَ	إِعْرِفْنَ

Er lautet *u-* bei Verben, deren Imperfektvokal *u* ist:

(أَنتَ)	أُدْخُلْ
(أَنتِ)	أُدْخُلِي
(أَنتم)	أُدْخُلُوا
(أَنتنَّ)	أُدْخُلْنَ

A3 Die Verben R₁ = و und einige Verben R₁ = أ bilden den Imperativ ohne Vorschlagvokal: خُذْ "Nimm!", كُلُوا "Eßt!" (vgl. Lektionen 11 und 24). Verneinter Imp. s. 3.1.!

3. Die Verneinung

Mit لَمْ, لا und لَنْ haben wir bereits 3 Negationen kennengelernt.
Es folgt jetzt eine Übersicht über die Anwendung aller gebräuchlichen Negationen.

3.1. **لا + Imperfektform** = Verneinung von Handlungen in den Zeitstufen Gegenwart und Zukunft:

Er tut das nicht / er wird das nicht tun.   لا يَفْعَلُ ذَلِكَ.

A4 Soll mit لا eine mit der Futurpartikel versehene Verbform verneint werden, so ist nur die Konstruktion mit سوف möglich: سوف لا يفعل ذلك "Er wird das (bestimmt) nicht tun", nicht aber mit der verkürzten Form سـ (also **falsch**: لا سيفعل).

لا + Apokopat = verneinter Imperativ:

Tu das nicht!   لا تَفْعَلْ ذَلِكَ. لا تَفْعَلِي ذَلِكَ.

Tut das nicht!   لا تَفْعَلُوا ذَلِكَ. لا تَفْعَلْنَ ذَلِكَ.

لا + **indeterminiertes Nomen im Akkusativ ohne Nunation** =
generelle Verneinung "es gibt kein ...":

Es gibt keinen Gott außer Gott und
Muḥammad ist der Gesandte Gottes
(das islamische Glaubensbekenntnis).

لا إِلَهَ إِلا اللهُ مُحَمَّدٌ رَسُولُ اللهِ.

A5 لا ist in dieser letztgenannten Funktion weitgehend lexikalisiert:

لا مَفَرَّ مِنْهُ "es gibt kein Entrinnen daraus" = "unvermeidlich"; لا بُدَّ (مِن) "es gibt keinen

Ausweg" = "unbedingt", لا شَكَّ في أن "es gibt keinen Zweifel daran, daß ..." =

"zweifellos" u.a.

A6 لا führt auch, wenn kein neues Verb genannt wird, eine schon durch eine andere
Negationspartikel ausgedrückte Verneinung fort: لم يشرب البيرة ولا النبيذ "Er hat nicht
das Bier und nicht den Wein getrunken." Die zweifache Verneinung entspricht dem
deutschen "weder - noch".

3.2. لَمْ + **Apokopat** = Verneinung von Handlungen in der Zeitstufe
der Vergangenheit:

Er hat das nicht getan.   لَمْ يَفْعَلْ ذَلِكَ.

Er hat den Wein nicht getrunken.   لَمْ يَشْرَبِ النَّبِيذَ.

A7 Hilfsvokal *i*- statt *Sukūn* vor *Hamzat waṣl!* (vgl. Lektion 2, G 1.3.2.)

لَمْ mit nachgestelltem بَعْدُ ergibt die Bedeutung "noch nicht":

Er hat das noch nicht getan.   لَمْ يَفْعَلْ ذَلِكَ بَعْدُ.

3.3. لَنْ + **Konjunktiv** = (starke) Verneinung von Handlungen in der
Zeitstufe der Zukunft:

Er wird (oder soll) das nicht tun.   لَنْ يَفْعَلَ ذَلِكَ.

A8 Zur sicheren Verneinung der Zukunft ist auch die Konstruktion mit سوف + لا
Imperfektform möglich: Er wird (sicher) nicht schreiben.   سَوْفَ لا يَكْتُبُ.

3.4. مَا + **Perfektform** = Verneinung von Handlungen in der Zeitstufe
der Vergangenheit:

Er hat das nicht getan.   مَا فَعَلَ ذَلِكَ.

A9 ما + Perfektform ist in den Dialekten weit verbreitet. In der modernen Schriftsprache wird aber fast ausschließlich لم + Apokopat gebraucht. Es gibt aber mit ما eine ganze Reihe lexikalisierter Ausdrücke sowohl verbaler als auch nominaler Konstruktion, wie z.B. ما زال (يشرب) "er hat nicht aufgehört (zu trinken)" = "(er trinkt) noch immer", ما أَنْ ... حتى "kaum hatte er ..., da ...; kaum, daß er ... so" u. a.

In der Umgangssprache ist ما die gebräuchliche Partikel zur Verneinung sowohl der Perfekt- als auch der Imperfektform.

3.5. لَيْسَ

لَيْسَ ist die verneinte Kopula und heißt "nicht sein". Es hat präsentischen Zeitwert, obwohl es analog zur Perfektform konjugiert wird.
Konjugation:

Sg. لَيْسَ ، لَيْسَتْ ، لَسْتَ ، لَسْتِ ، لَسْتُ

Pl. لَيْسُوا ، لَسْنَ ، لَسْتُمْ ، لَسْتُنَّ ، لَسْنَا

ich bin nicht, du bist nicht ... usw.

Durch لَيْسَ wird der positive Nominalsatz, der keine Kopula hat (vgl. Lektion 2, G 3), verneint. Das Prädikatsnomen steht nach لَيْسَ im Akkusativ:

Das Haus ist nicht groß. لَيْسَ البَيْتُ كَبِيراً

Ich bin kein Student. لَسْتُ طالِباً

Sie sind keine fleißigen Männer. لَيْسُوا رِجالاً مُجْتَهِدِينَ

Im Zimmer ist kein Lehrer. لَيْسَ في الغُرْفَةِ مُعَلِّمٌ

3.6. "weder ... noch"

Das arabische Äquivalent für "weder ... noch" wird immer mit der Negation bezeichnet. Bei mehreren Verben wird jedes Verb jeweils mit لم / لا / لن verneint:

Ich habe weder gelesen noch geschrieben. لَمْ أَقْرَأْ وَلَمْ أَكْتُبْ.

Weder lese noch schreibe ich. لا أَقْرَأُ ولا أَكْتُبُ.

Ich werde weder lesen noch schreiben. لَنْ أَقْرَأَ وَلَنْ أَكْتُبَ.

Lektion 8

Bei mehreren Nomen wird der erste Teilsatz ebenfalls mit لَنْ / لا / لَمْ verneint; gefolgt von ولا / أو / وليس:

Ich schrieb weder Bücher noch Briefe.

لَمْ أَكْتُبْ كُتُباً ولا / أو / وليس رسائِلَ.

Ich schreibe weder Bücher noch Briefe.

لا أَكْتُبُ كُتُباً ولا / أو / وليس رسائِلَ.

Ich werde weder Bücher noch Briefe schreiben.

لَنْ أَكْتُبَ كُتُباً ولا / أو / وليس رسائِلَ.

Sollen die Prädikate verneint werden, benutzt man hier ولا ... ليس:

Er ist weder schön noch groß.

لَيْسَ جَمِيلاً ولا كَبيراً.

V

Literatur	أدب ج آداب	Verkäuferin	بائِعة ج ـات
ursprünglich	أَصْلِيّ	kulturell	ثقافِيّ
Rahmen	إطار ج أُطُر	Zeitung	جَرِيدة ج جرائِدُ
tausend Dank	ألْف شُكر	Algier	(مَدينة) الجَزائِر
Konferenz	مُؤْتـمر ج ات	seine Majestät der König	جَلالة المَلِكِ
hoffen, daß	أمِل (يَأْمُلُ) أنْ	Bemühung, Anstrengung	جَهْد ج جُهُود
Sekretär	أمِين ج أُمَناءُ	Auszeichnung	جائِزة ج جوائِزُ
Generalsekretär	أمِين عامّ ج أُمَناءُ عامُّون	Nobelpreis	جائِزة نوبِل
Wenn Gott will.	إنْ شاءَ ا لله	Rundreise, -gang	جَوْلة ج ـات
satzeinl. Partikel	إنَّ	Bereich	مَجال ج ـات
Qualifizierung	تَأْهِيل	so daß	حتّى
erörtern etw.	بَحَثَ (يَبْحَثُ) هـ	Verhandlungen, Gespräche	ج مُحادثات
suchen nach etw.	بَحَثَ عن	Partei	حِزْب ج أحْزاب
Austausch	تبادُل ج ـات	erhalten etw.	حَصَل (يَحْصُلُ) على
Anstrengungen unternehmen	بَذَل (يَبْذُلُ) جُهُوداً	Gouvernorat, Bezirk	مُحافظة ج ـات
einfach, leicht	بَسِيط ج بُسطاءُ	Feierlichkeit	اِحْتِفال ج ـات
übermorgen	بَعْدَ غدٍ	Recht	حقّ ج حُقُوق

134

Du hast recht.	أنت على حقّ.	Betrieb	مَصْنَع ج مَصانِعُ
Khartum	الخَرْطُوم	natürlich (adv.)	طَبْعاً
Verteidigung	دِفاع	Tripolis	طرابُلُس (م)
demokratisch	دِيمُقراطِيّ	Ṭaha Ḥusain	طه حسين
unter Leitung von (+Gen.)	بِرِئاسةِ	Wörterbuch	مُعْجَم ج معاجِمُ
Synonym	مُتَرادِف ج ـات	militärisch; Soldat	عسْكَرِيّ ج ـون، عساكِرُ
Gesandter, Bote	رسُول ج رُسُل	Bildung	تَعْلِيم
der Gottgesandte	رسُولُ اللّه	Hochschulwesen	التعليم العالي
wünschen etw., daß	رغِب (يرغَبُ) في، (في) أنْ	Betrieb	مَعْمَل ج معامِلُ
Regal	رفّ ج رُفُوف	Arbeiter	عامِل ج عُمّال
russisch, Russe	رُوسِيّ ج روُس	Amman	عمّان (م)
Agrarbetrieb	مزْرعة ج مزارِعُ	Kooperation	تعاوُن
Besuch	زيارة ج ات	Feiertag	عِيد ج أعْياد
Ecke, Winkel	زاوية ج زوايا	treffen j-n.	قابل (يُقابِلُ) ه
verantwortlich für	مسْؤُول ج ـون عن/لِ	kommend von	قادِماً من
früher	سابِقاً	Abteilung	قِسْم ج أقْسام
Weg	سبَيل ج سُبُل	Wirtschaft	اِقْتِصاد
erlauben j-m. etw.	سمِح (يسْمَحُ) له ب، هـ	wertvoll	قيِّم
erklären etw.	شرح (يشْرَحُ) هـ	Wort, Rede	كلِمة ج ـات
Projekt	مشْرُوع ج مشارِيعُ	damit, um	كَيْ / لِكَيْ
Gib uns die Ehre!	شرَّفنا	Augenblick	لحْظة ج لحَظـات
der Nahe Osten	الشرْق الأوْسطُ	nicht (+ Apokopat)	لَمْ
gemeinsam	مُشْترك	nicht sein	لَيْس
sozialistisch, Sozialist	اِشْتِراكِيّ ج ـون	noch einmal, erneut	مرَّة أُخْرَى
berühmt	مشْهُور ج ون، مشاهِيرُ	christlich, Christ	مسِيحِيّ ج ـون
Kanzler	مُسْتشار ج ون	Möglichkeit	إمْكانِية ج ـات
		(Konj.) seit	مُنْذُ / منذ أنْ

135

Anlaß, Gelegenheit	مُناسبة ج ـات	Minister	وزير ج وُزراءُ
aus Anlaß von	بمُناسبةِ	Ministerium	وزارة ج ات
Naǧīb Maḥfūẓ	نَجيب محفوظ	Erweiterung	تَوْسيع
raten, empfehlen j-m. etw.	نصح (يَنْصَحُ) ه بـ	geräumig, weit	واسِع
Amtskollege	نَظير ج نُظَراءُ	klar, deutlich	واضِح
Diskussion	مُناقشة ج ـات	national	وطنِيّ
zielen auf etw.	هدف (يَهْدُفُ) إلى	Unterzeichnung	تَوْقيع
Ingenieur	مُهنْدِس ج ـون	Nachrichtenagentur	وَكالةُ أنْباء ج ـات
vorhanden	مَوْجُود		

Text 1

أخبار عالمية

وكالات الأنباء

برلين: وصل وفد اقتصادي سوري إلى برلين قادماً من النمسا وسيقابل الوفد وزير الاقتصاد ووزير الصحة.

القاهرة: قابل الوفد الألماني برئاسة وزير العمل نظيره المصري في الوزارة بعد جولة في مصانع العاصمة ومعاملها ومزارع المحافظات لمناقشة برنامج التعاون في مجال تأهيل العمال والمهندسين المصريين.

موسكو: وصل وفد تونسي إلى موسكو وقابل الرئيس الروسي وعدداً من المسؤولين الروس وطلب من الحكومة الروسية دراسة مشروع التعاون الاقتصادي.

طرابلس: قابل وزير الدفاع نظيره الألماني وبحث معه سبل توسيع التعاون السياسي والعسكري. وتهدف الزيارة إلى توقيع برنامج مشترك.

دمشق: وصل وزير التعليم العالي الألماني وهو عضو في الحزب الاشتراكي الديمقراطي إلى دمشق في إطار جولة في الشرق الأوسط وقابل نظيره السوري لمناقشة سبل التعاون في مجال التعليم الجامعي.

عمان: قابل جلالة الملك الوفد الألماني برئاسة المستشار الألماني وبحث معه سبل التعاون السياسي والاقتصادي والعسكري والثقافي.

الجزائر: حضر الوفد الألماني الاحتفالات بمناسبة العيد الوطني. وقـال رئيس الوفد الألماني في كلمته القصيرة: إن ألمانيا سوف تبذل جهـوداً واسـعة لتوسيع التبادل التجاري مع الجزائر.

الخرطوم: قابل الأمين العـام للحزب الوطني السوداني الأمـين العـام للحزب المسيحي الديمقراطي الألماني بعد مؤتمر باريس العالمي.

في المكتبة   Text 2

البائعة: أهلاً وسهلاً ، مساء الخير ، أية خدمة؟

بيتر: مساء النور ، اِسمحي لي أن أسألك عن رف القواميس؟

البائعة: المعاجم هناك في تلك الزاوية.

بيتر: أه ، شكراً وهل عندك معجم للمترادفات العربية؟

البائعة: طبعاً، عندنا معاجم مختلفة، حديثة وقديمة وهي هناك.

بيتر: آخذ هذا الكتاب.

البائعة: إسمح لي أن أنصحك بذلك المعجم، هو جديد وقيّم.

بيتر: شكراً، سآخذه .أين قسم الروايات؟ أبحث عـن روايـة لطـه حسـين أو لنجيب محفوظ.

البائعة: خذ رواية لنجيب محفوظ! هـو كـاتب رائـع ومشـهور وحصـل علـى جائزة نوبل للآداب.

بيتر: أنا أعرف ذلك ولم أحصل على رواياته في ألمانيا.

البائعة: أنت لست عربياً؟ لغتك العربية واضحة وجيدة جداً.

بيتر: لا، أنا لست عربياً، أنا من ألمانيا.

البائعة: لماذا تقرأ هذه الكتب بالعربية وليس بالألمانية؟

بيتر: قرأت الروايـات سـابقاً بالألمانيـة والآن بعـد أن درسـت اللغـة العربيـة أرغب في أن أقرأ هذه الروايات بلغتها الأصلية.

البائعة: هذا ليس بسيطاً. هل تفهم ما تقرأ؟

بيتر: لم أفهم كلمات كثيرة ولكن منـذ أن اشـتريت قوامـيس جيـدة بـدأت أفهم أشياء كثيرة.

البائعة: لا بد أن تقرأ الروايات بلغتها الأصلية.

بيتر: أنت على حق. آمل أن أحصل على هذه الكتب بالعربية ولـن أرجـع إلى ألمانيا بدونها.

البائعة: هذه الكتب موجودة عندنا.

بيتر: عظيم. آخذ هذه الروايات وهذه الجرائد أيضاً.

البائعة: لحظة من فضلك، تفضّل.

بيتر: ألف شكر، مع السلامة.

البائعة: مع ألف سلامة، شرّفنا مرة أخرى.

Übungen

L

L1 (Hausaufgabe) Ergänzen Sie die folgenden unvollständigen Sätze:

أرغب في أن ...، هل ترغب في أن ...؟ يرغبون في أن ...، ترغب في أن ...، هل ترغبون في أن ...؟ رغب الطالب في أن ...، رغبت الفتاة في أن ...، هـل رغبتَ في أن ...؟ هل رغبتم في أن ...؟ رغبوا في أن ...، رغبنا في أن ...

Verwenden Sie dazu die Ihnen bereits bekannten Verben, Nomina und Zeitadverbien!

أرغب في أن أذهب إلى البيت.

هل ترغب في أن تشرب فنجاناً من القهوة؟

رغب الطالب في أن يصل صديقه غداً.

L2 (Hausaufgabe) Ergänzungsübung zum Verb طلب:

طلب منّي أن ...، طلبت منه أن ...، طلبت منهم أن ...، طلبـوا منّـا أن ...، طلبنا منهم أن ...، يطلب منك أن ...، هل تطلب منّي أن ...؟ نطلب منكـم أن ...، هل تطلبون منّا أن ...؟

L3 (Hausaufgabe) Ergänzungsübung zum Verb أمل:

يأمل صديقنا أن ....، تـأمل صديقتي أن ....، نـأمل أن ....، آمـل أن ....، هـل تأملين أن ...؟ يأملون أن ....، هل تأملون أن ...؟ أمل صديقه أن ....، أملـت الفتاة أن ....، هل أملتم أن ...؟ أملنا أن....

L4 Der Lektor läßt jeweils einen Studenten einige der von ihm in den Übungen 1-3 ausgearbeiteten Sätze vorlesen. Ein anderer Student spricht diese Sätze nach, ein dritter übersetzt sie. Die Studenten sollen dabei die Richtigkeit der von ihren Kommilitonen ausgearbeiteten und vorgetragenen Sätze überprüfen und beurteilen.

L5 Übersetzen Sie in das Arabische:
Tu das nicht! Ich habe das nicht getan. Warum hast du das nicht getan?
Sie sind noch nicht angekommen. Sie werden morgen nicht ankommen.
Nimm das Buch! Lege es auf den Tisch! Geh nicht aus dem Zimmer! Du
kennst ihn nicht. Ihr kennt uns nicht. Er hat von mir verlangt, ich solle
nicht dorthin gehen.

L6 (Hausaufgabe) Bilden Sie selbständig 10 Sätze unter Verwendung
der Zeitadverbien بعد غد، مساء الغد، ظهر الغد، صباح الغد، غداً .

L7 Der Lektor stellt Fragen mit dem Zeitadverb متى, die von den
Studenten unter Verwendung der bisher bekannten Zeitadverbien zu
beantworten sind!

سأذهب إلى المسرح مساء الغد.   <   متى ستذهب إلى المسرح؟

سألتك عن الكتاب صباح اليوم.   <   متى سألتني عن الكتاب؟

L8 (Wiederholung) Fügen Sie den folgenden, durch Personalsuffix
determinierten Substantiven جديد (جُدُد، جديدة) oder ein anderes
passendes Adjektiv als Attribut hinzu!

بيتي   >   بيتي الجديد

غرفتك، معلمكم، أصدقاؤنا، كتبنا، سيارته، بسيارته، في فندقنا، أمام مسرحنا،

صديقتي، مرافقكم، في مطارهم، سياستهم، مدرستك، جامعتها، مخزنه

G

G1 Verneinen Sie die folgenden Sätze mit der Negation لم !

فعلت ذلك.   >   لم أفعلْ ذلك.

عرفتُ ذلك. عرفنا ذلك. عرفوا ذلك. عرفت ذلك. عمل هناك. عملتُ هناك.
عملَت في ذلك المصنع. عملوا في تلك المدينة. عملنا هناك. عملوا بأجهزة
حديثة. أخذوا ذلك. أخذ الكتاب. أخذنا الجرائد. أخذن ذلك. أخــذتم ذلك.
فعل ذلك. فعلنا ذلك. فعلتِ ذلك. ذهبَت إلى هناك. ذهبتِ إلى المكتبة. ذهبــوا
إلى القاعة. شربت النبيذ. شربوا القهوة. شربنا البــيرة. أكلنــا اللحــم. أكلــوا في
المطعم. أكلتم هناك. خرجت من البيت. خرج من المعهد. خرجن من المطعــم.
دخل بيت صديقه. دخلنا المطعم. دخلتِ ذلك البيت. وصــل الوفــد أمــس.
وصلت الوفود مساء أمس. وصلوا صباح اليوم. فهمتُ. فهمتم. فهم. فهمَت.
فهمنا. درس هناك طلاب أجانب. شرح لهم عمل المكتبــة. رجعوا إلى البيت.

139

طلبنا منه ذلك. طلبوا منّي ذلك. طلبتُ منكم ذلك. رغبـوا في أن يكتبـوا لهـا. رغبتُ في أن يدخل بيت.

G2 Verneinen Sie die folgenden Sätze entweder durch لم , لا oder لن !

أشرب البيرة.   >   لا أشرب البيرة.

سأذهب إلى المعهد.   >   لن أذهب إلى المعهد.

فهمت ذلك.   >   لم أفهم ذلك.

أعرف ذلك. أخذ الكتاب. فعلوا ذلك. دخلت ذلك المعهد. قرأنا كتباً كثـيرة. يدرسون اللغة العربية. نعرف ذلـك. سيعقدون اجتماعـاً. سيعمل في برلـين. ستكتبون لهم. وضعت الكتب في الخزانة. نرغب في أن نذهب إلى هناك. طلب منّي أن أذهب إلى هناك. خرجت من البيت صباحـاً. سمعنـا هـذا الخـبر. نفهـم ذلك. يأكلون فواكه كثيرة. سيذهبون إلى المعهد. ذهَبَـت إلى صديقتها. عمـل بالأجهزة الحديثة. ينظرون إلى الكتب.

G3 Verneinen Sie die folgenden Nominalsätze durch ليس !

الطالب مجتهد.   >   ليس الطالب مجتهدًا.

الغرفة جميلة.   >   ليست الغرفة جميلة.

البيت كبير. البيوت جميلة. المعلمون في الغرفة. هـؤلاء الرجـال طيبـون. هؤلاء الرجال معلمون. تلك الفتاة معلمـة. أولئـك الفتيـات طالبـات. هـذه الكرّاسـة جديدة. سيارتي يابانية. لونها أبيض. عندي كتـب كثـيرة. في الغرفة طـلاب. هناك أجهزة حديثة. في المعهد طلبة أجانب.

Beachten Sie bei den letzten 4 Beispielen, daß das der Präpositionalgruppe folgende Nomen oder Syntagma nicht Prädikat, sondern Subjekt des Satzes ist. Es handelt sich hier also um den Satztyp, der in Lektion 2, G 3.1., Satzstruktur 2, dargestellt wurde.

G4 Verneinen Sie die folgenden Imperative!

إشرب! إشربوا الشاي! إذهب إلى هناك! إذهبن إلى هناك! أدخل ذلك البيـت! أدخلي ذلك المخزن! إفعلوا ذلك! إفعل ذلك! أخـرج! أخرجوا! خـذ الجهـاز! خذوا ذلك! إسمعي! إسمعوا! إقرأ هذا الكتاب! إقرؤوا هذه الكتـب! أكتـب لي! أكتبن لنا! ضعوا ذلك في الشنطة!

G5 Wandeln Sie die folgenden verneinten Imperative in positive Befehle um!

لا تفعلي ذلك! لا تفعلوا ذلك! لاتكتبوا لهم! لا تأخذ ذلك الجهاز! لا تدخــل ذلك المطعم! لا تذهبوا إلـى هنـاك! لا تشـربي النبيــذ! لا تخــرج مــن هنــا! لا تقرؤوا تلك الرسالة! لا تضع ذلك في الخزانة!

G6 (Wiederholung) Verbinden Sie die folgenden Wörter zu Genitivverbindungen!

1.Glied	2.Glied (determiniert)
كتب، بيت، غرفة، سيّارة، شنطة، قلم	1. محمّد
أقلام، بيوت، سيّارة، رسائل، كتب	2. صديقة
مسرح، مسارح، جامعة، شوارع، مخازن، محطّة	3. مدينة
مدارس، محطّات، معالم، جامعات، مخازن	4. عاصمة
باب، أبواب، جدار، جدران، شبابيك، غرف	5. بيت
أبواب، جدار، جدران، شبابيك، سقف، أرض	6. غرفة
كتاب، كتب، غرفة، بيت، سيّارة، شنطة	7. صديق
عضو، أعضاء، مرافق، مرافقون، رئيس، سيّارة	8. وفد

K

K1 Der Lektor erläutert die umgangssprachlichen Varianten für "Ich möchte/will...(haben)", wie عــاوز/عــايز (ägyptisch), بِدّي (syrisch-palästinensisch), أريــد (irakisch), نِبْغِــي (maghrebinisch). Er erklärt ihre Aussprache und die in der Umgangssprache verbreitete Auslassung der Flexionsendungen und übt sie an folgenden Sätzen unter Verzicht auf die Endungen.

Ich möchte ein Bier / ein Buch / eine weiße Tasche / ein neues Auto / Gabel und Löffel / ein Wörterbuch / ein großes Zimmer / Reis mit Geflügelfleisch / Tee / Kaffee / Eis ...

أنا عايز، عايزة / بدي / أريد / نبغي ماء.

K2 Der Lektor erläutert die Frage "Möchtest Du ...?" mit den o.a. Dialektvarianten und übt sie unter Verzicht auf die Flexionsendungen.

(هل) أنت عايز / أنتِ عايزة كتاب(اً)؟

(هل) بِدَك / بِدِك شاي؟

(هل) تَريدِ كوكا؟

K3 Der Lektor erklärt die umgangssprachlichen Varianten für "Ich möchte kein ...", stellt die Frage ؟... عايزة أنتِ/عايز أنتَ (هل) und übt sie mit dem Material von K2.

أنا مُش / مِش عايز / عايزة كتاب(اً).

ما بدّي كتاب.

لا / ما أريد كتاب(اً).

لا / ما نبغي كتاب(اً).

K4 Setzen Sie zusammen mit dem Lektor in Text 2 (mündlich!) an den möglichen Stellen eine dialektale Variante von "möchten" ein. Achten Sie darauf, daß Sie nicht mehrere Varianten bei einem Sprecher vermischen, sondern ordnen Sie jedem Sprecher immer nur eine Variante zu.

K5 Bereiten Sie für das nächste Kolleg in Anlehnung an Text 2 einen Dialog zum gleichen Thema vor!

K6 Erschließen Sie gemeinsam mit dem Lektor die Bedeutungen der folgenden Sprichwörter und Redewendungen mit لا!

لا تُؤَجِّلْ (verschieben) عمل اليوم إلى غد!

لا تبِعْ دجاجة بُكرة (morgen) ببيضة (Ei) اليوم.

لا تَخَفْ (fürchten) من الدولة (Staat) وخَفْ من كِلابها (Hunde).

لا تشرَبْ من كُوز (Krug) أكْبر (größer) من رأسك (Kopf) .

لا دينَ (Religion) إلاّ (außer) دين الدم (Blut) .

لا سلامَ (*hier:* Händeschütteln) على الطعام.

Komplexübung:

1. Verneinen Sie die folgenden Sätze durch لم !

طلبنا منه ذلك. رغب في أن يكتب رسالة. فهمتُ. أخذنا الجرائد. شربوا القهوة. وصلت الوفود أمس. أكلنا اللحم. شربن العصير. خرج من المعهد. رجعتِ من الفندق إلى المعهد. عملوا في تلك المدينة. بـذلوا جهـوداً كبيرة. أمل أن يكتب لـه. بحثتم عـن الكتـب في رفوف كثيرة. وصل أمنـاء عـامّون لأحزاب كثيرة. فعلن ذلك. كتبتِ الرسالة. شكرته على الجرائـد الجديـدة. فهمنا الدرس. رغب في أن يشرب العصير وأن يأكل اللحم.

2. Übersetzen Sie ins Arabische!

Ihr habt diesen Brief nicht geschrieben. Die ägyptische Delegation ist nicht in London eingetroffen. Er hat die Zeitung nicht genommen. Sie kannten die arabischen Wörterbücher nicht. Du (f.) hast keine Romane geschrieben. Ich habe dir (f.) nicht geraten, diese Bücher zu nehmen. Ich wünschte nicht, daß ihr Arabisch lernt. Wir haben das Bier nicht getrunken.

3. Verneinen Sie die folgenden Sätze entweder durch لَنْ, لا oder لَمْ !

ينظرون إلى الكتب. ستعملين بالأجهزة الحديثة. نفهم ذلك. سيأكلون لحم الدجاج. خرجتُ من البيت صباحاً. دخلت ذلك الفندق. أعرف ذلك. يدرسن اللغة العربية. نرغب في أن نكتب رسائل كثيرة. سيعقدون اجتماعاً. وضعت الكتب في الخزانة. ذهبت مع صديقته. طلبتم أن نذهب معكم. تجلسنَ في المقهى. خرجتِ من المعهد. عرفنا أين يسكن أحمد .

4. Verneinen Sie folgende Sätze durch ليس!

هو معلّم. هي جديدة. نحن طلاب. أنتَ بائع. أنتم مجتهدون. هنّ في المعهد. أنتِ مرافقة. هم رجال طيّبون. عندي كتب كثيرة. أنا طالب. في المعهد طلبة أجانب. هناك جرائد عربية. الأكل حارّ. العصير في البرّادة. هو شاطر .

5. Übersetzen Sie ins Arabische!

Er ist nicht groß. Ich habe nicht viele Wörterbücher. Sie ist nicht in London. Ihr seid nicht fleißig. Die Studentinnen sind nicht groß. Du bist keine Lehrerin. Wir sind nicht klug. Der Wein ist nicht im Kühlschrank. Sie sind nicht in der Universität. Du hast nicht recht.

6. Verneinen Sie folgende Imperative!

إشرب العصير ! كل اللحم ! خذ الكتاب ! أخرجي من الغرفة ! إسمعي ! إسمحوا لي أن أكتب ! أكتب الرسالة ! إذهبن إلى هناك ! إفعلي ذلك ! أدخل ! إسمح لي أن أخرج ! إبحث عنه ! أدرسوا العربية ! أطلب قهوة!

7. Übersetzen Sie ins Arabische!

Die Diskussionen sind nicht lang. Er schrieb aus Anlaß des Nationalfeiertages. Der Minister bekam den Nobelpreis nicht. Die Zeitung schrieb nicht über die militärische Zusammenarbeit. Der Präsident und die Regierung des Landes unternehmen keine Anstrengungen zur Erweiterung des Handelsaustausches. Der deutsche Minister traf im Rahmen einer Rundreise im Nahen Osten in Damaskus ein. Der russische Präsident traf seinen amerikanischen Amtskollegen. Ich habe viele Antworten nicht gewußt.

Lektion 9 الدرس التاسع

1. Der Dual (ٱلْمُثَنَّى)

Das Arabische hat neben dem Singular und dem Plural noch einen dritten Numerus: den Dual. Er steht dann, wenn zwei Dinge oder Personen bezeichnet werden. Der Dual wird durch Suffixe gebildet, deren charakteristisches Morphem ein langes *ā* ist, das in manchen Fällen durch *n* erweitert wird.

1.1. Der Dual des Nomens

Suffix: ـَان im Nominativ, ـَيْنِ im Genitiv und Akkusativ

	Pl.		Sg.	
N.	ٱلْمُعَلِّمُونَ	مُعَلِّمُونَ	ٱلْمُعَلِّمُ	مُعَلِّمٌ
G.	ٱلْمُعَلِّمِينَ	مُعَلِّمِينَ	ٱلْمُعَلِّمِ	مُعَلِّمٍ
A.	ٱلْمُعَلِّمِينَ	مُعَلِّمِينَ	ٱلْمُعَلِّمَ	مُعَلِّماً
Dual				
N.			ٱلْمُعَلِّمَان	مُعَلِّمَان
G.			ٱلْمُعَلِّمَيْنِ	مُعَلِّمَيْنِ
A.			ٱلْمُعَلِّمَيْنِ	مُعَلِّمَيْنِ

A1 Im unvokalisierten Schriftbild ist der Genitiv und Akkusativ des Duals nicht von den gleichen Kasus des gesunden maskulinen Plurals zu unterscheiden!

	Pl.		Sg.	
N.	ٱلْمُعَلِّمَاتُ	مُعَلِّمَاتٌ	ٱلْمُعَلِّمَةُ	مُعَلِّمَةٌ
G.	ٱلْمُعَلِّمَاتِ	مُعَلِّمَاتٍ	ٱلْمُعَلِّمَةِ	مُعَلِّمَةٍ
A.	ٱلْمُعَلِّمَاتِ	مُعَلِّمَاتٍ	ٱلْمُعَلِّمَةَ	مُعَلِّمَةً
Dual				
N.			ٱلْمُعَلِّمَتَان	مُعَلِّمَتَان
G.			ٱلْمُعَلِّمَتَيْنِ	مُعَلِّمَتَيْنِ
A.			ٱلْمُعَلِّمَتَيْنِ	مُعَلِّمَتَيْنِ

Im Status constructus, d. h. als 1. Glied einer Genitivverbindung oder mit Personalsuffix versehen, fällt beim Dual ebenso wie beim gesunden Plural die Endung ن weg.

die beiden Delegationsbegleiter	مُرَافِقَا الْوَفْدِ
mit den beiden Delegationsbegleitern	مَعَ مُرَافِقَي الْوَفْدِ
ihre beiden Begleiter	مُرَافِقَاهَا
mit ihren beiden Begleitern	مَعَ مُرَافِقَيْهَا

A2 Das Personalsuffix der 1.P.Sg. lautet, an einen Dual angefügt, ي : meine beiden Freunde صَدِيقَايَ; (vgl. Lektion 6, G 2.2.1.1.).

Zwischen einem im Dual stehenden Substantiv und einem adjektivischen Attribut besteht Kongruenz in Kasus, Status, Genus und Numerus:

مُعَلِّمَان جَدِيدَان

مُعَلِّمَتَان جَدِيدَتَان

أَلْمُعَلِّمَان الْجَدِيدَان

أَلْمُعَلِّمَتَان الْجَدِيدَتَان

عِنْدَ الْمُعَلِّمَيْن الْجَدِيدَيْن

رَأَيْتُ الْمُعَلِّمَتَيْن الْجَدِيدَتَيْن

Statt eines Attributs im Dual können auch zwei Attribute im Singular stehen. In diesem Falle gehört jedes von ihnen nur jeweils zu einem der beiden in der Dualform des Substantivs verkörperten Begriffe:

die beiden Lehrer, der alte und der neue = der alte und der neue Lehrer	أَلْمُعَلِّمَان الْقَدِيمُ والْجَدِيدُ
die syrische und die irakische Regierung	أَلْحُكُومَتَان السُّورِيَّةُ والْعِرَاقِيَّةُ

1.2. Der Dual des Pronomens
Sowohl bei den selbständigen als auch bei den suffigierten Personalpronomen kommen Dualformen in der 3. und 2.P. vor. Das Suffix lautet -ā.

suffigierte Pronomen		selbständige Pronomen	
sie beide; ihrer beider	هُمَا -	sie beide	هُمَا
euch beide; euer beider	كُمَا -	ihr beide	أَنْتُمَا

Das Demonstrativpronomen هٰذَا hat das gleiche Dualsuffix wie das Nomen:

	f.	m.
N.	هَاتَانِ	هَذَانِ
G. / A.	هَاتَيْنِ	هَذَيْنِ

A3 Bei der femininen Dualform des Demonstrativpronomens kommt das lange *ā* in der ersten Silbe auch im Schriftbild zum Ausdruck.

1.3. Die verbalen Dualformen

Perfektform: An die 3. P. Sg. m. und f. und an die 2. P. Pl. m. wird das Dualsuffix *-ā* angefügt.

Imperfektform: An die 3. P. Sg. m. und f. und an die 2. P. Sg. m. wird das Dualsuffix *-āni* angefügt:

	Imperfektform	Perfektform	
3.P.m.	يَفْعَلَانِ	فَعَلَا	(هما)
3.P.f.	تَفْعَلَانِ	فَعَلَتَا	(هما)
2.P.	تَفْعَلَانِ	فَعَلْتُمَا	(أنتما)

A4 Beim Konjunktiv und Apokopat fällt die Endung ن weg.

Imperativ: An den maskulinen Imperativ des Singulars wird das Dualsuffix *ā* angefügt: إِفْعَلَا ، أُكْتُبَا (Anhang: Tafel 9).

A5 Umgangssprachlich wird sowohl von nominalen als auch von verbalen Dualformen kaum Gebrauch gemacht, deswegen wurde auch im Text 2 dieser Lektion an den Stellen, wo nach den Regeln des modernen Hocharabisch eine Dualform stehen müßte, im Interesse des tatsächlichen Sprachgebrauchs auf die Verwendung der Dualformen verzichtet.

146

2. Die Zahlen 1 und 2

2.1. Die arabischen Wörter für die Kardinalzahlen 1 und 2 sind Adjektive und kongruieren als solche mit dem übergeordneten Substantiv in Kasus, Status, Genus und Numerus:

2.2. Sie lauten:

	2		1	
	f.	m.	f.	m.
N.	إِثْنَتَانِ	إِثْنَانِ	وَاحِدَةٌ	وَاحِدٌ
G.	إِثْنَتَيْنِ	إِثْنَيْنِ	وَاحِدَةٍ	وَاحِدٍ
A.	إِثْنَتَيْنِ	إِثْنَيْنِ	وَاحِدَةً	وَاحِداً

A6 Das anlautende *Hamza* von إِثْنانِ ist ein *Hamzat waṣl*: مَعَ اثْنَيْنِ مِنْهُم

وَاحِدٌ (bzw. وَاحِدَةٌ) wird nicht als unbestimmter Artikel gebraucht (dieser wird allein durch die Indeterminiertheit des Nomens zum Ausdruck gebracht: Nunation, kein Artikel; vgl. Lektion 4, G 3.2.), sondern als reines Zahlwort: كِتابٌ وَاحِدٌ   ein Buch.

إِثْنَانِ (bzw. إِثْنَتانِ) kommt als Attribut selten vor (es wird allenfalls als Verstärkung dem Substantiv hinzugefügt), da bereits durch dessen Dualform die Zweizahl zum Ausdruck gebracht wird.

2.3. Auch die Ordinalzahlen von 1 und 2 sind Adjektive und unterliegen den genannten Kongruenzregeln. Sie lauten (determiniert):

	2.		1.	
	f.	m.	f.	m.
N.	أَلثَّانِيَةُ	أَلثَّانِي	أَلأُولَى	أَلأَوَّلُ
G.	أَلثَّانِيَةِ	أَلثَّانِي	أَلأُولَى	أَلأَوَّلِ
A.	أَلثَّانِيَةَ	أَلثَّانِيَ	أَلأُولَى	أَلأَوَّلَ

Die Zahladverbien "erstens" und "zweitens" werden durch den indeterminierten Akkusativ der Ordinalzahl ausgedrückt: أَوَّلاً ، ثانياً

3. كَمْ "wieviel"

3.1. Nach der Anzahl von Personen oder Nichtpersonen fragt man mit كَمْ. Die Konstruktion ist wie folgt:

a) كَمْ + indeterminiertes Substantiv im Akkusativ Singular:

wieviel Bücher كَمْ كِتَاباً

wieviel Männer كَمْ رَجُلاً

wie viele Male = wie oft كَمْ مَرَّةً

b) كَمْ + مِنْ + determiniertes Substantiv im Genitiv Plural:

wieviel Bücher, wie viele der Bücher كم مِنَ الْكُتُبِ

wieviel Männer, wie viele der Männer كم مِنَ الرِّجَالِ

Die unter b) genannte Konstruktion muß dann eintreten, wenn nicht nach der Anzahl von Einzelexemplaren, sondern nach Mengen oder Größen ohne zählbaren Einzelbegriff gefragt wird (die meist im Singular stehen):

wieviel Zeit, wie lange كم مِنَ الْوَقْتِ

wieviel Fleisch كم مِنَ اللَّحْمِ

wieviel Geld كم مِنَ النُّقُودِ

3.2. Das Prädikat folgt dem nachstehenden indeterminierten Substantiv:

Wieviel Bücher hast du gekauft? كم كِتَاباً اِشْتَرَيْتَ؟

Wieviel Bücher hast du? كم كِتَاباً عِنْدَكَ؟

Die gleiche Wortstellung gilt für Fragesätze, die mit + مِنْ + كَمْ determiniertem Substantiv eingeleitet werden. Jedoch tritt in manchen Fällen das Prädikat direkt hinter كَمْ:

Wieviel Bücher hast du? كم لَكَ / عِنْدَكَ مِنَ الْكُتُبِ؟

3.3. كَمْ kann mit verschiedenen Präpositionen kombiniert werden. Das folgende Substantiv steht entweder, nach der gegebenen Regel, im Akkusativ, oder, in Abhängigkeit von der Präposition, im Genitiv:

für wieviel, mit wieviel

بِكَمْ

بِكَمْ لِيرَةً اشْتَرَيْتَ ذَلِكَ؟

Für wieviel Lira hast du das gekauft?

بِكَمْ لِيرَةٍ اشْتَرَيْتَ ذَلِكَ؟

mit wieviel

مَعَ كَمْ

Mit wieviel Studenten hast du dort studiert?

مع كم طَالِباً دَرَسْتَ هُنَاكَ؟

مع كم طَالِبٍ دَرَسْتَ هُنَاكَ؟

seit wieviel

مُنْذُ كَمْ

Seit wieviel Jahren studierst du dort?

منذ كم سَنَةً تَدْرُسُ هُنَاكَ؟

منذ كم سَنَةٍ تَدْرُسُ هُنَاكَ؟

3.4. كَمْ tritt auch als (prädikatives) Glied eines Nominalsatzes auf. Das auf كَمْ folgende Substantiv - Subjekt des Satzes - steht hier nicht im Akkusativ, sondern im Nominativ:

Wie(viel) ist dein Alter? = Wie alt bist du?

كَمْ عُمْرُكَ؟

Wie(viel) ist sein Preis? = Wieviel kostet es?

كَمْ سِعْرُهُ؟

Wie(viel) ist seine Höhe? = Wie hoch ist es?

كَمِ ارْتِفَاعُهُ؟

Wie(viel) ist die Stunde? = Wie spät ist es?

كَمِ السَّاعَةُ؟

Bei letztem Beispiel ist auch eine Umkehrung der Wortstellung gebräuchlich: أَلسَّاعَةُ كَمْ؟
Zwischen كَمْ und Subjekt kann هُوَ bzw. هِيَ treten, vor allem bei durch den Artikel determinierten Substantiven:

Wieviel beträgt die Miete?

كم هِيَ الأُجْرَةُ؟

Wie(viel) ist die Entfernung zwischen ... und ...? = Wie weit ist es von ... nach...?

كم هِيَ الْمَسَافَةُ بَيْنَ ... و ...؟

A7 Anstelle des prädikativen كَم kann ما in gleicher Bedeutung gebraucht werden:
ما هو السعر؟ ما هي المسافة؟ usw.

149

Die Monatsnamen:

Januar	syr./ir. كَانُونُ الثَّانِي	äg. يَنَايِرُ
Februar	شُبَاطُ	فِبْرَايِرُ
März	آذَارُ	مَارِسُ
April	نِيسَانُ	أَبْرِيلُ
Mai	أَيَّارُ	مَايُو
Juni	حَزِيرَانُ ، حُزَيْرَانُ	يُونِيُو
Juli	تَمُّوزُ	يُولِيُو
August	آبُ	أَغُسْطُسُ
September	أَيْلُولُ	سِبْتَمْبَرُ
Oktober	تِشْرِينُ الأَوَّلُ	أُكْتُوبَرُ
November	تِشْرِينُ الثَّانِي	نُوفَمْبَرُ
Dezember	كَانُونُ الأَوَّلُ	دِيسَمْبَرُ

A8 Alle Monatsnamen sind Diptota. Sie gelten als Eigennamen und sind ohne Artikel determiniert.

Die Namen der zwölf Monate des islamischen Kalenders lauten:

(30)	رَجَبٌ	7.	(30)	مُحَرَّمٌ	1.
(29)	شَعْبَانُ	8.	(29)	صَفَرٌ	2.
(30)	رَمَضَانُ	9.	(30)	رَبِيع الأَوَّل	3.
(29)	شَوَّالٌ	10.	(29)	رَبِيع الثَّانِي	4.
(30)	ذُو القَعْدةِ	11.	(30)	جُمَادَى الأُولَى	5.
(29)	ذُو الحِجَّةِ	12.	(29)	جُمَادَى الآخِرة	6.

Der letzte Monat des Jahres, der in Schaltjahren 30 Tage hat, ist der Monat der Pilgerfahrt nach Mekka. (Vgl. auch die Übersicht im Anhang)

V

(Fragepartikel)	أ	Reisepaß	جواز السفر
..., nicht wahr?	أ ليس كذلك؟	bestellen etw.	حجز (يَحْجُزُ) هـ
Altertümer	ج آثار	Hitze, Temperatur	حرارة
ethnologisch	إثْنولوجيّ	Zivilisation, Kultur	حضارة ج ـات
Ohr	أُذُن (م) ج آذان	Koffer	حقيبة ج حقائِبُ
Geschichte; Datum	تاريخ /تأريخ ج تواريخُ	tragen etw.	حمل (يَحْمِل) هـ
spanisch, Spanier	إسْبانيّ ج ـون	Dienerin	خادِمة ج ـات
asiatisch, Asiat	آسْيويّ ج ـون	Herbst	خريف
afrikanisch, Afrikaner	إفْريقيّ ج ـون، أفارقة	Spezialisierung	تخَـصُّص ج ات
Was (Aḥmad) betrifft, so ist er (in der Stadt)	أمّا (أحمد) فهو (في المدينة)	besonders	خاصّةً
		niedrig	مُنخفِض
Formular (meist استمارة geschrieben)	اِسْتِئْمارة ج ـات	Staat	دوْلة ج دُول
englisch, Engländer	إنْكْليزي ج إنْكْليز	Religion	دِين ج أدْيان
Kälte / kalt	بَرْد / بارد	Frühling	ربيع
Trinkgeld	بقْشِيش	Erziehung	ترْبِيَة
Portier, Pförtner	بوّاب ج ـون	Nachschlagewerk	مرْجِع ج مراجِعُ
gehören zu j-m.	تبع (يتْبَعُ) ه / لِ	billig, preiswert	رخِيص
gehörend zu	تابِع لِ	Zahl, Nummer	رقْم ج أرْقام
dreißig	ثلاثُونَ	Mathematik	الرِّياضِيّات
Schnee, Eis	ثلْج ج ثُلُوج	Landwirtschaft	زراعة
Berg	جبل ج جِبال	Ehefrau	زوْجة ج ـات
sammeln etw.	جمع (يَجْمَعُ) هـ	fallen	سقط (يسْقُطُ)
Seite	جانِب ج جوانِبُ	dick	سميك
neben	إلى جانب	Himmel	سماء (م)
Paß, Ausweis	جواز ج ات	Winter	شِتاء
		Person	شخْص ج أشْخاص

Lektion 9

Orientalistik	اِسْتِشْراق	abreisen (aus/von)	غادر (يُغادِرُ) هـ
fühlen etw.	شعر (يشْعُرُ) بِ	teuer	غال
frieren	شعر بالبرد	Zweig, Außenstelle	فرْع ج فُروع
vielen Dank	شُكْراً جزيلاً	französisch, Franzose	فِرنْسِيّ ج ـون
Norden	شمال	Abschnitt, Jahreszeit	فصْل ج فُصُول
Quelle *(für Informationen)*	مصْدر ج مصادِرُ	Bauer	فلاّح ج ـون
Sommer	صَيْف	Mütze, Hut	قُبَّعة ج ـات
chinesisch, Chinese	صِينِيّ ج ـون	kommend	قادِم
umfassen etw.	ضمَّ (يضُمُّ) هـ	Dorf	قرْية ج قُرىً
zusätzlich zu	إضافة إلى	Handschuh	قُفّاز ج قفافيزُ
Etage	طابق ج طوابقُ	wieviel(e)	كمْ
Dissertation	أطْرُوحة ج ـات	für wieviel	بِكم
gemäßigt	مُعْتدِل	Klimaanlage	مُكَيِّف هواء ج ـات
zwanzig	عِشْرُونَ	anziehen etw.	لبِس (يلْبَسُ) هـ
Mantel	مِعْطف ج معاطِفُ	Mark	مارك ج ـات
Wissenschaft	عِلْم ج عُـلُوم	bleiben	مكث (يمْكُثُ)
wissenschaftlich	عِلْمِيّ	Minibar	مينيبار
Soziologie	عِلْم الإجْتِماع	indisch, Inder	هِنْدِي ج هُنود
Biologie	عِلْم الأحْياء	müssen	وجب (يجِبُ) (عليه) أنْ
Informationen	ج معْلُومات	ich wurde geboren	وُلِدتُّ
Institut	معْهد ج معاهِدُ	Geburt	مِيلاد
Arztpraxis	عِيادة ج ات	täglich	يَوْمِياً

جامعتي Text 1

جامعتي حديثة وكبيرة ويدرس فيها طلاّب من ألمانيا والكثير من الطلاّب الأجانب ومن بينهم طلاّب عرب. وأعرف الكثير من هؤلاء الطلاّب العرب. أنا طالب في كلّية الطبّ. كلّيتي هذه كبيرة جدّا.

وتضم الجامعة من الفروع العلمية كلّيات الفيزياء والكيمياء والزراعة وعلم الأحياء والرياضيات. أما من الفروع الأدبية فتتبعها كلّية اللغات، أي اللغة الانكليزية والفرنسية والإسبانية والروسية واللغات الأوربية الأخرى واللغات الافريقية والآسيوية، إضافةً إلى كلّيات التربية والحقوق والاقتصاد وعلم الاجتماع.

وتدرس صديقتي في معهد الدراسات الشرقية التابع للجامعة وتخصّصها هو الدراسات العربية أي تاريخ العرب وحضارتهم وآدابهم قديماً وحديثاً. وتوجد إلى جانب ذلك المعهد معاهد أخرى للدراسات الإفريقية والهندية والصينية والتركية والاثنولوجية ومعهد تاريخ الأديان ومعهد علم الآثار المصرية. سوف أعمل بعد الدراسة طبيباً في هذه المدينة في عيادة أمّي. أما صديقتي فستسافر إلى مصر لمدّة سنة في السنة الدراسية القادمة وستجمع هناك المراجع والمصادر اللازمة لكتابة أطروحتها.

في الفندق Text 2

الخادمة: مساء الخير، تفضّلوا، أدخلوا، أهلاً وسهلاً، أية خدمة؟

بيتر: مساء النور. أنا أرغب في أن أحجز غرفة لشخصين.

الخادمة: غرفة أم شقّة؟

بيتر: شقّة.

الخادمة: عندنا شقق كبيرة وهي غالية وكذلك شقق صغيرة رخيصة.

153

بيتر: بكم الشقّة الصغيرة؟

الخادمة: الشقّة الصغيرة بدون مكيّف بعشرين دولاراً.

بيتر: وبمكيّف هواء؟ الطقس حار جدّا والمكيّف لازم.

الخادمة: بمكيّف بثلاثين دولاراً. ولكن الطقس ليس حارّا ونحن نشعر بالبرد الآن، نحن الآن في فصل الشتاء والحرارة الآن معتدلة. أنت لا تعرف الحرارة هنا في الربيع والصيف والخريف.

بيتر: أنا أعرف ذلك. وعندنا في شمال أوربا يسقط الثلج يومياً وخاصة في الجبال ونحن نلبس معاطف سميكة وقبّعات وقفافيز. أنا آخذ الشقّة الصغيرة بالمكيّف. هل في الغرف مينيبار؟

الخادمة: لا، يجب عليكم أن تطلبوا المشروبات من خدمات الغرف.

بيتر: أنا أفهم، مَن يحمل المشروبات إلى الغرف يأمل أن يحصل على بقشيش، أ ليس كذلك؟

الخادمة: أنت على حقّ، الأجور منخفضة والبقشيش خبز الخادم. أكتب من فضلك اسماءكم وعنوانكم وتاريخ الميلاد ورقم الجواز على هذه الاستمارة.

بيتر: بالعربية أو بالألمانية؟

الخادمة: بالأنكليزية، من فضلك. متى تغادرون؟

بيتر: نغادر بعد أسبوع.

الخادمة: سيحمل البوّاب حقائبكم إلى الشقّة.

بيتر: شكراً جزيلاً، أين المطاعم؟

الخادمة: المطعم الكبير في الطابق الأول ومطعم الفطور في الطابق الثاني.

بيتر: شكراً وتصبحين على خير.

الخادمة: وأنت من أهله وشكراً.

Übungen

L

L1 Lesen Sie die in den Vokabellisten der Lektionen 8 und 9 aufgeführten Substantive, bilden Sie dazu - soweit logisch möglich - die indeterminierte und determinierte Dualform und setzen Sie dann eine von beiden mittels einer passenden Präposition in den Genitiv!

معهد – معهدان – المعهدان – في المعهدين

مكتبة – مكتبتان – المكتبتان – في المكتبتين

L2 Beantworten Sie die folgenden Fragen entweder unter Verwendung des Duals oder von واحد bzw. واحدة !

كم ساعة عملت هناك؟   >   عملت هناك ساعة واحدة.

أو: عملت هناك ساعتين.

كم ساعة   عملت في البيت (في المكتبة، في المعهد)؟

شرحت له العمل (عمله، هذه الأعمال، الدرس)؟

جلست في المطعم (في القاعة، هناك، عندهم)؟

كم يوماً   عملت في المصنع (في بيتك، في المكتبة، في المعهد)؟

مكثت في تلك المدينة (في ذلك البلد، في العاصمة، في المقهى)؟

سكنت في الفندق (في بيته، في بيت الطلبة، هناك)؟

كم أسبوعاً   درست هذه اللغة (في هذا المعهد)؟

سكنت في الفندق (عندهم، عند أصدقائك)؟

عملت في المصنع (في المكتبة، في المخزن)؟

كم شهراً   عملت في ذلك المصنع (هناك، معه هناك، في بيتهم)؟

سكنت في تلك الغرفة (تلك المدينة، ذلك البيت)؟

مكثت في ذلك البلد (في تلك المدينة، في عاصمتنا)؟

كم سنةً   درست اللغة العربية (اللغة الألمانية، هذه اللغة)؟

عملت هناك (في تلك المدينة، في ذلك المصنع)؟

مكثت في لايبزغ (في برلين، في القاهرة، في العاصمة)؟

كم كأساً   من البيرة (النبيذ، الماء) شربت؟

كم فنجاناً   من القهوة (الشاي) شربت؟

كم كتاباً   (قلماً، كرّاسة، جهازاً، ممحاةً) أخذت / طلبت؟

كم شهراً   (سنةً) درست في تلك الجامعة؟

بكم   (مارك) اشتريت هذا القلم ذلك الكتاب، (تلك الكرّاسة، ذلك الجهاز)؟

مع كم   من الأصدقاء ذهبت إلى هناك (إلى المحطة، إلى المطعم)؟

كم عندك   من البيوت (السيّارات، الكتب العربية، الصديقات)؟

منذ كم شهر (سنة، ساعة، أسبوع، يوم) تعمل هنا؟

L3 Wie L2 jedoch mit der Frage in der 2. P. Pl., Antwort in der 1. P. Pl.

L4 Wie L2, jedoch unter Verwendung der entsprechenden Imperfekt-formen.

L5 Wie L3, jedoch unter Verwendung der entsprechenden Imperfektformen der 2. P. Pl. bei der Frage und der 1. P. Pl. bei der Antwort.

L6 Beantworten Sie die Fragen

ما هي أسماء فصول السنة؟

ما هي أسماء شهور الربيع؟

ما هي أسماء شهور الصيف؟

ما هي أسماء شهور الخريف؟

ما هي أسماء شهور الشتاء؟

L7 (Wiederholung) In der folgenden Übung wird eine Reihe von Genitivverbindungen genannt. Setzen Sie die entsprechende Form von هـذا so ein, daß sie sich a) auf das 2. Glied und b) auf das 1. Glied der Genitivverbindung bezieht.

كتاب هذا الصديق / كتاب الصديق هذا   <   كتاب الصديق

كتاب صديقي هذا   <   كتاب صديقي

لون السيارة، بيوت الطـلاب، أصدقـاء الفتـاة، عاصمـة البلـد، جامعـة المدينـة، غرف البيت، معلم صديقي، طلاب جامعتنا، معلمو المدرسـة، علاقـات البلـد، أعضاء الوفد، قاعة الطعام، فواكه البلد.

L8 Üben Sie den Gebrauch von أَنْ (عليّ، عليك، عليه، عليها usw.)
mit folgenden Wortgruppen!

أكتب رسالة / أسافر إلى برلين / تحجز شـقّتين / تطلبـون مشـروبات وأكـلا /
تحمل الحقيبتين إلى فوق / تدرسين اللغة العربية / يعملون في الخارج / أعمل في
عيادة أمّي / تسافرين إلى مصر لمدة شهرين / تجمعون المراجع والمصادر اللازمـة
/ تسمح له بالدخول / تفهم ما تقرأ / نرجـع إلى المدينـة / نـأخذ زجـاجتين /
تشرب العصير / نأكل السمك

G

G1 Ersetzen Sie in den folgenden Sätzen das substantivische Objekt
bzw. den substantivischen Teil der Präpositionalgruppe durch das
entsprechende suffigierte Personalpronomen!

رأيت الرجلين.   >   رأيتهما.

ذهبنا إلى المكتبة.   >   ذهبنا إليها.

قرأت (قرأنا، هل قرأتم) الكتابين.

قرأت (لم أقرأ، لم نقرأ) هذه الكتب.

رأيت (رأينا، هل رأيتم) الفتيات.

مكثت (مكثتُ، مكث) في تلك المدينة.

شربت (شربا، شربتا) كأسين من العصير.

ذهبت (ذهبنا، ذهبوا) إلى هناك مع الصديقين.

ذهبت (ذهبن) إلى هناك مع الصديقتين.

ذهبت (ذهبوا، ذهب) إلى هناك مع الأصدقاء.

درست (درسنا، درس) لغتين.

درست (درسوا، هل درست) لغات كثيرة.

وضعت (وضعتُ) القلمين في الشنطة.

أخذت (أخذنا، أخذوا) الجهازين.

كتبت (كتبتُ، كتبن) رسالتين.

خرجت (خرجنا، خرجوا) من البيت.

سمعت (سمعنا، هل سمعتم) هذا الخبر.

عملت (عملوا، هل عملت) في تلك المصانع.

أكلت (أكلنا، أكلوا) اللحم (الخبز، الفواكه، الجبنة).

رجعت (رجعنا، هل رجعتم) إلى الفندق.

شكرت (شكرنا، شكروا) المدير.

نظرت (نظر، هل نظرت) إلى هاتين الفتاتين.

G2 Setzen Sie vor die folgenden Substantive die richtige Form des Demonstrativpronomens!

هذا الرجل	<	الرجل
مع هؤلاء الرجال	<	مع الرجال
مع هذين الرجلين	<	مع الرجلين

الدولة، البُلْدان، البَلَدان، الجهازان، الأرض، اللغة، الاجتماع، المدرستان، المشروبات، الأيام، الخزانتان، في الرسالتين، المسرح، في الأذنين، المحطات، الوفود، الشهران، الأسبوعان، المعهد، الـدول، في الغرفتـين، الزجاجـات، بالسيارتين، المعطفان، مع الأصدقاء، الطالبان، الأسئلة، الأعمال، القريـة، الجبلان، الملابس، العمّال، الفلّاحون.

G3 Wandeln Sie in den folgenden Sätzen die Perfektform in die Imperfektform um und umgekehrt!

هل تكتبان رسالة؟	<	هل كتبتما رسالة
... إلى المكتبة.		يذهبان إلى المكتبة
... اجتماعاً		عقدتا اجتماعاً
متى ... من البيت؟		متى يخرجان من البيت؟
لماذا ... ذلك؟ أو: لماذا ... ذلك؟		لماذا تفعلان ذلك؟
أين ...؟		أين يعملان؟
ماذا ...؟		ماذا شربتما؟
ماذا... ؟ أو: ماذا ...؟		ماذا تدرسان؟

G4 (Hausaufgabe) Setzen Sie in Text 2 an den Stellen Dualformen ein, wo es der Kontext zuläßt! (Vgl. aber G 1.3., A 5 dieser Lektion)

G5 (Wiederholung) Wandeln Sie die in den folgenden Sätzen vorkommenden Perfektformen in Imperfektformen um und umgekehrt!

أكلوا طعاماً شرقياً. نشرب الشاي بعد الأكل. يجلسون في مطعم من مطاعم المدينة. هل تعرف هؤلاء الأصدقاء؟ نعم، أعرفهم. هل تفهمون ذلك الرجل؟ هل فهمتني؟ هل تفهمونني؟ عقدوا اجتماعاً. كتبن رسائل كثيرة. أسمع ذلك. وضع كتبه في الشنطة. قرأنا تلك الكتب. فعل ذلك أصدقاؤنا الألمان. ندرس اللغة العربية. يصل الوفد العراقي اليوم. تصل الوفود العربية ظهر اليوم. يجلسون في القاعة الكبيرة. أشرب فنجاناً من القهوة. هل تأكل اللحم والخضراوات؟ يطلب لحم الدجاج.

G6 (Wiederholung) Der Lektor nennt in willkürlicher Reihenfolge von den unten angegebenen Verben verschiedene Personen in der Perfektform oder Imperfektform und läßt sie in die jeweils andere Zeitform umwandeln.

ذهب، درس، كتب، شرب، فعل، سمع، وصل، وضع، سأل، قرأ، حضر، عقد، عرف، خرج، رجع، زرع، أكل، عمل، طلب، علم، جمع

K

K1 Jeder Student beantwortet die Frage nach seinem Geburtsmonat!

متى وُلِدْتَ / وُلِدْتِ؟   وُلِدْتُ في شهر...

K2 Gestalten Sie in Anlehnung an Text 2 einen Dialog zur Anreise und Aufnahme in einem Hotel!

K3 Simulieren Sie ein Telefongespräch aus dem Hotelzimmer, in dem Sie Getränke / ein Frühstück / ein Mittagessen / ein Abendessen u.a.m. auf das Zimmer bestellen! Der Lektor übernimmt die Rolle des Zimmerservice!

K4 Beschweren Sie sich telefonisch bei der Rezeption darüber, daß der Fernseher / die Klimaanlage / die Telefonverbindung ins Ausland u.a.m. nicht funktionieren. Der Lektor übernimmt die Rolle der Rezeption!

Lektion 9

Komplexübung:

1. Beantworten Sie die folgenden Fragen unter Verwendung des Duals!

كم شهراً عملت في ذلك المصنع؟

كم يوماً سكنت في الفندق؟

كم ساعةً جلست في الغرفة؟

كم كأساً من البيرة شربت؟

بكم اشتريت ذلك الجهاز؟

مع كم من الأصدقاء ذهبت إلى المسرح؟

كم عندك من السيّارات؟

منذ كم سنة تدرس العربية؟

2. Verbinden Sie folgende Wörter zu Genitivverbindungen!

1. Glied	2. Glied
أطروحات، هذه الجوازات، هاتان الغرفتان	المعلّمون
مسارح، فندقان، موظفون، محطّات، شوارع	هذه المدينة
صديقتان، هذه الكتب، ذلك التخصص	صديقه

3. Übersetzen Sie ins Arabische!

Ich muß zwei Briefe schreiben. Er muß im Ausland arbeiten. Sie muß den Fisch essen. Du (f.) mußt zwei Zimmer bestellen. Wir müssen die zwei Koffer zu den Zimmern tragen. Sie müssen Mäntel, Mützen und Handschuhe anziehen. Ihr müßt den zweiten Lehrer fragen.

4. Wandeln Sie in den folgenden Sätzen die Perfektform in die Imperfektform um und umgekehrt!

ماذا تدرسان؟ ماذا شربتما؟ أين يسكنان؟ سألتما الثاني. لبستا المعطف الثاني.

شعرتما بالبرد في غرفتكما. تدرسان في الفصلين الربيعي والخريفي. أين وضعتما

الجوازين؟ يجمعان المصادر والمراجع.

5. Übersetzen Sie ins Arabische!

Zur Universität gehören die Fakultäten für Physik, Chemie, Biologie, Mathematik, die Sprachenfakultät sowie die pädagogische Fakultät, die Juristenfakultät und die beiden Fakultäten für Wirtschaft und Landwirtschaft. Ich studiere am Institut für Arabistik (arabische Studien). Mein Institut ist alt und klein. Neben diesem Institut gibt es im Rahmen der Orientalistik noch Institute für Afrikanistik, Ägyptologie, Indologie, Sinologie und Turkologie sowie ein Institut für Religionsgeschichte.

160

Lektion 10 الدرس العاشر

1. Die Kardinalzahlen (الأَعْداد الأَصْلِيَّة)

Die arabischen Ziffern werden folgendermaßen geschrieben:

10	9	8	7	6	5	4	3	2	1
١٠	٩	٨	٧	٦	٥	٤	٣	٢	١

A1 Handschriftlich differieren die Ziffern für 2 und 3 von den oben angegebenen Druckzeichen, nämlich ٢ für 2 und ٣ für 3.

Zusammengesetzte Zahlen, die durch Ziffern ausgedrückt werden, schreibt man wie im Deutschen von links nach rechts: 1994   ١٩٩٤

1.1. Die Zahlen lauten:

١	وَاحِد	wāḥid
٢	اِثْنان	iṯnān
٣	ثَلاثَة	ṯalāṯa
٤	أَرْبَعَة	arbaᶜa
٥	خَمْسَة	ḫamsa
٦	سِتَّة	sitta
٧	سَبْعَة	sabᶜa
٨	ثَمَانِية	ṯamāniya
٩	تِسْعَة	tisᶜa
١٠	عَشَرَة	ᶜašara

Bei der abstrakten Zählung gelten nach den grammatischen Regeln die Zahlen von 3 - 10 als Diptota. Die richtige Aussprache wäre also *wāḥidun, iṯnāni, ṯalāṯatu, arbaᶜatu, ḫamsatu* usw. Im allgemeinen werden jedoch im mündlichen Sprachgebrauch die Endungen weggelassen. Wir sprechen also: *wāḥid, iṯnān, ṯalāṯa, arbaᶜa* usw.

1.2. Die Zahlen 1 und 2 sind Adjektive. Sie sind in Lektion 9 behandelt worden. 3 -10 sind Substantive.

Alle Zahlen von 1-10 haben eine maskuline und eine feminine Form. Bei der abstrakten Zählung verwendet man die Zahlen wie angegeben, also 1 und 2 in der maskulinen, 3 -10 in der femininen Form.

1.3. Bei 3 -10 gilt in Verbindung mit einem Substantiv als gezähltem Gegenstand die Regel der sog. Polarität, d.h., vor einem maskulinen Wort steht die feminine Form des Zahlworts, vor einem femininen Wort die maskuline Form des Zahlworts.
Zahlwort und Substantiv sind 1. und 2. Glied einer Genitivverbindung.
Das Substantiv steht indeterminiert im Genitiv Plural.

in Verbindung mit einem femininen Substantiv		**in Verbindung mit einem maskulinen Substantiv**
ثلاثُ فتياتٍ	٣	ثلاثةُ رجالٍ / مُعلِّمينَ
أَرْبعُ فتياتٍ	٤	أَرْبعةُ رجالٍ / مُعلِّمينَ
خَمْسُ فتياتٍ	٥	خَمسةُ رجالٍ / مُعلِّمينَ
سِتُّ فتياتٍ	٦	سِتّةُ رجالٍ / مُعلِّمينَ
سَبْعُ فتياتٍ	٧	سَبعةُ رجالٍ / مُعلِّمينَ
ثَماني فتياتٍ	٨	ثَمانيةُ رجالٍ / مُعلِّمينَ
تِسْعُ فتياتٍ	٩	تِسعةُ رجالٍ / مُعلِّمينَ
عَشْرُ فتياتٍ	١٠	عَشَرةُ رجالٍ / مُعلِّمينَ

Diese Regel von der Polarität gilt auch dann, wenn das Substantiv nicht direkt dem Zahlwort folgt oder überhaupt nicht genannt ist.

drei Männer	ثلاثةُ رجالٍ
drei der Männer	ثلاثةٌ من الرِّجالِ
drei von ihnen	ثلاثةٌ مِنْهُم
Ich habe drei gesehen.	رأيتُ ثلاثةً

1.4. Die Zahlen 11-19 sind bis auf eine Ausnahme, nämlich die 12, indeklinabel (مَبْنِي).

Zwischen der Zehnerzahl m. عَشَرَ , f. عَشْرَةَ und dem folgenden Substantiv besteht Genuskongruenz, nicht Genuspolarität.
Das Substantiv steht im **Akkusativ Singular**.

in Verbindung mit einem femininen Substantiv		in Verbindung mit einem maskulinen Substantiv
إِحْدَى عَشْرَةَ فَتَاةً	١١	أَحَدَ عَشَرَ رَجُلاً
إِثْنَتَا عَشْرَةَ فَتَاةً	١٢	إِثْنَا عَشَرَ رَجُلاً
ثَلاثَ عَشْرَةَ فَتَاةً	١٣	ثَلاثَةَ عَشَرَ رَجُلاً
أَرْبَعَ عَشْرَةَ فَتَاةً	١٤	أَرْبَعَةَ عَشَرَ رَجُلاً
خَمْسَ عَشْرَةَ فَتَاةً	١٥	خَمْسَةَ عَشَرَ رَجُلاً
سِتَّ عَشْرَةَ فَتَاةً	١٦	سِتَّةَ عَشَرَ رَجُلاً
سَبْعَ عَشْرَةَ فَتَاةً	١٧	سَبْعَةَ عَشَرَ رَجُلاً
ثَمَانِيَ عَشْرَةَ فَتَاةً	١٨	ثَمَانِيَةَ عَشَرَ رَجُلاً
تِسْعَ عَشْرَةَ فَتَاةً	١٩	تِسْعَةَ عَشَرَ رَجُلاً

A2 Die Regel der Genuspolarität bei den Zahlen 3-10 gilt insofern auch für die Zahlen 13-19, als die maskuline Einerzahl mit der femininen Zehnerzahl und umgekehrt die feminine Einerzahl mit der maskulinen Zehnerzahl verbunden werden. Die Genuspolarität besteht also innerhalb der beiden Glieder dieser Zahlenverbindungen. Bei der 11 und 12 besteht wiederum Kongruenz: Maskuline Einerzahl und maskuline Zehnerzahl, feminine Einerzahl und feminine Zehnerzahl.

A3 Bei der 12 tritt im Genitiv und Akkusativ die schon behandelte Dualflexion ein:

ذَهَبْتُ إِلَى هُنَاك مع اِثْنَتَيْ عَشْرَةَ فَتَاةً.

رَأَيْتُ هُنَاك اِثْنَيْ عَشَرَ رَجُلاً.

A4 Die Zahl 10 lautet mask. عَشْر, fem. عَشْرَة, als Bestandteil der Zahlenverbindungen 11-19 dagegen عَشَر und عَشْرَة.

1.5. Auch die Zahlen 20 - 99 haben das Substantiv im Akkusativ Singular nach sich.

Die Zehnerzahlen 20, 40 bis 90 haben die Form des gesunden maskulinen Plurals (N. ـُونَ , G., A. ـِينَ). Die mit ihnen zusammengesetzten Einer folgen den unter 1.3. und 1.4. angegebenen Regeln, d.h., es besteht Genuskongruenz zwischen den Einerzahlen 1 und 2 und dem gezählten Gegenstand, Genuspolarität zwischen den Einerzahlen 3-9 und dem gezählten Gegenstand.

Die Wortfolge ist wie im Deutschen, also Einer vor Zehner.

163

in Verbindung mit einem femininen Substantiv		in Verbindung mit einem maskulinen Substantiv
عِشْرُونَ فتاةً	٢٠	عِشْرُونَ رجُلاً
إحْدَى وعِشْرُونَ فتاةً	٢١	واحِدٌ / أحدٌ وعِشْرُونَ رجُلاً
إثْنتان وعِشْرُونَ فتاةً	٢٢	إثْنان وعِشْرُونَ رجلاً
ثلاثٌ وعِشْرُونَ فتاةً	٢٣	ثلاثةٌ وعِشْرُونَ رجُلاً
ثلاثُونَ فتاةً	٣٠	ثلاثُونَ رجُلاً
إحْدَى وثلاثُونَ فتاةً	٣١	واحِدٌ / أحدٌ وثلاثُونَ رجُلاً
إثْنتان وثلاثُونَ فتاةً	٣٢	إثْنان وثلاثُونَ رجُلاً
ثلاثٌ وثلاثُونَ فتاةً	٣٣	ثلاثةٌ وثلاثُونَ رجُلاً
أرْبعُونَ فتاةً	٤٠	أرْبعُونَ رجُلاً
خمْسُونَ فتاةً	٥٠	خمْسُونَ رجُلاً
سِتُّونَ فتاةً	٦٠	سِتُّونَ رجُلاً
سبْعُونَ فتاةً	٧٠	سبْعُونَ رجُلاً
ثمانُونَ فتاةً	٨٠	ثمانُونَ رجُلاً
تِسْعُونَ فتاةً	٩٠	تِسْعُونَ رجُلاً

1.6. Die ganzen Hunderter, die Zahlen Tausend, Million, Milliarde haben als 1. Glied einer Genitivverbindung das folgende Substantiv im Genitiv Singular nach sich. Die 300, 400,... 900, jeweils selbst als Genitivverbindung aus den entsprechenden Einern und dem Wort für 100, مِائــة oder مِئــة (gesprochen mi'a[tun]) gebildet, werden zusammengeschrieben. Da auch hier die Regel von der Polarität der Einer gilt, haben diese die maskuline Form vor مائة, die feminine Form vor ألف، مَلْيُون، مِلْيار. Der Plural der drei letztgenannten Wörter lautet آلاف، ملايين، مِلْيارات. مائة bildet den Plural مِئات, der jedoch nur in der Bedeutung "Hunderte" verwendet wird.

Bei der Bildung der Zahlen 300 - 900 steht مِائَة im Singular, obwohl die
Zahlen 3 - 9 sonst den Plural nach sich haben:

١٠٠٠	أَلْفُ رجُلٍ	١٠٠	مِائَةُ رجُلٍ
٢٠٠٠	أَلْفا رجُلٍ	٢٠٠	مِائَتا رجُلٍ
٣٠٠٠	ثلاثةُ آلافِ رجُلٍ	٣٠٠	ثلاثُمِائَةِ رجُلٍ
١٠٠٠٠٠٠	مَلْيُونُ رجُلٍ	٤٠٠	أَرْبَعُمِائَةِ رجُلٍ
		٩٠٠	تِسْعُمِائَةِ رجُلٍ

1.7. Bei zusammengesetzten Zahlen ist die Reihenfolge Tausender +
Hunderter + Einer + Zehner, verbunden jeweils durch ein kopulatives وَ.
Die Rektion richtet sich nach der letzten Komponente. Sind die Einer 3 -
9 oder die 10 vorhanden, ist auf die Genuspolarität zu achten.

١٠٣	مِائَةٌ وثَلاثةُ رجالٍ
١١٢	مِائَةٌ واثْنتا عَشْرَةَ فتَاةً
٢٠٠	مِائتا مارْكٍ
٢١٠	مِائتان وعَشَرَةُ أشْخاصٍ
٣٠٠	ثلاثُمِائَةِ مَلِّيم
٤٨٦	أَرْبَعُمِائَةٍ وسِتٌّ وثمانُونَ لَيرَةً
١٧٥٩	أَلْفٌ وسَبْعُمِائَةٍ وتِسْعةٌ وخَمْسُونَ عاماً
٢٠٠٠	أَلْفا سنةٍ
٨٠٠٠	ثمانيةُ آلافِ دِينارٍ
١١٠٠٠	أَحَدَ عَشَرَ أَلْفَ جُنيْهٍ
٢٠٠٠٠٠	مِائتا أَلْفٍ
٣٢٥٠٠٠	ثلاثُمِائَةٍ وخَمْسةٌ وعِشْرُونَ أَلْفاً

A5 Bei den Zahlen 101, 102, 1001, 1002 unterscheidet sich die abstrakte Zählung etwas
von der Konstruktion Zahlwort + Substantiv als gezählter Gegenstand:

مِائَةٌ وواحِدٌ	aber:	مِائَةُ دِينارٍ ودِينار
مِائَةٌ واثْنانِ	aber:	مِائَةُ دِينارٍ ودِيناران
أَلْفٌ وواحِدٌ	aber:	أَلْفُ لَيْلةٍ ولَيْلةٌ
أَلْفٌ واثْنان	aber:	أَلْفُ لَيْلةٍ ولَيْلتان

1.8. Die Zahlen stehen
im **Genitiv**

nach **Präpositionen**	مع ثلاثةِ رجالٍ
nach **Substantiven**	صاحِبُ ثلاثةِ بيوتٍ
nach den Zahlen 3 - 10	ثلاثةُ آلافٍ
und den Hunderten	مائةُ ألفٍ

im **Akkusativ**

nach **Verben**	رأيتُ ثلاثةَ رجالٍ
nach **إنَّ** und **أنَّ**	أعْرِفُ أنَّ ثلاثةَ رجالٍ ...
nach den Zahlen 11 - 99	واحِدٌ وعِشْرُونَ ألفاً

A6 Die Deklination der Zahl 8 lautet: N. und G. ثمانٍ, A. ثمانياً und determiniert الثماني
bzw. الثمانيَ. Vgl. auch Tafel 37 im Anhang.

1.9. Im Genitiv, und zwar nach den Wörtern سنة und عام "Jahr" stehen
u.a. die Jahreszahlen. Bei ihnen ist wieder auf die Genuspolarität der
Zahlen 3 - 10, die Genuskongruenz der Zahlen 1 und 2 zu achten.

im Jahre 1990	في سنةِ ألفٍ وتسْعِمائةٍ وتِسْعِينَ
im Jahre 1991	في سنةِ ألفٍ وتسْعِمائةٍ وإحْدَى وتِسْعِين
im Jahre 1991	في عامِ ألفٍ وتسْعِمائةٍ وواحِدٍ وتِسْعِين
im Jahre 1992	في سنةِ ألفٍ وتسْعِمائةٍ واثْنَتَيْنِ وتِسْعِين
im Jahre 1992	في عامِ ألفٍ وتسْعِمائةٍ واثْنَيْنِ وتِسْعِين
im Jahre 1993	في سنةِ ألفٍ وتسْعِمائةٍ وثلاثٍ وتِسْعِين
im Jahre 1993	في عامِ ألفٍ وتسْعِمائةٍ وثلاثةٍ وتِسْعِين

A7 Die Zahlen werden auch von rechts nach links gelesen:

في عام ثلاثة وتسعين وتسعمائة وألف (١٩٩٣)

A8 In den Maghrebstaaten werden nicht nur bei Datumsangaben meist die in Europa
üblichen Zahlzeichen benutzt.

1.10. Soll die aus Zahl und Substantiv bestehende Wortverbindung determiniert werden (3 Männer > die 3 Männer), so tritt das Zahlwort, wie auch bei 1 und 2, hinter das Substantiv. Das Substantiv steht dann in jedem Falle im Plural. Die Regel von der Polarität wird davon nicht berührt.

$$\text{أَلرِّجالُ الثلاثةُ، أَلْفتياتُ الثلاثُ، أَلأَشخاصُ الثلاثةَ عَشَرَ}$$
$$\text{أَلمُدُنُ المائةُ ، أَلكُتُبُ الأَلفُ}$$

A9 Häufig anzutreffen ist auch die Konstruktion mit durch den Artikel determiniertem Zahlwort + Substantiv ohne Artikel: أَلثلاثة عشر شخصا، أَلثلاثة رجال

Die Zahlwörter sind nicht in das Vokabelverzeichnis dieser Lektion aufgenommen worden. Eine ausführliche Übersicht finden Sie im Anhang.

V

letzter	أَخِير	ungefähr, ca.	حوالَى
schließlich	أَخِيراً	nachfolgen j-m.	خلف (يَخْلُفُ) ه
also	إذن	Kalif	خَلِيفة ج خُلَفاءُ
Grundlage	أَساس ج أُسُس	die rechtgeleiteten Kalifen	الخلفاء الراشدون
grundlegend	أَساسيّ		
Sunniten	أَهْل السُّنَّة	Verwaltung	إدارة ج ـ ات
beginnen	بدأ (يَبْدأُ)	Rechtsschule	مذهب ج مذاهِبُ
Anfang	بداية	Ich bitte um Entschul- digung.	أَرْجُو الإعْتِذار
gesegnet	مُبارك	Gott möge an ihm Wohlgefallen haben	رضِيَ الله عنه
betragen etw.	بلغ (يَبْلُغُ) هـ	(Glaubens-)Pfeiler	رُكْن ج أَرْكان
Sohn	إِبْن ج أَبْناء، بَنُون	du möchtest	تُرِيدُ أَنْ
gestorben	ت. < تُوُفِّيَ	Zakāt(-Steuer)	زكاة
nachfolgen j-m.	تبِع (يَتْبعُ) ه	Zakāt am Ende des Fastens	زكاة الفِطْرِ
Pilgerfahrt	حجّ ج ـ ات، حِجَج	plus	زائد
nach, entsprechend	حسْب	Einschreibung	تسْجِيل ج ـ ات
Rechnung	حِساب ج ـ ات	Treppe	سُلَّم ج سلالِمُ
hier: Ort, Platz	محلّ ج ـ ات	Heil/Friede über ihn	عليهِ السلام
gegenwärtig	حالي		

167

Muslim	مُسْلِم ج ـون
der Islam	الإِسْلام
islamisch	إِسْلاميّ
die Sunna	السُّنّة
ist gleich	يُساوِي
das Glaubensbekenntnis	الشهادة
rechtschaffen *(Beiname des 1. Kalifen)*	الصِّدِّيق
Fahrstuhl	مِصْعَد ج مصاعِدُ
Gott segne ihn und schenke ihm Heil *(oft in der Kurzform صلعم gebraucht)*	صلّى الله عليه وسلّم ٠
Gebet	صلاة ج صلوات
Morgengebet	صلاة الفجْر / الصُّبْح
Mittagsgebet	صلاة الظُّهْر
Nachmittagsgebet	صلاة العصْر
Abendgebet	صلاة المغْرِب
Nachtgebet	صلاة العِشاء
Fasten	صوْم
ist gleich	يُعادِلُ
Entschuldigung!	عفْواً
(das) sich Stützen auf	إعتِماد (على)
Gebäude	عِمارة ج ات
Jahr	عام ج أعْوام
Mehrheit	غالِبيّة ج ـات
vorher	مِن قبْلُ
Schätzung	تقْدِير ج ات
Kalender	تقْوِيم

Aufenthalt	إقامة ج ـات
ich sagte dir	قُلْتُ لكَ/ لكِ
man sagte mir	قالُوا لِي
verehrt, geehrt, ehrwürdig *(Beiname von Mekka)*	المُكرَّمة
Zunge, Sprache	لِسان ج ألْسُن، ألْسِنة
Sprachenfakultät	كلية الألْسُن
siehe ميلادي	م
warum	لِماذا
einschließlich	بِما في ذلك
Prozent	بِالمِائة
Medina	المدينة المُنوَّرة
Mekka	مكّة المُكرَّمة
man kann *(+ Verbal- substantiv*	.يُمْكِنُ الـ...
Prophet	نبيّ ج ـون، أنْبِياءُ
minus	ناقِص
Ende	نِهاية
leuchtend, hell *(Beiname von Medina)*	المُنوَّرة
auswandern	هاجر (يُهاجِر)
die Hiǧra	الهِجْرة
Hiǧra-	هِجْريّ
Ingenieurwesen	هنْدسة
(das) Finden	إيْجاد
analog, entsprechend	مُوافِق
n. Chr., Abk. م	ميلاديّ
Yatrib (Medina)	يثْرِبُ

Text 1 الإسلام والمسلمون

سيبلغ عدد المسلمين في العالم حسب التقديرات الجديدة حوالى مليار مسلم بعد سنوات قليلة وغالبيتهم من أهل السنّة أي ٩٠ بالمائة تقريباً. وتوجـد في الديـن الإسلامي أربعة مذاهب أساسية وهي: مذهب أبي حنيفة النُعْمـان بـن ثـابت (ت. ٧٦٧ م) ومذهب مـالِك بـن أنس (ت.٧٩٥ م) ومذهب مُحمَّد بـن إدْريس الشافِعِي (ت.٨٢٠ م) ومذهب أحمد بن حنْبل (ت.٨٥٥ م).

وأركان الإسلام الخمسة هـي الشـهادة بأنّـه لا إلاهَ إلاّ اللهُ محمّدٌ رسُولُ اللهِ، والصلاة خمـس مـرّات في اليـوم، أي صـلاة الفجر والظهر والعصـر والمغرب والعشاء، والصوم في شهر رمضان المبارك والزكاة بما في ذلـك زكـاة الفطـر في نهاية شهر رمضان وأخيراً الحجّ إلى مكة المكرّمة.

ونبيّ الإسلام هو مُحمّد بن عبْد الله بن عبْد المُطَّلّب بن هاشِم، صلَّى اللهُ عليـه وسلّم (ت.٦٣٢ م) وهو من بني هاشِـم مـن قُرَيْش في مكة. وخلفه الخلفـاء الراشِدون الأربعة وهم أبُو بكْر الصِدِّيق (٦٣٢ – ٦٣٤م) وعُمـر بـن الخطّـاب (٦٣٤ – ٦٤٤م) وعُثمان بن عفّان (٦٤٤ – ٦٥٦م) وعليّ بـن أبي طـالِب (٦٥٦ – ٦٦١م)، رضي اللهُ عنهم.

وهـاجر مُحمّـد، صلَّى اللهُ عليـه وسلّم، في سـنة ٦٢٢ مـن مكـة إلى يـثربَ (المدينة المنوّرة) وهذه السنة هي بداية التقويم الهجري على أساس السنة القمرية أي ٣٥٤ يوماً وأسماء الأشهر الإسلامية هي:

مُحرّم وصفـر وربيـع الأول وربيـع الثـاني وجُمـادىَ الأولى وجُمـادىَ الآخِرةُ ورجب وشعْبانُ ورمضانُ وشَوّال وذُو القعْدةِ وذو الحِجّة.

ولإيجاد التاريخ الميلادي يمكن الاعتماد على الحساب التالي:

التاريخ الميلادي يساوي السنة الهجريـة الحاليـة نـاقص السنة الهجريـة علـى ٣٣ زائد ٦٢٢. والسنة الهجرية الحالية هي ١٤١٦ الموافقة ١٩٩٥م.

A10 Die Schreibung von ibn mit Alif, also ابن, steht nur am Satz- oder Zeilenanfang oder dann wenn ابن erster Bestandteil des Namens ist, wie z.B. bei ابن خلدون، ابن سينا u.a.; sonst ist بن zu schreiben: علي بن أبي طالب، محمّد بن عبد الله بن عبد المطَّلب usw.

Text 2

عند التسجيل

الموظّفة: صباح الخير، أية خدمة؟

بيتر: صباح النور، نعم، قالوا لي إن التسجيل هنا.

الموظّفة: هذا صحيح، هل عندك الأوراق اللازمة؟

بيتر: نعم، الأوراق معي.

الموظّفة: إذن نبدأ. ما اسمك؟

بيتر: بيتر مولر.

الموظّفة: في أية سنة ولدتّ؟

بيتر: في سنة ١٩٧٦.

الموظّفة: العنوان؟

بيتر: برلين، شارع أغسطس رقم ١٥٢ ، ألمانيا.

الموظّفة: رقم الجواز؟

بيتر: ١٩٨٧٦٥٤.

الموظّفة: محل الإقامة هنا؟

بيتر: شارع الرشيد، رقم العمارة ١٨٧، رقم الطابق ١٢ .

الموظّفة: منذ متى أنت هنا؟

بيتر: وصلت قبل شهر.

الموظّفة: في أي فرع من فروع الهندسة تريد أن تدرس؟

بيتر: هذه إدارة تسجيل كلّية الألسن، أ ليس كذلك؟

الموظّفة: لا، والله، أنت هنا في قسم تسجيل كلّية الهندسة، كلّية الألسن في الطابق الثاني. لماذا لم تسأل من قبل؟

بيتر: عفواً، أنت لم تسأليني وأنا لم أعرف أنّني وصلت إلى قسم تسجيل كلّيات الهندسة. أرجو الاعتذار. أين كلّية الألسن؟

الموظّفة: أنا قلت لك في الطابق الثاني، أي من هنا إلى اليمين إلى المصعد أو إلى السلّم، إلى الغرفة رقم ٢٢٢.

بيتر: شكراً، مع السلامة.

الموظّفة: مع السلامة.

Übungen

L

L1 Bilden Sie selbständig Sätze nach dem Muster

اشتريت هذا الـ... / هذه الـ... ب ...

unter Verwendung der Ihnen bekannten Währungsbezeichnungen!

اشتريت هذا الكتاب بثلاثة ماركات.

اشتريت هذا المصباح بثلاث عشرة ليرة.

L2 (Hausaufgabe) Bilden Sie aus den Ihnen bekannten Währungs- und Zeitbezeichnungen einfache Nominalsätze, die entsprechende Maßverhältnisse zum Ausdruck bringen!

Ein Monat hat 30 oder 31 Tage.

الشهر ٣٠ أو ٣١ يوماً.

Der Februar hat 28 oder 29 Tage.

شهر شباط ٢٨ أو ٢٩ يوماً.

Ein Pfund hat 100 Piaster.

الجنيه ١٠٠ قرش.

L3 Geben Sie auf die folgenden Fragen eine sinnvolle Antwort:

كم مرةً كنتَ (كنتِ، كنتم) في المكتبة (في المعهد، عند أصدقائنـا، في بيتـه، في ذلك المطعم)؟

كم كأساً من العصير (النبيذ) شربتَ (شربتِ، شربتم)؟

كم كتاباً (قلماً، كراسة، جهازاً، بيتاً، لوحاً) اشتريت (أخذتِ، طلبتم)؟

كم من الكراسي (المصابيح، الشبابيك، الأبـواب، الجـدران) توجـد في غرفتـكَ (في غرفتكِ، في بيتكم)؟

منذ كم أسبوعاً (شهر، سنة) تدرس في جامعتنا؟

كم عندك من الكتب (الأقلام، الشنطات، الأصدقاء، المعلمين)؟

كم عمرك؟

كم سعر ذلك الكتاب (الشنطة، الجهاز، السيارة، الكمبيوتر)؟

L4 (Wiederholung) Verneinen Sie die folgenden Nominalsätze durch

ليس !

ليس الطالب مجتهداً.	<	الطالب مجتهد.
ليست الغرفة جميلة.	<	الغرفة جميلة.

عندي كتب كثيرة. في الغرفة طلاب. هناك أجهزة حديثة. في المعهد طلبة أجانب. البيت كبير. البيوت جميلة. المعلمون في الغرفة. هؤلاء الرجال طيبون. هؤلاء الرجال معلمون. تلك الفتاة معلمة. أولئك الفتيات طالبات. هذه الكرّاسة زرقاء. سيارتي بيضاء. لونها أبيض.

Beachten Sie bei den ersten 4 Bespielen, daß das der Präpositionalgruppe folgende Nomen oder Syntagma nicht Prädikat, sondern Subjekt des Satzes ist. Es handelt sich hier also um den Satztyp, der in Lektion 2, G 3.1., Satzstruktur 2, dargestellt wurde.

G

G1 Bilden Sie Wortgruppen aus den folgenden Zahlen und Substantiven:

ليرة، دينار	٢٣	١٣	٣
ساعة، شهر	٣٤	١٤	٤
كيلومتر، سنة	٤٥	١٥	٥
مليم، قرش	٥٦	١٦	٦
متر، يوم	٦٧	١٧	٧
سنتيمتر، كتاب	٧٨	١٨	٨
يوم، سنة	٨٩	١٩	٩
دقيقة، أسبوع	٣٠	٢٠	١٠
جنيه، يوم	٤٠	٢١	١١
فلس، شخص	٥٠	٢٢	١٢
موظف، سنة	٨٠	٧٠	٦٠
ليرة، جنيه	١٠١	١٠٠	٩٠
متر، دولار	٤٠٠	٣٠٠	٢٠٠
شخص، كيلومتر	١٠٠٠٠	٢٠٠٠	١٠٠٠

G2 (Schriftliche Hausaufgabe) Determinieren Sie die folgenden Wortgruppen Zahlwort - Substantiv!

ثلاثة رجال > الرجال الثلاثة

عشرون يوماً > الأيام العشرون

عشرة طلاب – خمس علب – ثلاثة معلمين – ثمانية زبائن – إثنا عشر كتاباً – أحد عشر بيتاً – سبع فتيات – تسعة شبابيك – عشرون يوماً – ثلاثة عشر

أسبوعًا – سبعة عشر ماركاً – أربع ساعات – أربع وعشرون ساعة – ثلاثون يوماً – ستة وستون شخصاً – أحد وسبعون كيلومـتراً – مئة رجـل – سـت عشرة دقيقة – عشرة موظفين – مائتا شخص.

G3 (Wiederholung) Verneinen Sie die folgenden Sätze unter Verwendung der Negation لم !

لم أفعلْ ذلك.   >   فعلت ذلك.

خرجت من البيت. خرج من المعهد. خرجن من المطعم. دخـل بيـت صديقـه. دخلنا المطعم. دخلتِ ذلك البيت. وصل الوفد أمس. وصلت الوفود مسـاء أمس. وصلوا صباح اليوم. فهمتُ. فهمتم. فهم. فهمَت. فهمنا. درس هنـاك طلاب أجانب. شرح لهم عمـل المكتبة. رجعـوا إلى البيت. طلبنا منـه ذلـك. طلبوا منّي ذلك. طلبتُ منكم ذلك. رغبوا في أن يكتبوا لها. رغبتُ في أن يدخل بيتي. عرفتُ ذلك. عرفنا ذلك. عرفوا ذلك. عرفَت ذلك. عمل هناك. عملتُ هناك. عملَت في ذلـك المصنع. عملوا في تلـك المدينة. عملنا هنـاك. عملوا بأجهزة حديثة. أخذوا ذلك. أخذ الكتاب. أخذنا الجرائد. أخذن ذلـك. أخذتم ذلك. فعل ذلك. فعلنا ذلك. فعلتِ ذلك. ذهبَت إلى هنـاك. ذهبـتِ إلى المكتبة. ذهبوا إلى القاعة. شـربت النبيـذ. شـربوا القهـوة. شـربنا البـيرة. أكلنـا اللحم. أكلوا في المطعم. أكلتم هناك.

G4 (Wiederholung) Verneinen Sie die folgenden Sätze entweder durch لم / ما oder لا, لن !

لا أشرب البيرة.   >   أشرب البيرة.

لن أذهب إلى المعهد.   >   سأذهب إلى المعهد.

لم أفهم ذلك.   >   فهمت ذلك.

طلب منّي أن أذهب إلى هناك. خرجت من البيت صباحاً. سمعنـا هـذا الخـبر. نفهم ذلك. يأكلون فواكه كثيرة. سيذهبون إلى المعهـد. ذهبَت إلى صديقتهـا. عمل بالأجهزة الحديثة. ينظرون إلى الكتب. أعرف ذلك. أخذ الكتاب. فعلـوا ذلك. دخلت ذلك المعهد. قرأنا كتبـاً كثيرة. يدرسون اللغـة العربيـة. نعـرف ذلك. سيعقدون اجتماعاً. سيعمل في برلين. ستكتبون لهم. وضعت الكتـب في الخزانة. نرغب في أن نذهب إلى هناك.

173

K

K1 Der Lektor läßt unterschiedliche Zahlenfolgen in Arabisch aufzählen.

K2 Der Lektor nennt deutsche Zahlen, die ins Arabische zu übersetzen sind.

K3 Der Lektor nennt arabische Zahlen, die ins Deutsche zu übersetzen sind. Dabei sollte die Sprechgeschwindigkeit schrittweise erhöht werden.

K4 Der Lektor nennt Substantive mit Zahlen zunächst in Deutsch und dann in Arabisch, die in die jeweils andere Sprache zu übersetzen sind.

K5 Der Lektor stellt in Arabisch Rechenaufgaben nach dem Muster:

٤ زائد ٤ يساوي كم؟ > ٤ زائد ٤ يساوي ٨.

٢٠ ناقص ١ يساوي كم؟ > ٢٠ ناقص ١ يساوي ١٩.

٣٠ على ٦ يساوي كم؟ > ٣٠ على ٦ يساوي ٥.

٥ في ٥ يساوي كم؟ > ٥ في ٥ يساوي ٢٥.

K6 Simulieren Sie in Anlehnung an Text 2 einen Dialog zur Einschreibung an einer Fakultät. Verwenden Sie möglichst viele Zahlen!

K7 Erarbeiten Sie auf der Basis von Text 1 Stichpunkte für einen Vortrag zu wichtigen historischen Daten der Entwicklung des Islam.

Komplexübung:

1. Verbinden Sie folgende Zahlen und Substantive zu Wortgruppen!

١١ جواز	مسلم ١٠	ركن ٥	
١٧ طابق	صلاة ٥	مذهب ٤	
٢١ مصدر	عمارة ٢٣	شهر ١٢	
٢ قبّعة	سنة ٦٢٢	دين ٢	
٣٢ أسبوع	دولار ٤٥٦	معلّم ١٢	

2. Übersetzen Sie ins Arabische!

nach den vier rechtgeleiteten Kalifen, die fünf Glaubenspfeiler des Islam, die vier islamischen Rechtsschulen, die zwölf islamischen Monate, mit den drei Ehefrauen, vor den 7 Bergen, die 2 Dissertationen, die 13 Stühle, in den 11 Arztpraxen, im Monat Rabīᶜ aṯ-ṯānī, im zweiten Jahr

3. Verneinen Sie folgende Sätze durch لم , لن, لا oder ليس !

أنا مسلم. هاجر محمّد في عام ٦٣٣. سيبلغ عدد المسلمين حوالى مليون مسلم.
عرفنا المذاهب الأربعة. غالبيتهم من أهل السنّة. بدأ التـاريخ الإسـلامي في عـام
٦٢١. سألنا عن أبي حنيفة وأحمد بن حنبل. هو قرشي. تبعه هـارون الرشـيد.
درستم الهندسة. ستخرجن من المطعم. فهمت العربي. خرج في آب.

4. Schreiben Sie folgende Jahreszahlen in Worten!

١٠٠١ ، ١٩١٨ ، ٧٥٠ ، ١٩٤٥ ، ٢٠٠٥ ، ١٢٥٨ ، ٦٢٢ ، ١٩٩١

5. Übersetzen Sie ins Arabische (Zahlen sind auszuschreiben)!
Ich war dreimal in Bagdad. Sie gingen mit fünf Freunden ins Theater.
Die Einschreibung ist in der zweiten Etage. Er wohnt in Zimmer 212. Er
ging in das Gebäude Nr. 171. Ich habe 4 Brüder. Zwei Millionen Pilger
fuhren in diesem Jahr nach Mekka. Ich wurde 1414 d. H. geboren.
Muḥammad b. ʿAbdallāh b. ʿAbd al-Muṭṭalib b. Hāšim, Gott segne ihn
und schenke ihm Heil, ist der Prophet des Islam. Die vier rechtgeleiteten
Kalifen sind Abū Bakr aṣ-Ṣiddīq, ʿUmar b. al-Ḫaṭṭāb, ʿUtmān b. ʿAffān
und ʿAlī b. Abī Ṭālib, Gott möge an ihnen Wohlgefallen haben.

6. Schreiben Sie die folgenden arabischen Wörter in Umschrift!

زكاة، هجرة، حجّ، السنّة، خليفة، صلاة الفجر، صوم، رمضان، حاجّ، دين

7. Schreiben Sie die arabischen Monatsnamen wie sie vor allem in Irak
und Syrien in Gebrauch sind!

175

Lektion 11

الدرس الحادي عشر

1. Die Perfektform der Verben mit و und ى (الأَفْعال الْمُعْتَلَّة)

Bei der Behandlung der Perfektform und der Imperfektform haben wir bisher nur die sog. gesunden Verben (الأَفْعال الصَّحيحة) kennengelernt, d. h. solche Verben, bei denen R_1, R_2 und R_3 vollwertige Konsonanten sind. Gewisse Besonderheiten gibt es bei der Konjugation der sog. schwachen Verben. Darunter sind die Verben zu verstehen, bei denen die "schwachen" Konsonanten و (*Wāw*), ى (*Yā'*) oder ء (*Hamza*) als R_1, R_2 oder R_3 auftreten.

In dieser Lektion wird die Perfektform dieser Verben mit و oder ى auf der Basis von Musterverben behandelt, deren Konjugationsparadigmata auf Verben gleicher Struktur analog anzuwenden sind.

A1 In den Grammatiken oder Lehrbüchern des Arabischen bezeichnet man die schwachen Verben oft mit lateinischen Termini:

R_1 = و oder ى = Verba primae (radicalis) و et ى

R_2 = و oder ى = Verba mediae (radicalis) و et ى

R_3 = و oder ى = Verba tertiae (radicalis) و et ى

1.1. Verben mit R_1 = و oder ى bilden die Perfektform genauso wie die gesunden Verben.

Musterverb وَصَلَ "ankommen":

(هو) وَصَلَ

(هي) وَصَلَتْ

(هم) وَصَلُوا

usw. (Vgl. Anhang Tafeln 1 u. 15)

1.2. Verben mit R_2 = و oder ى haben in der Perfektform nach R_1 ein langes *ā*, wenn auf R_3 ein Vokal folgt.

Beispiele mit den Musterverben:

I قَامَ "aufstehen" (قَوَمَ > = فَعَلَ) = R_2 = و

(هو) قَامَ   (هي) قَامَتْ   (هم) قَامُوا

II بَاعَ "verkaufen" (بَيَعَ > = فَعَلَ) = R_2 = ى

(هو) بَاعَ   (هي) بَاعَتْ   (هم) بَاعُوا

III خَافَ "fürchten" (خَوِفَ > = فَعِلَ) = R_2 = و

(هو) خَافَ   (هي) خَافَتْ   (هم) خَافُوا

A2 Es ist also bei diesen Formen äußerlich nicht feststellbar, ob es sich um ein Verb R$_2$ = و oder um ein Verb R$_2$ = ي handelt. Auskunft darüber gibt das Wörterbuch. Auch an der Imperfektform (s. Lektion 12, G 1.2.) läßt sich erkennen, welcher Gruppe das entsprechende Verb angehört.

Verben mit R$_2$ = و oder ي haben in der Perfektform nach R$_1$ ein kurzes *u* oder *i*, wenn R$_3$ vokallos ist. Damit ergibt sich für diese Verben folgendes Konjugationsparadigma:

III	II	I	
خَافَ	بَاعَ	قَامَ	(هو)
خَافَتْ	بَاعَتْ	قَامَتْ	(هي)
خِفْتَ	بِعْتَ	قُمْتَ	(أنتَ)
خِفْتِ	بِعْتِ	قُمْتِ	(أنتِ)
خِفْتُ	بِعْتُ	قُمْتُ	(أنا)
خَافُوا	بَاعُوا	قَامُوا	(هم)
خِفْنَ	بِعْنَ	قُمْنَ	(هنَّ)
خِفْتُمْ	بِعْتُمْ	قُمْتُمْ	(أنتم)
خِفْتُنَّ	بِعْتُنَّ	قُمْتُنَّ	(أنتنَّ)
خِفْنَا	بِعْنَا	قُمْنَا	(نحن)

Kurzes *u* haben also die Verben der Gruppe I, kurzes *i* die Verben der Gruppen II und III (Anhang: Tafeln 1, 18, 20, 22).

A3 Die Dualformen folgen den gleichen Regeln. Da sie verhältnismäßig selten vorkommen, werden sie hier und in den folgenden Lektionen nicht extra genannt. In den Tabellen im Anhang sind sie vollständig aufgeführt.

1.3. Verben mit R$_3$ = و oder ي

In der 3. P. Sg. f. (Gruppen I und II) fällt R$_3$ weg.

Beispiele mit den Musterverben:

I دَعَا "einladen" (فَعَلَ = دَعَوَ) و = R$_3$

(هو) دَعَا   (هي) دَعَتْ

II مَشَى "gehen" (فَعَلَ = مَشَيَ) ي = R$_3$

(هو) مَشَى   (هي) مَشَتْ

III لَقِيَ "treffen" (فَعِلَ =) ي = R$_3$

(هو) لَقِيَ   (هي) لَقِيَتْ

A4 Bei den Verben der Gruppe II (Musterverb مشى) hat das als R$_3$ stehende ي den Lautwert *ā*. Wir haben ي = *ā*, in der arabischen Terminologie *Alif maqṣūra* genannt, bereits in solchen Wörtern wie ٱلْمَقهى und ٱلْمُستوى kennengelernt. Dieses lange *ā* (ى) im Auslaut mancher Wörter wird auch in der Schrift als *Alif* (ا) sichtbar, wenn diesen Wörtern ein Personalsuffix hinzugefügt wird: مَقْهَاهُ, "sein Café", تَرَانِي "du siehst mich" (Anhang: Tafel 37).

Alle anderen Formen sind gekennzeichnet durch einen Diphthong nach R$_2$ bei Verben der Gruppen I und II, durch einen langen Vokal nach R$_2$ bei Verben der Gruppe III. Damit ergibt sich folgendes Paradigma:

III	II	I	
لَقِيَ	مَشَى	دَعَا	(هو)
لَقِيَتْ	مَشَتْ	دَعَتْ	(هي)
لَقِيتَ	مَشَيْتَ	دَعَوْتَ	(أنتَ)
لَقِيتِ	مَشَيْتِ	دَعَوْتِ	(أنتِ)
لَقِيتُ	مَشَيْتُ	دَعَوْتُ	(أنا)
لَقُوا	مَشَوْا	دَعَوْا	(هم)
لَقِينَ	مَشَيْنَ	دَعَوْنَ	(هنَّ)
لَقِيتُمْ	مَشَيْتُم	دَعَوْتُمْ	(أنتم)
لَقِيتُنَّ	مَشَيْتُنَّ	دَعَوْتُنَّ	(أنتنَّ)
لَقِينا	مَشَيْنا	دَعَوْنا	(نحن)

(Anhang: Tafeln 1, 23, 24, 25)

2. Wortstellung: إِنَّ und das Subjekt des Satzes

Die normale Wortstellung im Satz ist Verb - Subjekt. Wenn im Hauptsatz das Subjekt hervorgehoben werden soll und dem Verb vorangestellt wird, tritt vor das Subjekt die Partikel إِنَّ. Die Wortfolge ist also:

إِنَّ + Subjekt + Verb + (Objekt).

A5 Auch nach der Konjunktion لٰكِنَّ "aber" steht erst das Subjekt, dann das Verb. Diese Wortfolge kommt außerdem, ohne daß die Partikel إِنَّ verwendet wird, bei der Einleitung des Hauptsatzes durch eine koordinierende Konjunktion (فَ، وَ) vor.

Die Wortstellung Subjekt - Verb - ohne Voranstellung einer Partikel - ist vor allem in Überschriften von Zeitungsmeldungen üblich.

Die Partikel إِنَّ setzt das Subjekt in den Akkusativ.

(قَالُوا لَنَا) إِنَّ الوَفْدَ العربيَّ زَارَ مَدِينةَ برلين أمْسِ.

(Man hat uns gesagt:)
Die arabische Delegation hat gestern die Stadt Berlin besucht.

Nach dem Verb قَالَ "sagen" steht die Partikel إِنَّ zur Einleitung einer direkten Rede. Da im Deutschen auf "sagen" meist die indirekte Rede folgt, übersetzt man den Beispielsatz am besten mit: "Man hat uns gesagt, daß die arabische Delegation ..."

A6 Beim Lesen unvokalisierter Texte muß der Studierende anfangs darauf achten, daß er nicht unter dem Einfluß seiner Muttersprache das إِنَّ nach قَالَ als أَنَّ ("daß") liest.

Statt eines Substantivs kann auf إِنَّ ein Personalpronomen folgen; wie auch nach أَنَّ steht dessen suffigierte Form:

Sg.   إِنَّه ، إِنَّها، إِنَّكَ ، إِنَّكِ ، إِنِّني / إِنِّي

Pl.   إِنَّهم ، إِنَّهنَّ ، إِنَّكم ، إِنَّكنَّ ، إِنَّنا / إِنَّا

V

Wie bei den gesunden Verben wird auch bei den schwachen Verben zusammen mit der Perfektform die Imperfektform angegeben, obwohl diese erst in der nächsten Lektion behandelt wird.

für; um ... zu	مِنْ أَجْلِ	geehrte Gäste	ج حَضَرات الضُّيُوف
Krise	أَزْمة ج أَزَمات	Macht, Herrschaft	حُكْم
Gründung	تَأْسِيس	Gericht	مَحْكمة ج مَحاكِمُ
sich sicher sein	مُتَأَكِّد (من)	Lösung	حلّ ج حُلُول
Nation, Volk	أُمَّة ج أُمم	Zustand	حالة ج ـات
die Vereinten Nationen, UNO	الأُمم المُتَّحِدة	das Ausland	الخارِج
Sache, Ding	أَمْر ج أُمُور	Streit (um)	خِلاف ج ـات (علي، في)
Sicherheit	أَمْن	sich fürchten vor j-m., etw	خافَ (يَخافُ) من ه، هـ
parlamentarisch	بِرْلَمانِيّ	das Innere, Inland	الداخِل
Beweis für	بُرْهان ج بَراهِينُ على	einladen, auf- rufen j-n. (zu)	دعا (يَدْعُو) (ل، إلى)
aufbauen etw.	بَنى (يَبْني) هـ	Einladung	دَعْوة ج دعوات
Aufbau	بِناء	Staat	دَوْلة ج دُوَل
verkaufen etw.	باع (يَبِيعُ) هـ	religiös	دِينِيّ
(ver)lassen etw. für j-n.	ترك (يَتْرُكُ) هـ لـ	Erinnerung	ذِكْرَى م ج ذِكْريات
Sitzung	جَلْسة ج ـات	Jahrestag der Gründung	ذكرى تأسيس
Rat	مَجْلِس ج مَجالِسُ	Meinung zu etw., j-m.	رَأْي (في)
Sicherheitsrat	مجلس الأمن	Gehalt	راتِب ج رواتِبُ
benachbart	مُجاوِر	bitten j-n., daß	رجا (يَرْجُو) ه أَنْ
festgelegt	مُحَدَّد	ich begrüße Sie	أُرَحِّبُ بكم
geschehen	حدث (يَحْدُثُ)	Reaktion	ردّ فِعْل ج رُدُود فعل
Krieg	حرب م ج حُرُوب	Bestechung	رشْوة
Verbesserung	تَحْسِين	ablehnen etw.	رفض (يَرْفُضُ) هـ
Verbesserung	تَحَسُّن	besuchen j-n., etw.	زار (يَزُورُ) ه، هـ
Anwesenheit	حُضُور		

180

steigend (über)	زائِدٌ (عن)	wirken für	عمل على
Frage, Sachverhalt	مَسْألة ج مسائِلُ	zurückkehren (nach)	عاد (يَعُودُ) (إلى)
Ursache, Grund	سبب ج أسْباب	Rückkehr	عَوْدة
Geschwindigkeit	سُرْعة	Wieder-, Re-	إعادة
schnell	سريع	(er)leben	عاش (يعيشُ) ه
friedlich	سِلْمِيّ	Überwindung, Sieg über	تَغلُّب على
Im Namen Gottes, des Allerbarmers!	بِسْمِ ا للهِ الرَّحْمن الرَّحِيم	(koordinierende Konj.)	فـ
Mitwirkung (an)	مُساهمة ج ـات (في)	Zeitraum	فَتْرة ج ات
Seine Exzellenz	سِيادةُ (الرئيس)	Skandal, Eklat	فَضِيحة ج فضائِحُ
sich bewegen (nach)	سار (يسيرُ) إلى	Gesetz	قانُون ج قوانِينُ
Gespenst	شَبَح ج أشْباح	Interview	مُقابلة صُحُفِية ج ـات
Einbeziehung (in)	إشْراك (في)	Zukunft	مُسْتقْبَل
Zweifel (an)	شكّ ج شُكُوك (في)	(Partikel siehe L13, S.208)	قدْ
zweifellos	بلا شكَّ	fähig zu	قادِر على
Bildung, Schaffung	تَشْكِيل ج ـات	schneidend, deutlich	قاطِع
Problem	مُشْكِلة ج مشاكِلُ	steuern, lenken etw. (nach)	قاد (يقُودُ) هـ (إلى)
Beratung	تشاوُر	sagen etw., daß	قال (يقُولُ) هـ، إنَّ
Journalist	صُحُفِيّ ج ـون	aufstehen	قام (يقُومُ)
befreundet	صديق	durchführen etw.	قام بـ
Erklärung	تصْريح ج ـات	verschweigen etw.	كتم (يكْتُمُ) هـ
Befugnis; Mandat	صلاحِية ج ـات	Katastrophe	كارِثة ج كوارِثُ
Industrie	صِناعة ج ـات	genügend	كافٍ
Ausnahme-, Sonder-	طارِىء	sein (mit Prädikatsnomen)	كان (يكُونُ)
Entwicklung	تطوُّر ج ات	deshalb	لِذا
Opposition	مُعارضة ج ـات	(Partikel der Bekräftigung)	لَقدْ
Durchführung	عقْد	Ausschuß	لَجْنة ج لِجان
allgemein, öffentlich	عامّ	dringend	مُلِحّ

181

Lektion 11

treffen j-n.	لَقِيَ (يَلْقَى) ٥	System, Regime	نِظام ج نُظُم، أَنْظِمة
Vertreter	مُمَثِّل ج ـون	selbst	نَفْس ج أَنْفُس
gleich, ähnlich	مُماثِل	schlafen	نام (يَنامُ)
Ausübung	مُمارسة	Aufgabe	مُهِمّة ج ـات
laufen	مَشَى (يَمْشِي)	Gremium	هَيْئة ج ـات
vergangen	ماضٍ	Spannung	تَوَتُّر ج ات
gewähren j-m. etw.	مَنَحَ (يَمْنَحُ) ٥ هـ	positiv	إيجابِيّ
Ergebnis	نَتِيجة ج نَتائِجُ	finden etw.	وَجَدَ (يَجِدُ) هـ
Erfolg haben (bei)	نَجَحَ (يَنْجَحُ) (في)	Lage	وَضْع ج أَوْضاع
Erfolg	نَجاح ج ـات	Bürger	مُواطِن ج ـون
(Präp.) nach (Richtung)	نَحْوَ	stehen vor	وَقَفَ (يَقِفُ) أَمام
Wahl	إنْتِخاب ج ـات	Standpunkt, Position (zu)	مَوْقِف ج مَواقِفُ (مِن)
bezüglich	بِالنِّسْبة لِ		
siegreich	مُنْتَصِر	Vertreter	وَكيل ج وُكَلاءُ
Überprüfung	النَّظَر في	Staatssekretär	وَكيل الدَّولة

Text 1

كلمة الرئيس

بسم ا لله الرحمن الرحيم

حضرات السيدات والسادة

إسمحوا لي أولاً أنْ أُرَحِّبَ بكم وأن أشكركم على حضوركم احتفالَنا بالعيد الوطني. لقد عاش بلدنا كما تعرفون في السنوات الماضية حالة من التوتُّرات السياسية والاجتماعية وقد عملنا الكثير من أجل التغلّب على هذه الحالة. ونجحنا في حلّ الكثير من المشاكل الاجتماعية كما أنّ الأوضاع العامّة في الداخل والخارج سارت نحو التحسّن وخرجنا من هذه الأزمة الطويلة منتصرين.

182

وكما قلت في كلمتي اليوم في الصباح فإنّ الحرب قادت البلد إلى كارثة كبيرة وإنّنا وجدنا أنفسنا[1] أمام مشاكل كثيرة. لذا دعونا أصدقاءنا للتشاور كما أنّني زرت البلدان المجاورة ودعوتها للتعاون معنا في سبيل تحسين العلاقـات وكانت ردود الفعل إيجابية ووضعنا حلولاً سلمية لخلافاتنا.

لقد قمت أيضاً بزيارة لهيئة الأمم المتّحدة ومجلس الأمن. وحضرت جلسة طارئة للأمم المتّحدة وأنتم تعرفون نتائج هذه الجلسة التاريخية.

إنّ احتفالنا اليوم هو برهان قاطع على صحة سياستنا ونجاحها والآن وبعد أن نجحنا في بناء النظام الديمقراطي وبعـد أن خفنـا مـن عـودة شبـح الحـرب مرّة أخرى إلى البلد نقف أمام مهمّـة بناء البلد في مجالي الصناعـة والزراعـة. إنّني متأكد من أنّنا سنخرج من مشاكلنا ومن أزمتنا منتصرين.

إسمحوا لي أن أشكركم مرّة أخرى على حضوركم احتفالنا بالعيد الوطني.

[1] Vgl. Lektion 13, S. 210

مقابلة صحفية   **Text 2**

الصحفية: سيادة الرئيس، اسمحوا لي أن أسـألكم عـن موقفكم مـن التطورات الجارية في البلد؟

الرئيس: كما قلت في تصريحي الرسمي قبل يومين فالحكومة تعمل على إيجـاد حلول سريعة لمشاكل المواطنين ولدينا الوقت الكافي.

الصحفية: وكيف حدثت هذه المشاكل وما هي أسبابها؟

الرئيس: إنّ أسباب هذه المشـاكل كثيرة وهي اقتصاديـة واجتماعيـة وثقافيـة ودينية.

الصحفية: ما هو رأيكم في إعادة تشـكيل مجلس الـوزراء وهـل صحيـح أنّكم ترغبون في إشراك المعارضة في الحكومة؟

الرئيس: لا، أنا أرفض هذه الفكرة. إن المعارضة ليست قادرة علـى المساهمة في حلّ المشـاكل الملحّة والانتخابات الأخيرة منحتنا الصلاحيـات لممارسة الحكم في البلد للسنوات الأربع القادمة.

الصحفية: وكيف الأمر بالنسبة للفضائح الأخيرة يعني فضائح رشوة الوزراء ووكلاء الدولة والرواتب الزائدة عمّا[1] هو محدد في قانون رواتب موظّفي الدولة؟

الرئيس: إنّنا نترك النظر في حلّ هذه المسائل للّجان البرلمانية وللمحاكم. ولم أسمع من المعارضة في هذه المسألة أشياء جديدة ووجدنا أنّ المعارضة في فترة حكمها كتمت مشاكل مماثلة وفضيحتنا أيضاً فضيحتهم!

الصحفية: أشكركم على هذه المعلومات القيّمة واسمحوا لي بسؤال أخير.

الرئيس: تفضّلي!

الصحفية: هل سوف تسافرون إلى أمريكا في الأسبوع القادم لحضور اجتماعات هيئة الأمم المتّحدة؟

الرئيس: إن شاء الله.

الصحفية: شكراً جزيلاً.

[1] عن ما > عمّا Siehe Lektion 15, S. 247

Übungen

L

L1 Ergänzen Sie die fehlenden Präpositionen!

إسمحوا ... أن أشكركم ... الرسالة. عاش البلد حالة ... التوتر السياسي والاجتماعي ... السنوات الماضية. نشعر ...أن الأوضاع العامة ... الداخل والخارج خرجت ... الأزمة الطويلة. ...إمكاننا أن ننظر ... المستقبل السلمي. قلت ... كلمتي اليوم ... الصباح إن الحرب قادت البلد ... كارثة. وقفنا ... مشاكل كبيرة. دعونا أصدقاءنا ...التشاور ...نا. سارت الأمور ... التحسنِ بسرعة. دعوتهم ... العمل ...نا ... تحسين العلاقات. لقيت رد فعل إيجابياً ... هذه البلدان. قام الرئيس ...زيارة هيئة الأمم المتحدة وأمينها العام. دعا الأمين العام ...الأمم المتحدة ...انعقاد (عقد) جلسة طارئة. إن احتفالنا هو برهان قاطع ... نجاح سياستنا ... السنوات الماضية. خفنا ... عودة الحرب مرة ثانية ... البلد. نقف ... مهمة بناء البلد ... مجالي الصناعة والزراعة. أنا متأكد ... أننا سنخرج ... مشاكلنا و... أزمتنا. أسافر ... أمريكا ... الأسبوع القادم. عاد ... الخارج. هو قادر ... كتابة هذه الرسالة.

L2 Setzen Sie ein passendes Verb ein!

... لي أن ... عن موقفكم من التطورات الجارية في البلد. ... في تصريحي الرسمي قبل يومين إنّ الحكومة ... على إيجاد حلول سريعة لمشاكل المواطنين. كيف ... هذه المشاكل وما هي أسبابها؟ هل صحيح أنّكم ... في إشراك المعارضة في الحكومة؟ أنا ... هذه الفكرة. إن المعارضة ... قادرة على المساهمة في حل المشاكل الملحة. الانتخابات الأخيرة ... الصلاحيات لممارسة الحكم في البلد للسنوات الأربع القادمة. إنّنا ... النظر في حل هذه المسائل للجان البرلمانية وللمحاكم. لم ... من المعارضة في هذه المسألة أشياء جديدة. ... المعارضة في فترة حكمها مشاكل مماثلة. ... على هذه المعلومات القيّمة. ... لي بسؤال أخير. ... إلى أمريكا في الأسبوع القادم لحضور اجتماعات هيئة الأمم المتّحدة.

L3 Verkehren Sie die folgenden Satzaussagen durch ein Antonym oder durch Verneinung in ihr Gegenteil!

قام الرئيس. سافر محمد. وصل الوفد. الجهاز جديد. دخل المطعم. باع السيّارة. فهمت السؤال. علمتُ منهم أنه رجل لطيف. هم مجتهدون. يعرف أشياء كثيرة. عرف السؤال الأخير.

L4 Kombinieren Sie die Wörter (1. Glied der Genitivverbindung)

رؤساء / سياسة / فضائح / رواتب / مترجمون (Dolmetscher) / نتائج / مرافقون / وزراء

mit den folgenden Wörtern und Wortgruppen zu sinnvollen Genitivverbindungen!

بلدان، وفود، حكومة، الخارجية (Äußeres)، صناعة، زراعة، وزير، رئيس، حكومات، الداخلية (Inneres)، الأمم المتحدة، جلسة، حرب، معارضة

L5 Gleiche Übung wie L4; das 1. Glied der Genitivverbindung ist aber durch ein passendes Adjektiv zu ergänzen!

رواتب – وزراء > رواتب الوزراء الجديدة

L6 (Hausaufgabe) Bilden Sie 10 Sätze mit Zahlen und arabischen Äquivalenten für "haben"!

عندي / عنده خمسة كتب. لي / له عشرة أقلام. للبيت بابان. معي / معه سيّارتان.

G

G1 In den folgenden Übungen zur Grammatik wird hauptsächlich der Wechsel der Personen in der Perfektform geübt: Vorgegeben wird ein Satz, der von dem Studierenden zu wiederholen und in der Art des folgenden Beispiels zu ergänzen ist:

Vorgegebener Satz:	عاد محمد إلى الفندق.
Wiederholung:	عاد محمد إلى الفندق.
Ergänzung:	وعُدتُ أنا إلى البيت.

Wenn ein Satzteil des vorgegebenen Satzes im Ergänzungssatz durch ein anderes Wort oder eine andere Wortverbindung ersetzt werden oder im Ergänzungssatz zusätzlich ein Wort verwendet werden soll, steht es in Klammern nach dem vorgegebenen Satz. Das Beispiel von oben wird demnach wie folgt notiert: عاد محمّد إلى الفندق (إلى البيت)

Personalsuffixe der 3. P. sind dabei - wenn es der Sinn erfordert - in solche der 1.P. umzuwandeln.

عاد محمد إلى فندقه ... وعُدْتّ أنا إلى بيتي

Zunächst wird der Wechsel der 3.P.Sg.m. oder f. mit der 1. P.Sg. geübt.

(معهم)	1 زار الرجال المركز الجديد للعاصمة.
(faul) (كسلان)	2 قال صديقي إنّني مجتهد.
	3 باع الرجل سيارته.
(أن يكتب لي)	4 رجا الطالب الجزائري أن أكتب له.
(معهم)	5 مشى الأصدقاء إلى المقهى.
	6 وعد (versprechen) المرافق أصدقاءه بزيارة الجامعة.
(على الطاولة)	7 وضع محمد المعطف في الخزانة.
(مرافقي الوفود)	8 دعت الحكومة الوفود الأجنبية إلى الحفلة.
(أمام المخزن)	9 لقي المعلم أصدقائي في المخزن.
	10 قاد المرافق السيارة بسرعة.
	11 خافت المعلمة من السفر بالطائرة.
(تشرين الأول)	12 كان صديقي هناك في شهر أيلول.
(بالسيارة)	13 سافر بالقطار.
(ظهراً)	14 قام من النوم صباحاً.
(معه)	15 عاد صديقي من برلين.

186

(قليلاً)	16 نامت كثيراً.
(زجاجتي عصير)	17 وضعت صديقتي كؤوساً على الطاولة.
(مدينة لايبزغ)	18 وعد الطالب صديقته بزيارة العاصمة.
(معها)	19 رجت الفتاة أن تذهب إلى المسرح.
(أيضاً)	20 زار الوفد جامعتنا.
(كأسين)	21 قال محمد إنّني شربت كأساً واحدة فقط (nur).
(صباحاً)	22 سار إلى المكتبة مساءً.
	23 باع صديقي بيته.
(في هذه الغرفة)	24 نام مرافق الوفد في تلك الغرفة.
(أيضاً)	25 مشى الرجال إلى قاعة الاجتماع.
(أحمد)	26 دعا صديقي العربي محمّداً إلى الحفلة.
(سمراء) (braun/brünett)	27 لقي صديقي فتاة شقراء (blond).
(في مصر)	28 خاف أعضاء الوفد من الطقس الحار هناك.
(في تونس)	29 كان أحمد في القاهرة.
(خوخاً)	30 وضعت صديقتي على الطاولة تفّاحاً.
(في الخزانة)	31 وضع الطالب الكتاب في الشنطة.
	32 دعا صديقته إلى الحفلة.
(إلى المعهد)	33 مشت الطالبات إلى المخزن.
	34 باع الطالب كتبه.
(قليلاً)	35 قالت الطالبة إنّني أكلت كثيراً.
	36 عادت إلى بيتها.
(الأوربية)	37 زار صديقي عدداً من البلدان العربية.
(معهم)	38 قام أصدقائي بنزهة (Spaziergang) جميلة.
(اليوم)	39 عاد الوفد أمس.
(معها)	40 زارت الفتاة مدينة برلين.
(صباح اليوم)	41 وصلت صديقتي مساء الأمس.
(أيضاً)	42 سارت إلى البيت.
(فيها)	43 عادت الطائرة من دمشق.

G2 Wie G1. Geübt wird der Wechsel der 3.P.Sg. m. oder f. mit der 1.P.Pl.

Beispiel:

Vorgegebener Satz:	عاد محمد إلى الفندق.
Wiederholung:	عاد محمد إلى الفندق.
Ergänzung:	وعُدنا نحن إلى البيت.

G3 Wandeln Sie die Sätze der in G1 mit متى, هل oder لماذا eingeleitete Fragesätze in der 2.P.Sg.f. um! Das substantivische Subjekt ist dabei natürlich wegzulassen. Personalsuffixe der 3.P. sind - wenn es der Sinn erfordert - in solche der 2.P. umzuwandeln.

زار الرجال المركز الجديد للعاصمة.

متى / هل / لماذا زُرْتِ المركز الجديد للعاصمة.

K

K1 (Übung zum verstehenden Hören) Der Lektor trägt folgende Nachrichten in Arabisch vor; die Studenten geben den wesentlichen Inhalt in Deutsch wieder!

صنعاء: وصل وزير التعليم العالي الألماني وهو عضو في الحزب الاشتراكي الديمقراطي إلى صنعاء في إطار جولة في الشرق الأوسط وقابل نظيره اليمني لمناقشة سبل التعاون في مجال التعليم الجامعي.

عمان: قابل جلالة الملك الوفد الألماني برئاسة المستشار الألماني وبحث معه سبل التعاون السياسي والاقتصادي والعسكري والثقافي.

الجزائر: حضر الوفد الألماني الاحتفالات بمناسبة العيد الوطني. وقال رئيس الوفد الألماني في كلمته القصيرة: إن ألمانيا سوف تعمل على توسيع التعاون السياسي والاقتصادي والتبادل التجاري مع الجزائر.

الخرطوم: قابل الأمين العام للحزب الوطني السوداني الأمين العام للحزب المسيحي الديمقراطي الألماني بعد مؤتمر باريس العالمي.

برلين: وصل وفد اقتصادي كويتي إلى برلين قادماً من النمسا وسيقابل الوفد وزيري الاقتصاد والصحة.

تونس: قابل الوفد الألماني برئاسة وزير العمل نظيره التونسي في الوزارة بعد جولة في مصانع العاصمة ومعاملها ومزارع المحافظات لمناقشة برنامج التعاون في مجال تأهيل العمّال والمهندسين التونسيين.

موسكو: وصل وفد مغربـي إلى موسكو وقـابل الرئيـس الروسـي وعـدداً مـن
المسؤولين الـروس وطلـب مـن الحكومـة الروسية دراســـة مشـروع التعــاون
الاقتصادي.

K2 (Hausaufgabe) Erarbeiten Sie in Anlehnung an Text 2 ein Interview
mit dem Leiter einer arabischen Delegation. Fragen Sie z.B. nach Grund
und Ergebnissen der Reise, mit welchen Verantwortlichen und welchen
Parlamentsausschüssen er zusammengetroffen ist, nach Möglichkeiten
der Zusammenarbeit in Industrie, Landwirtschaft, Handel, Wissenschaft
und Bildungswesen sowie im militärischen Bereich, wohin er nach dem
Besuch fährt etc. Zeichnen Sie das Interview nach Möglichkeit mit
einem Kassettenrecorder auf und spielen bzw. tragen Sie es in der
nächsten Unterrichtsstunde vor.

Komplexübung:

1. Wandeln Sie die Perfektform der Verben in die 1.P.Sg. um!

زار الأمـم المتّحـدة. دعـاه إلى المطعـم. عـاد إلى البرلمـان. عـاش في مصـر. قـاد
السيّارة. مشى إلى وكيل الدولة. قال إنّه قام بزيارة المعاهد. قام بجولة في الشرق
الأوسط. وقف أمام المحطّة. وجد القلم تحت السرير. بنى عمارات جميلـة. قـام
بإعادة بناء بيتي. خاف من عودة الحـرب. بـاع سيّارتي. نـام في فنـدق قديـم.
كان في باريس. لقي صديقتي في المدينة.

2. Wandeln Sie die Perfektform der Verben aus G, Ü1 in die 3.P.Pl. um
und vokalisieren Sie bei den Verben R_3 =و oder ى die Endungen!

3. Übersetzen Sie ins Arabische!
Erlauben Sie mir, daß ich Sie begrüße und Ihnen für Ihre Rückkehr
danke. Wir fanden eine friedliche Lösung für jene dringenden Probleme.
Die Reaktionen waren positiv. Ihre Kleidung war ein Skandal. Der
Präsident führte die Bildung der Regierung durch. Wir besuchten 6
Länder. Die Männer sagten, daß der Minister sich vor der Opposition
gefürchtet hat. Diese 4 Nachbarländer riefen zu einer Sondersitzung der
UNO auf. Wir kehrten in das Parlament zurück. Die Militärregierung
verschwieg diese Ergebnisse der Wahlen und den Erfolg der
demokratischen Parteien. Dieser Staatssekretär traf die Mitglieder des
Ausschusses. Die Situation im In- und Ausland bewegte sich in
Richtung der Verbesserung dieser Beziehungen. Wir kamen siegreich
aus dieser Krise hervor. Der Sicherheitsrat der UNO rief zu einer
friedlichen Lösung auf.

4. Setzen Sie das passende Verb in der Perfektform ein!

... في تصريحي إنّ الحكومة ... على إيجـاد الحـل. ... لي بسـؤال. ...نـا الانتخابات الصلاحيات الكافية. ... أمام مشاكل مماثلة. هـو ... قـادراً علـى كتابة هذه الرسالة. كيف ... تلك المشاكل؟ متى ... بزيارة صديقتك؟

5. Übersetzen Sie ins Deutsche! Geben Sie - wo möglich - mehrere Varianten an!

رئيس حكومة أجنبيـة، شـنطات المعلّمـة الصغـيرة الأربع هـذه، بيـت الطـالب الشاطر هذا، عودة هذا الرئيس إلى الحكم، رئيس محكمة، أسباب الأزمة هذه

6. Setzen Sie die richtige Präposition ein!

خفنا ... عودة الحرب. نقف ... مهمّة بناء البلد. نشعر ... التحسّن. قاد البلد ... كارثة. خرجنـا ... هـذه الأزمـة. عملنـا ... تحسـين الوضـع. عـاش ... الخارج. شكرته ... الجهاز.

Lektion 12 الدرس الثاني عشر

1. Die Imperfektform der Verben mit و oder ى

1.1. Verben mit R_1 = و bilden die Imperfektform unter Wegfall von R_1. Beispiele mit dem Musterverb وَصَلَ "ankommen":

(وصل hat den Imperfektvokal *i*)

يَصِلُونَ	(هم)	يَصِلُ	(هو)
يَصِلْنَ	(هنَّ)	تَصِلُ	(هي)
تَصِلُونَ	(أنتم)	تَصِلِينَ	(أنتِ)
تَصِلْنَ	(أنتنَّ)	تَصِلُ	(أنتَ)
نَصِلُ	(نحن)	أَصِلُ	أنا

A1 Verben mit R_1 = ى sind sehr selten und kommen fast ausschließlich in den sog. abgeleiteten Stämmen (vgl. Lektion 14, G 1.) vor. Sie bilden die Imperfektform wie die gesunden Verben, d. h. R_1 fällt nicht weg. (Anhang: Tafel 2, 17).

1.2. Verben mit R_2 = و oder ى haben in der Imperfektform ein langes *ū* bei Verben der Gruppe I, ein langes *ī* bei Verben der Gruppe II und ein langes *ā* bei Verben der Gruppe III, wenn auf R_3 ein Vokal folgt. Beispiele mit den Musterverben:

I قَامَ "aufstehen" (قَوَمَ = فَعَلَ >) R_2 = و

(هو) يَقُومُ (هي) تَقُومُ (نحن) نَقُومُ

II بَاعَ "verkaufen" (بَيَعَ = فَعَلَ >) R_2= ى

(هو) يَبِيعُ (هي) تَبِيعُ (نحن) نَبِيعُ

III خَافَ "fürchten" (خَوِفَ = فَعِلَ >) R_2 = و

(هو) يَخَافُ (هي) تَخَافُ (نحن) نَخَافُ

A2 Gleiche Formen bilden auch Verben mit R_2 = ى, z.B. نَالَ (نَيِلَ>) يَنَالُ "erhalten".

Verben mit R_2 = و oder ي haben in der Imperfektform nach R_1 ein kurzes *u* bei Verben der Gruppe I, ein kurzes *i* bei Verben der Gruppe II und ein kurzes *a* bei Verben der Gruppe III, wenn R_3 vokallos ist.

Beispiele mit den Musterverben (Anhang: Tafeln 2, 18, 20, 22):

III	II	I	
يَخْفْنَ	يَبِعْنَ	يَقُمْنَ	(هنَّ)
تَخَفْنَ	تَبِعْنَ	تَقُمْنَ	(أنتنَّ)

Damit ergeben sich folgende Konjugationsparadigmata:

III	II	I	
يَخَافُ	يَبِيعُ	يَقُومُ	(هو)
تَخَافُ	تَبِيعُ	تَقُومُ	(هي)
تَخَافُ	تَبِيعُ	تَقُومُ	(أنتَ)
تَخَافِينَ	تَبِيعِينَ	تَقُومِينَ	(أنتِ)
أَخَافُ	أَبِيعُ	أَقُومُ	(أنا)
يَخَافُونَ	يَبِيعُونَ	يَقُومُونَ	(هـم)
يَخَفْنَ	يَبِعْنَ	يَقُمْنَ	(هنَّ)
تَخَافُونَ	تَبِيعُونَ	تَقُومُونَ	(أنتم)
تَخَفْنَ	تَبِعْنَ	تَقُمْنَ	(أنتنَّ)
نَخَافُ	نَبِيعُ	نَقُومُ	(نحن)

1.3. Verben mit R_3 = و oder ي haben nach R_2 ein langes *ū* bei Verben der Gruppe I, ein langes *ī* bei Verben der Gruppe II und ein langes *ā* (*Alif maqṣūra*) bei Verben der Gruppe III.

Beispiele mit den Musterverben:

I دَعَا "einladen" (فَعَلَ = دَعَوَ<) R_3 = و

(هو) يَدْعُو   (هي) تَدْعُو   (نحن) نَدْعُو

R₃ = ى (فَعَلَ) مَشَى = مَشَيَ >) "gehen" مَشَى II

(نحن) نَمْشِي   (هي) تَمْشِي   (هو) يَمْشِي

R₃ = ى (فَعِلَ) "treffen" لَقِيَ III

(نحن) نَلْقَى   (هي) تَلْقَى   (هو) يَلْقَى

A3 Bei der Gruppe II, Musterverb مشـى, gibt es vereinzelt auch Verben, die in der Imperfektform wie Verben der Gruppe III, Musterverb لقِي, flektiert werden, z. B. سَعَى "sich bemühen; streben nach" يَسْعَى، تَسْعَى usw. - Vgl. auch unten, G 4., die Konjugation von رأى.

Die Formen mit Suffix sind durch einen langen Vokal nach R₂ bei den Verben der Gruppen I und II, durch einen Diphthong nach R₂ bei den Verben der Gruppe III gekennzeichnet.

	I	II	III
(أنتِ)	تَدْعِينَ	تَمْشِينَ	تَلْقَيْنَ
(أنتم)	تَدْعُونَ	تَمْشُونَ	تَلْقَوْنَ

Damit ergeben sich folgende Konjugationsparadigmata:

	I	II	III
(هو)	يَدْعُو	يَمْشِي	يَلْقَى
(هي)	تَدْعُو	تَمْشِي	تَلْقَى
(أنتَ)	تَدْعُو	تَمْشِي	تَلْقَى
(أنتِ)	تَدْعِينَ	تَمْشِينَ	تَلْقَيْنَ
(أنا)	أَدْعُو	أَمْشِي	أَلْقَى
(هم)	يَدْعُونَ	يَمْشُونَ	يَلْقَوْنَ
(هنَّ)	يَدْعُونَ	يَمْشِينَ	يَلْقَيْنَ
(أنتم)	تَدْعُونَ	تَمْشُونَ	تَلْقَوْنَ
(أنتنَّ)	تَدْعُونَ	تَمْشِينَ	تَلْقَيْنَ
(نحن)	نَدْعُو	نَمْشِي	نَلْقَى

(Anhang: Tafeln 2, 23, 24, 25)

2. Konjunktiv und Apokopat der Verben mit و oder ى

2.1. Die Bildung des Konjunktivs und des Apokopats erfolgt bei den schwachen Verben nach den gleichen Prinzipien wie bei den gesunden Verben (s. Lektion 8, G 1.).
Eine vollständige Übersicht bringen die Tafeln 3 und 4 im Anhang.

2.2. Wir führen hier nur einige Besonderheiten auf:

2.2.1. Konjunktiv der Verben R_3 = و oder ى

يَدْعُوَ   يَمْشِيَ   يَلْقَى   usw.

2.2.2. Apokopat der Verben R_2 = و oder ى

يَقُمْ   يَبِعْ   يَخَفْ   usw.

2.2.3. Apokopat der Verben R_3 = و oder ى

يَدْعُ   يَمْشِ   يَلْقَ   usw.

2.3. Bei solchen Apokopatformen, wie sie unter 2.2.2. und 2.2.3. angeführt sind, ist in unvokalisierten Texten äußerlich nicht erkennbar, welche Wurzel der betreffenden Form zugrunde liegt. Das Schriftbild gibt uns keine Auskunft darüber, ob der letzte Konsonant R_2 (دعا > يَدْعُ) oder R_3 (قام > يَقُمْ) ist.

3. Der Imperativ der Verben mit و oder ى

Auch die Bildung des Imperativs erfolgt nach den gleichen Prinzipien wie bei den gesunden Verben.
Ableitungsform ist der Apokopat (s. Lektion 8, G 2.). Eine vollständige Übersicht bringt die Tafel 9 im Anhang.

4. Die Verben جَاءَ , أَتَى und رَأَى

Einige der im Arabischen am häufigsten gebrauchten Verben sind doppelt schwach, d. h. zwei ihrer drei Radikale sind ى, و oder ء . Da die Besonderheiten der Verben mit *Hamza* fast ausschließlich orthographischer Natur sind, gibt es bei der Konjugation von جَاءَ "kommen", أَتَى "kommen" und رَأَى "sehen" auch kaum Schwierigkeiten:

جَاءَ wird konjugiert wie das Musterverb بَاعَ ,

أَتَى wird konjugiert wie das Musterverb مَشَى ,

رَأَى wird in der Perfektform wie das Musterverb مَشَى , in der Imperfektform - bei Wegfall des *Hamza* - wie das Musterverb لَقِيَ konjugiert:

	رَأَى		أَتَى		جَاء	
Imperfekt-form	Perfekt-form	Imperfekt-form	Perfekt-form	Imperfekt-form	Perfekt-form	
يَرَى	رَأَى	يَأْتِي	أَتَى	يَجِيءُ	جَاءَ	(هو)
تَرَى	رَأَتْ	تَأْتِي	أَتَتْ	تَجِيءُ	جَاءتْ	(هي)
تَرَى	رَأَيْتَ	تَأْتِي	أَتَيْتَ	تَجِيءُ	جِئْتَ	(أنتَ)
تَرَيْنَ	رَأَيْتِ	تَأْتِينَ	أَتَيْتِ	تَجِيئِينَ	جِئْتِ	(أنتِ)
أَرَى	رَأَيْتُ	آتِي	أَتَيْتُ	أَجِيءُ	جِئْتُ	(أنا)
يَرَوْنَ	رَأَوْا	يَأْتُونَ	أَتَوْا	يَجِيئُونَ	جَاؤُوا	(هم)
يَرَيْنَ	رَأَيْنَ	يَأْتِينَ	أَتَيْنَ	يَجِئْنَ	جِئْنَ	(هنَّ)
تَرَوْنَ	رَأَيْتُمْ	تَأْتُونَ	أَتَيْتُمْ	تَجِيئُونَ	جِئْتُمْ	(أنتم)
تَرَيْنَ	رَأَيْتُنَّ	تَأْتِينَ	أَتَيْتُنَّ	تَجِئْنَ	جِئْتُنَّ	(أنتنَّ)
نَرَى	رَأَيْنَا	نَأْتِي	أَتَيْنَا	نَجِيءُ	جِئْنَا	(نحن)

Umgangssprachlich wird für رَأَى meist شَاف gebraucht, das wie قَام konjugiert wird.

A4 Zur Schreibung des *Hamza* (Hamzaträger) vgl. Lektion 24 und die Tafel 36 im Anhang.

Bei Verben mit R$_1$ = و und R$_3$ = ى sind die Konjugationsspezifika beider Verbtypen zu berücksichtigen. Vgl. das Verb وَفَى , Imperfektform يَفِي , im Text 2 dieser Lektion.

V

kommen (nach, zu)	أتى (يَأْتِي) (إلى)
(mit Verbalsatz) da, siehe da	إذْ
Emir	أمِير ج أُمَراءُ
menschlich	إنسانِيّ
automatisch	آلِيّ
bleiben	بقِيَ (يبْقَى)
Summe, Betrag	مبْلغ ج مبالِغُ
technisch	تقْنِيّ
es ist zu erwähnen, erwähnenswert ist, daß ...	مِن. الجدِير بِالذِّكْر أنَّ
Pfund	جُنيْه ج ـات
Nachbar	جار ج جِيران
kommen (nach)	جاء (يجِيءُ) (إلى)
Ereignis	حدث ج أحْداث
Rechner	حاسِب ج ـات
viel besser als	أحْسنُ بِكثِير من
Bedarf	حاجة ج ـات
brauchen etw., j-n.	بحاجةٍ إلى
Rabatt, Ermäßigung	تخْفِيض ج ـات
während	خِلالَ
Doktor	دُكْتُور ج دكاتِرة
Haus	دار (م) ج دُور
Verlag	دار نشْر
international	دوْلِيّ / دُولِيّ
Direktor	مُدِير ج مُدراءُ
Dinar	دِينار ج دنانِيرُ
sehen j-n., etw	رأى (يرَى) ه، هـ

Sport-, Sportler	رِياضِيّ
Riyadh	الرِّياض
hier: Wechselkurs	سِعْر
Hoheit	سُمُوّ
Bedingung	شرْط ج شُرُوط
unter der Bedingung	بشرْط
teilnehmen an	شارك (يُشارِكُ) في
Zeuge sein von	شهِد (يشْهَدُ) على
umg: sehen	شاف (يشُوفُ)
Wille	مشِيئة
mit Gottes Willen	بِمشِيئةِ الله
Saal	صالة ج ـات
Besitzer	صاحِب ج أصْحاب
seine königliche Hoheit	صاحب السمو الملكيّ
wechseln	صرف (يصْرِفُ)
Wechsler	صرَّاف ج ـون
Bank	مصْرِف ج مصارِفُ
riesig	ضخْم
Kind	طِفْل ج أطفال
Messe	معْرِض ج معارِضُ
Wissen	معْرِفة ج معارِفُ
vernünftig	معْقُول
Information	إعْلام
Komm! Los! *(m./f.)*	تعالَ / تعالِي!
zusätzlich zu	عِلاوةً على

seine Exzellenz (der Minister)	معالي (الوزير)	Haus-	مـنْـزِلِيّ
Währung	عُمْلة ج ـات	Rate, Kurs	نِسْبة ج نِسَب
Eröffnung	إفْتِتاح ج ـات	vergessen j-n., etw.	نسِيَ (ينْسَى) ه، هـ
Denken, Ideologie	فِكْر ج أفْكار	Frauen	نِساء، نِسْوة، نِسْوان
Vorschlag	مُقْتَرح ج ـات	(das) Publizieren	نَشْر
Piaster	قِرْش ج قُرُوش	Verleger	ناشِر ج ون
Sektor	قِطاع ج ـات	Liebhaber, Amateur	هاوٍ ج هُواة
Treffpunkt	مُلْتَقىً ج ـات	versprechen j-m. etw.	وعَدَ (يعِدُ) ه ب
Campus	مدِينة جامِعيّة	Versprechen	وعْد ج وُعُود
möglich	مُمْكِن	Verabredung	ميعاد ج مواعيدُ
königlich	ملكيّ	halten (ein Versprechen)	وفَى (يفِي) بِ
Königreich	مُمْلَكة ج ممالِكُ	liegen (geogr.); fallen	وقع (يقَعُ)
Elite, Auswahl *hier*: ausgewählte Verantwortliche	نُخْبة ج نُخَب	Ort, Platz	موْقِع ج مواقِعُ

Die arabischen Wochentage lauten:

الأَحَدِ	السَّبْتِ	الجُمْعَةِ	الخَمِيسِ	الأَرْبِعاء	الثَّلاثَاء	الإثْنَيْنِ	يوم
Sonntag	Samstag	Freitag	Donnerstag	Mittwoch	Dienstag	Montag	

Text 1 — معرض الرياض الدولي للكتاب

تشهد الجامعة مساء يوم غد الثلاثاء حدثاً ثقافياً ضخماً ومناسبة علمية كبيرة إذ يقوم صاحب السمو الملكـي الأمير ... بحضور معالي مدير الجامعة الأستاذ الدكتور ... بافتتاح معرض الرياض الدولي للكتاب العلمـي. ويشـارك في هـذا المعرض ٥٠٠ ناشر من داخل المملكة وخارجهـا، وذلـك بالصالـة الرياضيـة في المدينة الجامعية.

ويحضر الافتتاح بمشيئة ا الله عدد مـن كبـار المسؤولين ورجـال الفكر والأدب والثقافـة والإعـلام وسيكون في استقبالهم عنـد وصولهـم إلى الجامعة وموقـع المعرض معالي مدير الجامعة ونخبة من كبار المسؤولين بالجامعة.

197

وخلال الأيّام العشرة القادمة ستكون الجامعــة ملتقىً لآلاف مـن هـواة الثقافة وطلبة العلم والمعرفة ليقوموا بجولة في دور النشر المختلفة وليروا مئـات الآلاف من الكتب وتقريباً ٥٠ ألف عنوان في قطاعات المعرفــة الإنسـانية والاجتماعيـة والعلوم التقنيــة وكتب الثقافة الإسـلامية والأدب العربي عـلاوة على كتـب الأطفال والاقتصاد المنزلي والحاسب الآلي. وستصل نسبة التخفيـض إلى ١٥ ٪ من السعر الأصلي.

ومن الجدير بالذكر أن المعرض سـيفتح أبوابه لمـدة يومـين للنسـاء فقـط وهمـا الخميس والاثنين.

عند الصرّاف   Text 2

الصرّاف: مساء الخير، أدخلي، تفضلي.

بيترا: مساء النور، أنا بحاجة إلى دنانير.

الصرّاف: عندك أية عملة؟

بيترا: عندي دولارات وفرنكات وجنيهـات إنكليزيـة. كـم سـعر الـدولار عندك؟

الصرّاف: ٤٠٠ دينار لمائة دولار.

بيترا: هذا قليل جدّا، جارك على اليمـين قـال إن سـعر الـدولار عنـده هـو أربعة دنانير وخمسة قروش.

الصرّاف: يمكن، لا أعرف، ولكن أسعاري أحسن بكثير مـن أسعار المصرف وممكن أن أعمل لك سعراً جيداً بشرط واحد.

بيترا: ما هو الشرط؟

الصرّاف: الشرط هو أنّك تصرفين مبلغاً كبيراً.

بيترا: أي كم دولاراً وكم السعر؟

الصرّاف: ٥٠٠ دولار والسعر سيكون أربعـة دنانير وعشـرة قـروش للـدولار الواحد.

بيترا: هذا المقترح معقول، سأمشي إلى جيرانك وسأرى أسعارهم.

الصرّاف: لماذا؟ سعري جيّد. تعالي!

بيترا: سأعود إليك بعد معرفة أسعار جيرانك.

الصّراف: إن شاء الله.

بيترا: سأفي بوعدي أو كما يقول العرب: من وعد وفى. إلى اللقاء.

Übungen

L

L1 Bilden Sie Sätze mit der Imperfektform des Verbs يقع (وقع) und den Wörtern Norden (شَمال), Süden (جنوب), Osten (شرْق) und Westen (غـرْب)! Verwenden Sie als Subjekt die Substantive جامعـة، مخـازن، مطعـم، مقهى، مدينـة، بلـد، بلـدان، فنـدق، محطـة und die Ihnen bisher bekannten Ländernamen!

تقع المحطة في جنوب مدينتنا.

يقع المغرب في شمال إفريقيا.

L2 Bilden Sie unter Verwendung verschiedener Imperativformen von a) وضع b) قام c) زار d) عاد e) مشى f) بقي selbständig Sätze. Benutzen Sie zusätzlich zu den vorgegebenen Wortgruppen auch andere Präpositionalgruppen und Zeitadverbien! Gebrauchen Sie dabei die folgenden Imperativformen, Substantive, Personalsuffixe und Präpositionalgruppen:

ضع، ضعي	الكؤوس، الفناجين	على الطاولة
	الزجاجة، التفاح،	
	الكتب، الخبز،	
	الفواكه، الطعام	
قم، قومي، قوموا	من النوم	الآن، بسرعة
زر، زوري، زوروا، زرن	ـي، العاصمة	غدا، في شهر...
	هذا البلد، تلك البلدان	
	ضواحي (Umgebung) المدينة، ذلك البُرْج (Turm)، ذلك المطعم، ذلك المقهى، صديقنا، المسرح	
عد، عودي	إلى البيت، إلى الفندق،	
	إلى هنا، إلى هناك، إليّ،	
	إلينا، غدا، بعد ساعة	

199

إمش، إمشي،   إلى المعهد، إليه، إلى هناك

إمشوا

إبق، إبقوا   هنا، هناك، في البيت،

في الفندق، عندنا

حتى الغد

L3 Ergänzen Sie in folgenden Sätzen - wo möglich - den Artikel!

سيكون في ..استقبالهم عنـد ..وصولهـم للجامعـة و..موقـع ..معـرض ..مديـر
..جامعة و..نخبة من ..كبار ..مسؤولين ب..جامعة. ستكون ..جامعـة ملتقىً
لآلاف من هواة ..ثقافة و..طلبة ..علم و..معرفـة. يقـوم بـ..جولـة في ..دور
..نشر ..مختلفة ويرى ..مئات ..آلاف من ..كتب وتقريباً ٥٠.. ألف ..عنـوان
في ..قطاعـات ..معرفـة ..إنسانية و..اجتماعيـة و..علـوم ..تقنيـة و..كتـب
..ثقافة ..إسـلامية و..أدب ..عربي عـلاوة على كتب ..أطفـال و..اقتصـاد
..منزلي و..حاسـب ..آلي. ستصل ..نسبة ..تخفيض إلى ١٥ ٪ مـن ..سعر
..أصلي.

من ..جدير بـ..ذكر أن ..معـرض سيفتح ..أبوابـه لمـدة يومـين للنسـاء فقـط
وهمـا ..خميس و..اثنين. تشهد ..جامعة ..مساء ..يوم ..غد ..ثلاثـاء ..حدثـاً
..ثقافياً ..ضخماً و..مناسبة ..علمية ..كبيرة. يقـوم ..صاحب ..سمو ..ملكـي
..أمير سلمان بـن عبد العزيز بـ..حضور معـالي ..مديـر ..جامعـة ..أستـاذ
..دكتور أحمد بن محمد الوهّاب بـ..افتتاح ..معـرض ..ريـاض ..دولي للكتـاب
..علمي. يشـارك في هـذا ..معـرض ٥٠٠ ..ناشـر مـن ..داخـل ..مملكـة
وخارجها. يحضـر ..افتتاح بمشيئة الله عدد من ..كبـار ..مسؤولين و..رجـال
..فكر و..أدب و..ثقافة و..إعلام.

L4 Der Lektor erläutert den umgangssprachlichen Gebrauch von شاف
(يشُوفُ) رأى "sehen" und läßt die Studenten in den folgenden Sätzen
zunächst durch شاف ersetzen und dann mit ما bzw. لا verneinen!

رأيتُ المعلّم. رأيته. رأتهم في المطعم. نراها في المعهد. رأوا الرئيس في المحكمـة.
نراه في البرلمان. رأيتم الكتب عنده. ترين هذه الشنطة. ترون الأقلام. أراه بعـد
يومين.

G

G1 Wandeln Sie die folgenden Sätze (ohne Berücksichtigung der in Klammern stehenden Form) in die Imperfektform der 3.P.Sg.m. oder f. um!

يعود محمد إلى الفندق.   عاد محمد إلى الفندق. <

١ وفى محمد بوعده.

٢ نسي الطالب الكلمات الجديدة.

٣ أتى الوفد مساء اليوم.   (مساء الغد)

٤ جاء أحمد حسب الموعد.

٥ رأى أحمد صديقه أمام مخزن السيارات.   (في مخزن السيارات)

٦ رجا محمد أصدقاءه أن يحضروا إليه.

٧ زار الرجال ذلك الجبل.   (معهم)

٨ قال صديقي إنّي مجتهد.   (كسلان)

٩ باع الرجل سيارته.

١٠ مشى الأصدقاء إلى المقهى.

١١ وعد أحمد أصدقاءه بألف دولار.

١٢ وضع الطالب المعطف في الخزانة.   (على الطاولة)

١٣ لقي المعلم أصدقائي في المخزن.   (أمام المخزن)

١٤ قاد المرافق السيارة بسرعة.   (أيضاً)

١٥ خافت المعلمة من السفر بالطائرة.

١٦ سافر صديقي بالقطار.   (بالسيّارة)

١٧ قام محمد من النوم.   (ظهراً، صباحاً)

١٨ عاد صديقي من برلين.   (معه)

١٩ وفت صديقتي بوعدها.

٢٠ نسيت الطالبة مواعيدها.

٢١ وضع الطالب الكتاب تحت الشنطة.

٢٢ أتى أعضاء الوفد صباحاً.   (مساء)

٢٣ رأى عمر في المخزن كتباً جديدة.

٢٤ رجت هيفاء أصدقاءها أن يذهبوا معها.

٢٥ نامت الطالبات كثيراً.   (قليلاً)

٢٦ وضعت صديقتي على الطاولة كؤوساً.   (زجاجتي عصير)

201

٢٧ وعد الطالب صديقه بزيارة العاصمة. (مدينة هامبرج)

٢٨ رجت الفتاة أن تذهب إلى المسرح. (معها)

٢٩ زار الوفد جامعتنا. (أيضاً)

٣٠ قال محمد إنّني شربت كأساً واحدة. (كأسين)

٣١ باع صديقي بيته.

٣٢ مشى الرجال إلى قاعة الاجتماع. (أيضاً)

٣٣ لقي صديقي فتاة شقراء (blond). (سمراء)

٣٤ وضع الطالب الكتاب في الشنطة. (في الخزانة)

٣٥ دعا الطالب صديقته إلى الحفلة.

٣٦ مشت الطالبات إلى المخزن. (إلى المعهد)

٣٧ باع الطالب كتبه.

٣٨ قال صديقنا العربي إنّني أكلت قليلاً. (كثيراً)

٣٩ عادت الفتيات إلى بيتهن.

٤٠ زار صديقي عددا من البلدان العربية. (الأوربية)

٤١ قام أصدقائي بنزهة جميلة. (معهم)

٤٢ عاد الوفد اليوم. (أيضا)

٤٣ زارت الوفود مدينة برلين. (معها)

٤٤ وفى المعلمون بوعودهم.

٤٥ جاء المرافق إلى قاعة الطعام.

٤٦ جاءت صديقتي إليّ. (إليها)

٤٧ رأى محمد هناك رجالاً كثيرين. (قليلين)

٤٨ وصل الأصدقاء مساء اليوم. (صباح اليوم)

٤٩ عادت الطائرة من القاهرة. (فيها)

٥٠ وصل الوفد إلى برلين بالطائرة. (بالسيارة)

٥١ عاد الأصدقاء صباحا. (مساء)

٥٢ وصلت الوفود إلى هنا. (معها)

٥٣ قام رئيس الوفد. (أيضاً)

٥٤ بنى العمال مباني رائعة. (بيتا جميلاً)

G2 (Schriftliche Hausaufgabe) Wie G1! Niedergeschrieben werden nur die umgewandelten Sätze mit der Imperfektform.

G3 Der Lektor verwendet die Sätze aus G1. Er nennt jedoch statt der Perfektform der Verben die Imperfektform. Der Student wiederholt den Satz und ergänzt ihn unter Verwendung der 1.P.Sg. und gegebenenfalls des in Klammern stehenden Wortes bzw. der Präpositionalgruppe:

Vorgegebener Satz:	يعود محمد إلى الفندق.
Wiederholung:	يعود محمد إلى الفندق.
Ergänzung:	وأعود أنا إلى البيت.
Vorgegebener Satz:	يعود محمد إلى بيته.
Wiederholung:	يعود محمد إلى بيته.
Ergänzung:	وأعود أنا إلى بيتي.

G4 Wie G3. Geübt wird in der Imperfektform der Wechsel der 3.P.Sg.m. oder f. mit der 1.P.Pl.

Vorgegebener Satz:	يعود محمد إلى بيته.
Wiederholung:	يعود محمد إلى بيته.
Ergänzung:	ونعود نحن إلى بيتنا.

G5 Ausgangspunkt sind wieder die Sätze aus G1. Der Lektor gibt jeden Satz in der 1.P.Sg. oder Pl., der Student wandelt ihn in einen mit هل,متى oder أين eingeleiteten Fragesatz um. Personalsuffixe der 1.P. sind in solche der 2.P. umzuwandeln.

Lektor:	أعود إلى البيت.
Student:	متى تعود إلى البيت؟
Lektor:	أراهم أمام المخزن.
Student:	أين تراهم؟
Lektor:	أفي بوعدي.
Student:	هل تفي بوعدك؟

G6 (Hausaufgabe) Bilden Sie aus dem Material von G1 selbständig 20 mit einem Fragepronomen oder -adverb eingeleitete Sätze! Das Verb soll dabei immer in der Imperfektform stehen.

K

K1 Der Lektor nennt Geldsummen in verschiedenen Währungen, die in DM umzurechnen sind!

Lektor:	كم تساوي ١٠٠ دولار؟
Student:	١٠٠ دولار تساوي تقريباً ١٧٠ ماركاً.

١٠٠ فرانك فرنسي، ٢٠٠ جنيه استرليني، ١٠٠٠ ليرة إيطالية، ٣٠٠٠ دولار، ٥٠٠٠ روبل، ٤٠٠ فرانك سويسري، ١٠٠٠٠ زلوتي بولندي،

۱۰۰۰ ریال یمني، ۲۰۰۰ دینار کویتي، ۱۰۰ لیرة لبنانیـة، ۶۰۰۰ جنیــه مصري ...

K2 Bereiten Sie ein Gespräch an einem Bankschalter vor und nutzen Sie für die Gestaltung des Dialoges u.a. folgende Vokabeln!

Auszahlungsformular	اِستمارة الصرف
Bank	بنْك ج بُنوك
Dauerauftrag	حوالة دائمة
Einzahlungsformular	اِستمارة الدفع
Gebühr	رسْم ج رُسُوم
Geld / Geld abheben	نقْد ج نُقُود / سحب مبْلغاً
Girokonto	حِساب جارٍ
Konto / Konto eröffnen	حِساب ج ـات / فتح حساباً
Kredit	قرْض ج قُرُوض
Rate	قِسْط ج أقْساط
Scheck / Scheck einlösen	شیك ج ـات / صرف شیكاً
Reiseschecks	شِیكات السفر
mit Scheck bezahlen	دفع بالشیك
Scheckheft	دفْتر الشیكات
Sparbuch	دفتر التوْفِیر
Spareinlage	مبْلغ التوفیر
sparen	وفّر (یُوفّرُ)
überweisen / Überweisung	حوّل (یُحوّلُ) / حوالة ج ـات
Zinsen / Zinssatz	فائِدة ج فوائِدُ / نِسْبة الفوائد

Komplexübung:

1. Wandeln Sie in folgenden Sätzen die Perfekt- in die Imperfektform um!

وفى بوعـده. نسيَت الحاسـب. جـاء بعـد صـاحب السـمو الملكي. رأيــتُ الإنكليز. رجوته أن يصرف الدولارات. زاروا الجيران. قلتم إنكم نخبة الجامعة. باعت الحكومة المصرف. مشينا إلى الافتتاح. وعد بكتابـة رسـالة طويلـة. لقـي الجـواب. قـاد سيّارته بسـرعة. خفنـا مـن مدير المعهـد. سـارت الأمـور نحـو التحسّن. قمنا بجولة في الشرق الأوسط. أتى بعد هذا الحدث الثقـافي. نـام ١٠ ساعات. وصل بعد ٦ أيّام. عادت مـن جولتهـا. دعونـا الأصدقـاء إلى الحفلـة. بنوا بيوتا جميلة. عاش في أوربا. نمتُ في الفندق.

2. Übersetzen Sie ins Arabische!

Beim Empfang waren der Rektor der Universität und hohe Verantwortliche anwesend. Die Universität wird Treffpunkt vieler Buchliebhaber sein. Er wird einen Rundgang auf der Buchmesse unternehmen. Auf der Messe wurden ca. 50000 Bücher verkauft. Die Eröffnung wurde von seiner Exzellenz dem Minister für Kultur durchgeführt. Ich habe die Namen der Verlage vergessen. Ich verkaufte Kinderbücher, Bücher über Hauswirtschaft, technische Wissenschaften, islamische Kultur und arabische Literatur. Er hielt sein Versprechen. Sie kamen zwei Stunden nach der Verabredung. Ich habe ihn auf dem Campus gesehen. Er versprach mir 5 Dinar.

3. Übersetzen Sie ins Deutsche!

ضع الكؤوس علـى الطاولـة ! قومي مـن النـوم ! زوروا المعرض ! عـودي إلى البيت قبل الظهر ! إمش بسرعة ! لا تخف من الوزير ! لا تنم في الدرس ! قولي من أنت ! قل أيـن كنـت ! كـل اللحـم ! أدخـل ! إمـش إلى الجامعـة ! هـات الدنانير !

4. Ersetzen Sie das substantivische Objekt bzw. den substantivischen Teil der Präpositionalgruppe durch das entsprechende suffigierte Personalpronomen!

دعوت الرجلـين إلى الحفلـة. إشـتريت الكتـب. أخـاف مـن المدير. نرجـع إلى المدينة. أرى الطالبـات. أنسى الـدرس. مشيت إلى الجامعـة بسـرعة. شـكرت المدير على الدعوة.

5. Übersetzen Sie ins Arabische!

Ich muß zwei Zimmer bestellen. Wir müssen Getränke verkaufen. Sie müssen ihre Versprechen halten. Du (f.) mußt deine Mutter einladen. Ihr müßt morgen kommen. Er muß viele Ereignisse vergessen. Sie muß zurückkommen.

Lektion 13

الدرس الثالث عشر

1. Der Gebrauch von كَانَ

Das Verb كَانَ (Imperfektform يَكُونُ) ist ein temporales Hilfsverb, das die Handlung (Zustand, Vorgang) in einer bestimmten Zeitstufe lokalisiert.

1.1. كَانَ im Nominalsatz

Im Nominalsatz ist كَانَ Kopula und als solche dem deutschen Hilfsverb "sein" vergleichbar.

Das nominale Prädikat (خَبَر كَان) steht nach كَانَ im Akkusativ. Die Perfektform von كَانَ lokalisiert die Aussage des Nominalsatzes in der Zeitstufe der Vergangenheit.

> Der Student war fleißig.   كَانَ الطَّالِبُ مُجْتَهِداً.

> Muḥammad war unser Lehrer.   كَانَ مُحَمَّدٌ مُعَلِّمَنَا.

Die Verneinung erfolgt durch لَمْ + Apokopat, also لَمْ يَكُنْ

> Der Student war nicht fleißig.   لَمْ يَكُنِ الطَّالِبُ مُجْتَهِداً.

Die Imperfektform von كَانَ lokalisiert die Aussage des Nominalsatzes in den Zeitstufen Gegenwart und Zukunft.

> Der Student ist fleißig.   يَكُونُ الطَّالِبُ مُجْتَهِداً.

> Muḥammad ist der Schuldirektor/   يَكُونُ مُحَمَّدٌ مُدِيرَ الْمَدْرَسَةِ.
> wird der Schuldirektor sein.

In präsentischer Funktion, also يَكُونُ = "ist", kommt كَانَ selten vor und dient lediglich der Verstärkung der Satzaussage. Im allgemeinen haben positive Nominalsätze mit präsentischem Zeitwert keine Kopula (vgl. Lektion 2, G 3.).

A1 Obligatorisch ist كَانَ allerdings dann, wenn die Konjunktion أَنْ "daß" steht, die eine Verbform im Konjunktiv nach sich verlangt:

> Ich fürchte, daß Aḥmad eine neue Krankheit hat. (wörtl.: ... von einer neuen Krankheit betroffen/befallen ist.)   أَخَافُ أَنْ يَكُونَ أَحْمَدُ مُصَاباً بِمَرَضٍ جَدِيدٍ.

Die Verneinung erfolgt durch لَا + Imperfektform, also لَا يَكُونُ:

Aḥmad ist nicht der Schuldirektor/   لَا يَكُونُ أَحْمَدُ مُدِيرَ الْمَدْرَسَةِ.
wird nicht der Schuldirektor sein.

Auch hier kommt كَانَ in präsentischer Funktion, also لَا يَكُونُ = "ist nicht", selten vor. Im allgemeinen wird der präsentische Nominalsatz durch لَيْسَ verneint (vgl. Lektion 8. G 3.5.).

1.2. كَانَ im Verbalsatz

Wie im Nominalsatz dient كَانَ auch im Verbalsatz zur Temporalisierung der Satzaussage.

كَانَ + Perfektform (فَعَلَ) und كَانَ + Imperfektform (يَفْعَلُ) sind zusammengesetzte Formen, die bestimmten zusammengesetzten Zeitformen im Deutschen vergleichbar sind.

Es gibt die folgenden mit كَانَ zusammengesetzten Formen:

(1) كَانَ قَدْ فَعَلَ   er hatte getan
= Plusquamperfekt als Ausdruck der Vorzeitigkeit oder einer abgeschlossenen Handlung in der Zeitstufe der Vergangenheit mit deutlicher Distanz zum Moment des Redeaktes

(2) كَانَ يَفْعَلُ   er tat, er pflegte zu tun
= Imperfekt als Ausdruck einer dauernden, wiederholten oder usuellen Handlung in der Vergangenheit

(3) يَكُونُ قَدْ فَعَلَ   er wird getan haben
= Futur II als Ausdruck einer in der Zukunft sicher zu erwartenden Handlung

Zur Darstellung der Zeitbezüge stehen also fünf Formen zur Verfügung: die beiden einfachen فَعَلَ "er hat getan", "er tat" (Perfekt, Präteritum) und يَفْعَلُ "er tut", "er wird tun" (Präsens, Futur I) und die drei eben genannten zusammengesetzten Formen. Bei diesen ist كَانَ / يَكُونُ als temporaler Determinator aufzufassen, während فَعَلَ und يَفْعَلُ ihren eigentlichen, tempusindifferenten Wert haben.

Am häufigsten gebraucht werden فَعَلَ und يَفْعَلُ. Auch كَانَ يَفْعَلُ ist sowohl im mündlichen als auch im schriftlichen Sprachgebrauch oft anzutreffen. Seltener sind كَانَ قَدْ فَعَلَ und يَكُونُ قَدْ فَعَلَ.

A2 Bei der Übersetzung ins Arabische gibt es vor allem bei der Abgrenzung der Formen كَانَ يَفْعَلُ und كَانَ فَعَلَ Schwierigkeiten. Verbindliche Regeln dafür, daß in einem Falle كَانَ فَعَلَ, im anderen كَانَ يَفْعَلُ obligatorisch ist, gibt es nicht. Es kommt nicht selten vor, daß beide Formen als stilistische Varianten verwendet werden und somit austauschbar sind. Die Form كَانَ يَفْعَلُ sollte man verwenden, wenn eine gewohnheitsmäßige oder wiederholte Handlung wiederzugeben ist.

قَدْ ist eine dem Verb voranstehende Partikel. Steht قَدْ vor der Perfekt-form (كَانَ قَدْ فَعَلَ، قَدْ فَعَلَ), so kennzeichnet sie den sicheren Vollzug der Handlung in der Vergangenheit oder den sicher zu erwartenden Vollzug der Handlung in der Zukunft (يَكُونُ قَدْ فَعَلَ). Steht قَدْ vor der Imperfektform (قَدْ يَفْعَلُ), wird dadurch angezeigt, daß die Verbalhand-lung vielleicht oder unter Umständen stattfindet bzw. stattfinden wird. (s. zur Verneinung dieser Verbformen Lektion 26, G 1.1.1.7. u. 1.1.1.8.)

A3 Im Arabischen werden Verben mit ähnlichen Funktionen als أَخَوَات كَانَ "Schwestern von كَانَ " bezeichnet. Die wichtigsten Verben dieses Typs sind:

Bedeutung

nicht (sein)	لَيْسَ
immer noch, noch (immer)	لَمْ يَزَلْ / كَان لا يَزَالُ / لا يَزَالُ / ما زَالَ
weiter(hin)	ظَلَّ / يَظَلُّ
bleiben, weiterhin sein	بَقِيَ / يَبْقَى
werden	أَصْبَحَ / يُصْبِحُ ، صَار / يَصِيرُ
nicht mehr	لَمْ يَعُدْ
fast sein, beinahe, *(mit Negation)* kaum	كَادَ / يَكَادُ

2. كُلّ und جَمِيع

كُلّ und جَمِيعٌ sind Nomina, die im Sinne der deutschen Indefi pronomen "jeder", "alle", "alles", "ganz" verwendet werden. Sie stehen in diesen Fällen immer im Status constructus. Ihnen folgt entweder ein determiniertes oder indeterminiertes Substantiv oder ein Personalsuffix.

2.1. كُلّ und جَمِيعٌ + Substantiv

2.1.1. كُلّ + indeterminiertes Substantiv im Singular = "jeder (-e, -es)":

jeder Student   كُلُّ طَالِبٍ

jeden Tag   كُلَّ يَوْمٍ

2.1.2. كُلّ + مِنْ + determiniertes Substantiv im Singular oder Plural dient oft zur Einleitung von Aufzählungen wie

sowohl der Direktor als auch die Lehrer und die Studenten   كُلٌّ مِنَ الْمُدِيرِ وَالْمُعَلِّمِينَ وَالطَّلَبَةِ

sowohl Syrien als auch Irak und Libyen   كُلٌّ مِنْ سُورِيَا وَالْعِرَاقِ وَلِيبِيَا

und ist am besten durch "sowohl ... als auch ..." zu übersetzen.

2.1.3. كُلّ + determiniertes Substantiv im Singular = "ganz":

die ganze Familie   كُلُّ الْعَائِلَةِ

2.1.4. كُلّ + determiniertes Substantiv im Plural = "alle":

alle Bücher   كُلُّ الْكُتُبِ

2.1.5. جَمِيعٌ + determiniertes Substantiv im Plural = "alle":

alle Studenten   جَمِيعُ الطُّلَّابِ

2.2. كُلّ und جَمِيعٌ + Personalsuffix

2.2.1. In dieser Konstruktion steht كُلّ (selten جَمِيعٌ) in der Bedeutung "ganz" und "alle" überwiegend als Apposition. Das Personalsuffix folgt dem vorangehenden Substantiv in Genus und Numerus:

die ganze Familie   أَلْعَائِلَةُ كُلُّهَا

Ich habe alle Freunde gesehen.   رَأَيْتُ الْأَصْدِقَاءَ كُلَّهُمْ.

كُلّ und جَمِيعٌ stehen dabei wie jede Apposition im gleichen Kasus wie das Bezugswort.

2.2.2. In Verbindung mit dem Personalsuffix kommen كُلّ und جَمِيعٌ auch selbständig, d. h. ohne Bezugswort, vor:

sie alle   كُلُّهُمْ

wir alle   كُلُّنا

alles (davon)   كُلُّهُ

A4 Notieren Sie außerdem أَلْجَمِيعُ = "alle" und das appositionell nachgestellte جَمِيعًا = "allesamt", "insgesamt".

A5 Seltener wird كَافَّة im Sinne von "alle" voran- oder nachgestellt mit Akk. gebraucht:

alle/die gesamten Studenten كَافَّةُ الطُّلَابِ/ الطَّالِبَاتِ، أَلطُّلَابُ/ أَلطَّالِبَاتُ كَافَّةً

3. نَفْس

Das Substantiv نَفْس (Pl. نُفُوس، أَنْفُس) wird - außer in seiner eigentlichen Bedeutung "Seele" - im Sinne der deutschen Identifikationswörter "der-, die-, dasselbe, selbst" und "der, die, das gleiche" verwendet. Es steht immer im Status constructus. Ihm folgt entweder ein determiniertes Substantiv oder ein Personalsuffix.

3.1. نَفْس + Substantiv

am selben Tag فِي نَفْسِ الْيَوْمِ

Ich habe das gleiche Buch gekauft. إِشْتَرَيْتُ نَفْسَ الْكِتَابِ.

3.2. نَفْس + Personalsuffix

3.2.1. Die gleiche Bedeutung wie 3.1. hat die appositionelle Konstruktion, bei der نفس + Personalsuffix dem Substantiv nachgestellt wird:

am selben Tag فِي الْيَوْمِ نَفْسِهِ

Ich habe das gleiche Buch gekauft. إِشْتَرَيْتُ الكِتَابَ نَفْسَهُ.

3.2.2. نَفْس + Personalsuffix kommen auch selbständig vor, d.h. ohne vorangehendes Substantiv. In Verbindung mit der Präposition بـ wird das deutsche "er (du, ich - ...) selbst" ausgedrückt:

er selbst, sie selbst	بِنَفْسِهِ، بِنَفْسِهَا	(هو، هي)
du selbst	بِنَفْسِكَ، بِنَفْسِكِ	(أنتَ، أنتِ)
ich selbst	بِنَفْسِي	(أنا)
sie selbst	بِأَنْفُسِهِمْ، بِأَنْفُسِهِنَّ	(هم، هنَّ)
ihr selbst	بِأَنْفُسِكُمْ، بِأَنْفُسِكُنَّ	(أنتم، أنتنَّ)
wir selbst	بِأَنْفُسِنَا	(نحن)

Ich habe das selbst getan. فَعَلْتُ ذَلِكَ بِنَفْسِي.

A6 نَفْس + Personalsuffix wird im Arabischen auch als Reflexivpronomen (sich, dich, mich usw.) verwendet: Bediene dich selbst!   أُخْدُمْ نَفْسَكَ بِنَفْسِكَ

4. أَحَد und عِدَّة ، بَعْض

Die Nomina عِـدَّةٌ, بَعْـضٌ und أَحَـدٌ werden im Sinne verschiedener deutscher Indefinitpronomen gebraucht.

بَعْضٌ bedeutet "einige", عِدَّةٌ "mehrere" und أَحَدٌ "einer".

Auf بَعْـض und أَحَـد folgt ein determiniertes Substantiv oder ein Personalsuffix; auf عِدَّة folgt ein indeterminiertes Substantiv.

4.1. بَعْض + determiniertes Substantiv im Plural = "einige":

einige Lehrer, ein Teil der Lehrer   بَعْضُ المُعَلِّمِينَ

mit einigen Freunden, mit einigen der Freunde   مع بَعْضِ الأَصْدِقاء

mit einigen von ihnen   مع بَعْضِهِمْ

A7 Das reziproke بَعْضُهُـم البَعْـض bedeutet "einander" und wird meist bei präpositionalem, seltener bei direktem Objekt verwendet.

4.2. عِدَّة + indeterminiertes Substantiv im Plural = "mehrere":

mehrere Lehrer   عِدَّةُ مُعَلِّمِينَ

nach mehreren Tagen   بَعْدَ عِدَّةِ أَيَّام

4.3. أَحَد, f. إِحْدَى + determiniertes Substantiv im Plural = "einer":

einer der Lehrer   أَحَدُ المُعَلِّمِينَ

einer von ihnen   أَحَدُهُمْ

eine der Lehrerinnen   إِحْدَى المُعَلِّماتِ

in einem der Zimmer   في إِحْدَى الغُرَفِ

5. أَيّ

Das Fragepronomen أَيّ, f. أَيَّة bedeutet "welch(er, -e, -es)". Es steht immer im Status constructus als 1. Glied einer Genitivverbindung.

5.1. أَيّ + indeterminiertes Substantiv = "welch(er, -e, -es)":

in welchem Monat?   في أَيِّ شَهْرٍ؟

welche Stadt?   أَيَّةُ مَدِينَةٍ؟

Welche Stadt hast du besucht?   أَيَّةَ مَدِينَةٍ زُرْتَ؟

211

welche Delegationen? أَيَّةُ وُفُودٍ؟

Auch folgende Konstruktion mit أَيّ ist möglich:

5.2. أَيّ + مِنْ + determiniertes Substantiv im Plural:

welcher der Freunde? welcher von den Freunden? أَيٌّ مِن الأَصْدِقاءِ؟

welcher von ihnen? أَيٌّ مِنْهُم؟

A8 Das Fragepronomen أَيّ ist nicht zu verwechseln mit der indeklinablen Partikel أَيْ, die die Bedeutung "d.h." hat.

V

Ohr	أُذْن (م) ج آذان	Wange	خَدّ ج خُدُود
Schmerz	أَلَم ج آلام	Stuhl, Kot	خُرُوج
Mensch	إنْسان	gefährlich	خَطِير
Nase	أَنْف ج أُنُوف	etwa: Alles in Ordnung, so Gott will?	خَيْراً إن شاء ا لله؟
Bauch	بَطْن ج بُطُون	Blut	دَم ج دِماء
einige	بَعْض	Medikament	دواء ج أَدْوية
Urin	بَوْل	(Unter-)Arm	ذِراع (م) ج أَذْرُع
Stirn	جَبِين ج جُبُن	Kinn	ذقن ج أَذْقان، ذُقُون
Stirn	جَبْهة ج ـات	Bart	ذقن ج ذُقُون
Körper	جِسْم ج أَجْسام	Penis	ذكر ج ذُكُور
alle	جَمِيع	Lunge	رئة ج ـات
Freistellung; Urlaub	إجازة ج ات	Kopf	رَأْس ج رُؤُوس
Krankschreibung	إجازة مرضية	hauptsächlich	رئيسيّ
Tablette	حَبَّة ج حُبُوب	Bein, Fuß	رجْل (م) ج أَرْجُل
Augenbraue	حاجِب ج حواجِبُ	Knie	رُكْبة ج ـات
Wahrheit, Tatsache	حَقِيقة ج حقائِقُ	Hals	رقبة ج ـات
Analyse	تَحْلِيل ج تَحالِيلُ	Arm	ساعِد ج سواعِدُ
Fieber	حُمَّى (م)	Zahn	سِنّ (م) ج أَسْنان
Becken	حَوْض ج أَحْواض	Stunde, Uhr	ساعة ج ـات
auf jeden Fall	على أَيِّ حال		

Schenkel	ساق (م) ج سِيقان	Vulva	فَرْج ج فُرُوج
heftig	شدِيد	verdorben	فاسِد
Haar (coll.)	شعْر	Kiefer	فكّ
Lippe	شفة ج شِفاه	Oberkiefer	الفكُّ الأعْلَى
Krankenhaus	مُسْتشْفى ج ـات	Unterkiefer	الفكُّ الأسْفل
Finger; Zehe	إصْبع (م) ج أصابِعُ	Mund	فم ج أفْواه
Brust	صدْر ج صُدُور	Nutzen	فائِدة ج فوائِدُ
Kopfschmerz	صُداع	Fuß, Bein	قدم (م) ج أقْدام
Foto	صُورة ج صُوَر	Herz	قلْب ج قُلُوب
(Präp.) gegen	ضِدّ	Ich habe mich übergeben.	تَقَيَّأْتُ
Gast	ضيْف ج ضُيُوف	Schulter(blatt)	كَتِف (م) ج أكْتاف
Gliedmaß	طرف ج أطْراف	alle	كافّة
Lange sollst du leben!	طال عُمرُك !	alle	كُلّ
mehrere	عِدَّة	Ort	مكان ج أماكِنُ
anbieten, vorlegen j-m etw.	عرض (يعْرِضُ) على هـ	Krankheit	مرض ج أمْراض
		Krankenschwester	مُمرِّضة
Oberarm (auch mask.)	عضُد (م) ج أعْضاد	Magen	مِعِدة ج مِعِد
Körperteil; Organ	عُضْو ج أعْضاء	selbst; Seele	نفْس (م) ج نُفُوس، أنْفُس
Büchsen(fleisch)	(لحْم) مُعلَّب	wichtig	مُهِمّ
ärztliche Behandlung	عِلاج	wichtiger	أهمّ
nicht notwendig	غيْر ضَرُورِيّ	vorkommend (in)	وارِد (في)
Wirbelsäule	عمُود فِقْرِيّ	verschreiben j-m. etw.	وصف (يصِفُ) له هـ
Hals	عُنُق ج أعْناق	nachfolgen	ولِيَ (يَلِي)
Auge	عيْن (م) ج عُيُون	im Folgenden	فيما يلي
öffnen etw.	فتح (يفْتَحُ) هـ	Hand	يد (م) ج أيدٍ
untersuchen	فحص (يفْحَصُ)		
Untersuchung	فحْص ج فُحُوص		

213

Text 1

جسم الإنسان

فيما يلي نعرض على حضراتكم صورة لجسم الإنسان مع بعض أعضائه وأطرافه الرئيسية وتجدون أسماءها العربية في قائمة المصطلحات الواردة تحت الصورة. ضعوا الأرقام الواردة في القائمة في المكان الصحيح!

٥) العين	٤) الأذن	٣) الشعر	٢) الجبهة
١) الرأس			
١٠) اللسان	٩) الشفة	٨) الفم	٧) الأنف
٦) الحاجب			
١٤) الأسنان	١٣) الخد	١٢) الذقن	١١) الفكّ الأعلى / الأسفل
١٨) الذراع	١٧) العنق	١٦) الكتف	١٥) العمود الفقرى
٢٣) الصدر	٢٢) الإصبع	٢١) اليد	٢٠) الساعد
١٩) العضد			
٢٨) الذكر	٢٧) الحوض	٢٦) البطن	٢٥) الرئة
٢٤) القلب			
	٣٢) القدم	٣١) الركبة	٣٠) الساق
٢٩) الفرج			

Text 2 عند الطبيب

صباح: صباح الخير يا دكتور.

الطبيب: صباح النور، أهلاً وسهلاً ومرحباً، خيراً إن شاء الله؟

صباح: في الحقيقة، يا دكتور، أنـا مريضـة، عنـدي صـداع شـديد وآلام في المعدة وفي جسمي كلّه وفي جميع الأطراف.

الطبيب: منذ متى وهل عندك حمّى؟

صباح: كنتِ أشعر بهذه الآلام لمدة يومين وليس عندي حمى ولكنّني لم أنم كثيراً وتقيأت عدة مرّات.

الطبيب: ماذا أكلت؟

صباح: أكلت شيئاً من اللحوم المعلّبة.

الطبيب: قد تكون هذه اللحوم فاسدة.

صباح: لا أعرف، قد يكون، ولكن أخي كان قد أكل من نفس اللحوم فلم يشعر بأية آلام.

الطبيب: هل أخذت بعض الحبوب أو الأدوية؟

صباح: أخذت عدّة حبوب من الأسبيرين ولكن بدون فائدة.

الطبيب: على أية حال يجب تحليل الدم. قد نرى فيه شيئاً.

صباح: هـل المـرض خطيـر والعـلاج صعب وهـل يجـب علـيّ أن أدخـل المستشفى؟

الطبيب: هذا غير ضروري، أنت تبقين عندنا في العيادة بعض الوقت وستقوم الممرضة بفحص الدم والبـول والخـروج هنا وسأصف لك بعض الأدوية ضد الألم.

صباح: هل يجب عليّ أن أعود مرة أخرى؟

الطبيب: نعم، تعالي يوم الأربعاء القـادم، على أيّ حـال كتبت لك إجـازة مرضية لمدة ثلاثة أيّام.

صباح: ولكن عندي مواعيد مهمّة كثيرة، يا دكتور.

الطبيب: لا تنسَي أن صحتك أهمّ من المواعيد.

صباح: طال عمرك يا دكتور، مع السلامة.

الطبيب: مع السلامة.

Lektion 13

Übungen

L

L1 Der Lektor deutet anhand einer Abbildung oder eines Tafelbildes auf Körperteile und -organe, die Studenten nennen die arabischen Bezeichnungen.

L2 (Schriftliche Hausaufgabe) Bilden Sie selbständig Sätze mit den Ihnen bekannten arabischen Wörtern für Zeitangaben wie "Stunde", "Tag", "Morgen" usw. und vorangestelltem كلِّ!

أشرب كل صباح فنجاناً من القهوة.

أمشي كل أسبوع إلى مكتبة مدينتنا.

L3 Bilden Sie selbständig zehn Sätze mit نفس und den folgenden Substantiven:

فندق، سنة، شهر، أسبوع، يوم، كتاب، مستشفى، طبيب، بلد، مدينة

Schriftliche Hausaufgabe: in appositioneller Konstruktion

Mündlicher Vortrag: in genitivischer Konstruktion

Schriftlich: كنت في المستشفى نفسه

Mündlich: كنت في نفس المستشفى

L4 Fügen Sie den folgenden Sätzen das arabische Äquivalent für "er, sie, ... selbst" hinzu!

كتب الرسالة. > كتب الرسالة بنفسه.

كتبت الرسالة.

كتبوا الرسائل.

هل قدت السيارة؟

فعلت ذلك.

هل فعلت ذلك؟

هل فعلتم ذلك؟

إفعل ذلك.

إفعلي ذلك.

إفعلوا ذلك.

L5 Bilden Sie Sätze des Typs كان + Adverb oder Adverbialgruppe + عدّة! Verwenden Sie nach عدّة außerdem die Zeitangaben

مرّات، سنوات، شهور، أسابيع، أيّام!

كنت هناك عدّة مرّات.

كنت في قرية صديقي عدّة أيّام.

L6 Bilden Sie mit den Verben كتب، كان، قرأ، اشترى، أخذ، دعا، شرب
Sätze, in denen عدّة und eines der in den Plural zu setzenden Substantive
Objekt ist!

Substantive: رسالة، كتاب، جريدة، صديق، كأس، فنجان، يوم، أسبوع.

قرأت عدّة كتب عربية.

كان عدّة أيّام في السعودية.

L7 Bilden Sie Sätze, in denen eines der in den Plural zu setzenden
Substantive معلّم، صديق، عضو، فتاة، مرافق، وفد، طبيب، ممرضة، طالب،
مدير، رئيس unter Voransetzung von بعض Subjekt ist!
Verwenden Sie folgende Verben: حضر، جاء، أتى، سكن، عاد، عمل، رجع

حضر بعض الأصدقاء الحفلة مساء الأمس.

جاء بعض الأصدقاء العرب إليّ.

L8 Wandeln Sie die folgenden Sätze in Fragen mit
um! أية .bzw من أي، في أي، إلى أي، أي

أنا من بلد أوربي.   >   من أي بلد أنت؟

اشتريت كتاباً عربياً.   >   أي كتاب اشتريت؟

أنا من بلد عربي.

ولدت في شهر نيسان.

سافرت إلى مدينة بغداد.

درست في جامعة دمشق.

كنت أسكن في فندق "هيلتون".

كان عندنا وفد لبناني.

دخل أحمد المستشفى.

حضرت الحفلة وفود كثيرة.

G

G1 Setzen Sie die folgenden präsentischen Nominalsätze in die
Vergangenheit!

الطالب مجتهد.   >   كان الطالب مجتهداً.

217

الطلاب مجتهدون.

الطقس بارد.

الفتاة جميلة.

مرافق الوفد طالب.

الطبيب جديد.

الأطباء جدد.

الأكل جيد.

الغرفة مريحة.

الأدوية أجنبية.

الممرضة جميلة.

المستشفى حديث.

أحمد مريض.

حالته حسنة (gut).

الباص قديم.

الأدوية غالية.

G2 Ersetzen Sie in den folgenden Beispielen die Perfektform durch die zusammengesetzte Form كان يفعل !

Fügen Sie eine der folgenden Zeitangaben hinzu:

كل يوم		لمدة أسبوع	
كل يوم بعد الظهر		لمدة أسبوعين	
كل أسبوع		لمدة شهر	
كل شهر		لمدة شهرين	
كل سنة		لمدة سنة	
كل مساء		لمدة سنتين	

عمل الرجل في المصنع. > كان الرجل يعمل في المصنع لمدة شهر.

سكن صديقي في مدينة بون.

مشى الطالب إلى المعهد.

عمل أخي في المدرسة.

زارت المعلمة مكتبة المدينة.

نام المريض ساعة واحدة.

كتب صديقي رسالة.

مشى أحمد في شوارع المدينة.

درس عمر الطب في جامعة برلين.

زارنا صديقنا العربي.

دعانا المرافق إلى بيته.

شربت كأساً من العصير.

بقيت عندهم.

G3 Wie G2, jedoch mit dem Subjekt im Plural.

عمل الرجال في المصنع. <   كان الرجال يعملون في المصنع كل يوم.

G4 Wandeln Sie das singularische Subjekt bzw. Objekt in den folgenden Sätzen in den Plural um und setzen sie كل "alle" davor!

وصل الوفد أمس. <   وصلت كل الوفود أمس.

Beachten Sie, daß für die Genuskongruenz zwischen Verb und Subjekt nicht das maskuline كل, sondern das 2.Glied der Genintivverbindung maßgebend ist!

وصل الصديق أمس الأول (vorgestern).

وصل صديقي أمس الأول.

بقي الطالب في المعهد.

سافرت الفتاة إلى مدينة برلين.

دعونا معلمنا إلى الحفلة.

يعمل الطبيب هناك.

بعت الكتاب.

رأيت المرافق.

قرأت الكتاب.

زرت المدينة.

فتحت الشباك (öffnen).

G5 Wie G4. كل wird in den Sätzen, in denen eine Person Subjekt oder Objekt ist, durch جميع ersetzt.

G6 (Schriftliche Hausaufgabe). Verwenden Sie in den Sätzen aus G4 كل in appositioneller Konstruktion!

وصل الوفد أمس. <   وصلت الوفود كلها أمس.

G7 (Wiederholung) Bilden Sie Wortgruppen aus folgenden Zahlen, Substantiven und Adjektiven!

جديد	رجل	٥
قديم	بيت	١٢
ألماني	مارك	٥٠
مشترك	مشروع	١١٣
عربي	وفد	٧
دراسي	كتاب	٢
مجتهد	طالبة	٢٢
حديث	عمارة	٩
أجنبي	دولة	٤١
أمريكي	دولار	١١١٢
مصري	مسلم	مليون

K

K1 (Hausaufgabe) Erstellen Sie mit Hilfe des Wörterbuches eine Liste häufiger Krankheiten! Die Liste wird im Kolleg besprochen und ergänzt.

K2 Der Lektor fragt nach Schmerzen an verschiedenen Körperteilen:

هل عندكَ / عندكِ آلام (في المعدة / في الصدر ...)؟

Der Student antwortet bejahend oder verneinend:

نعم، عندي آلام في المعدة.

ليست عندي آلام في المعدة، عندي آلام في رجليّ.

K3 Erarbeiten Sie für das nächste Kolleg in Anlehnung an Text 2 mit einem Mitstudenten einen Fragebogen für eine ärztliche Anamnese, z.B.:

Name, Vorname:

Alter:

Gewicht:

Geschlecht:

Kinderkrankheiten:

Operationen:

etc.

Nutzen Sie dazu die Angaben im Vokabelverzeichnis, die von Ihnen erarbeitete Liste häufiger Krankheiten und folgende Wörter und Wendungen:

Blutdruck	ضَغْط الدم
Blutdruck messen	قاس (يقيس) ضغط الدم
Blutzuckerspiegel	نِسْبة السُكّر في الدم
Diagnose	تشْخِيص
EKG	تخْطِيط القلب
EEG	تخْطِيط الدِماغ
Gewicht	وزْن
Kinderkrankheiten	أمْراض الطُفُولة
Operation	عملية جراحية
Pflaster	بلاسْتر
Prophylaxe	وقاية من
Puls / j-m den Puls fühlen	نبْض / جسّ (يجُسّ) نبْضَهُ
Regel, Menstruation	عادة شهرية
röntgen	فحص بالأشِعّة
Röntgenaufnahme	صُورة شُعاعية

Komplexübung:

1. Setzen Sie die folgenden präsentischen Nominalsätze in die Vergangenheit!

صديقه طبيب. أذناه كبيرتان. أنفه طويل. في دمه كحول. الحبوب مُرّة. هـو مريض. في فمه أسنان قليلـة. الألم شـديد. العلاج صعب. قلبـه كبيـر. سـاقاه طويلتان. المستشفى جديد. الممرضات جميـلات. الغرفـة مريحـة. البـاص قديـم. مرافق الوفد طالب. اللحم فاسد. عيناها جميلتان.

2. Übersetzen Sie ins Deutsche!

كـان قـد أكـل كـل اللحم. كـان الطبيب يعمل في نفس المدينة لمـدّة سـنتين. قـد يأتي إلى الحفلة. كانت المعلّمة تذهب إلى نفس المقهى كل يوم لمـدّة أسـبوعين. قـد يعـرف الحـل، قـد لا يعـرف. كـان قـد شـرب العصيـر كلـه قبـل وصـول الضيوف. يكون قد خرج من عيادته.

3. Übersetzen Sie ins Arabische!
Er hat dieselbe Krankheit. Ihr Bruder hatte vom selben Büchsenfleisch
gegessen. Alle Studenten sind gekommen. Sie haben dasselbe Buch
verkauft. Sie haben das Buch selbst verkauft. Die ganze Familie war
beim Arzt. Du hast das selbst geschrieben. Macht das selbst! Er hat
selbst einige Tabletten genommen. Einer der Kranken war (schon) vor
mehreren Tagen gegangen. Er fragte einige von ihnen nach der
Behandlung. Eine der Krankenschwestern war sehr hübsch.
4. Setzen Sie im Bild die entsprechenden Zahlen ein, die in der Liste
der arabischen Termini stehen!

١) الرأس ٢) الجبهة ٣) الشعر ٤) الأذن ٥) العين ٦) الحاجب
٧) الأنف ٨) الفم ٩) الشفة ١٠) اللسان ١١) الفكّ الأعلى / الأسفل
١٢) الذقن ١٣) الخد ١٤) الأسنان ١٥) العنق ١٦) الكتف
١٧) العمود الفقرى ١٨) الذراع ١٩) العضد ٢٠) الساعد ٢١) اليد
٢٢) الإصبع ٢٣) الصدر ٢٤) القلب ٢٥) الرئة ٢٦) البطن

Lektion 14 الدرس الرابع عشر

1. Das erweiterte Verb (أَوْزَانُ الْأَفْعَالِ)

1.1. Die Grundform des arabischen Verbs (فَعَلَ / يَفْعَلُ), wie wir sie bisher kennengelernt haben, kann durch Konsonantenverdopplung, Vokallängung, Präfigierung oder Infigierung bzw. die Kombination zweier angegebener Möglichkeiten erweitert werden. Die auf diese Weise entstehenden Grundformerweiterungen wie auch die Grundform selbst werden Stämme genannt.

Es gibt 15 Stämme, von denen allerdings nur 10 mehr oder weniger gebräuchlich sind. Sie werden in europäischen Grammatiken und Wörterbüchern mit römischen Ziffern bezeichnet: Grundstamm = I. Stamm, abgeleitete Stämme = II., III., ... X. Stamm. Theoretisch sind von jedem Verb alle Stämme bildbar. Praktisch kommt jedoch ein Verb nur selten in mehr als 4 oder 5 Stämmen vor, oft sogar nur im Grundstamm oder einem abgeleiteten Stamm.

A1 Den formalen Erweiterungen der Grundform entsprechen ursprünglich auch bedeutungsmäßige Veränderungen. So wird beispielsweise für den II. Stamm eine verstärkende, kausative und denominative, für den VII. Stamm eine reflexive Bedeutung angegeben. Da jedoch jedes einzelne Verb lexikalisch fixiert und der ursprüngliche "Stammwert" oft nicht mehr erkennbar ist, verzichten wir zunächst darauf, die Grundbedeutung der einzelnen Stämme anzugeben. Vgl. dazu die Übersicht in Lektion 19!

1.2. Der II. Stamm:
Kennzeichen: Verdopplung von R$_2$

Perfektform: فَعَّلَ

Imperfektform: يُفَعِّلُ

Imperativ: فَعِّلْ

A2 Die gleiche Imperfektvokalisation hat das vierradikalige Verb.

Modellstruktur: فَعْلَلَ ، يُفَعْلِلُ

Beispiel: "übersetzen" تَرْجَمَ ، يُتَرْجِمُ

Auskunft über sämtliche Formen des vierradikaligen Verbs gibt Tafel 35 im Anhang.

Lektion 14

1.3. Der II. Stamm

Kennzeichen: Längung des Vokals nach R_1

Perfektform   فَاعَلَ

Imperfektform: يُفَاعِلُ

Imperativ: فَاعِلْ

1.4. Der IV. Stamm

Kennzeichen: Präfix *a-* أَ, Vokallosigkeit von R_1

Perfektform: أَفْعَلَ

Imperfektform: يُفْعِلُ

Imperativ: أَفْعِلْ

A3 Das präfigierte *Hamza* des IV. Stammes ist ein *Hamzat qaṭᶜ*.

1.5. In den Imperfektformen haben die Stämme II, III, IV die gleiche Vokalfolge: *u - (a/ā/-) - i*. Wir fassen sie deshalb zu einer Gruppe zusammen.

Hier noch einmal die Übersicht:

	Imperativ	Imperfektform	Perfektform
II. Stamm	فَعِّلْ	يُفَعِّلُ	فَعَّلَ
III. Stamm	فَاعِلْ	يُفَاعِلُ	فَاعَلَ
IV. Stamm	أَفْعِلْ	يُفْعِلُ	أَفْعَلَ

(Anhang: Tafeln 5, 6, 9, 14)

A4 Ohne Hilfszeichen sind die Imperfektformen des II. und des IV. Stammes weder voneinander noch vom Grundstamm zu unterscheiden.

2. Der attributive Relativsatz (أَلصِّلَة والصِّفَة)

Einem Substantiv kann nicht nur ein Wort oder eine Wortgruppe als Attribut hinzugefügt werden, sondern auch ein ganzer Satz. Häufigste Form des Attributsatzes ist der Relativsatz.

2.1. Es gibt zwei Arten von attributiven Relativsätzen:
a) Relativsätze, die als Attribut zu einem determinierten Substantiv (صِلَة) stehen.
b) Relativsätze, die als Attribut zu einem indeterminierten Substantiv (صِفَة) stehen.

2.2. Ist der Relativsatz nähere Bestimmung eines determinierten Substantivs, so wird ihm ein Relativpronomen vorangestellt.

A5 Zwischen einem Substantiv und einem Attributsatz besteht die gleiche Statuskongruenz wie zwischen einem Substantiv und einem adjektivischen Attribut. Ist das Bezugswort determiniert, so wird das Adjektiv durch den Artikel أَل, der relativische Attributsatz durch das sog. Relativpronomen determiniert. Die Bezeichnung Relativpronomen ist also insofern nicht ganz zutreffend, da es neben der Kennzeichnung von Genus und Numerus vor allem die Determiniertheit des Attributsatzes zum Ausdruck bringt, nicht aber die syntaktische Funktion des (näher bestimmten Bezugswortes) im Relativsatz anzeigt.

2.2.1. Die Relativpronomen (أَلأَسْماء المَوْصُولة) lauten:

أَلَّذِي	nach einem mask. Substantiv im Singular
أَلَّتِي	nach einem fem. Substantiv im Singular und nach Pluralen, die Nicht-Personen bezeichnen
أَلَّذِينَ	nach einem mask. Substantiv im Plural, das Personen bezeichnet
أَللاَّتِي، أَللَّواتِي	nach einem fem. Substantiv im Plural, das Personen bezeichnet
أَللَّذان	nach einem mask. Dual
أَللَّتانَ	nach einem fem. Dual

A6 Während die vier erstgenannten Formen kasusindifferent sind, werden die beiden Dualformen flektiert. Nach einem Substantiv im Genitiv oder Akkusativ lauten sie اللَّذَيْنِ bzw. اللَّتَيْنِ.

A7 Achten Sie auf die unterschiedliche Schreibung:
mit einem ل: الذي / التي / الذين ; mit zwei ل : اللاتي / اللواتي/ اللذان / اللتان

Lektion 14

A8 Der erste Bestandteil des Relativpronomens ist der Artikel ال, deshalb ist das anlautende *Hamza* von الذي، التّي usw. *Hamzat waṣl.*

2.2.2. الـذِي، الّتِـي usw. entsprechen den deutschen Relativpronomen "der, die, das, welch (er, -e, -es)" im Nominativ. Das Substantiv, das durch den Relativsatz näher bestimmt wird, ist gleichzeitig Subjekt dieses Satzes.

der Student, der aus dem Irak gekommen ist	أَلطَّالِبُ الَّذِي جَاءَ مِنَ الْعِرَاقِ
die Studentin, die aus dem Irak gekommen ist	أَلطَّالِبَةُ الَّتِي جَاءَتْ مِنَ الْعِرَاقِ
die Studenten, die aus dem Irak gekommen sind	أَلطُّلَّابُ الَّذِينَ جَاؤُوا مِنَ الْعِرَاقِ
die Studentinnen, die aus dem Irak gekommen sind	أَلطَّالِبَاتُ اللَّاتِي جِئْنَ مِنَ الْعِرَاقِ
die beiden Studenten, die aus dem Irak gekommen sind	أَلطَّالِبَانِ اللَّذَانِ جَاءَا مِنَ الْعِرَاقِ
die beiden Studentinnen, die aus dem Irak gekommen sind	أَلطَّالِبَتَانِ اللَّتَانِ جَاءَتَا مِنَ الْعِرَاقِ

Eine wörtliche Übersetzung der arabischen Beispiele verdeutlicht uns die unterschiedliche Wortstellung im arabischen und im deutschen Relativsatz. Im Arabischen: Normale Wortstellung des Verbalsatzes, also "der Student, der er ist gekommen", im Deutschen: Invertierte Wortstellung, also "der Student, der gekommen ist".

2.2.3. الـذِي, الّتِـي usw. stehen auch in Sätzen, deren Subjekt nicht mit dem Bezugswort identisch ist. Im Deutschen steht in diesen Fällen das Relativpronomen im Genitiv, Dativ, Akkusativ oder mit einer Präposition verbunden.

Im Arabischen stellt das rückweisende suffigierte Personalpronomen im Relativsatz die Verbindung zum Bezugswort her.

der Freund, den ich getroffen habe	أَلصَّدِيقُ الَّذِي قَابَلْتُهُ
die Freundin, die ich getroffen habe	أَلصَّدِيقَةُ الَّتِي قَابَلْتُهَا
die Freunde, die ich getroffen habe	أَلْأَصْدِقَاءُ الَّذِينَ قَابَلْتُهُمْ

226

die beiden Freunde, die ich getroffen habe	أَلصَّدِيقَانِ اللَّذَانِ قَابَلْتُهُمَا
der Freund, dem / an den ich einen Brief geschrieben habe	أَلصَّدِيقُ الَّذِي كَتَبْتُ لَهُ رِسَالَةً
die Freundin, der / an die ich einen Brief geschrieben habe	أَلصَّدِيقَةُ الَّتِي كَتَبْتُ لَهَا رِسَالَةً
die Freunde, denen / an die ich einen Brief geschrieben habe	أَلأَصْدِقَاءُ الَّذِينَ كَتَبْتُ لَهُم رِسَالَةً
die Freundinnen, denen / an die ich einen Brief geschrieben habe	أَلصَّدِيقَاتُ اللاَّتِي كَتَبْتُ لَهُنَّ رِسَالَةً
der Freund, dessen Arzt ich getroffen habe	أَلصَّدِيقُ الَّذِي قَابَلْتُ طَبِيبَهُ
die Freundin, deren Arzt ich getroffen habe	أَلصَّدِيقَةُ الَّتِي قَابَلْتُ طَبِيبَهَا
die Freunde, deren Arzt ich getroffen habe	أَلأَصْدِقَاءُ الَّذِينَ قَابَلْتُ طَبِيبَهُمْ
die beiden Freundinnen, deren Arzt ich getroffen habe	أَلصَّدِيقتَانِ اللَّتَانِ قَابَلْتُ طَبِيبَهُمَا
der Freund, mit dem ich im Theater gewesen bin	أَلصَّدِيقُ الَّذِي كُنْتُ مَعَهُ فِي الْمَسْرَحِ
die Freunde, bei denen ich gewesen bin	أَلأَصْدِقَاءُ الَّذِينَ كُنْتُ عِنْدَهُمْ
bei den beiden Freunden, von denen ich die Bücher bekommen habe	عِنْدَ الصَّدِيقَيْنِ اللَّذَيْنِ أَخَذْتُ الْكُتُبَ مِنْهُمَا
die Freundin, in deren Haus ich war	أَلصَّدِيقَةُ الَّتِي كُنْتُ فِي بَيْتِها

A9 Anstelle der als Beispiel gewählten الصديق, الأصدقاء, الصديقة usw. könnten natürlich auch anders als durch den Artikel determinierte Formen stehen, z. B. صديقُ مُحَمَّدٍ، صديقي u. a.

2.3. Ist der Relativsatz nähere Bestimmung eines indeterminierten Substantivs (صِفة), so steht **kein** Relativpronomen.

A10 Es besteht auch hier wieder Statuskongruenz. Das Bezugswort ist indeterminiert, also erhält auch der Attributsatz kein Determinationskennzeichen.

Wortstellung und Rückverweis durch das Personalsuffix sind genauso wie beim determinierten Relativsatz:

227

Ich habe in der Zeitung *al-Ahrām* eine Meldung gelesen, in der es heißt ...	قَرَأْتُ فِي جَرِيدَةِ الأَهْرَام خَبَراً جَاءَ فِيهِ ...
Ich habe heute einen Freund getroffen, der gestern aus Berlin gekommen ist.	قَابَلْتُ الْيَوْمَ صَدِيقاً وَصَلَ أَمْسِ مِن برلين.
Im Hotel sind Delegationen, die aus den arabischen Ländern gekommen sind.	فِي الْفُنْدُقِ وُفُودٌ وَصَلَتْ مِنَ الْبُلْدَانِ الْعَرَبِيَّةِ.
ein Geschenk, das ich meinem / an meinen Freund geschickt habe	هَدِيَّةٌ أَرْسَلْتُهَا إلى صَدِيقِي

V

jordanisch; Jordanier	أُرْدُنِّيّ		wahrscheinlich	مُحْتَمل
Unternehmen, Firma	مُؤَسَّسة ج ـات		auf jeden Fall	عَلـى كُلِّ حالٍ
Israel	إِسْرائِيل		mitteilen	IV أخبر (يُخْبِرُ) ه ب
Relativpr.	الَّذِي م الَّتِي		j-m. etw.	
	ج الَّذِين م اللّاتِي واللّواتِي		Schluß-	خِتامِيّ
	ث اللّذان م اللّتان		Außen(minister)	(وزير) الخارِجِيّة
Sicherheit, Schutz	أمان		Innen(minister)	(وزير) الداخِلِيّة
mit Gottes Schutz	فِي أمان الله		erwähnen j-n., etw.	ذكر (يذْكُرُ) ه، هـ
scheinen j-m. (als ob)	بدا (يبْدُو) (وكَأَنَّ)		leiten j-n., etw.	رأَسَ (يرْأَسُ) ه، هـ
Ticket, Karte	بِطاقة ج ـات		verbinden zwischen	ربط (يرْبُطُ) بين
groß, beträchtlich	بالِغ		zurückgehen auf	رجع إلى
Gebäude	بِناء ج أُبْنِية		begrüßen j-n.	II رحَّب (يُرحِّبُ) بِ
übersetzen	ترْجم (يُترْجِمُ) هـ من ... إلى		Fahrt, Ausflug	رحْلة ج ـات
Schüler	تِلْمِيذ ج تلامِيذُ		schicken, senden	IV أرْسل (يُرْسِلُ) ه هـ
bilateral	ثُنائِيّ		j-n., etw. j-m.	إلى / لـ
erzählen, sagen j-m. etw.	II حدَّث (يُحَدِّثُ) ه هـ/ ب		hoch	رفِيع
			begleiten j-n.	III رافق (يُرافِقُ) ه
(mit)bringen zu	IV أحْضَر (يُحْضِرُ) إلى		Genugtuung	ارْتِياح

erbringen etw.	IV أَسْفَر (يُسْفِرُ) عن	sofort	فَوْراً
übergeben, bringen j-m. etw.	II سَلَّم (يُسَلِّمُ) ه هـ / ل / إلى	vorstellen j-n., etw. j-m.	II قدَّم (يُقدِّمُ) ه، هـ إلى / ل
Gute Besserung!	سلامتُكَ / سلامتُكِ	vorlegen (j-m.) etw.	قدَّم (له) هـ
Durchfall	إسْهال	Beschluß	قرار ج ات
Getränk	شراب ج أشْربة	Tropfen	قَطْرة ج قطَرات
teilnehmen an etw.	III شارك (يُشاركُ) في	Stück	قِطْعة ج قِطَع
Volk	شَعْب ج شُعُوب	Gipfel, Spitze	قِمَّة ج قِمم
Bruder (väter- und mütterlicherseits)	شَقيق ج أشِقَّاءُ	Cholera	كوليرا
gesundheitlich, hygienisch	صِحِّيّ	bitter	مُرّ
Zeitung	صَحيفة ج صُحُف	können, in der Lage sein zu, j-m. möglich sein	IV أَمْكَن (يُمكِنُ) ه، أنْ
herausgegeben (von)	صادِر (من، عن)	er /sie kann ...	يُمْكِنُهُ / يُمْكِنُها أنْ ...
Ṣanʿāʾ (Sanaa)	صنْعاءُ	herausragend	مُتَميِّز
Apotheke	صيْدَليّة ج ـات	erledigen, durch- führen etw., schaffen	IV أنْجز (يُنْجزُ) هـ
genau	بالضَّبْط	Gebiet, Region	مِنْطقة ج مناطِقُ
ausdrücken etw.	II عبَّر (يُعبِّرُ) عن	gemäß, unter Berufung auf	نقْلاً عن
viele, zahlreich	عديد	Geschenk	هدِيّة ج هدايا
geben j-m. etw.	IV أعْطَى (يُعْطِي) ه هـ	Pflicht, Aufgabe	واجِب ج ـات
er muß	عليْه أنْ	Rezept	وصْفة ج وصَفات
erfreuen j-n.; froh machen j-n., daß	IV أفْرح (يُفْرحُ) ه، أنْ	fortsetzen etw.	III واصل (يُواصِلُ) هـ
Film	فِلْم ج أفْلام	Tod	وفاة ج وفيات

أخبار عالمية

صنعاء – ذكرت الصحف اليمنية الصادرة أمس نقـلاً عـن مسـؤولين في وزارة الصحة أنّ أمراض الإسهال والكوليرا في عدد من محافظات اليمن أسـفرت عـن وفاة العديد من المواطنـين في هـذه المحافظـات وقالت المصادر إنّ هـذا الوضع يرجع إلى أسباب صحّية.

القاهرة – يصل إلى القاهرة يوم الاثنين القادم وزير خارجية إسرائيل في زيـارة عمـل قصـيرة وسـيبحث خلالهـا مـع كـل مـن وزير الخارجيـة ووزير الدفـاع تطورات الوضع في المنطقة. ويبدو أنّه سيقدّم مشروعاً جديداً لحلّ الأزمة.

القاهرة – قال الرئيس المصري في كلمته في الجلسة الختاميـة للقمـة الإفريقيـة : إسمحوا لي أن أعبّر عن ارتياحي البالغ بقرارات القمة الأساسـية ويفرحـني جـدّا أنّكم أبخزتم أعمالاً عظيمة في هذه الأيّام القليلة.

وشارك في أعمال القمـة الـتي أسفرت عـن نتـائج مهمـة ٣٢ رئيس دولـة و٥ رؤساء حكومات و١٤ رئيس وفد.

الرياض – يواصل الوفد الألماني الذي يرأسه وزير خارجية ألمانيـا اليوم زيارتـه للمملكة بجولة في بعض المؤسّسات والمشاريع الاقتصادية. ومن الجدير بـالذكر أن رئيس الوفد الألماني سيقابل نظيره السعودي لمناقشة سبل التعاون الثنائي.

بغداد – وصل إلى بغداد وزير التعليم العالي الأردنّي ورحّب به عند وصوله إلى المطار نظيره العراقي وقال الوزير في تصريح صحفي إن العلاقـات المتميزة بـين البلدين الشقيقين في مجال التعليم العالي هي برهان قاطع علـى مسـتوى التعـاون الرفيع الذي يربط بين شعبينا ودولتينا. ومن الجدير بـالذكر أن الوزير الأردنّي سلّم الرئيس العراقي رسالة شخصية من جلالة الملك.

في الصيدلية
Text 2

صباح: مساء الخير.

الصيدلي: مساء النور، أهلاً وسهلاً.

صباح: لقد كنت اليوم عند الطبيب ووصف لي هذه الوصفة وأرسلني إليك، هل عندك هذه الأدوية؟

الصيدلي: هات الوصفة، من فضلك.

صباح: تفضّل.

الصيدلي: لقد وصف لك الطبيب قطرات للمعدة وحبوب ضد الصداع، هل عندك ألم في المعدة؟

صباح: بالضبط، عندي آلام شديدة، كما أني تقيأت عدّة مرّات.

الصيدلي: هل أخبرك الطبيب بسبب هذه الآلام؟

صباح: حدّثني الطبيب إنّ السبب قد يرجع إلى اللحم المعلّب الفاسد الـذي أكلته قبل يومين.

الصيدلي: هذا محتمل جدّا، على كل حال، هذه الأدوية جيّدة جدّا وستشعرين بتحسّن سريع.

صباح: وكيف آخذ هذه الأدوية؟

الصيدلي: خذي من هذه الحبوب ثلاث مرّات في اليوم حبّتين بعد الأكل ومـن هذه القطرات عشرين قطرة في الصباح بعد الفطور وقبل النوم.

صباح: هل هذه القطرات مرّة؟

الصيدلي: إنها مرّة قليلاً وعليك أن تأخذيها مع قطعة من السكر.

صباح: سكر عادي أم خاصّ؟

الصيدلي: لا، سكر عادي.

صباح: شكراً جزيلاً، في الأمان.

الصيدلي: عفواً، سلامتك وفي أمان الله.

Übungen

L

L1 Ergänzen Sie die folgenden Sätze zu Befehlssätzen unter Verwendung der Verben ‏ترجم، أنجز، قدّم، سافر، رحّب، سلّم‏ !

Setzen Sie dabei sowohl den Imperativ der 2.P.Sg.m. und f. als auch den der 2.P.Pl.m. ein!

‏ترجم ذلك الكتاب!‏   >   ‏... ذلك الكتاب!‏

‏ترجمي ذلك الكتاب!‏   >

‏ترجموا ذلك الكتاب!‏   >

‏...إلى برلين يوم الأربعاء!‏

‏...بالوزير!‏

‏...بهم الآن!‏

‏...الأعمال حتى يوم الاثنين!‏

‏...الكلمات إلى اللغة العربية!‏

‏...ـنا إلى الأصدقاء!‏

‏...لها كرّاسة جديدة!‏

‏...بالضيوف في المطار!‏

‏...هذه الكلمة!‏

‏...لهم مشروعاً جديداً!‏

‏...له تلك الرسالة شخصياً!‏

‏...إلى هناك بالقطار!‏

‏...هذا العمل اليوم!‏

L2 (Hausaufgabe) Setzen Sie in der folgenden Übung die richtige Form der Verben ‏قابل، أنجز، أرسل، حدّث، سافر‏ ein!

‏هل يمكنك أن ... عملك حتى يوم الأربعاء؟‏   >

‏هل يمكنك أن تنجز عملك حتى يوم الأربعاء؟‏

‏هل يمكنك أن ... غداً إلى هناك؟‏

‏متى أمكنكم أن ... ـه عن الرحلة؟‏

أمكنني أن ... ـهم في الفندق.

أمكنها أن ... ـنا في الحفلة.

يمكننا أن ... إليكم هذه الأشياء.

أمكنه أن ... معنا إلى برلين.

لماذا لم يمكنكم أن ... واجباتكم؟

أين يمكنني أن ... ـك؟

L3 Setzen Sie das richtige Relativpronomen ein!

الوفد ... يسافر إلى برلين

الوفود ... وصلت إلى المطار

الأصدقاء ... يزوروننا غداً

المرافق ... رافقنا

الطالبان ... يدرسان اللغة العربية

مع الطالبتين ... تدرسان في معهد هيردر

الفتاة ... حضرت الحفلة

الفتيات ... حضرن الحفلة

التلاميذ ... ينجزون واجبات كثيرة

عند صديقي ... قدّم لي كأساً من الماء

أخي ... أرسل إليّ رسالة

L4 Setzen Sie in den folgenden Teilsätzen Relativpronomen und rückweisendes Personalsuffix ein:

الرسائل ... كتبـ.. لها

الأخبار ... سمعنا.. أمس

القلم ... اشتريتـ.. من ذلك المخزن

السياسيون ... قابلتـ.. يوم الخميس

الوفد التجاري ... رافقتـ.. لمدة ثلاثة أسابيع

في الرسالة ... أرسلتـ.. إلى عائلتي

الواجبات ... أنجز.. بسرعة

الهدية ... قدّمتـ .. لي صديقتي

الضيوف ... قدّمـ .. صديقنا إلينا

الفلم ... نشاهد .. يوم الجمعة

العائلة ... أعرف..

الضيوف ... نرحّب بـ..

هنا المكتبة ... أذهب إليـ.. كل يوم

السيارة الجديدة ... أسافر بـ.. إلى برلين غداً

الجامعة ... قابلت صديقتي أمام..

هذا الشخص ... حدّثتني صديقتي عنـ..

في البَلَدين ... سمعنا عنـ.. كثيرا

الخزانة ... وضعت الكتب فيـ..

أين المخزن ... اشتريت الهدايا منـ..

المدن ... كنتم فيـ.. مدة طويلة

القاعة ... كنّا فيـ..

L5 Interpretieren Sie folgende Sprichwörter und Redewendungen mit الذي :

الذي بيته من زجاج ما يراجم (mit Steinen werfen) الناس.

الذي في الجبل (Berg)يقول: يا ليتني (wäre ich doch) في الوادي (Tal)والـذي في الوادي يقول: يا ليتني في الجبل.

الذي ليس له عقل (Verstand)، عقله الشيطان (Teufel).

الذي ما ينظر في العواقب (Folgen) ما له الدهر (Zeit, Ewigkeit) صاحب.

الذي يدخل فيما لا يخصّه (jmdn. etw. angehen) يندَم (bereuen) .

G

G1 Wandeln Sie die in den folgenden Sätzen vorkommenden Perfektformen in Imperfektformen um!

قدّم أحمد صديقه إلينا.   >   يقدّم أحمد صديقه إلينا.

قدّمنا إليكم أصدقاءنا – متى قدّموه إليك؟ – قدّم أحمد نفسه – قدّمت له هـذا الهدية – هل قدّمتم لهم بعض الشراب؟

رحّب بنا مدير المعهد – رحّبنـا بضيوفنا الأجـانب – رحّب الرئيس بأعضـاء الوفد الفرنسي.

إلى أين سافرت الوفود؟ – سافرتْ إلى برلين بالقطار – سافرنا إلى هنـاك بالطائرة – هل سافر السياسيون اليوم؟

هل شاهدت ذلك الفلم؟ – نعم شاهدته مساء اليوم – نعـم شـاهدناه اليـوم – شاهدوا اليوم الأبنية الحديثة.

ترجم الطالب الكلمات الجديدة إلى اللغة الألمانية – ترجمتُها إلى اللغة العربيـة – ترجمت المعلمة الرسالة من اللغة الفرنسية إلى اللغة الألمانية.

هل حدّثكم صديقكم عن رحلته؟ – حدّثناه عـن دراستنا في مصـر – حدّثتنـا هيفاء عن الحياة في بلادها.

سلّم أحمد عدنان الكتاب – سلّمناكم المبلغ اليوم – سلّمتُ الأشياء فوراً.

أفرحنا ذلك – أفرحني ذلك – هل أفرحتكم الهدايا؟

رافقت الوفد طالبة ألمانية – رافقتُ صديقي إلى المحطة – رافقـني إلى المسرح صديق إنكليزي.

من قابلت هناك؟ – قابلت هناك صديقـاً جزائريـاً – قابلنـا اليـوم عـدداً مـن الضيوف الأجانب.

هل أمكنك أن تسافر إلى هناك؟ – أمكنـني أن أفعل ذلك – أمكنـا أن ننجـز واجباتنا فوراً.

متى أنجزتم واجباتكم؟ – هـل أنجـزت عملك بنفسك؟ – أنجـزوا العمـل بعـد ثلاث ساعات.

أرسل الطالب رسـالة إلى عائلته – هـل أرسلت هدية إلى صديقك؟ – متى أرسلت البطاقة إلى أصدقائك؟

لماذا أحضرت جميع الطلاب إلى هنا؟ – لماذا أحضرتم معكم أربعة كتـب فقط؟– أعرف أنهما أحضرا معهما نقوداً كثيرة.

G2 (Hausaufgabe) Setzen Sie in den folgenden Sätzen das jeweils verlangte Verb in der Perfekt- und in der Imperfektform ein!

(قدّم) > (أنا) ... إليه صديقي اليوم > قدّمت إليه صديقي اليوم.

> أقدّم إليه صديقي اليوم.

آ) قدّم ...الطالب هدية لصديقه.

(هم) ... إلينا أصدقاءهم.

235

متى ... (أنتم) إليّ ذلك الرجل؟

ب) حدّث متى ... ـهم (أنتم) عن واجباتهم؟

هل ... ـها المعلم؟

لماذا ... ـك الموظف؟

ج) رحّب هل ... بهم الرئيس؟

من ... بالوفد المصري؟

متى ... (هم) بالضيوف؟

د) سافر إلى أين ... الوفد؟

هل ... (أنتم) بالسيّارة أم بالقطار؟

(هم) ... يوم الأحد؟

ه) شاهد هل ... (أنت) تلك البطاقات؟

(هنّ) ... كل الأفلام.

متى ... (أنتِ) أولئك الأشخاص؟

و) أمكن هل ... ـك أن تفعل ذلك؟

متى ... ـكم أن تذهبوا إلى هناك؟

أين ... ـكم أن تقابلوهم؟

ز) أنجز (نحن) ... عملنا بعد ساعتين.

... الوفد واجبه بعد أسبوع.

... التلاميذ هذا العمل بسرعة.

ح) أرسل إلى من ... (أنتَ) هذه الرسالة؟

... الحكومة أدوية إلى مصر.

(نحن) ... ـها إلى المعهد.

A10 Verwenden wir die arabischen Buchstaben zur Numerierung, wie in G2 أ - ح , so gilt eine andere als die übliche alphabetische Reihenfolge. Sie ist durch folgenden mnemotechnischen Satz zu merken:

أَبْجَدْ هَوَّزْ حُطّي كَلَمُنْ سَعْفَصْ قَرَشَتْ ثَخَذْ ضَظَغْ

G3 Verneinen Sie die folgenden Fragen mit لا، لم ... بعدُ "nein, noch nicht"!

هل أنجزت واجباتك؟ > لا، لم أنجز واجباتي بعد.

هل واصلت الجولة؟

هل أرسلتم لهم رسالة؟

هل أنجزتم عملكم؟

هل أمكنكم أن تفعلوا ذلك؟

هل قابلتها؟

هل شاهدتِ ذلك الفلم؟

هل سافرت إلى القاهرة؟

هل رحّبتم بصديقنا؟

هل حدّثتموهم عن الدراسة؟

هل قدّمت الصديق إليهم؟

هل ترجمت الكلمات؟

G4 (Wiederholung) Wandeln Sie die folgenden Sätze in die Imperfektform der 3.P.Sg.m. oder f. um!

عاد محمد إلى الفندق. > يعود محمد إلى الفندق.

عاد صديقي من برلين.

وفت صديقتي بوعدها.

نسيت الطالبة مواعيدها.

وضع الطالب الكتاب تحت الشنطة.

أتى أعضاء الوفد صباحاً.

رأى عمر في المخزن كتباً جديدة.

رجت هيفاء أصدقاءها أن يذهبوا معها.

نامت الطالبات كثيراً.

وضعت صديقتي على الطاولة كؤوساً.

وعد الطالب صديقه بزيارة العاصمة.

رجت الفتاة أن تذهب إلى المسرح.

زار الوفد جامعتنا.

قال محمد إنّني شربت كأساً واحدة.

باع صديقي بيته.

مشى الرجال إلى قاعة الاجتماع.

لقي صديقي فتاة شقراء.

وضع الطالب الكتاب في الشنطة.

دعا الطالب صديقته إلى الحفلة.

مشت الطالبات إلى المخزن.

باع الطالب كتبه.

قال صديقنا العربي إنّني أكلت قليلاً.

عادت الفتيات إلى بيتهن.

زار صديقي عدداً من البلدان العربية.

قام أصدقائي بنزهة جميلة.

عاد الوفد اليوم.

زارت الوفود مدينة برلين.

وفى المعلمون بوعدهم.

جاء المرافق إلى قاعة الطعام.

جاءت صديقتي إليّ.

رأى محمد هناك رجالاً كثيرين.

وصل الأصدقاء مساء اليوم.

عادت الطائرة من القاهرة.

وصل الوفد إلى برلين بالطائرة.

عاد الأصدقاء صباحاً.

وصلت الوفود إلى هنا.

قام رئيس الوفد.

بنى العمال مباني رائعة.

وفى محمد بوعده.

نسي الطالب الكلمات الجديدة.

أتى الوفد مساء اليوم.

جاء أحمد حسب الموعد.

رأى أحمد صديقه أمام مخزن السيارات.

رجا محمد أصدقاءه أن يحضروا إليه.

زار الرجال ذلك الجبل.

قال صديقي إنّني مجتهد.

باع الرجل سيارته.

مشى الأصدقاء إلى المقهى.

وعد أحمد أصدقاءه بألف دولار.

وضع الطالب المعطف في الخزانة.

لقي المعلم أصدقائي في المخزن.

قاد المرافق السيارة بسرعة.

خافت المعلمة من السفر بالطائرة.

سار صديقي بالقطار.

قام محمد من النوم.

K

K1 (Übung zum verstehenden Hören) Der Lektor liest folgende Meldungen; die Studenten notieren den wesentlichen Inhalt und geben ihn in Deutsch wieder.

القاهرة – قال الرئيس المصري في الكلمة الافتتاحية في الجلسة الأولى للقمة الإفريقية : "إسمحوا لي أن أعبّر عن ارتياحي البالغ بعقد القمة الإفريقية في مصر العربية ويفرحني جدّا أنّكم أتيتم إلى هنا لكي تنجزوا أعمالاً عظيمة في هذه الأيام القليلة". ويشارك في أعمال القمة ٣٣ رئيس دولة و ٨ رؤساء حكومات و ١١ رئيس وفد وأيضاً ممثلون عن الأمم المتحدة.

الرياض – يواصل الوفد الفرنسي الذي يرأسه وزير خارجية فرنسا اليوم زيارته للمملكة بجولة في بعض المؤسسات الاقتصادية والمشاريع الزراعية. ومن الجدير بالذكر أن رئيس الوفد الفرنسي سيقابل نظيره السعودي لمناقشة سبل التعاون الثنائي في المجالين الزراعي والعسكري.

بغداد – وصل إلى بغداد وزير الدفاع الأردني ورحّب به عند وصوله إلى المطار نظيره العراقي وقال الوزير في تصريح صحفي إن العلاقات المتميزة بين

239

البلدين الشقيقين في مجال الدفاع هي برهان قاطع على مستوى التعاون الرفيع الذي يربط بين شعبينا ودولتينا. ومن الجدير بالذكر أن الوزير الأردني سلّم رسالة شخصية من جلالة الملك.

صنعاء – ذكرت الصحف اليمنية الصادرة أمس نقلاً عن مسؤول في وزارة الصحة أن أمراض الإسهال والكوليرا في عدد من محافظات اليمن أسفرت عن وفاة العديد من المواطنين في هذه المحافظات وقالت المصادر أيضاً إنّ هذا الوضع قد يرجع إلى أسباب صحّية.

القاهرة – يصل إلى القاهرة يوم الجمعة القادم وزير خارجية سوريا في زيارة عمل قصيرة سيبحث خلالها مع كل من وزير الخارجية ووزير الدفاع تطورات الوضع في المنطقة. ويبدو أنّه سيقدّم مشروعاً جديداً لتوسيع التعاون الثنائي في المجال العسكري.

K2 Der Lektor variiert die Nachrichten aus K1 geringfügig (Namen, Funktionen, Zahlen); die Studenten geben den Inhalt in Arabisch wieder. Die Fortsetzung solcher Übungen unter Verwendung von Fernsehen, Video, Radio etc. wird auch für die folgende Zeit empfohlen.

K3 Bereiten Sie in Anlehnung an Text 2 ein Gespräch in einer Apotheke vor! Nutzen Sie zur Vorbereitung die von Ihnen in Lektion 13 erarbeitete Liste häufiger Krankheiten und fragen Sie z.B. nach Tropfen bzw. Tabletten gegen Kopfschmerzen, Durchfall, Fieber etc. und deren Preisen!

Komplexübung:

1. Wandeln Sie die Perfektformen der Verben in die Imperfektform um!

قدّمنا إليكم ضيوفنا. رحّبوا بالرئيس. سافرن إلى باريس. شاهدنا هذه المسرحية. ترجمت الكلمة الطويلة. سلّم الكتاب. رافقتها إلى البيت. قابلتم الوفود. أنجزنا العمل. أرسلت رسائل كثيرة. أمكنه أنْ يسافر إلى مصر. أخبرهم بنتائج الانتخابات. أسفرت الجولة عن حلول سريعة. شاركوا في المؤتمر. عبّرتم عن ارتياحكم. أعطيته كتاباً. أفرحتني هذه الأخبار. أسفرت الأزمة الطويلة عن مشاكل كبيرة. واصلنا المناقشة. حدّثنا عن التطوّرات في الداخل. أرسلناه إلى الطبيب.

2. Übersetzen Sie ins Arabische!

Der Minister, der gestern ankam, war krank. Das Gesundheitsministerium, in dem ich gestern war, hat viele Ärzte in die Gouvernorate geschickt. Ich las eine Nachricht, in der stand, daß die Cholera zum Tode vieler Bürger geführt hat. Der Außenminister, der aus Israel kam, setzte seine Rundreise in Syrien fort. Er unterbreitete ein Projekt, in dem er die neuen Lösungen begrüßt. Die Rede, in der er seine Genugtuung zum Ausdruck brachte, war nicht sehr lang. In seinen Verhandlungen mit dem Gesundheits- und dem Verteidigungsminister sagte er, daß er seine Arbeit fortsetzen wird. Der deutsche Kanzler, der seine Genugtuung über die guten Beziehungen zum Ausdruck brachte, teilte dem Präsidenten mit, daß er neue Beweise vorlegen werde. Die beiden Delegationen, die vom Minister für Bildung und vom Wirtschaftsminister geleitet werden, setzten die Verhandlungen nach 2 Stunden fort. Er schickte einen Brief, in dem er neue Beweise vorlegte. Die Lehrerinnen, die das Ministerium in die Gouvernorate geschickt hatte, kehrten in die Hauptstadt zurück. Nach der Abschlußsitzung des afrikanischen Gipfels erörterte er mit einigen afrikanischen Präsidenten die neue Lage in der Region.

3. Verneinen Sie folgende Sätze!

أرسلت لهم عدة رسائل. أنجـزتم عملكـم. قـابلتُ الوزيـر. شـاهدوا المسـرحية. رحّبنا بالوفد. حدّثتْ عن زيارة الطبيب. واصـل الكلمـة. أفرحتـه بعض هـذه الحلول. أسفر القرار عن بعض النتـائج الجيّدة. كـان في غرفتـه. كـانت بعض الطالبات جميلات. هو وزير. واصل الكلمة ! قوموا بزيارة هـذا البلـد ! عـودي إلى البيت قبل الظهر ! كل اللحم الفاسد!

4. Übersetzen Sie ins Arabische (Zahlen ausschreiben)!

5	Tropfen	2	Bücher
7	Apotheken	18	Studenten
12	Krankenhäuser	33	Jahre
21	Tabletten	102	Stühle
100	Rezepte		im Jahre 1412 der Hiǧra
1000	Gäste		im Jahre 622 u.Z.
5000	Kranke		im Jahre 1999 v.u.Z.

Lektion 15 الدرس الخامس عشر

1. Stamm II, III, IV der Verben mit و oder ى

Die abgeleiteten Stämme der Verben mit و oder ى als R_1, R_2, R_3 haben die gleichen Kennzeichen wie die abgeleiteten Stämme der gesunden Verben. Scheinbare Besonderheiten ergeben sich nur dadurch, daß و oder ى in einigen Stämmen als Konsonanten, in anderen als Vokale auftreten. Letztere werden in manchen Apokopat- und Imperativformen gekürzt und erscheinen im Schriftbild nicht mehr, wie wir es in der gleichen Weise schon beim Grundstamm dieser sog. schwachen Verben kennengelernt haben.

Auch in den abgeleiteten Stämmen werden باع, قام, وصل und لقي als Musterverben verwendet. Sie dienen zur Darstellung der jeweiligen Modellstruktur, ohne tatsächlich in jedem einzelnen Stamm lexikalisiert zu sein. So kommt z. B. قام nur in den Stämmen I - IV und X, nicht aber in den Stämmen V - IX vor.

1.1. Verben R_1 = و oder ى bilden Stamm II, III, IV wie die gesunden Verben. Die Verben R_1 = ى werden nicht gesondert aufgeführt.

1.1.1. Der II. Stamm
Kennzeichen: Verdopplung von R_2

Perfektform: وَصَّلَ

Imperfektform: يُوَصِّلُ

Imperativ: وَصِّلْ

1.1.2. Der III. Stamm
Kennzeichen: Längung des Vokals nach R_1

Perfektform: وَاصَلَ

Imperfektform: يُوَاصِلُ

Imperativ: وَاصِلْ

1.1.3. Der IV. Stamm
Kennzeichen: Präfix *a-* أَ, Vokallosigkeit von R_1

Perfektform: أَوْصَلَ

Imperfektform: يُوصِلُ

Imperativ: أَوْصِلْ

A1 Ohne Hilfszeichen sind die Imperfektformen des II. und des IV. Stammes nicht zu unterscheiden. (Anhang: Tafeln 5, 6, 9, 16, 17)

1.2. Verben R_2 = و oder ى bilden den II. und III. Stamm wie die gesunden Verben, da hier و und ى als vollwertige Konsonanten gelten. Im IV. Stamm ist R_1 nicht vokallos. Die Verben R_2 = و oder ى haben im IV. Stamm unterschiedslos die gleichen Formen. Wir geben deshalb hier auch nur ein Musterverb an.

1.2.1. Der II. Stamm
Kennzeichen: Verdopplung von R_2

Perfektform:	بَيَّعَ (sprich: *qauwama*)	قَوَّمَ
Imperfektform:	يُبَيِّعُ (sprich: *yuqauwimu*)	يُقَوِّمُ
Imperativ:	بَيِّعْ (sprich: *qauwim*)	قَوِّمْ

1.2.2. Der III. Stamm
Kennzeichen: Längung des Vokals nach R_1

Perfektform:	بَايَعَ	قَاوَمَ
Imperfektform:	يُبَايِعُ	يُقَاوِمُ
Imperativ:	بَايِعْ	قَاوِمْ

1.2.3. Der IV. Stamm
Kennzeichen: Präfix *a-* أ

Perfektform:	أَقَامَ
2. P. Sg. m.	أَقَمْتَ
Imperfektform Indikativ:	يُقِيمُ
Imperfektform Apokopat:	يُقِمْ
Imperativ:	أَقِمْ

A2 Ohne Hilfszeichen sind die meisten Imperfektformen des II. Stammes (R_2 = ى) und des IV. Stammes (R_2 = و oder ى) nicht zu unterscheiden. Ebenso ist es bei den Verben R_2 = و im Grundstamm und im II. Stamm. (Anhang: Tafeln 5, 6, 9, 19, 21)

243

1.3. Verben R₃ = ‍و oder ي sind in den abgeleiteten Stämmen gleich. Wir geben deshalb auch nur ein Musterverb für die einzelnen Stämme an.

1.3.1. Der II. Stamm
Kennzeichen: Verdopplung von R₂

Perfektform: لَقَّى

Imperfektform Indikativ: يُلَقِّي

Imperfektform Apokopat: يُلَقِّ

Imperativ: لَقِّ

1.3.2. Der III. Stamm
Kennzeichen: Längung des Vokals nach R₁

Perfektform: لَاقَى

Imperfektform Indikativ: يُلَاقِي

Imperfektform Apokopat: يُلَاقِ

Imperativ: لَاقِ

1.3.3. Der IV. Stamm
Kennzeichen: Präfix *a-* أ, Vokallosigkeit von R₁

Perfektform: أَلْقَى

Imperfektform Indikativ: يُلْقِي

Imperfektform Apokopat: يُلْقِ

Imperativ: أَلْقِ

Die Verben R₃ = ‍و oder ي werden in den Stämmen II, III und IV wie das Musterverb مَشَى in den einzelnen Formen des Grundstammes konjugiert.

A3 Ohne Hilfszeichen sind die Imperfektformen des II. und IV. Stammes weder voneinander noch vom Grundstamm (R₃ = ي, bei einigen Formen auch R₃ = ‍و) zu unterscheiden. (Anhang: Tafeln 5, 6, 9, 26)

2. Der substantivische Relativsatz

2.1. Wir haben in Lektion 14 den Typ des Relativsatzes kennengelernt, der als Attribut zu einem Substantiv steht, und ihn den attributiven Relativsatz genannt. Daneben gibt es noch einen anderen Relativsatztyp, den substantivischen Relativsatz. Er ist auch im Deutschen bekannt. Eingeleitet wird er hier durch das determinativ-relative "der", "die", "das".

Ehre, wem (demjenigen, dem) Ehre gebührt,

bzw., auf unbestimmte Größen bezogen, durch das verallgemeinernd-relative "wer" oder "was".

Wer (jeder, der) uns besucht, ist uns willkommen.

Was (das, was) er getan hat, war nicht richtig.

Dabei ist häufig ein konditionaler Sinn erkennbar.

Wer (wenn jemand) sucht, findet.

Wer (wenn jemand) rastet, rostet.

2.2. Im Arabischen werden diese Relativsätze eingeleitet durch das determinativ-relative

الَّذِي Pl. الَّذِين (bezogen auf Personen, selten auf Nicht-Personen)

derjenige, der; diejenigen, die; (selten) dasjenige, was;

durch das verallgemeinernd-relative

مَن (bezogen auf Personen) wer; einer, der;

und das verallgemeinernd-relative

مَا (bezogen auf Nicht-Personen) was; das(jenige), was; etwas.

2.3. Solche Sätze können die syntaktische Funktion eines a) Subjekts, b) Objekts, c) Prädikats oder d) 2. Gliedes einer Genitivverbindung ausüben, sowie e) in Abhängigkeit von einer Präposition stehen.

a) Was mir gestern passiert ist, wird mir nicht noch einmal passieren.

مَا حَدَثَ لِي أَمْسِ لَن يَحْدُثَ لِي مَرَّةً ثَانِيَةً.

Derjenige, der die Rede gehalten hat, ist mein Freund.

أَلَّذِي أَلْقَى الكَلِمَةَ صَدِيقِي.

b) Wir wissen, wer die Verhandlungen führt.

نَعْرِفُ مَنْ يُجْرِي المُحَادَثَاتِ.

c) Das ist (das), was mir passiert ist.

هَذَا مَا حَدَثَ لِي.

d) Er erzählte uns alles, was er wußte.

حَكَى لَنَا كُلَّ مَا عَرَفَ.

e) Er hat uns von den Dingen erzählt, die
er dort gesehen hat (*wörtl.* von dem, was).

حَكَى لَنَا عَمَّا شَاهَدَ هُنَاكَ.

Der Preis davon ist 10 Lira
einschließlich Porto (wörtl.: mit
dem, was in jenem ist an).

سِعْرُهَا عَشْرُ لِيرَاتٍ بِمَا فِي ذَلِكَ
أُجْرَةُ الْبَرِيد.

2.4. Für das Arabische typisch ist eine Konstruktion, in der مَنْ und مَا
durch ein nachgestelltes مِنْ + Substantiv näher bestimmt werden.

Wir kennen (das), was in ihnen (in
ihren Seelen) an Zweifeln ist = wir
wissen, welche Zweifel sie hegen.

نَعْرِفُ مَا فِي أَنْفُسِهِم مِن شُكُوكٍ.

Du kamst mit denjenigen, die bei dir
(waren) von den Männern = du kamst
mit den Männern, die bei dir waren.

جِئْتَ بِمَنْ عِنْدَكَ مِنَ الرِّجَالِ.

das, was sie an Geräten haben = die
Geräte, die sie haben.

مَا عِنْدَهُم مِنْ أَجْهِزَةٍ

Substantivische Relativsätze dieser Art werden vielfach den
entsprechenden attributiven Relativsätzen vorgezogen.

attributiv:

نَعْرِفُ الشُّكُوكَ الَّتِي تُوجَدُ فِي أَنْفُسِهِمْ.

substantivisch:

نَعْرِفُ مَا فِي أَنْفُسِهِم مِن شُكُوكٍ.

attributiv:

جِئْتَ بِالرِّجَالِ الَّذِينَ (كَانُوا) عِنْدَكَ.

substantivisch:

جِئْتَ بِمَنْ عِنْدَكَ مِنَ الرِّجَالِ.

attributiv:

أَلْأَجْهِزَةُ الَّتِي (تُوجَدُ) عِنْدَهُمْ

substantivisch:

مَا عِنْدَهُم مِنْ أَجْهِزَةٍ

2.5. Zu den substantivischen Relativsatzkonstruktionen gehört
weiterhin مِنْ + Personalsuffix + مَا / مَنْ :

unter ihnen sind welche, die ...

... مِنْهُمْ مَنْ

darunter ist etwas, was ...

... مِنْهَا مَا

2.6. مَا und مَنْ werden mit einigen Präpositionen kontrahiert:

(مِنْ + مَا) > مِمَّا، (فِي + مَا) > فِيمَا

(عَنْ + مَا) > عَمَّا، (مِنْ + مَنْ) > مِمَّنْ

2.7. Einige Phraseologismen in Form substantivischer Relativsätze:

einschließlich (wörtl.: mit dem, was darin ist)	بِمَا فِي ذَلِكَ
nach etwa einem Jahr (wörtl.: nach Ablauf dessen, was einem Jahr nahekommt)	بَعْدَ مُرُورِ مَا يُقَارِبُ عَامَاً وَاحِداً
erwähnenswert ist (wörtl.: von dem, was wert der Erwähnung ist, daß ...)	مِمَّا هُوَ جَدِيرٌ بِالذِّكْرِ أَنَّ
erwähnt werden muß (wörtl.: von dem, dessen Bemerkung notwendig ist)	مِمَّا يَجِبُ مُلاَحَظَتُهُ أَنَّ
was anbelangt, was anbetrifft	فِيمَا يَخُصُّ

V

führen zu	II أَدَّى (يُؤَدِّي) إلى	Teil	جُزْءٌ ج أَجْزَاء
Australien	إِسْتِرَالِيا	trocken	جَافٌّ
Zoll (*engl. Maßeinheit*)	إِنْش ج ـات	Zeitschrift	مَجَلَّة ج ـات
unterstützen j-n., etw.	II أَيَّد (يُؤَيِّدُ) ه، هـ	Einfrieren (*intrans.*)	تَجَمُّد
Brunnen	بِئْر (م) ج آبار	unter dem Gefrierpunkt	دون درجة التجمُّد
Beduinen	بَدْو	Funkgerät	جِهَاز لا سِلْكِيّ
nomadisierende Beduinen	بَدْو رُحَّل	antworten auf	IV أَجَاب (يُجِيبُ) على
Batterie	بَطَّارية ج ـات	Tasche	جَيْب ج جُيُوب
Decke	بَطَّانِية ج ـات	(*Präp.*) bis	حتى
verbleibend	مُتَبَقٍ	erzählen über	حكى (يَحْكِي) عن
Gewehr	بُنْدُقية ج بنادِقُ	Vorsicht	حِذْر / حَذَر
klar machen etw.	II بَيَّن (يُبَيِّنُ) هـ	vorsichtig	حَذِر
Schlange	ثُعْبَان ج ثعابينُ	Spritze	حُقْنة ج حُقَن
mit Ausnahme von	بِاسْتِثْناء	Reserve, Vorrat	إِحْتِيَاطِيّ ج ـات
durchführen	IV أَجْرى (يُجْرِي) هـ	verhindern etw.	حال (يَحُولُ) دون هـ

247

Schlange	حيّة ج ـات	sehr bald	سُرعانَ ما
Lebewesen, Tier	حَيَوان ج ـات	Fallen (Regen)	سُقُوط
speichern etw.	II خزَّن (يُخزِّنُ) هـ	Gift	سمّ ج سُمُوم
Fruchtbarkeit	خِصْب	giftig, Gift-	سامّ
Linie; Leitung	خطّ ج خُطُوط	Fahrer	سائِق ج ـون
Äquator	خط الإسْتِواء	Sturzbach, Flut	سَيْل ج سُيُول
Gefahr	خطَر ج أخْطار	weitläufig	شاسِع
erleichtern etw.	II خفَّف (يُخفِّفُ) من	Wüste	صحْراءُ ج صحارَى
leicht	خفِيف	die Sahara	الصحْراء الكُبْرَى
vorbereiten, besorgen etw.	II دبَّر (يُدبِّرُ) هـ	Fels (coll.)	صخْر ج صُخُور
Grad Celsius	درجة مِئوية	treffen etw., j-n.	IV أصاب (يُصِيبُ) هـ، ه
warm	دافِئ	Somalia	الصُومال
Erhöhung, Anhebung	رفْع	Druck; Nachdruck	ضغْط ج ضُغُوط
hoch	مُرْتفِع	verlieren etw.	II ضيَّع (يُضيِّعُ) هـ
Höhe	إرْتِفاع ج ـات	überhaupt	على الإطْلاق
Sand	رمْل ج رِمال	entwickeln etw.	II طوَّر (يُطوِّرُ) هـ
Wind	رِيـح (م) ج رِيـاح	Energie, Potenz	طاقة ج ـات
wollen etw., daß	IV أراد (يُرِيدُ)هـ، أنْ	(Präp.) während	طِيلة
wünschen etw.	رام (يرُومُ) هـ	Durchschnitt; Rate	مُعدَّل ج ـات
wunschgemäß	على ما يُرامُ	Sturm	عاصِفة ج عواصِفُ
versorgen j-n. mit etw.	II زوَّد (يُزوِّدُ) ه ب هـ	Schaden	عُطْل
Proviant	زاد ج أزْواد	geben j-m. etw.	IV أعْطَى (يُعْطِي) ه/ ل/ إلى ، هـ
übersteigen etw.	زاد (يزِيدُ) عن	Skorpion	عقْرب ج عقارِبُ
vorausgehen j-m., etw.	سبق (يَسْبقُ) ه، هـ	Gott ist allwissend!	الله أعْلمُ
Geheimnis	سِرّ ج أسْرار	bekanntgeben etw.	IV أعْلن (يُعْلِنُ) هـ
		Spinne	عنكُبوت ج عناكِبُ

248

leiden an etw.	III عانَى (يُعانِي) من
Staub	غُبار ج أغْبِرة
eigenartig, fremd	غريب ج غُرباءُ
die Gobi	الغوبي
versickern (in)	غار (يغورُ) (في)
verändern etw.	II غيَّر (يُغيِّرُ) ـهـ
denken (an)	II فكَّر (يُفكِّرُ) (في)
Überschwemmung	فَيَضان ج ـات
Schicksal	قدَر ج أقْدار
nahe bei	بِالقُرْبِ من
Höchst-	قُصْوَى
Problem, Fall	قضية ج قضايا
Satellit	قمَر صِناعيّ
veranstalten etw.	IV أقام (يُقيمُ) ـهـ
Macht, Stärke	قُوَّة ج ات، قوى
Düne, Hügel	كثِيب ج كُثْبان
Kugel, Ball	كُرة ج ات
vollständig	كامِل
fast (tun) (*mit Negation* "kaum")	كاد (يكادُ) (يفْعلُ)
Kenia	كينيا
absagen etw.	IV ألْغَى (يُلْغِي) ـهـ
werfen etw.	IV ألْقَى (يُلْقِي) ـهـ
eine Rede halten	ألقى كلمة
Hundert-	مِئوي
ständig	بِاسْتِمْرار
verfließen	مضَى (يمْضِي)
Regen	مطر ج أمْطار

voll von	ملِيء ب
Mongolei	مُنْغُوليا
wellenartig	موْجيّ
Merkmal	مِيزة
Pflanze	نبات ج ـات
resultieren (aus)	نجَم (ينجُمُ) (عن)
Stern	نجْم ج نجُوم
eingemeißelt	منْحُوت
Seltenheit	نُدْرة / نَدْرة
selten	نادِر
Kopie, Exemplar	نُسْخة ج نُسخ
Hälfte	نِصْف ج أنْصاف
Mittel-, Halb-, Mitte	مُنْتصِف
Wachstum	نُمُو
Tag	نهار ج أنْهُر
beenden etw.	IV أنْهَى (يُنْهِي) ـهـ
Klima	مُناخ
sinken	هبط (يهْبُطُ)
(das) Regnen	هُطُول المطر
Indien	الهِنْد
Luft	هواء ج أهْوية، أهْواء
Schwere, Heftigkeit	وطْأة
Oase	واحة ج ـات
Wadi	وادٍ ج أوْدية، وِدْيان
bringen j-n., etw. nach	IV أوْصل (يُوصِلُ) ه، ـهـ إلى
erläutern etw.	IV أوْضح (يُوضِحُ) ـهـ

مناخ الصحراء

إن ميزة المناخ في الصحارى هي ندرة المطر ممّا يحول دون خصب أراضيها ونمو النباتات والأشجار فيها. ومعدّل هطول الأمطار في المناطق الصحراوية يكـاد لا يزيد عن ١٠ إنشات في العام الواحد. وقد تمضي أحياناً سـنوات عـديدة دون سقوط المطر على الإطلاق.

وتقع الصحارى الحارة في مناطق الضغط المرتفع وهي الصحراء الكـبرى والصحراء العربيـة وأجـزاء كبيرة مـن العـراق وإيـران وشمـالي غـرب الهنـد وكاليفورنيا وذلك في نصف الكرة الشمالي، أما نصف الكـرة الجنوبي فيضمّ جنوب إفريقيا (كالاهـاري) وأجـزاء كبيرة مـن إسـتراليا إضافـة إلى منطقـة صحراوية شاسعة في شمالي كينيا والصومال بـالقرب مـن خط الاستواء. أمـا الصحراء المتبقّية فهي الغربي في منغوليا، وهي شديدة الحرارة في الصيف وباردة جدّا في الشتاء.

ونجد في هـذه المنـاطق الصحراويـة الشمس الحـارّة طيلـة العـام باستثناء فصل الشتاء، وقد تبلغ درجة الحرارة القصـوى ٦٠ درجـة مئويـة في منتصف النهار ولكنّها تهبط بسرعة في الليل. أما في الشتاء فقد تهبط درجـة الحـرارة في الليـل في منتصف العام إلى دون درجة التجمّد. ويكون الهواء جافاً جدّا باستمرار ممّـا يخفّف الحرارة.

أما هطول الأمطار فيكون نادراً جدّا وقد تحدث عواصف شديدة ممّا يـؤدّي إلى سيول في الوديان وقد ينجم عنها فيضانات. وسرعان مـا تغـور الميـاه في داخـل الأرض التي تخزنها وتزود بها الآبار والواحات. وتعمـل الريـاح هنا على رفـع الغبـار والرمـال إلى ارتفاعـات عاليـة بشكل كثبـان موجيـة وتعطي للصخـور أشكالاً منحوتة رائعة وغريبة.

الرحلة إلى الصحراء   Text 2

بيترا: صباح الخير، كيف حالك؟

أحمد: صباح النور، بخير الحمد لله، كيف حالك؟

بيترا: كل شيء على ما يرام. هل يمكن أن نقوم اليوم برحلتنا إلى الصحراء؟

أحمد: طبعاً، دبّرت كل شيء لكي لا نعاني من مشاكل، أي سيّارة لاندروفر وسائقاً شاطراً والزاد والشراب لسبعة أيّام.

بيترا: هل نبقى أسبوعاً كاملاً في الصحراء؟

أحمد: لا، كما قلنا نبقى هناك ثلاثة أيام، ولكن من يقوم برحلة إلى الصحراء يجب أن يكون معه احتياطي لأنّ الصحراء، كما تعرفين، مليئة بالأسرار والأخطار. يمكن أن نضيّع الطريق أو أن يحدث عطل في السيّارة أو عاصفة أو سيل إلخ.

بيترا: إن شاء الله لا تحدث كل هذه الكوارث في رحلة واحدة.

أحمد: الله أعلم، ولكن لا تخافي ! معنا أيضا جهاز لا سلكي.

بيترا: هل بطّاريات الجهاز جديدة؟

أحمد: الجهاز يأخذ طاقته من بطارية السيّارة ويعمل عن طريق الأقمار الصناعية.

بيترا: وماذا يجب أن آخذ معي من الملابس والأشياء الأخرى؟

أحمد: ملابس خفيفة للنهار ودافئة لليل وبطّانية نوم لأنّنا سوف ننام تحت نجوم سماء الصحراء.

بيترا: وكيف الأمر بالنسبة للعقارب والثعابين والحيات والعناكب السامة والحيوانات الخطيرة الأخرى؟

أحمد: لا تخافي! أولاً معي بندقية وثانياً هذه الحيوانات تنام أيضاً في الليل. وإضافة إلى ذلك عندي صيدلية جيب وفيها أيضاً الحقن والحبوب اللازمة ضدّ سموم هذه الحيوانات.

بيترا: أنت حذر جدّاً، فكرت في كل شيء. وإن شاء الله تعرف كيف تصيب العقارب والعناكب بالبندقية.

أحمد: يقول البدو الرحل : سبق الحذر القدر.

Übungen

L

L1 Suchen Sie gemeinsam mit dem Lektor nach deutschen Äquivalenten für folgende z.T. umgangssprachliche Sprichwörter und Redewendungen mit مَن.

من أبوه الدولة، من يشتكي (klagen, sich beschweren) به؟

من أحبّ الجمل أحبّ جمّاله (Kamelhirte).

من احتاج للصوف (Wolle) جزّ (scheren) الكلب.

من أدخلته بيدك أخرجك برجله.

من استمع (anhören) شور (Rat) النساء كان من عديدهن (ihresgleichen).

من أكل بالاثنتين اختنق (ersticken).

من أمه في الدار عاد قرصه (Brot) حار.

من باع بارك (Segen aussprechen).

من بدع (zum ersten Mal tun, etwas Neues schaffen) ختم (beenden).

من تكلّم (sprechen) بلغة قومه ما لحن (Sprachfehler machen).

من جدّ وجد.

من أحبّ نفسه فارق (sich trennen) أصحابه.

من خاف العصفور (Spatz) ما زرع.

من خان (betrügen) لك خان عليك.

من دقّ (anklopfen) الباب لقي الجواب.

L2 Bestimmen Sie zunächst den Stamm der folgenden Verben

أعطى / ألغى / أراد / طوّر / ألقى / بيّن / أعلن / أنهى / أوضح / أجاب / أيّد / أجرى / واصل / غيّر

und kombinieren Sie sie dann mit den angegebenen Wortgruppen zu sinnvollen Kollokationen!

الموعد مع المدير

أن يمشي إلى المدينة

صديقه بطانية

الوضع في البلد

نتائج الانتخابات

المؤتمر بكلمة ختامية

أهداف الحكومة

على الأسئلة الصعبة

سياسة البلدان العربية

كلمة .بمناسبة العيد الوطني

محادثات مع الوفود العربية

لنا ميزة مناخ الصحراء

برنامج الزيارة

الرحلة بعد يومين

L3 (Hausaufgabe) Setzen Sie in den folgenden Sätzen das passende Relativpronomen ein:

لا أعرف ... حدث.

لا أعرف كل ... حضروا الحفلة.

إحك لي ... قابلت من الأشخاص!

نرحّب ب... جاؤوا إلينا من الخارج.

حكى لنا ... سمع من أخبار.

هل تعرف ... عندهم من قضايا؟

كتب لي عن ... يدرس من اللغات.

أعرف كل ... زار معهدنا أمس.

رحّبنا ب ... عندكم من الضيوف.

ألغوا كل ... في برنامجهم من مواعيد.

G

G1 Wandeln Sie die in den folgenden Sätzen vorkommenden Perfektformen in Imperfektformen um! أمـس ist dabei durch اليوم zu ersetzen!

أجرى رئيس الوفد العربي محادثات في برلين.   <

يجري رئيس الوفد العربي محادثات في برلين.

أقام وزير الخارجية حفلة استقبال.

ألقى رئيس الجمهورية كلمة قصيرة.

رحّب مدير المعهد بضيوفه.

رحّبنا مساء الأمس بضيوفنا.

رحّب وزير الخارجية برئيس الوفد العربي.

أيّدت ألمانيا سياسة البلدان العربية.

أيّدت فرنسا سياسة العرب.

أجاب رئيس الوفد العربي بكلمة قصيرة.

أجابت الطالبة على سؤال المعلم.

أوضح رئيس الوفد موقفه.

أنهى الوفد السوري زيارته لبلدنا أمس.

أنهينا سفرنا أمس.

بيّن لي معلمي الدرس الجديد.

بيّن لنا من هو صديقنا.

وقفنا إلى جانب البلدان العربية.

أعلن رئيس الجمهورية أنّنا سنطوّر بلادنا.

طوّرنا بلادنا.

أراد محمد أن يسافر إلى باريس.

أردت أن أدرس اللغة العربية.

أرادت صديقتي أن تشرب كأساً من النبيذ.

غيّر الوفد العربي برنامجه.

ألغيت سفري.

أعطاني أحمد كتابه.

هل أعطيته كرّاستك؟

أرسلت كل البطاقات إلى الخارج.

واصل الطالب دراساته.

واصلت الطالبة دراساتها في الجامعة.

واصل الوفد السوري سفره.

واصل الوفد محادثاته مع المسؤولين.

أوصلنا المرافق إلى مدير المصنع.

أوصلته إلى مدير المعهد.

G2 (Hausaufgabe) Wiederholen Sie G1 und schreiben Sie die umgewandelten Sätze in der Imperfektform auf!

G3 Wandeln Sie die in den folgenden Sätzen vorkommenden Imperfektformen in Perfektformen um! غَـدا ist gegebenenfalls durch أمس zu ersetzen.

يجري المدير محادثات مع الوفد التجاري. <

أجرى المدير محادثات مع الوفد التجاري.

نرحّب غداً بالضيوف العرب.

أرحّب بصديقتي أمام المسرح.

نجيب على أسئلة معلمينا.

نؤيّد هذه السياسة.

يوضح الوزير القضايا التجارية.

ينهي الوفد سفره غداً.

أنهي هذا العمل غداً.

نقف إلى جانب البلدان العربية.

يبيّن وزير الخارجية للطلاب سياسة تلك البلدان.

تطوّر حكومة الجزائر علاقاتها السياسية مع ألمانيا.

يريد أحمد أن يشاهد الفلم الجديد.

أريد أن أشرب كأساً من البيرة.

تريد صديقتي أن تشرب فنجاناً من القهوة.

نريد أن نسافر إلى مدينة برلين.

يريد أخي أن يرسل رسالة إلى عائلته.

يلغي الوزير سفره.

يواصل الوفد محادثاته مع المسؤولين.

يواصل وزير الخارجية سفره.

G4 Bilden Sie von den in den folgenden Sätzen angegebenen Verben den Imperativ in der jeweils geforderten Form!

أجاب – على السؤال   <   أجب على السؤال!

	أجيبي على السؤال!	<
	أجيبوا على السؤال!	<
(Sg. + Pl. m.)	‐ بالضيوف	رحّب
(Pl. m.)	‐ هذه السياسة	أيّد
(Sg. + Pl. m.)	‐ على الأسئلة	أجاب
(Sg. + Pl. m.)	‐ هذه القضية	أوضح لي
(Pl. m.)	‐ بلادكم بكل قواكم	طوّر
(Sg. + Pl. m.)	‐ البرنامج	غيّر
(Sg. + Pl. m.)	‐ زجاجة من العصير	أعطى + ني
	‐كأساً من الماء	
	‐ فنجاناً من القهوة	
	‐كأساً من البيرة	
	‐ فنجاناً من الشاي	
	‐ بعض البطاقات	
	‐ العدد الجديد من المجلّة	
	‐ نسخة واحدة	
	‐ الكتاب	
	‐ النقود	
	‐ هذا	
(Sg. m.)	‐ دراستك	واصل
(Sg. + Pl. m.)	‐ العمل حتى صباح اليوم	أنهى
	‐ العمل حتى صباح الغد	
	‐ الواجب حتى مساء اليوم	
	‐ الكتابة حتى مساء الغد	
	‐ المشروع بعد ساعة	
	‐ الاستقبال بعد ساعتين	
(Sg. + Pl. m.)	‐ إلى هناك	أوصل + نا

G5 Ersetzen Sie in den folgenden Sätzen die Perfektform durch

لم + Apokopat oder

لم + Apokopat + بعدُ "noch nicht" oder

لم + Apokopat + فقط "nicht nur"!

أجرى الوفد المصري محادثات في برلين.

لم يجر الوفد المصري محادثات في برلين بعد.

لم يجر الوفد المصري محادثات في برلين فقط.

أجاب الطالب على السؤال.

أنهى الوفد السوري زيارته لبلدنا.

أنهيت عملي.

أراد محمد أن يسافر بالسيارة.

أرادت الفتاة أن تشرب كأساً من العصير.

لماذا غيّر الوفد برنامجه؟

لماذا ألغوا الزيارة؟

أعطاني كتاباً واحداً.

لماذا أعطيتني نقوداً؟

أرسلت كل البطاقات إلى الخارج.

أنهيت هذا العمل أمس.

أراد أحمد أن يشاهد الفلم القديم.

أردت أن أشرب كأساً واحدة.

أراد أخي أن يرسل رسالة إليهم.

واصل الطالب دراساته.

واصل الوفد المحادثات مع المسؤولين.

K

K1 (Hausaufgabe) Erstellen Sie in Vorbereitung von K2 mit Hilfe des Wörterbuches eine Liste wichtiger Reiseutensilien! Die Liste wird im Kolleg verglichen und ergänzt.

K2 Erarbeiten Sie in Anlehnung an Text 2 für das nächste Kolleg einen Dialog über die Vorbereitung einer Reise (in die Wüste, zu einem Ausflugsziel, zu einer Ausgrabungsstätte etc.)!

Lektion 15

Komplexübung:

1. Wandeln Sie die Perfektform in die Imperfektform um!

أقام وزير الخارجية حفلة استقبال. ألقى الرئيس كلمة. أوضحت المعلّمة الدرس الجديد. أردنا أن نقوم برحلة إلى الصحراء. أصاب الهدف بالبندقية. أعلن الرئيس افتتاح المؤتمر. أنهوا الرحلة في الشتاء. أيّدت الحكومة كل القرارات. أجبتم على كل الأسئلة. يخفّف الهواء الجافّ من وطأة الحرارة. أدّت الكوارث إلى وفاة الكثير من المواطنين. عانى البلد من عواصف شديدة. غيّر أحمد برنامج الرحلة. أعطيته الحبوب والأدوية الأخرى. أصابوا العقارب والعناكب بالبندقية. خافت من الحيوانات الخطيرة. بقينا في الصحراء لمدة أسبوع. ضيّعنا الطريق. فكّرتم في حلول جديدة. ألغت الوزارة كل البرامج.

2. Verneinen Sie die Sätze aus Ü1 in der Vergangenheit!

3. Übersetzen Sie ins Arabische!

Er ist noch nicht gekommen. Sie hat die Reise noch nicht abgesagt. Er hat mir noch kein Buch gegeben. Sie haben die Sitzung noch nicht beendet. Wir haben noch keine Verhandlungen geführt. Sie werden keinen Empfang geben. Er wird den Skorpion nicht mit dem Gewehr treffen.

4. Setzen Sie das passende Relativpronomen ein!

ألغوا كل ... في البرنامج من مواعيد. لا أعرف كل ... زاروا المعهد في هـذا اليوم. قل لي ... رأيت في الصحراء. لم يقل ... حدث في أيّام الرّحلة. ... أصاب الهدف صديقي.

5. Übersetzen Sie folgenden Brief ins Arabische!

Lieber Muḥammad!

Wie geht es Dir und Deiner Familie? Ich war mit einigen Freunden in der Wüste. Der Ausflug war sehr schön. Am Tag war es sehr heiß und nachts sehr kalt. Ich habe eine Überschwemmung gesehen und viele Tiere der Wüste, d.h. giftige Skorpione, Schlangen und Spinnen und andere gefährliche Tiere, deren arabische Namen ich nicht weiß. Wir haben 3 Tage unter den Sternen des Wüstenhimmels geschlafen. Nächste Woche fahren wir in die Berge.

Was das Studium anbetrifft, so ist alles wunschgemäß, einschließlich der Vorlesungen in Medizin.

So Gott will, sehe ich Dich nächsten Monat.

Dein Freund Peter

Lektion 16   الدرس السادس عشر

1.   **Die Ordinalzahlen** (أَلْأَعْداد التَّرْتِيبِيَّة)

1.1.   Die Ordinalzahlen von 1-10 lauten:

	f.	m.
1.	أُولَى	أَوَّلُ
2.	ثَانِيَة	ثَانٍ
3.	ثَالِثَة	ثَالِثٌ
4.	رَابِعَة	رَابِع
5.	خَامِسَة	خَامِس
6.	سَادِسَة	سَادِس
7.	سَابِعَة	سَابِع
8.	ثَامِنَة	ثَامِن
9.	تَاسِعة	تَاسِع
10.	عَاشِرة	عَاشِر

Die Ordinalzahlen 2-10 sind Adjektive der Modellstruktur فاعِل *fāᶜil*, gebildet aus den entsprechenden Kardinalzahlen.

A1 ثَـان, determiniert أَلثَّانِي, wird wie ثمان, determiniert أَلثَّمانِي, dekliniert; vgl. Lektion 10, A 6, und Tafel 37.

1.2.   Die Ordinalzahlen von 11-19 lauten:

	f.	m.
11.	حَادِيَة عَشْرَةَ	حَادِي عَشَرَ
12.	ثَانِيَة عَشْرَةَ	ثَانِي عَشَرَ
13.	ثَالِثَة عَشْرَةَ	ثَالِثَ عَشَرَ

14.	رَابِعَةَ عَشْرَةَ		رَابِعَ عَشَرَ
15.	خَامِسَةَ عَشْرَةَ		خَامِسَ عَشَرَ
16.	سَادِسَةَ عَشْرَةَ		سَادِسَ عَشَرَ
17.	سَابِعَةَ عَشْرَةَ		سَابِعَ عَشَرَ
18.	ثَامِنَةَ عَشْرَةَ		ثَامِنَ عَشَرَ
19.	تَاسِعَةَ عَشْرَةَ		تَاسِعَ عَشَرَ

Die Zahlen 11. - 19. sind nicht flektierbar!

1.3. Die arabischen Ordinalzahlen werden syntaktisch wie Adjektive behandelt. Sie folgen also dem Substantiv und kongruieren mit ihm in Kasus, Status, Genus und Numerus. Eine Genuspolarität wie bei den Kardinalzahlen gibt es nicht.

in Verbindung mit einem fem. Substantiv		in Verbindung mit einem mask.. Substantiv	
das 1.Jahr	أَلسَّنَةُ الأُولَى	der 1.Tag	أَلْيَوْمُ الأَوَّلُ
		1.Tišrīn (Oktober)	تِشْرِينُ الأَوَّلُ
		2.Kānūn (Januar)	كَانُونُ الثَّانِي
das 2.Jahr	أَلسَّنَةُ الثَّانِيَةُ	der 2.Tag	أَلْيَوْمُ الثَّانِي
das 3.Jahr	أَلسَّنَةُ الثَّالِثَةُ	der 3.Tag	أَلْيَوْمُ الثَّالِثُ
das 10.Jahr	أَلسَّنَةُ الْعَاشِرَةَ	der 10.Tag	أَلْيَوْمُ الْعَاشِرُ
das 11.Jahr	أَلسَّنَةُ الْحَادِيَةَ عَشْرَةَ	der 11.Tag	أَلْيَوْمُ الْحَادِيَ عَشَرَ
das 12.Jahr	أَلسَّنَةُ الثَّانِيَةَ عَشْرَةَ	der 12.Tag	أَلْيَوْمُ الثَّانِيَ عَشَرَ
das 19.Jahr	أَلسَّنَةُ التَّاسِعَةَ عَشْرَةَ	der 19.Tag	أَلْيَوْمُ التَّاسِعَ عَشَرَ

A2 Das Ordnungszahlwort für 1., also أَوَّل bzw. أُولَى, wird häufig mit dem nachfolgenden Substantiv in Form einer Genitivverbindung verbunden und ist in diesem Falle genusindifferent: zum 1.Mal لِأَوَّل مَرَّةٍ

Auch die Ordinalzahlen von 2-10 werden wie أَوَّل mitunter vorangestellt.

1.4. Die Ordinalzahlen der Zehner (20., 30., . . . 90.), Hunderter, Tausender usw., werden durch die Kardinalzahlen ausgedrückt.

in Verbindung mit einem fem. Substantiv		in Verbindung mit einem mask. Substantiv	
das 20.Jahr	أَلسَّنَةُ الْعِشْرُونَ	der 20.Tag	أَلْيَوْمُ الْعِشْرُونَ
das 100.Jahr	أَلسَّنَةُ الْمِائَة	der 100.Tag	أَلْيَوْمُ الْمِائَة
das 1000.Jahr	أَلسَّنَةُ الْأَلْفُ	der 1000.Tag	أَلْيَوْمُ الْأَلْفُ

aber: die 20 Tage أَلْأَيَّامُ الْعِشْرُونَ

die 1000 Jahre أَلسَّنَوَاتُ الْأَلْفُ

1.5. Die Ordnungszahlen über 20, in denen auch Einer vorkommen, bestehen aus Ordnungszahlen (Einer) und Kardinalzahlen (Zehner). Beachten Sie dabei die Form der Zahl 1 in Ordnungszahlen wie 21., 31. usw.!

in Verbindung mit einem mask. Substantiv	
der 21.Tag	أَلْيَوْمُ الْحَادِي وَالْعِشْرُونَ
der 22.Tag	أَلْيَوْمُ الثَّانِي وَالْعِشْرُونَ
der 31.Tag	أَلْيَوْمُ الْحَادِي وَالثَّلَاثُونَ
der 38.Tag	أَلْيَوْمُ الثَّامِنُ وَالثَّلَاثُونَ
in Verbindung mit einem fem. Substantiv	
das 21.Jahr	أَلسَّنَةُ الْحَادِيَةُ وَالْعِشْرُونَ
das 22.Jahr	أَلسَّنَةُ الثَّانِيَةُ وَالْعِشْرُونَ
das 31.Jahr	أَلسَّنَةُ الْحَادِيَةُ وَالثَّلَاثُونَ
das 38.Jahr	أَلسَّنَةُ الثَّامِنَةُ وَالثَّلَاثُونَ

A3 Ordinalzahlen über 100 kommen naturgemäß selten vor. Sie werden entweder umschrieben oder mit Hilfe der Präposition بَعْدَ "nach" ausgedrückt:

der 101. Tag أَلْيَومُ الأَوَّلُ بعد المائة

1.6. Datumsangaben

1.6.1. Datumsangaben werden mit Hilfe der Ordinalzahlen ausgedrückt:

am 1. Mai في اليَوْمِ الأَوَّلِ مِنْ شَهْرِ مايو

(*wörtl.:* am 1. Tage des Monats Mai)

Im allgemeinen nimmt man eine verkürzte Form ohne die Wörter يوم und شهر: في الأَوَّلِ مِنْ أَيَّار

A4 Im Text erscheint dafür gewöhnlich eine noch kürzere Form unter Verwendung des Zahlzeichens: في ٢٠ تَمُّوز ، في ١ أَيَّار

Auch für die Monatsangabe kann die entsprechende Ziffer stehen, so daß sich die arabische Datumsangabe nicht von der im europäischen Schriftgebrauch üblichen Form unterscheidet: am 1.5.1990 في ١/٥/١٩٩٠

Im Maghrebraum ist auch die Form 01/05/1990 üblich.

1.6.2. Nach dem Datum fragt man mit:

Welches ist das heutige (morgige) Datum? ما هو تاريخُ الْيَوْمِ (الْغَدِ) ؟

Die Antwort lautet z.B.:

Heute (morgen) ist der 1. Mai. أَلْيَوْمَ (غَداً) الأَوَّلُ مِن أَيَّار.

1.7. Die Uhrzeit

1.7.1. Auch bei der Uhrzeit verwendet man die Ordinalzahlen. Sie dienen der Angabe der vollen Stunden:

um 2 Uhr في السَّاعَةِ الثانِيَةِ

um 5 Uhr في السَّاعَةِ الخامِسَةِ

um 10 Uhr في السَّاعَةِ العاشِرةِ

um 11 Uhr في السَّاعَةِ الحادِيَةَ عَشْرَةَ

Nur bei 1 Uhr nimmt man die Kardinalzahl: في السَّاعَةِ الواحِدةِ

A5 Die Zeitangaben 13 Uhr, 14 Uhr ... 24 Uhr sind im Arabischen ungebräuchlich. Zur Klarstellung fügt man die Wörter مَسَاءً، بَعـدَ الظُّهْـر، ظُهْـراً، قَبْلَ الظُّهْـر، صَبَاحـاً in folgender Weise hinzu:

um 1.00 Uhr	فِي السَّاعةِ الْوَاحِدَةِ صَبَاحاً
um 9.00 Uhr	فِي السَّاعةِ التَّاسِعَةِ صَبَاحاً
um 10.00 Uhr	فِي السَّاعةِ الْعَاشِرَةِ قَبْلَ الظُّهْرِ
um 11.00 Uhr	فِي السَّاعةِ الْحَادِيةَ عَشْرَةَ قَبْلَ الظُّهْرِ
um 12.00 Uhr	فِي السَّاعةِ الثَّانِيةَ عَشْرَةَ ظُهْراً
um 13.00 Uhr	فِي السَّاعةِ الْوَاحِدةِ بَعْدَ الظُّهْرِ
um 17.00 Uhr	فِي السَّاعةِ الْخَامِسَةِ بَعْدَ الظُّهْرِ
um 18.00 Uhr	فِي السَّاعةِ السَّادِسَةِ مَسَاءً
um 24.00 Uhr	فِي السَّاعةِ الثَّانِيةَ عَشْرَةَ مَسَاءً

Oft wird أَلسَّـاعة weggelassen und فِي التَّاسِـعَةِ صَبَاحـاً / مَسَـاءً gesprochen. Umgangssprachlich ist auch die Verwendung der entsprechenden Kardinalzahl verbreitet.

1.7.2. Bei Uhrzeitangaben mit 15, 20 und 30 Minuten verwendet man die entsprechenden Wörter für $^1/_4$ (رُبْع), $^1/_3$ (ثُلْث) und $^1/_2$ (نِصْف) (vgl. unten, G 3.1.).
Sie werden mittels der Konjunktionen و bzw. إِلّا angefügt. Nach إِلّا steht das Nomen im Akkusativ.

um 2.30 Uhr	فِي السَّاعةِ الثَّانِيَةِ والنِّصْفِ
um 3.15 Uhr	فِي السَّاعةِ الثَّالِثَةِ والرُّبْعِ
um 4.20 Uhr	فِي السَّاعةِ الرَّابِعَةِ والثُّلْثِ
um 4.45 Uhr (ein Viertel vor 5 Uhr)	فِي السَّاعةِ الْخَامِسَةِ إِلّا الرُّبْعَ
um 5.40 Uhr (ein Drittel vor 6 Uhr)	فِي السَّاعةِ السَّادِسَةِ إِلّا الثُّلْثَ

1.7.3. Die Angabe der Uhrzeit nach Minuten erfolgt gleichfalls mittels وَ bzw. إِلَّا bei Anfügung der entsprechenden Kardinalzahl und des arabischen Wortes für Minute (دَقِيقَة).

um 1.05 Uhr	فِي السَّاعَةِ الْوَاحِدَةِ وَخَمْسِ دَقَائِقَ
um 7.12 Uhr	فِي السَّاعَةِ السَّابِعَةِ وَاثْنَتَيْ عَشْرَةَ دَقِيقَةً
um 8.25 Uhr	فِي السَّاعَةِ الثَّامِنَةِ وَخَمْسٍ وَعِشْرِينَ دَقِيقَةً
um 8.35 Uhr (25 Min. vor 9 Uhr)	فِي السَّاعَةِ التَّاسِعَةِ إِلَّا خَمْساً وَعِشْرِينَ دَقِيقَةً
um 9.42 Uhr (18 Min. vor 10 Uhr)	فِي السَّاعَةِ الْعَاشِرَةِ إِلَّا ثَمَانِيَ عَشْرَةَ دَقِيقَةً
um 10.55 Uhr (5 Min. vor 11 Uhr)	فِي السَّاعَةِ الْحَادِيَةَ عَشْرَةَ إِلَّا خَمْسَ دَقَائِقَ

A6 Die im Deutschen bekannte Uhrzeitangabe "... Minuten vor halb ..." bzw. "... nach halb ..." ist in etwa dieser Form auch im Arabischen möglich, und zwar bis zu 9 Minuten vor oder nach der halben Stunde:

fünf Minuten vor halb sechs	فِي السَّاعَةِ الْخَامِسَةِ وَالنِّصْفِ إِلَّا خَمْسِ دَقَائِقَ
neun Minuten nach halb sieben	فِي السَّاعَةِ السَّادِسَةِ وَالنِّصْفِ وَتِسْعِ دَقَائِقَ

1.7.4. Nach der Uhrzeit fragt man mit كَمِ السَّاعَةُ؟ oder أَلسَّاعَةُ كَمْ (الآنَ)؟
= Wie spät ist es (jetzt)?

Die Antwort lautet:

Es ist jetzt 1.15 Uhr.	أَلسَّاعَةُ (الآنَ) الْوَاحِدَةُ وَالرُّبْعُ.
Es ist jetzt 12.30 Uhr.	أَلسَّاعَةُ (الآنَ) الثَّانِيَةَ عَشْرَةَ وَالنِّصْفُ.
Es ist jetzt 3.50 Uhr. (10 Min. vor 4 Uhr)	أَلسَّاعَةُ (الآنَ) الرَّابِعَةُ إِلَّا عَشْرَ دَقَائِقَ.

2. Die Zahladverbien

Als Zahladverbien gebraucht man bis zur 10 den (adverbiellen) indeterminierten Akkusativ der Ordinalzahlen:

sechstens	سَادِساً	erstens	أَوَّلاً
siebentens	سَابعاً	zweitens	ثَانِياً
achtens	ثَامِناً	drittens	ثَالِثاً
neuntens	تَاسِعاً	viertens	رَابعاً
zehntens	عَاشِراً	fünftens	خَامِساً

3. Die Bruchzahlen

3.1. Die Bruchzahlen $1/3$, $1/4$, $1/5$ ... $1/10$ werden nach der Modellstruktur فُعْل Pl. أَفْعَال aus der entsprechenden Kardinalzahl gebildet:

$2/3$	ثُلْثَان	$1/3$	ثُلْث / أَثْلاث
$3/4$	ثَلاَثَةُ أَرْبَاع	$1/4$	رُبْع / أَرْبَاع
$2/5$	خُمْسَان	$1/5$	خُمْس / أَخْماس
$4/5$	أَرْبَعَةُ أَخْمَاس	$1/6$	سُدْس / أَسْداس
$5/6$	خَمْسَةُ أَسْدَاس	$1/7$	سُبْع / أَسْبَاع

usw.

Nicht von der Kardinalzahl abgeleitet ist nur die Bruchzahl $1/2$: نِصْف .

3.2. Bei Brüchen, deren Nenner größer als 10 ist, umschreibt man mittels der Präposition عَلى oder mit جُزْء مِن "ein Teil von":

$1/11.$ وَاحِدٌ عَلى أَحَد عَشَرَ / جُزْءٌ مِنْ أَحَدَ عَشَرَ

$5/12$ خَمْسَةُ عَلى اثْنَيْ عَشَرَ

$7/100$ سَبْعَةُ عَلى مِائَةٍ / سَبْعَةُ أَجْزَاءٍ مِن مِائَةٍ

4. Die Wiederholungszahlen

Die Wiederholungszahlen werden durch مَرَّة + Kardinalzahl ausgedrückt:

einmal	مَرَّةً واحِدةً	dreimal	ثَلاثَ مَرَّاتٍ
zweimal	مَرَّتَيْنِ	viermal	أَرْبَعَ مَرَّاتٍ

V

vor *(Uhrzeit)*	إلاَّ	Minute	دقيقة ج دقائقُ
primär	اِبْتِدائِيّ	Doktorat	دُكتوراه
Grundschule	مدرسة ابتدائية	unten	أدْنَى م دُنْيا
Rechtschaffenheit	بِرّ	Stockwerk, Etage	دَوْر ج أدْوار
Segen	بركة ج ـات	dauern	دام (يَدُومُ)
Abitur	البكالُوريا	Dauer	دوام
Baccalaureus	البكالُوريَوُس	Öffnungszeit, Dienstzeit	وقت الدوام
Bank	بنك ج بُنُوك	Herrin	رَبَّة ج ـات
Drittel	ثُلْث ج أثْلاث	Hausfrau	ربة بيت
sekundär	ثانويّ	Viertel	رُبْع ج أرْباع
Oberschule	مدرسة ثانوية	sich erbarmen j-s.	رحِم (يَرْحَمُ) ه
Erneuerung	تجْديد	Gott erbarme sich seiner!	رحِمَهُ الله
erneut	مِن جَديد	verstorben	مرْحُوم
Bewegung	حركة ج ـات	Erlaubnis, Genehmigung	رُخْصة ج رُخص
(das) Erhalten	حُصُول على	Dissertation	رسالة الدكتوراه
Frisör	حلاّق ج ـون	Gebühr	رسْم ج رُسُوم
Überweisung	تحْويل ج ـات	Bewässerung	ريّ
Zeit	حِين ج أحْيان	Ehemann	زوْج ج أزْواج
Prüfung, Test	اِخْتِبار ج ات	verheiratet mit	مُتزوِّج مِن
gut, besser, am besten	خَيْر	immer noch	ما زال، ما / لا يزال
bezahlen j-n, etw.	دفع (يدْفَعُ) ه، هـ		

Schwimmen	سِباحة	Jahrhundert	قَرْن ج قُرُون
Sekretärin	سِكْرِتيرة ج ات	vergleichend	مُقارِن
Biographie	سِيرة ج سِيَر	Philologe	لُغَوِيّ ج ـون
Lebenslauf	سِيرة حياة	wenn (+ *Verb in Perf.*)	لو
Sache, Ding	شَأْن ج شُؤُون	wenn du erlaubst	لو سَمَحْتَ
Polizei	شُرْطة	Verkehr	مُرُور
Verkehrspolizei	شرطة المُرُور	fassen, festhalten etw., j-n.	مسك (يَمْسِكُ) هـ،ه
beaufsichtigen; betreuen j-n., etw.	IV أشْرف (يُشْرفُ) على	(*umg.*) Stell dich an!	اِمْسِكْ الطابور
Abteilung, Gruppe	شُعْبة ج شُعب	ausfüllen etw.	ملأ (يَمْلَأُ) هـ
Zeugnis	شهادة ج ات	Besitz, Kapital, Vermögen	مال ج أمْوال
Beglaubigung	تصْدِيق	finanziell	مالِيّ
Seite	صفْحة ج ـات	Finanzministerium	وزارة المالية
Kasten, Truhe	صُنْدُوق ج صنادِيقُ	Stellvertreter	نائِب ج نُوّاب
Kassierer	أمين الصندوق	Hobby	هِواية ج ـات
hier: Menschenschlange	طابُور ج طوابيرُ	Quittung	وَصْل ج وُصُولات
(Brief-)Marke	طابِع ج طوابِعُ	Fortsetzung	مُواصلة
schnell	عاجِل	Gegenstand, Thema	مَوْضُوع ج مواضِيعُ
Vorbereitung	إعْدَاد	unterschreiben etw.	II وقَّع (يُوقِّعُ) على
hochgelehrt	عَلَّامة	Unterzeichner	مُوقِّع
höher, höchst	أعْلَى / عُلْيا (م)	der Unterzeichner	المُوقِّع أدْناه
postgraduale Studien	دراسات عليا	Sohn, Kind	ولد ج أوْلاد
Alter	عُمْر ج أعْمار	(studieren) bei j-m....	(درس) على يد
technisch; Techniker	فنِّيّ		
(das) Lesen	قِراءة ج ات		

Text 1

سيرة حياتي

إني الموقّع أدناه محمّد عبد الله ولدت في الثاني من شهر تمّوز عام ١٩٥٦. كان أبي، رحمه الله، يعمل موظّفاً في وزارة المالية وأمّي ربّة بيت. لي ثلاثة إخوة يعمل الأول مهندساً والثاني حلاّقاً والثالث ما زال يدرس في الجامعة. دخلت المدرسة الابتدائية في السابعة من عمري ودرست فيها لمدّة ست سنوات وبعد حصولي على شهادة المدرسة الابتدائية واصلت دراستي في المدرسة الثانوية التي دامت الدراسة فيها ست سنوات أيضاً.

وحصلت في عام ١٩٧٤ على شهادة البكالوريا وبعدها بدأت بدراسة اللغة العربية في جامعة بغداد. دامت دراستي الجامعية أربع سنوات حصلت بعدها على شهادة البكالوريوس في اللغة العربية وآدابها. لقد درست في جامعة بغداد على يد العلامة اللغوي المشهور المرحوم مصطفى جواد ثم على يد الأستاذ إبراهيم السامرائي. وفي عام ١٩٧٩ سافرت إلى ألمانيا لمواصلة الدراسة هناك في قسم الدراسات العليا في معهد الدراسات الشرقية التابع لجامعة لايبزك. وفي عام ١٩٨٣ قدّمت رسالة الدكتوراه في موضوع الأدب المقارن وأشرف على إعداد هذه الرسالة الأستاذ المرحوم رويشل.

وفي عام ١٩٨٤ رجعت إلى الوطن وأعمل منذ ذلك الحين مدرّساً في جامعة بغداد. أنا متزوّج ولي أربعة أولاد. تعمل زوجتي سكرتيرة في وزارة الري. وهواياتي هي القراءة والسباحة وجمع الطوابع.

Text 2   تجديد الرخصة

بيتر: مساء الخير.

الموظّفة: مساء النور، امسك الطابور!

بيتر: عفواً، عندي سؤال واحد فقط، لو سمحتِ. هل يمكنك تجديد هـذه الرخصة؟

الموظّفة: نعم، ولكن قبل ذلك يجب عليك أن تملأ هذه الاستمارات الخمـس. ويجب تصديق الاستمارة الأولى عند مسؤول التسجيل والثانيـة عنـد مسؤول الرسوم والثالثة عند مسؤول الشعبة الفنية والرابعة عند نـائبي لشؤون الرخص.

بيتر: والاستمارة الخامسة؟

الموظّفة: سأوقع عليها بعد أن ترجع إليّ بالاستمارات الأخرى.

بيتر: وبعد ذلك، ماذا يجب أن أعمل؟

الموظّفة: بعد ذلك يجب أن تذهب إلى أمين الصندوق في الدور الثامن.

بيتر: ماذا يعمل ذلك المسؤول؟

الموظّفة: يقول لك المبلغ ويعطيك استمارة للبنـك لتحويـل المبلغ وبعـد ذلـك يجب أن تدفع الرسوم في البنك ومع وصل البنك ترجع إليّ مرّة ثانيـة وأنا أعطيك الطوابع الخاصّة بتجديد الرخصة، إن شاء ا لله.

بيتر: وهل أحصل على تلك الطوابع دون أن أملأ استمارات جديدة؟

الموظّفة: تقريباً، يعني تبقى استمارة واحدة من خمس صفحات.

بيتر: وبعد ذلك؟

الموظّفة: يجب أن تقدّم السيّارة مع الرخصة لشرطة المرور للفحص الفنّي.

بيتر: ما هي أوقات الدوام عندهم وماذا يعملون هناك؟

الموظّفة: الدوام عندهم يومياً من التاسعة صباحاً إلى الثانية عشـرة ظهـراً ومـن الثالثة إلى السابعة مساء وهـم سيعملون لـك اختبـاراً قصيراً وبعـد الاختبـار يجب عليـك أن تملأ خمـس استـمارات، الأولى لمسؤول التسجيل والثانية لمسؤول الرسوم ...

بيتر: ‏ والثالثة للشعبة الفنية والرابعة لنائب شؤون الرخص! وبعد ذلك أرجع إليك وأبدأ من جديد؟

الموظّفة: ‏ ممكن. أ لا تعرف المثل العربي "في الحركة بركة"؟ والمرة القادمة لا تنس أن تمسك الطابور. مع السلامة!

بيتر: ‏ لا، أنا أعرف المثل العربي "خير البر عاجله"، مع السلامة وشكراً.

Übungen

L

L1 (Wiederholung) Bilden Sie Wortgruppen aus den folgenden Zahlen und Substantiven:

رخصة، موظّف	٥١	١١	١
بيت، مدرسة	٢٢	١٢	٢
ليرة، دينار	٢٣	١٣	٣
ساعة، شهر	٣٤	١٤	٤
كيلومتر، سنة	٤٥	١٥	٥
مليّم، قرش	٥٦	١٦	٦
متر، يوم	٦٧	١٧	٧
سنتيمتر، كتاب	٧٨	١٨	٨
يوم، سنة	٨٩	١٩	٩
دقيقة، أسبوع	٣٠	٢٠	١٠
جنيه، يوم	٤٠	٢١	١١
فلس، شخص	٥٠	٢٢	١٢
موظّف، سنة	٨٠	٧٠	٦٠
ليرة، جنيه	١٠١	١٠٠	٩٠
متر، دولار	٤٠٠	٣٠٠	٢٠٠
شخص، كيلومتر	١٠٠٠٠	٢٠٠٠	١٠٠٠

L2 Antworten Sie auf die Frage متى وُلِدتَّ / وُلِـدتِّ mit der genauen Angabe des Datums:

ولدت في السادس عشر من تشرين الأول عام ألف وتسعمائة واثنين وسبعين.

L3 Der Lektor gibt Datumsangaben in Arabisch, die ins Deutsche zu übersetzen sind.

L4 Der Lektor gibt Datumsangaben in Deutsch, die ins Arabische zu übersetzen sind.

L5 Beantworten Sie die folgenden Fragen unter Angabe einer Uhrzeit!

متى تقوم من النوم؟

متى تأكل طعام الفطور؟

متى تخرج من البيت؟

متى تصل إلى المعهد؟

متى تبدأ الدروس؟

متى تأكل طعام الغداء؟

متى تخرج من المعهد؟

متى تذهب إلى المكتبة؟

متى تعود إلى البيت؟

متى تأكل طعام العشاء؟

متى تفتح (hier: einschalten) جهاز التلفزيون؟

متى وصل الوفد إلى المطار؟

متى تقابل صديقتك؟

متى تبدأ الحفلة؟

الساعة كم؟

متى نمت؟

متى كنت في المعهد؟

متى تعرف الجواب؟

L6 Der Lektor gibt in Arabisch verschiedene Uhrzeiten, die ins Deutsche zu übersetzen sind.

L7 Der Lektor gibt in Deutsch verschiedene Uhrzeiten, die ins Arabische zu übersetzen sind.

L8 Beantworten Sie die folgenden Fragen!

كم مرّة في هذه السنة كنت في المسرح؟

كم مرّة في السنة تسافر إلى الجبال؟

كم مرّة قرأت الدرس السادس عشر من هذا الكتاب؟

كم مرّة في الشهر تذهب إلى المكتبة؟

كم مرّة في حياتك سافرت بالطائرة؟

كم مرّة في الشهر تكتب رسالة لصديقك (لصديقتك)؟

كم مرّة كنت في برلين؟

كم مرّة كنت في الخارج؟

كم مرّة في الشهر تذهب إلى المصرف؟

كم مرّة في الأسبوع تفتح جهاز التلفزيون؟

G

G1 Wandeln Sie die folgenden aus Zahlwort und Substantiv bestehenden Wortgruppen in Präpositionalgruppen mit Ordnungszahl um!

في اليوم الثالث   <   ثلاثة أيّام

في الأسبوع الثاني   <   أسبوعان

خمسة شهور، ثلاثة أسابيع، تسع سنوات، عشرة قرون، أربع ساعات، ثمانية أسابيع، ستة أيّام، سبعة قرون، ساعتان، أحد عشر يوماً، اثنا عشر شهراً، خمس سنوات، إحدى عشرة سنة، تسعة قرون، شهران، سبعة أسابيع، ثمانية قرون، اثنتا عشرة ساعة، يوم واحد، ستة أسابيع، عشرة أيّام، خمسة عشر أسبوعاً، تسع عشرة سنة، ستة عشر شهراً، ثلاث عشرة قرية، ثماني عشرة مدينة، أربع عشرة سنة، سبعة عشر يوماً.

G2 Umgekehrt!

في الشهر الثامن   <   ثمانية أشهر

في السنة الثالثة، في الأسبوع الحادي عشر، في القرن العشرين، في السنة الرابعة، في الاجتماع العاشر، في النسخة الخامسة، في اليوم الخامس عشر، في الشهر الثامن، في الساعة التاسعة، في المخزن الثاني، في الدقيقة الأولى، في الساعة السابعة، في الاجتماع التاسع عشر، في القرن الثامن عشر، في الشهر الثالث عشر، في اليوم الرابع عشر، في الدقيقة السابعة عشرة، في القاعة الثانية عشرة، في المخزن السادس، في الأسبوع السادس عشر.

G3 Geben Sie das Datum von vorgestern, gestern, heute, morgen und übermorgen an!

أمس الأول كان الثالث من آذار.

اليوم (هو) الخامس من آذار، غداً (هو) السادس من آذار.

G4 (Wiederholung) Wandeln Sie die in den folgenden Sätzen vorkommenden Perfektformen in Imperfektformen um!

يقدّم أحمد صديقه إلينا.   >   قدّم أحمد صديقه إلينا.

هل أمكنك أن تسافر إلى هناك؟ ـ أمكنـني أن أفعـل ذلـك – أمكننـا أن ننجـز واجباتنا فوراً.

متى أنجزتم واجباتكم؟ – هـل أنجزت عملـك بنفسـك؟ – أنجـزوا العمـل بعـد ثلاث ساعات.

أرسل الطالب رسـالة إلى عائلته – هـل أرسلت هدية إلى صديقك؟ – متى أرسلت البطاقة إلى أصدقائك؟

لماذا أحضرت جميع الطلاب إلى هنا؟ – لماذا أحضرتم معكم أربعة كتب فقـط؟ – أعرف أنهما أحضرا معهما نقوداً كثيرة.

قدّمنا إليكم أصدقاءنا – متى قدّموه إليك؟ – قدّم أحمد نفسه – قدّمت له هـذه الهدية – هل قدّمتم لهم بعض الشراب؟

رحّب بنا مدير المعهد – رحّبنـا بضيوفنـا الأجـانب – رحّب الرئيس بأعضـاء الوفد الفرنسي.

إلى أين سافرت الوفود؟ – سـافرتْ إلى برلين بالقطـار – سـافرنا إلى هنـاك بالطائرة – هل سافر السياسيون اليوم؟

هل شاهدت ذلك الفلم؟ – نعم شاهدته مساء اليوم – نعـم شاهدناه اليـوم – شاهدوا اليوم الأبنية الحديثة.

ترجم الطالب الكلمات الجديدة إلى اللغة الألمانية – ترجمتُها إلى اللغة العربيـة – ترجمت المعلمة الرسالة من اللغة الفرنسية إلى اللغة الألمانية.

هل حدّثكم صديقكم عن رحلته؟ – حدّثناه عـن دراسـتنا في مصر – حدّثتنـا هيفاء عن الحياة في بلادها.

سلّم أحمد عدنان الكتاب – سلّمناكم المبلغ اليوم – سلّمتُ الأشياء فوراً.

أفرحنا ذلك – أفرحني ذلك – هل أفرحتكم الهدايا؟

رافقت الوفد طالبة ألمانية – رافقتُ صديقي إلى المحطة – رافقني إلى المسرح صديق إنكليزي.

من قابلت هناك؟ – قابلت هناك صديقاً جزائرياً – قابلنا اليـوم عـدداً مـن الضيوف الأجانب.

K

K1 Beschreiben Sie Ihren Tagesablauf mit Angabe der jeweiligen Uhrzeit und möglichst vieler Ordinalzahlen!

K2 Gestalten Sie in Anlehnung an Text 2 einen Dialog bei einer Behörde in einem arabischen Land! Verwenden Sie dabei auch Ordinalzahlen!

K3 (Hausaufgabe) Erstellen Sie schriftlich ein Besuchsprogramm für drei Tage für eine arabische Delegation z.B. in folgender Weise:

Montag:

10.00 Uhr Ankunft Flughafen Tegel

12.00 Uhr Mittagessen

14.00 Uhr Gespräch mit dem Außenminister

usw. (Ordinalzahlen sind auszuschreiben!)

Komplexübung:

1. Bilden Sie Wortgruppen aus folgenden Zahlen und Substantiven (Zahlen ausschreiben)!

قمر صناعي	٤	موضوع	٩٥	بيت	١
كثيب	١٠	ولد	١٠١	مدرسة	٥
فيضان	٢	بندقية	٧	رخصة	٣
واحة	٢٢	إختبار	٩	شهادة	١١
كرة	١١١	بنك	٦	زوج	٢١
شجرة	١٩	عقرب	١٥	طابع	١٣

2. Wandeln Sie die Kardinalzahlen aus Ü1 in Ordinalzahlen um (Zahlen ausschreiben)!

3. Übersetzen Sie ins Arabische (Zahlen ausschreiben)!

Ich wurde am 31. Dezember 1994 geboren. Mein Vater, Gott erbarme sich seiner, hat zwei Jahre lang in der 5. Grundschule als Lehrer gearbeitet. Mein dritter Bruder ist Friseur. Ich bin Student im zweiten

Studienjahr. Die Universität hat 8 Fakultäten. Ich habe 4 Kinder. Mein vierter Sohn ist Ingenieur. Sie müssen in den 8. Stock gehen und dann wieder zu mir zurückkommen. Er arbeitet in der technischen Abteilung im 7. Stock.

4. Schreiben Sie in Worten!

10.30 Uhr	13.55 Uhr
09.15 Uhr	17.22 Uhr
22.17 Uhr	19.25 Uhr
05.45 Uhr	14.37 Uhr
13.20 Uhr	21.40 Uhr
1918	11.11.1404
1798	03.09.2002
1945	20.05.1991
622	13.08.1961
1258	16.06.1992

Lektion 17

الدرس السابع عشر

1. Das erweiterte Verb: Stamm V und VI

Stamm V und VI haben die gleiche Grundstruktur wie Stamm II und III.

Als unterscheidendes Kennzeichen tritt das Präfix *ta-* ـتَ hinzu.

Die Vokalfolge in Perfekt- und Imperfektform ist durchgehend - *a* -.

1.1.

	VI	V
Perfektform	تَفَاعَلَ	تَفَعَّلَ
Imperfektform	يَتَفَاعَلُ	يَتَفَعَّلُ

Der Imperativ Stamm V und VI kommt nur bei wenigen Verben vor und bleibt daher hier unberücksichtigt. Vgl. die ausführliche Übersicht über alle Formen im Anhang, Tafel 14.

1.2. Verben R$_1$ = و oder ى

	VI	V
Perfektform	تَوَاصَلَ	تَوَصَّلَ
Imperfektform	يَتَوَاصَلُ	يَتَوَصَّلُ

Wie bei Stamm II und III gibt es keine Besonderheiten gegenüber dem gesunden Verb. Die Verben R$_1$ = ى werden hier nicht gesondert aufgeführt.
(Anhang: Tafeln 16 u. 17)

1.3. Verben R$_2$ = و oder ى

	VI		V	
Perfektform	تَبَايَعَ	تَقَاوَمَ	تَبَيَّعَ	تَقَوَّمَ
Imperfektform	يَتَبَايَعُ	يَتَقَاوَمُ	يَتَبَيَّعُ	يَتَقَوَّمُ

و und ى sind wie bei Stamm II und III vollwertige Konsonanten.
(Anhang: Tafeln 19 u. 21)

1.4. Verben R₃ = و oder ى

	VI	V
Perfektform	تَلاقَى	تَلَقَّى
Imperfektform Indikativ	يَتَلاقَى	يَتَلَقَّى
Imperfektform Konjunktiv	يَتَلاقَى	يَتَلَقَّى
Imperfektform Apokopat	يَتَلاقَ	يَتَلَقَّ

Konjugiert werden die Verben R₃ = و oder ى in Stamm V und VI in der Perfektform wie das Musterverb مَشَى, in der Imperfektform wie das Musterverb لَقِي im Grundstamm. (Anhang: Tafeln 24, 25, 26)

2. Wortstellung

2.1. Voranstellung des Objekts

Die normale Wortstellung im Arabischen ist Verb - Subjekt - Objekt. Die Voranstellung des Subjekts, d. h. die Wortfolge Subjekt - Verb - Objekt, ist möglich. Entsprechende Konstruktionen sind mit أَنَّ im Nebensatz und إِنَّ im Hauptsatz schon genannt worden.

Eine andere, sowohl im schriftlichen wie vor allem im mündlichen Arabisch oft gebrauchte Konstruktion ermöglicht die Voranstellung eines beliebigen Objekts.

Das Objekt wird im Nominativ an den Anfang gestellt. An die im Satz dadurch frei gewordene Stelle tritt das entsprechende suffigierte Personalpronomen. Diese Voranstellung hebt eine Person oder Sache aus dem allgemeinen Zusammenhang heraus und macht gleichzeitig das Satzgefüge leichter überschaubar und schneller erfaßbar. Die Aufeinanderfolge zweier Substantive (Subjekt und Objekt) wird vermieden. Sprechpause nach dem vorangestellten Satzteil!

يُرَحِّبُ رَئِيسُ الْوُزَرَاءِ بِالضُّيُوفِ الْعَرَبِ غَداً. >

أَلضُّيُوفُ الْعَرَبُ يُرَحِّبُ بِهِمْ رَئِيسُ الْوُزَرَاءِ غَداً.

Der Ministerpräsident begrüßt morgen die arabischen Gäste (oder passivische Wiedergabe: die arabischen Gäste werden ... begrüßt).

يُؤَيِّدُ السِّيَاسِيُّونَ الْعَلاقَاتِ التِّجَارِيَّةَ مَعَ هَذَا الْبَلَدِ.

أَلْعَلاقَاتُ التِّجَارِيَّةُ مَعَ هَذَا الْبَلَدِ يُؤَيِّدُهَا السِّيَاسِيُّونَ.

Die Politiker unterstützen die Handelsbeziehungen zu diesem Land.

أَنْجَزْتُ وَاجِبَاتِي فَوْراً. > وَاجِبَاتِي أَنْجَزْتُهَا فَوْراً.

Meine Aufgaben habe ich sofort erledigt.

كَمْ أُحِبُّ أُمِّي. > أُمِّي كَمْ أُحِبُّهَا.

Wie liebe ich meine Mutter!

هَلْ شَاهَدتَّ هَذَا الْفِلْمَ؟ > هَذَا الْفِلْمُ هَلْ شَاهَدتَّهُ؟

Hast du diesen Film gesehen?

A1 Die Anfangsstellung des Objekts ist auch in den indoeuropäischen Sprachen bekannt. Konstruktionen dieser Art sind unter dem Namen Nominativus absolutus und Nominativus oder Casus pendens bekannt. - Im Arabischen heißt diese Konstruktion أَلْجُمْلة ذاتُ الوَجْهَيْنِ "der doppelseitige Satz".

2.2. Voranstellung des 2. Gliedes einer Genitivverbindung

Auch das 2. Glied einer Genitivverbindung kann an den Anfang des Satzes gestellt werden. An seine Stelle tritt wieder das entsprechende Personalsuffix.

تَبْدَأُ زِيَارَةُ الْوَفْدِ الْمِصْرِيِّ يَوْمَ الأَرْبَعَاءِ. >

أَلْوَفْدُ الْمِصْرِيُّ تَبْدَأُ زِيَارَتُهُ يَوْمَ الأَرْبَعَاءِ.

Der Besuch der ägyptischen Delegation beginnt am Mittwoch.

أَسْعَارُ الْمُودِيلاَتِ الْجَدِيدَةِ مُحَدَّدَةٌ. >

أَلْمُودِيلاَتُ الْجَدِيدَةُ أَسْعَارُهَا مُحَدَّدَةٌ.

Die neuen Modelle haben feste (festgesetzte) Preise
(wörtl.: die Preise sind festgesetzt).

أَلْوَانُ الصُّورَةِ جَمِيلَةٌ. > أَلصُّورَةُ أَلْوَانُهَا جَمِيلَةٌ.

Das Bild hat schöne Farben
(wörtl.: die Farben des Bildes sind schön).

A2 Diese Möglichkeit der Herauslösung eines Substantivs aus dem Satzgefüge ist auch bei anderen Wortgruppen (vor allem Präpositionalgruppen) gegeben:

اِشْتَرَيْت مِن هذه المكتبة كتباً كثيرة.> هذه المكتبة اشتريت منها كتباً كثيرة.

In dieser Buchhandlung habe ich viele Bücher gekauft.

قابلت ثلاثة من هؤلاء الطلاب فقط.> هؤلاء الطلاب قابلت ثلاثة منهم فقط.

Von diesen Studenten habe ich nur drei getroffen.

2.3. Bei der Voranstellung bestimmter Satzglieder im Fragesatz kommt es zu der Wortstellung Substantiv - Fragepartikel bzw. Frageadverb - Prädikat:

مِنْ أَيْنَ اشْتَرَيْتَ هَذَا الكِتَابَ؟ > هَذَا الْكِتَابُ مِنْ أَيْنَ اشْتَرَيْتَهُ؟

Wo hast du dieses Buch gekauft?

Wird das Subjekt des Fragesatzes durch Voranstellung hervorgehoben, so tritt das rückweisende Pronomen im Nominalsatz in der Form des selbständigen Personalpronomens auf:

هَلِ الأَسْعَارُ مُحَدَّدَة؟ > أَلأَسْعَارُ هَلْ هِيَ مُحَدَّدَة؟

Liegen die Preise fest?

Im Verbalsatz fehlt es ganz:

مَتَى وَصَلَ الْوَفْدُ السُّودَانِيُّ إِلَى الْمَطَارِ؟ >

أَلْوَفْدُ السُّودَانِيُّ مَتَى وَصَلَ إِلَى الْمَطَارِ؟

Wann ist die sudanesische Delegation auf dem Flugplatz angekommen?

3.   Genitivverbindungen mit ذُو und ذَات

Mit ذُو und ذَات werden Genitivkonstruktionen gebildet, die eine spezifische Eigenschaft oder Zugehörigkeit bezeichnen:

ein Mann von Verstand	رَجُلٌ ذُو عَقْلٍ
ein Politiker mit Einfluß = ein einflußreicher Politiker	سِيَاسِيٌّ ذُو نُفُوذٍ
ein Problem von Wichtigkeit	قَضِيَّةٌ ذَاتُ أَهَمِّيَّةٍ
ein Staat mit parlamentarischer Ordnung	دَوْلَةٌ ذَاتُ نِظَامٍ بَرْلَمَانِيٌّ

Bei attributivem Gebrauch kongruieren ذُو und ذَاتُ in Kasus, Genus und Numerus mit dem dazugehörigen (d.h. mit dem **davorstehenden**) Bezugswort und bilden dabei folgende Formen:

	Plural		Dual		Singular	
	f.	m.	f.	m.	f.	m.
N.	ذَوَاتُ	ذَوُو	ذَاتَا	ذَوَا	ذَاتُ	ذُو
G.	ذَوَاتِ	ذَوِي	ذَاتَيْ	ذَوَيْ	ذَاتِ	ذِي
A.	ذَوَاتِ	ذَوِي	ذَاتَيْ	ذَوَيْ	ذَاتَ	ذَا

A3 Für den maskulinen Plural existieren auch noch die Flexionsformen أُولُو für den Nominativ und أُولِي für den Genitiv bzw. Akkusativ.

Der ذُو bzw. ذَاتُ folgende Genitiv hat den gleichen Status wie das Bezugswort:

ein einflußreicher Politiker سِيَاسِيٌّ ذُو نُفُوذٍ

der einflußreiche Politiker أَلسِّيَاسِيُّ ذُو النُّفُوذِ

A4 Da diese Konstruktionen außerhalb des gehobenen Stils nicht sehr häufig auftreten, wird auf spezielle Übungen zum aktiven Gebrauch verzichtet.

V

sich verspäten	V تَأَخَّرَ (يَتَأَخَّرُ)	Tennis	تِنِس
leider	لِلأَسَفِ	Kugel	حُلَّة ج حُلَل
üblich, gewohnt	مَأْلُوف	Kamel	جَمَل ج جِمَال
Wettkampf, Spiel	مُبَارَاة ج ـيَات	erringen etw.	IV أَحْرَزَ (يُحْرِزُ) هـ
Meisterschaft	بُطُولة ج ـات	Profi	مُحْتَرِف ج ـون
übrige; Rest	بَقِيَّة	Pferd; *auch:* PS	حِصَان ج أَحْصِنة
sondern	بَلْ	Gegenwart	حَاضِر
erfolgen, stattfinden	تَمَّ (يَتِمُّ)	Schiedsrichter	حَكَم ج حُكَّام

sich begeistern لِ (يَتَحَمَّسُ) تَحَمَّس V	Vermarktung, Marketing تَسْوِيق
für	Popularität شَعْبِيَّة
unmöglich مُسْتَحِيل	volkstümlich, populär شَعْبِيّ
Schluß, Ende خِتَام	Scheich شَيْخ ج شُيُوخ، مَشائِخُ
Rivale خَصْم ج خُصُوم	werden etw. IV أَصْبَح (يُصْبِحُ) هـ
Golf (geogr.) خَلِيج ج خُلُج، خُلْجان	Junge صَبِيّ ج صِبْيان
hinter خَلْفَ	Ringen مُصارَعة [صارَع (يُصارِعُ)]
besonders خاصّ	Geschäft صَفْقة ج صَفَقات
Runde دَوْرة ج ات	Ausscheidung, Qualifikation تَصْفِية
Olympiade الدَّوْرة الأُولِمبِية	schwach ضَعِيف ج ضُعَفاءُ
rund مُدَوَّر	hinzufügen IV أَضاف (يُضِيفُ) هـ إلى
Gold-, golden ذَهَبِيّ	etw. zu
Tanz رَقْصة ج رَقَصات	fliegend طائِر
Speer رُمْح ج رِماح	Volleyball الكُرة الطائِرة
Werfen, Stoßen رَمْي [رَمَى (يَرْمِي)]	denken, vermuten ظَنَّ (يَظُنُّ) أَنَّ
wetten auf III راهَن (يُراهِنُ) على	Manifestation, تَظاهُرة ج ات
schwanken VI تَراوَح (يَتَراوَحُ)	Demonstration
zwischen بين... وبين	gleich sein etw. III عادَل (يُعادِلُ) هـ
Sport رِياضة	unentschieden VI تَعادَل (يَتَعادَلُ)
wegen بِسَبَب	ausgehen
Wettrennen سِباق	Lauf عَدْو [عَدا (يَعْدُو)]
Wettkampf مُسابَقة ج ات	weit, breit عَرِيض
verzeichnen II سَجَّل (يُسَجِّلُ)	bekannt مَعْرُوف
Tor erzielen سَجَّل هَدَفاً	Verstand عَقْل ج عُقُول
Hilfe, Unterstützung مُساعَدة ج ات	reflektieren etw. عَكَس (يَعْكِسُ) هـ
Korb سَلّة ج سِلَل	Gegenteil عَكْس
Basketball كُرة السَّلة	im Gegenteil على العكس
gesund سَلِيم	singen II غَنَّى (يُغَنِّي)
Platz ساحة ج ات	Lied أُغْنِية ج ات، أَغان

281

zuschauen	تفرَّج (يتفرَّجُ) على V	Vergangenheit	ماضٍ (الماضي)
Zuschauer	مُتفرِّج ج ــون	in der Lage sein zu etw.	تمكَّن (يتمكَّنُ) مِن V
Reiter	فارس ج فُرْسان	Modell	مُوديل ج ــات
Reiter-(spiele)	(ألعاب الـ) فُرُوسِيَّة	Medaille	مِيدالية ج ــات
Gruppe, Team	فِرْقة / فريق ج فِرق	Platz	مِيدان ج ميادِينُ
Kunst	فنّ ج فُنُون	ausgezeichnet	مُمْتاز
siegen über	فاز (يفُوزُ) على	Auswahl	مُنتخب ج ــات
Stamm	قبيلة ج قبائِلُ	Klub	نادٍ ج أندِية ، نوادٍ
Diskus	قُرْص ج أقْراص	Fan	ناصِر ج أنْصار
Sprung	قفز [قفز (يقْفِزُ)]	Einfluß, Ansehen	نفوذ
Bombe	قُنْبُلة ج قنابِلُ	transportieren etw.	نقل (ينقُلُ) هـ
Redewendung; These	مقولة ج ــات	live übertragen	نقل على الهواء
Wert	قِيمة ج قِيَم	Transport	نقل
vergleichsweise	قِياسِيّ	Final-	نِهائِيّ
Rekord	رقْم قياسِيّ	Art	نوْع ج أنْواع
Fußball	كرة القدم	Einnehmen *(von Speisen etc.)*	تناوُل
Spiel	لعْب ج ألعاب	Angriff	هُجُوم [هجم (يهْجُمُ)]
Leichtathletik *(engl.: track and field)*	ألعاب الساحة والميدان	Ziel; Tor	هدف ج أهْداف
Sportplatz	ملْعب ج ملاعِبُ	Hormon	هُرْمُون ج ــات
Spieler	لاعِب ج ــون	Niederlage	هزيمة ج هزائِمُ
Boxen	مُلاكمة	Wichtigkeit, Bedeutung	أهمِّيَّة
genießen etw.	تمتَّع (يتمتَّعُ) ب V	Gesicht	وجْه ج وُجُوه
wie	مِثْلَ، مِثْلما	Verteilung	توْزِيع
ideell	مِثالِيّ	Orden	وِسام ج أوْسِمة
loben j-n.	مدح (يمْدَحُ) ه	erwarten etw.	توقَّع (يتوقَّعُ) هـ V
Frau	*(mit Artikel)* إمْرأ / المرْأة		

Text 1 الرياضة عند العرب

تتمتّع أنواع الرياضة المشهورة مثل كرة القدم وكرة السلة والكرة الطائرة وكرة الطاولة والتنس وألعاب الساحة والميدان والملاكمة والمصارعة في البلدان العربيـة بنفس الشعبية التي تتمتّع بها في البلدان الأخرى ويتحمّس أنصار أنديـة كـرة القدم في العالم العربي مثلما يتحمّس أنصار الأندية في أوربا أو أمريكا اللاتينية. وتشارك البلدان العربية بمنتخباتها الوطنية في بطولات العالم المختلفة وفي الدورة الأولمبية في أنواع كثيرة من الرياضة وتمكّنت بعض الدول العربيـة مـن أن تحـرز ميداليات ذهبية فيها.

وإضافة إلى أنواع الرياضة المألوفـة في كـل العـالم نجـد في بعـض الـدول العربيـة وخاصّةً في دول الخليج نوعاً خاصّاً مـن الرياضة وهـو سـباق الجمـال. وهـذه المباريات هي ليست فقط تظاهرة رياضية، بل أيضاً مناسبة ثقافيـة. ويتم نقلهـا على الهواء في التلفزيون ويحضرها رؤساء هذه الدول وأمراؤها وشيوخها. وقبل بداية السباق يشاهد الناس رقصات شعبية وألعاب الفروسية وتغني فرق الفنـون الشعبية أغاني قديمة تعكس حياة البدو اليومية وتمدح ماضي القبائل وحاضرها. وتتراوح قيمة جمل السباق الجيّد بين ٥٠٠,٠٠٠ ومليون دولار، أي ما يعـادل قيمة أحصنة السباق المشهورة. ويتفرّج الناس على السباق ويراهنون على جمـل قريتهم أو قبيلتهم. وفي ختام المباراة يقـوم الرئيـس أو الملـك أو الشـيخ بتوزيـع الأوسمة والجوائز على الفرسان الذين هم عادةً صبيـان صغـار تـتراوح أعمـارهم بين الثامنة والثالثة عشرة.

Text 2 في الملعب

بيتزا: يا أهلاً. كيف حالك؟

أحمد: تمام وكيفك أنت؟

بيتزا: أنا بخير الحمد لله، هل تأخّرت؟ متى تبدأ المباريات؟

أحمد: لا، لم تتأخّري. المباريات تبدأ بعد عشر دقائق تقريباً.

بيتزا: ما هي الفرق التي نشاهدها في هذه البطولة؟

أحمد: تشارك في هذه البطولة فرق من كل البلدان العربية.

بيتزا: وما هي أنواع الرياضة الّتي نشاهدها اليوم؟

283

أحمد: بعـد مباريـات التصفيـة في الأيّـام الأخـيرة سنشـاهد اليوم تقريبـا كـل المباريات النهائية في ألعاب الساحة والميدان مثل مسابقات العدو والقفز العالي والعريـض ورمـي القـرص والرمـح والجلّـة إلى آخره وفي المسـاء نشاهد المباراة النهائية في كرة القدم.

بيترا: هل تؤيّد العودة إلى رياضة الهواة أم رياضة المحترفين؟

أحمد: أنا مع العودة إلى ممارسة الرياضة على أساس مثالي والسؤال هـو: هـل العودة ممكنة؟ أنا أظنّ أنّها مستحيلة لأنّ تسـويق الرياضيين واللاعبـين قد أصبح فرعاً اقتصادياً خاصّاً.

بيترا: نعم، هذا صحيح، للأسـف، وأنـا أرى في تنـاول الهرمونـات والأدويـة الممنوعة نهاية صحّة الرياضة وعكس المقولة : العقل السـليم في الجسـم السليم.

أحمد: نعم ، أنت على حقّ، ولكن الناس يفتحون أجهزة التلفزيون ويتفرّجون على المباريات ليشاهدوا أهدافاً جميلة وأرقاماً قياسية جديدة.

بيترا: ونحن نعمل نفس الشيء.

أحمد: أنـا أتوقّـع هزيمـة منتخب بلـدي أو أن يتعـادل الفريقـان لأنّ هجومنـا ضعيف ولا أعرف من يتمكّن من أن يسجّل هدفاً.

بيترا: نحن نقول: الكرة مدوّرة.

Übungen

L

L1 (Hausaufgabe) Erarbeiten Sie mit Hilfe des Wörterbuches eine Liste einschlägiger Fußball-Fachbegriffe und ihrer arabischen Äquivalente! Die Listen werden im Kolleg ergänzt und korrigiert.

L2 Ergänzen Sie bei folgenden Verben die richtige(n) Präposition(en)!

وقـع ... / وعد ... / حصل ... / تفرّج ... / شارك ... / قام ... / نظر ... / رغب ... / سمح ... / نصح ... / شعر ... / دعا ... / عـاد ... / قـال ... / ذهب ... / سلّم ... / رجـع ... / سكن ... / وصـل ... / تراوح ... / زوّد ... / جاء ... / وفى ... / حال ... / عرض ... / وصف ... / تبـع ... / أدّى ... / أشرف ... / ربط ... / رحّب ... / أسفر ... / أضـاف ... / عبّر ... / عانى ... / قدّم ... / أجاب ...

L3 Bilden Sie mit den Verben aus L2 sinnvolle Sätze!

L4 (Hausaufgabe) Bilden Sie mit den Verben aus L2 je einen Satz. Benutzen Sie verschiedene Zeitformen!

L5 Übersetzen Sie ins Deutsche!

رجل ذو مال، طالبة ذات عقل، أمور ذات أهمية في كل العالم، أمر ذو شأن لتطور الرياضة، تطورات ذات علاقة بالوضع السياسي، قضية ذات اهمية كبيرة للبلدان العربية، المرأة ذات الوجه الجميل، رجال ذوو نفوذ في السياسة الخارجية، نظام سياسي ذو أسس قبلية، فنادق ذات عشرة طوابق

L6 Bilden Sie mit den Beispielen aus L5 Nominal- und Verbalsätze!

هو رجل ذو مال.   <   رجل ذو مال.

L7 Übersetzen Sie (mündlich) ins Arabische!

vor dem 4. Besuch / vor dem 4. Haus / mit dem 9. Student / nach dem 17. Juni / vor dem 1. April / mit dem 100000. Gast / an der 32. Schule / am 24. Dezember / hinter der 5. Wüste / nach dem 7. Wettkampf / über der 2. Linie / unter dem 8. Fels / im 5. Wadi / zur 5. Straße / wegen der 2. Katastrophe / mit dem 4. Kalif / nach der 4. Welle / hinter dem 7. Berg / nach dem 6. Orden / mit dem 10. Speer / vor dem 6. Sportler / vor dem 2. Wettkampf / der 10. Klub / nach der 15. Niederlage / der 20. Rekord / mit der 21. Bombe / der 1. Brunnen / nach der 11. Spritze

L8 Übersetzen Sie die Wortgruppen aus L7 nun - wo sinnvoll - , indem Sie die entsprechenden Kardinalzahlen einsetzen!

L9 (Wiederholung) Setzen Sie das richtige Relativpronomen ein!

الكتاب ... اشتريته / الرجل ... قابلته في الفندق / البلدان ... شاركت في المؤتمر / مع الطالبات ... رجعن إلى الجامعة / في البيتين ... كنت فيهما / عند الطلاب ... درسوا في ألمانيا / تحت الطاولة ... باعها أحمد / مع المدرسين ... حضروا الاجتماع / عند الشجرتين ... رأيتهما في مركز المدينة / مع مريم وصباح ... ذهبتا إلى الجامعة / مع محمّد وصباح ... رأيتهما في الدكّان

G

G1 Wandeln Sie die Perfektformen der folgenden Sätze in die Imperfektform um und variieren Sie die Sätze mit dem Wortmaterial in Klammern!

يتفرّج على المباراة.   <   تفرّج على المباراة.
تراوح العدد بين ٥٠ و٩٠.

285

تراوحت النتائج بين ... و ... و بين ...

توقع الطلاب نتائج ممتازة.

توقّعت الطالبات نتائج ممتازة.

توقع الطلاب نتائج ممتازة في دراستهم.

توقّعت الطالبات نتائج ممتازة في دراستهن.

تعادل الفريقان.

تعادلت الفرق كلها.

شاهدت هذا الفلم (اليوم، في برلين، مع أصدقائي).

تأخّرت بداية المباراة (الحفلة، المحادثات) عشرين دقيقة (عشر دقائق، ربع ساعة، نصف ساعة، ساعة واحدة، ساعتين).

تأخّر الرئيس (الضيوف، الطلاب، التلاميذ) قليلاً (كثيراً).

تأخّر خمس دقائق.

تأخّرت خمس عشرة دقيقة.

تأخّر القطار ثلاثين دقيقة.

أملنا ألا (أن لا) يتأخر القطار.

أملنا أن يأتي اليوم.

أملنا ألا تتأخّر بداية المباراة.

تمكّن هذا النادي من أن يفوز على جميع خصومه.

تمكّن التجّار من أن يعقدوا صفقات ممتازة.

تمكّنت الحكومة من بناء اقتصاد جديد.

تحمّس المتفرّجون لنادي الأهالي.

تحمّس الناس بعد أن سجل فريقهم أهدافاً كثيرة.

تمتّع الرئيس بشعبية واسعة.

تمتّعت أنواع الرياضة المختلفة بمساعدة الحكومة.

G2 (Hausaufgabe) Wiederholen Sie G1 schriftlich, indem Sie von jedem Verb jeweils einen Satz in der umgewandelten Form aufschreiben!

G3 Der Lektor verwendet die Sätze von G1 mit der Imperfektform und läßt diese in die Perfektform umwandeln.

تفرّج على المباراة. > يتفرّج على المباراة.

G4 Beantworten Sie die folgenden Fragen verneinend und ersetzen Sie dabei die Perfektform durch لم + Apokopat!

لم يتفرّج عليها. > هل تفرّج على المباراة؟

Achten Sie auf den Hilfsvokal, der beim Apokopat vor folgendem
Artikel an die Stelle des *Sukūn* tritt!

هل تفرّجتم على المباراة؟

هل شاهدت الفلم؟

هل تأخّرت بداية المباراة؟

هل تأخّرت المعلّمة؟

هل تأخّرت بداية المحادثات؟

هل تأخّر الحكم؟

هل تأخّر الصديق؟

هل تعادل الفريقان؟

هل تمكّن من كتابة الرسالة؟

هل تمكّنت من أن ترجع إلى البيت؟

هل تمكّن من أن يقابله قبل السفر؟

هل توقّع هزيمة منتخب بلده؟

G5 Stellen Sie die in Klammern stehenden Wörter an den Satzanfang
und setzen Sie das entsprechende Personalsuffix ein!

أنجزت (واجباتي) فوراً.   >   واجباتي أنجزتها فوراً.

دعــونا (الطبيب) فوراً.

نقلت السيّارة (المريض) إلى المستشفى.

أزور (عمر) صباح الغد.

قابلت (أصدقاءنا) أمس.

حضرت (الحفلة) وفود كثيرة.

سعر (هذه السيارة) مرتفع.

عاصمة (هذا البلد) جميلة.

كنت أدرس في (جامعة برلين) ٤ سنوات.

كنّا نسكن في (ذلك البيت) أسبوعين.

كنت مع (الطالبات) في المسرح.

هل وصلت (الوفود الأجنبية) أمس؟

هل رأيت (أصدقاءنا)؟

متى رأيت (أصدقاءنا)؟

إلى أين تمشي (مريم)؟

لماذا بعت (تلك الكتب)؟

Lektion 17

K

K1 Erarbeiten Sie mit dem Lektor einen Katalog gesprächstypischer Wendungen für Begrüßung/Verabschiedung, Dank, Entschuldigung, Wünsche (Genesung, Geburtstag, Feiertage etc.)!

K2 Bereiten Sie für das nächste Kolleg einen Dialog zu einem Sportereignis oder einen Vortrag zu Ihrer Lieblingssportart vor!

Komplexübung:

1. Wandeln Sie die Perfektform in die Imperfektform um!

راهنوا على فريقهم. تأخرت بخمس دقائق. أحرزنا ميداليات كثيرة. تحمّس أنصار كرة القدم. تراوح عدد الأنصار بين ألفين وثلاثة آلاف. أصبح تسويق الرياضيين فرعاً اقتصادياً خاصّاً. سجّلوا خمسة أهداف . عادلت قيمة جمال السباق الجيّدة قيمة أحصنة السباق المشهورة. تعادل المنتخبان دون أهداف. غنّى الأغنية الشعبية في الملعب. تفرّجتِ على الملاكمة والمصارعة. تمتّعت أنواع الرياضة المختلفة بشعبية واسعة. تمكّن اللاعب من أنْ يسجّل كل الأهداف. توقّعنا ما هو مستحيل. شاهدوا المباريات النهائية في التلفزيون.

2. Setzen Sie إنّ , أنْ oder أنّ (+ Personalsuffix) ein!

قال ... تفرّجوا على المباراة. أظنّ ... لا يلعب كرة القدم. من تمكّن من ... يسجّل الهدف؟ سمعت ... ألعاب الساحة والميدان تتمتّع بنفس الشعبية. قالت ... الملك قام بتوزيع الأوسمة. لا تقل ... بعد قال ... أريد ... أراها بعد الحفلة. أعلن الرئيس ... يسافر إلى أمريكا.

3. Ergänzen Sie bei folgenden Verben die richtige(n) Präposition(en)!

وفى ... / حال ... / عرض ... / وصف ... / تبع ... / أدّى ... / أشرف ... / ربط ... / رحّب ... / أسفر ... / أضاف ... / عبّر ... / عانى ... / قدّم ... / أجاب ... / وقّع / ...وعـد ... / حصـل ... / تفرّج ... / شارك ... / قام ... / نظر ... / رغب ... / سمح ... / نصح ... / شـعر .../ دعـا ... / عاد ... / قال ... / ذهـب ... / سلّم ... / رجع ... / سكن ... / وصل ... / تراوح ... / زوّد ... / جاء ...

288

4. Stellen Sie die in Klammern stehenden Wörter an den Satzanfang und setzen Sie das entsprechende Personalsuffix ein!

كنّا نسكن في (ذلك الفندق) أسبوعين. كنت مع (الطالبات) في المسـرح. هـل وصلت (الوفود الأجنبية) أمس؟ هل رأيت (مرافقنا)؟ متى رأيـت (أصدقاءنـا)؟ إلى أين تمشي (صباح)؟ لماذا بعت (تلك البيوت)؟ دعونا (الطبيب) فوراً. نقلت السيّارة (المريض) إلى المستشـفى. أزور (أحمـد) صبـاح الغـد. قـابلت (مديرنـا) أمس. حضرت (الحفلة) وفود كثيرة. أسعار (هذه السيارات) مرتفعـة. عاصمـة (هذا البلد) كبيرة. كنت أدرس في (جامعة باريس) من ١٩٩٤ – ١٩٩٨.

5. Setzen Sie die richtige Form des Relativpronomens ein!

تحت الطاولة ... باعهـا أحمـد / مـع المدرسـين ... حضـروا الاجتمـا ع / عنـد الشجرتين ... رأيتهما في مركز المدينة / مع مريم وصباح ... ذهبتا إلى الجامعة / مع محمّد وصباح ... رأيتهما في الدكّان / الكتاب ... اشتريته / الرجـل ... قابلته في الفندق / البلدان ... شاركت في المؤتمر / مع الطالبات ... رجعن إلى الجامعة / في البيتين ... كنت فيهما / عند الطلاب ... درسوا في ألمانيا

6. Übersetzen Sie ins Arabische!

Die in Europa bekannten Sportarten wie Fußball und Leichtathletik genießen auch in der arabischen Welt große Popularität. Die arabischen Länder nehmen mit ihren Auswahlmannschaften an den Weltmeisterschaften teil. In den arabischen Ländern gibt es auch Sportarten, die in Europa fast nicht bekannt sind. In dem Spiel, das wir gesehen haben, hat keiner ein Tor erzielt. Der Preis für ein Rennkamel schwankt zwischen 500.000 und einer Million Dollar. Die Volkskunstensembles singen alte Volkslieder, die das Leben der Beduinen widerspiegeln.

Lektion 18

الدرس الثامن عشر

1.   Das erweiterte Verb: Stamm VII, VIII und X

Kennzeichen des VII. Stammes: Präfix *n-* ـن

Kennzeichen des VIII. Stammes: Infix *t(a)-* ـتـ zwischen R_1 und R_2;
Vokallosigkeit von R_1

Kennzeichen des X. Stammes: Präfix *st(a)-* ـستـ;
Vokallosigkeit von R_1

Die durch die Präfixe und das Infix entstehende Konsonantenhäufung am Verbanfang wird durch den Vorschlagvokal *i-* aufgelöst:

(i)n- ـإِنْ (VII), *(i)* - R_1 -*ta-* ـإِفْت (VIII) und *(i)sta-* ـإِسْت (X). Das *Hamza* als Vokalträger des *i* ist ein *Hamzat waṣl*.

A1 Es gibt verschiedene Regeln über die Assimilation des *t*-Infixes an

R_1 = ت، ث، د، ذ، ز، ص، ض، ط oder ظ.

Hier nur die wichtigsten:

R_1 = ت + Infix ت > ـتّـ   Beispiel: إتّبع (folgen, nachfolgen, verfolgen, beachten)

R_1= ط + Infix ت > ـطّـ   Beispiel: إطّلع على (hinsehen, Einsicht nehmen)

R_1 = ص + Infix ت > ـصطـ   Beispiel: إصْطدم ب (zusammenstoßen mit)

R_1 = ض + Infix ت > ـضطـ   Beispiel: إضْطهد (unterdrücken)

R_1 = ز + Infix ت > زد   Beispiel: إزْدهر (aufblühen, leuchten, strahlen)

Die Vokalfolge ist bei der Perfektform - den Vorschlagvokal ausgenommen - durchgehend *a*.

Bei der Imperfektform fällt der Vorschlagvokal weg; die Vokalfolge ist: *a-a-i*.

A2 Ohne *i* bei Verben R_2 = و oder ى im VII. und VIII. Stamm; siehe unten, 1.3.!

1.1. Gesunde Verben

	X	VIII	VII
Perfektform	اِسْتَفْعَلَ	اِفْتَعَلَ	اِنْفَعَلَ
Imperfektform	يَسْتَفْعِلُ	يَفْتَعِلُ	يَنْفَعِلُ
Imperativ (Anhang: Tafel 14)	اِسْتَفْعِلْ	اِفْتَعِلْ	اِنْفَعِلْ

1.2. Verben R$_1$ = و oder ى

	X	VIII	VII
Perfektform	اِسْتَوْصَلَ	اِتَّصَلَ	
Imperfektform	يَسْتَوْصِلُ	يَتَّصِلُ	keine Verben
Imperativ	اِسْتَوْصِلْ	اِتَّصِلْ	

Im VIII. Stamm wird R$_1$ an das *t*-Infix assimiliert.
(Anhang: Tafel 16; die Übersicht über die Formen der Verben R$_1$ = ى zeigt Tafel 17.)

1.3. Verben R$_2$ = و oder ى

	X	VIII	VII
Perfektform	اِسْتَقَامَ	اِقْتَامَ	اِنْقَامَ
Imperf. Indikativ	يَسْتَقِيمُ	يَقْتَامُ	يَنْقَامُ
Imperf. Apokopat	يَسْتَقِمْ	يَقْتَمْ	يَنْقَمْ
Imperativ	اِسْتَقِمْ	اِقْتَمْ	اِنْقَمْ

Wie im IV. Stamm, so haben die Verben R$_2$ = و oder ى auch in den Stämmen VII, VIII und X die gleichen Formen. Es steht deshalb auch hier nur قام als Musterverb. (Anhang: Tafeln 19 u. 21)

1.4.   Verben R₃ = و oder ى

	X	VIII	VII
Perfektform	اِسْتَلْقَى	اِلْتَقَى	اِنْلَقَى
Imperf. Indikativ	يَسْتَلْقِي	يَلْتَقِي	يَنْلَقِي
Imperf. Apokopat	يَسْتَلْقِ	يَلْتَقِ	يَنْلَقِ
Imperativ	اِسْتَلْقِ	اِلْتَقِ	اِنْلَقِ

Die Stämme VII, VIII und X dieser Verben werden wie das Musterverb
مشى im Grundstamm konjugiert. (Anhang: Tafeln 24 u. 26)

1.5.   Der bei den abgeleiteten Stämmen bisher nicht genannte IX.
Stamm ist selten, da er fast nur in Verbindung mit Farben gebraucht
wird. Die Modellstruktur des IX. Stammes ist: اِفْعَلَّ .

schwarz sein oder werden	أَسْوَدُ > اِسْوَدَّ	schwarz
rot sein oder werden	أَحْمَرُ > اِحْمَرَّ	rot
gelb sein oder werden	أَصْفَرُ > اِصْفَرَّ	gelb
weiß sein oder werden	أَبْيَضُ > اِبْيَضَّ	weiß

Wie bei Stamm VII, VIII und X *Hamzat waṣl*!
Die Verben des IX. Stammes werden praktisch nur in der 3. P. Sg. m.
oder f. verwendet.

V

mieten etw.	X اِسْتَأْجَرَ (يَسْتَأْجِرُ) هـ	Forschung	بَحْث ج بُحُوث
(das) Mieten	اِسْتِئْجار ج ات	beginnen (*intr.*)	VIII اِبْتَدَأَ (يَبْتَدِيءُ)
entweder ... oder	إمَّا ... وَإمَّا/... أو	direkt	مُباشَرَة
hoffend, daß	آمِلاً أَنْ	Übersetzung; *auch:* Vita	تَرْجَمة
anfänglich, erst-	أَوَّلِيّ	Technik	تِقْنِية

fruchtbar	مُثْمِر	Beitrag	إسْهام
(Präp.) während	أثْناءَ	steuern etw.	ساقَ (يَسُوقُ) هـ
Durchführung	إجْراء	(das) Steuern, Fahren	سِياقة
sich treffen mit j-m.	VIII اِجْتَمع (يَجْتَمِعُ) بِ	betreffend	بِشأْن الـ...
(Präp.) an der Seite von	جنْبَ	Netz	شبَكة ج ـات
etw. nicht wissen	جَهِل (يَجْهَلُ) بِ	Aufsicht über	إشْراف على
erlaubt sein j-m., daß	جازَ (يَجُوزُ) لـ، أنْ	teilnehmen an etw.	VIII اِشْتَرك (يَشْتَرِكُ) في
Jeep	جيب	arbeiten	VIII اِشْتَغل (يَشْتَغِلُ)
lieben j-n., etw.	IV أَحبَّ (يُحِبُّ) ه، هـ	Dank	شُكْر
Schuh	حِذاء ج أحْذية	(das) Anschauen	مُشاهدة
geehrt	مُحْترم	Beitritt zu	اِنْضِمام إلى
Gastfreundschaft	حفاوة	(Präp.) in	ضِمْنَ
brauchen j-n., etw.	VIII اِحْتاج (يَحْتاجُ) إلى	Bitte, Nachfrage	طلب
versuchen etw., daß	III حاول (يُحاوِلُ) هـ،أنْ	über, via, mittels	عن طريق
sofort	حالاً	können, in der Lage sein zu	X اِسْتَطاع (يَسْتَطيعُ) أنْ
Experte, Spezialist	خبير ج خُبراءُ	beigefügt	طيًّا
Periodikum	دوْرية ج ـات	Arabisierung	تعْريب
Verwaltungs-	إداريّ	Wohlbefinden	عافية
zeigen j-m. etw.	IV أرى (يُري) ه هـ	dauerhaftes Wohlbefinden	دوام العافية
es wird gebeten	يُرْجَى (Pass.)	Dekan	عميد ج عُمداءُ
erbeten	مرْجُوّ	behandeln	III عامل (يُعامِلُ) ه، هـ
ländlich	ريفيّ	miteinander umgehen, in Geschäftsbeziehungen stehen mit	VI تعامل (يتعامَلُ) مع
Kollege	زَميل ج زُملاءُ	Zeitalter	عهْد ج عُهُود
erfreuen j-n., daß	سرَّ (يَسُرُّ) ه أنْ	dauern	X اِسْتَغْرق (يسْتَغْرِقُ)
es freut mich, daß ...	يَسُرُّني ... أنْ	Fax	فاكس

Einzelner	فَرْد ج أَفْراد	j-m. wünschend	مُتَمَنِّياً لِ
ausgezeichnet	فائِق	erwünscht	مَنشُود
benachrichtigen j-n. über etw.	IV أَفاد (يُفِيدُ) ه هـ، ب	Publikation	نَشْر
Visum	فِيزا	Methode; Weg	نَهْج ج نُهُوج
annehmen etw.	قَبِل (يَقْبَلُ) هـ	enden (*intr.*)	VIII اِنتَهَى (يَنْتَهِي)
töten, ermorden	قَتَل (يَقْتُلُ)	beenden	اِنتهى مِنْ
hier: Wertschätzung	تَقْدِير	Telefon	هاتِف ج هواتِفُ
bald	قَرِيباً	bringen j-n. o. etw. nach	II وَصَّل (يُوَصِّلُ) ه/ هـ إلى
Artikel (Presse)	مَقالة ج ــات	sich in Verbindung setzen mit	VIII اِتَّصل (يَتَّصِلُ) بِ
Cabriolet	كابرِيولِيه	Verbindung mit	اِتِّصال ج ــات بِ
sich die Ehre geben, die Ehre haben (*Infinitiv*)	تَكرُّم بِ	öffentliche Verkehrsmittel	مُواصلات عامّة ج
offen; ohne Verdeck	مَكشُوف	(reichlich) vorhanden	مُتوفِّر
es ist ihm möglich	بإمْكانِهِ أَنْ	übereinkommen, sich einigen (über)	VIII اِتَّفق (يَتَّفِقُ) (على)
erhalten etw.	V تَلقَّى (يَتلقَّى) هـ	Erfolg	تَوْفِيق
Prüfung	اِمْتِحان ج ــات	vereinbart, verabredet	مُتَّفَق عليه
spaßen, scherzen	مَزح (يَمْزَحُ)	Vater	والِد
Lauf	مَشْي		
zu Fuß	مَشْياً		

Text 1

رسالة من السعودية

جامعة الملك سعود

معهد اللغات والترجمة

مكتب المدير

التاريخ : ١٤١٤/٧/٢ هـ   الرقم : ٨٠/١٧٩٢

عزيزي البروفسور الدكتور بخمان المحترم

تحيّة طيّبة، وبعد ...

294

يسرّني أن أكتب إليكم لأعبّر عن فائق شكري وتقديري على الحفاوة التي لقيتها أثناء زيارتي الأخيرة لكم، آملاً أن يبتديء بذلك عهد طويل من التعاون المثمر والأعمال المشتركة بين معهد اللغات والترجمة في جامعة الملك سعود ومعهدكم، معهد الدراسات الشرقية في جامعة برلين، متمنّياً لكم دوام العافية والتوفيق في حياتكم الخاصّة والعامّة.

أرجو أن أراكم مرّة أخرى في معهد اللغات والترجمة. كما أن زميلي الدكتور مولر، ممثّل ألمانيا في التعاون العلمي مع المملكة، سيحاول أن يتّصل بكم قريباً للتشاور في أمر زيارتكم المرجوة إلى جامعة الملك سعود.

وحسب طلبكم فقد اجتمعت بعميد المكتبات في جامعتنا بشأن إمكانية الاتصال بالحاسب الآلي الموجود في المكتبة، وأفادني أن ذلك ممكن من أحد الطريقين:

١) إما أن تتّصلوا بمدير مركز الحاسب الآلي في الجامعة د. عدنان شريف، هاتف رقم ٨٧٦٥٤٦، أو فاكس رقم ٧٦٧١٢٣

٢) وإما أن تشتركوا في الشبكة التي يتعامل معها مركز الحاسب الآلي في الجامعة وهي الGulfnet، وتقوم بالإشراف الإداري عليها مدينة الملك عبد العزيز للعلوم والتقنية، وللانضمام إلى هذه الشبكة يرجى الاتصال مباشرةً بالهاتف ٤٥٧٣٤٢ أو بالفاكس ٣٢١٧٥٦. وتستطيعون عن طريق هذه الشبكة أن تتلقّوا المعلومات المتوفّرة في عدد كبير من جامعات الخليج ومراكز البحث فيها.

وكما هو متّفق عليه أرسل لكم طيّاً مقالة بعنوان "التعريب كمصطلح ونهج" لنشرها في دوريتكم كإسهام أولي لمعهدنا ضمن إطار التعاون المنشود بين جامعتينا. أرجو التكرّم بإجراء اللازم.

مع فائق التقدير والاحترام،

د. عبد الله بن نعمان

مدير معهد اللغات والترجمة

Text 2 السياقة في الخارج

صباح: صباح الخير. كيف حالك ؟

بيتر: صباح النور، بخير، كيف الحال ؟

صباح: أنا تعبانة، عندي آلام في جسمي كله.

بيتر: ماذا حدث لك ؟ هل اشتغلت مرّة أخرى في المطعم ؟

صباح: لا، لم أشتغل هناك. المشي الطويل في المدينة سـوف يقتلـني. لا يمكـن أن أواصل مشاهدة معالم هذه المدينة مشياً. أحتـاج إلى سيّارة لكي تنتهي مشاكلي. أ ليس بإمكاننا أن نستأجر سيّارة ؟

بيتر: المواصلات العامّة رخيصة وتوصّلنا إلى أي مكان.

صباح: وخـارج المدينـة ؟ أريـد سيّـارة كابريوليـه أو جيـب، أي مكشـوفة السقف. الطقس جميل وأحبّ أن أسوق هذا النوع من السيّارات.

بيتر: هل تعرفين أسعار استئجار هـذه السيّـارات وهـل تعرفـين السياقة في الخارج وهل معك رخصة دولية ومتى انتهيت من امتحانات السياقة؟

صباح: الأسـعار ليسـت بمشكلة، طبعـاً، أعـرف السياقة لأنّني أنهيـت كـل الامتحانات قبل شهر.

بيتر: والرخصة؟ أريني الرخصة!

صباح: نسيت الرخصـة في القاهـرة وهـي الآن في الطريق إلى هنا ووصولهـا يستغرق تقريباً أسبوعاً. أ لا يجوز أن أسوق السيّارة وأنـت تجلـس إلى جنبي أي مثلما كان يفعل والدي وأخي ؟

بيتر: هذا لا يجوز هنا. يجب ان تكون معك رخصة دولية.

صباح: وخارج المدينة أي في الطرق الريفية ؟

بيتر: لا، أيضاً ممنوع بدون رخصة وشرطة المـرور موجـودة في كـل مكـان وأفرادها، للأسف الشديد، لا يمزحون.

صباح: إذن، أنت ستكون سائقي وأنا سأجلس جنبك.

بيتر: إن شاء ا لله لا تنسين أنّك لست هنا في بلدك!

Übungen

L

L1 Stellen Sie untereinander die Frage

Brauchst Du ...? هل تحتاج إلى ...؟

und verwenden Sie dabei z.B. die folgenden Wörter:

نقود، بطاقة، بطاقات، كتابي، كتبي، نسخة ثانية، أحذية جديدة، معطف جديد، قبّعة جديدة، سيّارة، جهاز راديو، جهاز تليفزيون، هذا الجهاز، جواز السفر، فيزا، سيّارة، سائق.

Die Antwort kann bejahend oder verneinend gegeben werden.

L2 Beantworten Sie die Fragen

كم من الوقت يستغرق المؤتمر (الاجتماع، المعرض، الدرس)؟

كم من الوقت تستغرق الحفلة (الرحلة، المحادثات، مباراة كرة القدم)؟

L3 Geben Sie eine sinnvolle Antwort auf die Fragen

أين كنت تشتغل في العام الماضي (في الشهر الماضي، في الأسبوع الماضي، أمس الأوّل، أمس)؟

L4 Beantworten Sie die Fragen

متى يبتديء / تبتديء und متى ينتهي / تنتهي المؤتمر / المحادثات / الاجتماع / المعرض / الحفلة / الرحلة / المباراة / الدرس؟

unter Verwendung von Datums- und Uhrzeitangaben.

L5 Ersetzen Sie in den folgenden Sätzen die in Klammern stehenden Wörter durch Antonyme!

أشكركم على الحفاوة التي لقيتها أثناء زيارتي (الأخيرة). يبتديء بذلك عهد (طويل) من التعاون بين البلدين. تتمتع أنواع الرياضة المشهورة بشعبية (واسعة). تمكنت (بعض) البلدان من أن تحرز ميداليات (كثيرة). تغنّي الفرق الشعبية أغاني شعبية (قديمة). وقد تمضي أحياناً سنوات (عديدة) دون سقوط المطر على الإطلاق. تقع الصحارى في مناطق الضغط (المرتفع). هي (شديدة) الحرارة في الصيف و(باردة) في الشتاء. وقد تبلغ درجة الحرارة القصوى ٦٠ درجة مئوية في (بداية) العام. (بدأت) المحادثات. (وصل) الوزير. (دخل) البيت. (قبل) أحمد الدعوة. (جلس) المدير في وسط مكتبه.

L6 (schriftliche Hausaufgabe) Bilden Sie 5 Sätze, in denen das Verb اتّصل im Imperativ verwendet wird!

إتّصل .بمترجم الوفد!

إتّصلوا بإدارة المعرض !

G

G1 Verneinen Sie die Perfektformen der folgenden Fragesätze durch لم + Apokopat!

هل اشتركت في هذا المؤتمر؟ > لا، لم أشترك في هذا المؤتمر .

هل اشترك جميع الخبراء في هذا المؤتمر؟

هل اشترك وفدنا في هذا الاجتماع؟

هل اشتركت في هذه المحادثات؟

هل اشترك مدير معهدك في هذه المحادثات؟

هل اشتركت في هذا الاجتماع؟

هل اشتركوا كلهم في هذا المعرض؟

هل اشترك وزير الخارجية في هذا الاجتماع؟

هل اشتركت في المباريات في لايبزك؟

هل اشترك أصدقاؤك في المباريات في برلين؟

هل تلقّيت رسالة اليوم؟

هل تلقّيت رسالة من أمك؟

هل تلقّى صديقك رسالة من أخيه؟

هل تلقّت الوزارة دعوة؟

هل تلقّيتم الدعوة؟

هل استأجر سيارة؟

هل استأجرت صباح سيارة كابريوليه؟

هل استأجرنا سيارة جيب؟

هل استطعت أن تستأجر بيتاً جديداً؟

هل استطعت أن تدبّر لنا الاستمارات اللازمة؟

هل استغرقت المباراة ساعتين؟

هل استغرق المؤتمر يومين؟

هل اجتمع الرئيس مع الوفود العربية؟

هل اجتمعوا مع مدراء المعاهد؟

هل اشتغلت صباح في المطعم؟

هل اشتغلتم في هذه المصانع؟

G2 Wandeln Sie in den folgenden Sätzen die Perfektform in die Imperfektform nach dem in dem Beispiel angegebenen Muster um!

Lektor:	هل استطعت أن تدبّر لي الاستمارات؟
1. Student:	هل تستطيع أن تدبّر لي الاستمارات؟
2. Student:	نعم، أستطيع أن أدبّر لك الاستمارات.

هل استطعت أن تدبّر لي الاستمارات؟

هل استطعت أن تدبّر لنا الاستمارات اللازمة؟

هل استطاع الموظّف أن يدبّر لك جواز السفر؟

هل استطاع صديقك أن يسافر إلى بيروت؟

هل استطاع رئيس الوفد أن يجيب على الأسئلة؟

هل استطاع الطلاب أن يجتمعوا في معهدهم؟

هل استطعت أن ترافق الوفد السوري؟

هل استطاعت الطالبة أن تزور أمها في المستشفى؟

هل استطعت أن تأتي إليهم حالاً؟

هل استطاع بيتر أن يكتب رسالة عربية؟

هل استطعت أن تتلقّى جواز السفر؟

هل استطاع الوفد أن ينهي محادثاته؟

G3 Beantworten Sie den vorgegebenen Fragesatz positiv und erweitern Sie ihn wie im Beispiel vorgegeben!

هل اجتمع الخبراء أمس؟ >

نعم، اجتمع الخبراء أمس ولكنهم لم ينتهوا من المناقشة.

Setzen Sie für الخبراء nacheinander die Wörter

الرؤساء، المسؤولون، مترجمو الوفود، مرافقو الوفود، وكلاء الوزارة، المعلمـون، الوزراء

ein und tauschen Sie أمــس gegen andere passende Zeitangaben (Wochentage, Uhrzeit) aus!

G4 Wie G3 mit dem Fragesatz:

هل اجتمعتم أمس (صباح اليوم، في الساعة الثامنة ...)؟

G5 Geben Sie auf die vom Lektor entsprechend zu variierenden Sätze

هل اتّفق الخبراء / المدراء / الوزراء / الرؤساء / الوكلاء / الأصدقاء
على المشروع / المشاريع / المواعيد؟
هل اتّفقت الوفود / الحكومات / الوزارات
على المشروع / المشاريع / المواعيد؟
هل اتّفقتم معهم
على المشروع / المشاريع / المواعيد؟

eine bejahende Antwort und erweitern Sie sie durch eines der folgenden Wörter oder Wortgruppen:

أمس – أمس الأول – اليوم – فـوراً – بسـرعة – بعـد مناقشـة طويلـة – بعـد مناقشة الموضوع – في الاجتماع أمس – منذ عدّة أيّام –

هل اتّفق الوزراء على الموعد؟ >
نعم، اتّفقوا على المواعيد بعد مناقشة طويلة.

هل اتّفقتم معهم على المشروع؟ >
نعم، اتّفقنا معهم على المشروع فوراً.

G6 Beantworten Sie nun die Fragen aus G5 verneinend!

هل اتّفقتم على المواعيد اليوم؟
لا، لم نتّفقْ على المواعيد اليوم.

K

K1 Simulieren Sie ein einfaches Gespräch zuerst mit der Telefonzentrale im Hotel oder mit dem Fernamt und lassen Sie sich z.B. mit dem Reisebüro oder Bahnhof verbinden und fragen Sie dort z.B. nach Abfahrts-/Abflugzeiten!

Geben Sie mir die Nummer ...!	أعطني/أعطيني النُّمْرة ... !
Der Anschluß ist besetzt.	النُّمْرة مشغولة.
Rufen Sie noch einmal an!	تلفِن مرّة ثانية !
Rufe mich morgen an!	تلفِنْ لي غداً!
Rufen Sie mich an!	خابرني بالتليفون!

K2 Gestalten Sie in Anlehnung an Text 2 einen Dialog zum Autofahren in einem arabischen Land! Fragen Sie z.B. nach dem Verhalten nach einem Verkehrsunfall (حادِث ج حوادِث), nach der Versicherung (تأمين), nach der Art der erforderlichen Fahrerlaubnis etc.!

Komplexübung:

1. Verneinen Sie die Perfektformen der folgenden Fragesätze durch لم + Apokopat!

هل اشترك وفدنـا في هـذا الاجتمـاع؟ هل اشـتركت في هـذه المحادثـات؟ هـل تلقّيت رسالة اليوم؟ هل تلقّيت رسالة من أمك؟ هل تلقّى صديقك رسـالة مـن أخيه؟ هل اشتركوا كلهم في هذا المعـرض؟ هـل استأجرتم سيارة جيب؟ هـل استطعت أن تستأجر بيتاً جديداً؟ هـل استطعت أن تدبّر لنـا الاستمارات اللازمة؟ هل تلقّت الوزارة دعوة؟ هل تلقيتم الدعوة؟ هل استأجر سـيارة؟ هـل استأجرت صباح سيارة كابريوليه؟ هل اشتغلت صباح في المطعم؟ هل اشـتغلتم في هذه المصانع؟ هل استغرقت المباراة ساعتين؟ هل استغرق المؤتمر يومين؟ هـل اجتمع الرئيس مع الوفود العربية؟ هل اجتمعوا مع مدراء المعاهد؟ هل اشـتريت السيّارة؟

2. Übersetzen Sie ins Arabische!
Er hat das Buch nicht gekauft. Wir haben die Einladung nicht bekommen. Die Fahrerlaubnis ist noch nicht eingetroffen. Die Prüfung hat 5 Stunden gedauert. Ich kann mir die Sehenswürdigkeiten dieser Stadt nicht weiter zu Fuß anschauen. Ich will ein Auto ohne Verdeck kaufen, d.h. ein Cabriolet. Das heiße Wetter wird mich töten. Die Sitzung ist noch nicht beendet. Sie wird nicht mehr im Restaurant arbeiten.

3. Ersetzen Sie die in Klammern stehenden Wörter durch ihr jeweiliges Antonym!

لم (ينته) المؤتمر. لن (يخرج من) البيت. هذا (مستحيل). لم (أعـرف) ذلـك. لم
(أبع) الكتاب. بعد أن (جلسنا) بدأ الاجتماع . نعـرف أيـن (الفـك الأعـلى).
مشى إلى (اليسار). حدّثته عن (مرض) المدير. نمـت (قبـل) الطعـام. لم (آخـذ)
القلم. جاء (في الصباح). لم يمش إلى (تحت).

4. Übersetzen Sie folgenden Brief ins Arabische!

Lieber Herr Professor ...

Vielen Dank für Ihren Brief vom 11.12.1994, die vielen wertvollen Informationen und die Einladung zum Besuch Ihres Institutes. Ich hoffe, daß mit diesem Besuch eine fruchtbare Zusammenarbeit zwischen unseren beiden Instituten beginnt. Bis jetzt konnte ich mich noch nicht mit dem Direktor der Bibliothek telefonisch in Verbindung setzen. Ich werde versuchen, ihn über das Computernetz zu erreichen. Vom Direktor des Computerzentrums habe ich ein Fax mit den gewünschten Informationen erhalten.

Wie wir vereinbart haben, schicke ich Ihnen beigefügt einen Artikel zur Veröffentlichung in der Zeitschrift Ihres Institutes sowie einige neue arabische Computerprogramme.

Ich danke Ihnen nochmals für Ihre Bemühungen und bitte Sie, das Notwendige zu veranlassen.

Mit vorzüglicher Hochachtung

Lektion 19

1. Das Passiv (صِيغَةُ الْمَجْهُول)

1.1. Das Passiv (مَبْنِيٌّ لِلْمَجْهُول) unterscheidet sich funktionell vom Aktiv (مَبْنِيٌّ لِلْمَعْلُوم) in der Möglichkeit, das Agens (أَلْفَاعِل) unerwähnt zu lassen. Das Deutsche kann dieses in Form einer präpositionalen Ergänzung hinzufügen. Im Arabischen ist die Weglassung des Agens bei der Passivkonstruktion zur Regel erhoben.

A1 Diese Regel wird in der modernen arabischen Sprache nicht selten durchbrochen und das Agens durch مِنْ قِبَلِ angefügt. Insgesamt wird jedoch der aktivischen Ausdrucksweise der Vorzug gegeben.

Im Passiv wird das Objekt eines transitiven Verbs zum Subjekt der Aussage (نائِبُ الفَاعِل).

1.2. Das Passiv unterscheidet sich formal vom Aktiv nur in der Vokalfolge.

1.2.1. Die charakteristische Vokalfolge im Passiv der Perfektform ist **u - i - a.**

Bei den abgeleiteten Stämmen nehmen auch die Präfixe und das Infix den Vokal **u** an.

Im folgenden werden Aktiv- und Passivform des Grundstammes und der abgeleiteten Stämme in der 3. P. Sg. m. einander gegenübergestellt. Im übrigen sei auf die Tafeln 7, 13, 14 im Anhang verwiesen.

Stamm	Passiv	Aktiv
I.	فُعِلَ	فَعَلَ
II.	فُعِّلَ	فَعَّلَ
III.	فُوعِلَ	فَاعَلَ
IV.	أُفْعِلَ	أَفْعَلَ
V.	تُفُعِّلَ	تَفَعَّلَ

VI.	تُفُوعِلَ	تَفَاعَلَ
VII.	اُنْفُعِلَ	اِنْفَعَلَ
VIII.	اُفْتُعِلَ	اِفْتَعَلَ
X.	اُسْتُفْعِلَ	اِسْتَفْعَلَ

1.2.2. Die charakteristische Vokalfolge im Passiv der Imperfektform ist *u - a - a*.

Stamm	Passiv	Aktiv
I.	يُفْعَلُ	يَفْعَلُ
II.	يُفَعَّلُ	يُفَعِّلُ
III.	يُفَاعَلُ	يُفَاعِلُ
IV.	يُفْعَلُ	يُفْعِلُ
V.	يُتَفَعَّلُ	يَتَفَعَّلُ
VI.	يُتَفَاعَلُ	يَتَفَاعَلُ
VII.	يُنْفَعَلُ	يَنْفَعِلُ
VIII.	يُفْتَعَلُ	يَفْتَعِلُ
X.	يُسْتَفْعَلُ	يَسْتَفْعِلُ

1.3. Die Passivformen der schwachen Verben sind in den Tafeln 15-26 im Anhang verzeichnet. Sie haben grundsätzlich die gleiche Vokalfolge wie die gesunden Verben.

Wir nennen nur einige Besonderheiten:

Bei den Verben R_1 = و fällt das و in der Imperfektform des Grundstammes nicht wie im Aktiv weg:

Passiv	Aktiv
يُوصَلُ	يَصِلُ

Bei den Verben R$_2$ = و oder ی lautet R$_2$ in den Stämmen, in denen dieser Radikal vokalischen Wert hat (I., IV., VII., VIII., X.), durchgängig ی (langer Vokal *ī*) in der Perfektform, ا (langer Vokal *ā*) in der Imperfektform.

Grundstamm: Passiv		Aktiv	
يُقَامُ	قِيمَ	يَقُومُ	قَامَ
يُبَاعُ	بِيعَ	يَبِيعُ	بَاعَ
يُخَافُ	خِيفَ	يَخَافُ	خَافَ

Bei den Verben R$_3$ = و oder ی wird R$_3$ in allen Stämmen zu ی (mit konsonantischem Wert) in der Perfektform, zu ی (*Alif maqṣūra*, als langer Vokal *ā* gesprochen) in der Imperfektform.

Grundstamm: Passiv		Aktiv	
يُدْعَى	دُعِيَ	يَدْعُو	دَعَا
يُمْشَى	مُشِيَ	يَمْشِي	مَشَى
يُلْقَى	لُقِيَ	يَلْقَى	لَقِيَ

1.4.   Einige Beispiele zur Anwendung des Passivs:

1.4.1.

Im Stadtzentrum befinden sich die Gebäude, in denen die Autos ausgestellt werden.	تُوجَدُ فِي وَسَطِ الْمَدِينَةِ الْمَبَانِي الَّتِي تُعْرَضُ فِيهَا السَّيَّارَاتُ.

Passivform تُوجَدُ zum Verb وَجَدَ , I. Stamm

Passivform تُعْرَضُ zum Verb عَرَضَ , I. Stamm

Zwei Experten werden zur Konferenz entsandt, die in Beirut abgehalten wird.	يُوفَدُ خَبِيرَانِ إِلَى الْمُؤْتَمَرِ الَّذِي يُعْقَدُ فِي بِيرُوت.

305

Passivform يُوفَدُ zum Verb أُوفَدَ , IV. Stamm

Passivform يُعْقَدُ zum Verb عَقَدَ , I. Stamm

Die Entsendung von zwei
Experten wurde vorgeschlagen.

اُقْتُرِحَ إيفَادُ خَبيرَيْنِ.

Passivform اُقْتُرِحَ zum Verb اِقْتَرَحَ , VIII. Stamm

1.4.2. Die Verbalrektion mittels Präposition bleibt erhalten:

Die Gäste werden begrüßt.

يُرَحَّبُ بِالضُّيُوفِ.

Passivform يُرَحَّبُ zum Verb رَحَّبَ (بـ), II. Stamm

Das Patiens dieses passivischen Satzes steht also hier nicht im
Nominativ, sondern, abhängig von der zu رَحَّبَ gehörenden Präposition
بِـ , im Genitiv. In solchen Konstruktionen steht übrigens immer die
maskuline Form des Verbs, auch wenn das Patiens feminin ist:

Es wurden viele Meinungen
geäußert.

عُبِّرَ عَن آراءٍ كَثيرةٍ.

Passivform عُبِّرَ zum Verb عَبَّرَ, II. Stamm

Maskuline Form, obwohl آراء als fem. gilt!

1.4.3. Zur Konstruktion von doppelt transitiven Verben:
Werden Sätze mit 2 direkten Objekten passivisch gewendet, so wird das
1. Objekt zum Subjekt, das 2. Objekt bleibt als solches im Akkusativ:

Beispiel: mit أَعْطَى ه هـ IV "jmdm. etw. geben"

Aktiv

Ich habe Muḥammad ein Gerät gegeben.

أَعْطَيْتُ مُحَمَّداً جِهازاً.

Passiv

Muḥammad ist ein Gerät gegeben worden.

أُعْطِيَ مُحَمَّدٌ جِهازاً.

Beispiel mit ‫هـ‬ ‫ه‬ ‫سَمَّى‬ II "jmdn. (mit einem Namen) nennen"
Aktiv
Die Mutter hat das Kind Muḥammad
genannt.

سَمَّتِ الأُمُّ الْوَلَدَ مُحَمَّداً.

Passiv

Das Kind wurde Muḥammad genannt.

سُمِّيَ الْوَلَدُ مُحَمَّداً.

Auch wenn das Subjekt nicht genannt wird, bleibt das Akkusativobjekt erhalten:

Er wurde Muhammad genannt.

سُمِّيَ مُحَمَّداً.

1.4.4. Die passivische Imperfektform wird in Verbindung mit der Negation ‫لا‬ gern in der Form eines attributiven Relativsatzes gebraucht, dem im Deutschen ein attributives Adjektiv entspricht:
eine Veranstaltung, die nicht vergessen wird =
eine unvergeßliche Veranstaltung

حَفْلَةٌ لا تُنْسَى

2. Einige Charakteristika der abgeleiteten Stämme
Die abgeleiteten Stämme sind ursprünglich Grundstammvarianten zum Ausdruck von Aktionsarten und Verbalcharakter. Eine funktionell-semantische Bestimmung der einzelnen Stämme ist möglich, verspricht jedoch wenig Nutzen für die Sprachpraxis. Fast der gesamte Verbalbestand ist lexikalisch erfaßt; der Studierende braucht nicht selbst von den einzelnen Verben bestimmte Stämme neu zu bilden. Freilich kann ihm die Kenntnis des "Stammwerts" das Verständnis einer ihm noch nicht geläufigen Verbform ohne Zuhilfenahme eines Wörterbuchs ermöglichen.
Grundsätzlich sei hier jedoch festgestellt, daß viele Verben nicht in ein generelles Bedeutungsschema der einzelnen Stämme passen. Es genügt deshalb nicht, sich von einem Verb etwa nur die Wurzel oder den Grundstamm zu merken. Jedes Verb muß in der Form des entsprechenden Stammes eigens gelernt werden!
A2 Das bedeutet auch, daß man sich die Verben nicht etwa einzuprägen sucht, indem man sagt: ‫جمع‬ = sammeln; ‫جمع‬ IV. Stamm = übereinstimmen, ‫جمع‬ VIII. Stamm = zusammenkommen, sich treffen, sondern man muß im Gedächtnis sofort die Formen ‫أجمع‬ und ‫اجتمع‬ speichern.
Freilich sollte man wissen, daß der IV. und VIII. Stamm vorliegt, da diese Kenntnis für die richtige formale Handhabung notwendig ist.

Lektion 19

Wir führen im folgenden einige Charakteristika der abgeleiteten Stämme an, die dem Studierenden vor allem eine Hilfe für das Übersetzen sein sollen:

2.1. II. Stamm

فَعَّلَ – يُفَعِّلُ

intensivierend	I كَسَرَ	zerbrechen (trans.)
	II كَسَّرَ	zerbrechen, zertrümmern
	I رَجَعَ	zurückkehren
kausativ	II رَجَّعَ	zurückkehren lassen, zurücksenden
denominativ	زَيْتٌ	Öl
(in dieser Funktion im modernen Arabisch produktiv)	II زَيَّتَ	ölen
	صِناعَة	Industrie
	II صَنَّعَ	industrialisieren

Fast alle Verben transitiv.

Zahlenmäßig stark vertreten; nach dem Grundstamm der am häufigsten vorkommende Stamm.

In unvokalisierten Texten Verwechslungsmöglichkeit mit
Stamm I bei der Perfektform
Stamm I, IV bei der Imperfektform
Stamm V bei der Form تفعّل.

2.2. III. Stamm

فَاعَلَ – يُفَاعِلُ

Zielstamm	I كَتَبَ	schreiben
(versuchte) Einwirkung auf eine Person oder Sache	III كَاتَبَ	sich mit jmdm. schreiben, korrespondieren
	I بَدَلَ	ersetzen, austauschen
	III بَادَلَ	mit jmdm. etw. austauschen
	I قامَ	aufstehen
	III قاوَمَ	aufstehen und sich gegen jmdn. od. etw. wenden = Widerstand leisten

Viele Verben lassen diesen Stammwert nicht erkennen.

Fast alle Verben sind transitiv.

Verwechslungsmöglichkeit mit dem Aktivpartizip des Grundstammes, bei der Imperfektform mit Präfix تـ auch mit dem VI. Stamm تفاعل.

2.3. IV. Stamm

أَفْعَلَ – يُفْعِلُ

Kausativ, denominativ und in verschiedenen anderen Bedeutungen, die sich schwer zusammenfassen lassen.

Die meisten Verben dieses Stammes sind transitiv.

Verwechslungsmöglichkeit mit

    Stamm I bei der Imperfektform und dem Imperativ

    Stamm II bei der Imperfektform

    Stamm V bei der Form تفعل

    dem Elativ (vgl. Lektion 25).

2.4. V. Stamm

تَفَعَّلَ – يَتَفَعَّلُ

Bildet Intransitiva zum II. Stamm	كَسَّرَ	II	zerbrechen, zertrümmern
	تَكَسَّرَ	V	zerbrechen (intr.)
	حَجَّرَ	II	zu Stein werden lassen, in Stein verwandeln
	تَحَجَّرَ	V	zu Stein werden, versteinern
	غَيَّرَ	II	verändern
	تَغَيَّرَ	V	sich verändern
sowie manche Denominative	تَبَنَّى	V	als Sohn (ابن) annehmen

Meist intransitiv.

Verwechslungsmöglichkeit durch das präfigierte تـ mit den Imperfektformen 3. P. f. und 2. P. m. Sg. Stamm I, II und IV.

2.5. VI. Stamm

تَفَاعَلَ – يَتَفَاعَلُ

meist in reziproker Bedeutung zum III. Stamm	بَادَلَ	III	mit jmdm. etw. austauschen
	تَبَادَلَ	VI	gegenseitig oder miteinander etw. austauschen

Lektion 19

Transitive und intransitive Verben.

Zahlenmäßig schwach vertreten.

Durch das präfigierte ـنْ Verwechslungsmöglichkeit mit einigen Imperfektformen des III. Stammes.

2.6. VII. Stamm

اِنْفَعَلَ – يَنْفَعِلُ

Bildet Intransitiva

كَسَرَ I   zerbrechen

اِنْكَسَرَ VII   zerbrechen (intr.), in Stücke gehen

und Reflexiva

سَحَبَ I   ziehen, schleppen

اِنْسَحَبَ VII   sich fortschleppen, sich zurückziehen

In der Umgangssprache dient dieser Stamm der Bildung des Passivs von Verben des Grundstammes.

Durchgängig intransitiv.

Verwechslungsmöglichkeit allenfalls mit Verben R_1 = ن

2.7. VIII. Stamm

اِفْتَعَلَ – يَفْتَعِلُ

Verschiedene, z. T. sehr unterschiedliche Bedeutungen. Manche Verben im VIII. Stamm sind reziproke Varianten des Grundstammes.

Teils transitiv, teils intransitiv.

2.8. IX. Stamm

اِفْعَلَّ – يَفْعَلُّ

Wird fast nur in Verbindung mit Farben gebraucht und bezeichnet sowohl das Eintreten des entsprechenden Zustandes:

Der Horizont nahm eine rötliche Färbung an, rötete sich.   اِحْمَرَّ الأُفُقُ.

als auch dessen oft durch Intensität gekennzeichnetes Bestehen:

Die Nacht war (tief)schwarz.   اِسْوَدَّ اللَّيْلُ.

Immer intransitiv.

Kommt selten vor.

2.9. X. Stamm

اِسْتَفْعَلَ – يَسْتَفْعِلُ

oft in der Bedeutung "um etw. nachsuchen, bitten"	X اِسْتَرَاحَ	nach Ruhe verlangen, sich ausruhen
	X اِسْتَفْسَرَ	nach einer Erklärung fragen oder suchen
	X اِسْتَثْمَرَ	Früchte, Gewinn zu erlangen suchen = ausbeuten, (auch) investieren

Er tritt aber auch genau wie der Grundstamm in nicht näher einzugrenzenden Bedeutungsvarianten auf.

Transitiva überwiegen.

V

beeinflußt werden durch etw., j-m.	V تَأَثَّرَ (يَتَأَثَّرُ) ب	Empfindlichkeit, Sensibilität	حَسَّاسِيَّة
strategisch	اِسْتِرَاتِيجِيّ	nicht nur ... ,	(لَيْسَ . .ِ) فحَسْب
amerikanisch	أَمْرِيكِيّ	sondern auch ...	بَل أَيْضاً ...
Versicherung	تَأْمِين ج ـات	Flaute, Rezession	اِنْحِسار
OPEC	الأُوبِك	Erhaltung, Bewahrung (von)	حِفاظ (عَلى)
Erdöl	بِتْرُول	verwirklichen etw. هـ	II حَقَّقَ (يُحَقِّقُ)
Ersatz, Alternative; Option	بَدِيل ج بَدائِل	Steuerung	تَحَكُّم
(Vor)Zeichen (gut)	ج تَباشِيرُ	Versuch	مُحاوَلة ج ـات
Benzin	بَنْزِين	vital, lebenswichtig	حَيَوِيّ
Gebäude	مَبْنىً ج مَبانٍ	wobei	حَيْثُ
klar werden j-m.	V تَبَيَّنَ (يَتَبَيَّنُ) له	unterworfen sein etw., j-m.	خَضَعَ (يَخْضَعُ) ل / إلى
Reichtum, Vermögen	ثَرْوة ج ثَرَوات	Absinken	اِنْخِفاض
die 80-ger Jahre	ج الثَمانِينات	auswählen j-n, etw. aus	VIII اِخْتارَ (يَخْتارُ) ه، هـ مِن
gesamt, Brutto-	إِجْمالِيّ	niedrig	مُتَدَنٍّ
übersteigen etw. هـ	VI تَجاوَزَ (يَتَجاوَزُ)	Diesel	دَيْزِل / دِيزِل
sich ereignend in	حادِث في		

311

billiger als	أَرْخَصُ مِن
(Präp.) trotz	رَغْمَ
Passagier	رَاكِب ج رُكَّاب
stagnieren	رَكَد (يَرْكُدُ)
Aufschwung, Konjunktur; Aufblühen, Blüte	اِزْدِهار
ansteigen	VIII اِزْداد (يَزْدادُ)
die 70-er Jahre	السَّبْعِينات
Fall, Untergang	سُقُوط
(be)nennen, j-n., etw.	II سَمَّى (يُسَمِّي) ٥، هـ
Schah	شاه
verschieden	شَتِيت ج شَتَّى
Käufer	مُشْتَرٍ
umfassen etw.	شَمِل (يَشْمُلُ) هـ
Scheck	شِيك ج ـات
Korrektur	تَصْحِيح ج ـات
ansteigend	مُتَصاعِد
verarbeiten etw.; industrialisieren	II صَنَّع (يُصَنِّعُ) هـ
Spekulation	مُضاربة ج ـات
Doppeltes; Vielfaches	ضِعْف ج أَضْعاف
Kaution, Garantie	ضَمانة ج ـات
zusätzlich	إضافِيّ
Natur	طَبِيعة
Ware	بِضاعة ج بَضائِعُ
natürlicherweise	بِطَبِيعةِ الحالِ

Nachfrage (nach)	طَلَب (على)
erfordern, notwendig machen etw.	V تَطَلَّب (يَتَطَلَّبُ) هـ
Beginn, Anfang	مَطْلَع
Unfähigkeit, Unvermögen (zu); Defizit	عَجْز (عن)
Angebot	عَرْض
Angebot und Nachfrage	العَرْض والطَّلَب
Abendessen	(حَفلة) عَشاء
Epoche; Nachmittag	عَصْر ج عُصُور
Mehrheit	مُعْظَم
Jahrzehnt	عَقْد ج عُقُود
abhalten (Konferenz)	VII اِنْعَقَد (يَنْعَقِد)
zum Beispiel	على سَبِيل المِثال
sich stützen, beruhen auf	VIII اِعْتَمد (يَعْتَمِدُ) (على)
Behandlung	مُعامَلة ج ـات
als, wenn	عِنْدَما
überwinden	V تَغَلَّب (يَتَغَلَّبُ) على
Veränderung, Wandel	مُتَغَيِّر ج ات
veränderlich	مُتَغَيِّر
palästinensisch	فِلَسْطِينِيّ
Interaktion; Zusammenwirken	تَفاعُل ج ـات
profitieren von	X اِسْتَفاد (يَسْتَفِيدُ) من
arm	فَقِير ج فُقَراءُ
beschließen etw.	II قَرَّر (يُقَرِّرُ) هـ
Betrag, Maß	مِقْدار ج مَقادِيرُ

vorschla-gen j-m. etw.	VIII اِقْتَرَح (يَقْتَرِحُ) على ـهـ	Sieg	اِنْتِصار
Vorschlag	اِقْتِراح ج ـات	hinsichtlich; im Hinblick auf	نَظَراً لـ
beschränkt auf	مُقْتَصِر على	Organisation	مُنَظَّمَة ج ـات
Katalog	كَتالُوج ج ـات	aufleben	VIII اِنْتَعَش (يَنْتَعِشُ)
Intensivierung, Verstärkung-	تَكْثيف	Erdöl	نَفْط
Menge	كَمِّية ج ـات	Ausgaben	إِنْفاق
bemerken etw.	III لاحَظ (يُلاحِظُ) ـهـ	in bar	نَقْداً
Verpflichtung	اِلْتِزام ج ـات	diskutieren etw.	III ناقَش (يُناقِشُ)
verpflichtet zu	مُلْزَم بـ	Beendigung	إِنْهاء
Ausdehnung, Verlängerung	تَمْديد	wichtig	هامّ
andauern	X اِسْتَمَرَّ (يَسْتَمِرُّ)	Konsum, Verbrauch	اِسْتِهْلاك
resultieren aus, Ergebnis sein von	نَتَج (يَنْتِجُ) عن	Identität	هُوِية
produzieren etw.	IV أَنْتَج (يُنْتِجُ) ـهـ	die Stirn bieten j-m./etw. (Infinitiv)	مُواجَهة ج ـات
schlußfol-gern etw. aus	X اِسْتَنْتَج (يَسْتَنْتِجُ) ـهـ من	Ressource; (Ein-nahme-)Quelle	مَوْرِد ج مَوارِدُ
Ergebnis, Produkt	نِتاج	Mitte	وَسَط ج أَوْساط
Produktion	إِنْتاج	entsenden j-n. nach	IV أَوْفَد (يُوفِدُ) ه إلى
Produkt	مُنْتوج ج ـات	Entsendung	إِيْفاد
Bruttoso-zialprodukt	المُنْتوج الاجْتِماعيّ الإِجْماليّ	Bereitstellung, Verfüg-barmachung	تَوْفير
produzierend, Produzent	مُنْتِج	Brennstoff, Kraftstoff	وَقُود

313

العرب والنفط

منذ ما يزيد على أربعة عقود واقتصاد معظم الدول العربية يعتمد على النفـط. ويبدو أن ذلك الوضع ليس مقتصراً علــى الـدول العربيـة المنتجـة للنفط وعلـى منتوجها الاجتماعي الإجمالي فحسب، بل يشمل أيضاً تلك الدول العربيـة الـتي لا ينتج ولا يصنّع فيها النفط. ومنـذ ذلـك الحـين تـأثرت الاقتصاديات العربيـة بحساسية شديدة لشتّى المتغيّرات الحادثة في سوق النفط العالمية. وبطبيعـة الحـال فإن هذه السوق هي نتاج التفاعلات والمضاربات الاقتصادية والعرض والطلـب في الدول الصناعية حيث تزداد الأسعار عندما ينتعش الطلب على النفط بسبب الازدهـار الاقتصادي في تلـك الـدول، أو يركـد الطلـب بسبب الانحسـار الاقتصادي فيها.

فعلى سـبيل المثـال، عندمـا قـرّرت الـدول المنتجـة للنفط في بدايـة السبعينات مراجعة اسعار النفط وتصحيح مسـتويات تلـك الأسعار وإنهـاء عصر الطاقة الرخيصة حدثت أزمـة اقتصاديـة في الـدول الصناعيـة حيث ارتفعـت الأسعار بمقدار أربعة أضعاف عمّا كانت عليه، الأمر الذي استفادت منه أيضاً شـركات البترول العالمية. وفي عام ١٩٧٩ حدثـت أزمـة نفطيـة ثانيـة بعـد سـقوط نظـام الشاه في إيران، نتج عنها ارتفاع في أسعار النفط و لم يستمرّ هذا الوضع طويـلاً فقد بدأت تباشير الانخفاض في الأسعار في مطلع الثمانينات حتـى وصلت إلى مستوى متدنّ جدّا في عام ١٩٨٦. ويستنتج من ذلك أن سـوق النفط تخضع بشكل أساسي لقانون العرض والطلب رغم كل المحـاولات الـتي تبذلهـا منظّمـة الأوبك للتحكّم في الأسعار.

وهكذا يتبيّن لنا أن هذه الحقيقة تتطلّب من الدول العربية المنتجة للنفط تكثيـف الجهود للحفاظ على القيمة الاستراتيجية لهذه المـادّة الحيويـة، والعرب ملـزمون بالحفاظ على الثروة النفطية نظراً لعجزهم حتّى الآن عن توفير بدائـل اقتصاديـة أساسية تحقّق لهم الموارد المالية الكافية لمواجهة التزامات الإنفاق المتصاعدة.

Text 2

استئجار سيّارة

بيتر: مساء الخير.

البائعة: مساء النور، تفضّل.

بيتر: أحتاج إلى سيّارة لمدّة أسبوع.

البائعة: للنقل أم للركاب؟

بيتر: للركّاب ومكشوفة السقف أو سيّارة جيب.

البائعة: عندنا سيّارات من كل الأنواع وكل البلدان، أي يابانية وأمريكية وألمانية إلخ ويمكن أن تختار من هذا الكتالوج.

بيتر: هذه السيّارة جميلة، كم سعرها؟

البائعة: سعرها لأسبوع واحد ١٥٠ دولاراً.

بيتر: مع التأمين؟ وهل يجب عليّ أن أدفع ضمانة؟

البائعة: التأمين ب ٥٠ دولاراً للأسبوع ولا نأخذ ضمانة.

بيتر: هذا كثير، أنا طالب فقير. هل عندك سيّارة أرخص من هذه؟

البائعة: خذ هذا الجيب ب ١٠٠ دولار للأسبوع بما في ذلك التأمين.

بيتر: والوقود؟

البائعة: هذه السيّارة تعمل بالديزل وليس بالبنزين، واستهلاكها قليل وسعر الديزل رخيص جدّا. اتّفقنا؟

بيتر: نعم، اتّفقنا. آخذها.

البائعة: هات الرخصة وبطاقة الهوية. سنكتب الأوراق اللازمة.

بيتر: تفضّلي. هل هناك إمكانية لتمديد الفترة وكم هي أجرة الأسبوع الإضافي؟

البائعة: أجرة الأسبوع الإضافي هي ٨٠ دولاراً بما في ذلك التأمين.

بيتر: إذن، اكتبي أسبوعين!

البائعة: هل تدفع بالشيك أم نقداً؟

بيتر: أدفع نقدا.

البائعة: المبلغ الإجمالي لأسبوعين ١٨٠ دولاراً.

بيتر: تفضّلي وشكراً للمعاملة اللطيفة. مع السلامة.

البائعة: أشكرك، مع السلامة.

Übungen

L

L1 Beantworten Sie die Fragen

ماذا يسمّى أبوك؟

ماذا يسمّى أخوك (إخوتك)؟

ماذا يسمّى أصدقاؤك (العرب والألمان)؟

ماذا تسمّى أختك (أخواتك)؟

ماذا تسمّى صديقاتك (العربيات والألمانيات)؟

ماذا تسمّى أُمّك؟

L2 (Hausaufgabe) Stellen Sie alle Personennamen zusammen, die bisher in den Texten vorgekommen sind! Bilden Sie mit ihnen und der Passivform يسمّى Sätze nach dem Muster

يسمّى الصديق العربي الذي شرح الطريق ...

يسمّى الصديق الألماني الذي يسأل في الفندق ...

يسمى الصديق الذي كتب الرسالة إلى محمد ...

L3 Beantworten Sie die Fragen

ما هي الفواكه التي تزرع في البلدان العربية؟

ما هي المنتوجات التي تعرض في المعارض الدولية؟

ما هي الثروات الطبيعية التي توجد في البلدان العربية؟

ما هي البلدان العربية التي لا ينتج ولا يصنّع فيها البترول؟

L4 (Wiederholung) Wandeln Sie die folgenden aus Zahlwort und Substantiv bestehenden Wortgruppen in Präpositionalgruppen mit Ordnungszahl um!

أربعة خبراء   <   مع الخبير الرابع

بلدان   <   في البلد الثاني

عشرة عقود، خمسة بيوت، تسعة ركاب، عشرون منتوجاً، ستة موارد، ثمانية بدائل، ثلاث موادّ، سبعة اقتراحات، تسع عشرة منظمة، أربع شعب، إحدى عشرة رخصة، اثنا عشر رسماً، سبعة عشر طابقاً، ستة نوّاب، عشر مرّات، سبعة حلّاقين، شهادتان، سبع قراءات

G

G1 Wenden Sie die folgenden Sätze passivisch! Das Akkusativobjekt wird dabei zum Subjekt des Satzes.

أُقيمت حفلة عشاء.　　　<　　　أقام الوزير حفلة عشاء.

غيّر الوفد البرنامج.

عقد الخبراء المؤتمر في الشهر الماضي.

أوضحوا القضية الفلسطينية.

قال له إنّه سافر إلى لندن.

تلغي الوفود الزيارة.

سلّم له علي هدية جميلةً.

يسمّي الأب ابنه محمداً.

عقدت الوفود اجتماعاً.

شاهدنا الطلاب أمام المعهد.

تقيم الحكومة الحفلة غداً.

أحضر له أحمد هدية.

توفد الوزارة الطلاب إلى الخارج.

ألغى الأصدقاء الموعد.

أضاف الرئيس بعض الكلمات.

أجرى الوفد السوري محادثات هامّة.

يسلّم أحمد الهدية غداً.

رجونا مريم أن تذهب معنا.

يجري الوفد المحادثات في وزارة الخارجية.

دعوت الصديق لزيارة برلين.

يغيّر بعض الأشخاص البرامج كل يوم.

أرسل صديقي إليّ بطاقة من القاهرة.

إستنتج الخبراء من ذلك أن الوضع متغير.

317

G2 Vervollständigen Sie die folgenden Sätze durch Einsetzen eines der Verben زرع، صنع، أنتج، استنتج، أجرى، أقام، دعا، عقد in der Perfekt- und Imperfektform Passiv.

عُقِدَ الاجتماع اليوم. ‹ ... الاجتماع اليوم

يُعْقَدُ الاجتماع اليوم. ‹

...الحفلة مساء.

...المحادثات في وزارة الخارجية.

...الفواكه في شمال البلد.

أعرف أن المؤتمر ... في لندن.

هل ... صديقتك لحضور الحفلة؟

سمعت أن البترول ... هناك.

هل ... من ذلك أن السوق تعتمد على العلاقة بين العرض والطلب؟

هل ... هذه البضائع في الخارج؟

G3 (Hausaufgabe) Bestimmen Sie bei den folgenden Verbformen (zitiert in der 3. P. Sg. m.)
a) den Stamm,
b) ob es sich um eine Aktiv- oder Passivform handelt,
c) und bilden Sie mit jedem Verb einen Satz!

Da die Formen - wie in den Texten üblich - unvokalisiert sind, kann b) oft nicht entschieden werden. Da auch bei a) manchmal eine Entscheidung nicht ohne weiteres möglich ist, muß auf jeden Fall das Wörterbuch konsultiert werden.

يقدّم، يلقى، انتهى، يدعى، يقال، دعي، يلغى، يعقـد، يكتـب، يـنام، شـوهد، ألغى، يزرع، أوضح، أعطى، طوّر، اشترى، يستطيع، تغيّر، يلاحظ، انعقد

G4 (Wiederholung) Wandeln Sie die Perfektform der folgenden Sätze in die Imperfektform um!

تمتّعت أنواع الرياضة المختلفة .بمساعدة الحكومة.

تمتّع الرئيس بشعبية كبيرة.

تحمّس الأنصار لفريقهم بعد أن سجّل فريقهم أهدافاً كثيرة.

تمكّن هذا النادي من أن يفوز على كل النوادي الأخرى.

تأخّر القطار ساعتين.

تأخّرت الطالبة خمس عشرة دقيقة.

تأخرت بداية المؤتمر عشر دقائق.

شاهدت هذا الفلم.

تعادل المنتخبان.

توقّع الطلاب نتائج ممتازة في دراستهم.

توقّع الرئيس أن المعارضة لا تتمكّن من حل مشاكل البلد.

تراوح عدد المتفرّجين بين ١٠٠ و ٥٠٠ متفرّج.

تفرّج على المباراة.

G5 Verneinen Sie die Sätze aus G4 in der Vergangenheit!

G6 Verneinen Sie die Sätze aus G4 in der Gegenwart!

G7 (Wiederholung) Stellen Sie die in Klammern stehenden Wörter an den Satzanfang und setzen Sie das entsprechende Personalsuffix ein!

الطبيب دعوناه فوراً.   <   دعونا (الطبيب) فوراً.

يصنّع البلد (البترول) بكميات كبيرة.

تجد في اقتصادات هذه البلدان (حساسية شديدة لانحسار الطلب).

نتكلّم عن (سوق النفط).

تغلّبت البلدان العربية على (الأوضاع الصعبة).

باعت الدول الصناعية (المنتوجات الصناعية) بأسعار مرتفعة.

ناقشوا (العلاقة بين العرض والطلب) في مؤتمر دولي.

قرّرت الدول المنتجة للنفط مراجعة (أسعار النفط).

قامت منظّمة الأوبك بتصحيح (مستوى الأسعار).

أنهت المنظّمة (عصر الطاقة الرخيصة).

قابل (نظيره) في الوزارة.

شاهدوا هناك (مستوى متدنياً جدّا).

K

K1 Beantworten Sie die Fragen ؟متى ولدتّ und ؟أين ولدتّ, letztere
unter Angabe des genauen Datums!

K2 (schriftliche Hausaufgabe) Beantworten Sie die Fragen

متى تُوُفِّيَ / تُوُفِّيَتْ...؟

am Beispiel historischer Persönlichkeiten (Muḥammad, die vier
rechtgeleiteten Kalifen, Fāṭima, ᶜAbd an-Nāṣir, de Gaulle, Churchill
etc.)!

K3 Gestalten Sie in Anlehnung an Text 2 einen Dialog, in dem Sie ein
Auto oder eine Wohnung/ein Zimmer mieten!

Komplexübung:

1. Wenden Sie die folgenden Sätze passivisch!

يسلّم أحمد الكتاب غداً. رجونا صباح أن تدرس معنا. يجري الوفد المحادثات في
وزارة الخارجية. دعوت الصديق لزيارة باريس. يغيّر بعض السياسيين البرامج
كل يوم. أرسل صديقي إليّ بطاقة من القاهرة. إستنتج الخبراء من ذلك أن
الوضع متغير. يقيم المعهد الحفلة غداً. سلّم له أحمد شنطة. توفد الوزارة
الطلاب إلى الخارج. ألغى الأصدقاء الموعد. أضاف الرئيس بعض الكلمات.
أجرى الوفد السوري محادثات هامّة. أقام وزير الخارجية حفلة عشاء. غيّر
الوفد البرنامج. عقد الخبراء المؤتمر في الشهر الماضي. أوضحوا السياسة
الخارجية. قال له إنّه سافر إلى لندن. تلغي الوفود الزيارة. سلّم له علي كتباً
جميلة. يسمّي الأب ابنه محمّداً. عقدت الوفود اجتماعا. شاهدنا الطلاب أمام
المعهد.

2. Übersetzen Sie ins Arabische!

Er wurde über seine Ziele befragt. Ihm wurde gesagt, daß der Minister
nach London gefahren ist. Die Programme wurden abgesagt. Die
Delegationen wurden vor dem Hotel begrüßt. Auf der Konferenz wurden
verschiedene Meinungen geäußert. Aḥmad wurde ein Auto gegeben. Das
war eine unvergeßliche Sitzung. Das sagt man nicht. Das wird hier nicht
verkauft. Er wurde nach langer Diskussion ausgewählt.

3. Beantworten Sie folgende Fragen mit jeweils 5 Beispielen!

ما هي الفواكه التي تُزرع في البلدان العربية؟

ما هي الثروات الطبيعية التي توجد في البلدان العربية؟

4. Wandeln Sie die Wortgruppen in Wortgruppen mit Ordnungszahl um!

تسع عشرة منظمة، أربع شعب، إحدى عشرة رخصة، إثنا عشـر رسمـاً، سـبعة
عشر طابقاً، ستة نوّاب، عشر مرّات، لغويّ، سـبعة حلاّقـين، شـهادتان، سـبع
قراءات، عشرة عقـود، خمسة عقـود، تسـعة ركـاب، عشـرون منتوجـاً، سـتة
موارد، ثمانية بدائل، ثلاث موادّ، سبعة اقتراحات

5. Übersetzen Sie ins Arabische!

die ölproduzierenden arabischen Länder, die verschiedenen
Veränderungen auf dem Weltmarkt, die Beziehung zwischen Angebot
und Nachfrage, der wirtschaftliche Aufschwung, Industriestaaten, die
Intensivierung der Bemühungen, das Bruttosozialprodukt, Konsum und
Produktion, das sehr niedrige Niveau der Preise, die zweite Ölkrise

Lektion 20

الدرس العشرون

1. Das Kollektivum (اِسْم الجَمْع)

Im Arabischen gibt es viele Substantive, die in der Form des maskulinen Singulars kollektive Bedeutung haben.

A1 Auch die deutsche Sprache kennt Kollektiva. Man denke an die kollektiven Bildungen mit dem Präfix Ge- (Gebirge, Geflügel), an die zusammengesetzten Wörter mit -werk (Buschwerk), aber auch an Einzelwörter mit kollektivem Inhalt (Vieh, Haar, Reiterei).

Wir unterscheiden:

1.1. Gattungskollektiva (اِسْم الجِنْس الجَمْعِيُّ)

Die Gattungskollektiva benennen eine bestimmte Gattung, meist Tiere oder Pflanzen. Sie sind dadurch gekennzeichnet, daß sie das entsprechende Einzelexemplar mittels *Tā' marbūṭa* ة bilden. Diese Form wird Nomen unitatis genannt. Der davon gebildete gesunde feminine Plural wird zur Bezeichnung einer konkreten Menge von Einzelexemplaren gebraucht.

Äpfel	تُفَّاح
ein Apfel	تُفَّاحَة
drei Äpfel	ثَلاثُ تُفَّاحَات
Enten	بَطّ
eine Ente	بَطَّة
fünf Enten	خَمْسُ بَطَّات

A2 Einige solcher Gattungskollektiva haben darüber hinaus einen gebrochenen Plural.

Viele Tier- und Pflanzennamen sind jedoch keine Gattungskollektiva und bilden also auch kein Nomen unitatis.

1.2. Eigentliche Kollektiva (اِسْمُ الْجَمْعِ)

Unter den "eigentlichen Kollektiva" verstehen wir Gruppenbe-
zeichnungen ohne Nomen unitatis. Sie haben einen gebrochenen Plural.

(Menschen-)Menge, Publikum; Pl.: Massen   جُمْهُور ج جَمَاهِيرُ

Leute, Volk; Pl.: Völkerschaften   قَوْم ج أَقْوَام

1.3. Völkernamen
Hierunter fallen solche Wörter wie:

die Araber   أَلْعَرَب

die Deutschen   أَلأَلْمَان

die Engländer   أَلإِنْكِليز

die Russen   أَلرُّوس

die Griechen   أَلْيُونَان

Diese Wörter sind streng genommen keine Plurale, werden aber als
solche behandelt: أَلتُّجَّار الإِنكليز   "die englischen Kaufleute".

Die meisten Völkernamen werden jedoch mittels der *Nisbe* gebildet:
أَلْفِرَنْسِيُّون "die Franzosen", أَلْجَزَائِرِيُّون "die Algerier" u. v. a. m. Da es
keine Regel dafür gibt, welche Völkernamen die eine, welche die andere
Form haben, kann nur das vokabelmäßige Erlernen zur sicheren
Beherrschung der entsprechenden Wörter führen.
Der einzelne Vertreter dieser Völker wird in jedem Falle durch die
Nisbe bezeichnet: عَرَبِيّ "Araber", أَلْمَانِيّ "Deutscher", فِرَنْسِيّ "Franzose".
Sie bildet gleichzeitig das entsprechende Adjektiv: عَرَبِيّ "arabisch",
رُوسِيّ "russisch", يُونانِيّ "griechisch".

2. Die Femininform der *Nisbe* (أَلنِّسْبَة الْمُؤَنَّثَة)

2.1. Die Femininform der *Nisbe* (ـِيَّة) bildet Abstrakta. Sie entsprechen deutschen Substantiven mit den Endungen -heit, -keit u. a. Auch die häufigen "-ismen" werden im Arabischen mittels dieser Form wiedergegeben.

Demokratie	دِيمُقْرَاطِيَّة
Kapitalismus	رَأْسْمَالِيَّة
Sozialismus	اِشْتِرَاكِيَّة
Möglichkeit	إِمْكَانِيَّة
Produktivität	إِنْتَاجِيَّة
Bedeutung, Wichtigkeit	أَهَمِّيَّة

2.2. Diese Form der *Nisbe* dient auch der Bildung von Kollektiva:

Marine	بَحْرِيَّة
Republik	جُمْهُورِيَّة
Äußeres, äußere Angelegenheiten	خَارِجِيَّة
Inneres, innere Angelegenheiten	دَاخِلِيَّة
Direktion, Verwaltungsbezirk	مُدِيرِيَّة
Finanzwesen	مَالِيَّة

und von einigen anderen Substantiven (auch Konkreta).

2.3. Einige Bildungen sind Ellipsen:

جَمْعِيَّة تَعَاوُنِيَّة "Genossenschaft" < تَعَاوُنِيَّة

أَللُّغَة الْعَرَبِيَّة "das Arabische" < أَلْعَرَبِيَّة

2.4. Die Mehrzahlbildung erfolgt durch ـَات . Die meisten Wörter dieser Struktur sind jedoch Singularia tantum.

A4 Darüber hinaus gibt es *Nisbe*-Pluralia tantum mit der Endung ـِيَّات. Formal Plurale, haben sie meist kollektive Bedeutung: خَزْفِيَّات "Keramik(waren)", زُجَاجِيَّات "Glaszeug", اِجْتِمَاعِيَّات "Soziales", اِقْتِصَادِيَّات "(Volks-)Wirtschaft" (engl. economics) u. a. m.

3. أَنْ und أَنَّ

Die beiden Konjunktionen أَنْ und أَنَّ "daß" sind sowohl aus der Grammatik als auch durch die Texte bekannt. Sie leiten einen Satz ein, der in Abhängigkeit von einem transitiven Verb die syntaktische Funktion eines Objekts, in Abhängigkeit von einem intransitiven, passivisch oder unpersönlich konstruierten Verb die eines Subjekts hat. Die Satzstruktur ist wie folgt:

a) Verbalsatz	أَنْ	+ Verb im Konjunktiv	
	أَنْ	+ Verb im Konjunktiv	+ Substantiv (Subjekt, N.)
b1) Nominalsätze	أَنَّ	+ Substantiv (Subjekt, A.)	+ Substantiv (Prädikat)
	أَنَّ	+ Substantiv (Subjekt, A.)	+ Adjektiv (Prädikat)
	أَنَّ	+ Substantiv (Subjekt, A.)	+ Adverb/Präpositionalgruppe (Prädikat)
	أَنَّ	+ Pronomen (Subjekt, A.)	+ Substantiv (Prädikat)
	أَنَّ	+ Pronomen (Subjekt)	+ Adjektiv (Prädikat)
	أَنَّ	+ Pronomen (Subjekt)	+ Adverb/Präpositionalgruppe (Prädikat)
b2) Verbalsätze mit vorangestelltem Subjekt	أَنَّ	+ Substantiv (Subjekt, A.)	+ Verb (Prädikat)
	أَنَّ	+ Pronomen (Subjekt)	+ Verb (Prädikat)

Beispiele für den Objektsatz:

a) Aḥmad bat darum, nach Berlin zu fahren.

طَلَبَ أَحْمَدُ أَنْ يُسَافِرَ إِلَى بِرلِينَ.

Aḥmad bat darum, daß Muḥammad nach Berlin fährt.

طَلَبَ أَحْمَدُ أَنْ يُسَافِرَ مُحَمَّدٌ إِلَى بِرلِينَ.

b 1) Ich weiß, daß Muḥammad Minister ist.

أَعْرِفُ أَنَّ مُحَمَّداً وَزِيرٌ.

Ich weiß, daß Muḥammad krank ist.

أَعْرِفُ أَنَّ مُحَمَّداً مَرِيضٌ.

325

Ich weiß, daß Muḥammad im Zimmer ist.	أَعْرِفُ أَنَّ مُحَمَّداً فِي الْغُرْفَةِ.
Ich weiß, daß er Minister ist.	أَعْرِفُ أَنَّهُ وَزِيرٌ.
Ich weiß, daß er krank ist.	أَعْرِفُ أَنَّهُ مَرِيضٌ.
Ich weiß, daß er im Zimmer ist.	أَعْرِفُ أَنَّهُ فِي الْغُرْفَةِ.

b 2) Ich weiß, daß Muḥammad nach Berlin fährt/gefahren ist.

أَعْرِفُ أَنَّ مُحَمَّداً سَافَرَ/ يُسَافِرُ إلى برلين.

Ich weiß, daß er nach Berlin fährt/gefahren ist.

أَعْرِفُ أَنَّهُ يُسَافِرُ / سَافَرَ إلى برلين.

Beispiele für den Subjektsatz (an die Stelle der transitiven Verben in den o.g. Beispielsätzen tritt einfach ein intransitives bzw. unpersönlich oder passivisch konstruiertes Verb):

a) Er kann nach Berlin fahren.

يُمْكِنُهُ أَنْ يُسَافِرَ إلى برلين.

b 1) Es stellte sich heraus, daß Muḥammad krank ist

إتَّضَحَ أَنَّ مُحَمَّداً مَرِيضٌ.

b 2) Es stellte sich heraus, daß Muḥammad gestern nach Berlin gefahren ist.

إتَّضَحَ أَنَّ مُحَمَّداً سَافَرَ أمس إلى برلين.

Die beiden Grundstrukturen sind also:

أَنْ + **Konjunktiv** = Verbalsatz

أَنَّ + **Substantiv bzw. Pronomen** = Nominalsatz bzw. Verbalsatz mit vorangestelltem Subjekt

Welcher dieser beiden Strukturen man sich bedient, hängt von der Semantik des أَنْ / أَنَّ vorangehenden Verbs ab.

3.1. أَنَّ steht nach Verben der **Mitteilung, Äußerung** o. ä.:

versichern	II أَكَّدَ
erwähnen	ذَكَرَ
melden	IV أَذَاعَ

erklären   II صَرَّحَ (بِ)

bekanntgeben u.v.a.m.   IV أَعْلَنَ

des **Wissens oder Glaubens**:

wissen   عَرَفَ

glauben, annehmen   VIII اِعْتَقَدَ

erfahren   عَلِمَ

sich herausstellen, klar werden u.v.a.m.   VIII اِتَّضَحَ

der **(sinnlichen) Wahrnehmung**:

begreifen, erkennen   IV أَدْرَكَ

sehen; meinen   رَأَى

hören   سَمِعَ

bemerken u.v.a.m.   III لاحَظَ

3.2. أَنْ steht nach den **Modalverben**:

sollen (gebräuchlich ist nur die Imperfektform: يَنْبَغِي bzw. كان ينبغي)   VII اِنْبَغَى

wollen   IV أَرَادَ

dürfen   سَمَحَ (لَهُ)

können   X اِسْتَطَاعَ

können, möglich sein   IV أَمْكَنَ

müssen (fast nur in Gebrauch ist die
Imperfektform: يَجِبُ bzw. كان يجبُ)   وَجَبَ (عَلَى)

sowie nach den Verben des **Forderns, Befehlens, Vorschlagens, Wünschens, Hoffens, des Zweifels, der Befürchtung, der Gemütsbewegung** u. a.:

hoffen   أَمَلَ

möglich oder wahrscheinlich sein   (*meist Passiv*) VIII اِحْتَمَلَ / يُحْتَمَلُ

327

fürchten	خَافَ
wünschen	رَجَا
freuen	سَرَّ
bitten, auffordern	طَلَبَ
vorschlagen	VIII اِقْتَرَحَ

A5 Nach manchen Verben kann wahlweise أَنْ oder أَنَّ stehen, je nachdem, ob die Aussage eine Feststellung oder aber eine Handlung beinhaltet, deren Vollzug in der Zukunft liegt und die gewünscht oder erwartet wird, jedoch nicht ganz sicher ist:

Er schrieb mir, daß die Delegation gestern angekommen ist.	كَتَبَ لِي أَنَّ الْوَفْدَ وَصَلَ أَمْسِ.
Er schrieb mir, daß die Delegation morgen ankommt.	كَتَبَ لِي أَنَّ الْوَفْدَ سَيَصِلُ غَداً.
Er schrieb mir, die Delegation werde (oder solle) morgen ankommen.	كَتَبَ لِي أَنْ سَيَصِلَ الْوَفْدُ غَداً.

A6 Wenn wir die schon behandelte Konstruktion بَعْدَ أَنْ (und مُنْذُ أَنْ) + Perfektform ausnehmen, so steht nach أَنْ nur selten ein Verb in der Perfektform. U. a. ist dies bei Sätzen der Fall, die eine Aussage zu Beginn oder Ende einer Rede o. ä. ankündigen.

Arabisch بِأَنْ + Perfektform = deutsch "... damit, daß..."

Er begann seinen Wahlfeldzug damit zu beschreiben, ...	بَدَأَ حَمْلَتَهُ الْاِنْتِخَابِيَّة بِأَنْ وَصَفَ ...
Er beendete seine Rede damit, daß er bekanntgab, ...	اِخْتَتَمَ كَلِمَتَهُ بِأَنْ أَعْلَنَ ...
Er beendete seine Rede damit, daß er Dr. ... aufforderte, ...	أَنْهَى كَلِمَتَهُ بِأَنْ طَلَبَ مِن الدُّكْتُور ...

So auch nach dem Verb سبق "voraufgehen":

Er hatte schon vorher gesagt, ...	لَقَدْ سَبَقَ لَهُ أَنْ قَالَ ...

3.3. Folgt أَنْ ein mit لا verneinter Satz, so können أَنْ und لا zu أَلَّا kontrahiert werden:

Ich fürchte, daß er nicht an sein Ziel gelangen wird.	أَخَافُ أَلَّا يَصِلَ إِلَى هَدَفِهِ.

3.4. أَنَّ wird häufig mit Präpositionen kombiniert, so mit لِ = لِأَنَّ "weil", كَ = كَأَنَّ "als ob", مَع = مَع أَنَّ "obwohl" u.a.

V

Horizont, Perspektive	أُفُق ج آفاق
Unglück, Übel; Pflanzenseuche	آفة ج ـات
bestehen aus; sich zusammensetzen aus	V تألَّف (يتألَّفُ) من
Maschine	آلة ج ـات
Influenza	إنفلوينزا
säen	بذر (يَبْذُرُ)
Samen	بذر ج بُذور
Erfindung	اِبْتِكار ج ات
Tomaten *(syr.)*	بنادُورة
sich ernsthaft bemühen	جدَّ (يجِدُّ)
Zugmaschine, Traktor	جرَّارة ج ات
Stück	حبَّة ج ـات
Melone *(jem.)*	حبْحب
Umfang, Größe	حجْم ج أحْجام
Bürgerkrieg	الحرْب الأهليّة
Pflug	مِحْراث ج محاريث
ernten	حصد (يَحْصُدُ)
Erntemaschine	حصَّادة ج ات
Agrarprodukt	مُحْصُول ج محاصيل
Vortrag, Vorlesung	مُحاضرة ج ات
anwesend	حاضِر
einheimisch	محلّيّ
Roggen	حِنْطة سوْداءُ
(Präp.) um; über	حوْلَ
beenden etw. mit	VIII اِختتم (يَخْتِمُ) هـ ب

Nutzung, Verwendung	اِسْتِخْدام ج ـات
Gemüse, Grünzeug	خُضَار
Geflügel	ج دواجِنُ
Mais	ذرة ، ذرة شامية
Hirse	ذرة رفِيعة
hier: Zucht	ترْبية
rauchen	II دخَّن (يُدخِّنُ)
zielgerichtet, klug	رشِيد
offiziell	رسْميّ
Steigerung	زيادة ج ات
Fischerei-	سمكيّ
beitragen zu	III ساهم (يُساهِمُ) في
Entfernung	مسافة ج ـات
Zigarette	سِيجارة ج سجائِر
syrisch	شاميّ ج شاميّون
Sache, Betreff	شأن ج شُؤُون
seine Aufgabe ist es, ... zu	... مِن شأنِهِ أنْ
Teilnehmer	مُشْترك ج ـون
im allgemeinen	بِشكْلٍ عامّ
Zuckermelone *(coll.)*	شمّام
Desertifikation	تصحُّر
herausgeben etw.; ausstellen, erteilen	IV أصدر (يُصدِرُ) هـ
Pumpe	مِضخَّة ج ـات
Stewardess	مُضِيفة ج ـات
frisch	طازِج

Bedingung	ظَرْف ج ظُرُوف	Fläche	مِساحة ج ـات
Anlagen, Einrichtungen	ج مُعِدَّات	Vieh	ماشِية ج مواشٍ
isoliert von	بِمَعْزِل عن	Ziegen (coll.)	مَعْز ج أمعاز
optimal; rational	عَقْلانِيّ	Wer sät, der erntet.	من بذر حصد
erlernen etw.	V تعلَّم (يتعلَّمُ) هـ	Wer sucht, der findet.	من جدَّ وجد
Genossenschaft	تعاوُنِيّة ج ـات	vor Ort	مَيْدانِيّ
Nahrung	غِذاء ج أغْذِية	Produktivität	إنتاجِيّة
Nahrungs-(mittel)-	غِذائِيّ	Seminar, Kolloquium	نَدْوة ج نَدَوات
Schaf (coll.)	غنم ج أغْنام	Organisierung	تنْظِيم ج ـات
Erdbeeren (ital.: fragola)	فراوُلة	Muster, Modell	نمُوذج ج نَماذِجُ
Erdbeeren (franz.: fraise)	فريز	Aufschwung für	نهُوض بِ
Ausnutzung von	اِسْتِفادة مِن	Aufschwung	نهْضة
schätzen etw.	II قدَّر (يُقدِّرُ) هـ	Diversifizierung	تنْوِيع
Blumenkohl	قرْنبِيط	Rand	هامِش ج هوامِشُ
im Sinne haben, beabsichtigen, meinen etw.	قصَد (يقْصِدُ) هـ	am Rande von	على هامِش
Weizen	قمْح	gegenüber- stehen j-m., etw.	III واجه (يُواجِهُ) ٥، هـ
Bekämpfung	مُكافحة	Union	اِتّحاد ج ات
Blumenkohl (engl.: cauliflower)	كوليفلاور	die Europäische Union	الاتّحاد الأُورْبِيّ
Sack, Beutel	كِيس ج أكْياس	gekennzeichnet sein durch	VIII اِتّسم (يتسِمُ) بِ
Kilo(gramm)	كِيلو(غرام) ج ـات	Empfehlung	توْصِية ج ـات
günstig sein für	III لاءم (يُلائِمُ) هـ	zustimmen	III وافق (يُوافِقُ) على
dringend	مُلِحّ	abhängen von	V توقَّف (يتوقَّفُ) على
Dialekt	لهْجة ج لهَجات		

Text 1 ندوة الزراعة

إنعقدت في دمشق في يومي الثلاثاء والأربعاء الماضيين ندوة علمية حول آفاق تطور الزراعة في الوطن العربي ساهم في تنظيمها كل من وزارة الزراعة وكلية الزراعة بجامعة دمشق بالتعاون مع منظّمة الأغذية التابعة للأمم المتّحدة. وناقش المشتركون في الندوة الذين جاؤوا من كل البلدان العربية ومن الأمم المتّحدة والاتحاد الأوربي سبل تطوير الزراعة وتنويعها ومشاكل التصحّر ومكافحة أمراض النباتات والآفات الزراعية وتربية المواشي أي البقر والمعز والغنم وإمكانيات زيادة حجم المحاصيل الزراعية من القمح والحنطة السوداء والذرة الشامية والرفيعة والخضراوات والفواكه على أساس أنواع جديدة من البذور وأيضاً طرقاً علمية جديدة لتحسين نظام الري والاستفادة العقلانية والرشيدة من ابتكارات العلم الحديثة.

هذا وأصدرت الندوة عدداً من التوصيات في هذا المجال من شأنها أن تساهم في حلّ المشاكل الملحّة التي تواجهها الزراعة في الوطن العربي. واتّفق كلّ الحاضرين على أنّ حلّ هذه المشاكل يتوقّف على النهوض بالأوضاع الاقتصادية بشكل عام وأنّه لا يمكن تحقيق الأمن الغذائي في البلدان العربية بمعزل عن الأسواق العالمية وأسعار الأغذية فيها.

وأقيم على هامش الندوة معرض زراعي في ساحة المعارض التابعة لوزارة الزراعة عرضت فيه آلات زراعية حديثة مثل الجرّارات والحصّادات والمحاريث والمضخّات ومعدّات الري ونماذج لبذور ومحاصيل جديدة تتسم بإنتاجية عالية وتلائم مناخ الوطن العربي وظروفه الطبيعية.

ومن الجدير بالذكر أن الندوة اختتمت بزيارات ميدانية في بعض مزارع الدولة والتعاونيات الزراعية والسمكية في محافظات الجمهورية.

Text 2

في سوق الخضار

البائعة: صباح الخير، تفضّل.

بيتر: صباح النور، هات كيلو بنادورة وكيلو تفّاح!

البائعة: أنت تقصد طماطم، نحن لا نقول بنادورة.

بيتر: صحيح، أعطيني أيضاً كيس بصل وحبحب.

البائعة: لا أعرف هذه الكلمة، هل تقصد البطّيخ أو الشمام؟

بيتر: نعم، أهل اليمن يقولون الحبحب، يعني البطّيخ.

البائعة: لكنك لست من اليمن، من أين أنت؟

بيتر: أنا إنكليزي. هات حبّة من الكوليفلاور؟

البائعة: نحن نسمّي هذا قرنبيط.

بيتر: كيف الموز عندك؟

البائعة: كل ما ترى عندي هو ممتاز وطازج ومن الإنتاج المحلي.

بيتر: إذن، هات كيلو موز ونصف كيلو من هذه الفراولة!

البائعة: نحن نقول فريز، أي نستخدم المصطلح الفرنسي.

بيتر: وللعنب تقولين '' فان''؟

البائعة: لا، نقول عنب.

بيتر: إذن، هات كيلو من العنب الأسود.

البائعة: انت تتعلّم بسرعة.

بيتر: شكراً. بكم الخضار والفواكه؟

البائعة: بأربعين ليرة.

بيتر: تفضّلي وشكراً للمحاضرة في اللهجات العربية.

البائعة: لا شكر على الواجب ونحن نقول ﴿من جدّ وجد﴾.

بيتر: نعم، و ﴿من بذر حصد﴾، مع السلامة.

البائعة: مع السلامة.

Übungen

L

L1 Beantworten Sie die folgenden Fragen:

ما هو عدد سكان البلدان العربية؟

ما هي مساحتها؟

ما هي المسافة بين لندن والقاهرة؟

ما هي المسافة بين باريس ودمشق؟

ما هو عدد المسلمين في العالم؟

II قدَّر (يُقَدِّر) Verwenden Sie die Verben بلغ (يَبْلُغُ) ه "betragen" und بِ

"veranschlagen" (Passiv بِ يُقَدَّرُ)!

L2 Bilden Sie mit den Ihnen bekannten Wörtern für Obst- und Gemüsearten Sätze des Typs أعطِني ٣ تفّاحات، أعطِني تفّاحة (zur Übung des Nomen unitatis) und أعطِني كيلوغراماً من التفّاح (zur Übung des Kollektivums)! Verwenden Sie neben dem Imperativ auch andere Verbformen und Teilsätze, z.B.

إشتريتُ   أعطاني   أريد أن اشتري

أخذتُ   هل تعطيني   آكلُ كل يوم

طلبتُ   أعطيته   تُزْرَعُ هناك

L3 (Hausaufgabe) Bilden Sie mit den Ihnen bekannten Völkernamen Sätze unter Verwendung der Verbformen إشترك، أحبَّ، تكلَّم!

يتكلّم الفرنسيون اللغة الفرنسية.

L4 Beantworten Sie die Frage ما هي الوزارات التي تتألف منها الحكومة؟

unter Verwendung der Wörter für "Äußeres", "Inneres", "Finanzen", "Verteidigung", "Kultur", "(Außen-)Wirtschaft", "Industrie", "Landwirtschaft" und "(Außen-) Handel".

L5 (Hausaufgabe) Erstellen Sie eine Liste aller Kollektiva aus Lektion 7 und aus dieser Lektion und ergänzen Sie das Nomen unitatis sowie ein passendes Adjektiv!

L6 (Hausaufgabe, Wiederholung) Stellen Sie untereinander die Frage

Brauchst du (Papier)?   هل تحتاج / تحتاجين إلى (ورق)؟

Beantworten Sie die Frage ablehnend und geben Sie möglichst eine lustige Begründung der Ablehnung! Bereiten Sie die Antworten zu Hause vor!

Nein, ich brauche kein Papier, weil ich nicht schreiben kann.

لا، لا أحتاج إلى ورق لأنني لا أعرف الكتابة.

جواز السفر، بطاقة ثالثة، نسخة ثانية، أحذية جديدة، معطف صيفي، سيّارة كبريوليه، سائق شاطر، خبراء جـدد، ضمانـة، وقـود، بدائـل سياسية، مضخّة للبيرة، قرنبيط، بنادورة، جرّارة للسيّارة، محـراث للحديقـة، حصّادة للفراولـة، حنطة للدواجن، قمح للحصان، كيس للراتب، شمّـام للفطور، شـقة جديـدة، فلوس لشراء مكتب، رخصة للسياقة، سـاعة شمسية، رسـوم إضافيـة، تصديـق الشهادة، شرطة المرور، شهادة المدرسة الثانويـة، زوج جديـد، زوجـة أخـرى، صندوق لفلوسك، وصْل من البنك، طوابع، بطّارية للسيّارة، بندقية للعنـاكـب، زاد للسـفر، مطر يوميـاً، أشـجار كبـيرة، عقـارب في السـرير، عنـاكـب عـلى الجدران، طاقة للعمل، وصفة من الطبيب، حبـوب ضـد الإسهال، حقنة ضـد الألم، أدوية ضـد كـل الأمراض، تقويـم السـنة الماضيـة، عنـوان مديـر المعهـد، صلاحيات جديدة، جـيران يلعبـون كـرة القـدم في مسـاكنهم، صرّاف بـدون نقود، موعد آخر مع دائرة الامتحانات

G

G1 Kombinieren Sie die folgenden Sätze dergestalt, daß der 2. Satz ein mit أنَّ oder أنْ eingeleiteter Objekt- oder Subjektsatz zum Verb im 1.Satz wird!

أعلنت الحكومة   توافق على هذا المشروع   >
أعلنت الحكومة أنّها توافق على هذا المشروع.

طلب صديقي   أسافر معه   >
طلب صديقي أنْ أسافر معه.

سمعت أمس   ألغيت الرحلة

أريد   أزوره يوم الأحد

أجيب على هذا السؤال	لا أستطيع
سيزور وزير الخارجية الجزائر	أعلنت وزارة الخارجية
يصل إلى هدفه	أمل الرجل
يأتي صديقي اليوم	أعتقدُ
تنجز واجباتك	يجب عليك
تؤيد حكومته هذه الاقتراحات	أكّد رئيس الوفد
يزور مكتبة الدولة	طلب محمد
أرحّب بضيوفنا الأجانب	طلبوا منّي
نتحدّث حول ذلك غداً	أقترحُ عليكم
صديقي مريض	علمتُ أمس
أنت مجتهد	أعرف
هي تتكلّم اللغة العربية	لاحظت
أفعل ذلك	لا يمكنني
تبقون هنا	مَن اقترح
ذهب إلى هناك	رأيتُ
ندخّن سيجارة	هل يُسمح لنا
تنجزون واجباتكم	أرجوكم
انتهى المؤتمر في الساعة السابعة	أُعلن في القاهرة
يسافرون بالطائرة	يريد أصدقائي
نذهب معه	يجب علينا
يحضر إلينا	سأطلب منه
ستبحث هذه الاقتراحات	أكّدت الحكومة
ستبحث المشروع	أعلنت الحكومة
يفعلون ذلك	هل يُسمح لهم
نسافر معكم	يمكننا
يعودون إلى هنا	يأمل كل واحد منّا

335

توجد مشاكل	يعرف كلهم
نغيّر البرنامج	لم نستطع
يسافرون إلى دمشق	طلب أعضاء الوفد
لا يفوز على خصمه	أخاف
يسافر الجميع إلى تلك القرية	اقترح مرافقنا
لم تصل الطائرة بعد	هل سمعتم
أفعل ذلك	هل يُسمح لي
يرحّب بضيوفنا الأجانب	طلبنا من المدير
لا نعرف ذلك	كان يعتقد
تفعلون ذلك	يجب عليكم
نسافر إلى هناك	نأمل
سيعقد الاجتماع بعد غد	علمت الجريدة
ستصل الطائرة في الساعة التاسعة	أكّدت المضيفة
تعلن برنامجها بعد شهرين	تريد الحكومة
ينجز واجباته وحده	أمكنه
أفعل ذلك	هل تطلب منّي
تلقّى الدعوة	أعلن الرئيس
يفعلون ذلك	لماذا تقترح
أنقله إلى هناك	يجب عليّ
يزور معرض دمشق	رجا رئيس الوفد
سيُلغى البرنامج	يعرف جميعنا
لا نعرف ذلك	هل تعتقد
هو كسلان	هل لاحظت
أقدّم إليك صديقي	إسمح لي
تأتي إليّ مساء اليوم	هل يمكنك
المرض انفلوينزا بسيطة	أكّد الطبيب

لا يصل الأصدقاء	هل تخاف
تفعل ذلك	يجب عليك
سافر أخوها إلى الخارج	علمت صديقتي
أنتم كسالى	نعرف
السفر إلى هناك ممنوع	متى سمعتَ
تعطيني هذا الكتاب	هل تستطيع
ذلك معروف	كنّا نعتقد
لم يكن الخبر صحيحاً	اتّضح بعد ذلك
يجتمعون يوم السبت	يريد الأصدقاء

G2 (Wiederholung) Verneinen Sie die folgenden Frage durch لم +
Apokopat und geben Sie eine Begründung.

هل اشتغلت صباح في المطعم؟ >

لا، لم تشتغل صباح في المطعم لأنّها كانت مريضة.

هل اشتغلتم في هذه المصانع؟

هل اجتمعوا مع مدراء المعاهد؟

هل اجتمع الرئيس مع الوفود العربية؟

هل استغرق المؤتمر يومين؟

هل استغرقت المباراة ساعتين؟

هل استطعت أن تدبّر لنا الاستمارات؟

هل استطعت أن تستأجر بيتاً جديداً؟

هل استطاع مدير المعهد أن يجيب على كل الأسئلة؟

هل استطاع الوفد أن ينهي محادثاته؟

هل تمكّن البلد من أن يحقّق نهضة ثقافية؟

هل تمكّن الرئيس من أن يخرج من البلد بعد الحرب الأهلية؟

هل استأجروا سيّارة جيب؟

هل استأجرت صباح سيّارة كابريوليه؟

هل تلقّيتم الدعوة؟

هل تلقّيت رسالة من أمّك؟

337

هل تلقّت الوزارة الرسائل الرسمية؟

هل اشتركت في المباريات في كرة القدم؟

هل اشترك وزير الخارجية في هذا الاجتماع؟

هل اشترك الخبراء الألمان في المؤتمر الصحفي؟

K

K1 Erarbeiten Sie mit Hilfe des Wörterbuches und der Angaben in den Vokabelverzeichnissen des Lehrbuches eine Liste von Obst- und Gemüsesorten! Die Liste wird mit dem Lektor diskutiert und gegebenenfalls durch dialektale Varianten ergänzt.

K2 Bereiten Sie in Anlehnung an Text 2 einen Dialog zu einem Einkauf auf dem Fleisch- und Gemüsemarkt vor!

Komplexübung:

1. Kombinieren Sie die folgenden Sätze so, daß der 2. Satz ein mit أنْ oder أنّ eingeleiteter Objekt- oder Subjektsatz wird! Vokalisieren Sie أنْ bzw. أنّ!

أُلغيت الرحلة	سمعت أمس
أزوره يوم الأحد	أريد
أجيب على هذا السؤال	لا أستطيع
سيزور وزير الخارجية الجزائر	أعلنت الوزارة
يصل إلى هدفه	أمل الرجل
يأتي صديقي اليوم	أعتقدُ
تنجز واجباتك	يجب عليك
تؤيد حكومته هذه الاقتراحات	أكّد رئيس الوفد
يزور مكتبة الدولة	طلب محمد
نتحدّث حول ذلك غداً	أقترحُ عليكم
صديقي مريض	علمتُ أمس
أنت مجتهد	أعرف
أفعل ذلك	لا يمكنني

ذهب إلى هناك	رأيتُ
تنجزون واجباتكم	أرجوكم
نذهب معه	يجب علينا
يحضر إلينا	سأطلب منه
ستبحث هذه الاقتراحات	أكّدت الحكومة
يفعلون ذلك	هل يُسمح لهم

2. Übersetzen Sie ins Arabische! Vokalisieren Sie أَنْ bzw. أَنَّ !

Ich weiß, daß du dorthin gehen wirst. Ich glaube, daß du keine Zeit hast. Ich hoffe, daß er ins Institut geht. Er will, daß wir alle Wörter lernen. Er konnte die Bücher nicht verkaufen. Wir wünschten nicht, daß die Studenten viel arbeiten. Er muß einen Brief schreiben. Wir erlauben ihm, in die Schweiz zu fahren.

3. Verneinen Sie die folgenden Fragen durch لم + Apokopat!

هل اشتغلتم في هذه المصانع؟ هل اجتمع الرئيس مع الوفود العربية؟ هل استغرقت المباراة ساعتين؟ هل استأجروا سيّارة جيب؟ هل تلقّيتم الدعوة؟ هل تلقّيت رسالة من أمّك؟ هل تلقّت الوزارة الرسائل الرسمية؟ هل اشترك الخبراء الألمان في المؤتمر الصحفي؟ هل استطعت أن تدبّر لنا الاستمارات؟ هل استطاع مدير المعهد أن يجيب على كل الأسئلة؟ هل تمكّن البلد من أن يحقّق نهضة ثقافية؟

4. Übersetzen Sie folgenden Zeitungsbericht ins Arabische!

Am vergangenen Dienstag fand in Kairo ein wissenschaftliches Symposium über die Entwicklungsperspektiven der Landwirtschaft in den arabischen Ländern statt. Am Symposium nahmen Delegationen aus allen arabischen Ländern sowie Vertreter der FAO und der EU teil. Die Teilnehmer diskutierten über die Entwicklung und Diversifizierung der Landwirtschaft, über die Probleme der Desertifikation, die Bekämpfung von Pflanzenkrankheiten, über Viehzucht und die Möglichkeiten zur Steigerung der Agrarerträge bei Weizen, Roggen und Mais.

Das Symposium verabschiedete eine Reihe von Empfehlungen zur Lösung der Probleme, mit denen die Landwirtschaft in diesen Regionen konfrontiert ist. Am Rande des Symposiums fand eine Agrarmesse statt, auf der moderne Traktoren, Pflüge und Pumpen sowie neue Sorten von Samen mit hoher Produktivität ausgestellt wurden.

Lektion 21 الدرس الحادي والعشرون

1. Das Partizip

Der Infinitiv (Lektion 22) und das Partizip sind die beiden Nominalformen des arabischen Verbs. Es gibt zwei Partizipien: Aktivpartizip (اسْم الفاعِل) und Passivpartizip (اسْم المَفْعُول).

1.1. Die Form

1.1.1. Gesunde Verben

Grundstamm:

Die Modellstruktur des Aktivpartizips ist: فاعِلٌ "tuend, getan habend".

Die des Passivpartizips ist: مَفْعُولٌ "getan werdend, getan worden seiend"

Abgeleitete Stämme:

Das **Aktivpartizip** aller abgeleiteten Stämme hat das Präfix *mu-* und die Vokalfolge *a-i*. Das **Passivpartizip** aller abgeleiteten Stämme hat das Präfix *mu-* und die Vokalfolge *a-a*.

Die Grundstruktur der einzelnen Stämme, wie sie in der Perfektform vorliegt, bleibt erhalten. Die Vokalfolge nach dem Präfix ist die gleiche wie bei der Imperfektform Aktiv bzw. Passiv, ausgenommen das Aktivpartizip Stamm V und VI. Danach ergibt sich:

Stamm	Passivpartizip	Aktivpartizip
I	مَفْعُول	فاعِل
II	مُفَعَّل	مُفَعِّل
III	مُفَاعَل	مُفَاعِل
IV	مُفْعَل	مُفْعِل
V	مُتَفَعَّل	مُتَفَعِّل
VI	مُتَفَاعَل	مُتَفَاعِل
VII	مُنْفَعَل	مُنْفَعِل
VIII	مُفْتَعَل	مُفْتَعِل
X	مُسْتَفْعَل	مُسْتَفْعِل

Die Femininform hat die Endung ة .

A1 Ohne Hilfszeichen ist es bei Stamm II bis X äußerlich nicht erkennbar, ob es sich um ein Aktiv- oder ein Passivpartizip handelt. Zusätzliche Verwechslungsmöglichkeiten ergeben sich durch das gleiche Schriftbild der Partizipien von Stamm II und IV.

1.1.2. Bei den Partizipien der schwachen Verben gibt es, wie bei der Perfekt- und Imperfektform, einige Besonderheiten. Wir nennen im folgenden nur einige Partizipialformen des Grundstamms, bei denen die zugrundeliegende Modellstruktur nicht ohne weiteres erkennbar ist.
Eine Übersicht über alle Partizipien geben die Tafeln 10,11 (s. Anhang).

I. Stamm	Passiv	Aktiv
Verben R$_2$ = و oder ى	مَقُوم مَبِيع مَخُوف	قائِم بائِع خائِف
Verben R$_3$ = و	مَدْعُوّ	داع م دَاعِيَة det. الدَّاعِي م الدَّاعِيَة
Verben R$_3$ = ى	مَمْشِيّ مُلْقِيّ	ماشٍ لاقٍ

Stamm II bis X	Passiv	Aktiv
Verben R$_3$ = و oder ى	Endungen: -*āt* ـاة م -*an* ـى determiniert: -*āt* اة ..أَل م -*ā* ـَى ...أَل	Endungen: -iya ـِيَة م -*in* ـٍ determiniert: ـِيَة م أَل ...ـي أَل

Zur Deklination der Wörter auf -*in* und -*an* vgl. Tafel 37 im Anhang.

1.1.3. Plural- und Intensitätsform der Partizipien
1.1.3.1. Bei der Pluralbildung der Partizipien lassen sich bestimmte Regelmäßigkeiten erkennen.

I. Stamm: Aktivpartizip / Personen (oft Berufsbezeichnungen)	
m.	فَاعِل ج فَاعِلُون
f.	فَاعِلَة ج فَاعِلات
m.	فَاعِل ج فُعَّال
m.	فَاعِل ج فَعَلَة

Verkäufer	بَائِع ج بَائِعُون
Fahrer, Chauffeur	سَائِق ج سَائِقُون
Aussteller	عَارِض ج عَارِضُون
Studentin	طَالِبَة ج طَالِبَات
Arbeiterin	عَامِلَة ج عَامِلات
Kaufmann	تَاجِر ج تُجَّار
Passagier	رَاكِب ج رُكَّاب
Tourist	سَائِح ج سُيَّاح
Student	طَالِب ج طُلَّاب
Arbeiter	عَامِل ج عُمَّال
Verkäufer	بَائِع ج بَاعَة < (بَيَعَة)
Student	طَالِب ج طَلَبَة

I. Stamm: Aktivpartizip / Nichtpersonen	
m.	فَاعِل ج فَاعِلَات
f.	فَاعِلَة ج فَاعِلات
m.	فَاعِل ج فَوَاعِلُ
f.	فَاعِلَة ج فَوَاعِلُ

Pflicht, Aufgabe	وَاجِب ج وَاجِبَات
Universität	جَامِعَة ج جَامِعَات
Familie	عَائِلَة ج عَائِلات
Seite	جَانِب ج جَوَانِبُ
Briefmarke	طَابِع ج طَوَابِعُ
Kreis	دَائِرَة ج دَوَائِرُ
Hauptstadt	عَاصِمَة ج عَوَاصِمُ
Obst	فَاكِهَة ج فَوَاكِهُ
Liste	قَائِمَة ج قَوَائِمُ

I. Stamm: Passivpartizip / Personen	
m.	مَفْعُول ج مَفْعُولُون
f.	مَفْعُولَة ج مَفْعُولَات

Verantwortlicher	مَسْؤُول ج مَسْؤُولُونَ
Verantwortliche	مَسْؤُولَة ج مَسْؤُولات

343

Lektion 21

I. Stamm: Passivpartizip / Nichtpersonen	
m.	مَفْعُول ج مَفْعُولات / مَفْعُول ج مَفَاعِيلُ

Getränke	مَشْرُوب ج مَشْرُوبَات
Projekt, Vorhaben	مَشْرُوع ج مَشْرُوعَات ومَشَارِيعُ

Abgeleitete Stämme:
Die Aktiv- oder Passivpartizipien, die Personen bezeichnen, bilden den
gesunden mask. oder fem. Plural.

Lehrer	مُعَلِّم ج مُعَلِّمُونَ
Beamter	مُوَظَّف ج مُوَظَّفُونَ
Begleiter, Betreuer	مُرَافِقٌ ج مُرَافِقُونَ
Zuschauer	مُتَفَرِّج ج مُتَفَرِّجُونَ
Lehrerin	مُعَلِّمَة ج مُعَلِّمَات
Krankenschwester	مُمَرِّضَة ج مُمَرِّضَات
Stewardess	مُضِيفَة ج مُضِيفَات

A2 Einige Partizipien des IV. Stammes haben auch einen gebrochenen Plural, z.B. مُدَراءُ

neben مُدِيرُون < مُدِير "Direktor".

Die Aktiv- oder Passivpartizipien, die Nicht-Personen bezeichnen,
bilden den gesunden femininen Plural, gleich, ob sie im Singular in
maskuliner oder femininer Form gebraucht werden.

Wecker	مُنَبِّه ج مُنَبِّهَات
Auswahl(mannschaft)	مُنْتَخَب ج مُنْتَخَبَات

A3 Einige Partizipien des IV. Stammes haben auch einen gebrochenen Plural, z. B.
"Problem" مُشْكِل u. مُشْكِلة mit dem Plural مَشَاكِلُ neben مُشْكِلات.

344

1.1.3.2. Die Intensitätsform des Aktivpartizips فَاعِل lautet فَعَّال.

Sie drückt ursprünglich intensive und gewohnheitsmäßige Handlungen aus und ist heute kaum noch produktiv. Die meisten Adjektive dieser Struktur haben nur noch lexikalischen Wert.

wirkungsvoll, effektiv	فَعَّال
konstruktiv	بَنَّاء
Düsenflugzeug	طَائِرَة نَفَّاثَة

Substantive dieser Struktur, abgeleitet sowohl von Verben als auch von Substantiven, bilden Berufsbezeichnungen.

Seemann	بَحَّار (> بَحْر)
Pförtner	بَوَّاب (> بَاب)
(Last-)Träger	حَمَّال (> حَمَلَ)
(Geld-)Wechsler	صَرَّاف (> صَرَفَ)

Alle diese Wörter bilden den gesunden maskulinen Plural.

Die Femininform فَعَّالَة bezeichnet Geräte und Fahrzeuge:

Kühlschrank	بَرَّادَة
Fahrrad	دَرَّاجَة
(Kopf-)Hörer	سَمَّاعَة (> سَمِعَ)
Auto	سَيَّارَة (> سَارَ)
Öffner	فَتَّاحَة (> فَتَحَ)
Feuerzeug	قَدَّاحَة
Brille	نَظَّارَة (> نَظَرَ)

Alle diese Wörter bilden den gesunden femininen Plural.

1.2. Der Gebrauch

Das Partizip verbindet die Verbalbedeutung mit den formalen Merkmalen des Nomens. Seine nominale Struktur bestimmt auch den syntaktischen Gebrauch:

Substantiv = Subjekt, Objekt und Prädikatsnomen und Adjektiv = Attribut und Prädikatsnomen.

1.2.1. Die meisten Partizipien sind als Adjektiv oder Substantiv lexikalisiert, d.h. sie sind reine Nomina ohne verbale Eigenschaften. Manche Partizipien sind sowohl Adjektiv als auch Substantiv.

Adjektiv:	بَارِد	kalt
		(Aktivptzp., I. St., Wurzel: ب – ر – د)
	مَقْبُول	annehmbar
		(Passivptzp., I. St., Wurzel: ق – ب – ل)
	مُعْتَدِل	gemäßigt
		(Aktivptzp., VIII. St., Wurzel: ع – د – ل)
Substantiv:	طَابِع	Briefmarke
		(Aktivptzp., I. St., Wurzel: ط – ب – ع)
	مُوَظَّف	Beamter
		(Passivptzp., II. St., Wurzel: و – ظ – ف)
	مُنْتَخَب	Auswahl(mannschaft)
		(Passivptzp., VIII. St., Wurzel: ن – خ – ب)
Adjektiv	عَامِل	tätig, aktiv;
und Substantiv:		Arbeiter, Faktor
		(Aktivptzp., I. St., Wurzel: ع – م – ل)
	سَائِر	übrig; Rest
		(Aktivptzp., I. St., Wurzel: س – ء – ر)
	مَشْرُوع	legitim; Projekt
		(Passivptzp., I. St., Wurzel: ش – ر – ع)

A4 Partizipien, die als Nomina lexikalisch fixiert sind, haben nicht die Fähigkeit verloren, als Partizipien im eigentlichen Sinne in der aus dem Verb abgeleiteten Bedeutung gebraucht zu werden.طَالِب "Student" kann auch heißen "Verlangender; einer, der (etwas) verlangt". So steht auf manchen arabischen Registerauszügen

هذا الْمُسْتَخْرَج يُعْطَى لِكلٍّ طالبٍ "dieser Auszug wird jedem gegeben, der (ihn) verlangt

(< jedem Verlangenden)".

1.2.2. Aktiv- und Passivpartizipien werden im Arabischen häufig zum Ausdruck sog. verkürzter Relativsätze verwendet, indem sie - als Attribut zu einem Substantiv stehend - ein Subjekt oder Objekt zu sich nehmen. Auch Adjektive findet man gelegentlich in solchen Konstruktionen.

Regel:
Ist das Bezugswort determiniert, so hat auch das Partizip (oder Adjektiv) den Artikel, ist es indeterminiert, so steht auch das Partizip (oder Adjektiv) ohne Artikel. Ist das Subjekt des verkürzten Relativsatzes nicht mit dem Bezugswort identisch, gilt folgende Kongruenzregel: Das Partizip (oder Adjektiv) stimmt mit dem Bezugswort in Kasus und Status, mit dem Subjekt des Relativsatzes in Genus und Numerus überein, wobei natürlich wieder zu beachten ist, daß Plurale von Nicht-Personen als feminine Singulare gelten.
Das direkte Objekt steht nach dem relativisch gebrauchten Aktivpartizip entweder im Akkusativ (d.h. die verbale Rektion bleibt erhalten) oder es wird mit der Präposition لِ eingeführt. Regiert das Verb ein Objekt mittels einer Präposition, so bleibt diese präpositionale Rektion auch beim Partizip erhalten.

A4 Bei Passivpartizipien von Verben mit präpositionaler Rektion wird das Genus des Patiens also nicht am Partizip, sondern an der Präposition ausgedrückt:

الْبَضائِع الْمَرْغُوب فيها   die gewünschten Waren

Diese Konstruktion ist der in Lektion 19 behandelten Passivkonstruktion von Verben mit präpositionaler Rektion analog.

Aktivpartizip (gleiches Subjekt):

أَلْحَفْلَةُ الْمُنْتَهِيَةُ في السَّاعَةِ الْعَاشِرَة

die Veranstaltung, zu Ende gehend oder zu Ende gegangen seiend um 10 Uhr = die um 10 Uhr zu Ende gehende oder zu Ende gegangene Veranstaltung = die Veranstaltung, die um 10 Uhr zu Ende geht oder zu Ende gegangen ist

Der verkürzten Form الْحَفْلَةُ الْمُنْتَهِيَةُ فِي السَّاعَةِ الْعَاشِرَةِ liegt ein Relativsatz zugrunde, der entweder الْحَفْلَةُ الَّتِي تَنْتَهِي فِي السَّاعَةِ الْعَاشِرَةِ oder الْحَفْلَةُ الَّتِي انْتَهَتْ فِي السَّاعَةِ الْعَاشِرَةِ lautet.

Da die Partizipien im Arabischen an sich kein Tempus ausdrücken, muß der Kontext darüber entscheiden, welcher Zeitbezug im Einzelfall gegeben ist.

Aktivpartizip (ungleiches Subjekt):

أَلْوَفْدُ الْمُنْتَهِيَةُ زِيَارَتُهُ

die Delegation, deren Besuch zu Ende geht oder zu Ende gegangen ist

Der zugrundeliegende Relativsatz lautet entweder

أَلْوَفْدُ الَّذِي انْتَهَتْ زِيَارَتُهُ oder الْوَفْدُ الَّذِي تَنْتَهِي زِيَارَتُهُ

Passivpartizip (gleiches Subjekt):

die bei mir vorhandenen Bücher = أَلْكُتُبُ الْمَوْجُودَةُ عِنْدِي

die Bücher, die bei mir vorhanden sind oder waren

Zugrundeliegender Relativsatz:

أَلْكُتُبُ الَّتِي تُوجَدُ عِنْدِي oder الْكُتُبُ الَّتِي كَانَتْ تُوجَدُ عِنْدِي

die gewünschten Waren = أَلْبَضَائِعُ الْمَرْغُوبُ فِيهَا

die Waren, die gewünscht werden

Zugrundeliegender Relativsatz: أَلْبَضَائِعُ الَّتِي يُرْغَبُ فِيهَا

Passivpartizip (ungleiches Subjekt):

der Mann, dessen Bücher verkauft أَلرَّجُلُ الْمَبِيعَةُ كُتُبُهُ
werden oder verkauft worden sind

Zugrundeliegender Relativsatz:

أَلرَّجُلُ الَّذِي بِيعَتْ كُتُبُهُ oder الرَّجُلُ الَّذِي تُبَاعُ كُتُبُهُ

1.2.3. Aktiv- und Passivpartizip können nominales Prädikat im Hauptsatz sein. Eine solche Partizipialform läßt sich vielfach nur schwer von der entsprechenden Verbform abgrenzen. Oft sind beide gegeneinander austauschbar.

a) Er geht auf der Straße. (wörtl.: er ist هُوَ مَاشٍ فِي الشَّارِعِ.
gehend auf der Straße).

Sinngleich der Verbalsatz: (هُوَ) يَمْشِي فِي الشَّارِعِ.

b) Sie fährt für einen Monat nach Berlin.

هِيَ مُسَافِرَةٌ إِلَى برلين لِمُدَّةِ شَهْرٍ.

=(هي) تُسَافِرُ إِلَى برلين لِمُدَّةِ شَهْرٍ.

c) Dieser Brief wurde vor einer Woche geschrieben.

هَذِهِ الرِّسَالَةُ مَكْتُوبَةٌ قَبْلَ أُسْبُوعٍ.

= هَذِهِ الرِّسَالَةُ كُتِبَتْ قَبْلَ أُسْبُوعٍ.

d) Er schläft (gerade).

هُوَ نَائِمٌ.

A5 Zum Gebrauch des Partizips als nominales Prädikat:

1. Bei den Verben, die einen Vorgang bezeichnen (vgl. Beispiele a - c) sind Partizip und finite Verbform vertauschbar und somit als stilistische Varianten aufzufassen. Häufiger und somit vom Studierenden aktiv zu beherrschen ist die finite Verbform.

2. Bei den Verben, die einen Zustand bezeichnen, wird dem Partizip bzw. einem vom gleichen Verb abgeleiteten Adjektiv der Vorzug gegeben, also:

جادت البضاعة Die Ware ist (war) gut. statt كانت البضاعة جيدة.

3. Bei den Verben, die sowohl einen Vorgang als auch einen Zustand bezeichnen, z. B.

قام "aufstehen" und "stehen", جلس "sich (hin-)setzen" und "sitzen", رقد "sich (nieder-) legen" und "liegen", bezeichnet die finite Verbalform den Vorgang, das Partizip den Zustand; also:

Er steht.	هُوَ قَائِمٌ.
Er steht auf.	(هو) يَقُومُ.
Er stand.	كَانَ قَائِماً.
Er stand auf.	(هو) قَامَ.

1.2.4. Adjektive und adjektivisch gebrauchte Partizipien stehen oft als 1. Glied einer Genitivverbindung, in der das 2. Glied ein determiniertes Substantiv ist.

Eine so gebildete Genitivverbindung ist als (zusammengesetztes) Adjektiv aufzufassen, das fast immer als Attribut steht.

Entsprechend der Statuskongruenz zwischen dem Substantiv und dem dazugehörigen Attribut nimmt auch das 1. Glied dieser Genitivverbindung, also das Adjektiv oder das Partizip, den Artikel zu sich, wenn das Substantiv determiniert ist. Auf Grund dieser Besonderheit gegenüber der eigentlichen Genitivverbindung (Substantiv als 1. und 2. Glied) nennt man die hier besprochene Konstruktion uneigentliche Genitivverbindung.

verschieden

(Aktivptzp., VIII.St.,Wurzel: خ - ل - ف)

مُخْتَلِف

Art

نَوْع ج أنْوَاع

verschiedenartig *(uneigentliche*
Genitivverbindung)

مُخْتَلِفُ الأنْوَاع

verschiedenartige Probleme

مَشَاكِلُ مُخْتَلِفَةُ الأنْوَاع

die verschiedenartigen Probleme

أَلْمَشَاكِلُ الْمُخْتَلِفَةُ الأنْوَاع

Bei der Übersetzung ins Deutsche ist dabei die adjektivische
Wiedergabe des substantivischen Teils (2. Glied) der Genitivverbindung
oft nicht möglich, da von dem betreffenden Substantiv im Deutschen
kein Adjektiv gebildet wird. In solchen Fällen übersetzt man mit einer
Präpositionalgruppe oder mit einem einzelnen Wort.

niedrig

مُنْخَفِض

Preis

سِعْر

Waren mit niedrigem Preis

بَضَائِعُ مُنْخَفِضَةُ السِّعْر

lang, groß

طَوِيل

kurz, klein

قَصِير

mittlerer

مُتَوَسِّط

Statur, Wuchs

قَامَة

ein Mann von hohem Wuchs, ein
großgewachsener Mann

رَجُلٌ طَوِيلُ الْقَامَةِ

ein Mann von kleiner Statur

رَجُلٌ قَصِيرُ الْقَامَةِ

ein Mann von mittlerer Statur

رَجُلٌ مُتَوَسِّطُ الْقَامَةِ

1.2.5. Nicht alle Genitivverbindungen mit Adjektiv oder adjektivisch
gebrauchtem Partizip als 1. Glied und einem Substantiv als 2. Glied sind
jedoch uneigentliche Genitivverbindungen. Man erkennt das daran, daß
sie nicht wie die uneigentlichen Genitivverbindungen die Funktion eines

Attributs ausüben, sondern die Beziehung Substantiv - attributives Adjektiv zum Ausdruck bringen, wobei das Attribut hier vor dem Substantiv steht. Der Charakter dieser Konstruktion erklärt sich aus der Möglichkeit des Arabischen, ein Adjektiv bzw. adjektivisch gebrauchtes oder gebräuchliches Partizip zu substantivieren.

Die Anzahl dieser Konstruktionen, die keinen besonderen Namen haben, ist relativ gering, da nur einige wenige Adjektive oder adjektivisch gebrauchte Partizipien als 1. Glied Verwendung finden (vgl. jedoch die Konstruktion des Elativs, Lektion 25, G. 1.2.!).

A6 Konstruktionen mit einem ohnehin substantivisch gebrauchten Partizip oder Adjektiv (جَمِيع "alle, Gesamtheit", سَائِر "übrig, Rest", مُعْظَم "meisten, Mehrzahl") werden hier nicht besonders aufgeführt.

die verschieden(st)en Länder	مُخْتَلِفُ الْبُلْدَان
in den verschieden(st)en Ländern	فِي مُخْتَلِفِ الْبُلْدَان
vorzüglich, überragend (Aktivptzp., I. St., Wurzel: ف – و – ق)	فَائِق
mit vorzüglicher Hochachtung	مع فَائِقِ الِاحْتِرَام
lauter, rein, aufrichtig (Aktivptzp., I. St., Wurzel: خ – ل – ص)	خَالِص
mit aufrichtiger Wertschätzung	مع خَالِصِ التَّقْدِير
seit alter Zeit, von alters her	مُنْذُ قَدِيمِ الزَّمَان

1.2.6. Schließlich gibt es Genitivverbindungen, in denen einem Substantiv als 1. Glied ein Adjektiv als 2. Glied folgt. Es sind keine uneigentlichen Genitivverbindungen, obwohl sie wie diese (1.2.4.) die Funktion eines Attributs haben und vom Wortinhalt her als zusammengesetzte Adjektive aufzufassen sind. Die Statuskongruenz mit dem Substantiv wird am 2. Glied der Genitivverbindung ausgedrückt. Es kommen nur Genitivverbindungen mit den Substantiven

un- (sehr häufig!)	غَيْر
Ähnlichkeit, halb-	شِبْه
halb-	نِصْف

als 1. Glied vor.

351

A7 Diese drei Nomina sind praktisch zu Halbpräfixen geworden; die mit ihrer Hilfe gebildeten Genitivverbindungen entsprechen den deutschen Präfixkomposita. Im nachlässigen Stil kann man sogar beobachten, daß der Artikel الـ nicht, wie grammatisch korrekt dem 2. Glied, sondern dem 1. Glied dieser Wortverbindung vorgesetzt wird.

halb	شِبْه
feudal	إقْطَاعِي
halbfeudal	شِبْهُ إقْطَاعِي
halbfeudale Verhältnisse	عَلاقَات شِبْهُ إقْطَاعِيّة
die halbfeudalen Verhältnisse	أَلْعَلاقَات شِبْهُ الإقْطَاعِيّة
halbamtlich	شِبْهُ رَسْمِي
Halbfertigprodukte	مُنْتَجَاتٌ نِصْفُ مَصْنُوعَةٍ
ungewöhnlich	غَيْرُ اعْتِيَادِيّ

1.2.7. Adjektiv und Partizip (fast ausschließlich Passivpartizip) dienen auch zur Wiedergabe unpersönlicher Ausdrücke in der Konstruktion مِنَ الـ in der Bedeutung "es ist ... " am Satzanfang.

Partizip:

es ist bekannt	مِنَ الْمَعْرُوفِ
es ist üblich	مِنَ الْمَألُوفِ
es ist möglich, man nimmt an	مِنَ الْمُحْتَمَلِ
es ist zu erwarten	مِنَ الْمُنْتَظَرِ

Adjektiv:

es ist natürlich	مِنَ الطَّبِيعِيّ
es ist notwendig	مِنَ الضَّرُورِيّ
es ist seltsam, merkwürdig	مِنَ الْغَرِيبِ
es ist erwähnenswert, daß...	مِنَ الْجَدِيرِ بالذِّكْرِ

Die Verneinung solcher Konstruktionen erfolgt durch لَيسَ.

V

Einfluß auf	تَأْثِير ج ات في	negativ, passiv	سَلْبِيّ
Verschiebung *(zeitl.)*	تَأْجِيل	Waffe	سِلاح ج أَسْلِحة
(Präp.) gegenüber, vor	إِزَاءَ	Sultanat	سَلْطَنة ج ـات
Italien	إيْطاليا	ähnlich; halb-, quasi, fast	شِبْهُ
Koalitions-	ائْتِلافيّ	fast vereinbart	شبهُ مُتَّفَق عليه
Imperium, Reich	إمبراطورية ج ـات	fördern etw.	II شَجَّعَ (يُشَجِّعُ) هـ
Mittelmeer	البَحْرُ الأَبْيَضُ المُتوسِّط	sich bilden, gebildet werden	V تـشـكَّل (يتـشكَّل)
unumgänglich, notwendig	لا بُدَّ مِن	Scheichtum	مَشْيَخَة ج مشايِخُ
herausragend	بارِز	Verbreitung	إشاعة
langsam	بَطِيء	Kampf, Ringen	صِراع ج ـات
technisch	تِكْنيكِيّ	ausgeben etw. für	صرف (يصْرِفُ) هـ على
Gesellschaft	مُجْتمع ج ـات	Reihe, Linie	صفّ ج صُفُوف
Insel	جزيرة ج جُزُر	Kreuzzugs-	صليبيّ ج ـون
Antwort(en) auf	إجَابة على	Interesse	مصْلَحة ج مصالِحُ
Wesen/wesentlich	جَوْهر /جَوْهريّ	Herstellung, Machart	صُنْع
abessinisch, Abessinier	حبشِيّ ج أحْباش	Schaden	ضرر ج أضْرار
einschränken etw.	حدَّ (يحُدُّ) من	Störung, Irritation	اِضْطِراب ج ـات
Schärfe	حِدَّة	Garantie	ضمان ج ـات
Herausforderung	تَحدٍّ ج تحدِّيات	Sozialversicherung	الضمان الاجْتِماعِيّ
hier: passieren	حصل	eng, beschränkt	ضيِّق
es ist wahrscheinlich	مِن المُحْتمل	Ambition *(pejorativ)*	مطْمَعُ ج مطامِعُ
Gefährlichkeit, Wichtigkeit	خطُورة	sich entwickelnd	مُتطوِّر
Verfassung	دُسْتور ج دساتِيرُ	osmanisch	عُثْمانِيّ ج ـون
Rolle	دوْر ج أدْوار	Beschleunigung	تعْجِيل
trotz	بِالرَّغْمِ مِن	ausgesetzt sein etw.	V تعرَّض (يتعرَّضُ) لـ
römisch, Römer	رُومانِيّ ج رُومان		
Zeit	زمان ج أزْمِنة		

353

es ist bekannt	مِن المَعْرُوفِ	werktätig	كادِح ج ـون
nachfolgen etw. *(zeitl. direkt)*	IV أَعْقَب (يُعْقِبُ) هـ/على	Platz, Rang, Stellung	مكانة ج ـات
glauben etw.	VIII اِعْتَقد (يَعْتَقِدُ) هـ	Bemerken, Bemerkung	مُلاحَظة
Kolonial-	اِسْتِعْماريّ	hinzufügen etw. zu	IV أَلْحق (يُلْحِقُ) هـ ب
es ist seltsam	مِن الغَريبِ	schädigen etw.	أَلْحق أَضْراراً ب
Beutezug; Überfall	غَزْوة ج غَزَوات	spielen etw.	لَعِب (يَلْعَبُ) هـ
Ausnutzung, Ausbeutung	اِسْتِغْلال	sich zeigen (in)	V تَمَثَّل (يتمثَّلُ) في
geschlossen	مُغْلَق	Kontinuität	اِسْتِمْرار
Schicht, Gruppe	فِئة ج ـات	die Mongolen	ج الـمُغُول
die Perser	ج الفُرْس	Welle	موج ج أَمْواج
Unterschied	فارق ج فوارقُ	erfolgreich	ناجِح
Detail	تَفْصيل ج تفاصيلُ	Mensch, Person	نَسَمة ج نسمات
dank, infolge	بفَضْلِ	Position, Amt	مَنْصِب ج مناصِبُ
Verhandlungen	ج مُفاوَضات	es ist zu erwarten	مِن المُنْتَظَرِ
phönizisch	فِينيقيّ ج ـون	Aufschwung	نَهْضة ج ـات
tribal, Stammes-	قَبَليّ	beabsichtigen etw.	نَوَى (يَنْوي) هـ
Stabilität	اِسْتِقْرار	Niedergang, Verfall	اِنْهِيار
Kontinent	قارّة ج ات	sich wenden an, nach	VIII اِتَّجه (يَتَّجِهُ) إلى
Teilung	تَقْسيم ج ـات	Vereinigung	تَوْحِيد
regionalistisch, Landes-	قُطْريّ	Budget, Haushalt	مِيزانِيّة
Unabhängigkeit	اِسْتِقْلال	Fähigkeit; Kraft	وُسْع
Putsch, Umsturz	اِنْقِلاب ج ـات	mit all meiner Kraft	بكلِّ ما في وُسْعي
traditionell	تَقْليديّ	es ist zu erwarten	مِن المُتَوَقَّع أنَّ
Führungs-	قِياديّ	übernehmen etw.	V تَوَلَّى (يتولَّى) هـ
hier: entstehen etw.	قام هـ		
Streitkräfte	قُوَّات مُسَلَّحة		

Text 1 الأنظمة السياسية في العالم العربي

نجد في العالم العربي حتى اليوم دولاً ذات أنظمة سياسية مختلفة كالجمهوريات والممالك والسلطنات والمشايخ وقد قامت هذه الدول على أساس التقسيمات السياسية التي حصلت بعد انهيار الإمبراطورية العثمانية والنظام الاستعماري في إفريقيا والشرق الأوسط.

وتعرّضت المنطقة العربية منذ قديم الزمان لموجات من الحروب والغزوات قام بها الأحباش والفرس والفينيقيون واليونان والرومان والصليبيون والمغول والعثمانيون وأعقبها تدخل الدول الأوربية أي فرنسا وبريطانيا وإيطاليا. وحصل معظم الدول العربية على استقلالها الوطني بعد الحربين العالميتين الأولى والثانية.

وتمكنت غالبية الدول العربية بفضل ثرواتها البترولية من أن تحقق نهضة اقتصادية وتكنيكية وتقدماً لا بأس به في مجال التعليم والصحة. وبالرغم من هذه النجاحات ما زالت هناك فوارق كبيرة في تنظيم هذه المجتمعات على أساس ديمقراطي والمصالح القطرية والقبلية الضيّقة لا تزال تلعب دوراً جوهرياً فيها يحدّ من تطورها. ويمكن ملاحظة ذلك في التطور البطيء في الحياة البرلمانية ودساتير بعض هذه الدول.

هذا وصرفت حكومات بعض البلدان العربية مبالغ ضخمة على شراء الأسلحة ووصلت هذه المبالغ أحياناً إلى ٦٠٪ من ميزانية هذه الدول. إن هذا الإنقاق العسكري الضخم ألحق أضراراً بالغة الخطورة بالاستقرار الاقتصادي والاجتماعي فيها وأعطى للعسكريين مكانة بارزة في صنع القرار السياسي والكثير من رؤساء الدول العربية وفئاتها القيادية تولّوا الحكم على أساس انقلابات عسكرية أو استغلال مناصبهم في القوات المسلحة. ومن المتوقع أن الصراع بين القوى الديمقراطية والتقليدية سيزداد حدةً في السنوات القادمة.

355

مقابلة صحفية

الصحفية: من المعروف أنّكم تشجّعون المفاوضات مع المعارضة حول مسألة الضمان الاجتماعي المرغوب فيه من قبل كافّة قطاعات الشعب الكادحة، ما هو موقف الأحزاب الأخرى في الحكومة الائتلافية من هذه المفاوضات؟

الرئيس: من المحتمل أنّ أحزاب الائتلاف الأخرى ستؤيّد مقترحاتي شبه المتّفق عليها وأنّنا سنقرّ قانون الضمان الاجتماعي في جلسة البرلمان القادمة.

الصحفية: أ ليس من الغريب أنّكم تنوون إعادة بناء قطاع النفط الذي أصبح قطاعاً ناجحاً في السنوات الأخيرة؟

الرئيس: صحيح أنّ هذا القطاع تطوّر بشكل إيجابي في السنوات الأخيرة وأرى أنّه لاستمرار هذا التطوّر الإيجابي لا بد من إعادة بناء هذا القطاع الهامّ في اقتصادنا الوطني على أساس جديد.

الصحفية: من المنتظر أنّكم تقومون بجولة في المنطقة لمناقشة مختلف جوانب السياسة الخارجية مع زملائكم العرب. ما هي النتائج التي تتوقّعونها؟

الرئيس: إنّني سأعمل بكل ما في وسعي على توحيد الصف العربي إزاء مختلف التحدّيات التي تواجهها الأمّة العربية وخاصّة الاقتصادية منها.

الصحفية: أ لا تعتقدون أنّ تأجيل هذه الجولة للمرّة الخامسة قد يؤدّي إلى إشاعة الشكوك والاضطرابات في بقية البلدان العربية؟

الرئيس: لا أعتقد ذلك لأنّي على اتّصال مستمرّ مع رؤساء البلدان الشقيقة والرأي المشترك يتمثّل في المثل العربي ﴾كل تأخير فيه خير﴿ أي تعجيل الأمور قد يؤدّي إلى نتائج عكسية أو سلبية.

الصحفية: أشكركم على هذه التصريحات والأجوبة الواضحة وعلى المعلومات القيّمة.

Übungen

L

L1 Setzen Sie das Subjekt der folgenden Sätze (jeweils ein Partizip) in den Plural!

انتهت الواجبات.   >   انتهى الواجب.

واجباتنا معروفة.   >   واجبنا معروف.

المشروع معروف.

إنطلقت الطائرة المصرية في الساعة الثالثة.

حضر المترجم العربي الحفلة.

الموظّف المسؤول مريضٌ.

إنّ المدير يجتمع بنا غداً.

أعرف أنّ التاجر الإنكليزي سيجيء إلى ألمانيا.

المرافق السوري موجود.

الراكب اليوناني ترك الطائرة.

الزائر مسرور.

السائق اللبناني شاطر.

هل الطالب كسلان؟

لا، الطالب مجتهد.

هذا العامل موجود.

كان كل متفرّج يتوقّع مباراة ممتازة.

إن الممرّضة تشتغل في المستشفى.

المنتخب البرازيلي قوي.

هذا الموضوع هامّ جدّا.

L2 Ein Student wandelt die Sätze aus L1 in Fragesätze um, und die anderen Studenten geben dann eine verneinende Antwort mit Begründung!

هل المشروع معروف؟   >   المشروع معروف.

لا، المشروع ليس معروفاً لأنه مشروع صغير.

L3 (Hausaufgabe) Suchen Sie aus den Lektionen 18-21 alle Partizipien getrennt nach Aktiv- und Passivpartizipien heraus, bestimmen Sie den Stamm und bilden Sie jeweils einen Satz!

L4 (Wiederholung) Wenden Sie die folgenden Sätze passivisch!

أقام المستشار الألماني حفلة عشاء. > أقيمت حفلة عشاء.

غيّر المدير البرنامج.

عقد الخبراء المؤتمر في السنة الماضية.

إستنتج الخبراء من ذلك أن الوضع متغيّرٌ.

أرسل صديقي إليّ بطاقة من القاهرة.

يغيّر بعض الأشخاص البرامج كلّ يوم.

دعوت الصديق لزيارة مدينتي.

يجري الوفد المحادثات في وزارة الخارجية.

رجونا أحمد أن يجتمع بنا.

يسلّم صالح الهدية غداً.

أضاف الرئيس بعض الكلمات.

رجونا صباح أن تسافر إلى الخارج.

ألغى الاصدقاء الموعد.

قال له إن الطلاب ينامون في دروسه.

يسمّي الأب ابنه سالماً.

G

G1 Bilden Sie von den angegebenen Verben die Partizipien! Bestimmen Sie vorher den Verbstamm und bezeichnen Sie ihn, wie üblich, mit römischen Ziffern! Benutzen Sie zur Ermittlung der Wurzel und der Bedeutung das Wörterbuch!

I دام = دائم

a) Aktivpartizip

سار، قام، دعا، طلب، سكن، علّم، تفرّج، اعتدل، اشتغل، اختلف، توسّط، جلس، عطل، جمع، ساق، قال، ركب، سافر، انتهى، خدم، احتاج، مشى، وقع، تبع، رافق، ساح، خلق، زاد، جاوز، خرج، دخل، حدث

358

b) Passivpartizip

عرف، احتمل، شهر، قال، أقام، شرب، أكـل، اشـترك، قـدّم، شـرع، وجـد،
قبل، دفع، رغب، سأل، اجتمع، اتّصل

G2 Wandeln Sie in den folgenden Beispielen die partizipiale Relativkonstruktion in einen attributiven Relativsatz um!

الأشياء التي توجد في غرفتي   <   الأشياء الموجودة في غرفتي

الجزر الواقعة في البحر الأبيض المتوسّط

الطالبة النائمة في الدرس

الناس الخائفون من السفر بالطائرة

القطارات الواقفة في المحطّة

في المطار وفود عائدة إلى بلادها

الأشياء الموضوعة في الخزانة

البضائع المعروضة في المخازن

المؤتمر المنعقد في بيروت

الهدايا المسلّمة لعلي

الجزر المسماة "الجزر الألف"

اجتمعت بالطلاب الموفدين إلى الخارج

السياسيون المدعوّون لزيارة بلدنا

البطاقة المرسلة إليّ

الرسائل المكتوبة أمس

الحفلة المنتهية في الساعة الرابعة

الحفلة المبتدئة في الساعة الثانية

الاستمارات المطلوبة منّا

الطائرة المتأخّرة ساعة واحدة

الوفود المجتمعة في القاعة البيضاء

الكلمات المسجّلة في المؤتمر

مع العارضين المشتركين في المعرض

اقتصاد البلد المتطوّر بسرعة

التجّار المعبّرون عن آرائهم

359

المعرض المغلقة أبوابه

الوضع المتغيّر من ساعة إلى ساعة

البضائع المبيعة إلى الخارج

G3 Wandeln Sie in den folgenden Beispielen den Relativsatz in eine
partizipiale Relativkonstruktion um!

الطالبة المسافرة إلى بيروت   >   الطالبة التي تسافر إلى بيروت

الوزير الذي يقيم حفلة العشاء

هي طائرة تصل في الساعة الواحدة

الفتاة التي تمشي في الشارع

الرجال الذين يتفرّجون على مباراة كرة القدم

الآثار التي توجد في سوريا في كل مكان

الانسان الذي يخلق حياته الجديدة

الجمهورية العربية السورية التي تقع في القارّة الآسيوية

سوريا التي يزيد عدد سكانها عن ٦ ملايين نسمة

سوريا التي حصلت على استقلالها بعد الحرب العالمية الثانية

هي سيّارة تعود لوزارة المواصلات

الفريق الذي فاز على خصمه

معلمي الذي يحتاج إلى سيّارة جديدة

الكلمات التي ألقيت في المؤتمر

البضائع التي تباع في ذلك المخزن

الحفلة التي أقيمت أمس

الكتب التي توجد في المكتبة

G4 Setzen Sie in den folgenden Sätzen die richtige Form der Partizipien
ein!

a)   ممنوع

b)   مسموح

c)   مفتوح

d)   معروف

e)   مشهور

f)   موجود

Wiederholen Sie den Satz und verwenden Sie anstelle des Subjektes das selbständige Personalpronomen bzw. anstelle des 2. Gliedes der Genitivverbindung das suffigierte Personalpronomen!
Beispiele (zu d):

هذا الخبر ...

هذا الخبر معروف. – هو معروف.

تفاصيل الاجتماع ...

تفاصيل الاجتماع معروفة. – تفاصيله معروفة.

a)

الدخول ...

البرنامج ...

المساومة ...

المباراة ...

زيارة المريض ...

هذه الجرائد ...

b)

تسجيل الكلمة ...

اجتماع الطلاب ...

إقامة الحفلة ...

زيارة تلك الآثار ...

c)

المخازن ... حتى الساعة السابعة

المصرف ... حتى الساعة الخامسة

المكتبة ... كل يوم

مطاعم المدينة ... الآن

أبواب المباني ... ابتداء من الساعة الثامنة

d)

هذه المشاكل ... عند الجميع

التفاصيل ... منذ وقت طويل

واجباتهم ...

قضايا العرب الوطنية ... في العالم

361

هذه المواعيد ...

مشاريع الحكومة ...

e)

جامعتنا ... منذ ٥٠٠ عام

مباني المدينة ... بجمالها

مسرح العاصمة ... بجماله

مكتبة الدولة ... في العالم كله

f)

الفواكه ... في المخازن

المأكولات ... عندنا

المشروبات ... عندكم

النقود اللازمة ...

الموظّفون المسؤولون ...

الاستمارات اللازمة ...

K

K1 Der Lektor erläutert die verschiedenen Möglichkeiten, um eine Entschuldigung oder Bedauern auszudrücken, wie z.B:

entschuldigen j-n./etw.	أَعْذَرَ ه / هـ
sich entschuldigen für	اِعْتَذَرَ مِن / عَن
Entschuldigung!	أنا مُتَأَسِّف!
Verzeihung!	عَفْواً
Sei mir nicht böse!	لا تُؤَاخِذْني
Ich bitte um Entschuldigung für ...	أَرْجو الإعْتِذَار عن ...
bedauern etw.	أسِف ل / على
Es tut mir leid, daß ...	أنا آسِف أنْ .../ أنا مُتَأَسِّف أنْ...

Leider ...

مع الأَسَف / لِلأَسَف

Zum größten Bedauern ...

مع الأَسَفِ الشَّدِيد

Bedauerlicherweise ...

من المُؤْسِف

Unglücklicherweise ...

لِسُوءِ الحَظ

Entschuldigen Sie sich dann mit einer "guten Ausrede" z.B. für
a) ihre schlechte Schrift
b) die vielen Fehler in der Übung
c) die Verspätung
u.a.m.

K2 Erarbeiten Sie in Anlehnung an Text 2 ein Interview z.B. mit dem Rektor einer arabischen Universität zu Problemen des Studiums!

Komplexübung:

1. Bilden Sie von den angegebenen Verben
a) das Aktivpartizip

اشتغل، اختلف، توسّط، جلس، عطل، جمع، ساق، قال، ركب، سافر، انتهى، خدم، احتاج، مشى، وقع، تبع، رافق، ساح، خلق، زاد، جاوز، خرج، دخل، حدث، سار، قام، دعا، طلب، سكن، علّم، تفرّج، اعتدل

b) das Passivpartizip

اشترك، قدّم، شرع، وجد، قبل، دفع، رغب، سأل، عرف، احتمل، شهر، قال، أقام، شرب، أكل

2. Wandeln Sie in den folgenden Beispielen die partizipiale Relativkonstruktion in einen attributiven Relativsatz um!

الجزر الواقعة في البحر الأبيض المتوسّط / الطالبة النائمة في الدرس / الناس الخائفون من السفر بالطائرة / القطارات الواقفة في المحطّة / في المطار وفود عائدة إلى بلادها / الأشياء الموضوعة في الخزانة / البضائع المعروضة في المخازن / المؤتمر المنعقد في بيروت / الهدايا المسلّمة لعلي / الجزر المسماة "الجزر الألف" / اجتمعت بالطلاب الموفدين إلى الخارج / السياسيون المدعوّون لزيارة بلدنا / البطاقة المرسلة إليّ / الرسائل المكتوبة أمس / الحفلة المنتهية في الساعة الرابعة / الحفلة المبتدئة في الساعة الثانية / الاستمارات المطلوبة منّا / الطائرة المتأخّرة

363

ساعة واحدة / الوفود المجتمعة في القاعة البيضاء / الكلمات المسجّلة في المؤتمر /
مع العارضين المشـتركين في المعـرض / اقتصاد البلـد المتطوّر بسـرعة / التجّـار
المعبّرون عن آرائهم / المعرض المغلقة أبوابه / الوضع المتغيّر من ساعة إلى ساعة

3. Wandeln Sie in den folgenden Beispielen den Relativsatz in eine partizipiale Relativkonstruktion um!

الوزير الذي يقيم حفلة العشاء / الفتاة التي تمشـي في الشـارع / الرجـال الذيـن
يتفرّجون على مباراة كرة القدم / الآثار التي توجد في سـوريا في كـل مكـان /
الانسان الذي يخلق حياته الجديـدة / الجمهوريـة العربيـة السـورية الـتي تقـع في
القـارّة الآسيوية / سوريا التي يزيد عدد سكانها عن ٦ ملايـين نسـمة / سـوريا
التي حصلت على استقلالها بعد الحرب العالمية الثانية / هي سيّارة تعـود لـوزارة
المواصلات / الفريق الذي فاز علـى خصمـه / معلّمـي الـذي يحتـاج إلى سيّارة
جديدة / الكلمات التي ألقيت في المؤتمر / البضائع التي تباع في ذلـك المخـزن /
الحفلة التي أقيمت أمس

4. Übersetzen Sie ins Arabische!

In der arabischen Welt finden wir Republiken, Königreiche, Sultanate, Emirate und Scheichtümer. Die meisten arabischen Länder erhielten nach dem 1. und 2. Weltkrieg ihre nationale Unabhängigkeit. Dank ihres Ölreichtums konnten einige arabische Staaten einen beträchtlichen wirtschaftlichen und technischen Aufschwung verwirklichen. Die Unterschiede zwischen den Ländern bei der Verwirklichung der Demokratie sind immer noch sehr groß. Die Regierungen einiger dieser Länder geben 50% des Staatshaushaltes für den Kauf von Waffen aus. Der Kampf zwischen den demokratischen und traditionellen Kräften wird an Schärfe zunehmen.

Lektion 22

الدرس الثاني والعشرون

1. Der Infinitiv (أَلْمَصْدَر)

Der Infinitiv ist eine der beiden Nominalformen des arabischen Verbs.

1.1. Die Form

1.1.1. Im Grundstamm gibt es mehr als 40 verschiedene Infinitivformen, von denen jeweils eine oder mehrere zu einem Verb gehören.

Die beiden am häufigsten vorkommenden Infinitive sind:

فَعْلٌ (فَعَلَ > , meist transitive Verben):

عَرْض (عَرَضَ >), شَرْح (شَرَحَ >) نَوْم (نَامَ >), بَيْع (بَاعَ >) und

فُعُولٌ (فَعَلَ> oder فَعِلَ , meist intransitive Verben):

وُصُول (وَصَلَ>), دُخُول (دَخَلَ >) صُعُود (صَعِدَ >), حُصُول (حَصَلَ >)

A1 Im Glossar ist bei allen Verben im Grundstamm neben der Imperfektform auch der Infinitiv angegeben, entsprechend der arabischen Zitierweise im indet. Akkusativ. Er wird auch weiterhin - sofern er nicht lexikalisiert ist und in den Texten vorkommt - nur dort aufgeführt, nicht in den Vokabelverzeichnissen der einzelnen Lektionen.

1.1.2. In den abgeleiteten Stämmen gibt es, bei geringen Ausnahmen, nur jeweils einen Infinitiv.

V	IV	III	II
تَفَعُّل	إِفْعَال	مُفَاعَلَة / فِعَال	تَفْعِيل
X	VIII	VII	VI
اِسْتِفْعَال	اِفْتِعَال	اِنْفِعَال	تَفَاعُل

Beim III. Stamm ist مُفَاعَلَة häufiger als فِعَال. Das anlautende *Hamza* der Infinitive Stamm VII, VIII und X ist ein *Hamzat waṣl*, im Stamm IV ein *Hamzat qaṭᶜ*.

A2 In den Vokabelverzeichnissen und im Glossar werden die Infinitive der Stämme

VII-X mit ‍اِ (اِنفعل، اِفتعل، اِفعلّ، اِستفعل) angegeben, um zu verdeutlichen, daß es

sich bei dem anlautenden *Hamza* um ein *Hamzat waṣl* handelt.

1.1.3. Bei den Infinitiven der schwachen Verben gibt es einige
Besonderheiten:
Verben R₁ = و oder ى :

Langes *ī* bei Stamm IV und X (R₁ = ى < و):

(اِسْتَوْصَلَ >) اِسْتِيصَال، (أُوصل >) إيصَال

Verben R₂ = و oder ى :
Auslautendes *Tā' marbūṭa* bei Stamm IV und X:

(اِسْتَقَامَ >) اِسْتِقَامَة، (أَقَامَ >) إقامة

Verben R₃ = و oder ى :
Auslautendes *Hamza* bei Stamm IV, VII, VIII und X:

(اِنْلَقَى >) اِنْلِقَاء، (أَلْقَى >) إِلْقَاء

(اِسْتَلْقَى >) اِسْتِلْقَاء، (اِلْتَقَى >) اِلْتِقَاء

Struktur تَفْعِلة bei Stamm II: تَلْقِية (لَقَّى >)

Stamm III: مُلَاقَاة (لاقَى >)

Stamm V und VI: تَلَقٍّ (تَلَقَّى >)، تَلَاقٍ (تَلَاقَى >)

Eine Übersicht über alle Infinitive gibt Tafel 12 im Anhang.

1.1.4. Pluralformen der Infinitive
Die Infinitive des Grundstammes haben unterschiedliche Pluralformen.
Die Infinitive des II. Stammes haben entweder den gesunden femininen

Plural (ـات) oder den gebrochenen Plural تَفَاعِيلُ. Die Infinitive der

Stämme III - X bilden den gesunden femininen Plural (ـات), Stamm IV

gelegentlich den gebrochenen Plural أَفَاعِيلُ.

1.2. Der Gebrauch

Der Infinitiv verbindet die Verbalbedeutung mit den formalen Merkmalen des Substantivs.

Seine substantivische Struktur bestimmt auch den syntaktischen Gebrauch als Subjekt, Objekt und Prädikatsnomen. Er kann in allen Kasus stehen, Suffixe und Attribute zu sich nehmen.

1.2.1. Die meisten Infinitive sind als Substantive lexikalisiert, d.h. sie drücken nicht bloß die substantivierte Verbalhandlung als Vorgang aus, sondern haben auch eine konkret faßbare Einzelbedeutung im Sinne des Resultats dieses Vorgangs:

كِذْب "(das) Leugnen" und "Lüge" (mit dem Plural أَكْذَاب),

سُؤَال "(das) Fragen" und "Frage" (mit dem Plural أَسْئِلَة).

A3 Der Infinitiv ist in diesen Fällen ebenso lexikalisiert wie das sog. Nomen vicis (Infinitiv + *Tā' marbūṭa*), das den einmaligen Vollzug der durch den Infinitiv ausgedrückten Verbalhandlung bedeutet: ضَرْبـة (einmaliges Schlagen) = "Schlag" (ضَرَبَ>"schlagen", أَلضَّرْب "das Schlagen").

1.2.2. Wie das Partizip den Relativsatz, so kann auch der Infinitiv einen Nebensatz vertreten.

An die Stelle des durch أَنْ und أَنَّ eingeleiteten Objekt- oder Subjektsatzes und an die Stelle von Adverbialsätzen tritt eine Infinitivkonstruktion.

1.2.2.1. Objektsatz

Infinitiv anstelle von أَنْ + Verb

يَسْتَطِيعُ أَنْ يُنْجِزَ هَذَا الْعَمَلَ فَوْراً. = يَسْتَطِيعُ إِنْجَازَ هَذَا الْعَمَلِ فَوْراً.

Er kann diese Arbeit sofort erledigen.

1.2.2.2. Subjektsatz

Infinitiv anstelle von أَنْ + Verb

يُمْكِنُهُ أَنْ يُنْجِزَ هَذَا الْعَمَلَ فَوْراً. = يُمْكِنُهُ إِنْجَازُ هَذَا الْعَمَلِ فَوْراً.

Es ist ihm möglich, diese Arbeit sofort zu erledigen.

1.2.2.3. Adverbialsätze

Präposition + Infinitiv anstelle von Konjunktion + Verb

a) قَبْلَ

سَأَزُورُهُ قَبْلَ أَنْ يَعُودَ إِلَى دمشق. = سَأَزُورُهُ قَبْلَ عَوْدَتِهِ إِلَى دمشق.

Ich werde ihn besuchen, bevor er nach Damaskus zurückkehrt.
Ich werde ihn vor seiner Rückkehr nach Damaskus besuchen.

b) بَعْدَ

زَارَنِي بَعْدَ أَنْ عَادَ إِلَى هنا. = زَارَنِي بَعْدَ عَوْدَتِهِ إِلَى هنا.

Er hat mich besucht, nachdem er hierher zurückgekehrt ist / er hat mich nach seiner Rückkehr hierher besucht.

c) مُنْذُ

زَارَنِي مَرَّةً وَاحِدةً فَقَطْ مُنْذُ أَنْ عَادَ إِلَى هنا. =

زَارَنِي مَرَّةً وَاحِدةً فَقَطْ مُنْذُ عَوْدَتِهِ إِلَى هنا.

Er hat mich, seitdem er hierher zurückgekehrt ist, nur ein einziges Mal besucht / er hat mich seit seiner Rückkehr hierher...

d) حَتَّى

بَقِيَ هناك حتى انْتهتِ الحفلةُ. = بَقِيَ هناك حتى انْتِهاءِ الحفلةِ.

Er blieb dort, bis die Veranstaltung beendet war / bis zur Beendigung der Veranstaltung.

e) لِ

جَاءَ إِلَى بغداد لِيَدْرُسَ اللُّغَةَ الْعَرَبِيَّةَ = جَاءَ إِلَى بغداد لِدِرَاسَةِ اللُّغَةِ الْعَرَبِيَّةِ.

Er kam nach Bagdad, um Arabisch zu studieren.

1.2.3. Der Infinitiv hat verbale Rektionskraft. Er kann analog der Rektion des jeweiligen Verbs ein von einer Präposition abhängiges Objekt zu sich nehmen.

die Begrüßung der Gäste	أَلتَّرْحِيبُ بِالضُّيُوفِ
die Beantwortung der Fragen	أَلإِجَابَةُ عَلَى الأَسْئِلَةِ
der Bedarf an Getränken	أَلاِحْتِيَاجُ إِلَى الْمَشْرُوبَاتِ
die Meinungsäußerung(en)	أَلتَّعْبِيرُ عَنِ الآرَاءِ

Das Akkusativobjekt eines transitiven Verbs wird im allgemeinen nicht als direktes Objekt zu einem Infinitiv stehen, sondern mit diesem in Form einer Genitivverbindung verbunden:

die arabische Sprache studieren

دَرَسَ اللُّغَةَ الْعَرَبِيَّةَ

das Studium der arab. Sprache

دِرَاسَةُ اللُّغَةِ الْعَرَبِيَّةِ

die Arbeiten erledigen

أَنْجَزَ الأَعْمَالَ

die Erledigung der Arbeiten

إِنْجَازُ الأَعْمَالِ

Das 2. Glied der Genitivverbindung steht formal im Genitiv, ist aber logisches Objekt des Infinitivs als 1. Glied in dieser Genitivverbindung. Wir sprechen hier von einem Genitivus objectivus.

Es gibt jedoch auch Fälle, in denen der Infinitiv eines transitiven Verbs **ein Akkusativobjekt** zu sich nimmt, nämlich dann, wenn der Infinitiv bereits im Status constructus steht und es daher unmöglich ist, das Objekt dem Infinitiv als 2. Glied einer Genitivverbindung anzufügen:

دِرَاسَتُهُمُ اللُّغَةَ الْعَرَبِيَّةَ

ihr Studieren des Arabischen = ihr Studium des Arabischen, (der Umstand, die Tatsache,) daß sie Arabisch studieren

1.2.4. Eine andere Art der Nominalisierung einer Aussage ist die Verknüpfung des Infinitivs mit einigen bestimmten Verben zu sog. verbalen Schwellformen. Bei ihnen ist die eigentliche Aussage in das Substantiv verlagert. Auch das Arabische kennt also die im Deutschen oft gerügte "Substantivitis"!

Meistgebrauchtes Verb ist dabei قَامَ + Präposition بِ:

Ahmad besuchte die Hauptstadt.

زَارَ أَحْمَدُ الْعَاصِمَةَ.

dass. (wörtl.: Ahmad führte einen Besuch der Hauptstadt durch, stattete ... einen Besuch ab)

قَامَ أَحْمَدُ بِزِيَارَةِ الْعَاصِمَةِ.

Ein libanesischer Student hat die Delegation begleitet.

رَافَقَ الْوَفْدَ طَالِبٌ لُبْنَانِيٌّ.

dass. (wörtl.: Ein lib.Student hat die Begleitung der Delegation durchgeführt.)

قَامَ بِمُرَافَقَةِ الْوَفْدِ طَالِبٌ لُبْنَانِيٌّ.

A4 Daneben gibt es eine Vielzahl von Funktionsverben, die - in Verbindung mit ganz bestimmten Substantiven - in festen lexikalischen Verbindungen vorkommen (im Deutschen Wendungen wie "einen Beschluß fassen", "eine Erklärung abgeben", "ein Referat halten", "eine Entscheidung fällen" u.a.m.). Sie müssen vokabelmäßig erlernt werden.

Eine Sonderform dieser substantivischen Gebrauchsweise ist die Umschreibung des Passivs. Statt der Passivform فُعِلَ / يُفْعَلُ steht die Perfekt- oder Imperfektform تَمَّ / يَتِمُّ "sich vollziehen, vollzogen werden, vollbracht werden, stattfinden, geschehen" oder جَرَى / يَجْرِي "stattfinden, sich ereignen, vonstatten gehen, geschehen" + Infinitiv:

Die Papiere sind gestern übergeben worden.

سُلِّمَتِ الأَوْرَاقُ أَمْسِ.

dass. (wörtl.: Die Übergabe der Papiere geschah gestern, fand gestern statt.)

جَرَى تَسْلِيمُ الأَوْرَاقِ أَمْسِ.

Das Projekt wird schnell geprüft.

يُدْرَسُ الْمَشْرُوعُ بِسُرْعَةٍ.

dass. (wörtl.: Die Prüfung des Projekts geschieht schnell.)

تَتِمُّ دِرَاسَةُ الْمَشْرُوعِ بِسُرْعَةٍ.

2. Adverb und Adverbialkonstruktionen
Adverbien dienen
a) der näheren Bestimmung eines Verbs, eines Adjektivs, eines Partizips oder eines Adverbs
b) der Verdeutlichung der Umstände, unter denen sich die Satzaussage vollzieht.

2.1. Einteilung der Adverbien
Zu a) gehören
die **qualitativen Adverbien** als nähere Bestimmung eines Verbs:
شَدِيدًا "gut", جَيِّدًا und حَسَنًا "stark, heftig" u. a.;

die **quantitativen Adverbien** als nähere Bestimmung eines Verbs, Adjektivs, Partizips oder Adverbs:
وَحْدَهُ "(er) allein", تَقْرِيبًا "etwa", قَلِيلًا "wenig", كَثِيرًا "viel", جِدًّا "sehr", u.a.

Zu b) gehören die Umstandsadverbien
der Zeit:

أَلْآنَ "jetzt", فَـوْراً "sofort", أَلْيَـوْمَ "heute", أَمْـسِ "gestern", غَـداً

"morgen", مَساءً (فِي المَساءِ) "abends", صَباحاً (فِي الصَّباحِ) "morgens",

سابِقاً "früher" u. a.;

des Ortes:

هُنا "hier", هُناكَ "dort", فَوْقُ "oben";

der Art und Weise:

سِرّاً "heimlich", مع ذلِكَ "trotzdem".

2.2. Die Form

Adverbialkasus ist im Arabischen der determinierte oder indeterminierte Akkusativ. Daneben gibt es Adverbialgruppen (aus formalen Gründen auch Präpositionalgruppen genannt), die aus Präposition + Substantiv im Genitiv bestehen.

A5 Viele Substantive werden in der Form des (adverbiellen) Akkusativs als Präposition verwendet:

über	فَوْقَ
unter	تَحْتَ
nach	بَعْدَ
vor	قَبْلَ
in Übereinstimmung mit, entsprechend	طِبْقاً لـ / طِبْقَ /وَفْقاً لـ / وَفْقَ
auf Grund von, entsprechend u.v.a.	بِناءً على

Manche von ihnen werden auch noch als Adverbien gebraucht und haben als solche die Endung *u*:

oben	فَوْقُ
nach oben	إلى فَوْقُ
alsdann, weiterhin	بَعْدُ
nachher, später u.a.	فِيمَا بَعْدُ

2.3. Der Gebrauch

2.3.1. Stellung im Satz

Die qualitativen und quantitativen Adverbien stehen stets hinter den Wörtern, die sie näher bestimmen:

Er hat das gut gemacht.

فَعَلَ ذَلِكَ جَيِّداً.

Er hat viel gegessen.

أَكَلَ كَثِيراً.

sehr gut

جَيِّدٌ جِدًّا

Die Umstandsadverbien stehen oft am Satzende, sind an diese Stellung aber nicht gebunden:

وَصَلَ الْوَفْدُ السُّورِيُّ يَوْمَ السَّبْتِ وَفِي يَوْمِ الأَحَدِ وَصَلَ الْوَفْدُ الْمِصْرِيُّ.

Die syrische Delegation traf am Sonnabend, die ägyptische Delegation am Sonntag ein.

2.3.2. Adverbien als Prädikat

Die Umstandsadverbien und -adverbialgruppen können nicht nur nähere Bestimmung anderer Wörter sein oder eine Satzaussage verdeutlichen, sondern auch als Prädikat untrennbarer Bestandteil eines Nominalsatzes sein. Vgl. die Satzstruktur 2 aus Lektion 2:

Hier ist ein Lehrer.

هُنَا مُعَلِّمٌ.

Der Lehrer ist im Zimmer.

أَلْمُعَلِّمُ فِي الْغُرْفَةِ.

2.3.3. Verschiedene Adverbialkonstruktionen

Anstelle des qualitativen Adverbs verwendet man gern Konstruktionen, in denen dieses durch ein Verbalnomen ersetzt oder als Attribut zu einem Substantiv gestellt wird.

2.3.3.1. Präposition بِ + (Verbal-) Nomen:

Ich ging schnell.

مَشَيْتُ بِسُرْعَةٍ.

(statt)

مَشَيْتُ سَرِيعاً.

Ich ging langsam.

مَشَيْتُ بِبُطْءٍ.

(statt)

مَشَيْتُ بَطِيئاً.

Ich habe das gern getan.	فَعَلْتُ ذَلِكَ بِسُرُورٍ.
(statt)	فَعَلْتُ ذَلِكَ مَسْرُوراً.
Er prüfte es genau.	فَحَصَ ذَلِكَ بِدِقَّةٍ.
(statt)	فَحَصَ ذَلِكَ دَقِيقاً.

2.3.3.2. Präposition شَكْل + بِ oder صُورَة "Form, Art und Weise"
+ Adjektiv:

Er hat das ausgezeichnet gemacht.	فَعَلَ ذَلِكَ بِشَكْلٍ مُمْتَازٍ.
(wörtl.: in ausgezeichneter Weise). (statt)	فَعَلَ ذَلِكَ مُمْتَازاً.
Er hat das gut gemacht. (wörtl.: in guter Weise)	فَعَلَ ذَلِكَ بِصُورَةٍ جَيِّدَةٍ.
im allgemeinen, allgemein	بِصُورَةٍ عَامَّةٍ
im besonderen, besonders	بِصُورَةٍ خَاصَّةٍ

2.3.3.3. Innerer Akkusativ: Ein Verb wird dadurch näher bestimmt, daß ihm ein indeterminiertes Nomen (meist ein Infinitiv) im Akkusativ mit attributivem Adjektiv nachgestellt wird.

Er las den Brief langsam. (wörtl.: Er las den Brief ein langsames Lesen).	قَرَأَ الرِّسَالَةَ قِرَاءَةً بَطِيئَةً.

A6 Dieser innere oder absolute Akkusativ, möglicherweise Ausgangspunkt des ein Verb näher bestimmenden Adverbs schlechthin, ist im modernen Arabisch seltener geworden.

Die Verwendung der einen oder anderen der eben behandelten Adverbialkonstruktionen ist weitgehend von der Struktur und Semantik der zu verwendenden Nomina bestimmt. Nur genaue Beobachtung des Sprachgebrauchs und ständige Übung erlauben es, sie sicher zu handhaben.

V

Verspätung	تَأَخُّر	Forscher	بَاحِث ج ـون
Los!	يا لله	rechtfertigen etw.	II بَرَّرَ (يُبَرِّرُ) هـ
unglücklich	بَائِس	scharfsichtig	بَصِير

373

glänzend, blendend *(a. übertr.)*	باهِر	auf ... Weise/Art	بِصُورةٍ
Museum	مُتْحف ج متاحِفُ	Inhalt	مَضْمُون ج مضامِينُ
Technologie	تكْنُولُوجيا	Licht	ضوْء ج أضْواء
telefonieren	تلْفن (يُتلْفِنُ)	in Anbetracht, angesichts	علَى ضوْءِ
Revolution	ثوْرة ج ات	erforderlich	مطْلُوب
grundlegend	جذْرِيّ	Erfordernisse	ج مُتطلَّبات
gewaltig, groß	جسِيم	bereit	مُسْتعِدّ
Kompliment	مُجاملة ج ـات	ziellos, zufällig	عشْوائِيّ
Generation	جيل ج أجْيال	Wissenschaftler	عالِم ج عُلماءُ
Stein	حجر ج أحْجار	verschließen etw. vor	IV أغْلق (يُغْلِقُ) هـ أمام
den Grundstein legen	وضع حجر الأساس	unausweichlich	لا مفرّ مِنْهُ
beneiden j-n. um	حسد (يحْسُدُ) ه على	denken	VIII اِفْتكر (يفْتكِرُ)
hinsichtlich	مِنْ حيْثُ	*(umg.)* Geld	ج فُلُوس
Erfindung	اِخْتِراع ج ـات	Bankrott	إفْلاس
fürchten etw.	خشِيَ (يخْشَى) هـ	bevor es zu spät ist	قبل فوات الأوان
Plan	خطّة ج خطط	einschätzen, bewerten etw.	II قيّم (يُقيِّمُ) هـ
in erster Linie, vor allem	بالدرجةِ الأولى	Einschätzung	تقْيِيم
Etappe	مرْحلة ج مراحِلُ	hassen etw., j-n.	كره (يكْرهُ) هـ، ه
Wohlstand	رفاه	*(umg.)* Wie du willst.	علَى كيْفَك/كيْفِك
Struktur	ترْكِيب ج تراكِيبُ	Make up *(franz. maquillage)*	ماكِياج
in Betracht ziehen etw.	III راعى (يُراعِي) هـ	fortfahren zu	X اِسْتمرّ (يسْتمِرُّ)
Supermarkt	سوبرماركت	*(umg. äg.)* Macht nichts.	معْليْش
umfassend, vollständig	شامِل	befähigen zu	II مكّن (يُمكِّنُ) ه من
Reform	إصْلاح	langweilig	مُمِلّ
zu j-s. Gunsten	في صالِحِ ه	Beruf	مِهْنة ج مِهن

absteigen, hinuntergehen	نزل (يَنْزِلُ)	Eile	وَشْك/ وُشْك
(er)warten j-n., etw.	VIII اِنْتظر (يَنْتظِرُ) ه، هـ	kurz vor dem Bankrott	على وشكِ الإفلاس
regelmäßig, geordnet	مُنْتظِم	objektiv	موْضُوعِيّ
Plan, Programm	منهجٌ ج مناهِجُ	Schritt halten mit etw.	III واكب (يُواكِبُ) هـ
Aufschwung herbeiführen bei	نهض (ينهَضُ) ب	hoffnungslos	يائِس

Text 1 — التعليم والمستقبل

لا يمكن النظر إلى مستقبل أي بلد بمعزل عن مستوى التعليم فيه. ومن يريد أن ينهض بهذا البلد نهضة حقيقية لا يمكن أن يغلق عينيه أمام المشاكل الملحّة التي تواجه هذا القطاع الحيوي في مجتمعنا ومن يقيّم الوضع الحالي في الجامعات والمعاهد الفنية والمهنية وفي المدارس الثانوية والابتدائية تقييماً موضوعياً يجد أنه لا مفر من إصلاح نظام التعليم إصلاحاً جذرياً وشاملاً من حيث مضامينه وتراكيبه ومراحله ومناهجه.

إن اي تأخر في هذا الإصلاح سيلحق أضراراً جسيمة بمستقبل هذا البلد ليس فقط في مجال التعليم والثقافة، بل إنّما أيضاً في كل المجالات الاجتماعية الأخرى. وكيف نستطيع أن نطوّر البلد تطويراً شاملاً وأن نواكب الثورة في العلم والتكنولوجيا بصورة منتظمة دون جيل جديد من العلماء والباحثين والمهندسين والفنّيين والإداريين الذين تلقّوا تأهيلهم على ضوء اختراعات وابتكارات العلم الحديثة؟ إن الإصلاح يجب أن يبدأ قبل فوات الأوان لأنّ التأخر بسنة واحدة في البدء بالإصلاح سيؤدي إلى تأخّر تطور البلد تعليمياً وثقافياً وتكنيكياً واجتماعياً ليس بسنوات، بل بعقود.

ما هو المطلوب منّا إذن؟ هل نستمر في هذه المناقشات البائسة واليائسة التي بدأت قبل عشر سنوات أم نبدأ فوراً بالإصلاح؟ إن الوقت ليس في صالحنا ولكن كيف نبدأ؟ هل نبدأ بشكل عشوائي أي هل نبدأ من أجل أن نبدأ؟ لا، الإصلاح يحتاج إلى خطة واضحة، إلى خطة لا تراعي فقط المستقبل القريب،

بل بالدرجة الأولى المستقبل البعيد، يعني متطلّبات العلم بعد عشرين أو أربعين سنة وبهذا الإصلاح يجب علينا أن نضع حجر الأساس لمستقبل باهر يمكّننا من تحقيق نهضة علمية وثقافية تحقّق للوطن الخير والرفاه.

في الطريق إلى السوق   Text 2

بيتر: بيتر يتكلّم، صباح الخير، كيف حالك؟

مريم: صباح النور، أنا بخير، كيف حالك اليوم؟

بيتر: والله بخير، الحمد لله.

مريم: من أين تتلفن؟ هل أنت قريب من هنا؟

بيتر: أنا هنا في الفندق.

مريم: إلى أين نذهب اليوم، مرّة أخرى إلى أحد المتاحف المملّة؟ أ ليس هناك إمكانية لنشتري شيئاً من السوق؟

بيتر: على كيفك. يمكننا أن نذهب إلى السوق بعد الفطور مباشرة. إتّفقنا؟

مريم: أنا مستعدّة في أي وقت وسأكون عندك بعد ربع ساعة أي بعد أن أنتهي من الماكياج.

بيتر: نعم، الماكياج مهمّ. هل أنتظرك في غرفتك؟

مريم: لا، والله، انتظرني تحت! أنا أكره الماكياج تحت إشراف الرجال. أنا سأكون تحت بعد خمس دقائق.

(وبعد ثلاثة أرباع من الساعة نزلت مريم إلى تحت)!

بيتر: والله، النتيجة تبرّر الانتظار. كلّ الرجال سيحسدونني عليك والآن نمشي إلى السوق.

مريم: شكراً على المجاملة. إلى أيّة سوق نمشي؟

بيتر: إلى سوبرماركت خارج المدينة يوجد فيه كلّ شيء.

مريم: ولماذا خارج المدينة وماذا يعني كلّ شيء؟

بيتر: الأسعار هناك معقولة والبضائع الموجودة هناك هي تقريباً نفس البضـائع الموجودة في مركز المدينة. هل معك فلوس؟

مريم: لا، كنت أفتكر أنك تعطيني بعض الدولارات!

بيتر: هل نسيت أنّني على وشك الإفلاس بعد استئجار السيّارة؟

مريم: أ لم يصل شيك من أبيك؟

بيتر: للأسف لم يصل بعد.

مريم: إذن نمشي ونشتري بالعيون.

بيتر: أخشى أن تكون عيونك كبيرة وإمكانياتي صغيرة.

مريم: يقول المثل: العين بصيرة واليـد قصيـرة. معليـش، سأغلق عيوني أمـام الأشياء الغالية، يا لله.

Übungen

L

L1 Vervollständigen Sie die folgenden Sätze durch eine der hier genannten Adverbialgruppen:

بِدِقّة، بُبطء، بِسُرْعة، بصُورة رائِعة، بصُورة جيِّدة، بشكْل ممتـاز، بِسُرُور، بِلُطْف

قاد السائق سيّارته ...

استقبلتني العائلة ...

درس الخبراء المشروع ...

أنجز الطلاب عملهم ...

هل تتعلّمون اللغة العربية ...؟

كان المترجم يتكلّم اللغة العربية ...

رحّب الوزير بضيوفه الأجانب ...

شرح المرافقون هذا الموضوع ...

قبلنا الدعوة ...

تريد الحكومة أن تطوّر اقتصاد البلد ...

نمشي إلى السوق ...

نطوّر التعليم ...

L2 Geben Sie die deutsche Übersetzung der Ihnen aus früheren Lektionen bekannten Infinitive an!

جلوس، دخول، خروج، اجتماع، محـاضرة، انتظـار، سـؤال، دراسـة، تـأهيل، تبادل، رئاسة، تعليم، تعاون، اقتصاد، مناقشة، مناسـبة، توسـيع، توقيـع، بـرد، تخصّص، مراجعة، استشراق، اعتذار، تسجيل، اعتماد، تقدير، إيجاد، تأسيس، حضور، تحسين، تصريح، تشكيل، إشراك، مساهمة، تشـاور، تطوّر، تطويـر، عودة، إعادة، ممارسة، توتّر، تخفيض، افتتاح، استقبال، اقتراح، تحسّـن، إجـراء، ارتياح، إغلاق، استثناء، تجمّـد، ارتفـاع، مواصلـة، تجديـد، حصـول، اختيـار، تصديق، إعداد، مباراة، مسابقة، سباق، مصارعة، ملاكمة، تنـاول، استئجار، إشراف، انضمام، امتحان، توفيق

L3 Ein Student bildet mit den Infinitiven aus L2 Fragesätze und ein anderer gibt eine sinnvolle Antwort!

هل تنام في غرفة الجلوس؟ > لا، لا أنام في غرفة الجلوس.

أنام في غرفة النوم وأحياناً (دائماً ؟) في المحاضرات المُمِلَّة.

Ü4 (Hausaufgabe) Beantworten Sie die folgenden Fragen schriftlich:

ما هي المشروبات التي تعرفها؟

ما هي المأكولات التي تعرفها؟

ما هي المهن التي تعرفها؟

ما هي البضائع التي تباع في الأسواق العربية الشعبية؟

ما هي الدروس التي تنام فيها؟

من هو الرجل الذي تكرهه؟

ما هي الساعات التي تحبّها؟

G

G1 Bilden Sie den Infinitiv der folgenden Verben des Grundstammes! Die Modellstruktur ist jeweils angegeben. Ermitteln Sie die Bedeutungen der Ihnen noch nicht bekannten Verben mit dem Wörterbuch!

a)فعْل : وضع، وعد، قام، خـاف، بـاع، فحـص، عـرض، قـال، سـار،

شرح، كسب، أكل، مشى، صرف، أخذ، خلق

b)فُعول : وقف، وصل، رجع، صعد، خرج، دخل، وجد، حصل، حضر

c)فِعالة : درس، زار، زاد، زرع، صنع

G2 Bestimmen Sie von den folgenden Verben zunächst den Stamm und bilden Sie dann den entsprechenden Infinitiv! Ermitteln Sie die Bedeutungen der noch nicht bekannten Verben mit dem Wörterbuch!

أوفد، استقبل، شـاهد، قـدَّم، سـجَّل، اقـترح، أغلـق، دخَّـن، اجتمـع، لاحـظ، انحدر، تابع، أقام، شجَّع، أعجب، وسَّع، استورد، أدخل، خابر

G3 (Hausaufgabe) Ermitteln Sie im Wörterbuch die Bedeutung der folgenden Infinitive und vergleichen Sie sie mit der des jeweiligen Verbs!

مقابلـة، تسليم، اشتراك، مرافقة، مقاومة، تطوّر، إعلان، تأييد، احتيـاج، إجابـة، إجراء، إثبات، تطوير، تقديم، محاولة.

G4 Ersetzen Sie in den folgenden Sätzen den mit أنْ eingeleiteten Objekt- oder Subjektsatz durch eine Infinitivkonstruktion!

أحاول أنْ أنجز واجباتي حتى يوم السبت. <

أحاول إنجاز واجباتي حتى يوم السبت.

يريد أحمد أن ينجز واجباته فورًا.

يريد الوفد أن يزور الجامعة.

تريد الحكومة أن تطوّر اقتصاد البلد.

أرادوا أن يدرسوا هذه القضية.

يريد الخبراء أن يدرسوا المشروع.

يجب علينا أن نؤيِّد هذه السياسة.

يجب عليك أن ترحِّب بالضيوف.

يجب عليكم أن تلغوا سفركم.

يجب علينا أن نقابله.

يجب عليها أن تغيِّر البرنامج.

379

لم يستطع الطالب أن يجيب على هذا السؤال.

استطاع المعلم أن يبيِّن المشكلة.

هل استطعتم أن تنجزوا هذا العمل؟

هل تستطيع أن تسلِّم الهدية شخصياً؟

استطاع المرافق أن يشرح تاريخ المدينة.

أحاول أن أقابلهم غداً.

نحاول أن ننهي عملنا حتى نهاية الأسبوع.

سأحاول أن أوضح القضية.

هل تحاول أن تغيِّر الموعد؟

حاولت أن أعود بالقطار.

هل تمكَّنت الطالبة من أن تترجم الكلمات الجديدة؟

تمكَّن الطالب من أن يقوم بواجباته.

تمكَّنوا من أن يسجِّلوا خمسة أهداف.

هل يمكنك أن تخابره مساء اليوم؟

هل يمكنكم أن تتحدَّثوا معه حول ذلك؟

G5 In den folgenden Sätzen wird der Nebensatz durch eine Konjunktion eingeleitet. Ersetzen Sie diese Konstruktion durch die entsprechende Präposition + Infinitiv!

سأزورك قبل أن تعود إلى القاهرة. ‹ سأزورك قبل عودتك إلى القاهرة.

نغادر المدينة قبل أن ينتهي المؤتمر.

ستزورني صديقتي قبل أن تعود إلى لندن.

تفحص السيَّارة قبل أن تُباع.

يتبادل المسؤولون الآراء قبل أن يجتمعوا.

يجتمع أحمد بصديقه قبل أن يوفَد إلى الخارج للدراسة في ألمانيا.

ذهبتُ إلى القاعة بعد أن فحصوا جوازات السفر.

ابتدأت المباراة بعد أن تبادلوا التحيات.

رجع إلى البيت بعد أن أنهى عمله.

مشى إلى المقهى بعد أن شاهد الفلم.

بقيت في الملعب حتى انتهت المباراة.

بقيت في المطار حتى حصلت على الحقائب.

لم يتركوا المحطّة حتى وصل القطار.

فحص الموظَّف الأوراق حتى وجد الورقة المرغوب فيها.

قرأت الكتب حتى أُغلقت المكتبة.

أتى الأصدقاء ليحضروا الحفلة.

جاء آلاف التجَّار ليشتركوا في المعرض.

سافرت إلى باريس لأجتمع بأصدقائي.

ذهبت إلى المصرف لأصرف العملة.

خرجت من الغرفة لأدخّن سيجارة.

سافر الطلاب إلى القاهرة ليدرسوا اللغة العربية.

جاء التلاميذ إلينا ليتعلّموا اللغة الإنكليزية.

قام الوفد بجولة ليشاهد الجامعة والمتحف الوطني.

G6 (Hausaufgabe) Bilden Sie selbständig Nominalsätze, in denen ein Infinitiv Subjekt, die Partizipien ممنوع und مسموح Prädikat sind!

K

K1 (Hausaufgabe) Schildern Sie, wie Sie das vergangene Wochende verbracht haben! Verwenden Sie dabei die Ihnen bekannten Zeitadverbien!

K2 Führen Sie in Anlehnung an Text 2 einen Dialog zu einem Einkaufsbummel, Besuch eines Museums, eines Kinos, Theaters etc.!

Komplexübung:
1. Geben Sie die arabischen Infinitive an!
Versammlung, Vorlesung, Studium, Qualifizierung, Austausch, Bildung, Kooperation, Wirtschaft, Diskussion, Erweiterung, Unterschrift, Spezialisierung, Überprüfung, Orientalistik, Entschuldigung, Einschreibung, Gründung, Anwesenheit, Beratung, Entwicklung, Rückkehr, Spannung, Eröffnung, Empfang, Vorschlag, Verbesserung, Genugtuung, Schließung, Ausnahme, Erhöhung, Fortsetzung, Erneuerung, Beglaubigung, Vorbereitung, Wettkampf, Ringen, Boxen, Prüfung, Erfolg

2. Ersetzen Sie in den folgenden Sätzen den mit أَنْ eingeleiteten Objekt-
oder Subjektsatz durch eine Infinitivkonstruktion!

يريد أحمد أن ينجز واجباته فوراً. تريد الحكومة أن تطوّر اقتصـاد البلـد. أرادوا
أن يدرسوا هذه القضية. يريد الخبراء أن يدرسوا المشروع. يجب علينا أن نؤيِّد
هذه السياسة. يجب عليك أن ترحِّب بـالضيوف. يجب علينـا أن نقابلـه. يجـب
عليها أن تغيِّر البرنامج. استطاع الرئيس أن يبيِّن المشكلة. هل تستطيع أن تسلِّم
الهدية شخـصياً؟ استطاع المرافق أن يشرح تاريخ المدينة. نحاول أن ننهي عملنـا
حتى نهاية الأسبوع. سأحاول أن أوضِّح القضية. حـاولت أن أعـود بالطائـرة.
هل تمكَّنت الطالبة من أن تترجم الكلمات الجديدة؟ تمكَّن الطالب من أن يقـوم
بواجباته. هل يمكنكم أن تتحدَّثوا معه حول ذلك؟

3. Ersetzen Sie in den Nebensätzen die Konstruktion Konjunktion +
Verb durch die entsprechende Präposition + Infinitiv!

تُفحص السيّارة قبل أن تُباع. يتبادل المسؤولون الآراء قبل أن يجتمعـوا. ذهبـتُ
إلى القاعـة بعـد أن فحصـوا جـوازات السـفر. ابتـدأت المبـاراة بعـد أن تبـادلوا
التحيّات. رجع إلى البيت بعد أن أنهى عملـه. بقيت في الملعب حتى انتهت
المباراة. لم يتركوا المحطّة حتى وصل القطار. قرأت الكتب حتى أُغلقت المكتبة.
أتى الأصدقاء ليحضروا الحفلة.

4. Übersetzen Sie ins Arabische!

Die dringenden Probleme, mit denen das Bildungswesen konfrontiert ist,
müssen in den kommenden Jahren gelöst werden. Die Reform der
Struktur und der Inhalte der Programme der Grund- und Oberschulen
dauert ca. 10 Jahre. Wir müssen den Grundstein für eine Zukunft legen,
die es uns ermöglicht, einen wissenschaftlichen und kulturellen
Aufschwung auf der Basis der Entdeckungen und Erfindungen der
modernen Wissenschaften zu verwirklichen.

Lektion 23

1. Nebensätze, Überblick (الْجُمَل الْفَرْعِيَّة)

Nebensätze erfüllen im Satzgefüge eine Funktion ähnlich der eines Satzgliedes in einem einfachen Satz. Man kann sie dementsprechend wie folgt einteilen:

Subjektsätze
Objektsätze
Prädikativsätze
Attributsätze
Adverbialsätze

Alle diese Nebensatztypen sind im Zusammenhang mit verschiedenen Konjunktionen bereits vorgekommen, ohne daß in jedem Falle der ihnen entsprechend ihrer syntaktischen Funktion zukommende Name genannt wurde:

Subjekt- und Objektsätze nach أَنْ und أَنَّ sowie nach مَنْ, مَا, الَّذِي, الَّذِينَ als substantivische Relativsätze;

Prädikativsätze als substantivische Relativsätze;

Attributsätze = attributive Relativsätze;

Adverbialsätze nach den Konjunktionen:

بَعْدَ أَنْ	nachdem	= Temporalsätze
قَبْلَ أَنْ	bevor	= Temporalsätze
مُنْذُ (أَنْ)	seit(dem)	= Temporalsätze
حَتَّى	bis	= Temporalsätze
حَيْثُ	wo	= Lokalsätze
لِ	damit, um ... zu	= Finalsätze
لِأَنَّ	weil	= Kausalsätze
إِذْ	indem; da	= Modalsätze
رَغْمَ أَنَّ	obwohl	= Konzessivsätze
وَكَأَنَّ	als ob	= Komparativsätze
لَكِنَّ	aber, jedoch	= Restriktivsätze bzw.
غَيْرَ أَنَّ	nur daß, freilich, allerdings	adversative Beiordnung

Wir unterscheiden dabei nicht - wie in den ide. Sprachen - zwischen subordinierten und koordinierten Sätzen, da sich im Arabischen die Wortstellung in diesen konjunktional eingeleiteten Sätzen nicht von der Wortstellung im Hauptsatz unterscheidet.

In dieser Lektion und in den Lektionen 24, 26-28 werden die für das Arabische wichtigen Satztypen Temporalsatz, Kausalsatz, Konditional- und Konzessivsatz, Ausnahmesatz und Zustandssatz behandelt, die nur z.T. eine Entsprechung im Deutschen haben.

2. Die Temporalsätze

2.1. Sie werden durch Konjunktionen eingeleitet, die darauf hinweisen, daß die Handlung des Nebensatzes

- zur gleichen Zeit wie die des Hauptsatzes (als, sobald = Zeitpunkt, während, solange = Dauer, sooft = Wiederholung)

- vor der Handlung des Hauptsatzes (nachdem, seit[dem], als)

- oder nach der Handlung des Hauptsatzes (bis, bevor) stattfindet.

2.1.1. Temporalsätze der Gleichzeitigkeit

Die Gleichzeitigkeit von Haupt- und Nebensatzhandlung wird durch folgende Konjunktionen ausgedrückt:

عِنْدَمَا + Verb in der Perfektform = **als**

(bzw. كَانَ + Imperfektform oder Partizip)

Als ich gerade spielte, kam Muḥammad.	عِنْدَمَا كُنْتُ أَلْعَبُ جَاءَ مُحَمَّدٌ.

Der mit عِنْدَمَا eingeleitete Satz kann dem Hauptsatz vorangehen oder ihm folgen:

Muḥammad kam, als ich (gerade) spielte.	جَاءَ مُحَمَّدٌ عِنْدَمَا كُنْتُ أَلْعَبُ.

Die Möglichkeit der Voranstellung oder Nachstellung des Temporalsatzes gilt auch für alle folgenden mit einer temporalen Konjunktion eingeleiteten Sätze.

A1 Eine weitere syntaktische Möglichkeit, die Gleichzeitigkeit von Haupt- und Nebensatz auszudrücken, besteht im sog. Zustandssatz; vgl. dazu Lektion 28.

عِنْدَمَا + Verb in der Imperfektform = **sobald**

Ich werde sie über diese Angelegenheit informieren, sobald ich mit ihnen zusammentreffe.

سَأُطْلِعُهُمْ عَلَى هَذِهِ الْقَضِيَّة عِنْدَمَا أَجْتَمِعُ بِهِمْ.

A2 عندما + Imperfektform oft in konditionaler Bedeutung = deutsch "wenn".

حِينَمَا od. حِينَ + Verb in der Perfekt- oder Imperfektform haben die gleiche Bedeutung wie عِنْدَمَا.

A3 Im Zeitungsarabisch ist عندما weitaus häufiger anzutreffen. حينما und حين gehören mehr dem Individualstil an.

بَيْنَمَا + Verb in der Perfektform (bzw. كَان + Imperfektform oder Partizip) oder Imperfektform = **während**

Ich habe die Arbeit erledigt, während Muhammad abwesend war.

أَنْجَزْتُ الْعَمَلَ بَيْنَمَا كَانَ مُحَمَّدٌ غَائِباً.

Ich erledige die Arbeit, während Muhammad abwesend ist.

أُنْجِزُ الْعَمَلَ بَيْنَمَا يَكُونُ مُحَمَّدٌ غَائِباً.

A4 بينما leitet auch, wie das deutsche "während", einen Kontrastsatz ein:

Der Export hat sich erhöht, während sich der Import verringert hat.

إِرْتَفَعَ التَّصْدِيرُ بَيْنَمَا انْخَفَضَ الْإِسْتِيرَادُ.

Temporalsätze der Gleichzeitigkeit werden weiterhin eingeleitet durch:
لَمَّا "während, als", طَالَمَا oder مَا دَامَ "solange", مَا لَمْ "solange nicht" und كُلَّمَا "sooft".

A5 Bei ما دام ist دام in der Perfektform wie قَام zu konjugieren, also:

So lange ich (du/er/sie/wir/ihr/sie) hier bin, wird er nicht schlafen.

مَا دُمْتُ (دُمْتَ/ دُمْتِ/ دَام / دَامَتْ / دُمْنَا / دُمْتُمْ/ دُمْتُنَّ/ دَامُوا / دُمْنَ) هُنَا لَنْ يَنَامَ.

2.1.2. Temporalsätze der Vorzeitigkeit

بعد أَنْ + Verb in der Perfektform = **nachdem**

Ich ging nach Hause, nachdem ich die Arbeit erledigt hatte.

ذَهَبْتُ إِلَى الْبَيْتِ بَعْدَ أَنْ أَنْجَزْتُ الْعَمَلَ.

Lektion 23

A6 Im Arabischen steht also Perfektform-Perfektform im Gegensatz zum Deutschen, wo "nachdem" die strikte Einhaltung der consecutio temporum verlangt (Plusquamperfekt-Präteritum).

A7 Auch عِنْدَمَا und حِينَمَا können in der Bedeutung "als, nachdem" zum Ausdruck der Vorzeitigkeit verwendet werden. Eine klare Abgrenzung ist vielfach weder von بَعْدَ أَنْ "nachdem" noch von dem im Schriftarabisch heute seltener gebrauchten لَمَّا "als, nachdem" möglich. In der gesprochenen Sprache kommt letzteres dagegen sehr häufig vor.

مُنْذُ (أَنْ) + Verb in der Perfektform = **seit(dem)**

Ich arbeite (noch immer) als Dolmetscher, seit ich die Universität absolviert habe.	لَا أَزَالُ أَشْتَغِلُ مُتَرْجِمًا مُنْذُ أَنْ تَخَرَّجْتُ مِنَ الْجَامِعَةِ.

2.1.3. Temporalsätze der Nachzeitigkeit

قَبْلَ أَنْ + Verb in der Imperfektform (Konjunktiv) = **bevor**

Ich frage meinen Vater, bevor ich den Brief schreibe.	أَسْأَلُ أَبِي قَبْلَ أَنْ أَكْتُبَ الرِّسَالَةَ.

حَتَّى + Verb in der Perfektform = **bis**

Er arbeitete, bis er die Aufgaben erledigt hatte.	عَمِلَ حَتَّى أَنْجَزَ الْوَاجِبَاتِ.

2.2. Häufig wird - besonders zum Ausdruck der Vor- und Nachzeitigkeit - eine präpositionale Konstruktion gewählt, wie sie schon in Lektion 22, G5, geübt worden ist, also

بَعْدَ إِنْجَازِ الْعَمَلِ	statt	بَعْدَ أَنْ أَنْجَزَ الْعَمَلَ
مُنْذُ تَخَرُّجِي مِنَ الْجَامِعَةِ	statt	مُنْذُ (أَنْ) تَخَرَّجْتُ مِنَ الْجَامِعَةِ
قَبْلَ كِتَابَةِ الرِّسَالَةِ	statt	قَبْلَ أَنْ يَكْتُبَ الرِّسَالَةَ
حَتَّى إِنْجَازِ الْوَاجِبَات	statt	حَتَّى أَنْجَزَ الْوَاجِبَاتِ

Sie ist uns auch im Deutschen vertraut, z. B. "nach Erledigung der Arbeit" statt "nachdem ich die Arbeit erledigt hatte".

V

indem; da	إذْ	glücklich machen j-n.	IV أسْعَد (يُسْعِدُ) ٥
Parameter, Kennziffer	مُؤَشِّر ج ات	Schiff	سَفِينة ج سُفُن
Hilfe, Unterstützung	تأْييد	Friede sei mit ihnen	الـسَّـلامُ عليكم
(umg. äg.) ja	أيْوَه	und die Gnade	ورحْمة ا لله وبركاتُهُ
Gebäude	بناء ج أبْنية	und der Segen Gottes	
Palmyra	تَدْمُرُ	Wohlergehen	سلامة
Luft-	جوِّيّ	Fluggesellschaft	شركة الطيْران
losgehen, sich bewegen	V تحرَّك (يتحرَّكُ)	Küste	شاطِئ ج شواطِئ
auf Kosten von	على حساب	Anlagen (zu einem Brief etc.)	ج مشْفُوعات
Du hast recht.	الحقّ معك	sonnig	مُشْمِس
Aleppo	حلبُ (م)	umg.: Freund	صاحِب ج أصْحاب
Hama	حماه (م)	exportieren etw. nach	II صدَّر (يُصدِّر) هـ إلى
Homs	حِمْصُ (م)	Export	تصْدير
Bedürfnis; umg.: Sache, Ding	حاجة ج حاجيات	Raffinerie	مِصفاة ج مصافٍ
Erfahrung; Know How	خِبْرة ج ات	Umgebung, Vorort	ضاحية ج ضواحٍ
Rede, Schreiben	خِطاب ج ـات	Verlust	ضَياع
ziehen, ableiten, etw. von	X إسْتخْلص (يسْتخْلِصُ) هـ ـ مِن	informieren j-n. über etw.	IV أطْلع (يُطْلِعُ) ٥ على
Schlußfolgerungen ziehen	~ إسْتِنْتاجات	gelten, j. als	VIII إعْتبر (يعْتبرُ) ٥ هـ
zurückbringen etw. nach	IV أرْجع (يُرْجعُ) هـ إلى	(Pass.) angesehen werden als	أُعْتُبِر / يُعْتَبَرُ هـ
Hafen	مرْفأ ج مرافِئُ	in seiner Eigenschaft als	باعتبارِه
schwimmen, baden	سبح (يسْبحُ)	treffen, stoßen auf aufstöbern etw.	عثر (يعْثرُ) على
Beschleunigung	تسْريع	bewundern etw.	IV أعْجب (يُعْجِبُ) هـ
helfen j-m., unterstützen j-n. bei etw.,	III ساعد (يُساعِدُ) ٥ (على)	vielseitig	مُتعدِّد الجوانِب
beitragen zu	ساعد على		

387

Nicht- (عدم + *Substantiv ist wie* غير + *Adjektiv oder Partizip eine nominale Verneinung)*	عدم	solange nicht	ما لم
Feind	عدُوّ ج أعْداء	regnerisch	مُمْطِر
kompliziert	مُعقّد	wünschen j-m.	V تمنّى (يتمنّى)
gewohnt sein an j-n., etw	مُتعوّد على	etw., daß	له هـ، أنْ
decken, be-decken etw.	II غطّى (يُغطّي) هـ	sterben	ماتَ (يمُوتُ)
(und) andere	غيْرُهُ، غيْرُها، غيْرُهُمْ (مِنْ الـ ...)	finanzieren etw.	II مَوّل (يُموِّلُ) هـ
		Hafen	مِيناء ج موانِئُ
verloren	مفقود	passen (zu), entsprechen	III ناسب (يُناسِبُ) هـ
empfangen j-n.	X اِسْتقْبل (يسْتقْبلُ) ه	Wasserschöpfrad	ناعُورة ج نواعِيرُ
als Gegenwert für, gegen	مُقابل	Gewerkschaft	نِقابة ج ـات
Geschichte	قِصّة ج قِصص	importieren etw. aus	X اِسْتوْرد (يسْتوْردُ) هـ مِن
schneiden, zer-schneiden etw.	قطع (يقْطعُ) هـ	Import	اِستِيراد
Etappe zurücklegen	قطع شَوْطاً	Gewicht	وزْن ج أوْزان
Festung, Bastion	قلْعة ج قِلاع	verabschieden	II ودّع (يُودِّعُ)
Latakiya	اللاذِقيّة	empfehlen j-n., etw.	IV أوْصى (يُوصِي) ب

Text 1

رسالة إلى محمد

دمشق في الـ ١١ من شباط ... ١٩٩

عزيزي محمد

تحية طيبة وبعد

أكتب لك هذه الرسالة من سوريا. إنني أشتغل هنا منذ شهرين في مشروع علمي لدراسة التطور الاقتصادي وعلاقته بالتطورات الاجتماعية. ويمول المشروع اتحاد النقابات في سوريا. وقطعنا إلى الآن شوطاً كبيراً في جمع التفاصيل الاقتصادية والاجتماعية ولكن المشروع ما زال في المرحلة الابتدائية.

وتعتبر هذه الدراسة جـزءاً مـن مشـروع كبير يشـمل ايضاً التجارة الداخليـة والخارجية أي الاستيراد والتصدير وقطاع النفط والسياحة والثقافة ومجالات أخرى كثيرة. وتعقب مرحلة جمع التفـاصيل المرحلة الثانيـة وهـي مرحلـة استخلاص الاستنتاجات من المؤشرات المختلفة.

لقد زرت مدناً كثيراً منذ وصولي إلى سوريا مثلاً تدمر بآثارها القديمة، واعجبني كثيراً ما بنى الرومان في قديم الزمـان مـن أبنيـة جميلـة، وزرت أيضاً حمص بمصفاتها وحماه بنواعيرها المشهورة وحلب بقلعتها وأسـواقها ومعاملها ومرفأ اللاذقية بسفنه الكثيرة وطبعاً دمشق وضواحيها الجميلة وغيرها من المـدن والمحافظات والآثار التاريخية. وعندما كنّا في اللاذقية سبحت في البحـر الأبيض المتوسط رغم أنّ الأمواج كانت عالية جداً.

إن العمل في هذا المشروع معقد ومتعدد الجوانب ويحتاج إلى خبرة طويلـة وأنا أستفيد من خبرة زملائي الآخرين غير أنّـي لا أعرف كيـف أستفيد مـن هـذا العمـل في المستقبل. إن شـاء الله، سيسـاعد إنجـاز هـذا المشروع على كتابـة أطروحتي بسرعة في السنة القادمة.

سأغادر سوريا في ال ١٢ من آذار وقبـل أن أعـود إلى البلد سوف أسـافر إلى بغداد لمدّة أسبوعين.

سلّم على أحمد وعلى أصحاب نادي كرة القدم. إنّني أعدكم بانْ أسجّل لكـم أهدافاً كثيراً في المباريات القادمة.

أتمنّى لك النجاح والتوفيق في الدراسة والسلام عليكم ورحمة الله وبركاته.

صديقك المخلص

بيتر

قصة الحقائب المفقودة

أحمد: صباح الخير.

الموظّفة: صباح النور. تفضّل!

أحمد: أنا وصلت في الرحلة رقم ٦٥٤ الساعة الثامنة والنصف مـن فرانكفورت ولكن حقائبي لم تصل وفيها كل ما أحتاج إليه في هـذا الطقس الحار وسؤالي الأول: أين حقائبي؟

الموظّفة: أولاً الحمد لله على السلامة وثانياً أنا آسفة جداً. سأبذل كل مـا في وسعي لمساعدتك. أعطني من فضلك التذكرة.

أحمد: تفضلي. جئت في الدرجة الأولى وكانت معي حقيبتان.

الموظّفة: أيوه، صحيح وكان عندك ٢٠ كيلو وزن زائد، أي الوزن الإجمـالي للحقائب كان ٥٠ كيلو.

أحمد: بالضبط، هذا صحيح وأنا دفعت ١٧٠ دولاراً تقريباً مقـابل هـذا الوزن الزائد.

الموظّفة: سنحاول أن نساعدك بسرعة.

أحمد: أين الحقائب ومتى ستصل إلى هنا؟

الموظّفة: الله أعلم، قد تكون في فرانكفورت أو في أي مطـار آخـر في العـالم ولإيجادها نحتاج أولاً إلى معرفة لونها وحجمها.

أحمد: الحقائب بنفس اللون والحجم يعني اللون أسود والحجـم هـو ٧٥ في ٥٥ في ٣٥ سنتيمتر وكتبت اسمي وعنواني عليها.

الموظّفة: هذا مهـم. في أي فندق تنزل ومـا هـو رقم الغرفة؟ بعـد وصـول الحقائب نتصل بك فوراً.

أحمد: سأنزل في فندق هيلتون ورقم الغرفة ٢١٢ ولكن مـن المستحيل أن أنتظر أكثر من ٢٤ ساعة أولاً لأنني هنا في مهمة رسمية وأحتـاج إلى الملابس المناسبة وثانياً أنا لست السبب في عـدم وصول الحقائب ولذلك سأنتظر ٢٤ ساعة وبعد ذلك سأذهب إلى أي محل في المدينة وأشتري الملابس والحاجيات اللازمة الأخرى على حسـاب شـركة

الطيران. في هـذا الطقـس الحـار سأموت بعـد قليـل في ملابسـي الشتوية.

الموظّفة: الحق معك ولكن الآن عندنا شتاء وفي الفندق تكييف مركزي.

أحمد: أولاً أنا لا أريد أن أجلس في الفندق كل اليوم وثانياً لست متعوداً على هذا الطقس الحار الذي يسمى عندكم شتاء.

الموظّفة: على كل حال، قبل أن تشتري الحاجيات يجب عليك أن تتّصل بي. وفي حالة عـدم وصـول الحقـائب بعـد يوم سندفع لـك أولاً ١٠٠ دولار وفي حالة ضياع الحقائب ندفع لك مقابل كل كيلو مـن وزن الحقائب ٢٠ دولاراً أي مايعادل ١٠٠٠ دولار.

أحمد: هذا قليل جدّا لأن هـذا المبلـغ لا يغطّي قيمـة مـا في الحقـائب علـى الإطلاق.

الموظّفة: هذه هي شروط النقل الجوي المتفق عليها دولياً ولا ندفع أكـثر مـن ذلك. أ ليس لك تأمين خاصّ؟

أحمد: لا، لسوء الحظ.

الموظّفة: طيب، اتّفقنا. سأتصل بك بعـد وصـول الحقـائب. وقّع علـى هـذه الاستمارات من فضلك!

أحمد: أوقّع علـى كـل مـا يُرْجِع إليّ الحقـائب. شكراً علـى لطفـك. مـع السلامة.

الموظّفة: عفواً، مع السلامة.

Übungen

L

L1 Ergänzen Sie zu den folgenden Wörtern die jeweiligen Antonyme!

صديق، بدأ، وصول، تصدير، عرف، جاء، دخل، قبل، استورد، بـاع، سـريع، استقبل، متزوج، ازداد، ليل، هبوط، ممطر، فوق، ممكن

L2 Ergänzen Sie die passende(n) Präposition(en)!

هو ... الباب. الطالب ... المدير. الطائرة ... البحر. وصـل ... القـاهرة. ... أن تلفنت ... محمد ذهبت ... البيت. زرت المدير ... زيارة المعمل. أخـذ ...

هدايا ...أصدقاء. شرح ... هم الوضع ... المرحلة الأولى. يصدّر المعمل الإنتاج ... ألمانيا. يستورد البلد البترول ... السعودية. قاموا ... جولة ... البلاد. أوصى ... تقديم المشروع. استقبلهم ... ساعتين. اشترى ... المخزن كتباً جديدة إضافة ... شنطة وأقلام. أما ...النسبة ... المؤتمر فهو ينعقد ... هذا الفندق.

L3 Übersetzen Sie ins Arabische! (schriftl. Hausaufgabe)
Ich schreibe Dir diesen Brief aus Berlin. Wann kommst Du nach Kairo?
Ich arbeite hier zwei Monate. Die Regierung finanziert das Projekt. Wir sammeln Details über die Entwicklung des Handels, der Wirtschaft, des Ex- und Importes, über Tourismus und Kultur und über den Erdölsektor. Sie ziehen Schlußfolgerungen aus der ersten Etappe des Projektes. Diese ökonomischen Kennziffern sind neu. Ich war in Palmyra, Aleppo, Homs, Hama und Latakiya und an der Küste des Mittelmeeres. Die Beschleunigung der Arbeit am Projekt ist unmöglich.
L4 Übersetzen Sie den folgenden in einer *Nash*-Schönschrift gedruckten Text mit Hilfe des Wörterbuches ins Deutsche!

المملكة العربية السعودية

وزارة التعليم العالي

جامعة الإمام محمد بن سعود الإسلامية

الرقم:

التاريخ:

المشفوعات:

الموضوع: بشأن إعداد خطاب إلى جامعة لايبزك

سعادة مدير معهد تعليم اللغة العربية بالنيابة   وفقه الله

السلام عليكم ورحمة الله وبركاته

أما بعد:

فأشير إلى خطابكم المرقم ٢٥٥/١/ب والمؤرخ في ١٤١٣/٧/١٦هـ بشأن إفادة المعهد برأيه عن

برنامج تعليم اللغة العربية في إحدى الجامعات الألمانية وإمكانية التعاون معها واقتراحكم إرسال

خطاب إلى جامعة لايبزك.

أخبركم أن الاقتراح وجيه، وعلى المعهد إعداد الخطاب وتوضيح المطلوب فيه واطلاع الجامعة عليه.

ولإتمام ما يلزم من قبلكم جرى إبلاغكم به.

ولكم تحياتي

وكيل الجامعة

للشؤون التعليمية

G

G1 Koppeln Sie jeweils die beiden aufgeführten Sätze durch die Konjunktion عندما!

جاء محمد > عندما كنت ألعب جاء محمد.	كنت ألعب
دخل محمد > عندما شربت الشاي دخل محمد.	شربت الشاي
كان الطقس ممطراً	وصلت الطائرة
جاء محمد	اجتمع الطلاب
انطلقت الطائرة	وصلنا إلى المطار
وصلت الطائرة من القاهرة	كنت في المطار
جاء صديقنا	غادرنا البيت
تبدأ المحادثات من جديد	يعود الوفد من الجولة
سأسافر إلى تونس	أتلقى النقود
تنجز واجباتك حتى نهاية الأسبوع	يساعدونك
رحّب بهم الوزير	وصل الضيوف إلى المطار
دخل أصدقاؤنا العرب	أردنا إنهاء الاجتماع
أفعل ذلك أيضاً	تفعل ذلك
نسافر فوراً	نتلقّى الدعوة

393

نساعدكم	تساعدوننا
شرح لهم المدير أهمية المرفأ	قاموا بجولة في المرفأ
نغيّر البرنامج	لا تسافرون معنا
ندرس المشروع	تطلب منّا ذلك
قبل الدعوة	سمع أن الجميع سيجيئون
نقلته إلى المستشفى	لاحظت أن حالته ليست حسنة
تأخر الوزير	تأخرت السيارة
قابلت عدداً من السياسيين	كنت أرافق الوفد التجاري
أخذ معه هدايا كثيرة	عاد أحمد إلى بغداد
تركتهم فوراً	سمعت هذا الخبر
لاحظوا عدة أغلاط	درسوا المشروع
أقام الوزير حفلة عشاء	أنهى الوفد محادثاته
اجتمعوا فوراً	سمعوا هذه الاقتراحات

G2 Setzen Sie in den Übungssätzen von G1 statt عندما die Konjunktion حينما ein!

G3 Koppeln Sie die Beispielsätze aus G1 dergestalt, daß عندما oder حينما diesmal vor dem in der linken Spalte aufgeführten Satz steht!

وصلنا إلى المحطة عندما/حينما تحرّك القطار.

Beachten Sie, daß عندما/حينما nur bei einem Teil der Satzpaare austauschbar sind!

G4 Ersetzen Sie in den folgenden Teilsätzen die Konstruktion Konjunktion + Verb durch die entsprechende Präposition + Infinitiv!

بعد أن انتهى العمل   >   بعد انتهاء العمل
بعد أن غادر البلد
بعد أن زار المتحف
بعد أن ذهبوا إلى المرفأ
بعد أن وصل إلى هناك
قبل أن يشرح المعالم
قبل أن يكتب الرسالة

قبل أن يقدّم الهدية

قبل أن ينجز مهماته

قبل أن تُغلق المدارس

قبل أن نحصل على النقود

قبل أن يناقشوا المشروع

منذ أن انتهى المؤتمر

منذ أن ألغيت الزيارة

منذ أن تغيّر البرنامج

حتى وصل القطار

حتى عاد الوفد

حتى استقبل الضيوف

G5 Wandeln Sie die Präpositionalgruppen in den folgenden Sätzen in Temporalsätze bzw. umgekehrt die Temporalsätze in Präpositional-gruppen um!

سألت أبي قبل كتابة الرسالة.   <   سألت أبي قبل أن أكتب الرسالة.

ذهبت إليه بعد أن أنجزت العمل.   <   ذهبت إليه بعد إنجاز العمل.

بعد أن زرنا الأصدقاء رجعنا إلى البيت

قرأت العنوان قبل أن أدخل الغرفة

بعد إنجاز العمل شربت كأساً من البيرة

بعد أن زاروا حمص وحماه وحلب وصلوا إلى اللاذقية

لا أزال أشتغل مترجماً منذ أن تخرجت من الجامعة

لم أترك البيت حتى انتهيت من العمل

يريد الوفد مشاهدة بعض المعالم قبل مغادرة البلد

منذ أن بدأت الدراسة قرأت كتباً كثيرة

قبل الذهاب إليه سأشتري بعض الهدايا

قبل إغلاق الأبواب سأبيع ما عندي من كتب

بعد أن ناقشوا المشروع شربوا البيرة

منذ إجراء الإصلاح تمكّنوا من تحقيق أهداف كثيرة

لم ينم حتى إنجاز العمل

395

فكّروا في الاستيراد قبل أن يصدّروا اللحوم

أطلعهم على برنامجه قبل اقتراح الوزراء الجدد

K

K1 Schreiben Sie einen Bewerbungsbrief an eine arabische Universität für eine Stelle als Lektor im Deutsch-Lektorat und fügen Sie einen tabellarischen Lebenslauf bei! Der Lektor bespricht die von ihm korrigierten Fassungen unter Berücksichtigung der Besonderheiten des Briefstils (Datum, Eröffnungsformeln, Abschlußformeln, Wünsche etc.).
K2 Bereiten Sie in Anlehnung an Text 2 ein Gespräch zum gleichen Thema vor.

Komplexübung:
1. Übersetzen Sie ins Arabische!
Als ich diesen Brief schrieb, kam meine Mutter herein. Bevor ich 2 Monate in Syrien arbeite, werde ich 3 Monate in Saudiarabien studieren. Er arbeitet immer noch als Ingenieur, seit er die technische Universität absolviert hat. Bevor sie zum Arzt ging, versuchte sie, sich mit ihrem Freund in Verbindung zu setzen. Solange wir hier sind, können wir alle Aufgaben erledigen. Sie bestellte ein Zimmer, während Peter mit dem Kellner über den Preis diskutierte. Sooft wir in das Institut gingen, war der Direktor im Restaurant. Sie liefen in die Stadt, wo sie den Autoverkäufer trafen. Sie finanzierten das Projekt, um der Regierung zu helfen. Er kam nicht, weil er kein Auto hatte. Alle fuhren in das Stadtzentrum, obwohl das Wetter sehr heiß war. Er arbeitete Tag und Nacht, aber er schaffte die Arbeit nicht. Sie kaufte viele Sachen, jedoch wußte sie nicht, wann sie sie bezahlen kann. Ich werde alles verkaufen, sobald ich nach Frankreich zurückkehre.
2. Ersetzen Sie in den folgenden Teilsätzen die Konstruktion Konjunktion + Verb durch die entsprechende Präposition + Infinitiv!

قبل أن نحصل على النقود / قبل أن يناقشوا المشروع / منذ أن انتهى المؤتمر /
منذ أن ألغيت الزيارة / منذ أن تغيّر البرنامج / حتى وصل القطار / حتى عـاد
الوفد / بعد أن غادر البلد / بعد أن زار المتحف / بعد أن ذهبوا إلى المرفأ / بعد
أن وصل إلى هناك / قبل أن يشـرح المعـالم / قبل أن يكتـب الرسـالة / قبـل أن
يقدّم الهدية / قبل أن ينجز مهماته / قبل أن تُغلق المدارس

3. Übersetzen Sie folgenden Brief ins Arabische!

Berlin, den 12.12.1994

Lieber Aḥmad!

Entschuldige, daß ich seit langer Zeit nicht an Dich geschrieben habe, aber die Prüfungen haben begonnen, und ich mußte viel arbeiten. Meine Magisterarbeit habe ich auch begonnen. Ich schreibe über die ökonomische Entwicklung und ihre Beziehung zur sozialen Entwicklung in Syrien. Bis jetzt habe ich schon viele Quellen mit Details über Ex- und Import, über den Ölsektor, Binnen- und Außenhandel, Tourismus, Kultur und Bildung gesammelt. Bevor ich die Magisterarbeit einreichen kann, muß ich für 2 Monate nach Syrien fahren, um weiteres Material zu sammeln. Ich werde an der Universität Damaskus sowie in Homs, Hama und Aleppo arbeiten und - so Gott will - auch nach Latakiya fahren, um ein paar Tage im Mittelmeer zu baden. Das kann ich aber meinem Professor nicht sagen.

Ich hoffe, ich sehe Dich bald. Grüße bitte Muḥammad von mir! Ich wünsche Dir viel Erfolg beim Studium und den Prüfungen.

Dein Freund

Peter

Lektion 24 الدرس الرابع والعشرون

1. Die Verben R₂ = R₃

Bei den Verben $R_2 = R_3$ sind 2. und 3. Radikal identisch.

Beispiel: $R_1 = $ م , $R_2 = $ ر , $R_3 = $ ر $<$ مَرَّ "er ist vorübergegangen"
Die Besonderheit dieser Verben gegenüber dem gesunden dreiradikaligen Verb liegt darin, daß bei einem Teil ihrer Formen R_2 und R_3 kontrahiert werden, bei einem anderen Teil nicht.
Als Regel gilt, daß R_2 und R_3 kontrahiert werden, wenn in der nach dem Muster der gesunden Verben gebildeten Form auf R_3 ein Vokal folgt:

فَعَلَ	=	مَرَّ
فَعَلَتْ	=	مَرَّتْ
فَعَلُوا	=	مَرُّوا
يَفْعَلُ	=	يَمُرُّ
يَفْعَلُونَ	=	يَمُرُّونَ

u. a.
R_2 und R_3 werden nicht kontrahiert, wenn in der nach dem Muster der gesunden Verben gebildeten Form R_3 vokallos ist:

فَعَلْتُ	=	مَرَرْتُ
فَعَلْنَا	=	مَرَرْنَا
يَفْعَلْنَ	=	يَمْرُرْنَ

u. a.
oder wenn zwischen R_2 und R_3 ein langer Vokal steht:

مَفْعُول	=	مَمْرُور
فُعُول	=	مُرُور

u. a.
Der Imperfektvokal kann wie bei den gesunden Verben *a*, *i* oder *u* sein; der bei den nicht kontrahierten Perfektformen auf R_2 folgende Vokal ist fast immer *a*.

Das Aktivpartizip lautet: مَارٌّ

Das Passivpartizip lautet: مَمْرُورٌ

Eine Übersicht über sämtliche Aktiv- und Passivformen einschließlich Apokopat und Imperativ gibt Tafel 27 im Anhang.

Abgeleitete Stämme:
Stamm II und V bilden alle Formen nach dem Muster der gesunden
Verben:

مَرَّرَ	=	فَعَّلَ
يُمَرِّرُ	=	يُفَعِّلُ
مُمَرِّر	=	مُفَعِّل
تَمْرِير	=	تَفْعِيل
تَمَرَّرَ	=	تَفَعَّلَ
يتمرَّرُ	=	يَتَفَعَّلُ

u. a.

Bei den anderen Stämmen sind in der Zitierform R$_2$ und R$_3$ kontrahiert.
Die einzelnen Konjugationsformen folgen den angegebenen Regeln.
(Anhang: Tafeln 27 u. 28)

A1 Der lateinische Terminus dieser Verben ist "Verba mediae geminatae".
In den meisten Dialekten werden diese Verben in der Perfektform analog zu den Verben
R$_3$ = ى wie مشى konjugiert, also

مَرَّيْتْ	حَبَّيْتْ	(أنا)
مَرَّيْتْ	حَبَّيْتْ	(أنتَ)
مَرَّيْتِ	حَبَّيْتِ	(أنتِ)
مَرَّيْنا	حَبَّيْنا	(نحن)
مَرَّيْتو / مَرَّيْتُم	حَبِّيتُو/حَبَّيْتُم	(أنتم)

aber

مَرَّ	حبَّ	(هو)
مَرَّتْ	حبَّتْ	(هي)
مَرُّوا	حبُّوا	(هم)

2. Die Verben mit *Hamza*

In den bisherigen Lektionen kamen schon mehrfach Verben mit *Hamza* vor: قَرَأَ، سَأَلَ، أَخَذَ u. a.

Wir haben sie dabei - ohne Hinweis auf ihre Zugehörigkeit zu einer bestimmten Verbgruppe - wie die gesunden Verben gebraucht, da ihre Besonderheiten fast ausschließlich orthographischer Natur sind. Die lautlichen Besonderheiten gegenüber dem gesunden Verb erschöpfen sich in einigen wenigen Formen bei den Verben, bei denen *Hamza* 1. Radikal ist. Für sie ist das - freilich nicht durchgängig geltende - Lautgesetz verantwortlich, nach dem *'a' > 'ā, 'i' > 'ī* und *'u' > 'ū* wird.

I. Stamm

أَخَذَ	=	فَعَلَ
يَأْخُذُ	=	يَفْعَلُ
(أَأْخُذُ <) آخُذُ	=	أَفْعَلُ
(أَأخِذٌ <) آخِذٌ	=	فَاعِلٌ
خُذْ	=	إِفْعَلْ

Auch die beiden Imperative كُلْ "Iß!" und مُرْ "Befiehl!" von den Verben أَكَلَ "essen" und أَمَرَ "befehlen" haben die gleiche Form wie خُذْ; sonst erfolgt die Bildung des Imperativs unter Einbeziehung von R₁, also: أُومُلْ < أُؤْمُلْ "Hoffe!" vom Verb أَمِل "hoffen".

III. Stamm

(أَاخَذَ <) آخَذَ	=	فَاعَلَ

IV. Stamm

(أَأْخَذَ <) آخَذَ	=	أَفْعَلَ
(أُؤْخِذَ <) أُوخِذَ	=	أُفْعِلَ
(أُؤْخِذُ <) أُوخِذُ	=	أُفْعِلُ
(إِئْخَاذ <) إِيخَاذ	=	إِفْعَال

VIII. Stamm

$$\text{إِتَّخَذَ} \quad = \quad \text{إِفْتَعَلَ}$$

Es erfolgt keine Assimilation von R_1 an das t-Infix bei den anderen Verben R_1 = *Hamza*, aber auch keine Vokallängung:

إِتْتَلَفَ   (statt   إِيتَلَفَ)

إِتْتِلاف   (statt   إِيتِلاف)

A2 Der lateinische Terminus dieser Verben ist "Verba (primae, mediae, tertiae) hamzatae".

Die orthographischen Besonderheiten werden im folgenden Abschnitt 3 behandelt. (Anhang: Tafeln 29 bis 34)

3. Die *Hamza*-Schreibung

Bei der *Hamza*-Schreibung geht es darum, festzulegen ob ا ، و oder ى Trägerbuchstabe ist oder ob *Hamza* allein steht. Welche Schreibung gewählt werden muß, hängt davon ab, welcher Vokal *Hamza* vorangeht oder ihm folgt. Das formale Ordnungsprinzip für die folgenden Regeln unterscheidet zwischen Anfangs-, Mittel- und Endstellung des *Hamza* im Wort.

3.1. *Hamza* in Anfangsstellung
Hamza-Träger ist stets Alif:

nehmen	أَخَذَ
Mutter	أُمّ
Produktion	إِنْتَاج
Delegierung	إِيْفَاد

Dies gilt auch, wenn vor das Wort eine mit diesem zusammengeschriebene Präposition tritt:

| für meine Mutter | لأُمِّي |
| mit der Produktion der Autos | بِإِنْتَاجِ السَّيَّارات |

401

3.2. *Hamza* in Mittelstellung

3.2.1. Wenn *Hamza* vokallos ist, wird der *Hamza*-Träger durch den unmittelbar vorangehenden Vokal bestimmt, also *Alif* bei *a/ā*, *Wāw* bei *u/ū* und *Yā'* (ohne diakritische Punkte) bei *i/ī*:

Meinung رَأْي

Brunnen بِئْر

(Infinitiv von رَأى) رُؤْيَة

3.2.2. Wenn auf *Hamza* ein Vokal folgt, der unmittelbar vor *Hamza* stehende Konsonant jedoch vokallos ist, wird der Träger des *Hamza* durch den Vokal bestimmt, der auf *Hamza* folgt:

er fragt يَسْأَل

Fragen ج أَسْئِلَة

verantwortlich مَسْؤُول

Ausnahme: Ist der vokallose Konsonant vor *Hamza* ein *Yā'*, so ist der Trägerbuchstabe ebenfalls *Yā'*: هَيْئَة "Gestalt; Gremium".

3.2.3. Wenn *Hamza* sowohl ein Vokal vorangeht als auch ein Vokal folgt, so ist
Alif Träger des *Hamza*, wenn beide Vokale *a* sind,
Wāw Träger des *Hamza*, wenn einer der beiden Vokale *u* ist und
Yā' Träger des *Hamza*, wenn einer der beiden Vokale *i* ist.
Treffen *u* und *i* aufeinander, so ist *Yā'* Hamza-Träger:

er hat gefragt سَأَل

Präsidenten ج رُؤَساءُ

Frage سُؤَال

Hundert مِئَة

Präsident رَئِيس

er wurde gefragt سُئِلَ

402

Bei der Vokalfolge -*ā a*, -*ā ā* oder -*ū a* steht *Hamza* allein auf der Zeile:

(Infinitiv von أَقرَ) قِرَاءَة

Experten, Leistungsträger ج كَفَاءَات

Männlichkeit مُرُوءَة

3.3. *Hamza* in Endstellung
3.3.1. Wenn *Hamza* ein kurzer Vokal vorangeht, so bestimmt dieser den Trägerbuchstaben:

er hat gelesen قَرَأَ

er liest يَقْرَأُ

es wurde gelesen قُرِئَ

männlich sein مَرُؤَ

3.3.2. Wenn *Hamza* ein langer Vokal oder vokalloser Konsonant vorangeht, so steht *Hamza* allein, ohne Träger:

Freunde أَصْدِقَاءُ

gelesen مَقْرُوءٌ

(Infinitiv von جاء) مَجِيءٌ

man أَلْمَرْءُ

3.4. Für die Schreibung des indeterminierten Akkusativs bei Nomina mit *Hamza* in Endstellung gilt folgendes:

Das *Alif* des indeterminierten Akkusativs entfällt, wenn der Träger des *Hamza* ein *Alif* ist oder wenn dieses allein, ohne Träger, nach *Alif* (= langes *ā*) steht (إِبْتِدَاءً، مُبْتَدَأً).

Das *Alif* des indeterminierten Akkusativs wird gesetzt, wenn *Hamza* (außer nach langem *ā*) allein, ohne Träger, steht (جُزْءاً).

Es hat *Yā'* als Träger, wenn ein ي vorausgeht (شَيْئاً).

403

3.5. Ein *Hamza* in Endstellung kann durch ein Suffix zu einem *Hamza* in Mittelstellung werden. In diesem Fall gelten die in 3.2. gegebenen Regeln:

Freunde	أَصْدِقَاءُ
deine Freunde	أَصْدِقَاؤُكَ
mit deinen Freunden	مَعَ أَصْدِقَائِكَ
er liest	يَقْرَأُ
sie lesen	يَقْرَؤُونَ
du (f.) liest	تَقْرَئِينَ

3.6. *Hamza* mit folgendem langen *ā* wird als *Madda* (~) geschrieben:

August	آب
Minarette	مَآذِنُ

Diese Regel gilt nicht, wenn auch ein langes *ā* vorangeht:

Experten, Leistungsträger	كَفَاءَات

Die Regeln über die Schreibung des *Hamza* brauchen Sie nicht auswendig lernen. Schlagen Sie im Bedarfsfall hier nach oder informieren sie sich an Hand der Tafeln 29-34 im Anhang (Verben mit *Hamza* = R_1, R_2 oder R_3).

4.   Kausalsätze
4.1. Kausalsätze sind uns in den vergangenen Lektionen schon verschiedentlich begegnet.
Zur Einleitung dieser Sätze mit "da, weil, denn, insofern, als" werden im Arabischen folgende Konjunktionen verwendet:

لِأَنَّ / لِأَنَّهُ	لَمْ يَكْتُبْ لِأَنَّهُ كَانَ مَرِيضاً.
	Er hat nicht geschrieben, weil er krank war.
إِذْ / إِذْ أَنَّ، أَنَّهُ	لَا يَكْتُبُ إِذْ أَنَّهُ يَنَامُ فِي الدَّرْسِ.
	Er schreibt nicht, weil er im Unterricht schläft.
حَيْثُ/حَيْثُ أَنَّ،أَنَّهُ	لَا يَكْتُبُ حَيْثُ (أَنَّهُ) يَنَامُ فِي الدَّرْسِ.
	Er schreibt nicht, weil er im Unterricht schläft.
لَمَّا	لَمَّا كَانَتِ الْحُكُومَةُ جَدِيدَةً فَقَدْ أَعْلَنَتْ بَرْنَامَجَهَا.
	Da die Regierung neu war, verkündete sie ihr Programm.
بِمَا أَنَّ، أَنَّهُ	بِمَا أَنَّهُ كَانَ يَدْرُسُ فِي مِصْرَ فَقَدْ تَكَلَّمَ اللَّهْجَةَ الْمِصْرِيَّةَ.
	Da er in Ägypten studiert hatte, sprach er ägyptischen Dialekt.
ذَلِكَ أَنَّ، أَنَّهُ	هَذِهِ الْخُطَّةُ جَيِّدَةٌ ذَلِكَ أَنَّهَا تَفْتَحُ آفَاقاً جَدِيدَةً.
	Dieser Plan ist gut, denn er eröffnet neue Perspektiven.

4.2. Kausalsätze können aber auch mit der Partikel فَ (فاء التعليلية = erklärendes *Fāʾ*) mit der Bedeutung "da, denn, und da, und so, daher" eingeleitet werden. Es wird etwa so häufig wie لِأَنَّ gebraucht und steht im Arabischen im Nachsatz, der hier oft auch als neuer selbständiger Satz mit فَ begonnen wird.

Er kam nicht zum Unterricht, und so scheiterte er in der Prüfung.	لَمْ يَحْضُرِ الدُّرُوسَ فَفَشِلَ فِي الإِمْتِحَانِ.
Die Regierung kann die Probleme nicht lösen, da sie ihre Ursachen nicht kennt.	لَا تَسْتَطِيعُ الْحُكُومَةُ حَلَّ الْمَشَاكِلِ، فَهِيَ لَا تَعْرِفُ أَسْبَابَهَا.
Er verspätete sich um zwei Stunden, und so bekam er die Genehmigung nicht.	تَأَخَّرَ بِسَاعَتَيْنِ فَلَمْ يَحْصُلْ عَلَى الرُّخْصَةِ.

V

letzter	آخِر ج ون، ات، أواخِرُ	führen, leiten (j-n. zu), zeigen (j-m. etw)	دلَّ (يدُلُّ) ه على
Gerät, Instrument	أداة ج أدوات	damals, zu jener Zeit	آنذاك = إذ ذاك
Minarett	مأذَنة ج مآذِنُ	Ruhe, Erholung	راحة ج ـات
Iran	إيْران	Nimm dir Zeit!	خُذْ راحتَك!
Babylon	بـابِل	erzählen, überliefern j-m. etw. (nach)	روَى (يروي) ل ه (عن)
Anzug	بدْلة ج ـات	landwirtschaftlich	زراعِيّ
flach	مُنبسِط	semitisch, Semit	سامِيّ ج ـون
Basra	البصْرة	VII übereinstim- men, harmonieren ́mit	انِسجم (ينـسجمُ) مع
alt, abgenutzt	بـال	Ebene	سهْل ج سُهُول
die Umayyaden	بنـوُ أُميَّة	sumerisch	سُومِريّ
die Abbasiden	بنو العبّاس	Herrschaft (über)	سَيْطرة (على)
Hose	بنْطلُون ج ـات	binden (etw. an)	شدَّ (يشُدُّ) هـ إلى
Türkei	تُرْكِيا	wollen, wünschen	شاء (يشاءُ) أنْ
(an)probieren etw.	II جرَّب (يُجرِّبُ) هـ	so Gott will/ was (soviel, solange) Gott will	ما شاء ا لله
Strümpfe	جُراب ج جوارِبُ، ـات	Morphologie, Flexion (gramm.)	صرْف
die arabische Halbinsel	الجزيرة العربية	Reste, Ruinen, Spuren	طلل ج أطْلال
Schönheit	جمَال	Taurus-Gebirge	طوروس
die hängenden Gärten	ج الجنائِنُ المُعلَّقة	fortfahren, etw. ständig o. weiter tun (+Imperf. o. Part.)	ظلَّ (يظَلُّ)
unbekannt	مجْهُول	Wunder	عجيبة ج عجائِبُ
begrenzen etw.	حدَّ (يحُدُّ) هـ	die sieben Welt- wunder	عجَائِبُ الدُنيا السبع
befreien	II حرَّر (يُحرِّرُ) ه، هـ	Paste, Creme	معْجُون ج معاجينُ
Rasur	حِلاقة	zählen; Pass.: gelten (ه als), zählen (من zu)	عدَّ (يعُدُّ) ه، ه من
Kalifat	خِلافة		
Höhlung (der Fuß- sohle)	أخْمصُ القدم ج أخَامِصُ		
Tigris	دِجْلة		

modern, zeitgenössisch	مُعاصِر	Größe, Maß	قِياس ج ـات، أقْيِسة
aufeinander folgen VI	تعاقب (يتعاقبُ)	sich verbergen,	كمِن/كمَن (يكْمَنُ/
überfallen etw.	غزا (يغْزُو) هـ	auflauern j-m.	يكْمُنُ) في، ل
reich (an)	غـنيّ ج أغْنِياءُ (ب)	Kufa	الكُوفة
Wald	غابة ج ـات	sich erstrecken VIII	امْتدَّ (يمْتدُّ) إلى
hier: erobern etw.	فتح هـ	bis, nach	
hell	فاتِح	Rohr, Röhre	أُنْبُوب(ة) ج أنابِيبُ
Rechnung	فاتُورة ج فواتِيرُ	Grammatik	النحْو
Euphrat	الفُرات	Grammatiker	نحْوِيّ ج ـون
Bürste, Pinsel	فُرْشة ج فُرش	Dattelpalmen *(coll.)*	نخِيل
scheitern (bei)	فشِل (يفْشَلُ) (في)	entstehen etw.	نشأ (ينْشأُ) هـ
Kuppel	قُبَّة ج قِباب، قُبب	Gerechtigkeit	إنْصاف
entscheiden; be- II	قرَّر (يُقرِّرُ) هـ	Fluß	نهْر ج أنْهار
richten; feststellen etw.		Mesopotamien	بِلاد ما بين النهرين
seßhaft werden, X	اسْتقرَّ (يسْتقِرُّ)	gewaltig, phantastisch	هائِل
zur Ruhe kommen		Gesicht, Aspekt	وجه ج وُجُوه
hier: Kabine	مقْصُورة ج ات	Rasiermes-, أمْواسٍ	مُوسىَ ج مواسٍ،
Schloß, Palast	قصْر ج قُصُور	ser, -klinge, Rasierer	
Land, Region	قُطْر ج أقْطار	*(Präp.)* hinter, jenseits	وراءَ
Baumwolle	قُطْن ج أقْطان	Beschreibung	وصْف ج أوصاف
von Kopf bis Fuß	مِنْ قمة الرأس إلى	verstorben, tot	مُتوفىَ
	أخْمَصِ القدميْن		
Hemd	قمِيص ج قُمْصان		

Text 1

بلاد ما بين النهرين

يمتدّ سهل منبسط بين نهري دجلة والفرات من جبال طوروس في الشـمال إلى الخليج في الجنوب. وتغطّي هذه المنطقة التي تحدّها في الشرق إيران وفي الغرب سوريا أطلال المدن البابليـة والسومرية والأشّورية والمآذن والقِباب وغابـات النخيل وشبكة هائلة من أبراج البترول ومن خطوط أنابيب البترول.

407

إنّ هذه الصورة المعاصرة يكمن وراءها كـل تاريخ العـراق. فقد نشأت أوّل دولة في بلاد ما بين النهرين قبل الميلاد بآلاف السنين. وتُعدّ مدينة بابل بجنائنها المعلّقة التي تعتبر من عجائب الدنيا السبع من أقدم المدن في العـالم. ثم تعاقبت موجات الهجرة السامية القادمة من الجزيرة العربية إلى العراق، وفي مطلع القرـن السابع فُتحَ العراق وشُدّ إلى العالم الإسلامي وظلّ يحمل الوجه العربي الإسلامي حتى اليوم.

وفي سنة ١٤٥هـ/٧٦٠م بدأ بناء مدينة بغداد في عصـر الخليفة المنصور (٧٥٤ – ٧٧٥م) وأصبحت عاصمة الخلافة العبّاسية (٧٥٠/١٢٥٨م) التي أعقبت خلافة بني أميـة (٦٦١ – ٧٥٠م) والـتي انتهت سيطرتها مـع الغزو المغولي. ويروى أنّ عدد سكان بغداد تجاوز في تلك الأيام ٣٠٠،٠٠٠ نسمة ونقرأ عـن بغداد وجمالها وقصورها إلى اليوم في قصص ألف ليلة وليلة وأيضاً عـن الخليفـة المشهور هارون الرشيد (٧٨٦ - ٨٠٩ م).

وأصبحت الكوفة والبصرة بمدرستيهما في النحو العربي وبمجالس علمائهمـا مركزين هامّين في العالم الإسلامي آنذاك لدراسة اللغـة العربيـة وآدابها وأيضاً للدراسات الإسلامية. وجمع ابن الأنباري المتوفّى ٥٧٧ /١١٨١ م في ﴿كتـاب الإنصاف في مسائل الخلاف بين النحويين البصريين والكوفيين﴾ تفاصيل المناقشات والخلافات بين المدرستين في مسائل النحو والصرف.

Text 2

في محل بيع الملابس

أحمد: مساء الخير.

البائعة: مساء النور ، أية خدمة؟

أحمد: أحتاج إلى ملابس صيفية من قمة الرأس إلى أخمص القدمين.

البائعة: ملابس داخلية أم خارجية؟

أحمد: أنا أحتاج إلى كل شيء لأن حقائبي التي فيها كـل شيء مـا زالـت في طريقها إلى هنا وشركة الطيران أرسلتها خطأً إلى مكـان مجهول حتّى الآن، والله أعلم.

البائعة: أنا آسفة. وقد عـانيت مـن هـذه المشكلة قبـل سنة عندمـا كنت في الإجازة في سويسرا وحقائبي وصلت في آخر يوم من الإجـازة ولكن

الشركة كـانت لطيفـة معي وأعطتـني ٥٠٠ دولار لشـراء الحاجيـات اللازمة.

أحمد: قالوا لي إنهـم سيدفعون لي ٢٠ دولاراً مقابـل كـل كيلو مــن وزن الحقائب وهذا أكـثر بكثـير مـن قيمـة الحقائب وما فيها و لم أكتب عنواني عليها و لم أقدِّم لهم وصفاً حقيقياً للحقائب والأمـل كبـير أنّهـم لا يجدونها. متى دفعوا لك الفلوس؟

البائعة: دفعوا لي الفلوس بعد أسبوعين وهـذه المعاملـة كانت مشكلة كبيرة بالنسبة لي لأني كنت هناك في الشتاء وكل ملابسي الشتوية كانت في الحقائب ولذلك كان يجب عليّ أن أبقى في الفندق بانتظار الحقائب.

أحمد: عندي نفس المشكلة ولكن بفارق بسيط: حقائبي قديمة وبالية وفيها فقط بعض الكتب والجرائـد والهدايـا البسيطة والآن أشتري كـل مـا أحتاج إليه على حساب شركة الطيران.

البائعة: مبروك! ماذا تحبّ أن تشتري؟

أحمد: أحتـاج إلى الملابس والأشياء اللازمـة للحلاقـة مثل موسى وكريـم الحلاقة وفرشة ومعجون الأسنان إلى آخره.

البائعة: كل هذه الحاجيات موجودة عندنا. نبدأ بالملابس. كم هو قياسك؟

أحمد: قياسي ٥٢ وأحب ألواناً فاتحة وأريد أنْ تكون الملابس من القطن.

البائعة: هذا ضروري طبعاً في الطقس الحار وكل شيء موجود. شـوف هناك في الزاوية وخذ راحتك واختر مـا يعجبـك! ويمكنـك أن تجـرب كـل شيء في المقصورة.

أحمد: سآخذ كل هذه الحاجيات وأحتاج إلى فاتورة.

البائعة: لنسجّل أولاً الأسعار: البنطلـون ب ٦٧ ديناراً والحـذاء ب ٥٦ والقميصان ب ٥٢ والملابـس الداخليـة ب ١٢ والجـوارب ب ١١ والموسى وأدوات الحلاقـة ب ٢٠ ، السـعر الإجمـالي ٢١٨ ديناراً. تفضـل معي إلى أمين الصندوق.

أحمد: شكراً ، مع السلامة.

البائعة: شكراً وإن شاء الله أشوفك مرة أخرى. مع السلامة.

409

Übungen

L

L1 Übersetzen Sie die folgenden Sätze und Teilsätze!
(Schriftl. Hausaufgabe)
Meine Meinung steht fest.
Stehen ihre Meinungen fest?
Was hat man beschlossen?
Liebst du sie?
Wir lieben euch.
Ich liebe euch doch alle!
Warum liebst du mich nicht?
Warum lieben sie mich nicht?
Ich liebe jenes Land.
Freut dich das?
Das freut uns sehr.
Wie weit (= bis wohin) erstreckt sich dieses Gebiet?
Hast du ihm dieses Geschäft gezeigt?
Die Studenten gelten als fleißig (als fleißige Studenten).
Dieses Land gilt als reich an Erdöl.
Ich liebe euch alle.

L2 Geben Sie unter Verwendung der Verbform يَحُدّ / تَحُدّ an, welche Länder, Gebiete, Meere usw. die Grenzen des Libanon, Syriens und des Irak bilden!

L3 Geben Sie unter Verwendung der Verbform تُعَدّ / يُعَدّ ("gilt als") an, ob die Ihnen unter ihrer arabischen Bezeichnung bekannten Länder als Industriestaat oder Agrarland bekannt sind!

L4 Bilden Sie selbständig Sätze, in denen Sie unter Verwendung der Verbform كنت أُحِبّ / أَحَبّ / أَحْبَبْتُ Personen oder Dinge angeben, die Sie gern haben bzw. gern hatten!

L5 Der Lektor erklärt die Konstruktion أُحِبّ أَنْ (أَقُولَ) "ich möchte (sagen)" und läßt sie an Hand der folgenden Beispielsätze üben, wobei die Sätze in die jeweils andere Zeitform umzuwandeln sind.

أَحْبَبْتُ أَنْ أُسافِر إلى باريس. ‹ أَحِبّ أَنْ أَقول إنّني أُسافِر إلى باريس.

أحبّ أنْ أكتب رسائل.   >   أحببت أنْ أقول إنّني أكتب رسائل.

أحبّت أن تسافر.

أحبينا أن نكتب.

أحبّوا أن يدفعوا.

أحبّ أن أشرب القهوة.

تحبّ أن تقرأ الجرائد.

يحبّون أن يلبسوا ملابس جميلة.

أحبّ أن أتكلم عن هذا الموضوع.

أحبّكم كلّكم.

G

G1 Wiederholen Sie die Regeln zum Imperativ (L 8) und bilden Sie die Imperative (Sg.m. und f. und Pl.m.) folgender Verben:

كتب، مرّ، قرأ، أعطى، وضع، خرج، دخل، دلّ، قرّر، خاف، حرّر، ذهب، أكل، أخذ، أمل

G2 Wandeln Sie die Perfektform der folgenden Sätze und Teilsätze in die Imperfektform um!

امتدّت هذه المنطقة من الجبال إلى البحر.

هل شُدّ العراق إلى العالم الإسلامي؟

من دلّك على هذا المحل؟

هل استقرّ رأيك؟

ماذا قرّر الطلاب في اجتماعهم يوم الخميس؟

إنّها أحبّتني كثيراً.

سَرّنا ذلك.

سَرّتني معرفتُك.

G3 Ersetzen Sie die folgenden Relativsätze durch eine relativische Partizipkonstruktion!

المنطقة التي تمتدّ إلى الخليج العربي > المنطقة الممتدّة إلى الخليج العربي

في القطر الذي يمتدّ إلى البحر الأبيض المتوسط

الدوائر الاقتصادية التي سُرّت لهذا التطور

411

البلدان التي تحبّ السلام

السياسيون الذين يستقرّ رأيهم

المرفأ الذي قُرّر بناؤه

المشاكل التي تدلّ على الوضع السياسي في ذلك البلد

G4 (schriftliche Hausaufgabe zur *Hamza*-Schreibung) Übersetzen Sie:
Meine Freunde, deine Freunde, mit unseren Freunden, vom 1. August
an, die Fragen der verantwortlichen Minister. Diese Dinge sind
unbekannt. Er schlug etwas anderes (= eine andere Sache) vor. Es ist
üblich, daß man die Altertümer des Landes besichtigt.

K

K1 Bereiten Sie in Anlehnung an Text 2 ein Gespräch zwischen Käufer
und Verkäufer vor. Nutzen Sie dabei folgende Wendungen:

رخيص / غال، بكم / كم سعره/ كم السعر؟، أعطِني، أرنِي، هـذا ... لا

يُعْجِبُني، هل ممكن أن أجرّب ...؟، هل عندك ... آخر / أخرى؟

Erweitern Sie dazu selbständig mit dem Wörterbuch ihre Kenntnísse
über die Bezeichnungen von Kleidungsstücken! Der Lektor erläutert die
Bezeichnungen typischer arabischer Kleidungsstücke.

K2 Der Lektor stellt anhand einer Landkarte oder Tafelskizze Fragen zu
den geographischen Verhältnissen in der arabischen Welt (Gebirge,
Wüsten, Flüsse, Nachbarstaaten, Hauptstädte etc.).

K3 Der Lektor erläutert die gebräuchliche umgangssprachliche Perfektform von أُحِبَّ < حبّ > حبّيت > أَحْبَبْتُ (Siehe G1, A1, S. 399) und
erklärt ihren Gebrauch anhand einiger Beispielsätze.

Komplexübung:

1. Übersetzen Sie ins Arabische!
Dieses Land gilt als reich an Bodenschätzen. Hast du ihm dieses Haus
gezeigt? Bis wohin erstreckt sich dieses Gebiet? Es freut uns sehr, daß
wir euch morgen treffen werden. Seine Meinung steht fest. Die Minister
beschlossen, das Problem zu verschweigen. Liebst du sie? Warum lieben
sie die Sprachstunden nicht? Der Irak grenzt an Syrien, Iran, Kuweit,
Saudiarabien, Jordanien und die Türkei.

2. Bilden Sie die Imperative (Sg.m. und f. und Pl.m.) folgender Verben:

دلّ، قرّر، خاف، حرّر، ذهب، كتب، مرّ، قرأ، أعطى، وضع، خرج، دخل

3. Wandeln Sie die Perfektform in die Imperfektform um!

ماذا قرّر الطلاب في اجتماعهم يوم الخميس؟ إنّها أحبّتـني كثيراً. سَـرّنا ذلـك. سَرّتني معرفتُك. امتدّت هذه المنطقة من الجبال إلى البحر. هـل شُـدّ العـراق إلى العالم الإسلامي؟ من دلّك على هذا المحل؟ هل استقرّ رأيك؟

4. Ersetzen Sie die folgenden Relativsätze durch eine relativische Partizipkonstruktion!

السياسيون الذين يستقرّ رأيهم / المرفأ الذي قُرّر بناؤه / المشاكل التي تدلّ على الوضع السياسي في ذلك البلد / في القطر الذي يمتدّ إلى البحر الأبيض المتوسـط / الدوائر الاقتصادية التي سُرّت لهذا التطور / البلدان التي تحبّ السلام

5. Übersetzen Sie ins Arabische!
Ich sah deine Freunde. Er einigte sich mit meinen Freunden. Deine Freunde sind nach Paris gefahren. Wir gehen mit unseren Freunden ins Theater. Vom 1. September an werde ich jeden Tag arbeiten gehen. Die Fragen, die der verantwortliche Minister beantwortete, waren vorher eingereicht worden. Diese Dinge sind unbekannt. Er schlug etwas anderes (= eine andere Sache) vor. Bei diesen Reisen ist es üblich, daß man die Altertümer des Landes besichtigt.

6. Verneinen Sie folgende Sätze!

كان طالباً في كلّية الطبّ. هو محاضر. لون الحقائب أسود. الفارق بسيط. كـلّ شيء موجود. أنت نحوي. الطقس ممطر. أنت على حقّ.

7. Übersetzen Sie ins Arabische!
Wo sind die Koffer? Ich brauche Sommerkleidung von Kopf bis Fuß. Die Fluggesellschaft hat die Koffer an einen bislang unbekannten Ort geschickt. Ich habe unter dem gleichen Problem gelitten. Ich brauche 3 Hosen, Schuhe, Strümpfe, 5 Hemden, 2 Anzüge, Zahnbürste, Zahncreme, Rasierklingen, Rasiercreme. Die Sachen müssen aus Baumwolle sein. Nimm dir Zeit! Gefällt dir diese Hose? Probier sie in der Kabine! Gib mir die Rechnung! Das ist sehr billig. Ich muß noch andere Dinge kaufen.

413

1. Die Wortstruktur أَفْعَلُ

1.1. Adjektive der diptotischen Form أَفْعَلُ bezeichnen Farben und bestimmte körperliche oder andere einer Person eigentümliche Merkmale. Wir haben diese Wortgruppe bereits in Lektion 7 erwähnt und geben hier noch einmal eine Übersicht:

	Sg.m.	Sg.f.	Pl.m.
weiß	أَبْيَضُ	بَيْضَاءُ	بِيض
rot	أَحْمَرُ	حَمْرَاءُ	حُمْر
grün	أَخْضَرُ	خَضْرَاءُ	خُضْر
blau	أَزْرَقُ	زَرْقَاءُ	زُرْق
braun	أَسْمَرُ	سَمْرَاءُ	سُمْر
schwarz	أَسْوَدُ	سَوْدَاءُ	سُود
gelb	أَصْفَرُ	صَفْرَاءُ	صُفْر
blond	أَشْقَرُ	شَقْرَاءُ	شُقْر
stumm	أَخْرَسُ	خَرْسَاءُ	خُرْس
taub	أَطْرَشُ	طَرْشَاءُ	طُرْش
blind	أَعْمَى	عَمْيَاءُ	عُمْى
dumm	أَحْمَقُ	حَمْقَاءُ	حُمْق

A1 Der feminine Plural lautet auf *-āt* aus: بَيْضَاوات، حَمْراوات usw. - Verwendung des Plurals selbstverständlich nur bei Personen. Einige Beispiele: ٱلْبِيض "die Weißen", ٱلسُّود "die Schwarzen", ٱلْحُمْر "die Indianer", فتيات شَقْراوات "blonde Mädchen".

Für die Konstruktion gelten die bekannten Kongruenzregeln für die attributive Fügung bzw. den Nominalsatz mit adjektivischem Prädikat:

das Mittelmeer

ٱلْبَحْرُ الأَبْيَضُ الْمُتَوَسِّطُ

Casablanca (سوق und دار sind f.!)

ٱلدَّارُ الْبَيْضَاءُ

der schwarze Markt	أَلسُّوقُ السَّوْدَاءُ
das Auto ist blau	أَلسَّيَّارَةُ زَرْقَاءُ
seine Farbe ist blau, es ist blau	لَوْنُها أَزْرَقُ

1.2. Die Form أَفْعَلُ läßt sich von vielen arabischen Adjektiven und einzelnen Partizipien bilden. Mit ihr wird eine Steigerungsstufe ausgedrückt, die Elativ (إِسْمُ التَّفْضِيلِ) genannt wird.

A2 Unter "Elativ" versteht man eine Steigerungsstufe, die einen besonders hohen Grad der entsprechenden Eigenschaft ausdrückt. Im Deutschen kann man dazu solche Wörter wie "grundehrlich" und "bestens" zählen.

Der arabische Elativ wird gebraucht zum Ausdruck
eines (intensivierten) Positivs,
des Komparativs,
des Superlativs.

1.2.1. Der Elativ als (intensivierter) Positiv

Pl.		Sg..	
f.	m.	f.	m.
فُعَل، فُعْلَيَاتٌ	أَفاعِلُ، أَفْعَلُونَ	فُعْلَى	أَفْعَلُ

A3 Pluralformen kommen selten vor.

In attributiver Verwendung findet sich der Elativ als Positiv fast ausschließlich in feststehenden Termini. Es besteht wie bei jedem Adjektiv Kongruenz mit dem übergeordneten Substantiv.

Großbritannien	بريطانيا الْعُظْمَى
Kleinasien	آسِيَا الصُّغْرَى
die Großmächte	أَلدُّوَلُ الْكُبْرَى
von großer Bedeutung	ذُو أَهَمِّيَّةٍ كُبْرَى
der Nahe Osten	أَلشَّرْقُ الأَدْنَى
der Mittlere Osten	أَلشَّرْقُ الأَوْسَطُ

415

der Ferne Osten	أَلشَّرْقُ الأَقْصَى
Minimum (= unterste Grenze)	أَلْحَدُّ الأَدْنَى
Maximum (= oberste Grenze)	أَلْحَدُّ الأَقْصَى
das Mittelalter	أَلْعُصُورُ الْوُسْطَى

Die zuletzt aufgeführten Elative

nah	م دُنْيَا	أَدْنَى
fern	م قُصْوَى	أَقْصَى
Mittel-, mittlerer	م وُسْطَى	أَوْسَطُ
sowie		
linker	م يُسْرَى	أَيْسَرُ
rechter	م يُمْنَى	أَيْمَنُ
unterer	م سُفْلَى	أَسْفَلُ
oberer	م عُلْيَا	أَعْلَى

(alles richtungsbezogene Adjektive) und

anderer	م أُخْرَى	آخَرُ

haben keine bzw. eine selten oder in anderer Bedeutung gebrauchte Positivform. Hier liegt zwar formal der Elativ vor, doch drückt er keine Steigerungsstufe aus.

In prädikativer Verwendung selten:

Allah ist (sehr) groß.	أَللَّه أَكْبَرُ.
Allah ist allwissend, weiß es am besten.	أَللَّه أَعْلَمُ.

1.2.2. Der Elativ als Komparativ
Ausschließlich vorkommende Form: أَفْعَـلُ (auch in Verbindung mit
femininen oder im Plural stehenden Wörtern).
In attributiver Verwendung: det. oder indet. Substantiv + folgendes أَفْعَلُ:

eine geringere Anzahl

عَدَدٌ أَقَلُّ

die billigere Ware

أَلْبِضَاعَةُ الأَرْخَصُ

Die Präposition مِنْ "als" kann folgen:

بِضَاعَةٌ أَرْخَصُ مِنَ الْبِضَاعَةِ الَّتِي اِشْتَرَيْتُهَا

eine billigere Ware als die, die ich gekauft habe

In prädikativer Verwendung meist mit folgendem مِنْ "als":

Er ist größer als ich.

هو أَطْوَلُ مِنِّي.

Sie ist aktiver als du.

هي أَنْشَطُ مِنْكَ.

Sie sind stärker als wir.

هُمْ أَقْوَى مِنَّا.

Das مِنْ kann fehlen, wenn der Vergleich auf andere Weise ausgedrückt

wird:

Ich bin groß, er ist größer.

أَنا طَوِيلٌ وهو أَطْوَلُ.

A4 Die genitivische Konstruktion أَفْعَلُ + determinierter Dual (oder Plural) oder أَفْعَلُ +
Personalsuffix in komparativischer Bedeutung ist selten.

das ältere der beiden Kinder

أَكْبَرُ الوَلَدَيْنِ

das ältere von beiden

أَكْبَرُهُما

1.2.3. Der Elativ als Superlativ
Ausschließlich vorkommende Form: أَفْعَـلُ (auch in Verbindung mit
femininen oder im Plural stehenden Wörtern).
In genitivischer Verwendung zum Ausdruck einer attributiven Fügung:

a) أَفْعَلُ + indeterminiertes Substantiv im Singular

b) أَفْعَلُ + determiniertes Substantiv im Plural

c) أَفْعَلُ + Personalsuffix

a) der beste Student   أَحْسَنُ طَالِبٍ

b) der beste Student (= der beste der Studenten)   أَحْسَنُ الطُّلَّابِ
oder: die besten Studenten

c) der beste von ihnen   oder: die besten von ihnen   أَحْسَنُهُمْ

Aus dem Kontext wird im allgemeinen deutlich, ob es sich um einen Singular oder um einen Plural handelt, z.B.

Er ist der beste Student.   هُوَ أَحْسَنُ الطُّلَّابِ

Sie sind die besten Studenten.   هُمْ أَحْسَنُ الطُّلَّابِ

die aufrichtigsten Grüße   أَخْلَصُ التَّحِيَّاتِ

einer der stärksten Angriffe   حَمْلَةٌ مِنْ أَقْوَى الْحَمَلَاتِ

Der unter a) angeführten Konstruktion ähnelt die der Ordinalzahlen als Regens einer Genitivverbindung (vgl. Lektion 16, A 2):

zum ersten Mal   لِأَوَّلِ مَرَّةٍ

der zweit(größt)e Industriestaat   ثَانِى دَوْلَةٍ صِنَاعِيَّةٍ

So auch bei آخِر "letzt":

zum letzten Mal   لِآخِرِ مَرَّةٍ

In prädikativer Stellung zum Ausdruck eines absoluten Superlativs kommt der arabische Elativ nicht vor. Ein Satz wie "Diese Studenten sind am besten." wird durch

هُمْ أَحْسَنُ الطُّلَّابِ. (möglich auch هؤُلاءِ الطُّلَّابُ أَحْسَنُ مِنْ غَيْرِهِمْ.) ,

das Beispiel "sie spielen am besten" durch

يَلْعَبُونَ أَحْسَنَ مِنْ غَيْرِهِمْ oder يَلْعَبُونَ أَحْسَنَ مَا يَكُونُ

wiedergegeben.

1.3. Am häufigsten von diesen Elativkonstruktionen kommen vor:

أَفْعَلُ مِنْ = Komparativ

Er ist größer als ich.   هُوَ أَطْوَلُ مِنِّي .

أَفْعَلُ + indeterminierter Singular = Superlativ

der beste Student   أَحْسَنُ طَالِبٍ

أَفْعَلُ + determinierter Plural = Superlativ

der beste Student/ die besten Studenten

أَحْسَنُ الطُّلَّابِ

1.4. Zusammenstellung häufig vorkommender Elative

	Elativ Pl.		Elativ Sg.		Positiv
	f.	m.	f.	m.	
anderer	أُخْرَيَات	آخَرُونَ	أُخْرَى	آخَرُ	
erster		أَوَائِلُ	أُولَى	أَوَّلُ	
langsam				أَبْطَأُ	بَطِيء
entfernt				أَبْعَدُ	بَعِيد
neu				أَجَدُّ	جَدِيد
schön				أَجْمَلُ	جَمِيل
gut/bester				أَجْوَدُ	جَيِّد
modern				أَحْدَثُ	حَدِيث
gut/beste			حُسْنَى	أَحْسَنُ	حَسَن
leicht				أَخَفُّ	خَفِيف
aufrichtig				أَخْلَصُ	خَالِص
nah, näherer	دُنًى	أَدَانٍ	دُنْيَا	أَدْنَى	
billig				أَرْخَصُ	رَخِيص
schnell				أَسْرَعُ	سَرِيع
unterer		أَسَافِلُ	سُفْلَى	أَسْفَلُ	
leicht, einfach				أَسْهَلُ	سَهْل

schlecht				أَسْوَأُ	سَيِّىء
heftig				أَشَدُّ	شَدِيد
richtig, gesund				أَصَحُّ	صَحِيح
schwierig				أَصْعَبُ	صَعْب
klein; jung				أَصْغَرُ	صَغِير
lang, groß				أَطْوَلُ	طَوِيل
gut/bester				أَطْيَبُ	طَيِّب
groß(artig)		أَعَاظِمُ	عُظْمَى	أَعْظَمُ	عَظِيم
hoch; oberer		أَعَالٍ	عُلْيَا	أَعْلَى	عَالٍ
teuer				أَغْلَى	غَالٍ
reich				أَغْنَى	غَنِيّ
vortrefflich, bester				أَفْضَلُ	فَضِيل
ferner, äußerster		أَقَاصٍ	قُصْوَى	أَقْصَى	
alt				أَقْدَمُ	قَدِيم
nah				أَقْرَبُ	قَرِيب
kurz, klein (Wuchs)				أَقْصَرُ	قَصِير
klein, gering (Menge)				أَقَلُّ	قَلِيل
stark				أَقْوَى	قَوِيّ
groß, alt				أَكْبَرُ	كَبِير
viel, mehr				أَكْثَرُ	كَثِير

freundlich				أَلْطَفُ	لَطِيف
aktiv, tüchtig				أَنْشَطُ	نَشِيط
sauber				أَنْظَفُ	نَظِيف
wichtig				أَهَمُّ	هَامّ، مُهِمّ
mittlerer	وُسَط	أَوَاسِطُ	وُسْطَى	أَوْسَطُ	
ausgedehnt				أَوْسَعُ	وَاسِع

1.5. Einige phraseologische Wendungen:

mindestens	عَلَى الأَقَلِّ
höchstens	عَلَى الأَكْثَرِ، عَلَى أَكْثَرِ تَقْدِيرٍ
im höchsten Grade, höchst	إِلَى أَقْصَى حَدٍّ
weitestgehend	إِلَى أَبْعَدِ حَدٍّ
meistens	فِي أَغْلَبِ الأَحْيَانِ
o.a., weiter oben erwähnt	(مَذْكُورٌ) أَعْلَاهُ
unten	فِي الأَسْفَلِ
oben	فِي الأَعْلَى

1.6. Das Wort خَيْر "gut, besser, bester" hat, obwohl formal kein Elativ, Komparativ- bzw. Superlativbedeutung:

Vorbeugen ist besser als Heilen.	أَلْوِقَايَةُ خَيْرٌ مِنَ العِلاجِ.
Vorbeugen ist die beste Behandlung.	أَلْوِقاية خَيْرُ وَسِيلَةٍ لِلْعِلاجِ.

    (wörtl.: ist das beste Mittel der Behandlung).

2. *Tamyīz*-Akkusativ und Komparation

2.1. Als *Tamyīz*-Akkusativ bezeichnen wir den Akkusativ eines indeterminierten Nomens, der eine nähere Bestimmung, eine Spezifikation (=تَمْيِيز) ausdrückt.

Nach den Regeln der klassischen arabischen Sprache steht der *Tamyīz*-Akkusativ vor allem

bei Maßangaben,

A6 Beispiel: ذِرَاع جُوخًا "eine Elle Tuch". In dieser Funktion ist er - und so auch in der modernen arabischen Sprache üblich - durch die Präpositionalgruppe مِنْ + determiniertes Substantiv ersetzbar:ذِرَاع مِن الْجُوخِ .

nach den Zahlen 11-99 und zur Bezeichnung des Stoffes.

A7 Beispiel: خَاتِمٌ فِضَّةً "ein Ring aus Silber". Dafür heute besser:

خَاتِمٌ فِضَّةٍ, خَاتِمٌ فِضِّيّ oder خَاتِمٌ من الفِضَّةِ.

2.2. In der modernen Sprache zählen als *Tamyīz*-Akkusativ solche Konstruktionen, wie sie im Deutschen einer Präpositionalgruppe mit "an" entsprechen.

Keiner übertrifft ihn an Wissen und Fleiß. لا يَفُوقُهُ أَحد مَعرِفةً واجتِهاداً.

2.3. Hauptanwendungsgebiet des *Tamyīz*-Akkusativs ist die Komparation von Adjektiven, die keinen Elativ bilden. Es sind dies:

a) die Adjektive, die von Haus aus die Form أَفْعَلُ haben
b) die Partizipien (außer Aktivptzp., I.St.) und die Intensitätsform فَعَّال
c) die Nisbe-Adjektive
d) die Adjektive der Form فَعْـلانُ und فَعُـول sowie einige andere Adjektive.

In all diesen Fällen werden Komparativ und Superlativ durch den Elativ أَكْـثَـرُ "mehr" + Substantiv im indeterminierten Akkusativ gebildet. Für أَكْثَرُ kann manchmal أَشَدُّ eintreten.

Die Schwierigkeit für den Nichtaraber besteht darin, zu wissen, welches Substantiv zu verwenden ist. Bei den Partizipien tritt fast immer der entsprechende Infinitiv ein, bei den Nisbe-Adjektiven und den

Adjektiven der Struktur فِعَّال die feminine Nisbe. Gegebenenfalls muß man im Wörterbuch nachschlagen.

Die Determination erfolgt durch Vorsetzen des Artikels beim Elativ.

a) weiß   أَبْيَضُ

  weißer   أَكْثَرُ بَيَاضاً، أَشَدُّ بَيَاضاً

  das weißere / weißeste Papier   أَلْوَرَقُ الأَكْثَرُ بَيَاضاً

                أَلْوَرَقُ الأَشَدُّ بَيَاضاً

  das weißeste Papier   أَكْثَرُ الأَوْرَاقِ بَيَاضاً

                أَشَدُّ الأَوْرَاقِ بَيَاضاً

Bei Konstruktionen wie أَلْوَرَقُ الأَكْثَرُ بَيَاضاً , also bei nachgestellter determinierter Elativform, liegt meist ein Komparativ vor. In Zweifelsfällen muß anhand des Kontextes entschieden werden, ob eine superlativische Bedeutung gemeint ist.

A8 Bei أَبْيَض und أَسْوَد hat das zur Steigerung verwendete Substantiv die Form فَعَال (سَوَاد، بَيَاض), bei den übrigen Farbadjektiven die Form فُعْلَة (حُمْرَة، زُرْقَة) usw.

b) fleißig   مُجْتَهِد

  fleißiger   أَكْثَرُ اجْتِهَاداً

  die fleißigeren/fleißigsten Studenten   أَلطُّلَّابُ الأَكْثَرُ اجْتِهَاداً

  der/die fleißigste(n) Student(en)   أَكْثَرُ الطُّلَّابِ اجْتِهَاداً

  produktiv   مُنْتِج

  produktiver   أَكْثَرُ إِنْتَاجِيَّةً

  die produktiveren/produktivsten Geräte   أَلأَجْهِزَةُ الأَكْثَرُ إِنْتَاجِيَّةً

  das/die produktivste(n) Gerät(e)   أَكْثَرُ الأَجْهِزَةِ إِنْتَاجِيَّةً

c) populär شَعْبِيّ

populärer أَكْثَرُ شَعْبِيَّةً

die populäreren/populärsten Männer أَلرِّجَالُ الأَكْثَرُ شَعْبِيَّةً

der/die populärste(n) Mann/ Männer أَكْثَرُ الرِّجَالِ شَعْبِيَّةً

d) müde, ermüdet تَعْبَانُ

müder أَكْثَرُ تَعَباً، أَشَدُّ تَعَباً

der müdeste von uns أَكْثَرُنَا تَعَباً، أَشَدُّنَا تَعَباً

oder: die müdesten von uns

2.4. Bei der uneigentlichen Genitivverbindung benutzen wir zur Komparation den Elativ des Adjektivs und, wie bei den Beispielen a-d, den *Tamyīz*-Akkusativ des Substantivs:

(weit)verbreitet وَاسِعُ الاِنْتِشَارِ

(weit)verbreiteter أَوْسَعُ انْتِشَاراً

die weiter verbreiteten Waren/
die (weit)verbreitetsten Waren
أَلْبَضَائِعُ الأَوْسَعُ انْتِشَاراً

die (weit)verbreitetste(n) Ware(n) أَوْسَعُ الْبَضَائِعِ انْتِشَاراً

die (weit)verbreitetste(n) von ihnen أَوْسَعُهَا انْتِشَاراً

A9 Komplizierter ist es, wenn das 1. Glied der uneigentlichen Genitivverbindung keinen Elativ bildet, wie etwa bei صُلْبُ الرَّأْيِ "halsstarrig, hartnäckig". Sofern Komparativ und Superlativ überhaupt gebildet werden, müssen wir mit أَكْثَرُ + Substantiv + Präposition في konstruieren: أَكْثَرُ صَلَابَةً فِي الرَّأْيِ

2.5. Eine Form der Begriffsminderung drückt أَقَلُّ "weniger" aus.
Die Konstruktion ist wie bei أَكْثَرُ :

weniger fleißig أَقَلُّ اجْتِهَاداً

V

petrochemisch	بترو كيميائيّ	Botschaft	سِفارة ج ات
Faß, Barrel	بِرْمِيل ج بَراميلُ	Dünger, Düngemittel-	سَماد ج أَسْمِدة
schicken j-m. etw.	بعث (يَبْعَثُ) ل ب	Winterquartier	مشتى ج مشاتٍ
Plastik-	بلاستيكيّ	Derivat, Ablei- (مِن)	مُشْتقّ ج ـات
nach-, beweisen IV هـ	أَثْبَت (يُثْبِتُ)	tung (von); *(auch gramm.)*	
bestätigen etw.		Erdölprodukte	مشتقّات النفط
Protokoll	بْروتوكول	Reparatur	تَصْلِيح ج ـات
weinen	بكَى (يبْكِي)	durchschnittlich *(Adv.)*	بمُعدَّل
Nutzen, Rentabilität	جَدْوَى	Mineral	مَعْدِن ج معادِنُ
nutzlos, umsonst	بلا / بدون جدوى	riesig, Riese	عِمْـلاق ج عمالِقة
Moschee	جَامِع ج جوامِعُ	Trennung, Teilung	فرْق ج فُرُوق
Summe, Gesamtheit	مَجْمُوع	*Pl.* Unterschied, Differenz	
Komplex	مُجمَّع ج ـات	wirklich, in der Tat	فِعْلاً
geologisch	جِيُولُوجيّ	Phosphat	فُوسْفات
festlegen, II هـ	حدَّد (يُحَدِّدُ)	(ab-)schätzen etw. II هـ	قدَّر (يُقَدِّرُ)
definieren		Vorwort, Spitze	مُقدِّمة ج ـات
(An-)Teil	حِصّة ج حِصص	Konsul	قُنْصُل ج قناصِلُ
besetzen, ein- VIII هـ	اِحْتَلَّ (يُحْتَلُّ)	Schwefel, Zündhölzer	كِبْريت
nehmen etw.		nicht nur ...	لا ... فحسْب
fördern X	اِسْتَخْرَج (يستَخْرِجُ)	sondern auch	بل إنَّما أيضاً
etw. aus	هـ من	ohne	بِـلا
fruchtbar	خصيب	günstig (für), angepaßt (ل)	مُلائم
sich erinnern an V هـ	تذكَّر (يتذكَّرُ)	(an), übereinstimmend (mit)	
vielleicht	رُبَّما	auslegen; verlängern etw. هـ	مدَّ (يمُدُّ)
Rang, Platz	مرْتبة ج مراتِبُ	geschickt	ماهِر ج ون
Blei	رصاص	Produkte	ج مُنتجات
Zink	زنك	Kupfer	نُحاس
stehlen, سرق (يسرِقُ) مِن ه هـ		Messing	نُحاس أصفر
rauben von j-m. etw.			

425

schaffen, errichten etw.	IV أنْشَأ (يُنْشِئُ) هـ	schlagfertig	حاضِر النكتة
Rohöl	نفط خام	flüchten, fliehen von / nach	هرب (يهْرُبُ) من/إلى
Ausgaben, Kosten, Unterhalt	نفقة ج ـات	sich der Gerechtigkeit entziehen	هرب عن وجه العدالة
auf seine Kosten	على نفقتِهِ	Fülle, große Menge	وفْرة
Tanker, Transporter	ناقِلة ج ـات	provisorisch, zeitweilig	مُؤقّت
Öltanker	ناقلة النفط	Arbeitskräfte	ج الأيدي العامِلة
Witz, Anekdote	نُكْتة ج نُكَت، نِكات		

البلدان العربية وثرواتها الطبيعية Text 1

يحتلّ عدد كبير من البلدان العربية مكاناً بارزاً في الاقتصاد العالمي وذلك لوفرة الثروات الطبيعية الموجودة هناك، وفي مقدّمتها النفط الذي تبلغ حصّته أكثر من ٦٦ ٪ من مجموع الاحتياطي العالمي من النفط المعروف حتّى الآن.

وممّا هو جدير بالذكر أنّ نفقات استخراج النفط في البلدان العربية أقلّ بكثير منها في معظم البلدان الأخرى إذ تقدّر نفقات إنتاج البرميل الواحد من البترول في البلدان العربية بخُمس إلى عُشر نفقات إنتاجه في البلدان الأخرى. ويرجع السبب في فروق النفقات هذه إلى أنّ الظروف الجيولوجية في البلدان العربية أكثر ملاءمة منها في البلدان الأخرى علاوة على الأجور المنخفضة للأيدي العاملة في المنطقة العربية.

وعلى ضوء ذلك تلعب الدول العربية دوراً بارزاً في منظّمة الدول المنتجة للنفط في تحديد أسعار النفط ومعدّلات الإنتاج. ومنذ عـدّة سنوات لا تبيع البلدان العربية النفط الخام فحسب وإنمـا أيضاً مشتقّات النفط بأنواعها المختلفة أي المنتجات البتروكيميائية مثل المواد البلاستيكية والبنزين والأسمدة إلخ وذلك نظراً لإنشاء موانيء حديثة واستخدام ناقلات النفط العملاقة ومـدّ خطوط البـترول الكثيرة وبنـاء مصافٍ جديـدة وجمّعـات ومصـانع كيميائية ضخمة وعاليـة الإنتاجية.

426

هذا وتتمتّع البلدان العربية بأهمّية كبرى في مجـال استخراج الفوسـفات أيضـاً، حيث تحتلّ المملكة المغربية وتونس مراتب متقدّمة في الإنتاج العالمي. ومن أهـمّ الـثروات الطبيعيـة الأخـرى الموجـودة في المنطقـة العربيـة الكـبريت والنحـاس والرصاص والزنك وغيرها من المعادن.

عند الشرطة   **Text 2**

الموظّفة: مرحباً، أهلاً وسهلاً، تفضّل يا سيدي؟

جون: وا لله عنـدي مشكلة كبيـرة، كـل أوراقـي أي الجـواز والفلـوس ورخصة السياقة أي كل ما يثبت هويتي سرقوها أو ربّمـا نسيتها في محلّ من محلّات السوق. إنّني سـألت عنهـا في أكثر مـن محلّ ولكنّ بدون جدوى.

الموظّفة: هذه فعلاً مشكلة. يجب أن نكتب بروتوكول. اسمك؟

جون: جون براون.

الموظّفة: حضرتك من أي بلد؟ لغتك العربية جيّدة، أين درستها؟

جون: أنا من ألمانيا. درست العربية في ألمانيا.

الموظّفة: العنوان؟

جون: فرانكفورت رقم البريد ٦٠٣١٣ هوخشتراسه ١٢.

الموظّفة: تاريخ الميلاد؟

جون: ولدت في ١١ من أبريل ١٩٧٥.

الموظّفة: متى وصلت إلى القاهرة؟

جون: وصلت إلى القاهرة في الـ ١٥ من هذا الشهر.

الموظّفة: في أي فندق نزلت وما هو رقم الغرفة؟

جون: أنا نازل في فندق شيراتون ورقم الغرفة ٣١٢.

الموظّفة: هل تزور القاهرة كسائح أو في مهمّة رسمية؟

جون: أنا هنا في مهمّـة رسميـة أي لإجراء محادثـات مع إحدى الشـركـات الكبرى.

الموظّفة: اسم الشركة؟

جون: لا أريد أن أتكلّم عن هذا الموضوع.

الموظّفة: هل تتذكّر رقم الجواز؟

جون: لا وا لله لا أتذكّر الرقم.

الموظّفة: هل تعرف أحداً من أصحاب السفارة؟

جون: لا أعرف موظّفي السفارة. أنا لأوّل مرّة هنا.

الموظّفة: هل تريد أن تتّصل بالسفارة ، قد يجدون حلّاً لمشكلتك.

جون: إن شاء ا لله، سأتّصل بالسفارة ....

الموظّفة: ماذا قالوا؟

جون: قال القنصل إنّه سيأتي إلى هنا بعد نصف ساعة تقريباً وأعطيته تفاصيل هويتي وسيصدرون لي جوازاً مؤقّتاً.

الموظّفة: هذا خبر جيّد. يبدو وكأنّك شخصية مهمّة؟

جون: ممكن، لا أدري. على كلّ حال أنت لطيفة جدّا وإنّني أعدك بأن لا أحكي نكتاً عن الشرطة في المستقبل.

الموظّفة: هذا النوع من النكت موجود عندكم كذلك؟ توجد عندنا آلاف من هذه النكت وأنا أحبّها. هل يمكنك أن تحكي لنا نكتة عن الشرطة في ألمانيا؟

جون: طبعاً. هناك شرطي يبكي في الشارع. وسأله رجل: ماذا بك؟ قال: كلبي هرب. قال الرجل: مش مشكلة ، الكلب يعرف طريقه إلى البيت. قال الشرطي: صحيح، الكلب يعرف ولكن أنا؟ كيف أرجع إلى البيت؟

الموظّفة: جميل، هل تعرف الفرق بينك وبين القنصل الذي وصل قبل خمس دقائق؟

جون: لا أعرف.

الموظّفة: القنصل سيرجع إلى السفارة وأنت تبقى هنا لأنّهم وجدوا أنّك هارب عن وجه العدالة!

Übungen

L

L1 Beantworten Sie die folgenden Fragen unter Verwendung von أكثر
من oder أقلّ من und einer sich anschließenden Zahlenangabe!

هل عندك كتب كثيرة؟   >   نعم، عندي أكثر من ١٠٠ كتاب.

أو: عندي أقل من ١٠٠ كتاب.

كم درساً لديك في الأسبوع؟

هل زرت ذلك البلد مرّات كثيرة؟

كم بلداً زرت حتى الآن؟

كم عندك من الأصدقاء العرب؟

كم كتاباً عربياً قرأت حتى الآن؟

منذ كم سنة تدرس اللغة العربية؟

كم أسبوعاً كنت على شاطىء البحر؟

منذ كم شهر تسكن في هذا البيت؟

كم ساعة كنت تشتغل في المكتبة؟

هل قرأت هذا الخبر في جريدتين فقط؟

كم نسخة اشتريت؟

كم رسالة كتبت؟

هل تحبّ أنْ تشرب كأساً واحدةً فقط؟

كم شخصاً حضر الحفلة؟

L2 Bilden Sie selbständig Nominal- und Verbalsätze unter Verwendung
der Farbadjektive!

اشتريت سيارة بيضاء.

أحبّ الفتيات الشقراوات.

L3 (Hausaufgabe) Lernen Sie die in dieser Lektion aufgeführten Elativ-
Formen und bilden Sie mindestens 10 Sätze, in denen Sie Bezeichnungen für körperliche und persönliche Merkmale wie "blind, taub, stumm"
verarbeiten und suchen Sie dazu im Wörterbuch weitere Adjektive in der
Elativform!

L4 (Wiederholung) Bestimmen Sie zunächst, von welchem Stamm die folgenden Infinitive abgeleitet sind und bilden Sie dann Nominalsätze mit einer Elativform nach dem vorgegebenen Muster!

اجتماع < هذا الاجتماع مهم < ذلك الاجتماع أهم.

محاضرة، سؤال، دراسة، انتظار، تأهيل، تبادل، تعليم، تعاون، اقتصاد، مناقشة، مناسبة، توسيع، توقيع، برد، تخصّص، مراجعة، تسجيل، تأسيس، تأسيس، تحسين، تصريح، مساهمة، تشاور، تطوّر، توتّر، افتتاح، استقبال، اقتراح، مباراة، مسابقة، مصارعة، ملاكمة، امتحان

L5 Der Lektor erläutert die Bedeutung der folgenden Sprichwörter und Redewendungen, in denen die Elativform auftritt und sucht gemeinsam mit den Studenten nach passenden deutschen Äquivalenten.

خير الكلام ما قل ودل.

خير الأمور أوسطها.

أكبر منك بيوم أعرف منك بسنة.

رأي الشيخ خير من مشهد (Zeugnis) الغلام (hier: Schüler).

أعمى يقوده مجنون.

الأعمى ما ينسى عصاه (Stock).

أضيق من خزق الإبرة (Nadelöhr).

أسرع من لمح البصر.

أخفّ من الريشة (Feder).

الأعور (einäugig) في بلاد العُمْي / العُمْيان حاكم.

أخرس (stumm) عاقل خير من جاهل (unwissend) ناطق.

الأعمى يطلب الشمس وهو فيها.

تضحك بسنّ بيضاء وتحتها قلب أسود.

عين المحب عمياء.

ليست عداوة الحَمْقى (< أحمق) بأضرّ من صداقتهم.

G

G1 Wandeln Sie die folgenden Sätze dergestalt um, daß Sie mittels des Elativs ein komparativisches Prädikat erhalten!

هذا المعمل كبير. < ذلك المعمل أكبر.

هذه البضاعة رخيصة.

هذه الدولة قوية.

هذا الواجب صعب.

هذا سهل.

هذه الشنطة خفيفة.

هذا النوع جيد.

هذه البلدان بعيدة.

هذه الأجهزة حديثة.

هؤلاء الرجال لطفاء.

هذه الغرفة نظيفة.

هؤلاء الطلاب نشيطون.

هذه الجامعة قديمة.

هذه العائلة غنية.

هذا الموديل غال.

هذا الرجل قوي.

هذه المدينة كبيرة.

هذه الكمية قليلة.

هذه القرية قريبة.

هذه النتيجة حسنة.

هذا القطار سريع.

هذه السياسة سيئة.

هذا الولد صغير.

هذا الشخص طويل.

هذه المشروبات طيبة.

هذه الفتاة جميلة.

431

G2 Bilden Sie Sätze mit einem Komparativ unter Verwendung des Elativs des angegebenen Adjektivs, der Präposition من "als" und einer der folgenden Ergänzungen:

الموجود في ذلك البلد – الموجود عندك – الأصدقاء الآخرون – آخر / أخـرى – تحدّثنا عنه أمس – زرته في العام الماضي – رأيته أمس – اشتريته أنت.

هذا الجهاز حسن. > هذا الجهاز أحسن من الجهاز الآخر.

أو: هذا الجهاز أحسن من الجهاز الموجود عندك.

أو: هذا الجهاز أحسن من الجهاز الذي اشتريته أنت.

أو: هذا الجهاز أحسن من الجهاز الذي رأيته أمس.

صديقنا السوري نشيط.

هذا الطالب لطيف.

عندي كتب كثيرة.

هذا الجامع قديم.

هذا البلد غني بالنفط.

هذه المناقشة هامّة.

هذه الأحذية غالية.

هذه الفتاة جميلة.

الجهاز الموجود عندي حديث.

هذه المشكلة صعبة.

صديقك طويل.

اشتريت كمية قليلة.

هناك ثروات طبيعية كثيرة.

هذه البضاعة سيئة.

هذه البيوت صغيرة.

هذا الجهاز رخيص.

G3 Ersetzen Sie in den folgenden Sätzen das Adjektiv durch den Elativ in superlativischer Bedeutung!

اشتريت جهازاً رخيصاً. > اشتريت أرخص جهاز.

هذا الجهاز رخيص. > هذا (هو) أرخص جهاز.

هذا الطريق قصير.

هذا النوع جيد.

هذه السيارة سريعة.

هي فتاة طويلة.

هذا الجواب صحيح.

هو شخص طيّب.

هم أشخاص لطفاء.

لعب المنتخب مباراة عظيمة.

هذه المنطقة جميلة.

بعثت له بتحياتي الخالصة.

عنده آلات حديثة.

هذه القرية قريبة.

هم رجال أقوياء.

جاء عدد كبيرٍ منهمٍ من الخارج.

اشتريت معطفاً غالياً.

هو سياسي نشيط.

هذه (هي) مشكلة هامّة.

زرنا مكاناً عالياً في الجبال.

هذه الطائرات سريعة.

هذه الجملة سهلة.

هذه المدينة قريبة.

هذا الطالب نشيط.

هذه الحقيبة خفيفة.

G4 Ersetzen Sie in den folgenden Sätzen das Adjektiv durch die komparativische Konstruktion أكثر + Substantiv und fügen Sie die in Klammern stehende Ergänzung hinzu!

أنت مجتهد (منّي) < أنت أكثر اجتهاداً منّي.

هذا السياسي شعبي   (من السياسيين الآخرين)

مآذن الجوامع مرتفعة   (من بيوت المدينة)

أنتم مجتهدون   (منّا)

أسعار الموديلات الجديدة مرتفعة   (من أسعار الموديلات القديمة)

هذا الفرع الاقتصادي منتج   (من الفروع الأخرى)

المنطقة الغربية خصبة   (من المنطقة الشرقية)

أنا تعبان   (منكم)

ذلك المشتى مشهور   (من المشاتي الأخرى)

الطقس هناك معتدل   (من الطقس عندنا)

هذه المشكلة معقدة   (من جميع المشاكل الأخرى)

السائقون اللبنانيون ماهرون   (من السائقين في البلدان الأوربية)

K

K1 Der Lektor führt mit den Studenten ein Gespräch zu den Bodenschätzen in den arabischen Ländern und ergänzt dabei das in Text 1 gegebene Vokabular durch weitere Fachtermini.

K2 Bereiten Sie einen Dialog über ein Problem vor, das Sie bei der Polizei klären müssen (z.B. Unfall, Diebstahl, Aufenthaltsgenehmigung etc.)!

Komplexübung:

1. Wandeln Sie die folgenden Sätze dergestalt um, daß Sie mittels des Elativs ein komparativisches Prädikat erhalten!

هذه الكمّية قليلة. هذه القرية قريبة. هذه النتيجة حسنة. هذا القطار سريع. هذه السياسة سيئة. هذا الولد صغير. هذا الشخص طويل. هذه المشروبات طيّبة. هذه الفتاة جميلة. هذه البضاعة رخيصة. هذه الدولة قوية. هذا الواجب صعب. هذا سهل. هذه الشنطة خفيفة. هذا النوع جيد. هذه البلدان بعيدة. هذه الأجهزة حديثة. هؤلاء الرجال لطفاء. هذه الغرفة نظيفة. هؤلاء الطلاب نشيطون. هذه الجامعة قديمة. هذه العائلة غنية. هذا الموديل غالٍ. هذا الرجل قوي. هذه المدينة كبيرة.

2. Ersetzen Sie in den folgenden Sätzen das Adjektiv durch den Elativ in superlativischer Bedeutung!

جاء عدد كبير منهم من الخارج. اشتريت معطفاً غالياً. هو سياسي نشيط. هذه (هي) مشكلة هامّة. زرنا مكاناً عالياً في الجبال. هذه الطائرات سريعة. هذا الطريق قصير. هذا النوع جيد. هذه السيّارة سريعة. هي فتاة طويلة. هذا الجواب صحيح. هو شخص طيّب. هم أشخاص لطفاء. لعب المنتخب مباراة عظيمة. هذه المنطقة جميلة. بعثت له بتحياتي الخالصة. عنده آلات حديثة. هذه القرية قريبة.

3. Bilden Sie Sätze mit einem Komparativ unter Anfügung von غيره من bzw. من غيرها !

صديقنا السوري نشيط. هذا الطالب لطيف. عندي كتب كثيرة. هذا الجامع قديم. هذا البلد غني بالنفط. هذه المناقشة هامّة. هذه الأحذية غالية. هذه الفتاة جميلة. الجهاز الموجود عندي حديث. هذه المشكلة صعبة. صديقك طويل. اشتريت كمية قليلة. هناك ثروات طبيعية كثيرة. هذه البضاعة سيئة. هذه البيوت صغيرة. هذا الجهاز رخيص.

4. Ersetzen Sie in den folgenden Sätzen das Adjektiv durch eine superlativische Konstruktion!

هذا السياسي شعبي. هذه الجبال مرتفعة. أنتم مجتهدون. هذه الأسعار مرتفعة. هذا الفرع الاقتصادي منتج. هذه المنطقة خصبة. ذلك الرئيس مشهور. هذه المشكلة معقدة. هذه السياسة معتدلة.

5. Übersetzen Sie ins Arabische!

Eine Reihe arabischer Länder nimmt wegen ihres Ölreichtums einen herausragenden Platz in der Weltwirtschaft ein. Ihr Anteil an den gesamten Erdölreserven der Welt ist größer als zwei Drittel. Die Förderkosten in der arabischen Welt sind viel geringer und die Förderung ist deshalb viel produktiver als in anderen Ländern. Die arabischen ölproduzierenden Länder haben den größten Einfluß in der OPEC. Sie verkaufen nicht nur Rohöl, sondern auch Erdölderivate verschiedener Art, d.h. Plastikprodukte, Benzin, Düngemittel etc. Viele Länder verfügen über moderne Häfen und riesige Öltanker, moderne Raffinerien und ein großes Netz von Pipelines. Im Bereich der Förderung von Phosphat genießen Marokko und Tunesien größte Bedeutung in der Weltproduktion. Daneben gibt es andere Bodenschätze wie Kupfer, Blei, Zink und Schwefel.

Lektion 26

الدرس السادس والعشرون

1. **Die Bedingungssätze** (أَلْجُمَل الشَّرْطِيَّة)

Als Bedingungssätze werden solche Sätze bezeichnet, in denen eine Bedingung genannt wird, d.h. ein Sachverhalt, dessen Existenz oder Vollzug Voraussetzung für die Existenz oder den Vollzug eines anderen Sachverhaltes ist. Die Bedingungssatzkonstruktion besteht aus dem eigentlichen Bedingungssatz = Vordersatz (Protasis أَلشَّرْط) und dem Nachsatz (Apodosis أَلْجَواب) als logischer Folge der Bedingung. Im Deutschen werden Bedingungssätze meist mit den Konjunktionen "wenn" und "falls" eingeleitet.

A1 In manchen Sätzen liegt zwar formal die Struktur eines Bedingungssatzes vor, doch ist die logisch-kausale Beziehung zwischen Bedingung und Folge nicht gegeben. In dem Satz "wenn diese Nachricht stimmt, (dann) hat die Delegation Kairo gestern verlassen" ist die Richtigkeit der Nachricht keine Bedingung für die Abreise der Delegation und letztere also auch keine Folge der im Bedingungssatz formulierten Richtigkeit der Nachricht. Die logische Auflösung würde etwa lauten "wenn diese Nachricht stimmt, so wird damit bestätigt, daß die Delegation ...". Der Folgesatz gehört also in manchen Sätzen nur formal in das Bedingungssatzgefüge. Die folgenden Ausführungen zur Grammatik berücksichtigen die Sätze "mit logischem Bruch" nicht besonders.

1.1. Der reale Bedingungssatz
Beim realen Bedingungssatz wird die Bedingung als tatsächlich gegeben oder in ihrer Realisierbarkeit für möglich betrachtet.

1.1.1. Die gebräuchlichste arabische Konjunktion zur Einleitung eines solchen Bedingungssatzes ist إذَا "wenn".

1.1.1.1. Die Konstruktion ist wie folgt:

(فَعَلَ steht für die Perfektform, يَفْعَلُ für die Imperfektform)

deutsch		arabisch	
Vordersatz	**Nachsatz**	**Nachsatz**	**Vordersatz**
a) Präsens	Präsens	فَعَلَ	فَعَلَ
b) Präsens	Präsens	يَفْعَلُ	فَعَلَ
c) Präsens	Perfekt	يَكُونُ قَدْ فَعَلَ	فَعَلَ
d) Präsens	Futur	فَسَوْفَ يَفْعَلُ	فَعَلَ

| e) Präsens | Futur | فَسَيَفْعَلُ | فَعَلَ |
| f) Präsens | Imperativ | فَافْعَلْ | فَعَلَ |

Die arabische Perfektform hat also bei diesen Bedingungssätzen immer präsentische Funktion.

a) Wenn du mir das arabische Buch gibst, gebe ich dir das französische Buch.

إِذَا أَعْطَيْتَنِي الكِتَابَ الْعَرَبِيَّ أَعْطَيْتُكَ الْكِتَابَ الْفِرَنْسِيَّ.

b) dass.

إِذَا أَعْطَيْتَنِي الْكِتَابَ الْعَرَبِيَّ أُعْطِيكَ الْكِتَابَ الْفِرَنْسِيَّ.

c) Wenn diese Nachricht stimmt, (dann) hat die Delegation gestern Kairo verlassen.

إِذَا صَحَّ هَذَا الْخَبَرُ يَكُونُ الْوَفْدُ قَدْ غَادَرَ الْقَاهِرَةَ أَمْسِ.

d) Wenn diese Nachricht stimmt, (dann) wird die Delegation morgen Kairo verlassen.

إِذَا صَحَّ هَذَا الْخَبَرُ فَسَوْفَ يُغَادِرُ الْوَفْدُ الْقَاهِرَةَ غَدًا.

e) dass.

إِذَا صَحَّ هَذَا الْخَبَرُ فَسَيُغَادِرُ الْوَفْدُ الْقَاهِرَةَ غَدًا.

f) Wenn du sie triffst, (dann) informiere sie sofort!

إِذَا قَابَلْتَهُمْ فَأَطْلِعْهُمْ فَوْرًا.

1.1.1.2. An die Stelle der Perfektform (فَعَلَ) nach إِذَا kann auch كَانَ + Imperfektform (كَانَ يَفْعَلُ) treten. Dabei bleibt der präsentische Zeitwert erhalten. Diese Konstruktion kommt besonders bei den Modalverben vor.

إِذَا كُنْتَ تُرِيدُ أَنْ تُسَافِرَ غَدًا فَاحْكِ مَعَ الْمُدِيرِ.

Wenn du morgen fahren willst, so sprich mit dem Direktor.

1.1.1.3. كَانَ nach إِذَا mit präsentischem Zeitwert steht auch beim nominalen Vordersatz.

إِذَا كَانَ مُحَمَّدٌ مَوْجُودًا أَسْأَلُهُ.

Wenn Muhammad da ist, frage ich ihn.

1.1.1.4. فَ zur Nachsatzeinleitung steht außer vor سَ und سَوْفَ und dem Imperativ auch noch vor لَنْ , قَدْ und لَيْسَ sowie vor einem Nominalsatz:

437

إِذَا كَانَتِ السَّيَّارَةُ مَوْجُودَةً فَمِنَ الطَّبِيعِيِّ أَنَّنَا نُسَافِرُ فَوْراً.

Wenn das Auto da ist, fahren wir natürlich sofort (wörtl.: so ist es natürlich, daß wir ...).

إِذَا أَنْهَيْتُ عَمَلِي حَتَّى يَوْمِ الْأَحَدِ فَقَدْ أَنْجَزْتُ وَاجِبِي.

Wenn ich meine Arbeit bis Sonntag beende, habe ich meine Aufgabe erfüllt.

إِذَا زُرْتَهَا مَرَّةً فَلَنْ تَنْسَاهَا أَبَداً.

Wenn du sie einmal besuchst, wirst du sie nie vergessen.

1.1.1.5. Der Nachsatz kann auch ein Verbalsatz mit vorangestelltem إِنَّ + Subjekt sein, vor dem dann ebenfalls فَ steht.

إِذَا أَعْطَيْتَنِي الْكِتَابَ الْعَرَبِيَّ فَإِنَّنِي أُعْطِيكَ الْكِتَابَ الْفِرَنْسِيَّ.

Wenn du mir das arabische Buch gibst, so gebe ich dir das französische Buch.

1.1.1.6. Die Verneinung: An die Stelle der Perfektform nach إِذَا tritt لَمْ + Apokopat. Der Nachsatz wird entweder durch لم + Apokopat oder durch eine andere Negation verneint (لا، لن، ليس) .

إِذَا لَمْ تُعْطِنِي الْكِتَابَ الْعَرَبِيَّ لَمْ أُعْطِكَ / لَا أُعْطِيكَ الْكِتَابَ الْفِرَنْسِيَّ.

Wenn du mir nicht das arabische Buch gibst, gebe ich dir nicht das französische Buch.

إِذَا لَمْ تُعْطِنِي الْكِتَابَ الْعَرَبِيَّ فَلَنْ أُعْطِيَكَ / فَسَوْفَ لَا أُعْطِيكَ الْكِتَابَ الْفِرَنْسِيَّ.

Wenn du mir nicht das arabische Buch gibst, werde ich dir (bestimmt) nicht das französische Buch geben.

1.1.1.7. Bei der Konstruktion كَانَ يَفْعَلُ im Vordersatz wird die Verneinung nicht bei كَانَ, sondern durch لا bei der Imperfektform ausgedrückt (لَايَفْعَلُ).

إِذَا كُنْتَ لَا تُرِيدُ أَنْ تُسَافِرَ غَداً فَاحْكِ مَعَ الْمُدِيرِ.

Wenn du morgen nicht fahren willst, dann sprich mit dem Direktor.

1.1.1.8. Eine sich auf die Zeitstufe der Vergangenheit beziehende Bedingung kommt naturgemäß seltener vor. Die arabische Konstruktion verlangt dann das Plusquamperfekt (كَانَ قَدْ فَعَلَ) nach إذا . Die Verneinung wird nicht bei كَانَ, sondern durch لَمْ bei der Verbform فَعَلَ ausgedrückt (لَمْ يَفْعَلْ).

إذا كُنْتَ قَدِ اشْتَرَيْتَ هَذِهِ السَّيَّارَةَ فَقَدِ اخْتَرْتَ/ تَكُونُ قَدِ اخْتَرْتَ مُودِيلاً جَيِّداً.

Wenn du dieses Auto gekauft hast, so hast du ein gutes Modell gewählt.

إذا كُنْتَ لَمْ تَقْرَأْ هَذَا الْكِتَابَ فَإِنَّكَ لا تَعْرِفُ الْقَضَايَا.

Wenn du dieses Buch nicht gelesen hast, dann kennst du die Probleme nicht.

1.1.1.9. Der mit إذا eingeleitete Satz muß durchaus nicht dem Folgesatz vorangehen. Vielmehr sind beide vertauschbar. Der Bedingungssatz (Protasis) steht dann hinter dem formal zu einem abhängigen Hauptsatz werdenden Folgesatz (Apodosis). Die angeführte Grundregel über den präsentischen Zeitwert der Perfektform nach إذا bleibt unberührt. Für die Konstruktion des Hauptsatzes gibt es hinsichtlich Struktur oder Zeitform keine besonderen Regeln.

(إِنَّنِي، سَوْفَ) أُعْطِيكَ الْكِتَابَ الْفِرَنْسِيَّ إذا أَعْطَيْتِنِي الْكِتَابَ الْعَرَبِيَّ.

Ich gebe dir/werde dir (bestimmt) das französische Buch geben, wenn du mir das arabische Buch gibst.

أَطْلِعْهُمْ فَوْراً إذا قَابَلْتَهُمْ.

Informiere sie sofort, wenn (= falls) du sie siehst.

سَتَسْتَطِيعُ أَنْ تَقْرَأَ بَعْدَ مُرُورِ سَنَةٍ وَاحِدةٍ الْجَرَائِدَ الْعَرَبِيَّةَ إذا كُنْتَ تَتَعَلَّمُ كُلَّ يَوْمٍ عَشَرَ كَلِمَاتٍ.

Du wirst in einem Jahr die arabischen Zeitungen lesen können, wenn du jeden Tag 10 Wörter lernst.

1.1.2. Eine weitere, im modernen Arabisch jedoch weitaus weniger als إذا gebrauchte Konjunktion zur Einleitung eines realen Bedingungssatzes ist إنْ "wenn, falls". Im Vordersatz, also nach إنْ , steht die Perfektform oder der Apokopat, ebenso im Nachsatz. Die Verneinung erfolgt immer durch لْم. Für die Nachsatzeinleitung durch ـَف wie für die Vertauschbarkeit gilt das oben zu إذا Gesagte.

إِنْ أَعْطَيْتَنِي / تُعْطِنِي الْكِتَابَ الْعَرَبِيَّ أَعْطَيْتُكَ / أُعْطِكَ الْكِتَابَ الْفِرَنْسِيَّ.

Falls du mir das arabische Buch gibst, gebe ich dir das französische Buch.

إِنْ لَمْ تُعْطِنِي الْكِتَابَ الْعَرَبِيَّ لَمْ أُعْطِكَ الْكِتَابَ الْفِرَنْسِيَّ.

Solltest du mir das arabische Buch nicht geben, so gebe ich dir (auch) nicht das französische Buch.

إِنْ قَابَلْتَهُمْ فَأَطْلِعْهُمْ.

Falls du sie triffst, informiere sie!

سَأُعْطِيكَ الْكِتَابَ إِنْ لَمْ يَطْلُبْهُ مُحَمَّدٌ.

Ich gebe dir das Buch, wenn es nicht Muḥammad verlangt.

A2 Nach Auffassung moderner arabischer Grammatiker besteht der Unterschied zwischen إذا und إنْ darin, daß ersteres auf die sichere Realisierung der Bedingung hinweist, letzteres nur einen bestimmten Wahrscheinlichkeitsgrad zum Ausdruck bringt. Man könnte also an "wenn" als Äquivalent von إذا und an "falls" (im Sinne eines Potentials) als Äquivalent von إنْ denken, doch tut uns der tatsächliche Sprachgebrauch (im Deutschen wie im Arabischen) nicht den Gefallen einer reinlichen Trennung beider.

A3 إذا und إنْ werden auch zur Einleitung indirekter Fragesätze für deutsches "ob" benutzt. Daneben stehen auch فيما إذا auch فَكَّر und إذا ما sowie nach سأل und هَـل bzw. عَمَّا إذا zur Verfügung.

Wir wissen nicht, ob er dort war.	لَا نَعْرِفُ إذا / ما إذا / إنْ / هَلْ كَانَ هُنَاكَ.
Er fragte sie, ob er dort war.	سَأَلَهُمْ عَمَّا إذا كَانَ هُنَاكَ.
Er überlegte, ob sie da war.	فَكَّرَ فِيمَا إذا كَانَتْ مَوْجُودَةً.

1.1.3. Zur Bildung realer Bedingungssätze werden auch بِشَرْطِ أَنْ / شَرِيطَةَ أَنْ und على أَنْ / على شَـرْطِ أَنْ in der Bedeutung "vorausgesetzt, unter der Bedingung, daß" gefolgt von der Imperfektform (Konjunktiv) verwendet.

سَأُسَافِرُ غَدًا بِشَرْطِ أَنْ / على شَرْطِ أَنْ / شَرِيطَةَ أَنْ / على أَنْ تَبْدَأَ النَّدْوَةُ.

Ich werde morgen fahren, vorausgesetzt das Symposium beginnt.

A4 Neben إِذَا und إِنْ gibt es eine Reihe anderer Wörter, meist Fragepronomen oder von Frageadverbien abgeleitete Wörter, die einen Bedingungssatz einleiten können, z.B.

مَنْ in der Bedeutung "wenn jemand"

مَا in der Bedeutung "wenn etwas"

مَهْمَا in der Bedeutung "was (auch) immer"

كَيْفَمَا in der Bedeutung "wie (auch) immer"

مَنْ und مَا haben ihre deutsche Entsprechung in den Fragepronomen "wer" und "was", in denen ebenfalls ein konditionaler Sinn enthalten ist (wer [= wenn jemand] sucht, findet; vgl. Lektion 15, G 2.1.). Die anderen kommen zu selten vor, um hier behandelt zu werden.

1.2. Der irreale Bedingungssatz

Sätze, in denen die Bedingung nicht realisiert worden ist oder nicht realisiert werden kann, werden irreale Bedingungssätze genannt. Das Deutsche kennt keine besonderen Konjunktionen zur Einleitung solcher Sätze, sondern verwendet den Konjunktiv (z.B. hätte, würde), gegebenenfalls unter Hinzufügung von "wenn".

1.2.1. Im Arabischen wird der irreale Bedingungssatz durch die Konjunktion لَوْ eingeleitet.

1.2.2. Sowohl im Vorder- als auch im Nachsatz steht meistens die Perfektform zum Ausdruck der Irrealität in den Zeitstufen Gegenwart/Zukunft. Der Nachsatz kann durch die Verstärkungspartikel لَ eingeleitet werden:

لَوْ أَعْطَيْتَنِي هَذَا الْكِتَابَ لَقَرَأْتُهُ فَوْراً.

Gäbest du mir dieses Buch, läse ich es sofort.

لَوْ سِرْتَ الآنَ فِي مَرْكَزِ هَذِهِ الْمَدِينَةِ لَعَرَفْتَ كَيْفَ يَعِيشُ النَّاسُ فِيها.

Liefest du jetzt durch das Zentrum dieser Stadt, dann erführest du, wie die Menschen dort leben.

1.2.3. Anders als beim realen Bedingungssatz kann beim irrealen Bedingungssatz durch die der Konjunktion لَو folgende Perfektform auch die Zeitstufe der Vergangenheit ausgedrückt werden.

لَو اسْتَخْدَمُوا قَوَالِبَ الطِّينِ لاخْتَفَتِ الأَبْنِيَةُ بِسُرْعَةٍ.

Hätte man Lehmziegel verwendet, dann wären die Bauten rasch verschwunden.

Der Kontext muß darüber entscheiden, welcher Zeitwert im Einzelfall gegeben ist. Dies gilt gleichermaßen bei Konstruktionen mit كان +

Imperfektform. Um den Zeitbezug eindeutig zu machen, kann jedoch im Vordersatz oder Nachsatz das Plusquamperfekt (كَانَ قَدْ فَعَلَ) stehen.

1.2.4. Vorder- und Nachsatz sind wie beim realen Bedingungssatz vertauschbar. Der Folgesatz wird wieder zu einem selbständigen Hauptsatz, dessen Verb dann nicht notwendigerweise in der Perfektform steht.

إِنَّنِي سَأُعْطِيهِ الْكِتَابَ الْفِرَنْسِيَّ لَوْ أَعْطَانِي الْكِتَابَ الْعَرَبِيَّ.

Ich gäbe ihm das französische Buch, wenn er mir das arabische Buch gäbe (oder gegeben hätte).

1.2.5. Der irreale Bedingungssatz kann nominal gewendet werden, indem لـ die Konjunktion أَنَّ nachgestellt wird. Ihr folgt das Substantiv, dann das Verb.

لَوْ أَنَّ مُحَمَّداً زَارَنِي لَأَعْطَيْتُهُ الْكِتَابَ / لَكُنْتُ قَدْ أَعْطَيْتُهُ الْكِتَابَ.

Hätte mich Muḥammad besucht, hätte ich ihm das Buch gegeben.

لَوْ أَنَّ مُحَمَّداً سَيَزُورُنِي غَداً لَأَعْطَيْتُهُ الْكِتَابَ.

Besuchte mich Muhammad morgen, gäbe ich ihm das Buch.

1.2.6. Die Verneinung erfolgt durch لَمْ beim Vordersatz, durch لَمْ oder durch die Partikel لَ verstärktes مَا (= لَمَّا) beim Nachsatz.

لَوْ لَمْ تَتَأَخَّرِ الطَّائِرَةُ لَوَصَلَتْ (لَمَا وَصَلَتْ) إِلَى الْقَاهِرةِ فِي السَّاعَةِ السَّادِسَةِ.

Hätte sich das Flugzeug nicht verspätet, wäre es (nicht) um 6 Uhr in Kairo angekommen.

لَوْ لَمْ يَأْتِ مُحَمَّدٌ إِلَيَّ أَمْسِ / لَوْ أَنَّ مُحَمَّداً لَمْ يَأْتِ إِلَيَّ أَمْسِ
لَمَا اسْتَطَعْتُ / لَمَا كُنْتُ أَسْتَطِيعُ أَنْ أُعْطِيهُ الْكِتَابَ.

Wäre Muḥammad gestern nicht zu mir gekommen, hätte ich ihm das Buch nicht geben können.

1.2.7. لَوْ + folgendes لا (= لَوْلا) ohne Verb bedeutet "wenn es ... nicht gäbe oder gegeben hätte, wenn nicht ... wäre oder gewesen wäre".

لَوْلا مُحَمَّدٌ / لَوْلاهُ لَمَا أَنْهَيْتُ الْعَمَلَ.

Wäre Muḥammad / er nicht gewesen, hätte ich die Arbeit nicht beendet; wäre nicht Muḥammad / wäre er nicht, würde ich die Arbeit nicht beenden.

1.3. Der Konzessivsatz

Die beiden Konjunktionen إِنْ und لَوْ werden - unter Voranstellung von وَ

(= وَإِنْ، وَلَوْ) - auch zur Bildung von Konzessivsätzen benutzt und

entsprechen der deutschen Konjunktion "auch wenn". Vor وَلَوْ kann حَتَّى

"sogar" treten (= حَتَّى وَلَوْ) "selbst wenn".

Die o. a. Regeln für die Konstruktion des mit إِنْ bzw. لَوْ eingeleiteten

Satzes gelten auch hier. Der Hauptsatz steht voran.

سَوْفَ لا أُنْجِزُ الْعَمَلَ وَإِنْ عَمِلْتُ ١٦ سَاعَةً كُلَّ يوْمٍ.

oder

سَوْفَ لا أُنْجِزُ الْعَمَلَ (حَتَّى) وَلَوْ عَمِلْتُ ١٦ سَاعَةً كُلَّ يوْمٍ.

Ich werde die Arbeit nicht schaffen, selbst wenn ich jeden Tag 16
Stunden arbeite.

سَأُنْهِي الْعَمَلَ وَإِنْ لَمْ يُسَاعِدْنِي أَحَدٌ.

oder

سَأُنْهِي الْعَمَلَ (حَتَّى) وَلَوْ لَمْ يُسَاعِدْنِي أَحَدٌ.

Ich werde die Arbeit beenden, auch wenn mir keiner hilft.

Mit وَلَوْ kann auch eine verneinte Aussage verstärkt werden. Deutsche
Entsprechung: "(auch) nicht ein einziger".

لَمْ يُعْطِنِي (نُقوداً) وَلَوْ دِيناراً وَاحِداً.

Er hat mir kein Geld gegeben, und wäre es nur ein Dinar gewesen =
er hat mir nicht einen einzigen Dinar gegeben.

لَنْ أَطْلُبَ مِنْهُ وَلَوْ كِتَاباً وَاحِداً.

Ich werde von ihm nicht ein einziges Buch verlangen.

V

ansehen, betrachten (etw. als)	VIII اِتَّخَذ (يَتَّخِذُ) مِن هـ	wenn, wenn auch obgleich	إِنْ / وَإِنْ
wenn	إذا	Enten *(coll.)*	بَطّ
Hase, Kaninchen	أَرْنَب ج أَرانِبُ	Eulen *(coll.)*	بُوم
Löwe	أَسَد ج أُسُد، أُسُود	Fuchs	ثَعْلَب ج ثَعالِبُ
treu, zuverlässig	أَمِين ج أُمَناءُ	verlaufen etw.	جَرَى (يَجْرِي) هـ

443

Leichenzug	جنازة ج ات، جنائزُ	(islam.) Gesetz	شَريعة ج شرائعُ
Armee	جَيْش ج جُيُوش	Gesetz des Dschungels; Wolfsgesetz	شريعة الغاب
selbst wenn	حتىَ ولو	geduldig, ausdauernd	صَبُور ج صُبُر
frei	حُرّ	Majestät	صَاحِب الجَلالة
Freiheit	حُرّيّة	sich verhalten, benehmen	V تصرَّف (يتصرَّفُ)
achten, ehren j-n., etw.	VIII اِحْترم (يَحْترِمُ) ه، هـ	jagen etw.	V تصيَّد (يتصيَّدُ) هـ
(auf)bewahren etw.	VIII اِحْتفظ (يَحْتفِظُ) ب هـ	Jagen, Jagd	صَيْد
(Spruch-)Weisheit, Klugheit	حِكْمة ج حِكم	Jäger	صَيّاد ج ون
lobenswert, gut	حَميد	Koch	طبّاخ ج ون
Esel	حِمار ج حَمير	verwirklichen, durchsetzen etw.	II طبَّق (يُطبِّقُ) هـ
dumm, einfältig	أحْمق (م) حَمْقاءُ	absolut	مُطْلق
Dialog	حِوار ج ات	Vogel (coll.)	طَيْر ج طُيُور
es ist an der Zeit für	حان الوقت (لِ)	Ausdruck für	عِبارة عن
lebendig	حَيّ ج أحْياء	Liebender	عاشِق ج ون، عُشّاق
Gegensatz, Zuwiderhandlung	مُخالفة ج ات	Spatz, kleiner Vogel	عُصْفور ج عصافيرُ
Pferd (coll.)	خَيْل ج خُيُول	Knochen	عَظْم ج عِظام
ausdauernd, eifrig	دَؤُوب	Mentalität	عقْلِيّة ج ات
Würmer (coll.)	دُود ج دِيدان	falls, vorausgesetzt	على أنْ
sich drehen um; handeln von	دار (يَدُورُ) حول	stur, eigensinnig	عنيد ج عُنُد
j-n. erinnern an etw., j-n.	II ذكَّر (يُذكِّرُ) ه ب هـ، ه	guter Schwimmer	عوّام
Hirte, Hüter	راعٍ ج رُعاة	Gazelle	غزال ج غِزْلان
mutig, tapfer, kühn	شُجاع ج شجعة، شُجْعان	wütend, böse sein o. werden über	غَضِب (يَغْضَبُ) مِن / على
voraus-	بِشرْط/على شرْطِ/شريطَةَ أنْ	Beute	غنيمة ج غنائمُ
gesetzt, daß /unter der Bedingung, daß		Wald, Dschungel (coll.)	غاب
		Mäuse (coll.)	فأر ج فِئْران

verderben etw. schlecht werden	فسد (يفسُدُ) هـ
erklären, erläutern etw.	II فسّر (يُفسِّرُ) هـ
Elefant	فِيل ج فِيَلة، فُيُول
Affe	قِرْد ج قُرُود، قِردة
sich etw. teilen	VIII اِقْتسم (يقتسِمُ) هـ
Teilung	تقاسُم
Kater	قِطّ ج قطط
Karawane, Kolonne	قافِلة ج قوافِلُ
selten, kaum	قلّما
Wort, Ausspruch	قَوْل ج أقوال
widerstehen etw., Widerstand leisten	III قاوم (يُقاوِمُ) هـ
viel oder zahlreich sein	كثُر (يكثُرُ) ه/ هـ
wenn / wenn nicht	لَوْ / لَوْلا
selbst wenn	(حتى) وَلَوْ
gleichen, entsprechen etw.	III ماثل (يُماثِلُ) هـ
Sprichwort, Gleichnis	مثل ج أمْثال

hervorbringen etw., sich schütteln	V تمخّض (يتمخّضُ)
tot, leblos	ميّت ج أموات، مَوْتى
Mücken (coll.)	ناموس ج نواميسُ
bellen	نبح (ينبَحُ)
Bienen (coll.)	نحل
Streit, Disput	مُنازعة ج ـات
Text	نصّ ج نُصوص
zur Hälfte	مُناصفة
Äquivalent	نظير ج نظائرُ
(Interj.) auf, los nach, zu ...!	هيّا بنا إلى ...
sich wenden an j-n.	V توجّه (يتوجّهُ) إلى
Mittel, Werkzeug	وسِيلة ج وسائلُ
Merkmal, Eigenschaft	صِفة ج ـات
Frechheit, Dreistigkeit	وقاحة
auf Gott vertrauen	V توكّل (يتوكّلُ) على ا الله

الحيوان في اللغة العربية **Text 1**

لعب الحيوان وما زال يلعب دوراً هامّاً في حياة الإنسان العربي واللغة العربية غنية بالأقوال والأمثال والحكم التي تـدور حـول الحيوان والـتي قلّمـا نجـد مـا يماثلها في اللغات الأخرى من حيث الوفرة. ولم يتّخذ العرب من الحيوان وسيلة للنقل والمواصلات فحسب بل أيضاً رمزاً للصفات الحميدة وغير الحميدة مثـل: أمين كالكلب - جميل كالغزال - صبور كالجمل - دؤوب كالنحلة - شجاع كالأسد - عنيد كالحمار.

وفيما يلي نقدّم بعض الأمثال التي يأتي فيها ذكر أنواع مختلفـة مـن الحيوانـات. حاول تفسيرها أو إيجاد نظائر لها باللغة الألمانية:

إن غاب القطّ لعب الفأر.

عصفور في اليد خير من عشرة على الشجرة.

إبن البطّ عوّام.

القرد بعين أمّه غزال.

إحترم الكلب لأجل راعيه!

الذي بلا عمل يشتري له جمل.

أنا أمير وأنت أمير ومن يسوق الحمير.

بيضة اليوم خير من دجاجة بكرة.

الجنازة كبيرة والميت فأر.

العاشق حمار.

كلب حيّ خير من أسد ميّت.

الكلاب تنبح والقافلة تسير.

ما طار طير وارتفع إلاّ كما طار وقع.

الناموسة تقتل الفيل.

لا تخف من الدولة بل خف من كلابها!

يلعب بثعبان ويقول دودة.

لو كان في البومة خير ما تركها الصيّاد.

تمخّض الجبل فولد فأراً.

الديمقراطية في مفهوم الأسد
Text 2

يقال إن الأسد دعا يوماً الثعلب لمرافقته إلى الصيد ولكـن الثعلـب رفض قبول الدعوة. فغضب الأسد غضباً شديداً على وقاحة الثعلب وسأله عـن السـبب في رفض دعوته، فأجابه:

الثعلب: يا صاحب الجلالة إنّك تعرف أنّنا نعيش في ظلّ قوانين شريعة الغـاب، أي أن القانون هو دائماً إلى جانب القوي وأنت أقوى مني بكثير. وأنا

لا أستطيع منازعتك أو مخالفة أوامرك وذلك يعني أنّك ستحتفظ لنفسك بكل غنيمة الصيد أما أنا فسأحصل على العظام فقط.

الأسد: يبدو أنّك ما زلت تعيش بعقلية الحرب الباردة. ألا تعلم بأننا نعيش الآن في عصر السلام والديمقراطية؟

الثعلب: ولكن ماذا تعني هذه الكلمة الغريبة يا صاحب الجلالة، أي الديمقراطية؟

الأسد: الديمقراطية تعني أننا نقتسم الغنيمة مناصفة وأنا أترك لك مطلق الحرية فيما تختار.

الثعلب: إن كانت الديمقراطية فعلاً بهذا المعنى فماذا ننتظر إذن، دعنا نتوكّل على ا لله، هيا بنا إلى الصيد!

وفي صباح اليوم التالي التقى الأسد مع الثعلب في الوقت المحدّد وذهبا يتصيّدان طوال اليوم وفي المساء كانت الغنيمة عبارة عن أرنب وغزال وعندما حان وقت التقاسم توجّه الثعلب إلى الأسد:

الثعلب: إسمح لي يا صاحب الجلالة أن أذكّرك بأنّك وعدتني بتطبيق الديمقراطية عند تقاسم الغنيمة.

الأسد: وهو كذلك، وأنا أفي بوعدي. الغنيمة هي، كما تعلم، أرنب وغزال وأنت حرّ تماماً فيما تختار، فإن أردت الأرنب فخذ الأرنب وإن أردت الغزال فخذ الأرنب.

Übungen

L

L1 Antworten Sie auf die Frage "Kommst du mit zu ..." mit "Ja, ich komme mit zu ... , wenn ..." unter Verwendung verschiedener Zielangaben und verschiedener Bedingungssätze, z.B.

wenn ich Zeit habe	... إذا كان عندي وقت
wenn ich mit der Arbeit fertig bin	... إذا أنهيت العمل
wenn ich mich wohl fühle	... إذا كنت بخير
wenn das Wetter schön ist	... إذا كان الطقس جميلاً

447

L2 (Hausaufgabe) Übersetzen Sie:
Ich habe ihn nicht ein einziges Mal besucht.
Ich war nicht ein einziges Mal dort.
Ich war nicht eine einzige Stunde dort.
Ich war nicht einen einzigen Tag dort.
Ich habe dort nicht eine einzige Person gesehen.
Ich habe ihm nicht eine einzige Mark gegeben.
Ich habe ihm nicht ein einziges Glas angeboten.
Ich habe dort nicht einen einzigen Freund getroffen.
Ich habe nicht ein einziges Buch gelesen.
Er konnte keine einzige Frage beantworten.

L3 Neben غنيمة, das besonders für "Kriegsbeute" gebraucht wird, gibt es noch سَلَب/أَسْلاب und نَهْب/ نِهاب für "(Diebes-)Beute, Raub", sowie قَنَص und صَيْد für "Beute des Jägers" und فريسة/فرائس für "Beute eines Raubtieres".

(Hausaufgabe) Übersetzen Sie die folgenden Sätze und setzen Sie das/die richtige(n) arabische(n) Äquivalent(e) für "Beute" ein!
Das Haus wurde eine Beute der Flammen. Fuchs und Löwe teilten sich die Beute. Die Armeen machten reiche Beute. Der Jäger trug seine Beute nach Hause. Die Waffen wurden eine Beute des Feindes. Der Staat wurde eine leichte Beute seiner Gegner.
Merken Sie sich:

Er ging auf Beute aus.	ذهب طالباً للسلب والنهب.
reiche Beute machen	غنم غنيمة وافرة
er wurde eine Beute der Flammen	أتت عليه النار
Beute des Feindes werden	أصبح في حوزة العدو
leichte Beute	صيد يسير/ سهل
eine Beute seiner Gelüste werden	غلبت عليه شهواته

L4 Interpretieren Sie die Bedeutung der folgenden Sprichwörter und Redewendungen und suchen Sie nach deutschen Äquivalenten. Bevor Sie ins Wörterbuch schauen, bemühen Sie sich, unbekannte Wörter anhand der bekannten Wurzelbedeutung zu erschließen.

إذا ابنك سارق (Dieb) لقّمه (zu Essen geben) يده.

إذا اشتريت ما لا تحتاج إليه بعت ما تحتاج إليه.

إذا كثُر الطباخون فسد اللحم.

إذا حضرت الملائكة (Engel) غابت الشياطين.

إذا كثُر القوم قل اللوم (Tadel).

إذا نزل الشفاء (Heilung) نفع الدواء.

إن كانت العينان كبيرتين، قالوا: عيون جمل، وإن كانتا صغيرتين، قالوا: أعمى.

لو طلعت بخيط (Strick) ونزلت بشعرة.

لو طلعَت السماء ونزلَت الأرض.

لو طلعت الشمس من المغرب.

لو زرعنا **لو** في وادي **عسى** (vielleicht) ما طلع شيء.

لولا اختلاف الأنظار ما نفقت السلع.

لولا الكسار ما عاش المدّار (Töpfer).

لولا المتلقي (hier: Hehler) ما سرق السارق.

لو من أتى نجر (tischlern) ما بقي في الأرض شجرة.

لو درى الحمار ما فوقه ما نهق (schreien).

لو رجع أبي من القبر (Grab).

لولا الأمل لبطل العمل.

لو طلعت برأسك نخلة.

G

G1 Bilden Sie reale Bedingungssätze nach dem Muster:

إذا فعلت أنت ذلك فعلت أنا ذلك أيضاً.

Wenn du das tust, tue ich das auch.

إذا اشتريتم أنتم ذلك اشترينا نحن ذلك أيضاً.

Wenn ihr das kauft, kaufen wir das auch.

Verwenden Sie außer فعل und اشترى die Verben

سافر، ذهب، عاد، أخذ، اشترك، طلب، حاول، دخّن، أكل، شرب، مشى gegebenenfalls unter Hinzufügung eines Objektes oder einer Präpositionalgruppe!

G2 Wie G1 bei Einleitung des Folgesatzes mit فإنّ + Personalpronomen + Imperfektform.

449

إذا فعلتَ ذلك فإنني أفعل ذلك أيضاً.

إذا اشتريت ذلك فإنني أشتري ذلك أيضاً.

G3 Formulieren Sie mit لـ eingeleitete irreale Bedingungen zu den Sätzen:

جئت إليك.

اشتريت ذلك.

ذهبت إلى هناك.

كنت أستطيع أن أفعل ذلك.

طلبت منه ذلك.

سمحت له بذلك.

حاولت ذلك.

دبّرت لك ذلك.

شرحت لك ذلك.

تحدّثت معه.

زرته.

فعلت ذلك.

Als Bedingungssätze sollen verwendet werden:
hätte ich Zeit gehabt, wäre ich / er da gewesen, hätte ich Geld gehabt, wäre ich mit der Arbeit fertig gewesen, wäre er fleißig gewesen.

اشتريت ذلك لو كانت عندي نقود.

أو: لو كانت عندي نقود اشتريت ذلك.

أو: لو كانت عندي نقود لاشتريت ذلك.

G4 Verneinen Sie die angeführten Bedingungssätze und den Folgesatz!

إذا كان عندي وقت أجيء إليك. >

إذا لم يكن عندي وقت لا أجيء إليك.

إذا كانت عندي نقود أشتري الكتب.

إذا رافقني أحد أذهب إلى هناك.

إذا كان الطقس جميلاً نقوم بالنزهة.

إذا كنتَ مجتهداً نوفدك إلى الخارج للدراسة.

إذا دبّرت لي الاستمارات سأسافر يوم الجمعة.

إذا قرأت هذا الكتاب عرفت القضية.

إذا تعلّمت الكلمات الجديدة تستطيع أن تترجم الأسئلة.

إذا أعطيتني الكتاب العربي أعطيك الكتاب الفرنسي.

إذا أنهيت العمل سأجيء إليك.

إذا اشتركت أنت في المؤتمر أشترك أنا في المؤتمر أيضاً.

إذا قابلتُ الأصدقاء يمكنني أن أطلعهم على القضية.

G5 Koppeln Sie die folgenden Sätze dergestalt, daß der 2. Satz ein mit
(حتى) ولو eingeleiteter Konzessivsatz wird!

نفعل ذلك وحدنا   نفعل ذلك   <

نفعل ذلك (حتى) ولو فعلنا ذلك وحدنا.

لا يساعدني أحد   سأنهي العمل   <

سأنهي العمل (حتى) ولو لم يساعدني أحد.

أعمل ١٦ ساعة	سأنهي العمل
أسافر إلى هناك مرة ثانية أو ثالثة	أدبّر الأعمال
لا يحضرها أصدقائي	سأحضر الحفلة
أفعل ذلك وحدي	أفعل ذلك
يساعدني صديقٍ	سوف لا أنهي العمل
ليس الطقس جميلاً	نقوم بنزهة
(يكون) جميعهم موجودون	نتحدّث حول هذه الخطة
(يكون) أقوياء	نقاوم أعداءنا
(يكون) الوصول إلى هناك صعب	نحاول ذلك

K

K1 Lesen Sie folgende Anekdote und erzählen Sie sie nach!

إلتقى عبد الكريم وهو في طريقه إلى المقهى برجل وظن أن هذا الرجل هو
صديقه القديم أحمد وجرى بينهما الحوار التالي:

عبد الكريم: أهلاً وسهلاً ومرحباً يا أحمد، كيف صحتك، كيف حال العائلة
وكيف حال ابنك سعيد؟ أنا لم أرك منذ خمس سنين، لقد تغيّرت
كثيراً.

الرجل: عفواً، أنا لست أحمد، إسمي عادل!

عبد الكريم: غريب فعلاً، لم يتغير شكلك فقط وإنما اسمك أيضاً!

K2 Bereiten Sie eine bekannte Tierfabel oder einen Witz, in dem Tiere eine Rolle spielen, auf Arabisch vor!

Komplexübung:

1. Übersetzen Sie ins Arabische!

Wenn der Löwe schläft, wird der Fuchs mutig. Er hat nicht ein einziges Buch gekauft. Wenn die Beute klein ist, ist die Diskussion um ihre Verteilung lang. Viele Köche verderben den Brei. Er konnte keine einzige Frage beantworten. Ich werde dir einen Brief schreiben, wenn ich in Damaskus angekommen bin. Wenn du das tust, dann besuche ich dich nicht mehr. Wenn ich Geld hätte, führe ich nach Kairo. Wenn du mir das arabische Wörterbuch verkaufst, gebe ich dir 100 Mark und das englische Wörterbuch. Wenn das Wetter nicht schön ist, fahren wir mit dem Zug. Wenn du die neuen Wörter nicht lernst, kannst du die Texte nicht lesen und auch nicht übersetzen. Wir werden versuchen, die Arbeit zu erledigen, selbst wenn uns keiner unterstützt. Wärest du pünktlich gekommen, hätten wir dir Kaffee und Obst angeboten. Wärest du so ausdauernd wie ein Kamel, dann hättest du alle Wörter geschrieben.

2. Übersetzen Sie ins Deutsche!

إذا اشتريت ما لا تحتاج إليه بعت ما تحتاج إليه. إن غاب القط لعب الفأر. هـل تعرف أننا نعيش في ظل شريعة الغاب؟ لا يستطيع أحد منازعة أوامر الأسـد أو مخالفتهـا. دعنـا نتوكـل علـى ا لله! دؤوب كالنحلـة. عنيـد كالحمـار. صبـور كالجمل.

3. Geben Sie die arabischen Äquivalente folgender Tiernamen an!
Gazelle, Hase, Eule, Maus, Katze, Spatz, Ente, Affe, Hund, Esel, Vogel, Mücke, Elefant, Schlange, Wurm, Rind

4. Ersetzen Sie in den folgenden Teilsätzen die Konstruktion Konjunktion + Verb durch die entsprechende Präposition + Infinitiv!

بعد أن غادر البلد / بعـد أن زار المتحـف / بعـد أن ذهبـوا إلى المرفأ / بعـد أن وصل إلى هناك / قبل أن يشرح المعالم / قبل أن يكتب الرسالة / قبـل أن يقـدّم الهدية / قبل أن ينجز مهماتـه / قبـل أن تغلـق المـدارس / قبـل أن نحصـل علـى النقود / قبل أن يناقشوا المشروع / منذ أن انتهى المؤتمر / منذ أن ألغيت الزيارة / منذ أن تغيّر البرنامج / حتى وصل القطار / حتى عاد الوفد

5. Geben Sie die arabischen Infinitive an!

Beratung, Entwicklung, Rückkehr, Spannung, Eröffnung, Empfang, Vorschlag, Verbesserung, Genugtuung, Schließung, Ausnahme, Erhöhung, Fortsetzung, Erneuerung, Beglaubigung, Vorbereitung, Wettkampf, Ringen, Boxen, Prüfung, Erfolg, Versammlung, Vorlesung, Studium, Qualifizierung, Austausch, Bildung, Kooperation, Wirtschaft, Diskussion, Erweiterung, Unterschrift, Spezialisierung, Überprüfung, Orientalistik, Entschuldigung, Einschreibung, Gründung, Anwesenheit

Lektion 27

الدرس السابع والعشرون

1. Der Ausnahmesatz (اَلْمُسْتَثْنَى)

Unter Ausnahmesätzen versteht man solche Sätze, in denen eine meist negative Aussage in Bezug auf das Subjekt, Objekt oder Prädikat eingeschränkt wird.

1.1. إِلَّا

Die gebräuchlichste arabische Ausnahmepartikel ist إِلَّا (إِنْ لَا >).
Deutsche Übersetzung "außer" oder "nur".

1.1.1. Im negativen Ausnahmesatz steht das durch إِلَّا ausgenommene Substantiv im gleichen Kasus wie das eingeschränkte Substantiv:

لَمْ يَحْضُرِ الْأَصْدِقَاءُ الْعَرَبُ إِلَى الْحَفْلَةِ إِلَّا الطُّلَّابُ الْمِصْرِيُّونَ.

Außer den ägyptischen Studenten kamen keine arabischen Freunde zur Veranstaltung; von den arabischen Freunden kamen nur die ägyptischen Studenten (wörtl.: nicht kamen ... außer ...).
Nominativ nach إِلَّا, weil auch das Eingeschränkte (اَلْأَصْدِقَاء) als Subjekt zu يحضر im Nominativ steht.

لَا أَخَافُ مِنْ أَيِّ شَيْءٍ إِلَّا (مِنَ) الطَّقْسِ الْحَارِّ.

Außer dem heißen Wetter fürchte ich nichts; ich fürchte nur das heiße Wetter (wörtl.: nicht fürchte ich etwas außer ...).
Das der Ausnahmepartikel إِلَّا folgende الطقس steht in Abhängigkeit von der Präposition من, die nicht wiederholt werden muß, im Genitiv.

1.1.2. Oft ist der einzuschränkende Begriff gar nicht genannt. Das Ausgenommene ist das logische Komplement des ganzen Satzes und macht ihn überhaupt erst verständlich.

لَمْ يَحْضُرِ الْحَفْلَةَ إِلَّا الطُّلَّابُ الْمِصْرِيُّونَ.

Nur die ägyptischen Studenten kamen zur Veranstaltung (wörtl.: nicht kamen zur Veranstaltung außer...).

Nominativ nach إِلَّا; die Rektion von يحضر wirkt auf das logische Komplement الطّلاب.

لا أَشْتَرِي إلاَّ الْكِتَابَيْنِ الْعَرَبِيَّيْنِ.

Ich kaufe nur die beiden arabischen Bücher.

Akkusativ nach إلاَّ; die Rektion von اشــترى wirkt auf das logische Komplement الكتابين .

لا أَخَافُ إلاَّ مِنَ الطَّقْسِ الْحَارِّ.

Ich fürchte mich nur vor dem heißen Wetter.

Die Rektion von خاف mittels مـن bleibt erhalten und wirkt auf das logische Komplement الطقس.

إلاَّ kommt auch in Verbindung mit der Negation مَا und folgendem هُوَ/هِيَ in einer Nominalkonstruktion mit phraseologischem Wert vor.

هَذِهِ الْكَلِمَاتُ مَا هِيَ إلاَّ تَعْبِيرٌ عَنْ خَوْفِهِ.

Diese Worte sind nur (= nichts weiter als) ein Ausdruck seiner Furcht.

1.1.3. Nach إلاَّ kann statt eines Substantivs auch ein Pronomen, eine Präpositionalgruppe oder ein ganzer Satz stehen.

1.1.3.1. Pronomen
Nur er weiß das.

لا يَعْرِفُ ذَلِكَ إلاَّ هو.

1.1.3.2. Präpositionalgruppe

لا نَفُوقُهُمْ إلاَّ بِسَبَبِ مَعْرِفَتِنَا.

Wir sind ihnen nur aufgrund unseres Wissens überlegen.

لا اتِّصَالاتِ مَعَهُمْ إلاَّ فِي أَضْيَقِ الْحُدُودِ.

Es gibt Kontakte mit ihnen nur in engsten Grenzen.

إلاَّ + temporale Präpositionalgruppe entspricht dem deutschen "erst":

لَمْ يَرْجِعْ إلاَّ بَعْدَ يَوْمَيْنِ.

Er kehrte erst nach 2 Tagen zurück.

لَمْ يَرْجِعْ إلاَّ فِي السَّاعَةِ الْعَاشِرَةِ.

Er kehrte erst um 10.00 Uhr zurück.

1.1.3.3. Sätze

a) Objektsatz

Ich möchte nur sagen, ...

لَا أُرِيدُ إِلَّا أَنْ أَقُولَ ...

b) Bedingungssatz

لَنْ تُنْهِيَ الْعَمَلَ إِلَّا إِذَا عَمِلْتَ كُلَّ يَوْمٍ أَكْثَرَ مِنْ ١٢ سَاعَةً.

Du wirst die Arbeit nur beenden, wenn du jeden Tag mehr als 12 Stunden arbeitest.

c) Temporalsatz

لَمْ يُطْلِعْهُمْ عَلَى مَرَضِهِ إِلَّا بَعْدَ أَنْ تَغَلَّبَ عَلَيْهِ.

Er informierte sie erst (dann) über seine Krankheit, als er sie (schon) überstanden hatte.

لَمْ نَعْلَمْ بِهَذِهِ الزِّيَارَةِ إِلَّا عِنْدَمَا وَصَلَ الْوَفْدُ إِلَى الْعَاصِمَةِ.

Wir erfuhren von diesem Besuch erst, als die Delegation in der Hauptstadt ankam.

Eine einschränkende Konstruktion mit إلا ist auch bei anderen Nebensatztypen möglich.

1.1.4. Der positive Ausnahmesatz ist seltener. Das ausgenommene Substantiv steht hier im Akkusativ - deutsche Übersetzung mit "außer".

Außer Muḥammad kamen alle.

جَاءَ كُلُّهُمْ إِلَّا مُحَمَّدًا.

1.2. فَقَط und مُجَرَّد

Anstelle von (لا) ... إلا werden im Arabischen auch فَقَط "nur" und مُجَرَّد "bloß, lediglich" verwendet. فَقَط nimmt im Unterschied zu إلا nichts aus einer allgemeinen Aussage aus, sondern hebt als Bekräftigungspartikel die Angabe einer meist vergleichsweise geringen Menge, Anzahl, Zeitdauer oder Entfernung besonders hervor.

عشرة أيّام فقط "nur 10 Tage", مئة كيلومتر فقط "nur 100 km",

أحد وعشرون شخصًا فقط "nur 21 Personen" usw.

مُجَرَّد steht im Status constructus **vor** meist indeterminierten Nomen und bei Präpositionalgruppen wird die Präposition **davor** gesetzt:

حَصَلْنَا عَلَى الْأَوْرَاقِ بِمُجَرَّدِ رِسَالَةٍ.

Lediglich durch einen Brief erhielten wir die Papiere.

In vielen Dialekten wird "*bass*" an Stelle von فقط bzw. مجرد verwendet.

1.3. Andere Ausnahmepartikeln

Andere Ausnahmepartikeln werden weniger oft als إلّا gebraucht. Im negativen Ausnahmesatz sind es سِوَى und غَيْرَ . Nach ihnen steht generell der Genitiv.

لَمْ يَبْقَ سِوَى الْأَصْدِقَاءِ السُّورِيِّينَ.

Nur die syrischen Freunde blieben.

لَمْ يُسَاعِدْنِي غَيْرَ مُحَمَّدٍ.

Nur Muhammad half mir.

Für die positive Ausnahme stehen neben إلّا noch فِيمَا oder مَا عَدَا، عَدَا، عَدَا zur Verfügung. Es folgt der Genitiv oder Akkusativ.

غَادَرَ كُلُّهُمُ الْمَدِينَةَ مَا عَدَا الْوَفْدِ(*) اللُّبْنَانِيّ.

Bis auf die libanesische Delegation verließen alle die Stadt.

1.4. غَيْرَ أَنَّ ، إلّا أَنَّ

إلّا oder غَيْرَ + folgendes أَنَّ dienen der adversativen Anknüpfung eines Satzes. Deutsche Entsprechung: "jedoch, allerdings, indessen, freilich, allein".

إنَّ وَزِيرَ الدِّفَاعِ الْفِرَنْسِيَّ قَدْ قَابَلَ فِعْلاً الْمَسْؤُولِينَ الْإِسْرَائِيلِيِّينَ إلّا أَنَّ قَرَارَ الْحُكُومَةِ الْفِرَنْسِيَّةِ الْخَاصَّ بِحَظْرِ إرْسَالِ طَائِرَاتِ الْمِيرَاج لا يَزَالُ قَائِماً.

Der französische Verteidigungsminister ist tatsächlich mit den israelischen Verantwortlichen zusammengetroffen; jedoch besteht der Beschluß der französischen Regierung über das Lieferembargo von Mirage-Flugzeugen weiter.

غَيْرَ أَنَّ الْمُتَحَدِّثَ رَفَضَ أَنْ يَذْكُرَ أَيَّةَ تَفَاصِيلَ.

Allerdings lehnte es der Sprecher ab, irgendwelche Einzelheiten zu nennen.

A1 غير أنّ und إلّا أنّ vergleichbar sind die ebenfalls satzeinleitenden عَلَى أَنّ und بَيْدَ أَنّ. Übersetzung wie bei jenen mit "jedoch, allerdings" usw.

2. Die Verkleinerung (التصغير)

Zum Ausdruck der Verkleinerung wird der erste Konsonant des Nomens mit *Ḍamma* und der zweite mit *Fatḥa* und folgendem يْ (ياء التصغير) vokalisiert. Daraus resultieren dann u.a. folgende Modellstrukturen:

2.1. Dreiradikalige Nomen: ُ(ة) فُعَيْل

Sklave	عُبَيْد <	عَبْد
Stift	قُلَيْم <	قلم
Tasche	شُنَيْطة <	شنطة
Augenblick	لُحَيْظة <	لحظة

2.2. Vierradikalige Nomen: ُ(ة) فُعَيْعِل

Skorpion	عُقَيْرِب <	عقرب
kleiner Fluß, Bach	جُعَيْفِر <	جعفر
Dirham	دُرَيْهِم <	درهم

2.3. Nomen der Struktur فاعِلٌ : ُ(ة) فُوَيْعِل

Gefährte	صُوَيْحِب <	صاحِب
Studentin	طُوَيْلِبة <	طالبة

2.4. Nomen der Strukturen فِعالٌ ,فَعُولٌ und فَعِيلٌ : فُعَيِّلٌ

Buch	كُتَيِّب <	كتاب
Alter, Greis	عُجَيِّزٌ <	عجُوز
edel	كُرَيِّمٌ <	كريم
schön	جُمَيِّل <	جميل

2.5. Nomen mit langem Vokal vor dem letzten Radikal: فُعَيْعِيلٌ

Kasten	صُنَيْدِيق <	صُنْدُوق
Schlüssel	مُفَيْتِيح <	مِفْتاح

2.6. Nomen der Struktur مَفْعَل ُ(ة) und مُفاعِل ُ(ة) : مُفَيْعِل ُ(ة)

Bibliothek	مُكَيْتِبة <	مكْتبة
Vortrag	مُحَيْضِرة <	مُحاضرة

A2 Die Verkleinerungsformen von أم ,ابن ,أخ und أب lauten أُمَيْمة ,بُنَيٌّ ,أُخَيٌّ und أُبَيٌّ.

V

Historiker	مُؤَرِّخ ج ـون	etwa: Glück und viele Kinder!	بالرِفاء والبنين
Herkunft	أَصْلٍ ج أُصُول	Hochzeit	زفاف
ursprünglich (Adv.)	أَصْلاً	hupen	II زَمَّرَ (يُزَمِّرُ)
außer	إلاّ	Zeit, -abschnitt	زمن ج أَزْمان
Autor	مُؤَلِّف ج ـون	(auf-)blühen	VIII اِزْدهر (يزْدهِرُ)
Gottheit	إله، إلاه ج آلِهة	blühend	مُزْدهِر
Weihrauch	بَخور	Hochzeit	زواج
hervortreten etw.	برز (يبْرُزُ) هـ	glücklich	سعِيد ج سُعداءُ
wetteifern mit	VI تبارى (يتبارى) مع	erhalten etw.	VIII اِسْتلم (يسْتلِمُ) هـ
vollkommen, ganz	تامّ	keilschriftlich	مِسْماريّ
Streit	جدل	^cUkāẓ-Markt (bei Mekka)	سوق عُكاظ
Ğāhilīya	الجاهلية	religiöser Ritus	شعِيرة ج شعائِر
der Hedschas	الحِجاز	Dichter	شاعِر ج شُعراءُ
Weihrauchgefäße	محارِق البخور	Zeuge	شاهِد ج شُهُود
Festung	حِصْن ج حُصُون	Flitterwochen	شهْر العسل
Traum	حُلْم ج أَحْلام	Schönheitssalon	صالون التجْميل
Ruinen	خراب ج أخْرِبة	werden etw.	صار (يصِير) هـ
sich vermischen mit	VIII اِخْتلط (يخْتلِطُ) ب	(das) Ordnen	ضبْط
verfallen	II تدهْور (يتدهْورُ)	Prägung, Charakter	طابِع
Verfall, Untergang, Niedergang	تدهْوُر	(umg.) andauernd; geradeaus	على طُول
Rathaus	دار البلدِية	Hochzeit	عُرْس
erwähnt	مذْكُور	Braut	عرُوس (م)
Chef des Protokolls	رئيس المراسِمُ	Bräutigam	عريس
weit, geräumig	رحْب	fest verwurzelt	عريق
Zug, Kolonne	رعِيل	(umg.) eingeladen	معْزُوم
Ablehnung	رفْض	Größe	عظمة

Ehevertrag	عقْد القِران	Kirche	كِنيسة ج كنائِسُ
Konfession	عقِيدة ج عقائِدُ	deshalb	لِذا / لِذلِك
konfessionell	عقائِديّ	Ruhm	مجْد
zusammenhängen mit	V تعلّق (يتعلّقُ) ب	Ausmaß	مدىً
Lehre	تعْلِيم ج تعالِيمُ	Übung	تمْرين ج تمارينُ
wiederherstellen	IV أعاد (يُعِيدُ) هـ إلى	Maschine	مكِينة ج ـات /مكائِنُ
normalerweise	عادةً	Brautgeld	مهْر ج مُهُور
versinkend (in)	غارِق في	(Sofort-)Brautgeld	مهر مُعجَّل
junger Mann	فتىً ج فِتْيان	(später gezahltes) Brautgeld	مهر مُؤجَّل
Weg, Straße	فجّ ج فِجاج	bestimmen etw.	نصَّ (ينُصُّ) على
von überall her	من كلِّ فجٍّ عميق	Malerei, Bildhauerei; Inschrift	نقْش ج نُقوش
Brautkleid	فستان العرس	wachsen	نما (ينْمُو)
nützlich	مُفِيد	verlassen	هجر (يهجُرُ) هـ
Bericht	تقْرِير ج تقارِيرُ	Auswanderer	مُهاجِر ج ون
Verwandter	قرِيب ج أقارِبُ	Existenz	وُجُود
Richter	قاضٍ ج قضاة	er/sie allein; für sich allein	وحْدَهُ / وحْدَها
Regel, Norm	قاعِدة ج قواعِدُ	Erbe	تُراث
Geschäftsträger	القائِم بالأعْمال	Ort, Platz; Gegenstand	موْضِع ج مواضِعُ
sich halten an	V تقيَّد (يتقيَّدُ) بِ هـ	reisen, kommen (nach)	وفد (يفِدُ) إلى
einer Buchreligion angehörig	كِتابيّ	Mandant	مُوكّل
so, so und so viel	كذا	Vormund	ولِيّ ج أوْلِياءُ
offenbaren, etw. zum Vorschein bringen	كشف (يكْشِفُ) عن		
Kuchen	كعْك		

Text 1

من تاريخ العرب

تقع شبه الجزيرة العربية في القارّة الآسيوية، وقد كانت مركزاً تجاريّاً في العالم القديم وأساساً للحضارة منذ ثلاثة آلاف عام قبل الميلاد . وكشفت الآثار عن وجود ممالك عربية قديمة وحضارات عريقة في جنوب شبه الجزيرة العربية . لقد عثر في بلاد العرب الجنوبية على آثار تدلّ على وجود حضارات مزدهرة في زمن قديم جدّاً ولا شكّ في أنّ بلاد العرب الجنوبية بآلهتها ومحاريق بخورها ونقوشها وقلاعها وحصونها كانت مزدهرة في بداية الألف سنة الأولى قبل الميلاد . إلّا أنّ أصل العرب ومدى علاقتهم بالشعوب السامية المجاورة الأخرى ما زال حتى الآن موضع جدل بين العلماء .

ولا تشهد الآثار وحدها على عظمة هذه الممالك، بل أيضاً النقوش البابلية والأشورية المسمارية والمؤلفون القدامى . لكن تلك الحضارة العربية القديمة تدهورت مع التدهور السياسي والاقتصادي الذي أصاب الممالك العربية وصارت الهجرات أمراً مألوفاً يوميّاً . فهجرت المدن العظمى وتركت للخراب، ومع الدين الإسلامي ازدهرت هذه المدن من جديد وأعيد لها مجدها السابق .

ويسمّى العصر بين القرنين الأول والسادس الميلادي بالعصر الجاهلي لأنّ عرب الجاهلية كانوا يجهلون تعاليم الإسلام . وفي الحقيقة لم تكن أيّام جهل تامّ، بل بداية لحضارة ساعدت على الحفاظ على التراث العربي القديم .

ويتّفق معظم المؤرّخين على أنّ الرعيل الأوّل من العرب المهاجرين من بلاد العرب الجنوبية بدأ يتّجه شمالاً حوالي القرن الثاني الميلادي . لذا بدأت الحضارة العربية تزدهر وتنمو في مناطق ثلاث هي سوريا والعراق وغرب الجزيرة العربية . وكانت سوريا في ذلك الوقت تحتفظ بالكثير من طابع الثقافة السامية كما كان العراق غارقاً في الثقافة السامية وفي غرب الجزيرة العربية برز مركزان هامان هما الحجاز ومكّة . وكانت سوق عُكاظ القريبة من مكّة ميداناً رحباً يتبارى فيه شعراء العرب . أما مكّة فكانت مركزاً عقائدياً تقام فيها الشعائر الدينية وكان الحجاج يفدون إليها من كلّ فجّ عميق .

461

Text 2

عن الزواج

بيتر: أهلاً بك. كيف حالك؟

مريم: أهلاً، أنا بخير وكيف حالك؟

بيتر: بخير وعندي بعض الأسئلة.

مريم: تفضل، اسأل!

بيتر: رأيت مساء الأمس في المدينة عدداً كبيراً من السيّارات في صـف واحـد وكان السائقون يزمّرون على طول.

مريم: آه، هـذا زفـاف، أي زواج أو عـرس، كمـا نقـول. العريـس يمشي مـع العروس إلى البيت لحفل الزواج.

بيتر: إلى بيت من؟

مريم: إلى بيت العريس. وقبل ذلك تجلس العروس لمدّة ساعتين أو أكـثر في صالون التجميل للماكياج ولضبط فستان العرس إلى آخره.

بيتر: وكيف يتمّ الزواج رسمياً؟ أمام القاضي أو في دار البلدية؟

مريم: يتمّ عقد القران قبل الزواج بمدّة قصيرة وبحضور شـاهدين والعقـد ينصّ كذلك على المهر.

بيتر: وماذا يقال عند عقد القران؟

مريم: تقول الزوجـة أو يقـول وليهـا أو وكيلهـا: زوجتـك نفسي أو ابنـتي أو موكلتي على مهر معجّله كذا ومهر مؤجّله كذا علـى كتـاب الله وسنّة رسوله صلّى الله عليه وسلّم. فيجيب الزوج: وأنا قبلـت زواجـك علـى المهر المذكور على كتاب الله وسنة رسوله، صلّى الله عليه وسلّم.

بيتر: هل يجوز للمرأة المسلمة الزواج من رجل غير مسلم؟

مريم: لا، لا يجوز لها الزواج إلّا إذا كان مسلماً ويجـوز للرجـل المسلـم الـزواج من امرأة كتابية غير مسلمة.

بيتر: هل يجوز في الحفلة الاختلاط بين الرجال والنساء؟

مريم: لا، أصلاً لا يجوز، غير أنّنا نجد اليوم بعض العائلات التي لا تتقيّد بهـذه القواعد.

بيتر: وكيف بالنسبة للهدايا لأنّني معزوم لحفلة زواج بعد أسبوع؟

مريم: الهدايا حسب الإمكانيات وعادة نقدّم النقود.

بيتر: وماذا أقول للعروسين في الحفلة؟

مريم: ممكن أن تقول بالرفاء والبنين أو زواج سعيد.

بيتر: أنا أشكرك على هذه المعلومات المفيدة ويبقى سؤال أخير.

مريم: وهو؟

بيتر: متى سأحضر حفلة زواجك؟

مريم: الله أعلم. لا أتزوّج إلّا إذا وجدت فتى أحلامي.

بيتر: هل عندك حقّ الاختيار؟

مريم: لا ، ليس عندي حقّ الاختيار ولكن عندي حقّ الرفض.

Übungen

L

L1 (Wiederholung: إلا zur Angabe der Uhrzeit) Fügen Sie den folgenden Sätzen eine Zeitangabe unter Verwendung der Partikel إلا hinzu!

اِجتمع رئيس الوزراء بالوفد. >

اِجتمع رئيس الوزراء بالوفد في الساعة العاشرة إلّا الربع.

غادر الوفد البلد ...

أغلق المعرض أبوابه ...

نقابل عدة تجّار سودانيين ...

ابتدأت المباراة ...

انتهت الحفلة ...

وصلت الطائرة ...

وصل القطار ...

سنجتمع ...

أخرج من البيت ... صباحاً.

يستمرّ الاجتماع حتى ...

خابرني بالتلفون ...

نلتقي في الجامعة ...

جلست العروس في صالون التجميل ...

L2 Übersetzen Sie ins Deutsche!

أ   – لا يجيء أصدقائي إلّا يوم السبت.

ب – أستطيع أن أجيء إليك كل يومٍ ما عدا يوم الاثنين.

ج – أنهى الطلاب التمارين إلّا واحداً.

د – لن أسافر إلّا في يوم الأحد غير أنّني سأنهي العمل حتى الغد.

ه – هزيمة النادي الألماني ما هي إلّا برهان على أنّ مستوى كرة القدم في

و – الجزائر تطور في السنوات الأخيرة تطوراً كبيراً.

L3 Bilden Sie zu den Nomen im Text 2 - wo möglich und sinnvoll - die Verkleinerungsform! Versuchen Sie auch, die Verkleinerungsformen für die Namen Ihrer Mitstudenten zu bilden!

L4 (Wiederholung) Beantworten Sie die folgenden Fragen unter Verwendung von أكثر من oder أقلّ من und einer sich anschließenden Zahlenangabe!

هل عندك كتب كثيرة؟   >   نعم، عندي أكثر من ١٠٠ كتاب.

أو: عندي أقل من ١٠٠ كتاب.

كم أسبوعاً كنت على شاطىء البحر؟

منذ كم شهر تسكن في هذا البيت؟

كم ساعة كنت تشتغل في المكتبة؟

هل قرأت هذا الخبر في جريدتين فقط؟

كم نسخة اشتريت؟

كم رسالة كتبت؟

هل تحبّ أنْ تشرب كأساً واحدةً فقط؟

كم شخصاً حضر الحفلة؟

كم درساً لديك كل أسبوع؟

هل زرت ذلك البلد مرّات كثيرة؟

كم بلداً زرت حتى الآن؟

كم عندك من الأصدقاء العرب؟

كم كتاباً عربياً قرأت حتى الآن؟

منذ كم سنة تدرس اللغة العربية؟

L5 (Hausaufgabe) Für einen diplomatischen Empfang sind Tischkarten zu drucken. Schreiben Sie die folgende Gästeliste für die Druckerei in Arabisch und ergänzen Sie die Liste durch die Bezeichnungen weiterer diplomatischer und politischer Funktionsträger!

Ministerpräsident, Außenminister, Innenminister, Landwirtschafts-minister, Arbeitsminister, Verteidigungsminister, Vorsitzender des auswärtigen Ausschusses, Botschafter der USA, Geschäftsträger der kanadischen Botschaft, Chef der Demokratischen Partei, Generalsekretär der Nationalpartei, Chef des Protokolls ...

L6 (Wiederholung) Ersetzen Sie in den folgenden Sätzen das Adjektiv durch die komparativische Konstruktion أَكْثَر + Substantiv und fügen Sie die in Klammern stehende Ergänzung hinzu!

أنت أكثر اجتهاداً منّي.	<	أنت مجتهد (منّي)
(من المنطقة الشرقية)		المنطقة الغربية خصبة
(منكم)		أنا تعبان
(من المشاتي الأخرى)		ذلك المشتى مشهور
(من الطقس عندنا)		الطقس هناك معتدل
(من جميع المشاكل الأخرى)		هذه المشكلة معقدة
(من السائقين في البلدان الأوربية)		السائقون اللبنانيون ماهرون
(من السياسيين الآخرين)		هذا السياسي شعبي
(من بيوت المدينة)		مآذن الجوامع مرتفعة
(منا)		أنتم مجتهدون
(من أسعار الموديلات القديمة)		أسعار الموديلات الجديدة مرتفعة
(من الفروع الأخرى)		هذا الفرع الاقتصادي منتج

G

G1 Wandeln Sie die folgenden Sätze in Ausnahmesätze um!

لم يجئ إلا محمد.	<	جاء محمد.
لا يجيء إلا محمد.	<	يجيء محمد.
لم أقابل إلا الأصدقاء السوريين.	<	قابلت الأصدقاء السوريين.

يتعلق موقفنا بموقفكم.

أحبّ من المشروبات النبيذ الأبيض.

أشرب صباحاً فنجاناً واحداً من القهوة.

465

ناقشنا أهمّ المواضيع.

أدخّن سجائر.

أدرس اللغات والتاريخ.

يشجع الطلاب المجتهدون.

يوفَد الطلاب المجتهدون.

اشترك في المؤتمر الخبراء البارزون.

رجع في الساعة الحادية عشرة.

G2 Wandeln Sie die in G4 von Lektion 26 gegebenen Bedingungssätze so um, daß sie den Charakter von Ausnahmesätzen erhalten!

إذا كان عندي وقت أجيء إليك. > لا أجيء إليك إلا إذا كان عندي وقت.

G3 Koppeln Sie die folgenden Satzpaare dergestalt, daß der 2. Satz ein mit der Konjunktion عندما eingeleiteter Temporalsatz wird! Durch Verneinung des Hauptsatzes und Voranstellung von إلا vor den Temporalsatz soll letzterer den Charakter eines Ausnahmesatzes erhalten.

إنطلقت الطائرة   كان الطقس جميلاً   >

إنطلقت الطائرة عندما كان الطقس جميلاً   >

لم تنطلق الطائرة إلّا عندما كان الطقس جميلاً.

غادرنا البيت	جاء صديقنا
عاد الوفد من جولة	بدأت المحادثات من جديد
استلمت النقود	سافرت إلى هناك
ساعدتمونا	أنجزنا واجباتنا حتى نهاية الأسبوع
تفعل أنت ذلك أيضاً	أفعل ذلك!
طلبتَ منّا ذلك	بحثنا المشروع
درسوا المشروع	لاحظوا عدة أغلاط
غيروا البرنامج	سافرنا معهم
سمع أن جميع الأصدقاء سيشتركون في الحفلة	قبل الدعوة
عادوا من ألمانيا	كتبوا الرسائل

G4 Schränken Sie die in den folgenden Sätzen getroffene Aussage durch Anfügen einer Ausnahme ein, die aus der Singularform des genannten Substantivs und dem Zahlwort für 1, واحد bzw. واحدة, gebildet ist!

466

يجيء كل الأصدقاء إلا صديقاً واحداً. > يجيء كل الأصدقاء

تجيء كل الطالبات إلا طالبة واحدة. > تجيء كل الطالبات

غادرت المدينة كل الوفود.

إفتح كل الشبابيك!

فهمت كل الأسئلة.

قرأت كل الجرائد.

أعرف كل البلدان العربية.

كان كل المعلمين هناك.

نسيت كل المواعيد.

اتفقوا على كل المواضيع.

وافق على المشروع كل المسؤولين.

قابلت أمس كل الأصدقاء.

بعت كتبي كلها.

أعطاني كل البطاقات.

دعونا كل الفتيات إلى الحفلة.

G5 (Wiederholung) Wandeln Sie die folgenden Sätze dergestalt um, daß Sie mittels des Elativs ein komparativisches Prädikat erhalten!

ذلك المعمل أكبر. > هذا المعمل كبير.

هذه الجامعة قديمة.

هذه العائلة غنية.

هذا الموديل غال.

هذا الرجل قويٌّ.

هذه المدينة كبيرة.

هذه الكمية قليلة.

هذه القرية قريبة.

هذه النتيجة حسنة.

هذا القطار سريع.

هذه السياسة سيئة.

هذا الولد صغير.

هذا الشخص طويل.

هذه المشروبات لذيذة.

هذه الفتاة جميلة.

هذه البضاعة رخيصة.

هذه الدولة قوية.

هذا الواجب صعب.

هذا سهل.

هذه الشنطة خفيفة.

هذا النوع جيد.

هذه البلدان بعيدة.

هذه الأجهزة حديثة.

هؤلاء الرجال لطفاء.

هذه الغرفة نظيفة.

هؤلاء الطلاب نشيطون.

K

K1 Führen Sie in Anlehnung an Text 2 einen Dialog darüber, wie eine Hochzeit in Deutschland abläuft!
Hier einige nützliche Vokabeln:

Brautschleier	طرْحة العروس
Ehering	خاتِم الزواج
Hochzeitsmahl	وليمة العُرس / الزفاف / الزواج
Hochzeitsnacht	ليلة الدُخْلة / ليلة الزفاف
Hochzeitsreise	رحْلة شهر العسل
Honigmond, Flitterwochen	شهر العسل
Kirche	كنِيسة ج كنائِسُ
Pfarrer	قِسِّيس ج قساوسة
sich scheiden von seiner Frau	طلَّق زوجتَه

sie wurde von ihm (durch den Richter) geschieden	طُلّقَتْ عليه
Scheidung	طلاق
Schwiegereltern	والِدا الزوج / الزوجة
Schwiegermutter	حماة ج وات/ والِدة الزوج / الزوجة
Schwiegervater	حم ج أحماء / والِد الزوج / الزوجة
Standesamt	مكتب الأحْوال الشخْصية
Trauung	عقْد الزواج
verlobt (m./f.)	مخْطُوب / مخطوبة
Verlobte	خطِيبة
Verlobter	خطِيب
Verlobung	خُطُوبة
Verlobungsring	دبلة الخُطوبة
Verwandte	ج أقارب

K2 Erarbeiten Sie für das nächste Kolleg unter Nutzung eines einschlägigen Nachschlagewerkes eine Kurzbiographie einer berühmten historischen arabischen Persönlichkeit! Tragen Sie die Biographie anhand von Stichpunkten in Arabisch vor!

Komplexübung:

1. Übersetzen Sie ins Arabische!

Rufe mich 8.55 Uhr an. Der Zug kam 13.45 an. Wir werden uns um 7.40 Uhr in der Universität treffen. Ich habe mehr als zwei Stunden auf sie gewartet. Es kamen weniger als 50 Gäste. Dieses Problem ist schwieriger als alle anderen. Die neue Maschine ist produktiver als die alte, aber auch komplizierter. Wir haben nur die wichtigsten Themen diskutiert. Er kam erst um 23.00 Uhr nach Hause. Ich studiere nur die Fächer, die ich gern habe. Morgens trinke ich nur eine einzige Tasse Kaffee.

2. Übersetzen Sie ins Deutsche!

لن تعود صديقتي إلاّ يوم الجمعة. أتّصل بك كل يوم ما عدا يوم الاثـنـين. أنهـى الطلاب التمارين إلاّ واحداً. لن أسافر إلاّ في الأسبوع القـادم غـير أنّـني سـأنهي العمل حتى الغد. هزيمة النادي الألماني ما هي إلاّ برهان على أنّ مستوى كـرة القدم في المغرب تطور في السنوات الأخيرة تطوراً كبيراً.

3. Übersetzen Sie folgenden Brief ins Arabische!

Liebe Mariam!

Vielen Dank für die Hochzeitswünsche und das schöne Geschenk.

Schade, daß Du nicht kommen konntest, aber vielleicht kann ich bald zu Deiner Hochzeit kommen.

Die Feier war sehr schön. Außer einem Onkel, der im Ausland arbeitet, sind all meine Verwandten gekommen.

Wir sind um 10.00 Uhr mit einem Bus zur Kirche gefahren. Die Trauung begann um 10.40 Uhr. Nach der Trauung sind wir alle mit dem Bus in ein Hotel außerhalb der Stadt gefahren. Dort haben wir um 13.00 Uhr Mittag gegessen, um 16.00 Uhr gab es Kaffee und Kuchen und ab 20.00 Uhr das Abendessen. Danach haben wir viel getanzt und gesungen. Um 1.00 Uhr sind wir zum Flugplatz zu unserer Hochzeitsreise nach Spanien gefahren. Die zweiwöchige Reise haben meine Eltern bezahlt. Es war sehr schön. Die Schwiegereltern haben uns ein Auto geschenkt.

Unsere Verwandten haben wir gebeten, uns nur Geld zu geben, damit wir uns selbst die Dinge kaufen können, die wir für unsere neue Wohnung brauchen. Meine Freundin Anke hat das, als sie heiratete, vergessen, und dann bekam sie viele Sachen, die sie nicht gebrauchen konnte. Soweit mein Bericht.

Nochmals vielen Dank für die guten Wünsche und das Geschenk auch im Namen meines Mannes.

Ich hoffe, bald auf Deiner Hochzeit tanzen zu können.

Viele Grüße

Deine Petra

Lektion 28

الدرس الثامن والعشرون

1. Der Zustandsakkusativ (أَلْحَال)

1.1. Die Form

Der Zustandsakkusativ ist ein indeterminierter Akkusativ, der meist von einem Partizip, seltener von einem Adjektiv gebildet wird:

sitzend	جَالِساً
lachend	ضَاحِكاً
kommend	قَادِماً
schlafend	نَائِماً

u. a.

A1 Der Name Zustandsakkusativ geht auf das arab. Wort حال "Zustand" zurück. In manchen Lehrbüchern und Grammatiken spricht man deshalb auch von *Ḥāl*-Akkusativ bzw. *Ḥāl*-Satz (s.a. G 2).

1.2. Die Funktion

Der Zustandsakkusativ hat die Funktion eines prädikativen Attributs mit doppeltem semantischen Bezug, und zwar

a) zum Subjekt (manchmal auch zum Objekt) des Satzes:

Er charakterisiert einen bestimmten Zustand oder eine bestimmte Verhaltensweise des Subjekts während des Vollzugs der durch das finite Verb ausgedrückten Verbalhandlung.

Der formale Bezug zum Subjekt ist durch Genus- und Numeruskongruenz gekennzeichnet.

Mein Freund kam lachend herein.	دَخَلَ صَدِيقِي ضَاحِكاً.
Meine Freunde kamen lachend herein.	دَخَلَ أَصْدِقَائِي ضَاحِكِينَ.
Meine Freundin kam lachend herein.	دَخَلَتْ صَدِيقَتِي ضَاحِكَةً.
Meine Freundinnen kamen lachend herein.	دَخَلَتْ صَدِيقَاتِي ضَاحِكاتٍ.
Muḥammad stand auf sagend ... = Muḥammad stand auf und sagte ...	قَامَ مُحَمَّدٌ قَائِلاً...
Iß das Obst nicht roh!	لا تَأْكُلِ الفَاكِهَةَ فِجَّةً !

Beim letzten Satz bezieht sich der Zustandsakkusativ auf das Objekt.

b) zum Verb des Satzes:
Er erläutert und ergänzt den Verbalinhalt.
Der formale Bezug zum Subjekt des Satzes ist auch hier durch Genus-
und Numeruskongruenz gegeben.

Muḥammad kam laufend = ... kam gelaufen, zu Fuß.	جَاءَ مُحَمَّدٌ مَاشِياً.
Er erledigte die Arbeit sitzend / im Sitzen.	أَنْجَزَ الْعَمَلَ جَالِساً.
Die Delegation traf, aus Bagdad kommend, in Berlin ein.	وَصَلَ الْوَفْدُ إلى برلين قَادِماً من بغداد.
Die Delegationen haben Berlin, sich nach Bagdad begebend, verlassen, = ... haben Berlin in Richtung Bagdad verlassen.	غَادَرَتِ الْوُفُودُ برلين مُتَوَجِّهَةً إلى بغداد.

Schon aus den wenigen Beispielen wird ersichtlich, daß der
Zustandsakkusativ bei einer Übersetzung ins Deutsche unterschiedlich
wiedergegeben werden kann.
Neben dem Partizip besteht die Möglichkeit der Wiedergabe durch eine
Präpositionalgruppe oder durch einen mit "und" angeknüpften Satz.

A2 Die arabischen Grammatiker haben ein weitverzweigtes Klassifikationsschema des
Zustandsakkusativs, in das auch viele im indeterminierten Akkusativ gebrauchte
Substantive gehören.

2. **Der Zustandssatz** (أَلْجُمْلَة الْحَالِيَّة)

An die Stelle des Zustandsakkusativs kann ein ganzer Satz treten, der
sog. Zustandssatz.

2.1. Beginnt er mit einem Verb in der Imperfektform, so wird er dem
Hauptsatz direkt angeschlossen.

Mein Freund trat lachend ein.	دَخَلَ صَدِيقِي يَضْحَكُ.
Muḥammad kam gelaufen, zu Fuß.	جَاءَ مُحَمَّدٌ يَمْشِي.

2.2. Ein Nominalsatz oder ein Verbalsatz mit vorangestelltem Subjekt
oder Pronomen wird an den Hauptsatz mit و angeschlossen.

Muḥammad kam mit einem Buch in der Hand herein.	دَخَلَ مُحَمَّدٌ وَفِي يَدِهِ كِتَابٌ.

Mein Freund kam lachend herein, ... kam herein und lachte (dabei).	دَخَلَ صَدِيقِي وَهُوَ يَضْحَكُ.
Er sagte, indem/wobei er mich ansah, ... und sah mich (dabei) an.	قَالَ وَهُوَ يَنْظُرُ إِلَيَّ.
Ich sagte, wobei ich zu lächeln versuchte, ..., ... und versuchte dabei zu lächeln.	قُلْتُ وَأَنَا أُحَاوِلُ أَنْ أَبْتَسِمَ ...
Er empfing mich, indem er sagte ..., ... und sagte, ... mit den Worten.	إِسْتَقْبَلَنِي وَهُوَ يَقُولُ ...

In der Konstruktion mit vorangestelltem Personalpronomen kommt der Zustandssatz am häufigsten vor.

Der verneinte Zustandssatz wird im Deutschen mit "ohne zu" ausgedrückt:

Er hörte uns zu, ohne ein Wort zu sagen.	كَانَ يَسْتَمِعُ إِلَيْنَا وَلاَ يَقُولُ كَلِمَةً.

2.3. Beginnt der Zustandssatz mit einem Verb in der Perfektform, wird er ebenfalls mit و an den Hauptsatz angeschlossen. Auf و folgt die Partikel قَدْ.

Muḥammad kam ins Zimmer, als die Freunde (schon) versammelt waren.	دَخَلَ مُحَمَّدٌ الْغُرْفَةَ وَقَدْ كَانَ الأَصْدِقَاءُ مُجْتَمِعِينَ.

2.4. Der Zeitbezug zwischen Hauptsatz und Zustandssatz

Die vom Verb des Hauptsatzes ausgedrückte Zeitstufe (Vergangenheit, Gegenwart) gilt auch für den Zustandssatz.

Die Perfektform im Hauptsatz weist eine Handlung in die Zeitstufe der Vergangenheit; also hat auch der Zustandssatz präteritalen Zeitwert.

Muḥammad trat ins Zimmer und lachte (dabei).	دَخَلَ مُحَمَّدٌ الْغُرْفَةَ وَهُوَ يَضْحَكُ.

Die Imperfektform des Zustandssatzes muß also in diesem Beispiel mit einer Verbform der Vergangenheit übersetzt werden, obwohl die Imperfektform sonst präsentischen Zeitwert hat.

Steht dagegen im Hauptsatz die Imperfektform, so ist auch der Zustandssatz präsentisch und muß dementsprechend übersetzt werden:

Muḥammad tritt ins Zimmer und lacht (dabei).	يَدْخُلُ مُحَمَّدٌ الْغُرْفَةَ وهو يَضْحَكُ.

Wie die Beispiele zeigen, besteht zwischen Zustandssatz und Hauptsatz
Gleichzeitigkeit.

Der temporale Bezug der Zustandskonstruktion tritt besonders deutlich
hervor, wenn der Zustandssatz ein anderes Subjekt als der Hauptsatz hat.

Muḥammad trat ein, (gerade)   دَخَلَ مُحَمَّدٌ وَأَنَا أَكْتُبُ رِسَالَةً.
als/während ich einen Brief schrieb.

Eine Vorzeitigkeit gegenüber dem Hauptsatz oder das Resultat einer vor
dem Hauptsatzgeschehen vollzogenen Handlung drückt der Zustandssatz

nur dann aus, wenn er mit وَقَدْ + Perfektform gebildet ist (vgl. das Bei-

spiel in 2.3.).

Wie für den Zustandsakkusativ, so gibt es auch für den Zustandssatz
verschiedene Möglichkeiten der Übersetzung. Neben dem Partizip und
einem mit "und" angeknüpften Satz kommen verschiedene
Konjunktionen (als, während, wobei) als Einleitung von Nebensätzen in
Frage.

3.   Übersicht über den Gebrauch des Akkusativs
3.1.   Akkusativobjekt

3.1.1. Direktes Objekt (أَلْمَفْعُول بِهِ)

Er hat das Buch gelesen.   قَرَأَ الْكِتَابَ.

Form des Objekts: det. oder indet. Nomen oder Pronomen.

Zwei Objekte bei doppelt transitiven Verben:

Er hat mir das Buch gegeben.   أَعْطَانِي الكِتَابَ.

Tritt an die Stelle des zweiten Objekts ein Personalpronomen, so wird

dieses mit der Partikel إِيَّا eingeführt.

Er hat mir es (das Buch) gegeben.   أَعْطَانِي إِيَّاهُ.

A3 Diese "Akkusativform" des Personalpronomens kann auch beim verkürzten Relativsatz mit dem Aktivpartizip einfach transitiver Verben auftreten:

der Mann, der sein Auto verkauft oder verkauft hat   أَلرَّجُلُ الْبَائِعُ سَيَّارَتَهُ

der Mann, der es verkauft oder verkauft hat   أَلرَّجُلُ الْبَائِعُ إِيَّاهَا

3.1.2. Inneres oder absolutes Objekt (أَلْمَفْعُولُ المُطْلَق)

Er las den Brief langsam   قَرَأَ الرِسَالَةَ قِرَاءَةً بَطِيئَةً.
(wörtl.: ... ein langsames Lesen).

Form des Objekts: indet. Infinitiv + Attribut.
Der Infinitiv hat fast immer die gleiche Wurzel wie das Verb des Satzes.

3.2. Akkusativ als Adverbialbestimmung

3.2.1. Adverbialbestimmung der Zeit (ظَرْف الزَّمَان)

(Zeit, Zeitdauer, Datum)

eines Tages	يَوْماً، يَوْماً مَا، يَوْماً من الأَيَّامِ
jeden Tag	كُلَّ يَوْمٍ
heute	أَلْيَوْمَ
am Sonntag	يَوْمَ الأَحَدِ
morgen	غَداً
morgens, früh	صَبَاحاً
abends	مَسَاءً
tagelang	أَيَّاماً طِوَالاً
zwei Jahre (lang)	سَنَتَيْنِ
immer, ständig	دَائِماً
im Jahre 1990	سَنَةَ ١٩٩٠

475

3.2.2. Adverbialbestimmung des Ortes (ظَرْف المَكَان)

im Osten	شَرْقاً
im Westen	غَرْباً
rechts	يَمِيناً
links	يَسَاراً

3.2.3. Adverbialbestimmung des Zwecks (أَلمَفْعُول لَهُ)

(Frage: wozu?, zu welchem Zweck?)

in dem Wunsche nach Verstärkung der Beziehungen

رَغْبَةً فِي تَوْطِيدِ الْعَلاقَاتِ

Ich überreichte ihm ein Geschenk, um meine Hochachtung zu bekunden,

قَدَّمْتُ لَهُ هَدِيَّةً تَعْبِيراً عَنِ

... als Ausdruck meiner Hochachtung

احْتِرَامِي.

3.2.4. An die Stelle des Akkusativs als Adverbialbestimmung tritt häufig eine Präpositionalgruppe.

سَنَةً	=	فِي سَنَةٍ
غَرْباً	=	فِي الْغَرْبِ
سَنَتَيْنِ	=	لِمُدَّةِ سَنَتَيْنِ
تَعْبِيراً عَنْ	=	لِلتَّعْبِيرِ عَنْ

3.3. Zustandsakkusativ (أَلحَال)

s. die Beispiele in dieser Lektion!

3.4. Spezifikationsakkusativ (أَلتَّمْيِيز)

(Frage: worin?, woran?)

Keiner übertrifft ihn an Fleiß.

لا يَفُوقُهُ أَحَدٌ اجْتِهَاداً.

Hauptanwendungsgebiet des *Tamyīz*-Akkusativs ist die Komparation von Adjektiven, die keinen Elativ bilden:

fleißiger أَكْثَرُ اجْتِهَادًا

3.5. Prädikatsnomen im Akkusativ

Der Student war fleißig. كَانَ الطَّالِبُ مُجْتَهِدًا.

Das Prädikatsnomen im Akkusativ haben nach sich auch einige andere Verben, die "Schwestern von *kāna*" (أَخَوَاتُ كَانَ) genannt werden, u. a.:

nicht sein لَيْسَ

werden IV أَصْبَحَ

werden صَارَ

werden; bleiben, weiterhin tun ظَلَّ

bleiben; weiterhin tun بَقِيَ

(nicht) aufhören, noch immer لَمْ يَزَلْ / كَانَ لَا يَزَالُ / لَا يَزَالُ / مَا زَالَ

Vgl. L13, S. 208, **A3**

A4 An die Stelle des nominalen Prädikats kann bei manchen dieser Verben in der Bedeutung "beginnen (etwas zu tun)" oder "dauern, ständig etwas tun" auch ein ganzer Satz mit der Imperfektform treten:

ظَلَّ يَشْرَبُ "er trank weiter, er blieb beim Trinken".

Die gleiche Konstruktion, die dem Zustandssatz mit Imperfektform analog ist, haben noch andere Verben des Beginnens (أَخَذَ، شَرَعَ، بَدَأَ u. a.) sowie die objektbezogenen Verben der Wahrnehmung: بَدَأَ يَشْرَبُ "er begann zu trinken", رَأَيْتُهُ يَشْرَبُ "ich sah ihn trinken".

3.6. Subjekt im Akkusativ

Die Delegation ist gestern
angekommen.
إِنَّ الْوَفْدَ وَصَلَ أَمْسِ.

Ich weiß, daß die Delegation gestern
angekommen ist.
أَعْرِفُ أَنَّ الْوَفْدَ وَصَلَ أَمْسِ.

477

Lektion 28

Auch die Zusammensetzungen mit إِنَّ und أَنَّ (لَكِنَّ، لِأَنَّ u. a.) haben das Subjekt im Akkusativ nach sich.

A6 Das Arabische bietet auch die folgende Möglichkeit:
Wir haben gehört, daß der Direktor angekommen ist. سَمِعْنا أَنَّ الْمُدِيرَ قَدْ وَصَلَ.

Wir haben gehört, daß der Direktor angekommen ist. سَمِعْنا أَنَّهُ قَدْ وَصَلَ الْمُدِيرُ.

Das Suffix هُ im zweiten Beispielsatz wird hier - wie auch in ähnlichen Konstruktionen mit إِنَّ، لَكِنَّ، لِأَنَّ، لَعَلَّ ("vielleicht") - im Arabischen als ضَمِير الشَّأن bezeichnet. Das Suffix هُ ist in diesen Fällen unabhängig vom Genus und Numerus des folgenden Nomens unveränderlich. Das Subjekt الْمُدِير steht dann nicht mehr im Akkusativ, sondern im Nominativ.

3.7. Ausrufe im Akkusativ

Danke. شُكْراً.

Bitte!, Verzeihung! عَفْواً.

Guten Morgen! صَبَاحَ الْخَيْرِ.

Für den Ausruf der Bewunderung (التَّعَجُّب) gibt es eine besondere Konstruktion: مَا + mask. Elativ im Akkusativ + Substantiv im Akkusativ.

Wie schön ist diese Stadt! مَا أَجْمَلَ هَذِهِ الْمَدِينَةَ!

Wie schwer sind die Aufgaben! مَا أَصْعَبَ الْوَاجِبَاتِ!

A5 Beachten Sie den "kleinen" Unterschied bei den Vokalzeichen und in der Bedeutung beim Fragesatz:
Welches sind die schwersten Aufgaben? مَا أَصْعَبُ الْوَاجِبَاتِ؟
Vgl. Sie auch die Anekdote im Text 1 dieser Lektion.

Nach der Vokativpartikel يَا steht das Nomen ohne Artikel und ohne Nunation im Nominativ (يَا مُحَمَّد "oh Muḥammad!", يَا أَبُو "oh Vater!"), jedoch im Akkusativ, wenn ein Genitiv oder Personalpronomen folgt, d.h., wenn das Nomen im Status constructus steht: يَا أَبَانَا "oh unser Vater!".

478

3.8. Akkusativ bei Zahlen und bei كَمْ

Der indeterminierte Akkusativ Singular steht nach den Zahlen 11 bis 99
und nach dem Frageadverb كَمْ "wieviel":

wie viele Personen? كَمْ شَخْصاً؟

24 Studenten und 14 Studentinnen ٢٤ طَالِباً و١٤ طَالِبَةً

3.9. Generelle Verneinung

Form: لا + Nomen ohne Artikel und ohne Nunation im Akkusativ:

zweifellos لا شَكَّ (فِيهِ)

Nichts Neues bei uns! لا جَدِيدَ عِنْدَنَا.

3.10. Akkusativ im Ausnahmesatz

Im positiven Ausnahmesatz steht das Substantiv nach إلّا im Akkusativ:

Außer Muḥammad kamen (sie) alle. جَاءَ كُلُّهُمْ إلّا مُحَمَّداً.

(Vgl. L 27 1.1.1 und 1.1.4.)

3.11. Präpositionen im Akkusativ
Viele Präpositionen sind Nomina und haben die Form eines Akkusativs:

nach بَعْدَ

in Übereinstimmung mit, entsprechend وَفْقَ، وَفْقاً لِ

auf Grund von, entsprechend بِناءً عَلَى

V

bringen; geben etw. بِ آتى (يُؤْتِي) IV	Prinzip	مَبْدَأٌ ج مَبادِئُ
(Wissen) übernehmen أخذ عن	prinzipiell	مِنْ حَيْثُ المَبْدَأ
von j-m., studieren bei	darlegen etw. بسط (يَبْسُطُ) هـ على	
feste Grund- أصَّل (يُؤَصِّلُ) هـ II	j-m.	
lage geben	ja, gewiß doch	بَلَى

479

Töchterchen	بُنَيَّة
hier: Kapitel	باب ج أبْواب
Wasser lassen	بال (يبُولُ)
hier: Rhetorik	بَيَان ج ـات
die ihnen nachfolgenden	التالُون لهم
ausnehmen etw., j-n. von	X اِسْتثنى (يستثْني) هـ، ه من
j-n.ausstatten mit	جبل (يجْبُلُ جبْلاً) ه على
Apokopat	الجزْم
machen etw., j-n. zu	جعل (يجعلُ جعْلاً) هـ، ه
sich bemühen	III جاهد (يُجاهِدُ)
auf dem Wege von	في سبيلِ
Ǧihād	جهاد
verbrennen etw.	IV اَحْرق (يُحْرِقُ) هـ
Sinn; Wahrnehmung	حاسَّة ج حواسّ
gemäß, je nach	بحَسَبِ
gut können etw.	IV اَحْسن (يُحْسِنُ) هـ
würdig, berechtigt *Elat. von* حقيق	اَحقُّ
erlaubt, legitim	حلال
Schmuck	حَلْي / حُلِيّ
ertragen etw.	V تحمَّل (يتحمَّل) هـ
schwanger	حامِل (م) ج حوامِلُ
verlegen sein	V تحيَّر (يتحيَّرُ)
hier: Aussprache	مخْرج ج مخارِجُ
ein i anhängen; Genitiv	الخفْض
schaffen etw.	خلق (يخْلُقُ) هـ

Beweis	دليل ج دلائِلُ، أدِلَّة
Erbarmen	رحْمة
Gott erbarme sich seiner.	رحْمةُ ا للهِ عليهِ
ein u anhängen; Nominativ; Indikativ	الرفْع
heißer Boden	رمْضاءُ
Reinigung, Entsühnung	تزْكِية
Zügel; hier: Register; Mittel zur Entscheidung	زِمام ج أزِمَّة
Voraufgehen	سبْق
Verdienst, der erste zu sein	فضْل السبْق
Sproß, Samen	سُلالة ج ـات
Im Namen Gottes, des Erbarmers, des Barmherzigen, den wir um Hilfe bitten	بسم ا للهِ الرحمن الرحِيم وبهِ نسْتعِين
Schimpfwort	شتِيمة ج شتائِمُ
Heftigkeit	شِدَّة
Ehre	شرف
Sonnenaufgang	شُرُوق الشمْس
Frühzeit des Islam	صدْر الإسلامِ
beten	II صلَّى (يُصلِّي)
fasten	صام (يصُومُ)
Schicht, Gruppe, Klasse	طبقة ج ـات
zu essen geben j-m. etw.	IV أطْعم (يُطْعِمُ) ه هـ
Lehm, Ton	طِين
sichtbar werden j-m.	ظهر (يظْهَرُ) ل
Erstaunen; hier: gramm.	التعجُّب

Kategorie für An- und Ausrufe		Verdienst	فَضْل
gerecht, ausgewogen *Elat. von* عادل	أَعْدَلُ	Nomen agentis	الفَاعِل
süß, angenehm *Elat. von* عذب	أَعْذَبُ	Nomen patientis	المَفْعُول
		Frage	اِسْتِفْهَام
der I‘rāb	الإِعْرَاب	heilig	مُقَدَّس
Wüstenaraber	أَعْرَابِي ج أَعْرَاب	an der Spitze stehen *(Infinitiv)*	تَقَدُّم
Ursache; *(gramm.)* Defektivität *(Buchstabe oder Wort)*	عِلَّة ج عِلَل	Auszug aus	مُقْتَطَف مِن
denken, überlegen	IV أَعْمَل (يُعْمِلُ) الفِكْرَ	sitzen, sich setzen auf etw.	قعد (يَقْعُدُ) على
Bedeutung	مَعْنًى ج مَعَانٍ	Analogie; Regel, Norm	قِيَاس ج ـَات أَقْيِسَة
Familienmitglieder	عِيَال	Sommerhitze	قَيْظ
Opferfest	عِيد الأَضْحَى	glühend heiß	قَائِظ
Pfingsten	عِيد العَنْصَرة	gemein, geizig *Elat. von* لئيم	أَلأَمُ
Ostern	عِيد الفِصْح		
Fest des Fastenbrechens	عِيد الفِطْر	Fluch	لَعْنة ج لعنات
Fest der Geburt des Propheten	عِيد مَوْلِد النبي	ausbreiten, darlegen etw. هـ	مَدَّ (يَمُدُّ)
Weihnachten	عِيد مِيلاد المَسِيح	verächtlich, schmutzig	مَهِين
Sonnenuntergang	غُرُوب الشَمْس	Nachkommen	نَسْل ج أَنْسَال
dominierend	غَالِب	ein *a* anhängen; Akkusativ	النَصْب
deutlich machen	فتق (يَفْتِقُ)	aussprechen etw. بِ	نطق (يَنْطُقُ)
Vielseitigkeit	اِفْتِنَان	zum Sprechen bringen j-n. هـ	IV أَنْطق (يُنْطِقُ)
verstreut	مُتَفَرِّق	Konzept, Methode	مَنْهَج ج مَنَاهِج
hier: Unterschei- dungskriterium	فَصْل ج فُصُول	zwingen, ver- anlassen j-n. zu هـ على ه	IV أَوْجَب (يُوجِبُ)
übrigbleiben	فضل (يَفْضُلُ)	*hier:* anknüpfen an	وصل
vorziehen etw., j-n. vor هـ، ه على	II فَضَّل (يُفَضِّلُ)	erleichtern j-m. etw. هـ لِ	II يسَّر (يُيَسِّرُ)

مقتطفات من **Text 1**

طبقات النحويين واللغويين

لأبي بكر محمّد بن الحسن الزبيدي المتوفّى ٣٧٩ هـ

بسم الله الرحمن الرحيم وبه نستعين

قال أبو بكر محمّد بن الحسن الزبيدي – رحمة الله عليه:

الحمد لله الذي أحسن كل شيء خلقه وبدأ خلق الإنسان من طين، ثم جعل نسله من سلالة من ماء مهين[1]، وفضّله على سائر الحيوان، بما آتاه من حاسّة العقل وبيان اللسان، ثم جبل كل أمّة من الأمم على لغة أنطقهم بها، ويسّرهم لها، وجعل اللسان العربي أعذب الألسنة مخرجاً، وأعدلها منهجاً، وأوضحها بياناً، وأوسعها افتناناً، وجعل الإعراب حلياً للسان، وزماماً وفصلاً لما اختلف من معانيه.

فكان أول من أصّل ذلك أبو الأسود ظالم بن عمرو الدّؤلي، ونصر بن عاصم، وعبد الرحمن بن هُرمُز. فوضعوا للنحو أبواباً، وأصّلوا له أصولاً؛ فذكروا عوامل الرفع والنصب والخفض والجزم، ووضعوا باب الفاعل والمفعول والتعجب والمضاف. وكان لأبي الأسود في ذلك فضل السبق وشرف التقدّم. ثم وصل ما أصّلوه من ذلك التالون لهم، والآخذون عنهم؛ فكان لكل واحد منهم من الفضل بحسب ما بسط من القول، ومدّ من القياس، وفتق من المعاني، وأوضح من الدلائل وبيّن من العلل.

الطبقة الأولى من النحويين البصريين

أبو الأسود الدؤلي

روى أن الذي أوجب عليه الوضع في النحو أن ابنته قعدت معه في يوم قائظ شديد الحرّ، فأرادت التعجّب من شدة الحرّ فقالت: ﴿ ما أشدُّ الحرّ! ﴾ فقال أبوها: ﴿ القيظ، وهو ما نحن فيه يا بنية ﴾ جواباً عن كلامها لأنه استفهام، فتحيّرت وظهر لها خطأها، فعلم أبو الأسود

أنها أرادت التعجّب، فقال لها: ﴿ قولي يا بنية: ما أشدَّ الحرّ ! ﴾ فعمل باب التعجب وباب الفاعل والمفعول به وغيرها من الأبواب .

وقيل : إنه خرج مع أصحابه إلى الصيد ، فلما جلسوا للطعام ، جاء أعرابي . فقال: السلام عليكـم ! أدخل؟

فقال أبو الأسود : ووراءك أوسع لك !

فقال الأعرابي : إنّ الرمضاء قد أحرقت رجليّ .

فقال أبو الأسود : بُلْ عليهما !

فقال : هل عندك شيء تطعمنيه ؟

فقال أبو الأسود : نأكل ونُطْعِم العيال، فإن فضل شيء فأنت أحقّ به من الكـلب !

قال الأعرابي : ما رأيت ألأمَ منك .

قال أبو الأسود : بلى ! ولكنك نسيت !

⁽¹⁾ راجع القرآن الكريم، سورة البقرة

Text 2

عن الإسلام

بيترا: عندي بعض الأسئلة عن الإسلام، لو سمحت.

أحمد: تفضّلي، اسألي عما تريدين!

بيترا: هل أنت مسلم؟

أحمد: الحمد لله.

بيترا: من أي مذهب؟

أحمد: أنا سني ومذهبي هو مذهب الحنابلة، أي مذهب ابن حنبل وليس مذهب الأحناف أي مذهب أبي حنيفة الذي هو المذهب الغالب في البلاد.

بيترا: هل تصلي يومياً؟

أحمد: نعم، أصلّي يومياً خمس مرات، أي صلاة الصبح وصلاة الظهر وصلاة العصر وصلاة المغرب وصلاة العشاء.

بيترا: وكيف بالنسبة للصوم، هل تصوم في شهر رمضان؟

أحمد: نعم، أصوم في شهر رمضان من شروق الشمس إلى غروبها والصوم في الصيف الحار ليس بسيطاً ولكننا نتحمله.

483

بيترا: هل الصوم واجب على كل المسلمين؟

أحمد: من حيث المبدأ نعم، يُستثنى منه المرضى والشيوخ والنساء الحوامل والمسافرون. وقال ا لله في كتابه العزيز :﴿يا أيها الذين آمنوا كُتِب عليكم الصيام كما كتب على الذين من قبلكم﴾. وقال أيضاً: ﴿فمن كان منكم مريضاً أو على سفر فعدّة من أيّام أخر﴾ (1) الصوم يعني الامتناع عن الطعام والشراب والتدخين وعن مضاجعة النساء أيضاً وهذا من شروق الشمس إلى غروبها وبعد ذلك مسموح، الحمد لله.

بيترا: وكيف بالنسبة للزكاة؟

أحمد: الزكاة من فرائض الإسلام وأنا أخرج الزكاة وخاصة زكاة الفطر في نهاية شهر رمضان. والفكرة الأساسية في الزكاة هي أنه على المسلم تزكية ماله أي جعله حلالاً.

بيترا: الفكرة جيدة ولكن ينقصها التطبيق.

أحمد: أنت على حق وبجاهد في سبيل ا لله لتحقيق هذه الفكرة.

بيترا: هل قمت بالحج إلى مكة؟

أحمد: نعم، قمت بحج بيت ا لله الحرام قبل سنتين والحمد لله.

بيترا: ما هو رأيك في الجهاد؟ عندنا في أوربا نقرأ أشياء كثيرة عن الجهاد. هل تعني هذه الكلمة فعلاً الحرب؟

أحمد: أبداً، الجهاد يعني أن المسلم يعمل بكل ما في وسعه في سبيل تطبيق تعاليم الإسلام. وهذا الجهاد الأكبر هو بالنسبة لي أهم بكثير من الجهاد بمعنى الحرب المقدسة.

بيترا: سؤالي الأخير: يوجد عندنا الكثير من الأعياد المسيحية مثل عيد ميلاد المسيح وعيد الفصح وعيد العنصرة فما هي الأعياد الإسلامية.

أحمد: من حيث المبدأ نحتفل بعيدين كبيرين: بعيد الأضحى وبعيد الفطر المبارك في نهاية شهر رمضان وفي دول المغرب يحتفلون بشكل خاص بمولد النبي، صلى ا لله عليه وسلم.

بيترا: شكراً للإجابة على أسئلتي.

أحمد: لا شكر على الواجب.

(1) راجع القرآن الكريم، سورة البقرة

Übungen

L

L1 Ergänzen Sie die passende(n) Präposition(en)!

يصدّر المعمل الإنتاج ... ألمانيا. يستورد البلد البترول ... السعودية. قـامـوا ...
جولة ... البلاد. أوصى ... تقديم المشـروع. استقبلهم ... ساعتين. اشـترى
... المخزن كتباً جديدة إضافة ... شنطة وأقلام. أما ... النسبة ... المؤتمر فهو
ينعقد ... هذا الفندق. هو ... الباب. الطالب ... المدير. الطـائـرة ... البحـر.
وصل ... القاهرة. ... أن تلفنت ... محمد ذهبت ... البيت. زرت المديـر ...
زيارة المعمل. شـرح ... هـم الوضـع ... المرحلـة الأولى. كتبت الرسالة ...
ورقة حمراء. عثروا ... آثار المدينة. تسببت المناقشة ... مشـاكل كثيـرة. كـان
الضيوف يفدون ... المناطق السياحية. تشـهد هـذه المخطوطـات ... مسـتوى
العلـم ... القـرون الوسطى. أشـرك ... هـذه المعلومـات. لا نتقيـد ... هـذه
القواعد. اتفقوا ... المشروع ... محادثات طويلة. إختلف الرئيسـان ... قضايـا
أساسية.

L2 Bestimmen Sie die Wurzel folgender Wörter!

مناسبة / صحة / باع / إمكانية / استثنى / متعوّد / استيراد / قمة / متوفى /
امتدّ / استمرار / مؤقت / اختار / أطروحة / مشروع / مستحيل / استئمارة /
استنتاج / مصفاة / استبان / تدهور / حاج / شوربة / جوعان / سؤال / مدة

L3 Suchen Sie Antonyme zu folgenden Wörtern!

نهاية / صدّر / ممطر / نجاح / سهول / تقدّم / صحيح / يسار / تعبان / جهـل
/ جلس / استيراد / ممكن / سريع / بارد / زواج / اتفق

L4 Übersetzen Sie folgende Ausrufe der Bewunderung ins Arabische!
Verwenden Sie die Konstruktion ما + Elativ im Akkusativ + Substantiv
im Akkusativ!

1. Wie schön sind diese Übungen!
2. Wie schwer sind diese Wochen!
3. Wie hoch sind diese Berge!
4. Wie lang sind diese Listen!
5. Wie groß ist diese Melone!
6. Wie geräumig sind diese Zimmer!
7. Wie stark sind diese Männer!

8. Wie süß sind diese Datteln!

9. Wie schnell ist dieses Auto!

L5 Übersetzen Sie folgende Sätze ins Deutsche!

دخل الرئيس ضاحكاً وفي يده المعاهدة الجديدة.

خرجت صديقتي ضاحكة.

نام الأستاذ جالساً والطلاب يثرثرون.

وصل القطار السريع قادماً من برلين.

غادر رئيس الوزراء البلد متوجهاً إلى النمسا.

جلس الطالب في الصف وفي يده فلوس كثيرة.

هرب الطالب ضاحكاً عندما رأى أستاذه.

شرح الكتاب شرحاً طويلاً وهو ينظر إليَّ.

استقبلني المدير ولا يقول كلمة.

دخل المستشار الألماني المؤتمر الصحفي وقد كان الصحفيون مجتمعين.

عاد إلى بيته وقد كانت العائلة نائمة.

تفرج على المباراة وهو يشعر بالبرد.

G

G1 Beantworten Sie die folgenden Fragen entweder unter Verwendung des Duals oder von واحد bzw. واحدة !

كم ساعة عملت هناك؟ > عملت هناك ساعة واحدة.

أو: عملت هناك ساعتين.

كم شهراً   عملت في ذلك المصنع (هناك، معه هناك، في بيتهم)؟

سكنت في تلك الغرفة (تلك المدينة، ذلك البيت)؟

مكثت في ذلك البلد (في تلك المدينة، في عاصمتنا)؟

كم سنةً   درست اللغة العربية (اللغة الألمانية، هذه اللغة)؟

عملت هناك (في تلك المدينة، في ذلك المصنع)؟

مكثت في لايبزغ (في برلين، في القاهرة، في العاصمة)؟

كم ساعةً   عملت في البيت (في المكتبة، في المعهد)؟

شرحت له العمل (عمله، هذه الأعمال، الدرس)؟

جلست في المطعم (في القاعة، هناك، عندهم)؟   كم يوماً

عملت في المصنع (في بيتك، في المكتبة، في المعهد)؟

مكثت في تلك المدينة (في ذلك البلد، في العاصمة)؟

سكنت في الفندق (في بيته، في بيت الطلبة، هناك)؟

درست هذه اللغة (الحياة هناك)؟   كم أسبوعاً

سكنت في الفندق (عندهم، عند أصدقائك)؟

عملت في المصنع (في المكتبة، في المخزن)؟

من البيرة (النبيذ، الماء) شربت؟   كم كأساً

من القهوة (الشاي) شربت؟   كم فنجاناً

(قلماً، كرّاسة، جهازاً، ممحاةً) أخذت / طلبت؟   كم كتاباً

(سنةً) درست في تلك الجامعة؟   كم شهراً

G2 Bilden Sie positive Ausnahmesätze und beachten Sie dabei, daß das Substantiv bei diesen Sätzen nach إلّا im Akkusativ steht!

جاء كلهم + محمد   >   جاء كلهم إلّا محمداً.

الوفد المصري	وصلت الوفود
كتاب واحد	قرأت كل الكتب
مملكة واحدة	تدهورت هذه الممالك
دين واحد	رفض كل الأديان
عقدان	قرأ الوزير كل العقود
طالب ألماني	يشترك الطلاب في حفلات الزواج
وحدة أمريكية	انسحبت الوحدات
ضيفان	نام كل الضيوف

G3 Setzen Sie die folgenden Sätze in die Vergangenheit!

الطقس بارد. المعلم جديد. الحفلة جميلة. هؤلاء الرجال معلمون. الطلاب مجتهدون. القلم ممتاز. الحوار طويل. الدرس مملّ. التمرين بسيط. هناك ضيوف كثيرون. حفلة الزواج جميلة. الحب شديد. الأسد قوي. السؤال صعب.

G4 Verneinen Sie die Sätze aus Ü3 in der Vergangenheit!

G5 Verneinen Sie die Sätze aus Ü3 mit ليس !

G6 (Wiederholung) Verneinen Sie die angeführten Bedingungssätze und den Folgesatz!

إذا كان عندي وقت أجيء إليك.> إذا لم يكن عندي وقت لا أجيء إليك.

إذا قرأت هذا الكتاب عرفت القضية.

إذا تعلّمت الكلمات الجديدة تستطيع أن تترجم الأسئلة.

إذا أعطيتني الكتاب العربي أعطيك الكتاب الفرنسي.

إذا أنهيت العمل سأجيء إليك.

إذا اشتركت أنت في المؤتمر أشترك أنا في المؤتمر أيضاً.

إذا قابلتُ الأصدقاء يمكنني أن أطلعهم على القضية.

إذا كانت عندي نقود أشتري الكتب.

إذا رافقني أحد أذهب إلى هناك.

إذا كان الطقس جميلاً نقوم بنزهة.

إذا كنتَ مجتهداً نوفدك للدراسة إلى الخارج.

إذا دبّرت لي الاستمارات سأسافر يوم الجمعة.

G7 (Wiederholung) Koppeln Sie die folgenden Sätze dergestalt, daß der 2. Satz ein mit ولو (حتى) eingeleiteter Konzessivsatz wird!

نفعل ذلك وحدنا   نفعل ذلك >

نفعل ذلك (حتى) ولو فعلنا ذلك وحدنا.

سأنهي العمل   لا يساعدني أحد >

سأنهي العمل (حتى) ولو لم يساعدني أحد.

ليس الطقس جميلاً	نقوم بنزهة
(يكون) جميعهم موجودون	نتحدّث حول هذه المشكلة
(يكون) أقوياء	نقاوم أعداءنا
(يكون) الوصول إلى هناك صعب	نحاول ذلك
أعمل ١٦ ساعة	سأنهي العمل
أسافر إلى هناك مرة ثانية أو ثالثة	أدبّر الأعمال
لا يحضرها أصدقائي	سأحضر الحفلة
أفعل ذلك وحدي	أفعل ذلك
يساعدني صديقي	سوف لا أنهي العمل

G8 Übersetzen Sie ins Arabische!

Er ist fleißiger als die Polizei erlaubt.

Er ist zu Fuß schneller als mit dem Auto.

Seine Hose ist weißer als sein Hemd.

Sie weiß mehr als ihr Lehrer.

Keiner ist dümmer als er.

K

K1 Stellen Sie in Anlehnung an Text 2 Fragen in Arabisch an den Lektor über die Pflichten eines Muslims! Der Lektor sollte in seinen Antworten möglichst auch Zitate aus Koran und Ḥadīt verwenden.

K2 Gestalten Sie in Anlehnung an Text 2 einen Dialog, in dem ein Christ in ähnlicher Weise befragt wird! Nutzen Sie dazu u.a. folgende Vokabeln:

Beichte	الاعتراف بخطاياه
Bibel	الكتاب المقدس/التوراة والإنجيل/العهد القديم والعهد الجديد
das jüngste Gericht	يوم الدين / يوم القيامة
Glaube	إيمان بِ / عقيدة
gläubig, Gläubiger	مؤْمِن ج ـون
Hölle	جهنَّمُ (م) / جحيم (م) / نار (م)
Jesus	عِيسىَ / يسُوعُ / يسوع المسيح
Katholik	كاثوليكي
Kirche	كنيسة ج كنائسُ
Papst	البابا ج بابوات
Paradies	جنَّة / فِردَوْس
Protestant	بروتستانتي
Sünde	خطيئة ج خطايا / إثْم ج آثام
Teufel	شيطان ج شياطينُ / إبْليس ج أبالِسة

489

Komplexübung:
Übersetzen Sie ins Arabische!

Nun habe ich das arabische Alphabet, Nominal- und Verbalsätze, starke und schwache Verben, den Apokopat, Verbstämme, Singular und gesunden und gebrochenen Plural, die Genitivverbindung, Aktiv und Passiv, die arabischen Zahlen, den Infinitiv, den Elativ, Bedingungs- und Ausnahmesätze, den Akkusativ und viele Vokabeln gelernt und Texte über die arabische Geschichte und den Islam, über Politik, Wirtschaft und Erdöl, über die Landwirtschaft, die Wüste, den Sport und über arabische Sprichwörter usw. gelesen und viele Rollen in den Dialogen gespielt. Auch Briefe und meinen Lebenslauf mußte ich in Arabisch schreiben.

Ich weiß jetzt, daß man diese Sprache nur erlernen kann, wenn man immer an den Unterrichtsstunden teilnimmt und alle Hausaufgaben erledigt. Ich habe aber auch gelernt, wie ich mich entschuldige, wenn ich manchmal nicht teilnehmen konnte, weil der Zug Verspätung hatte oder weil der Vater zum fünften Mal seinen 50. Geburtstag feierte.

Ich kenne auch einige arabische Sprichwörter, wie z.B.:

Wenn die Katze aus dem Hause ist, tanzen die Mäuse auf dem Tisch.

Liebe macht blind.

Viele Köche verderben den Brei.

Der Apfel fällt nicht weit vom Stamm.

Arabische Schimpfwörter (شَتَائِمُ ج شَتِيمَة) und Flüche (لَعَنَات ج لَعْنَة)
habe ich aber nicht gelernt. Danach muß ich meinen Lehrer unbedingt noch vor den Abschlußprüfungen fragen, damit ich wenigstens einige kenne, wenn ich sie nach der Prüfung brauchen sollte.

Nun hoffe ich, daß ich in der Abschlußprüfung erfolgreich sein werde.

Glossar Arabisch - Deutsch
Hinweise für die Benutzung des Glossars

1. **Die Ordnung**
   Die arabischen Wörter sind mechanisch-alphabetisch geordnet. Hinter dem deutschen Wort steht die Nummer der Lektion, in der das arabische Äquivalent zuerst behandelt worden ist.

2. **Die Vokalisation**
   Die arabischen Wörter sind nicht voll vokalisiert. Bei Beachtung der folgenden Hinweise sollten jedoch mißverständliche Lesungen ausgeschlossen sein.

2.1. Nicht oder nur teilweise vokalisiert sind:
   a) häufig vorkommende oder regelmäßig gebildete Wörter und Wortstrukturen. Zu ihnen gehören:
   - der Artikel ال
   - die gebräuchlichsten Präpositionen, Konjunktionen, Pronomen und Partikeln
   - die gesunden Plurale
   - die Verben der Form فَعَلَ ; bei فعِل und فعُل sind *Kasra* bzw. *Ḍamma* gesetzt
   - die regelmäßig gebildeten Verben in den abgeleiteten Stämmen; bei ihnen sind *Šadda* und *Sukūn* gesetzt
   - das Nomen unitatis von Gattungskollektiva
   - die Zahlen; bei ihnen ist auf die Übersicht verwiesen;
   b) manche Fremdwörter, deren Aussprache sich der Originalaussprache nähert und deren Lautung mit Vokalzeichen nicht sicher angegeben werden kann.

2.2. Dienen *Alif* ا und *Wāw* و oder *Yā'* ي zur Vokallängung, so entfällt die Vokalisierung des Buchstabens davor, also z.B. با = *bā*, بو = *bū*, بي = *bī*. Diphtonge sind jedoch immer gekennzeichnet: أو = *au*, أَي = *ay*.

2.3. Die Nunation steht vereinzelt nur dann, wenn bei Wortverbindungen deutlich gemacht werden soll, ob es sich um eine Genitivverbindung, attributive Fügung oder Apposition handelt.

2.4. Diptota werden im Auslaut durch *Ḍamma* (im G./A. *Fatḥa*) gekennzeichnet.

2.5. Bei den Wörtern mit anlautendem *Hamzat waṣl*, also vor allem den Verben und Infinitiven des VII. - X. Stammes, steht *Kasra* unter *Alif* ا .

2.6. *Hamzat qaṭᶜ*, *Šadda* und *Sukūn* sind fast ausnahmslos gesetzt.

2.7. Die Präfixe مِ *mi-* und مُ *mu-* sind immer vokalisiert.

2.8. In allen anderen Fällen sind zur Kennzeichnung eines kurzen Vokals nur *Kasra* und *Ḍamma* gesetzt, nicht aber *Fatḥa*.

3. Die Angabe der Substantive:

3.1. Die arabischen Substantive werden mit Ausnahme von bestimmten Kollokationen bzw. von Wörtern, die immer mit Artikel stehen, ohne Artikel aufgeführt.

3.2. Vor der Pluralform steht (ج)= جمع , wenn das betreffende Wort nur im Plural aufgeführt wird. Sind, wie üblich, Singular- und Pluralform eines Nomens angegeben, so steht zwischen beiden ein ج.

- Vor der Femininform steht (م) = مُؤَنَّث,

- vor der Dualform (ث) = مُثَنَّى,

Werden mehrere Plurale angegeben, so steht zwischen ihnen ، .

م in Rundklammern (م) hinter der Singularform kennzeichnet das feminine Genus eines Substantivs maskuliner Form.

3.3. Auf Gattungskollektiva wird mit *coll.* verwiesen, das Nomen unitatis aber nicht angeführt.

3.4. Auf umgangsprachliche Verwendung wird mit *umg.* verwiesen.

3.5. Auf vornehmliche Verwendung in einem bestimmten Sprachraum wird mit *äg.* (ägyptisch), *alg.* (algerisch) *ir.* (irakisch), *jem.* (jemenitisch) und *syr.* (syrisch) hingewiesen.

3.6. Manche europäischen und arabischen Eigennamen wurden nicht aufgenommen.

4. Die Angabe der Verben

4.1. Die arabischen Verben werden in der Perfektform angegeben. Die Imperfektform steht danach in runden Klammern. Beim Grundstamm folgt der gebräuchlichste Infinitiv entsprechend der arabischen Zitierweise im Akkusativ. Bei den regelmäßig flektierten abgeleiteten Stämmen ist auf die Angabe des Infinitivs verzichtet worden. Die Kennzeichnung des jeweiligen Stammes erfolgt nur durch die römischen Ziffern II - X.

4.2. Dem arabischen Verb sind Rektionsangaben beigefügt, wobei mehrere gleichberechtigte oder wahlweise zu benutzende Pronomen oder Präpositionen durch Komma getrennt werden: ه für den Akkusativ der Person, ـهـ für den Akkusativ der Sache, die Präpositionen على, في, ب , عن u.a. Gehören sie nicht direkt zur Rektion des Verbs, so stehen sie in runden Klammern.

5. Rektionsangaben zum deutschen Aquivalent, erläuternde Zusätze usw. stehen in runden Klammern.

Glossar Arabisch-Deutsch

آ

bringen; geben etw.(L28) آتى (يُؤْتي) بـ IV

Altertümer(L9) ج آثار

anderer (m./f.)(L5) آخَرُ/ أُخْرَى ج آخَرون ، أُخْرَيات

letzter(L24) آخِر ج ون، ات، أواخِرُ

Kleinasien(G25) آسيا الصُّغْرَى

asiatisch, Asiat(L9) آسْيَويّ ج ـون

Unglück; Pflanzenseuche(L20) آفة ج ـات

Maschine(L20) آلة ج ـات

automatisch(L12) آلِيّ

hoffend, daß(L18) آمِلاً أنْ

jetzt(L2) الآن

damals, zu jener Zeit(L24) آنذاك = إذ ذاك

Fräulein(L2) آنِسة ج ـات

أ

(Fragepartikel)(L9) أ

..., nicht wahr?(L9) أ ليس كذلك؟

Vater(L2) أب ج آباء

weiß(L7) أبْيَضُ (م) بيْضاءُ ج بيض

kommen (nach, zu)(L12) أتى (يأْتي إتْياناً) (إلى)

nachweisen, beweisen, bestätigen etw.(L25) أثْبَت (يُثْبِتُ) هـ IV

(Präp.) während(L18) أثْناءَ

antworten auf(L15) أجاب (يُجيبُ) على IV

Lohn, Miete(L9) أجْر ج أُجُور

Miete(G9) أُجْرة

Porto(G15) أُجْرةُ البريد

durchführen(L15) أجْرَى (يُجْري) هـ IV

Ausländer, ausländisch(L6) أجْنَبي ج أجانِبُ

lieben j-n., etw.(L18) أحَبَّ (يُحِبُّ) ه،هـ IV

erringen etw.(L17) أحْرَز (يُحْرِزُ) هـ IV

verbrennen etw.(L28) أحْرَق (يُحْرِقُ) هـ IV

gut können etw.(L28) أحْسَن (يُحْسِنُ) هـ IV

viel besser als(L12) أحْسَنُ بكثير من

(mit)bringen zu(L14) أحْضَر (يُحْضِرُ) إلى IV

würdig, berechtigt Elat. von(L28) أحَقُّ حقيق

rot(L7) أحْمَرُ (م) حمْراءُ ج حُمْر

dumm, einfältig(G25)(L26) أحْمَق (م) حمْقاءُ

manchmal(L7) أحْياناً

Bruder(L2) أخ ج إخْوة

mitteilen j-m.etw.(L14) أخْبَر (يُخْبِرُ) ه ب IV

Schwester(L2) أُخْت ج أخَوات

nehmen etw.(L7) أخذ (يأخُذُ أخْذاً) هـ

(Wissen) übernehmen von j-m., studieren bei(L28) أخذ عن

stumm(G25) أخْرَسُ (م) خرْساءُ ج خُرْس

grün(L7) أخْضَرُ (م) خضْراءُ ج خضْر

Höhlung (der Fußsohle)(L24) أخْمَصُ القدم ج أخامِصُ

letzter(L10) أخِير

schließlich(L10) أخيراً

Gerät, Instrument(L24) أداة ج أدوات

Literatur(L8) أدب ج آداب

begreifen, erkennen(G20) أدْرك (يُدْرِكُ) IV

unten,(L16), nah, näher(G25) أدْنَى (م) دُنْيا

führen zu(L15) أدَّى (يُؤَدِّي) إلى II

melden(G20) أذاع (يُذيعُ) IV

Ohr(L9) أُذُن (م) ج آذان

ich gehe zu / nach ...(L3) أذْهَبُ إلى

wollen etw., daß(L15)	IV أراد (يُريدُ) هـ،أنْ	werden etw.(L17)	IV أصْبح (يُصْبحُ) هـ
zurückbringen etw. nach(L23)	IV أرْجع (يُرْجعُ) هـ إلى	herausgeben etw.; ausstellen, erteilen(L20)	IV أصدر (يُصدِرُ) هـ
Ich bitte um Entschuldigung.(L10)	أرْجُو الإعْتِذار	gelb(G25)	أصْفرُ (م) صفْراءُ ج صُفْر
ich begrüße Sie(L11)	أُرحِّبُ بكُم	feste Grundlage geben(L28)	II أصَّل (يُوصِّلُ) هـ
billiger als(L19)	أرْخصُ مِن	Herkunft(L27)	أصْل ج أُصُول
jordanisch; Jordanier(L14)	أُرْدُنّيّ	ursprünglich *(Adv.)*(L27)	أصْـلاً
schicken, senden j-n., etw. j-m.(L14)	IV أرْسل (يُرْسِلُ) ه هـ إلى / لـ	ursprünglich(L8)	أصْليّ
Boden, Erde(L2)	أرْض (م) ج أراضٍ	hinzufügen etw. zu(L17)	IV أضاف (يُضيفُ) هـ إلى
Hase, Kaninchen(L26)	أرْنب ج أرانبُ	taub(G25)	أطْرشُ (م) طرْشاءُ ج طُرْش
zeigen j-m. etw.(L18)	IV أرى (يُري) ه هـ	Dissertation(L9)	أطْرُوحة ج ـات
ich will ... (etw.)(L6)	أُريدُ ... (هـ)	zu essen geben j-m. etw.(L28)	IV أطْعم (يُطْعِمُ) ه هـ
blau(G25)	أزْرقُ (م) زرْقاءُ ج زُرْق	informieren j-n. über etw.(L23)	IV أطْلع (يُطْلِعُ) ه على
Krise(L11)	أزْمة ج أزمات	wiederherstellen(L27)	IV أعاد (يُعيدُ) هـ إلى
Grundlage(L10)	أساس ج أُسُس	*(Pass.)* angesehen werden als(L23)	اُعْتُبِر / يُعْتَبَرُ هـ
grundlegend(L10)	أساسيّ	bewundern etw.(L23)	IV أعْجب (يُعْجبُ) هـ
Woche(L6)	أُسْبُوع ج أسابيعُ	Wiederhole!(L3)	أعِدْ ! / أعِيدِي !
Professor, Meister(L6)	أُسْتاذ ج أساتِذة	gerecht, ausgewogen *Elat. von* عادل(L28)	أعْدلُ
Löwe(L26)	أسد ج أُسُد، أُسُود	süß, angenehm *Elat. von* عذب(L28)	أعْذبُ
glücklich machen j-n.(L23)	IV أسْعد (يُسْعِدُ) ه	Wüstenaraber(L28)	أعْرابيّ ج أعْراب
erbringen etw.(L14)	IV أسْفر (يُسْفِرُ) عن	geben j-m. etw.(L14)	IV أعْطَى (يُعْطي) ه هـ
unterer(G25)	أسْفلُ (م) سُفْلى	geben j-m. etw.(L15)	IV أعْطَى (يُعْطي) ه/ لـ إلى،هـ
braun(G25)	أسْمرُ (م) سمْراءُ ج سُمْر	nachfolgen etw. *(zeitl. direkt)*(L21)	IV أعْقب (يُعْقبُ) هـ / على
schwarz(L7)	أسْودُ (م) سوْداءُ ج سُود	bekanntgeben etw.(L15)	IV أعْلن (يُعْلِنُ) هـ
beaufsichtigen; betreuen j-n., etw.(L16)	IV أشْرف (يُشْرفُ) على	höher, höchst(L16)	أعْلَى/ عُلْيا (م)
blond(G25)	أشْقرُ (م) شقْراءُ ج شُقْر		
treffen etw., j-n.(L15)	IV أصاب (يُصيبُ) هـ، ه		

denken, überlegen(L28)	IV أَعْمَلَ (يُعْمِلُ) الفِكْرَ
blind(G25)	أَعْمَى (م) عمْياءُ ج عُمْي
verschließen etw. vor(L22)	IV أَغْلَق (يُغْلِقُ) هـ أمام
Lied(L17)	أُغْنِية ج ـات، أغانٍ
benachrichtigen j-n. über etw.(L18)	IV أفاد (يُفِيدُ) ه هـ، بِ
erfreuen j-n.; froh machen j-n., daß(L14)	IV أفْرح (يُفْرِحُ) ه، أنْ
Horizont, Perspektive(L20)	أُفُق ج آفاق
veranstalten etw.(L15)	IV أقام (يُقِيمُ) هـ
fern; höchst(G25)	أقْصى (م) قُصْوى
versichern(G20)	II أكّد (يؤكِّدُ)
essen(L5)	أكل
essen etw.(L7)	أكل (يأكُلُ) أكلاً هـ
Essen, Speise(L3)	أكلة ج أكلات
gemein, geizig Elat. von لئيم(L28)	الأَمُ
hinzufügen etw. zu(L21)	IV ألْحق (يُلْحِقُ) هـ ب
schädigen etw.(L21)	ألْحق أضْراراً ب
Leichtathletik (engl.: track and field)(L17)	ألْعاب الساحة والميدان
Reiterspiele(L17)	الألْعاب الـفُـرُوسِيَّة
absagen etw.(L15)	IV ألْغَى (يُلْغِي) هـ
tausend(L6)	ألْف ج آلاف
tausend Dank(L8)	ألْف شُكْر
werfen etw.(L15)	IV ألْقَى (يُلْقِي) هـ
eine Rede halten(L15)	ألْقى كلمةً
Schmerz(L13)	ألَم ج آلام
deutsch, Deutscher(L4)	ألْماني ج ألْمان

Deutschland(L5)	ألْمانِيا
oder (in Entscheidungsfragen)(L4)	أمْ
Mutter(L2)	أُمّ ج أُمَّهات
Was (Aḥmad) betrifft, so ist er (in der Stadt)(L9)	أمّا (أحمد) فهو (في المدينة)
(Präp.) vor (lok.)(L2)	أمامَ
Sicherheit, Schutz(L14)	أمان
Nation, Volk(L11)	أُمَّة ج أُمم
Sache, Ding(L11)	أمْر ج أُمُور
Amerika(L6)	أمْريكا
amerikanisch(L19)	أمْريكِيّ
gestern(L5)	أمْس
können, in der Lage sein zu, j-m. möglich sein(L14)	IV أمْكن (يُمكِنُ) ه، أنْ
hoffen, daß(L8)	أمل (يأمُلُ أملاً) أنْ
die Vereinten Nationen, UNO(L11)	الأمم المُتَّحِدة
Sicherheit(L11)	أمْن
Emir(L12)	أمِير ج أُمراءُ
Kassierer(L16)	أمِين الصندوق
Sekretär(L8)	أمِين ج أُمناءُ
treu, zuverlässig(L26)	أمِين ج أُمناءُ
Generalsekretär(L8)	أمِين عامّ ج أُمناءُ عامُّون
daß (+ Konjunktiv)(G8)	أنْ
daß (+ Akkusativ)(L5)	أنَّ
ich(L2)	أنا
Mir geht es gut.(L2)	أنا بِخَيْرٍ
Rohr, Röhre(L24)	أُنْبُوب(ة) ج أنابِيبُ
du (m.)(L2)	أنْتَ
du (f.)(L2)	أنْتِ

Du hast recht.(L8)	أنت على حقّ.
produzieren etw.(L19) IV	أنْتج (يُنتِجُ) هـ
ihr (2.P.Pl.m.)(L2)	أنْتُم
ihr beide (2.P.m.+f.)(G9)	أنتما
ihr (2.P.Pl.f.)(L2)	أنتنَّ
erledigen, durchführen etw., schaffen(L14) IV	أنْجز (يُنْجزُ) هـ
schaffen, errichten etw.(L25) IV	أنْشأ (يُنْشِئُ) هـ
zum Sprechen bringen j-n.(L28) IV	أنطق (يُنطِقُ) هـ
Nase(L13)	أنْف ج أُنوف
beenden etw.(L15) IV	أنْهَى (يُنْهي) هـ
Sunniten(L10)	أهْل السُنّة
Familie, Verwandte; Anhänger(L5)	أهْل ج أهالٍ
etwa: Grüß Dich!(L2)	أهْلاً بِكَ / بِكِ
Herzlich willkommen!(L2)	أهْلاً وسهْلاً
wichtiger(L13)	أهمّ
Wichtigkeit, Bedeutung(L17)	أهمِّيَّة
OPEC(L19)	الأوبك
zwingen, veranlassen j-n. zu(L28) IV	أوْجب (يُوجِبُ) هـ على ه
europäisch(L7)	أورُبّيّ
Mittel-, mittlerer(G25)	أوْسط ج وُسْطى
bringen j-n., etw. nach(L15) IV	أوْصل (يُوصِلُ) ه، هـ إلى
empfehlen j-n., etw.(L23) IV	أوْصَى (يُوصِي) ب
erläutern etw.(L15) IV	أوْضح (يُوضِحُ) هـ
entsenden j-n. nach(L19) IV	أوْفد (يُوفِدُ) ه إلى

jene(L7)	أولئِكَ
erster / erste(L6)	أوّل م أُولَى
anfänglich, erst-(L18)	أوّليّ
d.h.(L4)	أيْ
welcher/welche(L6)	أيٌّ / أيّة
etwa: Kann ich ihnen helfen?(L6)	أية خدمة؟
unterstützen j-n., etw.(L15) II	أيّد (يُؤيِّدُ) ه، هـ
Arbeitskräfte(L25)	ج الأيدي العامِلة
linker(G25)	أيْسرُ (م) يُسْرى
Eiskrem(L7)	أيْس كْريم
auch(L2)	أيْضاً
rechter(G25)	أيْمنُ (م) يُمْنى
wo(L2)	أيْنَ
(umg. äg.) ja(L23)	أيْوَه

إ

ethnologisch(L9)	إثْنولوجيّ
Antwort(en) auf(L21)	إجابة على
Freistellung; Urlaub(L13)	إجازة ج ات
Krankschreibung(L13)	إجازة مرضية
Durchführung(L18)	إجْراء
gesamt, Brutto-(L19)	إجْماليّ
Verwaltung(L10)	إدارة ج ات
Verwaltungs-(L18)	إداريّ
(mit Verbalsatz) da, siehe da(L12)	إذْ
indem; da(L23)	إذْ
wenn(L26)	إذا
also(L10)	إذن
(Präp.) gegenüber, vor(L21)	إزَاءَ

spanisch, Spanier[L9]	إسْبانيّ ج ـون	usw., *Abk.*[L7]	إلخ إلى آخِرِهِ
Spanien[L5]	إسْبانيا	Auf Wiedersehen![L2]	إلى اللِقاء
Australien[L15]	إسْتراليا	nach links[L4]	إلى اليَسار
Israel[L14]	إسْرائيل	nach rechts[L4]	إلى اليَمين
der Islam[L10]	الإسْلام	nach unten[L2]	إلى تَحْتُ
islamisch[L10]	إسْلاميّ	neben[L9]	إلى جانب
Durchfall[L14]	إسْهال	nach oben[L2]	إلى فوقُ
Beitrag[L18]	إسْهام	entweder ... oder[L18]	إمّا ... وإمّا/ ... أو
Verbreitung[L21]	إشاعة	Emirat[L3]	إمارة ج إمارات
Aufsicht über[L18]	إشْراف على	Imperium, Reich[L21]	إمبراطورية ج ـات
Einbeziehung (in)[L11]	إشْراك (في)	Möglichkeit[L8]	إمْكانية ج ـات
Finger; Zehe[L13]	إصْبع (م) ج أصابعُ	*satzeinl. Partikel*[L8]	إنَّ
Reform[L22]	إصْلاح	wenn, wenn auch, obgleich[L26]	إنْ / وإنْ
zusätzlich zu[L9]	إضافةً إلى	Wenn Gott will.[L8]	إنْ شاءَ ا لله
zusätzlich[L19]	إضافيّ	Produktion[L19]	إنْتاج
Rahmen[L8]	إطار ج أُطُر	Mensch[L13]	إنْسان
Wieder-, Re-[L11]	إعادة	menschlich[L12]	إنْسانيّ
Vorbereitung[L16]	إعْداد	Zoll (*engl. Maßeinheit*)[L15]	إنْش ج ـات
der Iᶜrāb[L28]	الإعْراب	Gerechtigkeit[L24]	إنْصاف
Information[L12]	إعْلام	Ausgaben[L19]	إنْفاق
afrikanisch, Afrikaner[L9]	إفْريقي ج ـون، أفارِقة	Influenza[L20]	إنفلوينزا
Bankrott[L22]	إفْلاس	englisch, Engländer[L9]	إنْكْليزي ج إنْكْليز
Aufenthalt[L10]	إقامة ج ـات	Beendigung[L19]	إنهاء
feudal[G21]	إقْطاعيّ	positiv[L11]	إيجابيّ
außer[L27]	إلّا	(das) Finden[L10]	إيجاد
vor *(Uhrzeit)*[L16]	إلّا	Iran[L24]	إيران
Gottheit[L27]	إله، إلاه ج آلِهة	Italien[L21]	إيطاليا
(*Präp.*) bis, nach[L2]	إلَى	Entsendung[L19]	إيفاد

497

ا

Koalitions-(L21)	اِئْتِلافيّ
beginnen (*intr.*)(L18) VIII	اِبْتدأ (يَبْتَدِيءُ)
primär(L16)	اِبْتِدائيّ
lächeln(G28) VIII	اِبْتسم (يَبْتَسِمُ)
Erfindung(L20)	اِبْتِكار ج ات
Sohn(L10)	اِبْن ج أبْناء، بَنون
sich wenden an, nach(L21) VIII	اِتّجه (يتّجهُ) إلى
die Europäische Union(L20)	الاتّحاد الأوربيّ
Union(L20)	اِتّحاد ج ات
ansehen, betrachten (etw. als)(L26) VIII	اِتّخذ (يتّخِذُ) من هـ
gekennzeichnet sein durch(L20) VIII	اِتّسم (يتّسِمُ) ب
Verbindung mit(L18)	اِتّصال ج ـات ب
sich in Verbindung setzen mit(L18) VIII	اِتّصل (يتّصِلُ) ب
sich herausstellen(G20) VIII	اِتّضح (يتّضحُ)
übereinkommen, sich einigen (über)(L18) VIII	اِتّفق (يتّفقُ) (على)
Versammlung(L5)	اِجْتِماع ج ـات
Soziales(G20)	اِجْتِماعيّات
sich treffen mit j-m.(L18) VIII	اِجْتمع (يجْتمعُ) ب
Fleiß(G25)	اِجتهاد ج ات
brauchen j-n., etw.(L18) VIII	اِحْتاج (يحْتاجُ) إلى
achten, ehren j-n., etw.(L26) VIII	اِحْترم (يحْترِمُ) ه، هـ
Feierlichkeit(L8)	اِحْتِفال ج ـات
(auf)bewahren etw.(L26) VIII	اِحْتفظ (يحْتفِظُ) ب هـ

besetzen, einnehmen etw.(L25) VIII	اِحْتلَّ (يحْتلُّ) هـ
möglich oder wahrscheinlich sein(G20) VIII	اِحْتمل (يحْتمِلُ)
Reserve, Vorrat(L15)	اِحْتياطيّ ج ـات
auswählen j-n, etw. aus(L19) VIII	اِخْتار (يخْتارُ) ه، هـ من
Prüfung, Test(L16)	اِخْتِبار ج ات
beenden etw. mit(L20) VIII	اِختتم (يخْتتِمُ) هـ ب
Erfindung(L22)	اِخْتِراع ج ـات
verschwinden(G26) VIII	اِخْتفى (يخْتفِي)
sich vermischen mit(L27) VIII	اِخْتلط (يخْتلِطُ) ب
Höhe(G9)(L15)	اِرْتِفاع ج ـات
Genugtuung(L14)	اِرْتِياح
ansteigen(L19) VIII	اِزْداد (يزْدادُ)
Aufschwung, Konjunktur; Aufblühen, Blüte(L19)	اِزْدِهار
(auf-)blühen(L27) VIII	اِزْدهر (يزْدهرُ)
mieten etw.(L18) X	اِسْتأْجر (يسْتأْجِرُ) هـ
(das) Mieten(L18)	اِسْتِئْجار ج ات
Formular (meist استمارة geschrieben)(L9)	اِسْتِثْمارة ج ـات
ausbeuten; investieren(G19) X	اِسْتثْمر (يسْتثْمِرُ)
ausnehmen etw., j-n. von(L28) X	اِسْتثْنى (يسْتثْني) هـ، ه من
Nutzung, Verwendung(L20)	اِسْتِخْدام ج ـات
fördern etw. aus(L25) X	اِسْتخْرج (يسْتخْرِجُ) هـ من
ziehen, ableiten, etw. von(L23) X	اِسْتخْلص (يسْتخْلِصُ) هـ من

Name; Nomen (L2)	اِسم ج أَسْماء
sozialistisch, Sozialist (L8)	اِشْتِراكِيّ ج ـون
Sozialismus (G20)	اِشْتِراكِيّة
teilnehmen an etw. (L18)	VIII اِشْتَرك (يَشْتَرِكُ) في
du (f.) kauftest (L4)	اِشْتَرَيْتِ
du (m.) kauftest (L4)	اِشْتَرَيْتَ
ich kaufte (L4)	اِشْتَرَيْتُ
arbeiten (L18)	VIII اِشْتَغل (يَشْتَغِلُ)
Störung, Irritation (L21)	اِضْطِراب ج ـات
gelten, j. als (L23)	VIII اِعْتَبر (يَعْتَبِرُ) ه هـ
glauben etw. (G20)(L21)	VIII اِعْتَقد (يَعْتَقِدُ) هـ
(das) sich Stützen auf (L10)	اِعْتِماد (على)
sich stützen, beruhen auf (L19)	VIII اِعْتَمد (يَعْتَمِدُ) (على)
Eröffnung (L12)	اِفْتِتاح ج ـات
denken (L22)	VIII اِفْتَكر (يَفْتَكِرُ)
Vielseitigkeit (L28)	اِفْتِنان
Vorschlag (L19)	اِقْتِراح ج ـات
vorschlagen j-m. etw. (L19)	VIII اِقْتَرح (يَقْتَرِحُ) على هـ
sich etw. teilen (L26)	VIII اِقْتَسم (يَقْتَسِمُ) هـ
Wirtschaft (L8)	اِقْتِصاد
wirtschaftlich (L5)	اِقْتِصادِيّ
(Volks-)Wirtschaft (G20)	اِقْتِصادِيّات
Verpflichtung (L19)	اِلْتِزام ج ـات
Prüfung (L18)	اِمْتِحان ج ـات
sich erstrecken bis, nach (L24)	VIII اِمْتَدَّ (يَمْتَدُّ) إلى
Frau (L17) (mit Artikel)	اِمْرَأ / المرأة
(umg.) Stell dich an! (L16)	اِمْسِكْ الطابور
Schlußfolgerungen ziehen (L23)	~ اِسْتِنْتاجات
nach Ruhe verlangen, sich ausruhen (G19)	X اِسْتَراح (يَسْتَرِيحُ)
strategisch (L19)	اِسْتْراتيجِيّ
Orientalistik (L9)	اِسْتِشْراق
können, in der Lage sein zu (L18)	X اِسْتَطاع (يَسْتَطِيعُ) أَنْ
Kolonial- (L21)	اِسْتِعْمارِيّ
dauern (L18)	X اِسْتَغْرق (يَسْتَغْرِقُ)
Ausnutzung, Ausbeutung (L21)	اِسْتِغْلال
profitieren von (L19)	X اِسْتَفاد (يَسْتَفِيدُ) من
Ausnutzung von (L20)	اِسْتِفادة مِن
nach einer Erklärung fragen oder suchen (G19)	X اِسْتَفْسر (يَسْتَفْسِرُ)
Frage (L28)	اِسْتِفْهام
Empfang, Begrüßung (L5)	اِسْتِقْبال ج ـات
empfangen j-n. (L23)	X اِسْتَقْبل (يَسْتَقْبِلُ) ه
seßhaft werden, zur Ruhe kommen (L24)	X اِسْتَقرَّ (يَسْتَقِرُّ)
Stabilität (L21)	اِسْتِقْرار
Unabhängigkeit (L21)	اِسْتِقْلال
erhalten etw. (L27)	VIII اِسْتَلم (يَسْتَلِمُ) هـ
andauern (L19)	X اِسْتَمرَّ (يَسْتَمِرُّ)
fortfahren zu (L22)	X اِسْتَمرَّ (يَسْتَمِرُ)
Kontinuität (L21)	اِسْتِمْرار
schlußfolgern etw. aus (L19)	X اِسْتَنْتج (يَسْتَنْتِجُ) هـ من
Konsum, Verbrauch (L19)	اِسْتِهْلاك
importieren etw. aus (L23)	X اِسْتَوْرد (يَسْتَوْرِدُ) هـ من
Import (L23)	اِسْتيراد

499

sollen[G20]	VII اِنْبَغَى (يَنْبَغِي)	*hier:* Kapitel[L28]	باب ج أَبْواب
Produktivität[L20]	اِنْتاجِيّة	Papa[L3]	بابا
Wahl[L11]	اِنْتِخاب ج ـات	Babylon[L24]	بابِل
Verbreitung[G25]	اِنْتِشار	Forscher[L22]	باحِث ج ـون
Sieg[L19]	اِنْتِصار	mit jmdm. etw austauschen[G19]	III بادل (يُبادِلُ)
Warten, Erwartung[L6]	اِنْتِظار	Auberginen *(coll.)*[L7]	باذِنْجان
(er)warten j-n., etw.[L22]	VIII اِنْتَظر (يَنْتَظِرُ) ه، هـ	herausragend[L21]	بارِز
aufleben[L19]	VIII اِنْتَعش (يَنْتَعِشُ)	Paris[L2]	باريس
enden *(intr.)*[L18]	VIII اِنْتَهَى (يَنْتَهِي)	mit Ausnahme von[L15]	باسْتِثْناء
beenden[L18]	اِنْتهى مِنْ	ständig[L15]	باسْتِمْرار
Flaute, Rezession[L19]	اِنْحِسار	Bus[L3]	باص ج ـات
Absinken[L19]	اِنْخِفاض	verkaufen etw.[L11]	باع (يَبيعُ بَيْعاً) هـ
übereinstimmen, harmonieren mit[L24]	VII اِنْسَجم (يَنْسَجِمُ) مع	in seiner Eigenschaft als[L23]	باعْتِبارِهِ
sich zurück- ziehen[G19]	VII اِنْسَحب (يَنْسَحِبُ)	alt, abgenutzt[L24]	بالٍ
Beitritt zu[L18]	اِنْضِمام إلى	Wasser lassen[L28]	بال (يَبولُ بَوْلاً)
abhalten *(Konferenz)*[L19]	VII اِنْعَقد (يَنْعَقِد)	sicherlich, bestimmt[L7]	بِالتَّأْكيدِ
Putsch, Umsturz[L21]	اِنْقِلاب ج ـات	in erster Linie, vor allem[L22]	بالدَّرجةِ الأُولى
zerbrechen *(intr.)*[G19]	VII اِنْكَسر (يَنْكَسِرُ)	trotz[L21]	بِالرَّغْمِ مِن
Niedergang, Verfall[L21]	اِنْهِيار	*etwa:* Glück und viele Kinder![L27]	بالرِّفاء والبَنين
ب		in folgender Art, Weise, Form[L7]	بِالشَّكل التالي
(Präp.) mit, mittels; in[L4]	بِ	genau[L14]	بِالضَّبْط
es ist ihm möglich[L18]	بِإمْكانِهِ أنْ	groß, beträchtlich[L14]	بالِغ
Brunnen[L15]	بِئْر (م) ج آبار	nahe bei[L15]	بِالقُرْبِ مِن
unglücklich[L22]	بائِس	Prozent[L10]	بِالْمِائة
Verkäufer[G21]	بائِع ج باعة	bezüglich[L11]	بِالنِّسْبة لِ
Verkäuferin[L8]	بائِعة ج ـات	in Hinsicht auf[L7]	بِالنِسْبةِ لِ
Tür[L2]	باب ج أَبْواب	glänzend, blendend *(a. übertr.)*[L22]	باهِر

petrochemisch[L25]	بتروكيميائيّ
Erdöl[L19]	بترُول
brauchen etw., j-n.[L12]	بحاجةٍ إلى
erörtern etw.[L8]	بحَث (يَبْحَثُ بَحْثاً) هـ
suchen nach etw.[L8]	بحث عن
Forschung[L18]	بحْث ج بُحُوث
Seemann[G21]	بحَّار ج ون، بحَّارة
Mittelmeer[L21]	البحْرُ الأبْيَضُ المُتوسِّط
Marine[G20]	بحْرِيّة
gemäß, je nach[L28]	بحَسَبِ
Weihrauch[L27]	بَخُور
beginnen[L10]	بدأ (يَبْدأُ بدءاً)
scheinen j-m. (als ob)[L14]	بدا (يَبْدُو) (وكأنَّ)
Anfang[L10]	بداية
ersetzen, austauschen[G19]	بدل (يَبْدُلُ بدلاً)
Anzug[L24]	بدْلة ج ـات
Beduinen[L15]	بَدْو
nomadisierende Beduinen[L15]	بدو رُحَّل
Ersatz, Alternative[L19]	بدِيل ج بدائِل
säen[L20]	بذر (يَبْذُرُ بذْراً)
Samen[L20]	بذْر ج بُذُور
Anstrengungen unternehmen[L8]	بـذل (يَبْذُلُ بذْلاً) جُهُوداً
Rechtschaffenheit[L16]	بِرّ
unter Leitung von (+Gen.)[L8]	بِرِئاسةِ
Kühlschrank[L3]	بَرَّادة ج ـات
Portugal[L5]	البُرْتُغال
Orangen (coll.)[L7]	بُرْتُقال
Kälte / kalt[L9]	برْد / بارد

rechtfertigen etw.[L22]	II برَّر (يُبَرِّرُ) هـ
hervortreten etw.[L27]	برز (يَبْرُزُ بُرُوزاً) هـ
Segen[L16]	بركة ج ـات
parlamentarisch[L11]	بَرْلمانِيّ
Faß, Barrel[L25]	برْمِيل ج براميلُ
Programm[L5]	برْنامِج ج برامِجُ
Beweis für[L11]	بُرْهان ج براهِينُ على
Protokoll[L25]	بْروتوكول
Großbritannien[L5][G25]	بْرِيطانِيا (العُظْمى)
wegen[L17]	بسبب
darlegen etw. j-m.[L28]	بسط (يَبْسُطُ بسْطاً) هـ على
Im Namen Gottes, des Allerbarmers![L11]	بِسْمِ اللهِ الرحْمن الرحِيم
Im Namen Gottes, des Allerbarmers, den wir um Hilfe bitten[L28]	بسم اللهِ الرحْمن الرحِيم وبِهِ نَسْتعِين
einfach, leicht[L8]	بسِيط ج بُسطاءُ
betreffend[L18]	بِشأْن الـ...
unter der Bedingung[L12]	بشرْطِ
vorausgesetzt, daß /unter der Bedingung, daß[L26]	بِشرْط/على شرْطِ/شرِيطَة أنْ
im allgemeinen[L20]	بشكْلٍ عامّ
Basra[L24]	البصْرة
Zwiebeln (coll.)[L7]	بصل
auf ... Weise/Art[L22]	بصُورةٍ
scharfsichtig[L22]	بصِير
Ware[L19]	بضاعة ج بضائِعُ
Enten (coll.)[G20][L26]	بطّ
Langsamkeit[G22]	بُطْء
Batterie[L15]	بطَّارية ج ـات

501

Kartoffeln (L7)	بطاطِسُ	sondern auch(L25)	بل إنَّما أيضاً
Ticket, Karte(L14)	بطاقة ج ـات	ohne(L25)	بِلا
Decke(L15)	بطّانية ج ـات	nutzlos, umsonst(L25)	بِلا / بدون جدوى
natürlicherweise(L19)	بِطبيعةِ الحال	zweifellos(L11)	بِلا شكَّ
Bauch(L13)	بطْن ج بُطُونَ	Mesopotamien(L24)	بلاد ما بين النهرين
Meisterschaft(L17)	بُطُولة ج ـات	Plastik-(L25)	بلاستيكيّ
langsam(L21)	بَطيء	Belgien(L5)	بلْجيكا
Wassermelonen (coll.)(L7)	بَطّيخ / بطّيخة	Land(L3)	بلد ج بِلاد / بُلْدان
schicken j-m. etw.(L25)	بعث (يَبْعَثُ بعْثاً) ل ب	betragen etw.(L10)	بلغ (يَبْلُغُ بُلُوغاً) هـ
(Präp.) nach (temp.)(L3)	بعْدَ	übermittle etw. an j-n. (Imp.)(L6)	بلِّغ هـ ل
danach(L5)	بعد ذلكَ	Balkon(L7)	بَلْكُون
übermorgen(L8)	بعْدَ غدٍ	ja, gewiß doch(L28)	بلى
einige(L13)	بعْض	einschließlich(L10)	بما في ذلك
fern, entfernt(G25)	بعيد ج ـون	mit Gottes Willen(L12)	بمشيئةِ ا اللّهِ
dank, infolge(L21)	بفضْلِ	durchschnittlich (Adv.)(L25)	بمُعدَّل
Krämer, Händler(L7)	بقّال ج ـون	isoliert von(L20)	بمَعْزل عن
Rinder (coll.)(L7)	بقر	aus Anlaß von(L8)	بمُناسبةِ
Trinkgeld(L9)	بقْشِيش	Aufbau(L11)	بناء
bleiben(L12)	بقِيَ (يبْقَى بقاءً)	Gebäude(L14)	بِناء ج أبْنِية
übrige; Rest(L17)	بقيَّة	konstruktiv(G21)	بنّاء
Abitur(L16)	البكالُوريا	Tomaten (syr.)(L20)	بنادُورة
Baccalaureus(L16)	البكالُوريُوس	Gewehr(L15)	بُنْدُقية ج بنادِقُ
mit all meiner Kraft (L21)	بكلِّ ما في وُسعِي	Benzin(L19)	بِنْزين
für wieviel(L9)	بكم	Hose(L24)	بنْطَلون ج ـات
Was kostet ... ?(L6)	بكمِ (الـ...)؟	Bank(L16)	بنك ج بُنُوك
weinen(L25)	بكَى (يبْكِي بُكاءً)	die Umayyaden(L24)	بنُو أُميَّة
sondern(L17)	بلْ	die Abbasiden(L24)	بنو العبّاس
sondern auch ...(L19)	بل أيضاً ...	aufbauen etw.(L11)	بنى (يبْنِي بناءً) هـ
		Töchterchen(L28)	بُنيَّة

Portier, Pförtner(L9)	بوّاب ج ـون
Urin(L13)	بَوْل
Polen(L5)	بُولَنْدا
Eulen *(coll.)*(L26)	بُوم
hier: Rhetorik(L28)	بَيان ج ـات
Haus(L2)	بَيْت ج بُيوت
Bier(L7)	بيرة
Eier *(coll.)*(L3)	بَيْض
(Präp.) zwischen(L5)	بَيْنَ
darunter(L7)	(مِن) بَيْنَهُ / بينها
klar machen etw.(L15)	II بَيَّن (يُبَيِّنُ) هـ

ت

gestorben(L10)	ت . > تُوُفِّيَ
beeinflußt werden durch etw., j-m.(L19)	V تَأَثَّر (يَتَأَثَّرُ) ب
Einfluß auf(L21)	تَأْثِير ج ات في
Verschiebung *(zeitl.)*(L21)	تَأْجِيل
Verspätung(L22)	تَأَخُّر
sich verspäten(L17)	V تَأَخَّر (يَتَأَخَّرُ)
Gründung(L11)	تَأْسِيس
bestehen aus; sich zusammensetzen aus(L20)	V تَأَلَّف (يَتَأَلَّفُ) مِن
Versicherung(L19)	تَأْمِين ج ـات
Qualifizierung(L8)	تَأْهِيل
Hilfe, Unterstützung(L23)	تَأْيِيد
gehörend zu(L9)	تَابِع ل
Händler(L5)	تاجِر ج تُجَّار
Geschichte; Datum(L9)	تارِيخ /تأْريخ ج تَوارِيخُ
folgend(L7)	تالٍ (التالِي)

die ihnen nachfolgenden(L28)	التـالُون لهم
vollkommen, ganz(L27)	تامّ
gegenseitig oder miteinander etw.austauschen	VI تبادل (يتبادلُ)
Austausch(L8)	تبادُل ج ـات
wetteifern mit(L27)	VI تبارى (يتبارى) مع
(Vor)Zeichen *(gut)*(L19)	ج تباشيرُ
nachfolgen j-m.(L10)	تبع (يتبَعُ تبعاً) ه
gehören zu j-m.(L9)	تبع (يتبَعُ تبعاً) ه / ل
als Sohn annehmen(G19)	V تبنّى (يتبنّى)
klar werden j-m.(L19)	V تبيَّن (يتبيَّنُ) له
Handel / Handels-(L5)	تِجارة / تِجاري
übersteigen etw.(L19)	VI تجاوز (يتجاوزُ) هـ
Erneuerung(L16)	تجْديد
Einfrieren *(intrans.)*(L15)	تجمُّد
(Präp.) unter(L2)	تحْتَ
zu Stein werden(G19)	II تحجَّر (يتحجَّرُ)
Herausforderung(L21)	تحدٍّ ج تحدِّيات
losgehen, sich bewegen(L23)	V تحرَّك (يتحرَّكُ)
Verbesserung(L11)	تحسُّن
Verbesserung(L11)	تحسين
Steuerung(L19)	تحكُّم
Analyse(L13)	تحْليل ج تحاليلُ
sich begeistern für(L17)	V تحمَّس (يتحمَّسُ) ل
ertragen etw.(L28)	V تحمَّل (يتحمَّلُ) هـ
Überweisung(L16)	تحْويل ج ـات
Gruß(L6)	تحِيَّة ج ـات
etwa: Zunächst beste Grüße ... *(am Briefanfang)*(L6)	تحِيَّة طيبة وبعد ...

verlegen sein(L28)	تحيَّر (يتحيَّرُ) V
absolvieren(G23)	تخرَّج (يتخرَّجُ) من V
Spezialisierung(L9)	تخصّص ج ات
Rabatt, Ermäßigung(L12)	تخفيض ج ـات
Palmyra(L23)	تدْمُرُ
Verfall, Untergang, Niedergang(L27)	تدهْوُر
verfallen(L27)	تدهْور (يتدهْورُ) II
sich erinnern an(L25)	تذكَّر (يتذكَّرُ) هـ V
Ticket, Karte(L6)	تذْكِرة ج تذاكِرُ
Erbe(L27)	تُراث
schwanken zwischen(L17)	تراوح (يتراوحُ) بين... وبين VI
Erziehung(L9)	تربِيَة
hier: Zucht(L20)	تربية
übersetzen(L14)	ترْجم (يُترْجمُ) هـ من ... إلى
Übersetze!(L3)	ترْجمْ / ترْجمِي
Übersetzung; auch: Vita(L18)	ترْجمة
(ver)lassen etw. für j-n.(L11)	ترك (يترُكُ ترْكاً) هـ لـ
Türke(L5)	تُرْكِي ج أتْراك
Türkei(L24)	تُرْكِيا
Struktur(L22)	ترْكِيب ج تراكِيبُ
du möchtest(L10)	تريدُ أنْ
Reinigung, Entsühnung(L28)	تزْكِية
Einschreibung(L10)	تسْجيل ج ـات
Beschleunigung(L23)	تسْريع
Vermarktung, Marketing(L17)	تسْويق
Beratung(L11)	تشاوُر
sich bilden, gebildet werden(L21)	تشكَّل (يتـشكَّلُ) V
Bildung, Schaffung(L11)	تشْكِيل ج ـات
etwa: Dein Morgen sei schön! (Nachtgruß umg.)(L5)	تُصْبِح على خير!
~ (fem.)(L5)	تُصْبِحِين على خير
Desertifikation(L20)	تصحُّر
Korrektur(L19)	تصْحِيح ج ـات
Export(L23)	تصْدِير
Beglaubigung(L16)	تصْدِيق
sich verhalten, benehmen(L26)	تصرَّف (يتصرَّفُ) V
Erklärung(L11)	تصْرِيح ج ـات
Ausscheidung, Qualifikation(L17)	تصْفِية
Reparatur(L25)	تصْلِيح ج ـات
jagen etw.(L26)	تصيَّد (يتصيَّدُ) هـ V
erfordern, notwendig machen etw.(L19)	تطلَّب (يتطلَّبُ) هـ V
Entwicklung(L11)	تطوُّر ج ات
Manifestation, Demonstration(L17)	تظاهُرة ج ات
unentschieden ausgehen(L17)	تعادل (يتعادلُ) VI
aufeinander folgen(L24)	تعاقب (يتعاقبُ) VI
Komm! Los! (m./f.)(L12)	تعالَ / تعالِي!
miteinander umgehen, in Geschäftsbeziehungen stehen mit(L18)	تعامل (يتعاملُ) مع VI
Kooperation(L8)	تعاوُن
Genossenschaft(L20)	تعاوُنِيّة ج ـات
müde, matt(L5)	تعْبان
Erstaunen; hier: gramm. Kategorie für An- und Ausrufe(L28)	التعجُّب
Beschleunigung(L21)	تعْجِيل

ausgesetzt sein etw.(L21)	V تعرَّض (يتعرَّضُ) ل
Arabisierung(L18)	تعريب
zusammenhängen mit(L27)	V تعلَّق (يتعلَّقُ) ب
erlernen etw.(L20)	V تعلَّم (يتعلَّمُ) هـ
Bildung(L8)	تعليم
Hochschulwesen(L8)	التعليم العالي
Lehre(L27)	تعليم ج تعاليمُ
überwinden(L19)	V تغلَّب (يتغلَّبُ) على
Überwindung, Sieg über(L11)	تغلُّب على
sich verändern(G19)	V تغيَّر (يتغيَّرُ)
Äpfel *(coll.)*(L7)	تفَّاح
Interaktion; Zusammen-wirken(L19)	تفاعُل ج ـات
zuschauen(L17)	V تفرَّج (يتفرَّجُ) على
Detail(L21)	تفصيل ج تفاصيلُ
bitte(L7)	تفضَّل م تفضَّلي
Teilung(L26)	تقاسُم
Fortschritt(L2)	تقدُّم
an der Spitze stehen *(Infinitiv)* (L28)	تقدُّم
hier: Wertschätzung(L18)	تقدير
Schätzung(L10)	تقدير ج ات
etwa(L4)	تقريباً
Bericht(L27)	تقرير ج تقاريرُ
Teilung(L21)	تقسيم ج ـات
traditionell(L21)	تقليديّ
technisch(L12)	تقنيّ
Technik(L18)	تقنيّة
Kalender(L10)	تقويم

Ich habe mich übergeben.(L13)	تقيَّأتُ
sich halten an(L27)	V تقيَّد (يتقيَّدُ) بِ هـ
Einschätzung(L22)	تقييم
Intensivierung, Verstärkung-(L19)	تكثيف
sich die Ehre geben, die Ehre haben *(Infinitiv)*(L18)	تكرُّم ب
zerbrechen *(intr.)*(G19)	V تكسَّر (يتكسَّرُ)
Technologie(L22)	تكنولوجيا
technisch(L21)	تكنيكيّ
telefonieren(L22)	V تلفن (يُتلفنُ)
erhalten etw.(L18)	V تلقَّى (يتلقَّى) هـ
jene(L7)	تلك
Schüler(L14)	تلميذ ج تلاميذُ
erfolgen, stattfinden(L17)	تمَّ (يتمُّ)
gut, "okay"(L2)	تمام
genießen etw.(L17)	V تمتَّع (يتمتَّعُ) ب
sich zeigen (in)(L21)	V تمثَّل (يتمثَّلُ) في
hervorbringen etw., sich schütteln(L26)	V تمخَّض (يتمخَّضُ)
Ausdehnung, Verlängerung(L19)	تمديد
Übung(L27)	تمرين ج تمارينُ
in der Lage sein zu etw.(L17)	V تمكَّن (يتمكَّنُ) مِن
wünschen j-m. etw., daß(L23)	V تمنَّى (يتمنَّى) له هـ ، أنْ
Einnehmen *(von Speisen etc.)*(L17)	تناوُل
Tennis(L17)	تنس
Organisierung(L20)	تنظيم ج ـات
Diversifizierung(L20)	تنويع
Spannung(L11)	توتر ج ات
sich wenden an j-n.(L26)	V توجَّه (يتوجَّهُ) إلى

505

Vereinigung(L21)   توْحيد

Verteilung(L17)   توْزيع

Erweiterung(L8)   توْسيع

Empfehlung(L20)   توْصية ج ـات

Verstärkung(G28)   توْطيد

Bereitstellung, Verfügbarmachung(L19)   توْفير

Erfolg(L18)   توْفيق

erwarten etw.(L17)   V توقَّع (يتوقَّعُ) هـ

abhängen von(L20)   V توقَّف (يتوقفُ) على

Unterzeichnung(L8)   توْقيع

auf Gott vertrauen(L26)   V توكَّل (يتوكَّلُ) على ا الله

übernehmen etw.(L21)   V تولَّى (يتولَّى) هـ

Tunesien, Tunis(L3)   توُنِس

ث

zweiter / zweite(L6)   ثانٍ م ثانية

sekundär(L16)   ثانويٌّ

der zweite / die zweite(L6)   الثانِي م الثانية

Reichtum, Vermögen(L19)   ثرْوة ج ثرَوات

Schlange(L15)   ثعُبان ج ثعابينُ

Fuchs(L26)   ثعْلب ج ثعالِبُ

kulturell(L8)   ثقافيٌّ

dreißig(L9)   ثلاثونَ

Drittel(L16)   ثُلْث ج أثْلاث

Schnee, Eis(L9)   ثلْج ج ثُلوج

dann, danach(L7)   ثُمَّ

die 80-ger Jahre(L19)   ج الثمانِينات

bilateral(L14)   ثُنائيٌّ

Revolution(L22)   ثوْرة ج ات

Knoblauch (coll.)(L7)   ثوُم

ج

kommen (nach)(L12)   (إلى) جاء (يجيءُ مجيئاً)

Auszeichnung(L8)   جائِزة ج جوائِزُ

Nobelpreis(L8)   جائِزة نوبل

Nachbar(L12)   جار ج جِيران

erlaubt sein j-m., daß(L18)   جاز (يُجوزُ جوازاً) لـ، أنْ

trocken(L15)   جافّ

Moschee(L25)   جامِع ج جوامِعُ

Universität(L3)   جامِعة ج ـات

Seite(L9)   جانِب ج جوانِبُ

sich bemühen(L28)   III جاهد (يُجاهِدُ)

Ğāhilīya(L27)   الجاهلية

j-n.ausstatten mit(L28)   جبل (يجْبُلُ جبْلاً) ه على

Berg(L9)   جبل ج جِبال

Käse(L3)   جُبْنة

Stirn(L13)   جبهة ج ـات

Stirn(L13)   جبِين ج جُبُن

sich ernsthaft bemühen(L20)   جدَّ (يجِدُّ جِدّاً)

sehr(L4)   جِدّاً

Wand(L2)   جِدار ج جُدْران

Streit(L27)   جدل

Nutzen, Rentabilität(L25)   جدْوَى

neu(L2)   جديد ج جُدُد

grundlegend(L22)   جذْريٌّ

Strümpfe(L24)   جُرَاب ج جوارِبُ، ـات

Zugmaschine, Traktor(L20)   جرَّارة ج ات

(an)probieren etw.(L24)   II جرَّب (يُجرِّبُ) هـ

Kellner *(franz. garçon)* (L7)	جرْسُون ج ـات
Kellnerin(L7)	جرْسونة ج ـات
verlaufen etw.(L26)	جرَى (يجْري جرْياً) هـ
Zeitung(L8)	جريدة ج جرائدُ
Teil(L15)	جُزْء ج أجْزاء
Algerien(L3)	الجزائر
Algier(L8)	(مدينة) الجزائر
Apokopat(L28)	الجزْم
die arabische Halbinsel (L24)	الجزيرة العربية
Insel(L21)	جزيرة ج جُزُر
Körper(L13)	جسْم ج أجْسام
gewaltig, groß(L22)	جسِيم
kleiner Fluß, Bach(G27)	جعْفر
machen etw., j-n. zu (L28)	جعل (يجعلُ جعْلاً) هـ، ه
seine Majestät der König(L8)	جلالةُ الملِكِ
Kugel(L17)	جُلّة ج جُلل
Leder / Leder-(L4)	جِلْد / جِلْدِي
sich setzen, sitzen auf(L7)	جلس (يجْلِسُ جُلُوساً) على
Sitzung(L11)	جلسة ج ـات
(das) Sitzen(L2)	جُلُوس
Schönheit(L24)	جمال
sammeln etw.(L9)	جمع (يجْمعُ جمْعاً) هـ
Kamel(L17)	جمل ج جِمال
Publikum; Massen(G20)	جُمْهُور ج جماهِيرُ
Republik(L5)	جُمْهُورية ج ـات
alle(L13)	جمِيع
schön(L2)	جمِيل ج ـون
die hängenden Gärten(L24)	ج الجنائِنُ المُعلّقة
Leichenzug(L26)	جنازة ج ـاتُ، جنائِزُ
(Präp.) an der Seite von(L18)	جنْبَ
Pfund(G10)(L12)	جُنيْه ج ـات
Ğihād(L28)	جهاد
Fernseher(L2)	جِهاز تلفزيون
Gerät(L2)	جِهاز ج أجْهِزة
Videogerät(L2)	جهاز فيديو
Funkgerät(L15)	جهاز لا سِلْكِيّ
Bemühung, Anstrengung (L8)	جهْد ج جُهُود
etw. nicht wissen(L18)	جهل (يجْهلُ جهْلاً) بِ
Antwort(L6)	جواب ج أجْوِبة
Reisepaß(L9)	جواز السفر
Paß, Ausweis(L9)	جواز ج ـات
Nüsse *(coll.)*(L7)	جوْز
hungrig(L7)	جوْعانُ م جوْعَى ج جِياع
Rundreise, -gang(L8)	جوْلة ج ـات
Wesen/wesentlich(L21)	جوْهر /جوْهرِيّ
Luft-(L23)	جوِّيّ
Jeep(L18)	جيب
Tasche(L15)	جيْب ج جيُوب
gut(L2)	جيِّد ج ون
Armee(L26)	جيْش ج جيُوش
Generation(L22)	جيل ج أجْيال
geologisch (L25)	جيُولُوجِيّ

ح

Pilger(L7)	حاجّ ج حُجّاج، حجِيج
Augenbraue(L13)	حاجب ج حواجِبُ
Bedarf(L12)	حاجة ج ـات

507

Bedürfnis; umg.: Sache, Ding[L23]	حاجة ج حاجِيات
sich ereignend in[L19]	حادِث في
heiß; scharf[L7]	حارّ
Rechner[L12]	حاسِب ج ـات
Sinn; Wahrnehmung[L28]	حاسّة ج حواسّ
Gegenwart[L17]	حاضِر
anwesend[L20]	حاضِر
schlagfertig[L25]	حاضِر النكتة
verhindern etw.[L15]	حال (يُحُولُ حَيْلُولةً) دون هـ
Zustand[L2]	حال ج أحْوال
sofort[L18]	حالاً
Zustand[L11]	حالة ج ـات
gegenwärtig[L10]	حالي
schwanger[L28]	حامِل (م) ج حوامِلُ
es ist an der Zeit für[L26]	حان الوقت (لـ)
versuchen etw., daß[L18]	III حاول (يُحاوِلُ) هـ،أنْ
Stück[L20]	حبّة ج ـات
Tablette[L13]	حبّة ج حُبُوب
Melone *(jem.)*[L20]	حَبْحب
Tinte[L4]	حِبْر
abessinisch, Abessinier[L21]	حبشِيّ ج أحْباش
(Präp.) bis[L15]	حتّى
so daß[L8]	حتّى
selbst wenn[L26]	حتّى ولَوْ
selbst wenn[L26]	حتّى ولو
Pilgerfahrt[L10]	حجّ ج ـات، حِجَج
der Hedschas[L27]	الحِجاز

in Stein verwandeln[G19]	II حجّر (يُحجِّرُ)
Stein[L22]	حجر ج أحْجار
bestellen etw.[L9]	حجز (يَحْجُزُ حجْزاً) هـ
Umfang, Größe[L20]	حجْم ج أحْجام
einschränken etw.[L21]	حدّ (يَحُدُّ حدّاً) من
begrenzen etw.[L24]	حدّ (يَحُدُّ حدّاً) هـ
Grenze[G27]	حدّ ج حُدُود
Minimum[G25]	الحد الأدْنى
Maximum[G25]	الحد الأقْصى
Schärfe[L21]	حِدّة
geschehen[L11]	حدث (يَحْدُثُ حُدُوثاً)
erzählen, sagen j-m. etw.[L14]	II حدّث (يُحَدِّثُ) ه هـ/ ب
Ereignis[L12]	حدث ج أحْداث
festlegen, definieren[L25]	II حدّد (يُحَدِّدُ) هـ
Gespräch; auch: Überlieferung von Taten und Aussprüchen des Propheten und seiner Gefährten[L5]	حديث ج أحاديثُ
modern, neu[L4]	حديث ج حِداث
Garten[L2]	حديقة ج حدائِقُ
Schuh[L18]	حِذاء ج أحْذية
vorsichtig[L15]	حذِر
Vorsicht[L15]	حِذْر/ حَذَر
frei[L26]	حُرّ
Hitze, Temperatur[L9]	حرارة
Bürgerkrieg[L20]	الحرْب الأهلِيّة
Krieg[L11]	حرْب م ج حُرُوب
befreien[L24]	II حرّر (يُحرِّرُ) ه، هـ
Buchstabe[L2]	حرْف ج حُرُوف
Sonnenbuchstaben[G2]	حُرُوف شَمْسِيّة

508

Mondbuchstaben[G2]	حُرُوف قمريّة
Bewegung[L16]	حركة ج ـات
Freiheit[L26]	حُرِّيَّة
Partei[L8]	حِزْب ج أَحْزاب
Rechnung[L10]	حِساب ج ـات
Empfindlichkeit, Sensibilität[L19]	حساسِيَّة
nach, entsprechend[L10]	حَسْب
beneiden j-n. um[L22]	حسد (يَحْسُدُ حسداً) ه على
Erntemaschine[L20]	حصّادة ج ات
Pferd; *auch:* PS[L17]	حِصان ج أَحْصِنة
(An-)Teil[L25]	حِصَّة ج حِصص
ernten[L20]	حصد (يَحْصُدُ حصْداً)
hier: passieren[L21]	حـصـل
erhalten etw.[L8]	حصل (يَحْصُلُ حُصُولاً) على
Festung[L27]	حِصْن ج حُصُون
(das) Erhalten[L16]	حُصُول على
Zivilisation, Kultur[L9]	حضارة ج ـات
anwesend sein, beiwohnen[L6]	حضر (يَحْضُرُ حُضُوراً) هـ
Sie (gehobene Anrede)[L6]	حضْرة / حضرَتُكَ / حضرَتُكُمْ
geehrte Gäste[L11]	ج حضرات الضُّيُوف
Anwesenheit[L11]	حُضُور
Verbot, Embargo[G26]	حظْر
Erhaltung, Bewahrung (von)[L19]	حِفاظ (على)
Gastfreundschaft[L18]	حفاوة
Feier, Veranstaltung[L6]	حفْلة ج ـات
Abendessen[L19]	حفلة عشاء

Recht[L8]	حقّ ج حُقُوق
Du hast recht.[L23]	الحَقّ معك
verwirklichen etw.[L19]	II حقَّق (يُحقِّقُ) هـ
Spritze[L15]	حُقْنة ج حُقَن
Koffer[L9]	حقيبة ج حقائِبُ
Wahrheit, Tatsache[L13]	حقيقة ج حقائِقُ
Macht, Herrschaft[L11]	حُكْم
Schiedsrichter[L17]	حكم ج حُكّام
(Spruch-)Weisheit[L26]	حِكْمة ج حِكَم
Regierung[L6]	حُكُومة ج ـات
erzählen über[L15]	حكى (يَحْكِي حِكايةً) عن
Lösung[L11]	حلّ ج حُلُول
Frisör[L16]	حلاّق ج ـون
Rasur[L24]	حِلاقة
erlaubt, legitim[L28]	حلال
Aleppo[L23]	حلبُ (م)
Traum[L27]	حُلْم ج أَحْلام
Dessert; Süßigkeit[L7]	حلْوَى ج حلاوَى
Schmuck[L28]	حَلْي / حُلِيّ
Milch[L3]	حليب
Esel[L26]	جِمار ج حمِير
Träger[G21]	حمّال ج ـون، حمّالة
Bad, Toilette[L2]	حمّام ج ـات
Hama[L23]	حماه (م)
Gott sei Dank![L2]	الحَمْدُ لله
Homs[L23]	حِمْصُ (م)
tragen etw.[L9]	حمل (يَحْمِل حمْلاً) هـ
Kampagne; Angriff[G20]	حمْلة ج حملات
Fieber[L13]	حُمَّى (م)

509

lobenswert, gut(L26)	حميد	Wange(L13)	خدّ ج خُدُود
Roggen(L20)	حِنْطة سوْداءُ	Dienst, Dienstleistung(L6)	خِدْمة ج ـات
Dialog(L26)	حِوار ج ات	Nimm! *(mask./fem.)*(L2)	خُذْ ! / خُذِي !
ungefähr, ca.(L10)	حوالَى	Nimm dir Zeit!(L24)	خُذْ راحتَكَ!
Becken(L13)	حوْض ج أحْواض	Ruinen(L27)	خراب ج أخْرِبة
(Präp.) um; über(L20)	حوْلَ	hinausgehen aus(L6)	خرج (يَخْرُجُ خُرُوجاً) من
lebendig(L26)	حَيّ ج أحْياء	hinausgehen aus (zu)(L5)	خرج من (إلى)
Leben(L7)	حياة	Khartum(L8)	الخرْطوم
Schlange(L15)	حيّة ج ـات	Stuhl, Kot(L13)	خُرُوج
wobei(L19)	حَيْثُ	Hammel, Lamm(L7)	خرُوف ج خِرْفان
Zeit(L16)	حِين ج أحْيان	Herbst(L9)	خريف
Lebewesen, Tier(L15)	حَيَوان ج ـات	Schrank(L2)	خِزانة ج ـات، خزائنُ
vital, lebenswichtig(L19)	حَيَوِيّ	Keramik(waren)(G20)	خزْفِيّات
خ		speichern etw.(L15)	خزَّن (يُخزِّنُ) هـ II
Dienerin(L9)	خادِمة ج ـات	fürchten etw.(L22)	خشِيَ (يَخْشَى خشياً) هـ
das Ausland(L11)	الخارِج	fruchtbar(L25)	خصِب
Äußeres(G20)	خارجيّة	Fruchtbarkeit(L15)	خِصْب
besonders(L17)	خاصّ	Rivale(L17)	خصْم ج خُصُوم
für(L7)	خاصّ بِ	Gemüse, Grünzeug(L20)	خُضَار
besonders(L9)	خاصّةً	Gemüse(L3)	خضراوات ج
sich fürchten vor j-m., etw(L11)	خافَ (يَخافُ خوْفاً) من ه، هـ	unterworfen sein etw., j-m.(L19)	خضع (يَخْضَعُ خُضُوعاً) ل/إلى
aufrichtig(L6)	خالِص	Äquator(L15)	خط الإسْتِواء
Nachricht, Meldung(L5)	خبر ج أخْبار	Linie; Leitung(L15)	خطّ ج خُطُوط
Erfahrung; Know How(L23)	خِبْرة ج ات	Rede, Schreiben(L23)	خِطاب ج ـات
Brot(L3)	خُبْز	Plan(L22)	خطّة ج خطط
Experte, Spezialist(L18)	خبِير ج خُبراءُ	Gefahr(L15)	خطَر ج أخْطار
Schluß, Ende(L17)	خِتام	Gefährlichkeit, Wichtigkeit(L21)	خطُورة
Schluß-(L14)	خِتاميّ	gefährlich(L13)	خطِير

ein *i* anhängen; Genitiv (L28)	الخَفْض
erleichtern etw.(L15) II	خفّف (يُخفّفُ) من
leicht(L15)	خفيف
Essig(L7)	خلّ
Streit (um)(L11)	خِلاف ج ـات (على، في)
Kalifat(L24)	خِلافة
während(L12)	خِلالَ
hinter(L17)	خلْفَ
nachfolgen j-m.(L10)	خلف (يخْلُفُ خِلافةً) ه
die rechtgeleiteten Kalifen(L10)	الخلفاء الراشدون
schaffen etw.(L28)	خلق (يخْلُقُ خلْقاً) هـ
Golf (geogr.)(L17)	خليج ج خُلُج، خُلجان
Kalif(L10)	خليفة ج خلفاءُ
Pflaumen (coll.)(L7)	خوْخ
Gurken (coll.)(L7)	خيار
gut(L2)	خيْر
gut, besser, am besten(L16)	خيْر
etwa: Alles in Ordnung, so Gott will?(L13)	خيْراً إن شاء الله
Pferd (coll.)(L26)	خيْل ج خيُول

د

ausdauernd, eifrig(L26)	دؤوب
Kreis(G21)	دائرة ج دوائرُ
das Innere, Inland(L11)	الداخِل
Inneres(G20)	داخليّة
Haus(L12)	دار (م) ج دُور
sich drehen um; handeln von(L26)	دار (يدُورُ دوْراً) حول
Rathaus(L27)	دار البلدية
Verlag(L12)	دار نشْر
warm(L15)	دافِئ
dauern(L16)	دام (يدُومُ دوْماً ودواماً)
vorbereiten, besorgen etw.(L15) II	دبّر (يُدبِّرُ) هـ
diplomatisch, Diplomat(L6)	دِبْلوماسيّ ج ـون
Hühner (coll.)(L7)	دجاج
Geflügel(L20)	ج دواجِنُ
Tigris(L24)	دِجْلة
betreten etw., eintreten(L7)	دخل (يدْخُلُ دُخُولاً) هـ
rauchen(L20) II	دخّن (يُدخّنُ)
Fahrrad(G21)	درّاجة ج ـات
postgraduale Studien(L16)	دراسات عليا
Studium; Studie(L4)	دِراسة ج ـات
Klasse, Stufe(L6)	درجة ج ـات
Grad Celsius(L15)	درجة مِئوية
studieren etw.(L7)	درس (يدْرُسُ درْساً) هـ
Lektion, Unterrichtsstunde(L4)	درْس ج دُروس
studieren bei j-m.(L16)	درس على يد ...
Verfassung(L21)	دُسْتُور ج دساتيرُ
einladen, aufrufen j-n. (zu)(L11)	دعا (يدْعُو دعْوةً) (ل، إلى)
Einladung(L11)	دعْوة ج دعوات
Verteidigung(L8)	دِفاع
bezahlen j-n, etw.(L16)	دفع (يدْفَعُ دفْعاً) ه،هـ
Genauigkeit(G22)	دِقة
Mehl(L7); genau (G22)	دقيق
Minute(L16)	دقيقة ج دقائقُ

Laden(L3)	دُكَّان ج دكاكينُ
Doktor(L12)	دُكْتور ج دكاتِرة
Doktorat(L16)	دُكْتوراه
führen, leiten (j-n. zu), zeigen (j-m. etw)(L24)	دلَّ (يدُلُّ دلالةً) ه على
Beweis(L28)	دليل ج دلائلُ، أدِلّة
Blut(L13)	دم ج دِماء
Dänemark(L5)	الدنْمارك
Medikament(L13)	دواء ج أدْوية
Dauer(L16)	دوام
dauerhaftes Wohlbefinden(L18)	دوام العافية
Würmer *(coll.)*(L26)	دُود ج دِيدان
Rolle(L21)	دوْر ج أدْوار
Stockwerk, Etage(L16)	دَوْر ج أدْوار
Olympiade(L17)	الدورة الأولمبية
Runde(L17)	دوْرة ج ات
Periodikum(L18)	دوْرية ج ـات
Dollar(L6)	دُولار ج ات
Staat(L9)	دوْلة ج دُول
Staat(L11)	دَوْلة ج دُوَل
die Großmächte(G25)	الدُّول العُظْمى
international(L12)	دوْليّ / دُوَليّ
ohne, unter(L7)	دُونَ / بدون
unter dem Gefrier-punkt(L15)	دون درجة التجمُّد
Diesel(L19)	دَيْزل / دِيزل
Disko(L5)	دِيسْكو
demokratisch(L8)	دِيمُقْراطيّ
Demokratie(G20)	دِيمُقْراطيّة
Religion(L9)	دِين ج أدْيان

Dinar(G10)(L12)	دِينار ج دنانيرُ
religiös(L11)	دِينيّ

ذ

(Unter-)Arm(L13)	ذِراع (م) ج أذْرُع
Mais(L20)	ذرة ، ذرة شامية
Hirse(L20)	ذرة رفيعة
Kinn(L13)	ذقن ج أذْقان، ذُقُون
Bart(L13)	ذقْن ج ذُقُون
j-n. erinnern an o etw., j-n.(L26)	II ذكَّر (يُذكِّرُ) ه ب هـ، ه
erwähnen j-n., etw.(L14)	ذكر (يذْكُرُ ذِكْراً) ه، هـ
Penis(L13)	ذكر ج ذُكور
Erinnerung(L11)	ذِكْرَى م ج ذِكْريات
Jahrestag der Gründung(L11)	ذكرى تأسيس
das, jenes *(Dem.pr.)*(L5)	ذلِك
jener, jene, jenes; das(L7)	ذلِك م تِلْكَ ج أولئِكَ
gehen(L5)	ذهب
gehen (zu)(L7)	ذهب (يذْهَبُ ذِهاباً) (إلى)
du *(m.)* gingst(L4)	ذَهَبْتَ
ich ging(L4)	ذَهَبْتُ
du *(f.)* gingst(L4)	ذَهَبْتِ
Gold-, golden(L17)	ذهبيّ
Relativpr.(L14)	الّذي م الّتي ث اللّذان
	م اللّتانِ ج الّذين م اللّاتي واللّواتي

ر

leiten j-n., etw.(L14)	رأسَ (يرأسُ رِئاسةً) ه،هـ
Kopf(L13)	رأس ج رُؤوس
Kapitalismus(G20)	رأسْمالية

sehen j-n., etw.(L12)	رأى (يرَى رأياً) ه، هـ
Meinung zu etw., j-m.(L11)	رأْي (في)
du (m.) sahst(L4)	رأيْتَ
ich sah(L4)	رأيْتُ
du (f.) sahst(L4)	رأيْتِ
Lunge(L13)	رئة ج ـات
Chef des Protokolls(L27)	رئيس المراسِمُ
Präsident, Leiter, Vorsitzender(L6)	رئيس ج رؤَساءُ
hauptsächlich(L13)	رئيسيّ
ausgezeichnet, prächtig, wunderbar(L6)	رائع
Gehalt(L11)	راتِب ج رواتِبُ
Ruhe, Erholung(L24)	راحة ج ـات
Radio(L2)	راديو ج راديوهات
Hirte, Hüter(L26)	راع ج رُعاة
in Betracht ziehen etw.(L22)	III راعى (يُراعي) هـ
begleiten j-n.(L14)	III رافق (يُرافِقُ) ه
Passagier(L19)	راكِب ج رُكّاب
wünschen etw.(L15)	رام (يرُومُ رَوْماً) هـ
wetten auf(L17)	III راهن (يُراهِنُ) على
Hausfrau(L16)	ربة بيت
Herrin(L16)	ربّة ج ـات
verbinden zwischen(L14)	ربط (يرْبطُ ربْطاً) بين
Viertel(L16)	رُبْع ج أرْباع
vielleicht(L25)	رُبّما
Frühling(L9)	ربيع
bitten j-n., daß(L11)	رجا (يرْجُو رجاءً) ه أنْ
zurückkehren (nach, zu)(L7)	رجع (يرْجِعُ رُجُوعاً) إلى
zurückgehen auf(L14)	رجع إلى
zurücksenden(G19)	II رجّع (يُرجِّعُ)
Bein, Fuß(L13)	رجْل (م) ج أرْجُل
Mann(L2)	رجُل ج رِجال
weit, geräumig(L27)	رحْب
begrüßen j-n.(L14)	II رحّب (يُرحِّبُ) بـ
Fahrt, Ausflug(L14)	رحْلة ج ـات
sich erbarmen j-s.(L16)	رحِم (يرْحَمُ رحْمةً) ه
Erbarmen(L28)	رحْمة
Gott erbarme sich seiner.(L28)	رحْمةُ ا للّه عليهِ
Gott erbarme sich seiner!(L16)	رحِمَهُ ا للّه
Erlaubnis, Genehmigung(L16)	رُخْصة ج رُخص
billig, preiswert(L9)	رخِيص
Reaktion(L11)	ردّ فِعْلٍ ج رُدُود فعل
Reis(L7)	رُزّ
Dissertation(L16)	رسالة الدُّكتوراه
Brief, Schreiben(L5)	رسالة ج رسائِلُ
Gebühr(L16)	رسْم ج رُسُوم
offiziell(L20)	رسميّ
der Gottgesandte(L8)	رسُولُ ا للّه
Gesandter, Bote(L8)	رسُول ج رُسُل
Bestechung(L11)	رشْوة
zielgerichtet, klug(L20)	رشِيد
Blei(L25)	رصاص
Gott möge an ihm Wohlgefallen haben(L10)	رضِيَ ا للّه عنه
Zug, Kolonne(L27)	رعِيل
wünschen etw., daß(L8)	رغِب (يرغَبُ رغْبةً) في، (في) أنْ

(Präp.) trotz(L19)	رغْمَ
Regal(L8)	رفّ ج رُفُوف
Wohlstand(L22)	رفاه
Ablehnung(L27)	رفْض
ablehnen etw. (L11) هـ	رفض (يرْفُضُ رفْضاً)
Erhöhung, Anhebung(L15)	رفْع
gramm.: ein u anhängen; Nominativ; Indikativ(L28)	الرفْع
hoch(L14)	رفِيع
Hals(L13)	رقبة ج ـات
sich (nieder-)legen(G21)	رقد (يرْقُدُ رُقُوداً) على
tanzen(L5)	رقص (يرْقُصُ رقْصاً)
Tanz(L17)	رقْصة ج رقصات
Zahl, Nummer(L9)	رقْم ج أرْقام
Rekord(L17)	رقْم قياسيّ
Knie(L13)	رُكْبة ج ـات
stagnieren(L19)	ركد (يرْكُدُ رُكُوداً)
(Glaubens-)Pfeiler(L10)	رُكْن ج أرْكان
Speer(L17)	رُمْح ج رماح
Symbol(L6)	رمْز ج رُمُوز
heißer Boden(L28)	رمْضاءُ
Sand(L15)	رمْل ج رمال
Werfen, Stoßen(L17)	رمْي [رمَى (يرْمِي)]
Roman(L4)	رواية ج ـات
russisch, Russe(L8)	رُوسيّ ج روس
Rußland(L5)	رُوسيا
römisch, Römer(L21)	رُومانِيّ ج رُومان
erzählen, überliefern j-m. etw. (nach)(L24)	روَى (يرْوِي رواية) ل ه (عن)
Bewässerung(L16)	ريّ
Riyadh(L12)	الرياض
Sport(L17)	رياضة
Sport-, Sportler(L12)	رياضِيّ
Mathematik(L9)	الرِّياضِيّات
Wind(L15)	رِيح (م) ج رِياح
ländlich(L18)	رِيفِيّ

ز

plus(L10)	زائد
steigend (über)(L11)	زائِد (عن)
übersteigen etw. (L15)	زاد (يزِيدُ زيادةً) عن
Proviant(L15)	زاد ج أزْواد
besuchen j-n., etw. (L11)	زار (يزُورُ زيارةً) ه، هـ
Ecke, Winkel(L8)	زاوية ج زوايا
Butter(L3)	زُبْدَة
Flasche(L7)	زُجاجة ج ـات
Glaszeug(G20)	زُجاجِيّات
Landwirtschaft(L9)	زراعة
landwirtschaftlich(L24)	زِراعِيّ
pflanzen etw. (L7) هـ	زرع (يزْرَعُ زرْعاً)
Hochzeit(L27)	زفاف
Zakāt(-Steuer)(L10)	زكاة
Zakāt am Ende des Fastens(L10)	زكاة الفِطْر
Zügel; hier: Register; Mittel zur Entscheidung(L28)	زِمام ج أزِمَّة
Zeit(L21)	زمان ج أزْمِنة
hupen(L27)	زمَّر (يُزمِّرُ) II
Zeit, -abschnitt(L27)	زمن ج أزْمان

Kollege(L18)	زَمِيل ج زُمَلاءُ
Zink(L25)	زِنْك
Hochzeit(L27)	زواج
Ehemann(L16)	زَوْج ج أَزْواج
Ehefrau(L9)	زَوْجة ج ات
versorgen j-n. mit etw.(L15)	II زَوَّد (يُزَوِّدُ) ه ب هـ
Steigerung(L20)	زيادة ج ات
Besuch(L8)	زِيارة ج ات
Öl(G19)	زَيْت ج زُيُوت
ölen(G19)	II زَيَّت (يُزَيِّتُ)
Oliven *(coll.)*(L7)	زَيْتُون

س

Futurpartikel(G7)	ـَ
fragen j-n.nach(L5)	سَأَل (يَسْأَلُ سُؤالاً) ه عن
ich fragte ihn(L5)	سَأَلْتُهُ
Frage(L7)	سُؤال ج أَسْئِلة
Tourist(G21)	سائِح ج سُيَّاح
Fahrer(L15)	سائِق ج ـون
früher(L8)	سابِقاً
Platz(L17)	ساحة ج ـات
sich bewegen (nach)(L11)	سار (يَسِيرُ سَيْراً) إلى
Stunde, Uhr(G9)(L13)	ساعة ج ـات
helfen j-m., unterstützen j-n. bei etw., beitragen zu(L23)	III ساعَد (يُساعِدُ) ه (على)
Arm(L13)	ساعِد ج سواعِدُ
reisen, fahren(L5)	سافر
Schenkel(L13)	ساق (م) ج سِيقان
steuern etw.(L18)	ساق (يَسُوقُ سِياقةً) هـ

giftig, Gift-(L15)	سامّ
semitisch, Semit(L24)	سامِيّ ج ـون
beitragen zu(L20)	III ساهَم (يُساهِمُ) في
Schwimmen(L16)	سِباحة
Wettrennen(L17)	سِباق
Ursache, Grund(L11)	سبب ج أَسْباب
schwimmen, baden(L23)	سبح (يَسْبَحُ سِباحةً)
die 70-er Jahre(L19)	السَّبْعِينات
Voraufgehen(L28)	سَبْق
vorausgehen j-m., h_ etw.(L15)	سبق (يَسْبِقُ سَبْقاً) ه، هـ
Weg(L8)	سبيل ج سُبُل
verzeichnen(L17)	II سجَّل (يُسجِّلُ)
Tor erzielen(L17)	سجَّل هدفاً
ziehen, schleppen	سحب (يَسْحَبُ سَحْباً)
erfreuen j-n., daß(L18)	سرَّ (يَسُرُّ سُرُوراً) ه أنْ
Geheimnis(L15)	سِرّ ج أَسْرار
heimlich(G22)	سِرّا
sehr bald(L15)	سُرْعانَ ما
Geschwindigkeit(L11)	سُرْعة
stehlen, rauben von j-m. etw.(L25)	سرق (يَسْرِقُ سرقاً) مِن ه هـ
Freude(G22)	سُرُور
Bett(L2)	سرير ج أَسِرَّة
schnell(L11)	سريع
hier: Wechselkurs(L12)	سِعْر
Preis(L6)	سِعْر ج أَسْعار
Saudi Arabien(L3)	السعُودِية
glücklich(L27)	سعِيد ج سُعَداءُ
Botschaft(L25)	سِفارة ج ات

515

Reise, Fahrt(L6)	سفر ج أسْفار
Schiff(L23)	سفينة ج سُفُن
fallen(L9)	سقط (يسْقُطُ سُقُوطاً)
(Zimmer-)Decke(L2)	سقْف ج سُقُوف
Fallen (Regen)(L15); Untergang(L19)	سُقُوط
Zucker(L3)	سُكَّر
Sekretärin(L16)	سِكْرِتيرة ج ات
wohnen in(L7)	سكَن (يسْكُنُ سكَناً) في
Messer (m. u. f.)(L7)	سِكِّين ج سكاكِين
Waffe(L21)	سِلاح ج أسْلِحة
Sproß, Samen(L28)	سُلالة ج ـات
Frieden(L2)	سلام
Friede sei über Euch!(L2)	السلامُ عليْكُم
Friede sei mit Ihnen und die Gnade und der Segen Gottes(L23)	السـلامُ عليكم ورحْمة ا لله وبركاتُهُ
Wohlergehen(L23)	سلامة
Gute Besserung!(L14)	سلامتُكَ / سلامتُكِ
negativ, passiv(L21)	سَلْبيّ
Korb(L17)	سلّة ج سِلل
Salat(L7)	سلطة / سلاطة
Sultanat(L21)	سلْطنة ج ـات
übergeben, bringen j-m. etw.(L14)	II سلّم (يُسلِّمُ) ه هـ / ل / إلى
Treppe(L10)	سُلّم ج سلالِمُ
Grüße (Aḥmad)!(L5)	سلّمْ على (أحمد)!
Grüße j-n. von mir!(L5)	سلّمْ لي على
friedlich(L11)	سِلْميّ
~ (fem.)(L5)	سلْمي لي على
gesund(L17)	سليم
Gift(L15)	سمّ ج سُمُوم
Himmel(L9)	سماء (م)
Dünger, Düngemittel(L25)	سماد ج أسْمِدة
(Kopf-)Hörer(G21)	سمّاعة ج ـات
erlauben j-m. etw.(L8)	سمِح (يسْمَحُ سمْحاً) له ب، هـ
hören j-n., etw.(L5)	سمِع (يسْمَعُ سمْعاً) ه ، هـ
Fische (coll.)(L7)	سمك ج أسْماك
Fischerei-(L20)	سمكيّ
Hoheit(L12)	سُمُوّ
(be)nennen, j-n., etw.(L19)	II سمّى (يُسمِّي) ه، هـ
dick(L9)	سميك
Zahn(L13)	سِنّ (م) ج أسْنان
die Sunna(L10)	السُّنّة
Jahr(L7)	سنة ج سنوات، سِنُون
Ebene(L24)	سهْل ج سُهُول
Supermarkt(L22)	سوبرماركت
Sudan(L3)	السُّودان
Syrien(L3)	سُوريا (م)
syrisch(G9)	سُوريّ
Futurpartikel(G7)	سوْف
Markt(L3)	سُوق (م) ج أسْواق
ᶜUkāẓ-Markt (bei Mekka)(L27)	سوق عُكاظ
sumerisch(L24)	سُومريّ
Schweden(L5)	السويد
Schweiz(L5)	سْويسْرا
touristisch(L6)	سِياحيّ
Seine Exzellenz(L11)	سِيادةُ (الرئيس)
Auto(L3)	سيّارة ج ات

Politik[L5]	سِياسة ج ـات
politisch, Politiker[L5]	سِياسيّ ج ـون
(das) Steuern, Fahren[L18]	سِياقة
Zigarette[L20]	سِيجارة ج سجائِر
Herr *(Anrede)*[L2]	سَيِّد ج سادة
Frau *(Anrede)*[L2]	سَيِّدة ج ـات
Biographie[L16]	سِيرة ج سِيَر
Lebenslauf[L16]	سِيرةُ حياة
Herrschaft (über)[L24]	سَيْطرة (على)
Sturzbach, Flut[L15]	سَيْل ج سُيُول

ش

Sache, Betreff[L20]	شأن ج شُؤُون
Sache, Ding[L16]	شأن ج شُؤُون
wollen, wünschen[L24]	شاء (يشاءُ مشيئةً) أنْ
Straße[L3]	شارِع ج شوارِعُ
teilnehmen an etw.[L12]	III شارك (يُشارِكُ) في
weitläufig[L15]	شاسِع
Küste[L23]	شاطِئ ج شواطِئُ
schlau, geschickt[L4]	شاطِر ج شُطّار
Dichter[L27]	شاعِر ج شُعراءُ
umg: sehen[L12]	شاف (يشُوفُ)
umfassend, vollständig[L22]	شامِل
syrisch[L20]	شاميّ ج شاميّون
Schah[L19]	شاه
Zeuge[L27]	شاهِد ج شُهُود
besichtigen, anschauen etw.[L6]	III شاهد (يُشاهِدُ) هـ
Tee[L3]	شاي
Fenster[L2]	شُبّاك ج شبابِيكُ

Gespenst[L11]	شبَح ج أشْباح
Netz[L18]	شبكة ج ـات
ähnlich; halb-, quasi, fast[L21]	شبْهُ
fast vereinbart[L21]	شبْهُ مُتّفقٍ عليه
Winter[L9]	شِتاء
verschieden[L19]	شتِّيت ج شتّى
Schimpfwort[L28]	شتِيمة ج شتائِمُ
mutig, tapfer, kühn[L26]	شُجاع ج شجعة، شُجْعان
Baum[L4]	شجرة ج أشْجار
fördern etw.[L21]	II شجَّع (يُشجِّعُ) هـ
Person[L9]	شخْص ج أشْخاص
binden (etw. an)[L24]	شدَّ (يشُدُّ شدًّا) هـ إلى
Heftigkeit[L28]	شِدَّة
heftig[L13]	شدِيد
Kauf[L7]	شِراء
Getränk[L14]	شراب ج أشْربة
trinken etw.[L5]	شرِب (يشْرَبُ شُرْباً) هـ
erklären etw.[L8]	شرَح (يشْرَحُ شرْحاً) هـ
Bedingung[L12]	شرْط ج شُرُوط
Polizei[L16]	شُرْطة
Verkehrspolizei[L16]	شرطةُ المُرُور
beginnen[G28]	شرَع (يشْرَعُ شُرُوعاً)
Ehre[L28]	شرَف
Gib uns die Ehre![L8]	شرَّفْنا
der Nahe Osten[G25]	الشَّرْق الأدْنى
der Ferne Osten[G25]	الشَّرْق الأقْصى
der Nahe Osten[L8]	الشرْق الأوْسطُ
östlich, orientalisch[L5]	شرْقِي

Fluggesellschaft[L23]	شركة الطيْران
Firma, Betrieb[L5]	شركة ج ـات
Sonnenaufgang[L28]	شُرُوق الشمْس
Gesetz des Dschungels; Wolfsgesetz[L26]	شريعة الغاب
(islam.) Gesetz[L26]	شريعة ج شرائعُ
Volk[L14]	شعْب ج شُعُوب
Abteilung, Gruppe[L16]	شُعْبة ج شُعب
volkstümlich, populär[L17]	شعْبيّ
Popularität[L17]	شعْبيّة
Haar (coll.)[L13]	شعْر
fühlen etw.[L9]	شعر (يشْعُرُ شُعُوراً) بِ
frieren[L9]	شعر بالبرد
religiöser Ritus[L27]	شعيرة ج شعائر
Lippe[L13]	شفة ج شِفاه
Appartement, Suite[L7]	شقّة ج شِقق
Bruder (väter- und mütterlicherseits)[L14]	شقيق ج أشقّاءُ
Zweifel (an)[L11]	شكّ ج شُكُوك (في)
Dank[L18]	شُكر
danken j-m. für[L6]	شكر (يشْكُرُ شُكْراً) ه على
Danke![L2]	شُكْراً
vielen Dank[L9]	شُكْراً جزيلاً
Form, Art[L7]	شكْل ج أشْكال
Norden[L9]	شمال
Zuckermelone (coll.)[L20]	شمّام
die Sonne[L2]	الشمْس (م)
umfassen etw.[L19]	شمل (يشْمُلُ شمْلاً) هـ
Tasche[L2]	شنْطة ج شُنط، ـات

das Glaubensbekenntnis[L10]	الشهادة
Zeugnis[L16]	شهادة ج ـات
Zeuge sein von[L12]	شهد (يشْهُدُ شُهُوداً) على
Flitterwochen[L27]	شهْر العسل
Monat[L5]	شهْر ج شُهُور، أشْهُر
Suppe[L7]	شُورْبة / شُرْبة
Gabel[L7]	شوْكة ج ـات
Sache, Ding[L5]	شيْء ج أشْياءُ
Scheich[L17]	شيْخ ج شُيُوخ، مشائخُ
Scheck[L19]	شيك ج ـات

ص

Majestät[L26]	صاحِب الجلالة
seine königliche Hoheit[L12]	صاحب السمو الملكيّ
umg.: Freund[L23]	صاحِب ج أصحاب
Besitzer[L12]	صاحِب ج أصْحاب
herausgegeben (von)[L14]	صادِر (من، عن)
werden etw.[L27]	صار (يصير صيْراً) هـ
Saal[L12]	صالة ج ـات
Schönheitssalon[L27]	صالون التجْميل
fasten[L28]	صام (يصُومُ صوْماً)
Morgen[L2]	صباح
Guten Morgen![L2]	صباح الخير
(Antwort auf: Guten Morgen!)[L2]	صباح النور
geduldig, ausdauernd[L26]	صبور ج صبُر
Junge[L17]	صبيّ ج صِبْيان
stimmen etw.[G26]	صحّ (يصحّ صِحّةً)
Gesundheit[L2]	صِحّة
die Sahara[L15]	الصحْراء الكُبْرى

518

Wüste[L15]	صحْراءُ ج صحارَى	Geschäft[L17]	صفْقة ج صفقات
Journalist[L11]	صُحُفيّ ج ـون	Mittagsgebet[L10]	صلاة الظُهْر
gesundheitlich, hygienisch[L14]	صِحّيّ	Nachtgebet[L10]	صلاة العِشاء
richtig[L3]	صحِيح ج صِحاح	Nachmittagsgebet[L10]	صلاة العصر
Zeitung[L14]	صحِيفة ج صُحُف	Abendgebet[L10]	صلاة المغْرِب
Fels *(coll.)*[L15]	صخْر ج صُخُور	Gebet[L10]	صلاة ج صلوات
Kopfschmerz[L13]	صُداع	Befugnis; Mandat[L11]	صلاحِيَة ج ـات
exportieren etw. nach[L23]	II صدَّر (يُصدِّر) هـ إلى	halsstarrig, hartnäcckig[G25]	صلْب الرَّأْي
Frühzeit des Islam[L28]	صدر الإسْلام	beten[L28]	II صلَّى (يُصلِّي)
Brust[L13]	صدْر ج صُدُور	Gott segne ihn und schenke ihm Heil *(oft in der Kurzform* صلعم *gebraucht)*[L10]	صلَّى الله عليه وسلَّم
Freundschaft[G6]	صداقة ج ـات		
befreundet[L11]	صدِيق	Kreuzzugs-[L21]	صلِيبيّ ج ـون
rechtschaffen *(Beiname des 1. Kalifen)*[L10]	الصِّدِّيق	Industrie[L11]	صِناعة ج ـات
		Kasten, Truhe[L16]	صُنْدُوق ج صنادِيقُ
Freund[L2]	صدِيق ج أصْدِقاءُ	Herstellung, Machart[L21]	صنْع
Freundin[L2]	صدِيقة ج ـات	verarbeiten etw.; industrialisieren[L19]	II صنَّع (يُصنِّعُ) هـ
Kampf, Ringen[L21]	صِراع ج ـات		
Wechsler[L12]	صرّاف ج ـون	Ṣanʿāʾ (Sanaa)[L14]	صنْعاءُ
erklären[G20]	II صرَّح (يُصرِّحُ)	Foto[L13]	صُورة ج صُوَر
Morphologie, Flexion *(gramm.)*[L24]	صرْف	Fasten[L10]	صوْم
wechseln[L12]	صرف (يصرِفُ صرْفاً)	Somalia[L15]	الصُّومال
ausgeben etw. für[L21]	صرف (يصرِفُ صرْفاً) هـ على	Jäger[L26]	صيَّاد ج ون
schwierig, schwer[L6]	صعْب ج صِعاب	Jagen, Jagd[L26]	صيْد
hoch steigen[G22]	صعِد (يصْعَدُ صُعُوداً)	Apotheker[L5]	صيْدليّ ج صيادِلة
klein, kurz[L2]	صغِير ج صِغار	Apotheke[L14]	صيْدَليَّة ج ـات
Reihe, Linie[L21]	صفّ ج صُفُوف	Sommer[L9]	صيْف
Merkmal, Eigenschaft[L26]	صِفة ج ـات	chinesisch, Chinese[L9]	صِينيّ ج ـون
Seite[L16]	صفْحة ج ـات		

ض

Umgebung, Vorort[L23]	ضاحية ج ضواحٍ
(das) Ordnen[L27]	ضَبْط
riesig[L12]	ضَخم
(Präp.) gegen[L13]	ضِدّ
schlagen[G22]	ضرب (يَضْرُبُ ضرْباً)
Schaden[L21]	ضرر ج أضرار
notwendig für[L7]	ضَرُوري لـ
Doppeltes; Vielfaches[L19]	ضِعْف ج أَضْعاف
schwach[L17]	ضعيف ج ضُعفاءُ
Druck; Nachdruck[L15]	ضَغْط ج ضُغُوط
umfassen etw.[L9]	ضَمَّ (يضُمُّ ضَمَّاً) هـ
Sozialversicherung[L21]	الضمان الاجْتِماعيّ
Garantie[L21]	ضمان ج ـات
Kaution, Garantie[L19]	ضمانة ج ـات
(Präp.) in[L18]	ضِمْنَ
Licht[L22]	ضَوْء ج أضْواء
Verlust[L23]	ضَياع
verlieren etw.[L15]	II ضَيَّع (يُضيِّعُ) هـ
Gast[L13]	ضيْف ج ضُيُوف
eng, beschränkt[L21]	ضيِّق

ط

fliegend[L17]	طائِر
Flugzeug[L3]	طائِرة ج ات
Düsenflugzeug[G21]	~ نفّاثة
Prägung, Charakter[L27]	طابِع
(Brief-)Marke[L16]	طابِع ج طوابِعُ
Etage[L9]	طابِق ج طوابِقُ

hier: Menschenschlange[L16]	طابُور ج طوابِيرُ
Ausnahme-, Sonder-[L11]	طارئ
frisch[L20]	طازِج
Energie, Potenz[L15]	طاقة ج ـات
Lange sollst du leben![L13]	طال عُمرُك !
Student[L2]	طالِب ج طُلّابٌ/ طلبة
Studentin[L2]	طالِبة ج ـات
Tisch[L2]	طاوِلة ج ـات
Medizin (*als Wissenschaft*)[L4]	طِبّ
Koch[L26]	طبّاخ ج ـون
natürlich (*adv.*)[L8]	طَبْعاً
verwirklichen, durchsetzen etw.[L26]	II طبَّق (يُطبِّقُ) هـ
Schicht, Gruppe, Klasse[L28]	طبَقة ج ـات
Arzt[L2]	طبِيب ج أطِبّاءُ
Ärztin[L2]	طبِيبة ج ـات
Natur[L19]	طبِيعة
Tripolis[L8]	طرابُلُس (م)
Gliedmaß[L13]	طرف ج أطْراف
Weg, Straße[L4]	طريق ج طُرُق
Abendessen[L7]	طعام العشاء
Essen, Mahlzeit[L5]	طعام ج أطْعِمة
Kind[L12]	طِفْل ج أطفال
Wetter[L7]	طقْس
Bitte, Nachfrage[L18]	طلب
Nachfrage (nach)[L19]	طلب (على)
bestellen etw., bitten, daß[L7]	طلب (يطْلُبُ طلَباً) هـ، أنْ
verlangen von j-m, daß[L7]	طلب منه أنْ

Reste, Ruinen, Spuren[L24]	طلل ج أطْلال
Tomaten[L7]	طُماطِمُ
Ṭaha Ḥusain[L8]	طه حسين
entwickeln etw.[L15]	II طَوَّر (يُطَوِّرُ) هـ
Taurus-Gebirge[L24]	طوروس
lang, groß[L2]	طويل ج طِوال
beigefügt[L18]	طَيًّا
gut[L2]	طَيِّب ج ـون
Vogel *(coll.)*[L26]	طَيْر ج طُيُور
(Präp.) während[L15]	طِيلةِ
Lehm, Ton[G26][L28]	طِين

ظ

Bedingung[L20]	ظرْف ج ظُرُوف
bleiben, fortfahren, etw. ständig o. weiter tun (+*Imperf. o. Part.*)[L24]	ظلَّ (يظَلُّ) ظلاًّ
denken, vermuten[L17]	ظنَّ (يظُنُّ) ظنًّا أنَّ
Mittag[L6]	ظُهْر
sichtbar werden j-m.[L28]	ظهر (يظْهَرُ) ل

ع

Familie[L2]	عائِلة ج ـات
schnell[L16]	عاجِل
zurückkehren (nach)[L11]	عاد (يعُودُ عوْدةً) (إلى)
normalerweise[L27]	عادةً
gleich sein etw.[L17]	III عادل (يُعادِلُ) هـ
normal[L7]	عادِيّ
(er)leben[L11]	عاش (يعِيشُ عيْشاً) ه
Liebender[L26]	عاشِق ج ـون، عُشّاق
Sturm[L15]	عاصِفة ج عواصِفُ

Hauptstadt[L3]	عاصِمة ج عواصِمُ
Wohlbefinden[L18]	عافية
Wissenschaftler[L22]	عالِم ج عُلماءُ
Welt, Universum[L6]	عالم ج عوالِمُ
international[L6]	عالمِيّ
allgemein, öffentlich[L11]	عامّ
Jahr[L10]	عام ج أعْوام
behandeln[L18]	III عامل (يُعامِلُ) ه، هـ
Arbeiter[L8]	عامِل ج عُمّال
leiden an etw.[L15]	III عانى (يُعانِي) من
Ausdruck für[L26]	عِبارة عن
Sklave[G27]	عبْد ج عبيد
ʿAbd ar-Razzāq *(Eigenn.)*[L7]	عبد الرزّاق
ausdrücken etw.[L14]	II عبَّر (يُعبِّرُ) عن
treffen, stoßen auf, aufstöbern etw.[L23]	عثر (يعْثُرُ عثْراً) على
osmanisch[L21]	عُثْمانِيّ ج ـون
die sieben Welt-wunder[L24]	عجائِب الدُنيا السبع
Unfähigkeit, Unvermögen (zu); (عن) Defizit[L19]	عجْز
Alte(r), Greis[G27]	عجُوز ج عجائِز، عُجُز
Wunder[L24]	عجيبة ج عجائِبُ
zählen; *Pass.:* gelten (ه als), zählen (من zu)[L24]	عدَّ (يعُدُّ عدًّا) ه، ه من
mehrere[L13]	عِدَّة
Zahl, Ziffer[L4]	عدد ج أعْداد
eine Zahl von, einige[L4]	عددٌ مِن
Linsen *(coll.)*[L7]	عدس
Nicht- (عدم + *Substantiv* ist wie غير + *Adjektiv oder Partizip eine nominale Verneinung*)[L23]	عدم

Lauf[L17]	عدْو [عدا (يعْدُو)]	Mitglied[L6]	عُضْو ج أعْضاء
Feind[L23]	عدُو ج أعْداء	Körperteil; Organ[L13]	عُضْو ج أعْضاء
viele, zahlreich[L14]	عدِيد	durstig[L7]	عطْشانُ م عطْشَى ج عِطاش
Irak[L3]	العِراق	Schaden[L15]	عُطْل
irakisch[L7]	عِراقِيّ	Knochen[L26]	عظْم ج عِظام
arabisch, Araber[L4]	عربي ج عرب	Größe[L27]	عظمة
Hochzeit[L27]	عُرْس	großartig[L3]	عظِيم ج عُظماءُ
Angebot[L19]	عرْض	Entschuldigung![L10]	عفْوًا
anbieten, vor- هـ على (عرْضاً عرْض ُ) عرض legen j-m etw.[L13]		bitte (*Antwort auf* شكراً); Verzeihung, Pardon[L2]	عفْوًا
Angebot und Nachfrage[L19]	العرض والطلب	konfessionell[L27]	عقائِدِيّ
wissen, kennen هـ ،ه (معْرِفةً ُ يعْرِف) عرف j-n. etw.[L5]		Durchführung[L11]	عقْد
Braut[L27]	عرُوس (م)	Ehevertrag[L27]	عقْد القِران
		Jahrzehnt[L19]	عقْد ج عُقُود
Bräutigam[L27]	عرِيس	abhalten (Tagung); هـ (عقْداً عقِدُ يعْ) عقد abschließen (Vertrag)[L5]	
weit, breit[L17]	عرِيض	Skorpion[L15]	عقْرب ج عقارِبُ
fest verwurzelt[L27]	عرِيق	Verstand[L17]	عقْل ج عُقُول
lieb, teuer, edel[L6]	عزِيز ج أعِزّاءُ	optimal; rational[L20]	عقْلانِيّ
meine Liebe![L6]	عزِيزتِي	Mentalität[L26]	عقْلِيّة ج ـات
mein Lieber![L6]	عزِيزي	Konfession[L27]	عقِيدة ج عقائِدُ
militärisch; Soldat[L8]	عسْكرِيّ ج ـون، عساكِرُ	Gegenteil[L17]	عكْس
Honig[L3]	عسل	reflektieren etw.[L17] هـ (عكْساً عكِسُ يعْ) عكس	
zwanzig[L9]	عِشْرُونَ	(ärztliche) Behandlung[L13]	عِلاج
ziellos, zufällig[L22]	عشْوائِيّ	Beziehung, Verhältnis[L5]	علاقة ج ـات
Epoche; Nachmittag[L19]	عصْر ج عُصُور	hochgelehrt[L16]	عـلّامة
Spatz, kleiner Vogel[L26]	عُصْفُور ج عصافِيرُ	zusätzlich zu[L12]	عِلاوةً على
das Mittelalter[G25]	العُصُور الوُسْطى	Ursache; (*gramm.*) Defekti- vität (*Buchstabe oder Wort*)[L28]	عِلّة ج عِلل
Saft, Juice[L3]	عصِير		
Oberarm (*auch mask.*)[L13]	عضُد (م) ج أعْضاد	wissen etw., daß[L7] هـ، أنّ (عِلْماً يعْلمُ) علِم	

Biologie(L9)	عِلْم الأَحْياء	Arbeit, Tätigkeit(L5)	عمل ج أعْمال
Soziologie(L9)	عِلْم الإجْتِماع	wirken für(L11)	عمل على
Wissenschaft(L9)	عِلْم ج عُلُوم	riesig, Riese(L25)	عِمْلاق ج عمالِقة
wissenschaftlich(L9)	عِلْمِيّ	Währung(L12)	عُمْلة ج ـات
(Präp.) auf; an(L2)	عَلَى	Wirbelsäule(L13)	عمُود فِقْرِيّ
mindestens(G25)	على الأَقَلِّ	Dekan(L18)	عمِيد ج عُمداءُ
falls, vorausgesetzt(L26)	على أنْ	tief, tiefgründig(L6)	عمِيق
auf jeden Fall(L13)	على أيِّ حال	(Präp.) über(L5)	عنْ
überhaupt(L15)	على الإطْلاق	über, via, mittels(L18)	عن طريق
im Gegenteil(L17)	على العكس	Weintrauben (coll.)(L7)	عِنب
auf Kosten von(L23)	على حِساب	(Präp.) bei(L2)	عِنْدَ
zum Beispiel(L19)	على سبيل المِثال	du hast (m./f.)(L2)	عِنْدَكَ / عِنْدَكِ
in Anbetracht, angesichts(L22)	على ضَوْء	als, wenn(L19)	عِنْدما
(umg.) andauernd; geradeaus(L27)	على طُول	ich habe(L2)	عِنْدِي
auf jeden Fall(L14)	على كُلِّ حال	Hals(L13)	عُنُق ج أعْناق
wunschgemäß(L15)	على ما يُرامُ	Spinne(L15)	عنْكَبُوت ج عناكِبُ
auf seine Kosten(L25)	على نفقتِهِ	Überschrift, Titel auch: Adresse(L6)	عُنْوان ج عناوِينُ
am Rande von(L20)	على هامِش	stur, eigensinnig(L26)	عنِيد ج عُنُد
kurz vor dem Bankrott(L22)	على وشكِ الإفلاس	Zeitalter(L18)	عهْد ج عُهُود
(umg.) Wie du willst.(L22)	على كيْفَك/كيْفِك	guter Schwimmer(L26)	عوَّام
er muß(L14)	عليْهِ أنْ	Rückkehr(L11)	عَوْدة
Heil/Friede über ihn(L10)	عليهِ السلام	Arztpraxis(L9)	عِيادة ج ات
Gebäude(L10)	عِمارة ج ات	Familienmitglieder(L28)	عِيال
Oman(L3)	عُمانُ	Opferfest(L28)	عِيد الأضْحَى
Amman(L8)	عمَّان (م)	Pfingsten(L28)	عيد العنْصرة
Alter(G9)(L16)	عُمْر ج أعْمار	Ostern(L28)	عيد الفِصْح
arbeiten(L5)	عمِل	Fest des Fastenbrechens(L28)	عيد الفِطْر
arbeiten(L7)	عمِل (يعْمَلُ عملاً)	Feiertag(L8)	عِيد ج أعْياد

Fest der Geburt des Propheten[L28]	~ مَوْلِد النبي
Weihnachten[L28]	~ مِيلاد المَسِيح
Auge[L13]	عَيْن (م) ج عُيُون

غ

Wald, Dschungel *(coll.)*[L26]	غاب
Wald[L24]	غابة ج ـات
abreisen (aus/von)[L9]	III غادَر (يُغادِرُ) هـ
versickern (in)[L15]	غار (يغُورُ غَوْراً) (في)
versinkend (in)[L27]	غارِق في
teuer[L9]	غالَ
dominierend[L28]	غالِب
Mehrheit[L10]	غالِبيَّة ج ـات
Staub[L15]	غُبار ج أغْبِرة
Mittagessen[L3]	(طعام) الغَداء
Nahrung[L20]	غِذاء ج أغْذِية
Nahrungs-(mittel)-[L20]	غِذائِيّ
Zimmer[L2]	غُرْفة ج غُرَف
Sonnenuntergang[L28]	غُرُوب الشَمْس
eigenartig, fremd[L15]	غريب ج غُرَباءُ
überfallen etw. [L24]	غزا (يغْزُو غزْواً) هـ
Gazelle[L26]	غزال ج غِزْلان
Beutezug; Überfall[L21]	غزْوة ج غزَوات
wütend, böse sein o. werden über[L26]	غضِب (يغْضَبُ غضباً) من / على
decken, bedecken etw.[L23]	II غطَّى (يُغطِّي) هـ
Fehler, falsch[L3]	غلط ج أغْلاط
Schaf *(coll.)*[L20]	غنم ج أغْنام
singen[L17]	II غنَّى (يُغنِّي)

reich (an)[L24]	غنِيّ ج أغْنِياءُ (ب)
Beute[L26]	غنِيمة ج غنائِمُ
die Gobi[L15]	الغُوبِي
un-, Nicht-[G21]	غيْرُ
ungewöhnlich[G21]	غير اعْتِيادِيّ
nicht notwendig[L13]	غير ضَرُورِيّ
verändern etw.[L15]	II غيَّر (يُغيِّرُ) هـ
(und) andere[L23]	غيْرُهُ، غيْرُها، غيْرُهُمْ (مِنْ الـ ...)

ف

(koordinierende Konj.)[L11]	ف
Mäuse *(coll.)*[L26]	فأر ج فِئْران
Schicht, Gruppe[L21]	فِئة ج ـات
Nutzen[L13]	فائِدة ج فوائِدُ
ausgezeichnet[L18]	فائِق
hell[L24]	فاتِح
Rechnung[L24]	فاتُورة ج فواتِيرُ
Reiter[L17]	فارِس ج فُرْسان
Unterschied[L21]	فارِق ج فوارِقُ
siegen über[L17]	فاز (يفُوزُ فوْزاً) على
verdorben[L13]	فاسِد
Fāṭima[L2]	فاطِمة
Nomen agentis[L28]	الفاعِل
übertreffen[G25]	فاق (يفُوقُ فوْقاً، فواقاً)
Fax[L18]	فاكس
Obst[L3]	فاكِهة ج فواكِهُ
Mädchen[L2]	فتاة ج فتيات
Öffner[G21]	فتّاحة ج ـات
öffnen etw.[L13]	فتح (يفْتَحُ فتْحاً) هـ

hier: erobern etw.[L24]	فتح هـ
Zeitraum[L11]	فترة ج ات
deutlich machen[L28]	فتق (يفتقُ فتْقاً)
junger Mann[L27]	فتىً ج فِتيان
Weg, Straße[L27]	فجّ ج فِجاج
unreif, grün[G28]	فِجّ
Morgengebet[L10]	الفجْر / الصبْح
Rettiche (coll.)[L7]	فِجْل
untersuchen[L13]	فحص (يفْحَصُ فحْصاً)
Untersuchung[L13]	فحْص ج فُحُوص
Euphrat[L24]	الفُرات
Erdbeeren (ital.: fragola)[L20]	فراوُلة
Vulva[L13]	فرْج ج فُرُوج
Einzelner[L18]	فرْد ج أفْراد
die Perser[L21]	ج الفُرْس
Bürste, Pinsel[L24]	فُرْشة ج فُرش
Zweig, Außenstelle[L9]	فرْع ج فُرُوع
Trennung, Teilung Pl. Unterschiede, Differenz[L25]	فرْق ج فُرُوق
Gruppe, Team[L17]	فِرْقة / فريق ج فِرق
Frankreich[L5]	فِرنسا
französisch, Franzose[L9]	فِرنْسِيّ ج ـون
Erdbeeren (franz.: fraise)[L20]	فريز
Brautkleid[L27]	فستان العرس
verderben etw., schlecht werden[L26]	فسد (يفْسُدُ فساداً) هـ
II erklären, erläutern etw.[L26]	فسَّر (يُفَسِّرُ) هـ
scheitern (bei)[G24]	فشِل (يفْشَلُ فشْلاً) (في)
Abschnitt, Jahreszeit[L9]	فصْل ج فُصُول

hier: Unterscheidungs- kriterium[L28]	فصْل ج فُصُول
Verdienst[L28]	فضْل
übrigbleiben[L28]	فضَل (يفْضُلُ فضْلاً)
II vorziehen etw., j-n. vor[L28]	فضَّل (يُفضِّل) هـ، ه على
Verdienst, der erste zu sein[L28]	فضْل السبق
Skandal, Eklat[L11]	فضِيحة ج فضائحُ
Pilze (coll.)[L7]	فُطْر
Frühstück[L3]	فُطُور
effektiv, wirksam[G21]	فعّال
machen, tun etw.[L5]	فعَل (يفْعَلُ فِعْلاً) هـ
wirklich, in der Tat[L25]	فِعْلاً
arm[L19]	فقِير ج فُقراءُ
Kiefer[L13]	فكّ
Unterkiefer[L13]	الفكُّ الأسْفل
Oberkiefer[L13]	الفكُّ الأعْلى
denken (an)[L15]	II فكَّر (يُفكِّرُ) (في)
Denken, Ideologie[L12]	فِكر ج أفْكار
Gedanke, Idee[L5]	فِكرة ج أفْكار
Bauer[L9]	فلّاح ج ـون
palästinensisch[L19]	فِلسْطينيّ
Pfeffer[L7]	فِلْفِل
Film[L14]	فِلْم ج أفلام
(umg.) Geld[L22]	ج فلوس
Mund[L13]	فم ج أفْواه
Kunst[L17]	فنّ ج فُنُون
Tasse[L7]	فِنْجان ج فناجينُ
Hotel[L5]	فُنْدُق ج فنادِقُ
Finnland[L5]	فِنْلندا

technisch; Techniker[L16]	فَنّيّ
verstehen etw.[L7]	فهِم (يفْهَمُ فهْماً) هـ
ich habe verstanden[L4]	فَهِمْتُ
du (m.) hast verstanden[L4]	فَهِمْتَ
du (f.) hast verstanden[L4]	فَهِمْتِ
sofort[L14]	فوراً
Phosphat[L25]	فُوسْفات
(Präp.) über auf[L2]	فَوْقَ
(Adv.) oben[L2]	فَوْقُ
Bohnen[L7]	فُول
(Präp.) in[L2]	في
mit Gottes Schutz[L14]	في أمان الله
auf dem Wege von [L28]	في سبيلِ
zu j-s. Gunsten[L22]	في صالِحِ ه
Visum[L18]	فيزا
Physik[L6]	فِيزياء
Überschwemmung[L15]	فَيَضان ج ـات
Elefant[L26]	فِيل ج فِيَلة، فُيُول
was anbelangt, was anbetrifft	فيما يَخصُّ
im Folgenden[L13]	فيما يلي
phönizisch[L21]	فِينِيقيّ ج ـون

ق

glühend heiß[L28]	قائِظ
Geschäftsträger[L27]	القائِم بالأعْمال
Speisekarte[L7]	قائِمة الطعام
Karte, Liste[L7]	قائِمة ج ـات، قوائِمُ
treffen j-n.[L8]	قابل (يُقابِلُ) ه
steuern, lenken etw. (nach)[L11]	قاد (يقُودُ قِيادةً) هـ (إلى)

fähig zu[L11]	قادِر على
kommend[L9]	قادِم
kommend von[L8]	قادِماً من
Kontinent[L21]	قارّة ج ـات
Richter[L27]	قاضٍ ج قُضاة
schneidend, deutlich[L11]	قاطِع
Saal[L7]	قاعة ج ـات
Regel, Norm[L27]	قاعِدة ج قواعِدُ
Karawane, Kolonne[L26]	قافِلة ج قوافِلُ
sagen etw., daß[L11]	قال (يقُولُ قوْلاً) هـ، إنَّ
er sagte / sie sagte[L5]	قال / قالتْ
Ziegel[G26]	قالِب ج قوالِبُ
man sagte mir[L10]	قالُوا لي
aufstehen[L11]	قام (يقُومُ قِياماً)
durchführen etw.[L11]	قام ب
hier: entstehen etw.[L21]	قام هـ
Wuchs, Statur[G21]	قامة
Wörterbuch[L4]	قامُوس ج قواميسُ
Gesetz[L11]	قانُون ج قوانِينُ
Kairo[L2]	القاهِرة
widerstehen etw., Widerstand leisten[G19][L26]	III قاوم (يُقاوِمُ) هـ
Kuppel[L24]	قُبَّة ج قِباب، قُبَب
Mütze, Hut[L9]	قُبَّعة ج ـات
(Präp.) vor (temp.)[L5]	قبْلَ
davor[G7]	قبْلَ ذلِك
annehmen etw.[L18]	قبِل (يقْبْلُ قُبُولاً) هـ
bevor es zu spät ist[L22]	قبل فوات الأوان
tribal, Stammes-[L21]	قبليّ

526

häßlich^(L3)	قَبِيح ج قِباح
Stamm^(L17)	قَبِيلة ج قَبائِلُ
töten, ermorden^(L18)	قَتَل (يقتُلُ قَتْلاً)
(Partikel siehe L13, S.208)^(L11)	قَدْ
Feuerzeug^(G21)	قَدَّاحة ج ـات
schätzen etw.^(L20)	II قَدَّر (يُقَدِّرُ) هـ
(ab-)schätzen etw.^(L25)	II قَدَّر (يُقَدِّرُ) هـ
Schicksal^(L15)	قَدَر ج أَقْدار
Fuß, Bein^(L13)	قدم (م) ج أَقْدام
vorstellen j-n. etw. j-m., vorlegen (j-m.) etw.^(L14)	II قَدَّم (يُقَدِّمُ) ه، هـ إلى / لـ
alt^(L2)	قَدِيم ج قُدَماءُ
Koran^(G1)	قُرآن
lesen etw.^(L7)	قرأ (يقْرَأُ قِراءةً) هـ
lesen etw.^(L5)	قرأ هـ
(das) Lesen^(L16)	قِراءة ج ات
Beschluß^(L14)	قرار ج ات
Affe^(L26)	قِرْد ج قُرُود، قِردة
entscheiden; berichten; feststellen etw.^(L24)	II قَرَّر (يُقَرِّرُ) هـ
beschließen etw.^(L19)	II قَرَّر (يُقَرِّرُ) هـ
Piaster^(L12)	قِرْش ج قُرُوش
Diskus^(L17)	قُرْص ج أَقْراص
Jahrhundert^(L16)	قَرْن ج قُرُون
Blumenkohl^(L20)	قَرْنَبِيط
Verwandter^(L27)	قَرِيب ج أَقارِبُ
nahe bei^(L7)	قَرِيب مِن
bald^(L18)	قَرِيباً
Dorf^(L9)	قَرْية ج قُرًى
Abteilung^(L8)	قِسْم ج أَقْسام

Geschichte^(L23)	قِصَّة ج قِصص
im Sinne haben, beabsichtigen, meinen etw.^(L20)	قصد (يقْصِدُ قَصْداً) هـ
Schloß, Palast^(L24)	قَصْر ج قُصُور
Höchst-^(L15)	قُصْوَى
kurz, klein^(L2)	قَصِير ج قِصار
Problem, Fall^(L15)	قَضِية ج قضايا
Kater^(L26)	قِطّ ج قِطط
Zug^(L3)	قِطار ج ات
Sektor^(L12)	قِطاع ج ـات
Land, Region^(L24)	قُطْر ج أَقْطار
Tropfen^(L14)	قَطْرة ج قطَرات
regionalistisch, Landes-^(L21)	قُطْرِيّ
schneiden, zerschnei-den etw.^(L23)	قطع (يقْطَعُ قَطْعاً) هـ
Etappe zurücklegen^(L23)	قطع شَوْطاً
Stück^(L14)	قِطْعة ج قِطَع
Baumwolle^(L24)	قُطْن ج أَقْطان
sitzen, sich setzen auf etw.^(L28)	قعد (يقْعُدُ قُعُوداً) على
Handschuh^(L9)	قُفَّاز ج قفافِيزُ
Sprung^(L17)	قفز [قفز (يقْفِزُ)]
Herz^(L13)	قَلْب ج قُلُوب
du (m./f.) sagtest^(L5)	قُلْتَ / قُلْتِ
ich sagte dir^(L10)	قُلْتُ لَكَ/ لَكِ
ich sagte ihm^(L5)	قُلْتُ له
Festung, Bastion^(L23)	قَلْعة ج قِلاع
(Schreib-)Stift^(L2)	قَلَم ج أَقْلام
selten, kaum^(L26)	قَلَّما
wenig^(L3)	قليل ج ـون

Gipfel, Spitze[L14]	قِمَّة ج قِمم	werktätig[L21]	كادِح ج ـون
Weizen[L20]	قمْح	Katastrophe[L11]	كارِثة ج كوارِثُ
Mond[L2]	قمر	genügend[L11]	كافٍ
Satellit[L15]	قمَر صِناعيّ	alle[L13]	كافّة
Hemd[L24]	قميص ج قمْصان	vollständig[L15]	كامِل
Bombe[L17]	قنْبُلة ج قنابِلُ	sein	كان (يكُونُ كوْناً وكِياناً)
Konsul[L25]	قنْصُل ج قناصِلُ	*(mit Prädikatsnomen)*[L11]	
Kaffee[L3]	قهْوة	er war / sie war[L5]	كان / كانتْ
Streitkräfte[L21]	قوّات مُسلّحة	Schwefel, Zündhölzer[L25]	كِبْريت
Macht, Stärke[L15]	قُوّة ج ات، قوى	groß[L2]	كبير ج كِبار
Wort, Ausspruch[L26]	قوْل ج أقْوال	Buch[L2]	كِتاب ج كُتب
Leute, Volk[G20]	قوْم ج أقْوام	Schreiben *(Tätigkeit)*[L4]	كِتابة ج ـات
stark, mächtig[L6]	قويّ ج أقْوِياءُ	einer Buchreligion angehörig[L27]	كِتابيّ
Führungs-[L21]	قِيادِيّ	Katalog[L19]	كتالُوج ج ـات
hier: Analogie; Regel, Norm[L28]	قِياس ج ـات أقْيِسة	schreiben etw.[L5]	كتب هـ
Größe, Maß[L24]	قِياس ج ـات، أقْيِسة	du *(m.)* hast geschrieben[L4]	كتبْتَ
vergleichsweise[L17]	قِياسيّ	ich habe geschrieben[L4]	كتبْتُ
Sommerhitze[L28]	قيْظ	du *(f.)* hast geschrieben[L4]	كتبْتِ
wertvoll[L8]	قيِّم	Schulter(blatt)[L13]	كتف (م) ج أكْتاف
einschätzen, bewerten etw.[L22]	II قيَّم (يُقيِّمُ) هـ	verschweigen etw.[L11]	كتم (يكْتُمُ كتْماً) هـ
Wert[L17]	قيمة ج قِيَم	viel oder zahlreich sein[L26]	كثُر (يكْثُرُ كثْراً) ه/هـ
ك		Düne, Hügel[L15]	كثيب ج كُثْبان
Glas[L7]	كأس (م) ج كُؤُوس	viele[L3]	كثير ج ـون، كِثار
als ob[G20]	كأنّ	Alkohol[L7]	كُحُول
Cabriolet[L18]	كابريوليه	so, so und so viel[L27]	كذا
korrespondieren[G19]	III كاتب (يُكاتِبُ)	Lüge, das Leugnen[G22]	كِذْب ج أكْذاب
Schriftsteller, Sekretär[L4]	كاتِب ج كُتّاب	auch[L7]	كذلِك
fast (tun) *(mit Negation "kaum")*[L15]	كاد (يكادُ) (يفْعلُ)	Heft[L2]	كُرّاسة ج ـات، كراريسُ
		Basketball[L17]	كُرة السلة

Volleyball[L17]	الكرة الطائرة
Fußball[L17]	كُرة القدم
Kugel, Ball[L15]	كُرة ج ات
Stuhl[L2]	كُرْسِيّ ج كراسِيّ
hassen etw., j-n.[L22]	كرِه (يكْرَهُ كُرْهاً) هـ،ء
zerbrechen (trans.)[G19]	كسَر (يكْسِرُ كسْراً) هـ
zerbrechen, zertrüm-mern[G19]	II كسَّر (يُكسِّرُ)
offenbaren, etw. zum Vorschein bringen[L27]	كشف (يكْشِفُ كشْفاً) عن
Kuchen[L27]	كعْك
alle[L13]	كُلّ
Wort, Rede[L8]	كلِمة ج ـات
Sprachenfakultät[L10]	كلية الألسُن
Fakultät[L4]	كُلّية ج ـات
wieviel(e)[L9]	كم
wie, wie auch, weiterhin[L7]	كما
euch beide *(als Suffix)*[G9]	كُما –
Computer[L3]	كُمْبْيُوتَر ج ات
sich ver-bergen, auflauern j-m.[L24]	كمِن/كمَن (يكْمَنُ/يكْمُنُ كُموناً) في، لـ
Menge[L19]	كمِّية ج ـات
ich war[L5]	كُنْتُ
du *(m./f.)* warst[L5]	كُنْتَ / كُنْتِ
Kirche[L27]	كنِيسة ج كنائِسُ
Kufa[L24]	الكُوفة
Cholera[L14]	كوليرا
Blumenkohl *(engl.: cauliflower)*[L20]	كوليفلاور
Kuweit[L3]	الكُوَيْت
damit, um[L8]	كَيْ / لِكَيْ

Sack, Beutel[L20]	كِيس ج أكْياس
wie[L2]	كَيْفَ
Wie geht es dir? *(m.)*[L2]	كَيْفَ حالُكَ /
~ *(f.)*[L2]	كَيْفَ حالُكِ؟
Kilo(gramm)[L20]	كِيلو(غرام) ج ـات
Chemie[L6]	كِيمياء
Kenia[L15]	كينيا

ل

(Präp.) für[L2]	لِ
damit[G8]	لِ
nein[L2]	لا
nicht (+*Imperf.*)[G8]	لا
nicht nur ...[L25]	لا ... فحسْب
ich weiß nicht[L2]	لا أدْري
weil[G20]	لأنَّ
nicht schlecht[L2]	لا بأسَ (بِهِ/ بِها)
unumgänglich, notwendig[G8][L21]	لا بُدَّ مِن
unausweichlich[G8][L22]	لا مفَرَّ مِنْهُ
günstig sein für[L20]	III لاءم (يُلائِمُ) هـ
bemerken etw.[L19]	III لاحظ (يُلاحِظُ) هـ
Latakiya[L23]	اللاذِقِّية
erforderlich (für)[L7]	لازم (لـ)
zweifellos[G8]	لا شكَّ في أن
Spieler[L17]	لاعِب ج ـون
anziehen etw.[L9]	لبِس (يلْبَسُ لُبْساً) هـ
Libanon[L5]	لُبْنانُ
Ausschuß[L11]	لجْنة ج لِجان
Augenblick[L8]	لحْظة ج لحَظات
Fleisch[L7]	لحْم ج لُحوم

529

Büchsenfleisch(L13)	لَحْم مُعَلَّب	Tafel(L2)	لَوْح ج أَلْواح
(Präp.) bei (lok. u. temp.)(L6)	لَدَىَ	Mandeln (coll.)(L7)	لَوز
deshalb(L11)	لِذا	Farbe(L7)	لَوْن ج أَلْوان
deshalb(L27)	لِذا / لِذلِك	Libyen(L3)	لِيبيا
deshalb(G7)	لِذلِك	Pfund (Währung)(G9)	لِيرة ج ات
schmackhaft(L5)	لَذِيذ	nicht sein(L8)	لَيْس
Zunge, Sprache(L10)	لِسان ج أَلْسُن، أَلْسِنة	nicht nur ... ,(L19)	ليس ... فحسْب
freundlich, nett(L7)	لَطِيف ج لُطفاءُ	Nacht(G10)	لَيْلة ج ـات، لِيالٍ، لِيائِلُ
spielen etw.(L21)	لَعِب (يَلْعَبُ لُعْباً) هـ	Tag und Nacht(L7)	ليلَ نهارَ
Spiel(L17)	لَعْب ج أَلْعاب	Zitronen (coll.)(L7)	لَيْمُون
vielleicht(G28)	لَعَلَّ		
Fluch(G28)	لَعْنة ج لعنات	**م**	
Sprache(L6)	لُغة ج ـات	siehe ميلادي(L10)	م
Philologe(L16)	لُغَوِيّ ج ـون	Minarett(L24)	مَأْذَنة ج مَآذِنُ
(Partikel der Bekräftigung)(L11)	لَقَدْ	Speisen(L7)	ج مَأْكُولات
treffen j-n.(L11)	لَقِي (يَلْقَى لِقاءً) ه	üblich, gewohnt(L17)	مَأْلُوف
damit(G8)	لِكَيْ	Konferenz(L8)	مُؤْتَمر ج ات
leider(L17)	لِلأَسَف	Historiker(L27)	مُؤَرِّخ ج ـون
zum ersten Mal(L7)	لِلمَرَّة الأُولَى	Unternehmen, Firma(L14)	مُؤَسَّسة ج ـات
nicht (+ Apokopat)(L8)	لَمْ	Parameter, Kennziffer(L23)	مُؤَشَّر ج ات
warum(L10)	لِماذا	provisorisch, zeitweilig(L25)	مُؤَقَّت
nicht (+Konjunktiv)(G8)	لَنْ	Autor(L27)	مُؤَلِّف ج ـون
Allah, Gott(L2)	ا لله	Hundert-, (L15)	مِئوِي
Gott ist allwissend!(L15)	ا لله أَعْلَمُ	was (Fragepronomen)(L2)	ما
Gott segne dich!(L4)	ا لله يُبارِك فِيكَ	kaum hatte er ..., da ...(G8)	ما أَنْ ...حتى...
Dialekt(L20)	لَهْجة ج لَهَجات	immer noch(L16)	ما زال، ما / لا يزال
wenn (+ Verb in Perf.)(L16)	لو	so Gott will/ was (soviel, solange) Gott will(L24)	ما شاء الله
wenn / wenn nicht(L26)	لَوْ / لَوْلا	solange nicht(L23)	ما لم
wenn du erlaubst(L16)	لو سَمَحْتَ	Wasser(L7)	ماء ج مِياه

sterben(L23)	مات (يَمُوتُ مَوْتاً)		Erfordernisse(L22)	ج مُتَطَلَّبات
gleichen, entsprechen etw.(L26)	III مائل (يُماثِلُ) هـ		sich entwickelnd(L21)	مُتَطَوِّر
Fach, Stoff(L6)	مادَّة ج موادُّ		vielseitig(L23)	مُتَعَدِّد الجَوانِب
was (Fragepronomen mit nachfolgendem Verb)(L2)	ماذا		gewohnt sein an j-n., etw(L23)	مُتَعَوِّد على
Mark(L9)	مارك ج ـات		veränderlich(L19)	مُتَغَيِّر
Vieh (L20)	ماشية ج مواشٍ		Veränderung, Wandel (L19)	مُتَغَيِّر ج ات
vergangen(L11)	ماضٍ		Zuschauer(L17)	مُتَفَرِّج ج ـون
Vergangenheit(L17)	ماضٍ (الماضي)		verstreut(L28)	مُتَفَرِّق
Make up (franz. maquillage)(L22)	ماكِياج		vereinbart, verabredet(L18)	مُتَّفَق عليه
Besitz, Kapital,Vermögen(L16)	مال ج أَمْوال		j-m. wünschend(L18)	مُتَمَنِّياً لـ
finanziell(L16)	ماليّ		herausragend(L14)	مُتَمَيِّز
Finanzwesen(G20)	ماليَّة		mittlerer(G21)	مُتَوَسِّط
geschickt(L25)	ماهِر ج ـون		(reichlich) vorhanden(L18)	مُتَوَفِّر
Wettkampf, Spiel(L17)	مُباراة ج ـيات		verstorben, tot(L24)	مُتَوَفّى
gesegnet(L10)	مُبارك		wann(L2)	متى
etwa: Glückwunsch!(L4)	مُبارك !		ideell(L17)	مِثاليّ
direkt(L18)	مُباشَرةً		Sprichwort, Gleichnis(L26)	مَثَل ج أَمْثال
Prinzip(L28)	مبْدأ ج مبادِئُ		wie(L17)	مِثْلَ، مِثْلما
umg. Glückwunsch!(L4)	مبْرُوك !		zum Beispiel(L3)	مَثَلاً
Summe, Betrag(L12)	مبْلغ ج مبالغُ		fruchtbar(L18)	مُثْمِر
Gebäude(L19)	مبْنىً ج مبانٍ		Bereich(L8)	مجال ج ـات
sich sicher sein(L11)	مُتَأكِّد (من)		Kompliment(L22)	مُجاملة ج ـات
verbleibend(L15)	مُتَبقٍّ		benachbart(L11)	مُجاوِر
Museum(L22)	متْحف ج متاحِفُ		Gesellschaft(L21)	مُجتَمع ج ـات
niedrig(L19)	مُتدنٍّ		fleißig(L3)	مُجتَهِد ج ـون
Synonym(L8)	مُترادِف ج ـات		Ruhm(L27)	مَجْد
verheiratet mit(L16)	مُتزوِّج مِن		Ungarn(L5)	المَجر
ansteigend(L19)	مُتصاعِد		Zeitschrift(L15)	مَجَلَّة ج ـات
			Sicherheitsrat(L11)	مجلس الأَمن

531

Glossar Arabisch-Deutsch

Rat(L11)	مجلِسٌ ج مجالسُ
Komplex(L25)	مُجمَّع ج ـات
Summe, Gesamtheit(L25)	مجموع
unbekannt(L24)	مجهول
Verhandlungen, Gespräche(L8)	ج مُحادثات
Weihrauchgefäße(L27)	محارق البخور
Dozent, Vortragender(L6)	مُحاضِر ج ـون
Vortrag, Vorlesung(L20)	مُحاضرة ج ـات
Gouvernorat, Bezirk(L8)	مُحافظة ج ـات
Versuch(L19)	مُحاولة ج ـات
Profi(L17)	مُحترِف ج ـون
geehrt(L18)	مُحترَم
wahrscheinlich(L14)	مُحتمَل
festgelegt(L11)	مُحدَّد
Pflug(L20)	مِحراث ج محاريثُ
Agrarprodukt(L20)	مَحصُول ج محاصيلُ
Bushaltestelle(L4)	محطّة الباصاتِ
Station, Haltestelle(L3)	محطّة ج ـات
Gericht(L11)	محكمة ج محاكمُ
hier: Ort, Platz(L10)	محلّ ج ـات
Geschäft(L3)	محلّ ج ـات
einheimisch(L20)	محلّيّ
Gegensatz, Zuwiderhandlung(L26)	مُخالفة ج ـات
Bäckerei(L3)	مخبز ج مخابزُ
verschieden(L7)	مُختلِف
verschiedenartig(G21)	مُختلِفُ الأنواع
hier: Aussprache(L28)	مخرج ج مخارجُ
Geschäft(L3)	مخزن ج مخازنُ
aufrichtig(L6)	مُخلِص
auslegen; verlängern etw.(L25); ausbreiten, darlegen etw.(L28)	مدَّ (يَمُدُّ مدّاً) هـ
Zeitraum(L7)	مُدَّة ج مُدد
loben j-n.(L17)	مدح (يَمدَحُ مدْحاً) ه
Lehrer, Dozent(L6)	مُدرِّس ج ـون
Grundschule(L16)	مدرسة ابتدائية
Oberschule(L16)	مدرسة ثانوية
Schule(L3)	مدرسة ج مدارسُ
rund(L17)	مُدوَّر
Ausmaß(L27)	مدىً
Direktor(L12)	مُدير ج مُدراءُ
Direktion, Verwaltungsbezirk(G20)	مُديريّة
Medina(L10)	المدينة المُنوَّرة
Stadt(L2)	مدِينة ج مُدُن
Campus(L12)	مدينة جامِعيّة
erwähnt(L27)	مذْكُور
Rechtsschule(L10)	مذْهب ج مذاهِبُ
vorübergehen, passieren(G24)	مرَّ (يَمُرُّ مُرُوراً)
bitter(L14)	مُرّ
Männlichkeit(G24)	مُرُوءَة
Nachschlagen, Überprüfung(L7)	مُراجعة
Begleiter(L6)	مُرافِق ج ـون
Marmelade(L3)	مُرَبّى
noch einmal, erneut(L8)	مرَّة أُخْرَى
noch einmal, erneut(L5)	مرَّة أُخْرَى
Mal(L7)	مرَّة ج ـات
Rang, Platz(L25)	مرتبة ج مراتِبُ
hoch(L15)	مُرتفِع

Nachschlagewerk[L9]	مَرْجِع ج مَراجِعُ	Feilschen[L7]	مُساوَمة ج ـات
erbeten[L18]	مَرْجُوّ	unmöglich[L17]	مُسْتَحِيل
etwa: Grüß dich![L2]	مَرْحَباً	Auszug[G21]	مُسْتَخْرَج
Etappe[L22]	مَرْحَلة ج مَراحِلُ	Kanzler[L8]	مُسْتَشار ج ون
verstorben[L16]	مَرْحُوم	Krankenhaus[L13]	مُسْتَشْفى ج ـات
Krankheit[L13]	مَرَض ج أَمْراض	bereit[L22]	مُسْتَعِدّ
Hafen[L23]	مَرْفَأ ج مَرافِيءُ	Zukunft[L11]	مُسْتَقْبَل
Tanzbar[L5]	مَرْقَص ج مَراقِصُ	Niveau[L6]	مُسْتَوًى ج ـات
Zentrum[L5]	مَرْكَز ج مَراكِزُ	Theater, Bühne[L6]	مسْرَح ج مَسارِحُ
Verkehr[L16]	مُرُور	Theaterstück[L6]	مَسْرَحِية ج ـات
bequem, angenehm[L4]	مُرِيح	Lineal[L4]	مِسْطَرة ج مَساطِرُ
krank, Kranker[L5]	مَرِيض ج مَرْضَى	fassen, festhalten هـ، ه (يَمْسِكُ مسْكاً)، etw., j-n.[L16]	مسك
Maria[L2]	مَرْيَمُ	Muslim[L10]	مُسْلِم ج ـون
spaßen, scherzen[L18]	مَزَح (يَمْزَحُ مَزْحاً)	keilschriftlich[L27]	مِسْمارِيّ
blühend[L27]	مُزْدَهِر	christlich, Christ[L8]	مَسِيحِيّ ج ـون
Agrarbetrieb[L8]	مَزْرَعة ج مَزارِعُ	(das) Anschauen[L18]	مُشاهَدة
Frage, Sachverhalt[L11]	مَسْألة ج مَسائِلُ	Käufer[L19]	مُشْتَر
verantwortlich für[L8]	مَسْؤُول ج ـون عن/لِ	gemeinsam[L8]	مُشْتَرَك
Abend[L2]	مَساء	Teilnehmer[L20]	مُشْتَرِك ج ـون
gestern Abend[L6]	مَساءَ الأَمْس	Derivat, Ableitung (von); (auch gramm.)[L25]	مُشْتَقّ ج ـات (مِن)
Guten Abend![L2]	مَساء الخَيْر	Erdölprodukte[L25]	مشْتَقّات النفط
(Antwort)[L2]	مَساء النُّور	Winterquartier[L25]	مَشْتًى ج مَشاتٍ
Wettkampf[L17]	مُسابَقة ج ـات	Getränke[L3]	ج مَشْرُوبات
Fläche[L20]	مِساحة ج ـات	Projekt[L8]	مَشْرُوع ج مَشارِيعُ
Hilfe, Unterstützung[L17]	مُساعَدة ج ات	Anlagen (zu einem Brief etc.)[L23]	ج مَشْفُوعات
Entfernung[G9][L20]	مَسافة ج ـات	Problem[L11]	مُشْكِلة ج مَشاكِلُ
reisend, auf Reisen sein, Reisender[L6]	مُسافِر ج ون	sonnig[L23]	مُشْمِس
Mitwirkung (an)[L11]	مُساهمة ج ـات (في)		

Aprikosen *(coll.)*[L7]	مِشْمِش
berühmt[L8]	مَشْهُور ج ون، مَشاهِيرُ
laufen[L11]	مَشَى (يَمْشِي مَشِياً)
Lauf[L18]	مَشْي
Wille[L12]	مَشِيئة
zu Fuß[L18]	مَشْياً
Scheichtum[L21]	مَشْيَخَة ج مَشايِخُ
Ringen[L17]	مُصارعة [صارع (يُصارِعُ)]
befallen von, erkrankt an[G13]	مُصاب ب
Lampe[L2]	مِصْباح ج مَصابِيحُ
Quelle *(für Informationen)*[L9]	مَصْدر ج مَصادِرُ
Ägypten[L3]	مِصْر
Bank[L12]	مَصْرِف ج مَصارِفُ
Ausdruck, Terminus[L7]	مُصْطَلح ج ـات
Fahrstuhl[L10]	مِصْعَد ج مَصاعِدُ
Raffinerie[L23]	مِصْفاة ج مَصافٍ
Interesse[L21]	مَصْلحة ج مَصالِحُ
Betrieb[L8]	مَصْنع ج مَصانِعُ
Spekulation[L19]	مُضاربة ج ـات
Pumpe[L20]	مِضخّة ج ـات
Inhalt[L22]	مَضْمُون ج مَضامِينُ
verfließen[L15]	مَضَى (يَمْضِي مُضِياً)
Stewardess[L20]	مُضِيفة ج ـات
Flugplatz[L3]	مَطار ج ات
Küche[L2]	مَطْبخ ج مَطابِخُ
Regen[L15]	مَطر ج أَمْطار
Restaurant[L5]	مَطْعم ج مَطاعِمُ
Beginn, Anfang[L19]	مَطْلع

absolut[L26]	مُطْلَق
erforderlich[L22]	مَطْلُوب
Ambition *(pejorativ)*[L21]	مَطْمع ج مَطامِعُ
(Präp.) mit[L2]	مَعَ
obwohl[G20]	مع أَنَّ
dennoch, trotzdem[G7][G22]	مع ذَلِك
Auf Wiedersehen![L2]	مع السلامة
Opposition[L11]	مُعارضة ج ـات
modern, zeitgenössisch[L24]	مُعاصِر
Sehenswürdigkeiten[L5]	ج مَعالِمُ
seine Exzellenz (der Minister)[L12]	مَعالِي (الوزير)
Behandlung[L19]	مُعاملة ج ـات
gemäßigt[L9]	مُعْتَدِل
Wörterbuch[L8]	مُعْجم ج مَعاجِمُ
Paste, Creme[L24]	مَعْجُون ج مَعاجِينُ
mit aufrichtiger Wertschätzung[G21]	مع خالِصِ التَّقْدِيرِ
Magen[L13]	مِعِدة ج مِعِد
Anlagen, Einrichtungen[L20]	ج مُعَدّات
Durchschnitt; Rate[L15]	مُعَدَّل ج ـات
Mineral[L25]	مَعْدِن ج مَعادِنُ
mineralisch[L7]	مَعْدَنِيّ
Messe[L12]	مَعْرِض ج مَعارِضُ
Wissen[L12]	مَعْرِفة ج مَعارِفُ
bekannt[L17]	مَعْرُوف
Ziegen *(coll.)*[L20]	مَعْز ج أَمْعاز
(umg.) eingeladen[L27]	مَعْزُوم
Mantel[L9]	مِعْطف ج مَعاطِفُ
Mehrheit[L19]	مُعْظم

534

kompliziert(L23)	مُعقَّد	hier: Kabine(L24)	مقصُورة ج ات
vernünftig(L12)	مَعقُول	Café(L7)	مقهًى ج مقاهٍ
Lehrer(L2)	مُعلِّم ج ـون	Redewendung; These(L17)	مقولة ج ـات
Lehrerin(L2)	مُعلِّمة ج ـات	Bekämpfung(L20)	مُكافحة
Informationen(L9)	ج معلُومات	Telefongespräch(L2)	مُكالمة تلفونيَّة
(umg. äg.) Macht nichts.(L22)	مَعلَيْش	Ort(L13)	مكان ج أماكِنُ
Betrieb(L8)	مَعمل ج معامِلُ	Platz, Rang, Stellung(L21)	مكانة ج ـات
Bedeutung(L28)	معنًى ج معان	Mekka(L10)	مكَّةُ المُكرَّمة
Institut(L9)	معهد ج معاهِدُ	Reisebüro(L6)	مكتَب السفر
Maghreb, Marokko(L3)	المغرِب	Büro; Schreibtisch; Arbeitszimmer(L6)	مكتَب ج مكاتِبُ
geschlossen(L21)	مُغلَق	Bibliothek,Buchgeschäft(L3)	مكتَبة ج ـات
die Mongolen(L21)	ج الـمُغُول	geschrieben; Pl. Schriftstücke, Briefe(L4)	مكتُوب ج مكاتِيبُ
Verhandlungen(L21)	ج مُفاوضات	bleiben(L9)	مكث (يَمْكُثُ مُكُوثاً)
offen, geöffnet(L7)	مفتوح	verehrt, geehrt, ehrwürdig (Beiname von Mekka)(L10)	المُكرَّمة
Nomen patientis(L28)	المَفْعُول	offen; ohne Verdeck(L18)	مكشُوف
verloren(L23)	مفقُود	befähigen zu(L22)	II مكَّن (يُمكِّنُ) ه من
nützlich(L27)	مُفِيد	Klimaanlage(L9)	مُكيِّف هواء ج ـات
als Gegenwert für, gegen(L23)	مُقابِل	Maschine(L27)	مكينة ج ـات /مكائِنُ
Interview(L11)	مُقابلة صُحُفية ج ـات	ausfüllen etw.(L16)	ملأ (يَمْلأُ ملءً) هـ
vergleichend(L16)	مُقارن	günstig (für), angepaßt (an), übereinstimmend (mit)(L25)	مُلائم (ل)
Artikel (Presse)(L18)	مقالة ج ـات	Kleidung(L3)	ج ملابسُ
Vorspeisen(L7)	ج مُقبِّلات	Bemerken, Bemerkung(L21)	مُلاحظة
annehmbar(G21)	مقبُول	Boxen(L17)	مُلاكمة
Vorschlag(L12)	مُقترح ج ـات	Treffpunkt(L12)	مُلتقًى ج ـات
beschränkt auf(L19)	مُقتصر على	dringend(L11)	مُلِحّ
Auszug aus(L28)	مُقتطف من	dringend(L20)	مُلِحّ
Betrag, Maß(L19)	مِقْدار ج مقادِيرُ	Salz(L7)	مِـلح
heilig(L28)	مُقدَّس		
Vorwort, Spitze(L25)	مُقدِّمة ج ـات		

535

verpflichtet zu[L19]	مُلْزَم ب	es ist wahrscheinlich[L21]	مِن المُحْتَمَل
Sportplatz[L17]	مَلْعَب ج ملاعِبُ	es ist bekannt[L21]	مِن المَعْرُوفِ
Löffel[L7]	مِلْعقة ج ملاعِقُ	es ist zu erwarten[L21]	مِن المُنْتَظِر
König, Monarch[L6]	مَلِك ج مُلُوك	Wer sät, der erntet.[L20]	مَن بذر حَصد
königlich[L12]	ملكِيّ	Wecker[G21]	مُنبِّه ج ـات
voll von[L15]	مليِء ب	Wer sucht, der findet.[L20]	مَن جدَّ وجد
franz. millième (kleinste äg. Währungseinheit)[G10]	مَلِّيم ج ات، ملالِيمُ	erneut[L16]	مِن جَدِيد
		hinsichtlich[L22]	مِن حَيْثُ
gleich, ähnlich[L11]	مُماثِل	prinzipiell[L28]	مِن حيث المَبدأ
Ausübung[L11]	مُمارسة	seine Aufgabe ist es, ... zu[L20]	مِن شَأْنِهِ أنْ ...
erwähnenswert ist[G15]	مِمَّا هو جديِر بِالذِّكْرِ		
man muß erwähnen, daß[G15]	مِمَّا يجِبُ مُلاحَظَتُهُ أنَّ	bitte (als Aufforderung)[L7]	مِن فَضْلِكَ (م) مِن فَضْلِكِ
ausgezeichnet[L17]	مُمْتاز	vorher[L10]	مِن قَبْلُ
köstlich, interessant[L6]	مُمْتِع	durch (beim Agens im Passiv)[G19]	مِنْ قِبَلِ
Vertreter[L11]	مُمَثِّل ج ـون	von Kopf bis Fuß[L24]	مِن قِمة الرأس إلى أخْمَصِ القدمَين
Radierer, Radiergummi[L4]	مِمْحاة		
Krankenschwester[L13]	مُمرِّضة	von überall her[L27]	مِن كلِّ فجٍّ عميق
regnerisch[L23]	مُمْطِر	Klima[L15]	مُناخ
möglich[L12]	مُمْكِن	Streit, Disput[L26]	مُنازعة ج ـات
langweilig[L22]	مُمِلّ	Anlaß, Gelegenheit[L8]	مُناسبة ج ـات
Königreich[L12]	مَمْلكة ج ممالِكُ	zur Hälfte[L26]	مُناصفة
verboten[L7]	مَمْنوع	Diskussion[L8]	مُناقشة ج ـات
wer[L2]	مَنْ	flach[L24]	مُنبسِط
(Präp.) von; aus[L2]	مِنْ	produzierend, Produzent[L19]	مُنتِج
für; um ... zu[L11]	مِن أجْلٍ	Produkte[L25]	ج مُنْتجات
es ist zu erwähnen, erwähnenswert ist, daß ...[L12]	مِن الجديِرِ بِالذِّكْرِ أنَّ	Auswahl[L17]	مُنتخَب ج ـات
es ist seltsam[L21]	مِن الغريبِ	siegreich[L11]	مُنْتصِر
es ist zu erwarten[L21]	مِن المُتوَقَّعِ أنَّ	Mittel-, Halb-, Mitte[L15]	مُنتصَف
		regelmäßig, geordnet[L22]	مُنتظِم

Bruttosozialprodukt[L19]	المنتوج الاجتماعيّ الإجماليّ
Produkt[L19]	منتوج ج ـات
gewähren j-m. etw.[L11]	منح (يَمْنَحُ منْحاً) ه هـ
eingemeißelt[L15]	منحُوت
niedrig[L9]	مُنْخَفِض
(Konj.) seit[L8]	مُنْذُ / منذ أنْ
Haus-[L12]	مـنْزِليّ
erwünscht[L18]	منْشُود
Position, Amt[L21]	منْصِب ج مناصِبُ
Gebiet, Region[L14]	مِنْطقة ج مناطِقُ
Organisation[L19]	مُنْظّمة ج ـات
Mongolei[L15]	مُنْغُوليا
Plan, Programm[L22]	منْهج ج مناهِجُ
Konzept, Methode[L28]	منْهج ج مناهِجُ
leuchtend, hell (Beiname von Medina)[L10]	المُنوّرة
Auswanderer[L27]	مُهاجِر ج ـون
Brautgeld[L27]	مهْر ج مُهُور
(später gezahltes) Brautgeld[L27]	مهر مُؤجّل
(Sofort-)Brautgeld[L27]	مهر مُعجّل
wichtig[L13]	مُهِمّ
Aufgabe[L11]	مُهمّة ج ـات
Beruf[L22]	مِهْنة ج مِهن
Ingenieur[L8]	مُهنْدِس ج ـون
verächtlich, schmutzig[L28]	مَهين
die Stirn bieten j-m./ etw.[L19]	مُواجهة ج ـات
Fortsetzung[L16]	مُواصلة
öffentliche Verkehrsmittel[L18]	ج مُواصلات عامّة

Bürger[L11]	مُواطِن ج ـون
analog, entsprechend[L10]	مُوافِق
Welle[L21]	موج ج أمْواج
vorhanden[L8]	مَوْجُود
wellenartig[L15]	مَوْجيّ
Modell[L17]	مُوديل ج ـات
Ressource; (Einnahme-) Quelle[L19]	مَوْرِد ج موارِدُ
Bananen (coll.)[L7]	موز
Rasiermesser, -klinge, Rasierer[L24]	مُوسىَ ج مواسٍ، أمْواسٌ
Ort, Platz; Gegenstand[L27]	مَوْضِع ج مواضِعُ
Gegenstand, Thema[L16]	مَوْضُوع ج مواضِيعُ
objektiv[L22]	مَوْضُوعيّ
Beamter, Angestellter[L6]	مُوظّف ج ـون
Unterzeichner[L16]	مُوقِّع
der Unterzeichner[L16]	المُوقِّع أدْناه
Ort, Platz[L12]	مَوْقِع ج مواقِعُ
Standpunkt, Position (zu)[L11]	مَوْقِف ج مواقِفُ (من)
Mandant[L27]	مُوكِّل
finanzieren etw.[L23]	II موَّل (يُموِّلُ) هـ
tot, leblos[L26]	مَيِّت ج أمْوات، مَوْتى
Medaille[L17]	ميدالية ج ـات
Platz[L17]	مَيْدان ج مياديِنُ
vor Ort[L20]	مَيْدانيّ
Budget, Haushalt[L21]	مِيزانيّة
Merkmal[L15]	مِيزة
Verabredung[L12]	مِيعاد ج مواعيِدُ
Geburt[L9]	مِيلاد

n. Chr., Abk. م(L10)	مِيلادِيّ
Hafen(L23)	مِيناء ج موانِئُ
Minibar(L9)	مينيبار

ن

Stellvertreter(L16)	نائِب ج نُوَّاب
erfolgreich(L21)	ناجِح
Klub(L17)	نادٍ ج أنْدِية ، نوادٍ
selten(L15)	نادِر
die Leute(L7)	الناس
passen (zu), entsprechen(L23)	III ناسب (يُناسِبُ) هـ
Verleger(L12)	ناشِر ج ون
Fan(L17)	ناصِر ج أنْصار
Wasserschöpfrad(L23)	ناعُورة ج نواعِيرُ
diskutieren etw.(L19)	III ناقش (يُناقِشُ) هـ
minus(L10)	ناقِص
Öltanker(L25)	ناقلة النفط
Tanker, Transporter(L25)	ناقِلة ج ـات
schlafen(L11)	نام (ينامُ نوْماً)
Mücken *(coll.)*(L26)	نامُوس ج نوامِيسُ
Pflanze(L15)	نبات ج ـات
bellen(L26)	نبح (ينبَحُ نبْحاً ونُباحاً)
Prophet(L10)	نبيّ ج ـون، أنْبياءُ
Wein(L5)	نبِيذ ح أنْبذة
Ergebnis, Produkt(L19)	نِتاج
resultieren aus, Ergebnis sein von(L19)	نتج (ينتِجُ نِتاجاً) عن
Ergebnis(L11)	نتِيجة ج نتائِجُ
Erfolg(L11)	نَجاح ج ـات
Erfolg haben (bei)(L11)	نجح (ينـْجَحُ نَجاحاً) (في)

resultieren (aus)(L15)	نجم (ينْجُمُ نُجُوماً) (عن)
Stern(L15)	نجْم ج نُجُوم
Naǧīb Maḥfūẓ(L8)	نجِيب محفوظ
Kupfer(L25)	نُحاس
Messing(L25)	نُحاس أصفر
Bienen *(coll.)*(L26)	نحْل
wir(L2)	نحْنُ
Grammatik(L24)	النحْو
(Präp.) nach *(Richtung)*(L11)	نحْوَ
Grammatiker(L24)	نحْوِيّ ج ـون
Elite, Auswahl; ausgewählte Verantwortliche(L12)	نخبة ج نخب
Dattelpalmen *(coll.)*(L24)	نخِيل
Seltenheit(L15)	نُدْرة / نَدْرة
Seminar, Kolloquium(L20)	نِدْوة ج نَدَوات
Norwegen(L5)	النرويج
absteigen, hinunter-gehen(L22)	نزل (ينزِلُ نُزُولاً)
Frauen(L12)	نِساء، نِسْوة، نِسْوان
Rate, Kurs(L12)	نِسْبة ج نِسَب
Kopie, Exemplar(L15)	نُسْخة ج نُسخ
Nachkommen(L28)	نسْل ج أنْسال
Mensch, Person(L21)	نسمة ج نسمات
vergessen j-n., etw.(L12)	نسِيَ (ينْسَى نِسْياناً) ه، هـ
entstehen etw.(L24)	نشأ (ينْشأُ نُشُوءاً) هـ
(das) Publizieren(L12)	نشْر
Publikation(L18)	نشْر
aktiv(G25)	نشِيط ج ـون
Text(L26)	نصّ ج نصُوص

bestimmen etw.(L27)	نَصَّ (يَنُصُّ نَصّاً) على
ein *a* anhängen; Akkusativ(L28)	النَّصْب
raten, empfehlen j-m. etw.(L8)	نصح (يَنْصَحُ نَصِيحةً) ه بِ
Hälfte(L15)	نِصْف ج أَنْصاف
aussprechen etw.(L28)	نطق (يَنْطِقُ نُطْقاً) بِ
Brille(G21)	نَظّارة ج ـات
System, Regime(L11)	نِظام ج نُظُم، أَنْظِمة
schauen auf(L7)	نظر (يَنْظُرُ نَظَراً ومَنْظَراً) إلى
Überprüfung(L11)	النَّظَر في
hinsichtlich; im Hinblick auf(L19)	نَظَراً لـ
Äquivalent(L26)	نَظِير ج نَظائِرُ
Amtskollege(L8)	نَظِير ج نُظَراءُ
sauber(L2)	نَظِيف ج نُظَفاءُ
ja(L2)	نَعَمْ
selbst; Seele(L11) (G13)	نَفْس (م) ج نُفُوس، أَنْفُس
Erdöl(L19)	نفط
Rohöl(L25)	نفط خام
Ausgaben, Kosten, Unterhalt(L25)	نفقة ج ـات
Einfluß, Ansehen(L17)	نُفُوذ
Gewerkschaft(L23)	نِقابة ج ـات
Geld(G9)	نَقْد ج نُقُود
in bar(L19)	نَقْداً
Malerei, Bildhauerei; Inschrift(L27)	نَقْش ج نُقُوش
Transport(L17)	نَقْل
transportieren etw.(L17)	نقل (يَنْقُلُ نَقْلاً) ه
live übertragen(L17)	نقل على الهواء
gemäß, unter Berufung auf(L14)	نَقْلاً عن

Witz, Anekdote(L25)	نُكْتة ج نُكَت، نِكات
wachsen(L27)	نما (يَنْمُو نُمُوّاً)
Österreich(L5)	النِّمْسا
Wachstum(L15)	نُمُو
Muster, Modell(L20)	نَمُوذَج ج نَماذِجُ
Final-(L17)	نِهائِيّ
Tag(L15)	نَهار ج أَنْهُر
Ende(L10)	نِهاية
Methode; Weg(L18)	نَهْج ج نُهُوج
Fluß(L24)	نَهْر ج أَنْهار
Aufschwung herbeiführen bei(L22)	نهض (يَنْهَضُ نُهُوضاً) بِ
Aufschwung(L20)	نَهْضة
Aufschwung(L21)	نَهْضة ج ـات
Aufschwung für(L20)	نُهُوض بِ
Art(L17)	نَوْع ج أَنْواع
Schlaf(L2)	نَوْم
beabsichtigen etw.(L21)	نـوَى (يَنْـوِي نِية) هـ
	هـ
gewaltig, phantastisch(L24)	هائِل
Gib!(L2)	هات
diese beiden*(f.)*(G9)	هاتان
Telefon(L18)	هاتِف ج هواتِفُ
auswandern(L10)	هاجر (يُهاجِر) III
Hallo!(L2)	هالو
wichtig(L19)	هامٌّ
Rand(L20)	هامِش ج هوامِشُ
Liebhaber, Amateur(L12)	هاو ج هُواة
sinken(L15)	هبطَ (يَهْبُطُ هُبُوطاً)

verlassen[L27]	هجر (يهجُرُ هجْراً) هـ	Wohl bekomm's![L7]	هنيئاً مريئاً!
die Hiğra[L10]	الهِجْرة	diese[L7]	هؤُلاءِ
Hiğra-[L10]	هِجْريّ	er[L2]	هُوَ
Angriff[L17]	هُجُوم [هجم (يهْجُمُ)]	Luft[L15]	هواء ج أهْوية، أهْواء
zielen auf etw.[L8]	هدف (يهْدُفُ هدْفاً) إلى	Hobby[L16]	هِواية ج ـات
Ziel; Tor[L17]	هدف ج أهْداف	Holland[L5]	هُوْلَنْدا
Geschenk[L14]	هدِية ج هدايا	Identität[L19]	هُوية
dieser[L2]	هذا	sie[L2]	هِيَ
diese beiden[G9]	هذان	Gremium[L11]	هيْئة ج ـات
dieser, diese[L7]	هذا م هذِهِ ج هؤُلاءِ	(Interj.) auf, los nach, zu ...![L26]	هيّا بنا إلى ...
diese[L2]	هذِهِ		
flüchten, fliehen von / nach[L25]	هرب (يهْرُبُ هُرُوباً) من/إلى	**و**	
sich der Gerechtigkeit entziehen[L25]	هرب عن وجه العدالة	und[L2]	وَ
Hormon[L17]	هُرْمُون ج ـات	(Antwort:) Deiner auch![L5]	وأنت من أهْلِهِ
Niederlage[L17]	هزيمة ج هزائِمُ	Pflicht, Aufgabe[L14]	واجب ج ـات
(das) Regnen[L15]	هُطُول المطر	gegenüber stehen j-m., etw.[L20]	III واجه (يُواجهُ) ه، هـ
so; auf diese Weise[L6]	هكذا	Oase[L15]	واحة ج ـات
Fragepartikel[L2]	هَل	Wadi[L15]	وادٍ ج أوْدية، وِدْيان
sie (3.P.Pl.m.)[L2]	هُمْ	vorkommend (in)[L13]	وارِد (في)
sie beide (3.P.m.+f.)	هُما	geräumig, weit[L8]	واسِع
sie (3.P.Pl.f.)[L2]	هُنَّ	fortsetzen etw.[L14]	III واصِل (يُواصِلُ) هـ
(Antwort auf هنيئاً مريئاً![L7])	هنّاك ا لله!	klar, deutlich[L8]	واضح
hier[L2]	هُنا	zustimmen[L20]	III وافق (يُوافِقُ) على
es gibt[L6]	هُناك	Schritt halten mit etw.[L22]	III واكب (يُواكِبُ) هـ
dort[L2]	هُناكَ	Vater[L18]	والِد
Indien[L15]	الهِند	bei Gott[L2]	وا للهِ
Ingenieurwesen[L10]	هنْدسة	müssen[L9]	وجب (يجبُ وُجُوباً) (عليه) أنْ
indisch, Inder[L9]	هِنْدِي ج هُنُود	Mahlzeit[L7]	وجْبة ج وجَبات

finden etw.(L11)	وجد (يَجِد وُجُوداً) هـ
Gesicht(L17), Aspekt(L24)	وجه ج وُجُوه
Existenz(L27)	وُجُود
er/sie allein; für sich allein(G22)(L27)	وحْدَهُ / وحْدَها
verabschieden(L23)	II ودَّع (يُودِّعُ)
(Präp.) hinter, jenseits(L24)	وراءَ
Papier (coll.)(L2)	ورق ج أوْراق
Finanzministerium(L16)	وزارة المالية
Ministerium(L8)	وزارة ج ات
Gewicht(L23)	وزْن ج أوْزان
Außenminister(L14)	وزير الخارجيّة
Innenminister(L14)	وزير الداخليّة
Minister(L8)	وزير ج وُزَراءُ
Orden(L17)	وسام ج أوْسِمة
schmutzig(L2)	وسِخ
Mitte(L19)	وسَط ج أوْساط
Fähigkeit; Kraft(L21)	وُسْع
Mittel, Werkzeug(G25)(L26)	وسِيلة ج وسائِلُ
Eile(L22)	وَشْك/ وُشْك
verschreiben j-m. etw.(L13)	وصف (يصِفُ وصْفاً) له هـ
Beschreibung(L24)	وصْف ج أوْصاف
Rezept(L14)	وصْفة ج وصَفات
hier: anknüpfen an(L28)	وصل
ankommen, eintreffen (bei, in)(L5)	وصل (يصِلُ وُصُولاً) (إلى)
bringen j-n. o. etw. nach(L18)	II وصَّل (يُوصِّلُ) ٥/ هـ إلى
Quittung(L16)	وصْل ج وُصُولات
(hin-)legen, -stellen etw.(L5)	وضع (يضعُ وضْعاً) هـ
Lage(L11)	وضْع ج أوْضاع
den Grundstein legen(L22)	وضع حجر الأساس
Schwere, Heftigkeit(L15)	وطْأة
Heimat, Vaterland(L5)	وطن ج أوْطان
national(L8)	وطـنـيّ
versprechen j-m. etw.(L12)	وعد (يعِدُ وعْداً) ٥ ب
Versprechen(L12)	وعْد ج وُعُود
Tod(L14)	وفاة ج وفيات
reisen, kommen (nach)(L27)	وفد (يفِدُ وفْداً) إلى
Delegation(L5)	وفْد ج وُفُود
Fülle, große Menge(L25)	وفْرة
halten (Verspre-chen)(L12)	وفَى (يفِي وفاءً) بـِ
Frechheit, Dreistigkeit(L26)	وقاحة
Vorbeugung, Prophylaxe(G25)	وقاية
Öffnungszeit, Dienstzeit(L16)	وقْت الدوام
Zeit, Zeitraum(L6)	وقْت ج أوْقات
liegen (geogr.); fallen(L12)	وقع (يقَعُ وُقُوعاً)
unterschreiben etw.(L16)	II وقَّع (يُوقِّعُ) على
stehen vor(L11)	وقف (يقِفُ وُوقُوفاً) أمام
Brennstoff, Kraftstoff(L19)	وَقُود
Nachrichtenagentur(L8)	وَكالة أنْباء ج ـات
Vertreter(L11)	وكِيل ج وُكلاءُ
Staatssekretär(L11)	وكِيل الدولة
Sohn, Kind(L16)	ولد ج أوْلاد
ich wurde geboren(L9)	وُلِدتُّ
nachfolgen(L13)	وليَ (يلِي ولاءً وولايةً)
Vormund(L27)	وليّ ج أوْلياءُ

541

ي

hoffnungslos[L22]	يائِس
japanisch[L2]	يابانِيّ
Los![L22]	يا لله
Yaṯrib (Medina)[L10]	يثرب
Hand[L13]	يد (م) ج أيدٍ
es wird gebeten[L18]	يُرْجَى *(Pass.)*
linke Seite[L4]	يسار
ist gleich[L10]	يُساوي
erleichtern j-m. etw.[L28]	II يسَّر (يُيَسِّر) هـ لِ
es freut mich, daß ...[L18]	يسُرُّني ... أَنْ
ist gleich[L10]	يُعادِلُ
das heißt[L4]	يعْني
man kann (+ Verbal-substantiv[L10]	يُمْكِنُ ال...
er /sie kann ...[L14]	يُمْكِنُهُ / يُمْكِنُهَا أَنْ ...
Jemen[L3]	اليَمَن
rechte Seite, rechts[L4]	يمين
es gibt, es befindet sich [L2]	يُوجَدُ / تُوجَدُ
heute[L3]	اليَوْمَ
Tag[L3]	يَوْم ج أَيَّام
Montag[L12]	~ الاثْنَيْن
Sonntag[L12]	~ الأحد
Mittwoch[L12]	~ الأرْبعاء
Dienstag[L12]	~ الثَّلاثاء
Freitag[L12]	~ الجُمْعة

Donnerstag[L12]	~ الخَميس
Samstag[L12]	~ السبْت
täglich[L9]	يَوْمِياً
Griechenland, die Griechen[L20]	اليُونان

Die Zahlwörter

1. Die Kardinalzahlen

	in Verbindung mit einem femininen Substantiv	in Verbindung mit einem maskulinen Substantiv	
1	واحِدةٍ، إحْدَى	واحِدٌ، أحَد	١
2	اِثْنَتان	اِثْنان	٢
3	ثلاث	ثلاثة	٣
4	أرْبع	أرْبعة	٤
5	خَمْس	خَمسة	٥
6	سِتّ	سِتّة	٦
7	سبْع	سبعة	٧
8	ثمان (ثمانٍ)	ثمانِيَة	٨
9	تِسْع	تِسعة	٩
10	عَشْر	عَشَرَة	١٠
11	إحْدَى عَشْرَةَ	أحَدَ عَشَرَ	١١
12	اِثْنتا عَشْرَةَ	اِثْنا عَشَرَ	١٢
13	ثلاثَ عَشْرَةَ	ثلاثةَ عَشَرَ	١٣
14	أرْبعَ عَشْرَةَ	أرْبعةَ عَشَرَ	١٤
15	خَمْسَ عَشْرَةَ	خَمسةَ عَشَرَ	١٥
16	سِتَّ عَشْرَةَ	سِتّةَ عَشَرَ	١٦
17	سبْعَ عَشْرَةَ	سبعةَ عَشَرَ	١٧
18	ثمانِيَ عشْرَةَ	ثمانِيةَ عَشَرَ	١٨
19	تِسْعَ عَشْرَةَ	تِسعةَ عَشَرَ	١٩
20	عِشْرُونَ		٢٠
21	إحْدَى وعِشْرُون	واحِدٌ / أحَدٌ وعِشْرُون	٢١

22	اِثْنتان وعِشْرُون		اِثْنان وعِشْرُون	٢٢
23	ثلاثٌ وعِشْرُون		ثلاثةٌ وعِشْرُون	٢٣
30		ثلاثُون		٣٠
40		أرْبعون		٤٠
50		خمْسون		٥٠
60		سِتّون		٦٠
70		سبْعون		٧٠
80		ثمانون		٨٠
90		تِسْعون		٩٠
100		مِئة، مِائَة		١٠٠
101	مئة وواحدة		مئة وواحد	١٠١
102	مئة واثْنتان		مئة واثنان	١٠٢
103	مئة وثلاث		مئة وثلاثة	١٠٣
200		مِئتا(ن)		٢٠٠
300		ثلاثُمِائة		٣٠٠
1000		ألْف ج آلاف		١٠٠٠
1001	ألْف وواحدة		ألْف وواحد	١٠٠١
1002	ألْف واثْنتان		ألْف واثنان	١٠٠٢
1003	ألْف وثلاث		ألْف وثلاثة	١٠٠٣
1100		ألْف ومئة		١١٠٠
1200		ألْف ومئتا(ن)		١٢٠٠
1300		ألْف وثلاثُمِائة		١٣٠٠

2000	أَلْفا(ن)	٢٠٠٠
3000	ثلاثةُ آلاف	٣٠٠٠
10 000	عشْرَةُ آلاف	١٠٠٠٠
11 000	أَحَدَ عَشَرَ أَلْف(اً)	١١٠٠٠
100 000	مئة أَلْفٍ	١٠٠٠٠٠
200 000	مئتا أَلْفٍ	٢٠٠٠٠٠
1 000 000	مَلْيون ج ملايينُ	١٠٠٠٠٠٠
1 000 000 000	مِلْيار ج مِلْيارات	١٠٠٠٠٠٠٠٠٠

2. Die Ordinalzahlen

1.	أَوَّل م أُولَى
2.	ثانٍ (الثاني) م ثانِيَة
3.	ثالِث م ثالِثة
4.	رابِع م رابِعة
5.	خامِس م خامِسة
6.	سادِس م سادِسة
7.	سابِع م سابِعة
8.	ثامِن م ثامِنة
9.	تاسِع م تاسِعة
10.	عاشِر م عاشِرة
11.	حادِي عَشَرَ م حادِية عَشْرَةَ
12.	ثانِيَ عَشَرَ م ثانِيةَ عَشْرَةَ
13.	ثالِثَ عَشَرَ م ثالِثةَ عَشْرَةَ
14.	رابِعَ عَشَرَ م رابِعةَ عَشْرَةَ

15.	خامِسَ عَشَرَ م خامِسةَ عَشْرَةَ	
16.	سادِسَ عَشَرَ م سادِسةَ عَشْرَةَ	
17.	سابِعَ عَشَرَ م سابِعةَ عَشْرَةَ	
18.	ثامِنَ عَشَرَ م ثامِنةَ عَشْرَةَ	
19.	تاسِعَ عَشَرَ م تاسِعةَ عَشْرَةَ	
20.	عِشْرونَ	
21.	حادٍ وعِشْرونَ (الحادِي والعِشرونَ) م حادِية وعِشْرونَ	
22.	ثانٍ وعِشْرونَ (الثانِي والعِشرونَ) م ثانِيَة وعِشْرونَ	
23.	ثالِث وعِشْرونَ م ثالِثة وعِشْرونَ	
30.	ثلاثونَ	
40.	أرْبعونَ	
100.	مِئة، مائة	
101.	مئة وواحِد(ة)، أوَّل (أُولَى) بَعْدَ المِئةِ	
102.	مئة واثْنان (اثْنتان)، ثان (ثانِيَة) بَعْدَ المِئةِ	
103.	مئة وثلاث(ة)، ثالِث(ة) بَعْدَ المِئةِ	
1000.	ألْف	
1100.	ألْف ومئة، مئة بعد الألْف	

546

3. Die Zahladverbien

sechstens	سادِساً	erstens	أَوَّلاً
siebentens	سابعاً	zweitens	ثانِياً
achtens	ثامِناً	drittens	ثالِثاً
neuntens	تاسِعاً	viertens	رابعاً
zehntens	عاشِراً	fünftens	خامِساً

4. Die Bruchzahlen

خُمْس ج أخْماس	$1/5$	نِصْف	$1/2$
أَرْبعةُ أخْماسٍ	$4/5$	ثُلْث ج أثْلاث	$1/3$
سُدْس ج أَسْداس	$1/6$	ثُلْثا(ن)	$2/3$
خَمْسةُ أَسْداسٍ	$5/6$	رُبْع ج أرْباع	$1/4$
سِتَّةُ أَسْباعٍ	$6/7$	ثلاثةُ أرْباعٍ	$3/4$
واحِد على أَحَدَ عَشَرَ، جُزْء من أَحَدَ عَشَرَ			$1/11$
سبْعة على اثْنَيْ عَشَرَ، سبْعةُ أجْزاء من اثْنَيْ عَشَرَ			$7/12$
تِسْعة على عِشْرينَ، تِسْعةُ أجْزاء من عِشْرينَ			$9/20$

5. Die Wiederholungszahlen

einmal	مرَّةً واحِدةً
zweimal	مرَّتَيْن
dreimal	ثَلاثَ مرَّاتٍ
viermal	أَرْبعَ مرَّاتٍ
elfmal	إحْدَى عَشْرةَ مرَّةً
hundertmal	مئَةَ مرَّةٍ

Die Monate des islamischen Kalenders

Die Grundeinheit des islamischen Jahres ist ein "Mondjahr". Es besteht aus zwölf Monaten mit abwechselnd 30 und 29 Tagen. Die Dauer eines Mondjahres beträgt ca. 354 Tage.

Der islamische Kalender beginnt mit dem 16. Juli des "Sonnenjahres" 622, dem Jahr der *Hiğra* des Propheten Mohammed von Mekka nach Medina.

Die Namen der zwölf Monate des islamischen Jahres lauten:

(30)	رَجَبٌ	7.	(30)	مُحَرَّمٌ	1.
(29)	شَعْبَانُ	8.	(29)	صَفَرٌ	2.
(30)	رمضانُ	9.	(30)	ربيع الأوَّل	3.
(29)	شَوَّالٌ	10.	(29)	ربيع الثاني	4.
(30)	ذو القَعْدةِ	11.	(30)	جُمادَى الأُولَى	5.
(29)	ذو الحِجَّةِ	12.	(29)	جُمادَى الآخِرة	6.

Der letzte Monat des Jahres, der in Schaltjahren 30 Tage hat, ist der Monat der Pilgerfahrt nach Mekka.

Der Fastenmonat ist der Monat *Ramaḍān*.

Die beiden Hauptfeste des islamischen Jahres sind:

العِيد الكبير، عيـد الأضْحَى "das Opferfest, das große Fest" am 10. *Ḏū l-Ḥiğğa*, dem Opfertag der Mekkapilger und

العِيـد الصغيـر oder عِيـد الفِطْر "das Fest des Fastenbrechens" oder "das kleine Fest"am *1. Šawwāl.*

Für die Umrechnung der Daten des islamischen Mond- bzw. *Hiğra*-Jahres (H) auf solche des gregorianischen (Sonnen-) Jahres (G) und umgekehrt gelten folgende Umrechnungsformeln, mit denen annähernd das jeweilige Jahr bestimmt werden kann:

$$G = H - \frac{H}{33} + 622$$

$$H = G - 622 + \frac{G - 622}{32}$$

Übersichtstafeln der Verbal- und Nominalformen

Tafel 1

Perfektform Aktiv: Grundstamm

R₃ ء	R₂ ء	R₁ ء	R₂=R₃	R₃ ى	R₃ ى	R₃ و
قَرَأَ	سَأَلَ	أَخَذَ	مَرَّ	لَقِيَ	مَشَى	دَعَا
قَرَأَتْ	سَأَلَتْ	أَخَذَتْ	مَرَّتْ	لَقِيَتْ	مَشَتْ	دَعَتْ
قَرَأْتَ	سَأَلْتَ	أَخَذْتَ	مَرَرْتَ	لَقِيتَ	مَشَيْتَ	دَعَوْتَ
قَرَأْتِ	سَأَلْتِ	أَخَذْتِ	مَرَرْتِ	لَقِيتِ	مَشَيْتِ	دَعَوْتِ
قَرَأْتُ	سَأَلْتُ	أَخَذْتُ	مَرَرْتُ	لَقِيتُ	مَشَيْتُ	دَعَوْتُ
قَرَؤُوا	سَأَلُوا	أَخَذُوا	مَرُّوا	لَقُوا	مَشَوْا	دَعَوْا
قَرَأْنَ	سَأَلْنَ	أَخَذْنَ	مَرَرْنَ	لَقِينَ	مَشَيْنَ	دَعَوْنَ
قَرَأْتُمْ	سَأَلْتُمْ	أَخَذْتُمْ	مَرَرْتُمْ	لَقِيتُمْ	مَشَيْتُمْ	دَعَوْتُمْ
قَرَأْتُنَّ	سَأَلْتُنَّ	أَخَذْتُنَّ	مَرَرْتُنَّ	لَقِيتُنَّ	مَشَيْتُنَّ	دَعَوْتُنَّ
قَرَأْنَا	سَأَلْنَا	أَخَذْنَا	مَرَرْنَا	لَقِينَا	مَشَيْنَا	دَعَوْنَا
قَرَآ	سَأَلَا	أَخَذَا	مَرَّا	لَقِيَا	مَشَيَا	دَعَوَا
قَرَأَتَا	سَأَلَتَا	أَخَذَتَا	مَرَّتَا	لَقِيَتَا	مَشَتَا	دَعَتَا
قَرَأْتُمَا	سَأَلْتُمَا	أَخَذْتُمَا	مَرَرْتُمَا	لَقِيتُمَا	مَشَيْتُمَا	دَعَوْتُمَا

Perfektform Aktiv: Grundstamm

R₂ و	R₂ ى	R₂ و	R₁ ى	R₁ و	faʿala	
خَافَ	بَاعَ	قَامَ	يَئِسَ	وَصَلَ	فَعَلَ	(هو)
خَافَتْ	بَاعَتْ	قَامَتْ	يَئِسَتْ	وَصَلَتْ	فَعَلَتْ	(هي)
خِفْتَ	بِعْتَ	قُمْتَ	يَئِسْتَ	وَصَلْتَ	فَعَلْتَ	(أنتَ)
خِفْتِ	بِعْتِ	قُمْتِ	يَئِسْتِ	وَصَلْتِ	فَعَلْتِ	(أنتِ)
خِفْتُ	بِعْتُ	قُمْتُ	يَئِسْتُ	وَصَلْتُ	فَعَلْتُ	(أنا)
خَافُوا	بَاعُوا	قَامُوا	يَئِسُوا	وَصَلُوا	فَعَلُوا	(هم)
خِفْنَ	بِعْنَ	قُمْنَ	يَئِسْنَ	وَصَلْنَ	فَعَلْنَ	(هنَّ)
خِفْتُمْ	بِعْتُمْ	قُمْتُمْ	يَئِسْتُمْ	وَصَلْتُمْ	فَعَلْتُمْ	(أنتم)
خِفْتُنَّ	بِعْتُنَّ	قُمْتُنَّ	يَئِسْتُنَّ	وَصَلْتُنَّ	فَعَلْتُنَّ	(أنتنَّ)
خِفْنَا	بِعْنَا	قُمْنَا	يَئِسْنَا	وَصَلْنَا	فَعَلْنَا	(نحن)
خَافَا	بَاعَا	قَامَا	يَئِسَا	وَصَلَا	فَعَلَا	(هما)
خَافَتَا	بَاعَتَا	قَامَتَا	يَئِسَتَا	وَصَلَتَا	فَعَلَتَا	(هما)
خِفْتُمَا	بِعْتُمَا	قُمْتُمَا	يَئِسْتُمَا	وَصَلْتُمَا	فَعَلْتُمَا	(أنتما)

Tafel 2

Imperfektform (Indikativ) Aktiv: Grundstamm

R₃ ء	R₂ ء	R₁ ء	R₂=R₃	R₃ ى	R₃ ى	R₃ و
يَقْرَأُ	يَسْأَلُ	يَأْخُذُ	يَمُرُّ	يَلْقَى	يَمْشِي	يَدْعُو
تَقْرَأُ	تَسْأَلُ	تَأْخُذُ	تَمُرُّ	تَلْقَى	تَمْشِي	تَدْعُو
تَقْرَأُ	تَسْأَلُ	تَأْخُذُ	تَمُرُّ	تَلْقَى	تَمْشِي	تَدْعُو
تَقْرَئِينَ	تَسْأَلِينَ	تَأْخُذِينَ	تَمُرِّينَ	تَلْقَيْنَ	تَمْشِينَ	تَدْعِينَ
أَقْرَأُ	أَسْأَلُ	آخُذُ	أَمُرُّ	أَلْقَى	أَمْشِي	أَدْعُو
يَقْرَؤُونَ	يَسْأَلُونَ	يَأْخُذُونَ	يَمُرُّونَ	يَلْقَوْنَ	يَمْشُونَ	يَدْعُونَ
يَقْرَأْنَ	يَسْأَلْنَ	يَأْخُذْنَ	يَمْرُرْنَ	يَلْقَيْنَ	يَمْشِينَ	يَدْعُونَ
تَقْرَؤُونَ	تَسْأَلُونَ	تَأْخُذُونَ	تَمُرُّونَ	تَلْقَوْنَ	تَمْشُونَ	تَدْعُونَ
تَقْرَأْنَ	تَسْأَلْنَ	تَأْخُذْنَ	تَمْرُرْنَ	تَلْقَيْنَ	تَمْشِينَ	تَدْعُونَ
نَقْرَأُ	نَسْأَلُ	نَأْخُذُ	نَمُرُّ	نَلْقَى	نَمْشِي	نَدْعُو
يَقْرَآن	يَسْأَلَان	يَأْخُذَان	يَمُرَّان	يَلْقَيَان	يَمْشِيان	يدْعُوان
تَقْرَآن	تَسْأَلَان	تَأْخُذَان	تَمُرَّان	تَلْقَيَان	تَمْشِيان	تَدْعُوان
تَقْرَآن	تَسْأَلَان	تَأْخُذَان	تَمُرَّان	تَلْقَيَان	تَمْشِيان	تَدْعُوان

Imperfektform (Indikativ) Aktiv: Grundstamm

	faʿala	R₁ و	R₁ ى	R₂ و	R₂ ى	R₂ و
(هو)	يَفْعَلُ	يَصِلُ	يَيْبَسُ	يَقُومُ	يَبِيعُ	يَخَافُ
(هي)	تَفْعَلُ	تَصِلُ	تَيْبَسُ	تَقُومُ	تَبِيعُ	تَخَافُ
(أنتَ)	تَفْعَلُ	تَصِلُ	تَيْبَسُ	تَقُومُ	تَبِيعُ	تَخَافُ
(أنتِ)	تَفْعَلِينَ	تَصِلِينَ	تَيْبَسِينَ	تَقُومِينَ	تَبِيعِينَ	تَخَافِينَ
(أنا)	أَفْعَلُ	أَصِلُ	أَيْبَسُ	أَقُومُ	أَبِيعُ	أَخَافُ
(هم)	يَفْعَلُونَ	يَصِلُونَ	يَيْبَسُونَ	يَقُومُونَ	يَبِيعُونَ	يَخَافُونَ
(هنَّ)	يَفْعَلْنَ	يَصِلْنَ	يَيْبَسْنَ	يَقُمْنَ	يَبِعْنَ	يَخَفْنَ
(أنتم)	تَفْعَلُونَ	تَصِلُونَ	تَيْبَسُونَ	تَقُومُونَ	تَبِيعُونَ	تَخَافُونَ
(أنتنَّ)	تَفْعَلْنَ	تَصِلْنَ	تَيْبَسْنَ	تَقُمْنَ	تَبِعْنَ	تَخَفْنَ
(نحن)	نَفْعَلُ	نَصِلُ	نَيْبَسُ	نَقُومُ	نَبِيعُ	نَخَافُ
(هما)	يَفْعَلَانِ	يَصِلَانِ	يَيْبَسَانِ	يَقُومَانِ	يَبِيعَانِ	يَخَافَانِ
(هما)	تَفْعَلَانِ	تَصِلَانِ	تَيْبَسَانِ	تَقُومَانِ	تَبِيعَانِ	تَخَافَانِ
(أنتما)	تَفْعَلَانِ	تَصِلَانِ	تَيْبَسَانِ	تَقُومَانِ	تَبِيعَانِ	تَخَافَانِ

Tafel 3

Imperfektform (Konjunktiv) Aktiv: Grundstamm

R₃ ء	R₂ ء	R₁ ء	R₂=R₃	R₃ ى	R₃ ى	R₃ و
يَقْرَأَ	يَسْأَلَ	يَأْخُذَ	يَمُرَّ	يَلْقَى	يَمْشِيَ	يَدْعُوَ
تَقْرَأَ	تَسْأَلَ	تَأْخُذَ	تَمُرَّ	تَلْقَى	تَمْشِيَ	تَدْعُوَ
تَقْرَأَ	تَسْأَلَ	تَأْخُذَ	تَمُرَّ	تَلْقَى	تَمْشِيَ	تَدْعُوَ
تَقْرَئِي	تَسْأَلِي	تَأْخُذِي	تَمُرِّي	تَلْقِي	تَمْشِي	تَدْعِي
أَقْرَأَ	أَسْأَلَ	آخُذَ	أَمُرَّ	أَلْقَى	أَمْشِيَ	أَدْعُوَ
يَقْرَؤُوا	يَسْأَلُوا	يَأْخُذُوا	يَمُرُّوا	يَلْقَوْا	يَمشُوا	يَدْعُوا
يَقْرَأْنَ	يَسْأَلْنَ	يَأْخُذْنَ	يَمْرُرْنَ	يَلْقَيْنَ	يَمْشِينَ	يَدْعُونَ
تَقْرَؤُوا	تَسْأَلُوا	تَأْخُذُوا	تَمُرُّوا	تَلْقَوْا	تَمْشُوا	تَدْعُوا
تَقْرَأْنَ	تَسْأَلْنَ	تَأْخُذْنَ	تَمْرُرْنَ	تَلْقَيْنَ	تَمْشِينَ	تَدْعُونَ
نَقْرَأَ	نَسْأَلَ	نَأْخُذَ	نَمُرَّ	نَلْقَى	نَمْشِيَ	نَدْعُوَ
يَقْرَآ	يَسْأَلاَ	يَأْخُذَا	يَمُرَّا	يَلْقَيَا	يَمْشِيَا	يَدْعُوَا
تَقْرَآ	تَسْأَلاَ	تَأْخُذَا	تَمُرَّا	تَلْقَيَا	تَمْشِيَا	تَدْعُوَا
تَقْرَآ	تَسْأَلاَ	تَأْخُذَا	تَمُرَّا	تَلْقَيَا	تَمْشِيَا	تَدْعُوَا

Imperfektform (Konjunktiv) Aktiv: Grundstamm

R₂ و	R₂ ى	R₂ و	R₁ ى	R₁ و	faʿala	
يَخَافَ	يَبِيعَ	يَقُومَ	يَيْبَسَ	يَصِلَ	يَفْعَلَ	(هو)
تَخَافَ	تَبِيعَ	تَقُومَ	تَيْبَسَ	تَصِلَ	تَفْعَلَ	(هي)
تَخَافَ	تَبِيعَ	تَقُومَ	تَيْبَسَ	تَصِلَ	تَفْعَلَ	(أنتَ)
تَخَافِي	تَبِيعِي	تَقُومِي	تَيْبَسِي	تَصِلِي	تَفْعَلِي	(أنتِ)
أَخَافَ	أَبِيعَ	أَقُومَ	أَيْبَسَ	أَصِلَ	أَفْعَلَ	(أنا)
يَخَافُوا	يَبِيعُوا	يَقُومُوا	يَيْبَسُوا	يَصِلُوا	يَفْعَلُوا	(هم)
يَخَفْنَ	يَبِعْنَ	يَقُمْنَ	يَيْبَسْنَ	يَصِلْنَ	يَفْعَلْنَ	(هنَّ)
تَخَافُوا	تَبِيعُوا	تَقُومُوا	تَيْبَسُوا	تَصِلُوا	تَفْعَلُوا	(أنتم)
تَخَفْنَ	تَبِعْنَ	تَقُمْنَ	تَيْبَسْنَ	تَصِلْنَ	تَفْعَلْنَ	(أنتنَّ)
نَخَافَ	نَبِيعَ	نَقُومَ	نَيْبَسَ	نَصِلَ	نَفْعَلَ	(نحن)
يَخَافَا	يَبِيعَا	يَقُومَا	يَيْبَسَا	يَصِلاَ	يَفْعَلاَ	(هما)
تَخَافَا	تَبِيعَا	تَقُومَا	تَيْبَسَا	تَصِلاَ	تَفْعَلاَ	(هما)
تَخَافَا	تَبِيعَا	تَقُومَا	تَيْبَسَا	تَصِلاَ	تَفْعَلاَ	(أنتما)

Tafel 4

Imperfektform (Apokopat) Aktiv: Grundstamm

R₃ ء	R₂ ء	R₁ ء	R₂=R₃	R₃ ى	R₃ ى	R₃ و
يَقْرَأْ	يَسْأَلْ	يَأْخُذْ	يَمُرَّ/يَمْرُرْ	يَلْقَ	يَمْشِ	يَدْعُ
تَقْرَأْ	تَسْأَلْ	تَأْخُذْ	تَمُرَّ/تَمْرُرْ	تَلْقَ	تَمْشِ	تَدْعُ
تَقْرَأْ	تَسْأَلْ	تَأْخُذْ	تَمُرَّ/تَمْرُرْ	تَلْقَ	تَمْشِ	تَدْعُ
تَقْرَئِي	تَسْأَلِي	تَأْخُذِي	تَمُرِّي	تَلْقَيْ	تَمْشِي	تَدْعِي
أَقْرَأْ	أَسْأَلْ	آخُذْ	أَمُرَّ/أَمْرُرْ	أَلْقَ	أَمْشِ	أَدْعُ
يَقْرَؤُوا	يَسْأَلُوا	يَأْخُذُوا	يَمُرُّوا	يَلْقَوْا	يَمْشُوا	يَدْعُوا
يَقْرَأْنَ	يَسْأَلْنَ	يَأْخُذْنَ	يَمْرُرْنَ	يَلْقَيْنَ	يَمْشِينَ	يَدْعُونَ
تَقْرَؤُوا	تَسْأَلُوا	تَأْخُذُوا	تَمُرُّوا	تَلْقَوْا	تَمْشُوا	تَدْعُوا
تَقْرَأْنَ	تَسْأَلْنَ	تَأْخُذْنَ	تَمْرُرْنَ	تَلْقَيْنَ	تَمْشِينَ	تَدْعُونَ
نَقْرَأْ	نَسْأَلْ	نَأْخُذْ	نَمُرَّ/نَمْرُرْ	نَلْقَ	نَمْشِ	نَدْعُ
يَقْرَآ	يَسْأَلَا	يَأْخُذَا	يَمُرَّا	يَلْقَيَا	يَمْشِيَا	يَدْعُوَا
تَقْرَآ	تَسْأَلَا	تَأْخُذَا	تَمُرَّا	تَلْقَيَا	تَمْشِيَا	تَدْعُوَا
تَقْرَآ	تَسْأَلَا	تَأْخُذَا	تَمُرَّا	تَلْقَيَا	تَمْشِيَا	تَدْعُوَا

Imperfektform (Apokopat) Aktiv: Grundstamm

R₂ و	R₂ ى	R₂ و	R₁ ى	R₁ و	faʿala	
يَخَفْ	يَبِعْ	يَقُمْ	يَيْبَسْ	يَصِلْ	يَفْعَلْ	(هو)
تَخَفْ	تَبِعْ	تَقُمْ	تَيْبَسْ	تَصِلْ	تَفْعَلْ	(هي)
تَخَفْ	تَبِعْ	تَقُمْ	تَيْبَسْ	تَصِلْ	تَفْعَلْ	(أنتَ)
تَخَافِي	تَبِيعِي	تَقُومِي	تَيْبَسِي	تَصِلِي	تَفْعَلِي	(أنتِ)
أَخَفْ	أَبِعْ	أَقُمْ	أَيْبَسْ	أَصِلْ	أَفْعَلْ	(أنا)
يَخَافُوا	يَبِيعُوا	يَقُومُوا	يَيْبَسُوا	يَصِلُوا	يَفْعَلُوا	(هم)
يَخَفْنَ	يَبِعْنَ	يَقُمْنَ	يَيْبَسْنَ	يَصِلْنَ	يَفْعَلْنَ	(هنَّ)
تَخَافُوا	تَبِيعُوا	تَقُومُوا	تَيْبَسُوا	تَصِلُوا	تَفْعَلُوا	(أنتم)
تَخَفْنَ	تَبِعْنَ	تَقُمْنَ	تَيْبَسْنَ	تَصِلْنَ	تَفْعَلْنَ	(أنتنَّ)
نَخَفْ	نَبِعْ	نَقُمْ	نَيْبَسْ	نَصِلْ	نَفْعَلْ	(نحن)
يَخَافَا	يَبِيعَا	يَقُومَا	يَيْبَسَا	يَصِلاَ	يَفْعَلاَ	(هما)
تَخَافَا	تَبِيعَا	تَقُومَا	تَيْبَسَا	تَصِلاَ	تَفْعَلاَ	(هما)
تَخَافَا	تَبِيعَا	تَقُومَا	تَيْبَسَا	تَصِلاَ	تَفْعَلاَ	(أنتما)

Perfektform Aktiv: Stamm I-X

R₃ ء	R₂ ء	R₁ ء	R₂=R₃	R₃ ى	R₃ ى	R₃ و
قَرَأَ	سَأَلَ	أَخَذَ	مَرَّ	لَقِيَ	مَشَى	دَعَا
قَرَّأَ	سَأَّلَ	أَخَّذَ	مَرَّرَ	لَقَّى	مَشَّى	دَعَّى
قَارَأَ	سَاءَلَ	آخَذَ	مَارَّ	لاَقَى	مَاشَى	دَاعَى
أَقْرَأَ	أَسْأَلَ	آخَذَ	أَمَرَّ	أَلْقَى	أَمْشَى	أَدْعَى
تَقَرَّأَ	تَسَأَّلَ	تَأَخَّذَ	تَمَرَّرَ	تَلَقَّى	تَمَشَّى	تَدَعَّى
تَقَارَأَ	تَسَاءَلَ	تَآخَذَ	تَمَارَّ	تلاَقَى	تَمَاشَى	تَدَاعَى
إِنْقَرَأَ	إِنْسَأَلَ	-	إِنْمَرَّ	إِنْلَقَى	إِنْمَشَى	إِنْدَعَى
إِقْتَرَأَ	إِسْتَأَلَ	إِتَّخَذَ	إِمْتَرَّ	إِلْتَقَى	إِمْتَشَى	إِدَّعَى¹
إِسْتَقْرَأَ	إِسْتَسْأَلَ	إِسْتَأْخَذَ	إِسْتَمَرَّ	إِسْتَلْقَى	إِسْتَمْشَى	إِسْتَدْعَى

---

¹Zur Assimilation des *t*-Infixes an R₁ vgl. Lektion 18.

Perfektform Aktiv: Stamm I-X

R₂ و	R₂ ى	R₂ و	R₁ ى	R₁ و	faʿala	
خَافَ	بَاعَ	قَامَ	يَبِسَ	وَصَلَ	فَعَلَ	I
خَوَّفَ	بَيَّعَ	قَوَّمَ	يَبَّسَ	وَصَّلَ	فَعَّلَ	II
خَاوَفَ	بَايَعَ	قَاوَمَ	يَابَسَ	وَاصَلَ	فَاعَلَ	III
أخافَ	أَبَاعَ	أَقَامَ	أَيْبَسَ	أوْصَلَ	أَفْعَلَ	IV
تَخَوَّفَ	تَبَيَّعَ	تَقَوَّمَ	تَيَبَّسَ	تَوَصَّلَ	تَفَعَّلَ	V
تَخَاوَفَ	تَبَايَعَ	تَقَاوَمَ	تَيَابَسَ	تَوَاصَلَ	تَفَاعَلَ	VI
انْخَافَ	انْبَاعَ	انْقَامَ	-	-	انْفَعَلَ	VII
اخْتَافَ	إبْتَاعَ	اقْتَامَ	اتَّبَسَ	اتَّصَلَ	افْتَعَلَ	VIII
اسْتَخَافَ	اسْتَبَاعَ	اسْتَقَامَ	اسْتَيْبَسَ	اسْتَوْصَلَ	اسْتَفْعَلَ	X

Tafel 6

Imperfektform (Indikativ) Aktiv: Stamm I-X

R_3 ء	R_2 ء	R_1 ء	$R_2=R_3$	R_3 ى	R_3 ى	R_3 و
يَقْرَأُ	يَسْأَلُ	يَأْخُذُ	يَمُرُّ	يَلْقَى	يَمْشِي	يَدْعُو
يُقَرِّىءُ	يُسَئِّلُ	يُؤَخِّذُ	يُمَرِّرُ	يُلَقِّي	يُمَشِّي	يُدَعِّي
يُقَارِىءُ	يُسَائِلُ	يُؤَاخِذُ	يُمَارُّ	يُلَاقِي	يُمَاشِي	يُدَاعِي
يُقْرِىءُ	يُسْئِلُ	يُؤْخِذُ	يُمِرُّ	يُلْقِي	يُمْشِي	يُدْعِي
يَتَقَرَّأُ	يَتَسَأَّلُ	يَتَأَخَّذُ	يَتَمَرَّرُ	يَتَلَقَّى	يَتَمَشَّى	يَتَدَعَّى
يَتَقَارَأُ	يَتَسَاءَلُ	يَتَآخَذُ	يَتَمَارُّ	يَتَلَاقَى	يَتَمَاشَى	يَتَدَاعَى
يَنْقَرِىءُ	يَنْسَئِلُ		يَنْمَرُّ	يَنْلَقِي	يَنْمَشِي	يَنْدَعِي
يَقْتَرِىءُ	يَسْتَئِلُ	يَتَّخِذُ	يَمْتَرُّ	يَلْتَقِي	يَمْتَشِي	يَدَّعِي [1]
يَسْتَقْرِىءُ	يَسْتَسْئِلُ	يَسْتَأْخِذُ	يَسْتَمِرُّ	يَسْتَلْقِي	يَسْتَمْشِي	يَسْتَدْعِي

---

[1] Zur Assimilation des *t*-Infixes an R_1 vgl. Lektion 18.

Imperfektform (Indikativ) Aktiv: Stamm I–X

R₂ و	R₂ ى	R₂ و	R₁ ى	R₁ و	*faʿala*	
يَخَافُ	يَبِيعُ	يَقُومُ	يَيْبَسُ	يَصِلُ	يَفْعَلُ	I
يُخَوِّفُ	يُبَيِّعُ	يُقَوِّمُ	يُيَبِّسُ	يُوَصِّلُ	يُفَعِّلُ	II
يُخَاوِفُ	يُبَايِعُ	يُقَاوِمُ	يُيَابِسُ	يُوَاصِلُ	يُفَاعِلُ	III
يُخِيفُ	يُبِيعُ	يُقِيمُ	يُوبِسُ	يُوصِلُ	يُفْعِلُ	IV
يَتَخَوَّفُ	يَتَبَيَّعُ	يَتَقَوَّمُ	يَتَيَبَّسُ	يَتَوَصَّلُ	يَتَفَعَّلُ	V
يَتَخَاوَفُ	يَتَبَايَعُ	يَتَقَاوَمُ	يَتَيَابَسُ	يَتَوَاصَلُ	يَتَفَاعَلُ	VI
يَنْخَافُ	يَنْبَاعُ	يَنْقَامُ	-	-	يَنْفَعِلُ	VII
يَخْتَافُ	يَبْتَاعُ	يَقْتَامُ	يَتَّبِسُ	يَتَّصِلُ	يَفْتَعِلُ	VIII
يَسْتَخِيفُ	يَسْتَبِيعُ	يَسْتَقِيمُ	يَسْتَيْبِسُ	يَسْتَوْصِلُ	يَسْتَفْعِلُ	X

Perfektform Passiv: Stamm I-X

R₃ ء	R₂ ء	R₁ ء	R₂=R₃	R₃ ى	R₃ ى	R₃ و
قُرِئَ	سُئِلَ	أُخِذَ	مُرَّ	لُقِيَ	مُشِيَ	دُعِيَ
قُرِّئَ	سُئِّلَ	أُخِّذَ	مُرِّرَ	لُقِّيَ	مُشِّيَ	دُعِّيَ
قُورِىءَ	سُوئِلَ	أُوخِذَ	مُورِرَ	لُوقِيَ	مُوشِيَ	دُوعِيَ
أُقرِىءَ	أُسئِلَ	أُوخِذَ	أُمِرَّ	أُلقِيَ	أُمشِيَ	أُدعِيَ
تُقُرِّىءَ	تُسُئِّلَ	تُؤُخِّذَ	تُمُرِّرَ	تُلُقِّيَ	تُمُشِّيَ	تُدُعِّيَ
تُقورِىءَ	تُسوئِلَ	تُؤُوخِذَ	تُمورِرَ	تُلوقِيَ	تُموشِيَ	تُدوعِيَ
انقُرِىءَ	انسُئِلَ	-	انمُرَّ	انلُقِيَ	انمُشِيَ	انْدُعِيَ
اقتُرِىءَ	اُستُئِلَ	اتخِذَ	اُمتُرَّ	التُقِيَ	اُمتُشِيَ	اُدُّعِيَ [1]
اُستُقرِىءَ	اُستُسئِلَ	اُستُوخِذَ	اُستُمِرَّ	اُستُلقِيَ	اُستُمشِيَ	اُستُدعِيَ

---

[1]Zur Assimilation des *t*-Infixes an R₁ vgl. Lektion 18.

Perfektform Passiv: Stamm I-X

R₂ و	R₂ ى	R₂ و	R₁ ى	R₁ و	faʿala	
خِيفَ	بِيعَ	قِيمَ	يُبِسَ	وُصِلَ	فُعِلَ	I
خُوِّفَ	بُيِّعَ	قُوِّمَ	يُبِّسَ	وُصِّلَ	فُعِّلَ	II
خُووِفَ	بُويِعَ	قُووِمَ	يُوبِسَ	وُوصِلَ	فُوعِلَ	III
أُخِيفَ	أُبِيعَ	أُقِيمَ	أُوبِسَ	أُوصِلَ	أُفْعِلَ	IV
تُخُوِّفَ	تُبُيِّعَ	تُقُوِّمَ	تُيُبِّسَ	تُوُصِّلَ	تُفُعِّلَ	V
تُخُووِفَ	تُبُويِعَ	تُقُووِمَ	تُيُوبِسَ	تُوُوصِلَ	تُفُوعِلَ	VI
انْخِيفَ	انْبِيعَ	انْقِيمَ	-	-	انْفُعِلَ	VII
اخْتِيفَ	ابْتِيعَ	اقْتِيمَ	اتُبِسَ	اتُّصِلَ	افْتُعِلَ	VIII
اسْتُخِيفَ	اسْتُبِيعَ	اسْتُقِيمَ	اسْتُوبِسَ	اسْتُوصِلَ	اسْتُفْعِلَ	X

Tafel 8

Imperfektform (Indikativ) Passiv: Stamm I-X

R₃ ء	R₂ ء	R₁ ء	R₂=R₃	R₃ ى	R₃ ى	R₃ و
يُقْرَأُ	يُسْأَلُ	يُؤْخَذُ	يُمَرُّ	يُلْقَى	يُمْشَى	يُدْعَى
يُقَرَّأُ	يُسَأَّلُ	يُؤَخَّذُ	يُمَرَّرُ	يُلَقَّى	يُمَشَّى	يُدَعَّى
يُقَارَأُ	يُسَاءَلُ	يُؤَاخَذُ	يُمَارُّ	يُلاقَى	يُمَاشَى	يُدَاعَى
يُقْرَأُ	يُسْأَلُ	يُؤْخَذُ	يُمَرُّ	يُلْقَى	يُمْشَى	يُدْعَى
يُتَقَرَّأُ	يُتَسَأَّلُ	يُتَأَخَّذُ	يُتَمَرَّرُ	يُتَلَقَّى	يُتَمَشَّى	يُتَدَعَّى
يُتَقَارَأُ	يُتَسَاءَلُ	يُتَآخَذُ	يُتَمَارُّ	يُتَلاقَى	يُتَمَاشَى	يُتَدَاعَى
يُنْقَرَأُ	يُنْسَأَلُ	-	يُنْمَرُّ	يُنْلَقَى	يُنْمَشَى	يُنْدَعَى
يُقْتَرَأُ	يُسْتَأَلُ	يُتْخَذُ	يُمْتَرُّ	يُلْتَقَى	يُمْتَشَى	يُدَّعَى ¹
يُسْتَقْرَأُ	يُسْتَسْأَلُ	يُسْتَأْخَذُ	يُسْتَمَرُّ	يُسْتَلْقَى	يُسْتَمْشَى	يُسْتَدْعَى

---

¹Zur Assimilation des *t*-Infixes an R₁ vgl. Lektion 18.

Imperfektform (Indikativ) Passiv: Stamm I-X

R₂ و	R₂ ى	R₂ و	R₁ ى	R₁ و	faʿala	
يُخَافُ	يُبَاعُ	يُقَامُ	يُوبَسُ	يُوصَلُ	يُفْعَلُ	I
يُخَوَّفُ	يُبَيَّعُ	يُقَوَّمُ	يُيَبَّسُ	يُوصَّلُ	يُفَعَّلُ	II
يُخَاوَفُ	يُبَايَعُ	يُقَاوَمُ	يُيَابَسُ	يُوَاصَلُ	يُفَاعَلُ	III
يُخَافُ	يُبَاعُ	يُقَامُ	يُوبَسُ	يُوصَلُ	يُفْعَلُ	IV
يُتَخَوَّفُ	يُتَبَيَّعُ	يُتَقَوَّمُ	يُتَيَبَّسُ	يُتَوصَّلُ	يُتَفَعَّلُ	V
يُتَخَاوَفُ	يُتَبَايَعُ	يُتَقَاوَمُ	يُتَيَابَسُ	يُتَوَاصَلُ	يُتَفَاعَلُ	VI
يُنْخَافُ	يُنْبَاعُ	يُنْقَامُ	-	-	يُنْفَعَلُ	VII
يُخْتَافُ	يُبْتَاعُ	يُقْتَامُ	يُبْتَسُ	يُتَّصَلُ	يُفْتَعَلُ	VIII
يُسْتَخَافُ	يُسْتَبَاعُ	يُسْتَقَامُ	يُسْتَيبَسُ	يُسْتَوصَلُ	يُسْتَفْعَلُ	X

Tafel 9

Imperativ: Stamm I-X

R₃ ء	R₂ ء	R₁ ء	R₂=R₃	R₃ ى	R₃ ى	R₃ و
اِقْرَأْ	اِسْأَلْ	خُذْ¹	مُرَّ/اُمْرُرْ	اِلْقَ	اِمْشِ	اُدْعُ
اِقْرَئِي	اِسْأَلِي	خُذِي	مُرِّي	اِلْقَيْ	اِمْشِي	اُدْعِي
اِقْرَؤُوا	اِسْأَلُوا	خُذُوا	مُرُّوا	اِلْقَوْا	اِمْشُوا	اُدْعُوا
اِقْرَأْنَ	اِسْأَلْنَ	خُذْنَ	اُمْرُرْنَ	اِلْقَيْنَ	اِمْشِينَ	اُدْعُونَ
اِقْرَآ	اِسْأَلاَ	خُذَا	مُرَّا	اِلْقَيَا	اِمْشِيَا	اُدْعُوَا
قَرِّىءْ	سَئِّلْ	أَخِّذْ	مَرِّرْ	لَقِّ	مَشِّ	دَعِّ
قَارِىءْ	سَائِلْ	آخِذْ	مَارَّ/مَارِرْ	لاَقِ	مَاشِ	دَاعِ
أَقْرِىءْ	أَسْئِلْ	آخِذْ	أَمِرَّ/أَمْرِرْ	أَلْقِ	أَمْشِ	أَدْعِ
تَقَرَّأْ	تَسَأَّلْ	تَأَخَّذْ	تَمَرَّرْ	تَلَقَّ	تَمَشَّ	تَدَعَّ
تَقَارَأْ	تَسَاءَلْ	تَآخَذْ	تَمَارَّ/تَمَارَرْ	تَلاَقَ	تَمَاشَ	تَدَاعَ
اِنْقَرِىءْ	اِنْسَئِلْ	-	اِنْمَرَّ/اِنْمَرِرْ	اِنْلَقِ	اِنْمَشِ	اِنْدَعِ
اِقْتَرِىءْ	اِسْتَئِلْ	اِتَّخِذْ	اِمْتَرَّ/اِمْتَرِرْ	اِلْتَقِ	اِمْتَشِ	اِدَّعِ²
اِسْتَقْرِىءْ	اِسْتَسْئِلْ	اِسْتَأْخِذْ	اِسْتَمِرَّ/اِسْتَمْرِرْ	اِسْتَلْقِ	اِسْتَمْشِ	اِسْتَدْعِ

---

¹Die Verben أَخَذَ "nehmen", أَكَلَ "essen" und أَمَرَ "befehlen" bilden den Imperativ ohne Vorschlagvokal. Die anderen Verben mit R₁ = *Hamza* bilden den Imperativ regelmäßig wie z.B أُأْمُلْ > أُومُلْ "hoffe!".

²Zur Assimilation des *t*-Infixes an R₁ vgl. Lektion 18.

Imperativ: Stamm I-X

R₂ و	R₂ ى	R₂ و	R₁ ى	R₁ و	faʿala	
خَفْ	بِعْ	قُمْ	اِيَسْ	صِلْ	اِفْعَلْ	(أنتَ)
خافِي	بِيعِي	قُومِي	اِيَسِي	صِلي	اِفْعَلِي	(أنتِ)
خافُوا	بِيعُوا	قُومُوا	اِيَسُوا	صِلُوا	اِفْعَلُوا	(أنتم)
خِفْنَ	بِعْنَ	قُمْنَ	اِيَسْنَ	صِلْنَ	اِفْعَلْنَ	(أنتنَّ)
خافا	بيعا	قُومَا	اِيَسَا	صِلا	اِفْعَلا	(أنتما)
خَوِّفْ	بيِّع	قَوِّم	يَبِّسْ	وَصِّلْ	فَعِّلْ	II
خاوِفْ	بايِعْ	قاوِمْ	يابِسْ	واصِلْ	فاعِلْ	III
أَخِفْ	أَبِعْ	أَقِمْ	أَيِسْ	أَوْصِلْ	أَفْعِلْ	IV
تَخَوَّفْ	تَبَيَّعْ	تَقَوَّمْ	تَيَبَّسْ	تَوَصَّلْ	تَفَعَّلْ	V
تَخاوَفْ	تَبايَعْ	تَقاوَمْ	تَيابَسْ	تَواصَلْ	تَفاعَلْ	VI
اِنْخَفْ	اِنْبَعْ	اِنْقَمْ	-	-	اِنْفَعِلْ	VII
اِخْتَفْ	اِبْتَعْ	اِقْتَمْ	اِتَّبِسْ	اِتَّصِلْ	اِفْتَعِلْ	VIII
اِسْتَخِفْ	اِسْتَبِعْ	اِسْتَقِمْ	اِسْتَيْبِسْ	اِسْتَوْصِلْ	اِسْتَفْعِلْ	X

Tafel 10

Partizip Aktiv: Stamm I-X

R₃ ء	R₂ ء	R₁ ء	R₂=R₃	R₃ ى	R₃ ى	R₃ و
قَارِئٌ	سَائِلٌ	آخِذٌ	مَارٌّ	لَاقٍ	مَاشٍ	دَاعٍ ¹
مُقَرِّئٌ	مُسَئِّلٌ	مُؤَخِّذٌ	مُمَرِّرٌ	مُلَقٍّ	مُمَشٍّ	مُدَعٍّ
مُقَارِئٌ	مُسَائِلٌ	مُؤَاخِذٌ	مُمَارٌّ	مُلَاقٍ	مُمَاشٍ	مُدَاعٍ
مُقْرِئٌ	مُسْئِلٌ	مُؤْخِذٌ	مُمِرٌّ	مُلْقٍ	مُمْشٍ	مُدْعٍ
مُتَقَرِّئٌ	مُتَسَئِّلٌ	مُتَأَخِّذٌ	مُتَمَرِّرٌ	مُتَلَقٍّ	مُتَمَشٍّ	مُتَدَعٍّ
مُتَقَارِئٌ	مُتَسَائِلٌ	مُتَآخِذٌ	مُتَمَارٌّ	مُتَلَاقٍ	مُتَمَاشٍ	مُتَدَاعٍ
مُنْقَرِئٌ	مُنْسَئِلٌ	-	مُنْمَرٌّ	مُنْلَقٍ	مُنْمَشٍ	مُنْدَعٍ
مُقْتَرِئٌ	مُسْتَئِلٌ	مُتَّخِذٌ	مُمْتَرٌّ	مُلْتَقٍ	مُمْتَشٍ	مُدَّعٍ ²
مُسْتَقْرِئٌ	مُسْتَسْئِلٌ	مُسْتَأْخِذٌ	مُسْتَمِرٌّ	مُسْتَلْقٍ	مُسْتَمْشٍ	مُسْتَدْعٍ

---

¹ Zur Deklination s. Tafel 37.

² Zur Assimilation des *t*-Infixes an R₁ vgl. Lektion 18.

Partizip Aktiv: Stamm I-X

R₂ و	R₂ ى	R₂ و	R₁ ى	R₁ و	faʿala	
خَائِفٌ	بَائِعٌ	قَائِمٌ	يَابِسٌ	وَاصِلٌ	فَاعِلٌ	I
مُخَوِّفٌ	مُبَيِّعٌ	مُقَوِّمٌ	مُيَبِّسٌ	مُوَصِّلٌ	مُفَعِّلٌ	II
مُخَاوِفٌ	مُبَايِعٌ	مُقَاوِمٌ	مُيَابِسٌ	مُوَاصِلٌ	مُفَاعِلٌ	III
مُخِيفٌ	مُبِيعٌ	مُقِيمٌ	مُوبِسٌ	مُوصِلٌ	مُفْعِلٌ	IV
مُتَخَوِّفٌ	مُتَبَيِّعٌ	مُتَقَوِّمٌ	مُتَيَبِّسٌ	مُتَوَصِّلٌ	مُتَفَعِّلٌ	V
مُتَخَاوِفٌ	مُتَبَايِعٌ	مُتَقَاوِمٌ	مُتَيَابِسٌ	مُتَوَاصِلٌ	مُتَفَاعِلٌ	VI
مُنْخَافٌ	مُنْبَاعٌ	مُنْقَامٌ	-	-	مُنْفَعِلٌ	VII
مُخْتَافٌ	مُبْتَاعٌ	مُقْتَامٌ	مُتْبِسٌ	مُتَّصِلٌ	مُفْتَعِلٌ	VIII
مُسْتَخِيفٌ	مُسْتَبِيعٌ	مُسْتَقِيمٌ	مُسْتَيْبِسٌ	مُسْتَوْصِلٌ	مُسْتَفْعِلٌ	X

Tafel 11

Partizip Passiv: Stamm I-X

R₃ ء	R₂ ء	R₁ ء	R₂=R₃	R₃ ى	R₃ ى	R₃ و
مَقْرُوءٌ	مَسْؤُولٌ	مَأْخُوذٌ	مَمْرُورٌ	مَلْقِيٌّ	مَمْشِيٌّ	مَدْعُوٌّ
مُقْرَأٌ	مُسَأَلٌ	مُؤْخَذٌ	مُمَرَّرٌ	مُلْقًى	مُمْشًى	مُدَعًى [1]
مُقَارَأٌ	مُسَاءَلٌ	مُؤَاخَذٌ	مُمَارٌّ	مُلَاقًى	مُمَاشًى	مُدَاعًى
مُقْرَأٌ	مُسْأَلٌ	مُؤْخَذٌ	مُمَرٌّ	مُلْقًى	مُمْشًى	مُدْعًى
مُتَقَرَّأٌ	مُتَسَأَّلٌ	مُتَأَخَّذٌ	مُتَمَرَّرٌ	مُتَلَقًّى	مُتَمَشًّى	مُتَدَعًّى
مُتَقَارَأٌ	مُتَسَاءَلٌ	مُتَأَخَذٌ	مُتَمَارٌّ	مُتَلَاقًى	مُتَمَاشًى	مُتَدَاعًى
مُنْقَرَأٌ	مُنْسَأَلٌ	-	مُنْمَرٌّ	مُنْلَقًى	مُنْمَشًى	مُنْدَعًى
مُقْتَرَأٌ	مُسْتَأَلٌ	مُتَّخَذٌ	مُمْتَرٌّ	مُلْتَقًى	مُمْتَشًى	مُدَّعًى [2]
مُسْتَقْرَأٌ	مُسْتَسْأَلٌ	مُسْتَأْخَذٌ	مُسْتَمَرٌّ	مُسْتَلْقًى	مُسْتَمْشًى	مُسْتَدْعًى

[1] Zur Deklination s. Tafel 37.

[2] Zur Assimilation des *t*-Infixes an R1 vgl. Lektion 18.

Partizip Passiv: Stamm I-X

R₂ و	R₂ ى	R₂ و	R₁ ى	R₁ و	*faʿala*	
مَخُوفٌ	مَبِيعٌ	مَقُومٌ	مَيْبُوسٌ	مَوْصُولٌ	مَفْعُولٌ	I
مُخَوَّفٌ	مُبِيَّعٌ	مُقَوَّمٌ	مِيبَّسٌ	مُوَصَّلٌ	مُفَعَّلٌ	II
مُخَاوَفٌ	مُبَايَعٌ	مُقَاوَمٌ	مِيَابَسٌ	مُوَاصَلٌ	مُفَاعَلٌ	III
مُخَافٌ	مُبَاعٌ	مُقَامٌ	مُوبَسٌ	مُوصَلٌ	مُفْعَلٌ	IV
مُتَخَوَّفٌ	مُتَبَّعٌ	مُتَقَوَّمٌ	مُتَيَبَّسٌ	مُتَوَصَّلٌ	مُتَفَعَّلٌ	V
مُتَخَاوَفٌ	مُتَبَايَعٌ	مُتَقَاوَمٌ	مُتَيَابَسٌ	مُتَوَاصَلٌ	مُتَفَاعَلٌ	VI
مُنْخَافٌ	مُنْبَاعٌ	مُنْقَامٌ	-	-	مُنْفَعَلٌ	VII
مُخْتَافٌ	مُبْتَاعٌ	مُقْتَامٌ	مُتَّبَسٌ	مُتَّصَلٌ	مُفْتَعَلٌ	VIII
مُسْتَخَافٌ	مُسْتَبَاعٌ	مُسْتَقَامٌ	مُسْتَيْبَسٌ	مُسْتَوْصَلٌ	مُسْتَفْعَلٌ	X

Infinitiv: Stamm I-X

R₃ ء	R₂ ء	R₁ ء	R₂=R₃	R₃ ى	R₃ ى	R₃ و
Stamm I unregelmäßig						
تَقْرِئَة	تَسْئِيل	تَأْخِيذ	تَمْرِير	تَلْقِيَة	تَمْشِيَة	تَدْعِيَة
مُقَارَأَة	مُسَاءَلَة	مُؤَاخَذَة	مُمَارَّة	مُلاَقَاة	مُمَاشَاة	مُدَاعَاة
قِرَاءٌ	سِئَالٌ	إخَاذٌ	مِرَارٌ	لِقَاءٌ	مِشَاءٌ	دِعَاءٌ
إقْرَاءٌ	إسْآلٌ	إيخَاذٌ	إمْرَارٌ	إلْقَاءٌ	إمْشَاءٌ	إدْعَاءٌ
تَقَرُّؤٌ	تَسَؤُّلٌ	تَأَخُّذٌ	تَمَرُّرٌ	تَلَقٍّ	تَمَشٍّ	تَدَعٍّ
تَقَارُؤٌ	تَسَاؤُلٌ	تَآخُذٌ	تَمَارٌّ	تَلاقٍ	تَمَاشٍ	تَدَاعٍ
اِنْقِرَاءٌ	اِنْسِئَالٌ		اِنْمِرَارٌ	اِنْلِقَاءٌ	اِنْمِشَاءٌ	اِنْدِعَاءٌ
اِقْتِرَاءٌ	اِسْتِئَالٌ	اِتِّخَاذٌ	اِمْتِرَارٌ	اِلْتِقَاءٌ	اِمْتِشَاءٌ	اِدِّعَاءٌ[1]
اِسْتِقْرَاءٌ	اِسْتِسْآلٌ	اِسْتِيخَاذٌ	اِسْتِمْرَارٌ	اِسْتِلْقَاءٌ	اِسْتِمْشَاءٌ	اِسْتِدْعَاءٌ

---

[1] Zur Assimilation des *t*-Infixes an R₁ vgl. Lektion 18.

Infinitiv: Stamm I-X

R₂ و	R₂ ى	R₂ و	R₁ ى	R₁ و	faᶜala	
		Stamm I unregelmäßig				I
تَخْوِيفٌ	تَبْيِعٌ	تَقْوِيمٌ	تَيْبِيسٌ	تَوْصِيلٌ	تَفْعِيلٌ	II
مُخَاوَفَةٌ	مُبَايَعَةٌ	مُقَاوَمَةٌ	مُيَابَسَةٌ	مُوَاصَلَةٌ	مُفَاعَلَةٌ	III
خِوَافٌ	بِيَاعٌ	قِوَامٌ	يِبَاسٌ	وِصَالٌ	فِعَالٌ	
إخَافَةٌ	إبَاعَةٌ	إقَامَةٌ	إيَبَاسٌ	إيصَالٌ	إفْعَالٌ	IV
تخَوُّفٌ	تَبَيُّعٌ	تَقَوُّمٌ	تَيَبُّسٌ	تَوَصُّلٌ	تَفَعُّلٌ	V
تخَاوُفٌ	تَبَايُعٌ	تَقَاوُمٌ	تَيَابُسٌ	تَوَاصُلٌ	تَفَاعُلٌ	VI
اِنْخِيَافٌ	اِنْبِيَاعٌ	اِنْقِيَامٌ	-	-	اِنْفِعَالٌ	VII
اِخْتِيَافٌ	اِبْتِيَاعٌ	اِقْتِيَامٌ	اِتِّبَاسٌ	اِتِّصَالٌ	اِفْتِعَالٌ	VIII
اِسْتِخَافَةٌ	اِسْتِبَاعَةٌ	اِسْتِقَامَةٌ	اِسْتِيبَاسٌ	اِسْتِيصَالٌ	اِسْتِفْعَالٌ	X

Tafel 13

Gesundes Verb (فعل) : Grundstamm

Infinitiv	Passiv Partizip	Aktiv Partizip	Passiv	
			Imperfektform Indikativ	Perfektform
unregelmäßig	مَفْعُولٌ	فَاعِلٌ	يُفْعَلُ	فُعِلَ
	مَفْعُولَةٌ	فَاعِلَةٌ	تُفْعَلُ	فُعِلَتْ
			تُفْعَلُ	فُعِلْتَ
			تُفْعَلِينَ	فُعِلْتِ
			أُفْعَلُ	فُعِلْتُ
			يُفْعَلُونَ	فُعِلُوا
			يُفْعَلْنَ	فُعِلْنَ
			تُفْعَلُونَ	فُعِلْتُمْ
			تُفْعَلْنَ	فُعِلْتُنَّ
			نُفْعَلُ	فُعِلْنَا
			يُفْعَلَانِ	فُعِلَا
			تُفْعَلَانِ	فُعِلَتَا
			تُفْعَلَانِ	فُعِلْتُمَا

Gesundes Verb (فَعَلَ) : Grundstamm

Imperativ	Aktiv				
	Imperfektform			Perfektform	
	Apokopat	Konjunktiv	Indikativ		
	يَفْعَلْ	يَفْعَلَ	يَفْعَلُ	فَعَلَ	(هو)
	تَفْعَلْ	تَفْعَلَ	تَفْعَلُ	فَعَلَتْ	(هي)
اِفْعَلْ	تَفْعَلْ	تَفْعَلَ	تَفْعَلُ	فَعَلْتَ	(أنتَ)
اِفْعَلِي	تَفْعَلِي	تَفْعَلِي	تَفْعَلِينَ	فَعَلْتِ	(أنتِ)
	أَفْعَلْ	أَفْعَلَ	أَفْعَلُ	فَعَلْتُ	(أنا)
	يَفْعَلُوا	يَفْعَلُوا	يَفْعَلُونَ	فَعَلُوا	(هم)
	يَفْعَلْنَ	يَفْعَلْنَ	يَفْعَلْنَ	فَعَلْنَ	(هنَّ)
اِفْعَلُوا	تَفْعَلُوا	تَفْعَلُوا	تَفْعَلُونَ	فَعَلْتُمْ	(أنتم)
اِفْعَلْنَ	تَفْعَلْنَ	تَفْعَلْنَ	تَفْعَلْنَ	فَعَلْتُنَّ	(أنتنَّ)
	نَفْعَلْ	نَفْعَلَ	نَفْعَلُ	فَعَلْنَا	(نحن)
	يَفْعَلَا	يَفْعَلَا	يَفْعَلَانِ	فَعَلَا	(هما)
	تَفْعَلَا	تَفْعَلَا	تَفْعَلَانِ	فَعَلَتَا	(هما)
اِفْعَلَا	تَفْعَلَا	تَفْعَلَا	تَفْعَلَانِ	فَعَلْتُمَا	(أنتما)

Tafel 14

Gesundes Verb (فعل) : Stamm II-X

Infinitiv	Passiv Partizip	Aktiv Partizip	Passiv Imperfektform Indikativ	Perfektform
تَفْعِيلٌ	مُفَعَّلٌ	مُفَعِّلٌ	يُفَعَّلُ	فُعِّلَ
مُفَاعَلَةٌ (فِعَالٌ)	مُفَاعَلٌ	مُفَاعِلٌ	يُفَاعَلُ	فُوعِلَ
إِفْعَالٌ	مُفْعَلٌ	مُفْعِلٌ	يُفْعَلُ	أُفْعِلَ
تَفَعُّلٌ	مُتَفَعَّلٌ	مُتَفَعِّلٌ	يُتَفَعَّلُ	تُفُعِّلَ
تَفَاعُلٌ	مُتَفَاعَلٌ	مُتَفَاعِلٌ	يُتَفَاعَلُ	تُفُوعِلَ
اِنْفِعَالٌ	مُنْفَعَلٌ	مُنْفَعِلٌ	يُنْفَعَلُ	اُنْفُعِلَ
اِفْتِعَالٌ	مُفْتَعَلٌ	مُفْتَعِلٌ	يُفْتَعَلُ	اُفْتُعِلَ
اِسْتِفْعَالٌ	مُسْتَفْعَلٌ	مُسْتَفْعِلٌ	يُسْتَفْعَلُ	اُسْتُفْعِلَ

Tafel 14

Gesundes Verb (فعل) : Stamm II-X

Aktiv					
Imperativ	Imperfektform			Perfektform	
	Apokopat	Konjunktiv	Indikativ		
فَعِّلْ	يُفَعِّلْ	يُفَعِّلَ	يُفَعِّلُ	فَعَّلَ	II
فَاعِلْ	يُفَاعِلْ	يُفَاعِلَ	يُفَاعِلُ	فَاعَلَ	III
أَفْعِلْ	يُفْعِلْ	يُفْعِلَ	يُفْعِلُ	أَفْعَلَ	IV
تَفَعَّلْ	يَتَفَعَّلْ	يَتَفَعَّلَ	يَتَفَعَّلُ	تَفَعَّلَ	V
تَفَاعَلْ	يَتَفَاعَلْ	يَتَفَاعَلَ	يَتَفَاعَلُ	تَفَاعَلَ	VI
اِنْفَعِلْ	يَنْفَعِلْ	يَنْفَعِلَ	يَنْفَعِلُ	اِنْفَعَلَ	VII
اِفْتَعِلْ	يَفْتَعِلْ	يَفْتَعِلَ	يَفْتَعِلُ	اِفْتَعَلَ	VIII
اِسْتَفْعِلْ	يَسْتَفْعِلْ	يَسْتَفْعِلَ	يَسْتَفْعِلُ	اِسْتَفْعَلَ	X

Tafel 15

Verb R₁ = و (وصل) : Grundstamm

Infinitiv	Passiv Partizip	Aktiv Partizip	Passiv Imperfektform Indikativ	Perfektform
unregelmäßig	مَوْصُولٌ	وَاصِلٌ	يُوصَلُ	وُصِلَ
	مَوْصُولَةٌ	وَاصِلَةٌ	تُوصَلُ	وُصِلَتْ
			تُوصَلُ	وُصِلْتَ
			تُوصَلِينَ	وُصِلْتِ
			أُوصَلُ	وُصِلْتُ
			يُوصَلُونَ	وُصِلُوا
			يُوصَلْنَ	وُصِلْنَ
			تُوصَلُونَ	وُصِلْتُمْ
			تُوصَلْنَ	وُصِلْتُنَّ
			نُوصَلُ	وُصِلْنَا
			يُوصَلَانِ	وُصِلَا
			تُوصَلَانِ	وُصِلَتَا
			تُوصَلَانِ	وُصِلْتُمَا

Verb R₁ = : و (وَصَل) Grundstamm

Imperativ	Apokopat	Konjunktiv	Indikativ	Perfektform	
			Aktiv		
		Imperfektform		Perfektform	
	Apokopat	Konjunktiv	Indikativ		
	يَصِلْ	يَصِلَ	يَصِلُ	وَصَلَ	(هو)
	تَصِلْ	تَصِلَ	تَصِلُ	وَصَلَتْ	(هي)
صِلْ	تَصِلْ	تَصِلَ	تَصِلُ	وَصَلْتَ	(أنتَ)
صِلِي	تَصِلِي	تَصِلِي	تَصِلِينَ	وَصَلْتِ	(أنتِ)
	أَصِلْ	أَصِلَ	أَصِلُ	وَصَلْتُ	(أنا)
	يَصِلُوا	يَصِلُوا	يَصِلُونَ	وَصَلُوا	(هم)
	يَصِلْنَ	يَصِلْنَ	يَصِلْنَ	وَصَلْنَ	(هنَّ)
صِلُوا	تَصِلُوا	تَصِلُوا	تَصِلُونَ	وَصَلْتُمْ	(أنتم)
صِلْنَ	تَصِلْنَ	تَصِلْنَ	تَصِلْنَ	وَصَلْتُنَّ	(أنتنَّ)
	نَصِلْ	نَصِلَ	نَصِلُ	وَصَلْنَا	(نحن)
	يَصِلَا	يَصِلَا	يَصِلَانِ	وَصَلَا	(هما)
	تَصِلَا	تَصِلَا	تَصِلَانِ	وَصَلَتَا	(هما)
صِلَا	تَصِلَا	تَصِلَا	تَصِلَانِ	وَصَلْتُمَا	(أنتما)

579

Tafel 16

Verb R₁ = و ‏(وصل)‏ : Stamm II-X

Infinitiv	Passiv Partizip	Aktiv Partizip	Passiv Imperfektform Indikativ	Perfektform
			Passiv	
تَوْصِيلٌ	مُوَصَّلٌ	مُوَصِّلٌ	يُوَصَّلُ	وُصِّلَ
مُوَاصَلَةٌ (وِصَالٌ)	مُوَاصَلٌ	مُوَاصِلٌ	يُوَاصَلُ	وُوصِلَ
إيصَالٌ	مُوصَلٌ	مُوصِلٌ	يُوصَلُ	أُوصِلَ
تَوَصُّلٌ	مُتَوَصَّلٌ	مُتَوَصِّلٌ	يُتَوَصَّلُ	تُوُصِّلَ
تَوَاصُلٌ	مُتَوَاصَلٌ	مُتَوَاصِلٌ	يُتَوَاصَلُ	تُوُوصِلَ
اِتِّصَالٌ	مُتَّصَلٌ	مُتَّصِلٌ	يُتَّصَلُ	اُتُّصِلَ
اِسْتِيصَالٌ	مُسْتَوْصَلٌ	مُسْتَوْصِلٌ	يُسْتَوْصَلُ	اُسْتُوصِلَ

Verb R$_1$ = و (وصل) : Stamm II-X

Imperativ	Imperfektform			Perfektform	
	Apokopat	Konjunktiv	Indikativ		
وَصِّلْ	يُوَصِّلْ	يُوَصِّلَ	يُوَصِّلُ	وَصَّلَ	II
وَاصِلْ	يُوَاصِلْ	يُوَاصِلَ	يُوَاصِلُ	وَاصَلَ	III
أَوْصِلْ	يُوصِلْ	يُوصِلَ	يُوصِلُ	أَوْصَلَ	IV
تَوَصَّلْ	يَتَوَصَّلْ	يَتَوَصَّلَ	يَتَوَصَّلُ	تَوَصَّلَ	V
تَوَاصَلْ	يَتَوَاصَلْ	يَتَوَاصَلَ	يَتَوَاصَلُ	تَوَاصَلَ	VI
keine Formen					VII
اِتَّصِلْ	يَتَّصِلْ	يَتَّصِلَ	يَتَّصِلُ	اِتَّصَلَ	VIII
اِسْتَوْصِلْ	يَسْتَوْصِلْ	يَسْتَوْصِلَ	يَسْتَوْصِلُ	اِسْتَوْصَلَ	X

Aktiv

Tafel 17

Verb R₁ = ى (يِبِس) : Stamm I-X

Verb R$_1$ = ى (يِبِس) : Stamm I-X

Infinitiv	Passiv Partizip	Aktiv Partizip	Passiv Imperfektform Indikativ	Perfektform
	مِيبُوسٌ	يَابِسٌ	يُوبَسُ	يُبِسَ
تَيْبِيسٌ	مِيَّسٌ	مِيِّسٌ	يِيَّسُ	يِيَّسَ
مُيَابَسَةٌ/يِيَاسٌ	مُيَابَسٌ	مُيَابِسٌ	يُيَابَسُ	يُوبِسَ
إِيبَاسٌ	مُوبَسٌ	مُوبِسٌ	يُوبَسُ	أُوبِسَ
تَيَبُّسٌ	مُتِيبَّسٌ	مُتِيبِّسٌ	يِتِيبَّسُ	تِيِّبِسَ
تَيَابُسٌ	مُتَيَابَسٌ	مُتَيَابِسٌ	يُتَيَابَسُ	تِيُوبِسَ
اِتِّبَاسٌ	مُتَّبَسٌ	مُتَّبِسٌ	يُتَّبَسُ	اتِّبِسَ
اِسْتِيبَاسٌ	مُسْتِيبَسٌ	مُسْتِيبِسٌ	يُسْتِيبَسُ	أُسْتُوبِسَ

Verb R₁ = ى (يِس) : Stamm I-X

Aktiv					
Imperativ	Imperfektform			Perfektform	
	Apokopat	Konjunktiv	Indikativ		
اِيبَسْ	يِيبَسْ	يِيبَسَ	يِيبَسُ	يَبَسَ	I
يِيّسْ	يِيّسْ	يِيّسَ	يِيّسُ	يَسَّ	II
يَابِسْ	يُيَابِسْ	يُيَابِسَ	يُيَابِسُ	يَابَسَ	III
أَيْبِسْ	يُوبِسْ	يُوبِسَ	يُوبِسُ	أَيْبَسَ	IV
تَيَبَّسْ	يَتَيَبَّسْ	يَتَيَبَّسَ	يَتَيَبَّسُ	تَيَبَّسَ	V
تَيَابَسْ	يَتَيَابَسْ	يَتَيَابَسَ	يَتَيَابَسُ	تَيَابَسَ	VI
keine Formen					VII
اِتَّبَسْ	يَتَّبَسْ	يَتَّبَسَ	يَتَّبَسُ	اِتَّبَسَ	VIII
اِسْتَيْبِسْ	يَسْتَيْبِسْ	يَسْتَيْبِسَ	يَسْتَيْبِسُ	اِسْتَيْبَسَ	X

Tafel 18

Verb R$_2$ = و (قام) : Grundstamm

Infinitiv	Passiv Partizip	Aktiv Partizip	Passiv Imperfektform Indikativ	Perfektform
unregelmäßig	مَقُومٌ	قَائِمٌ	يُقَامُ	قِيمَ
	مَقُومَةٌ	قَائِمَةٌ	تُقَامُ	قِيمَتْ
			تُقَامُ	قِمْتَ
			تُقَامِينَ	قِمْتِ
			أُقَامُ	قِمْتُ
			يُقَامُونَ	قِيمُوا
			يُقَمْنَ	قِمْنَ
			تُقَامُونَ	قِمْتُمْ
			تُقَمْنَ	قِمْتُنَّ
			نُقَامُ	قِمْنَا
			يُقَامَان	قِيمَا
			تُقَامَان	قِيمَتَا
			تُقَامَان	قِمْتُمَا

584

Verb R$_2$ = و (قَام) : Grundstamm

	Aktiv				
Imperativ	Imperfektform			Perfektform	
	Apokopat	Konjunktiv	Indikativ		
	يَقُمْ	يَقُومَ	يَقُومُ	قَامَ	(هو)
	تَقُمْ	تَقُومَ	تَقُومُ	قَامَتْ	(هي)
قُمْ	تَقُمْ	تَقُومَ	تَقُومُ	قُمْتَ	(أنتَ)
قُومِي	تَقُومِي	تَقُومِي	تَقُومِينَ	قُمْتِ	(أنتِ)
	أَقُمْ	أَقُومَ	أَقُومُ	قُمْتُ	(أنا)
	يَقُومُوا	يَقُومُوا	يَقُومُونَ	قَامُوا	(هم)
	يَقُمْنَ	يَقُمْنَ	يَقُمْنَ	قُمْنَ	(هنَّ)
قُومُوا	تَقُومُوا	تَقُومُوا	تَقُومُونَ	قُمْتُمْ	(أنتم)
قُمْنَ	تَقُمْنَ	تَقُمْنَ	تَقُمْنَ	قُمْتُنَّ	(أنتنَّ)
	نَقُمْ	نَقُومَ	نَقُومُ	قُمْنَا	(نحن)
	يَقُومَا	يَقُومَا	يَقُومَان	قَامَا	(هما)
	تَقُومَا	تَقُومَا	تَقُومَان	قَامَتَا	(هما)
قُومَا	تَقُومَا	تَقُومَا	تَقُومَان	قُمْتُمَا	(أنتما)

Tafel 19

Verb R₂ = و (قام) : Stamm II-X

Infinitiv	Passiv Partizip	Aktiv Partizip	Passiv Imperfektform Indikativ	Passiv Perfektform
تَقْوِيمٌ	مُقَوَّمٌ	مُقَوِّمٌ	يُقَوَّمُ	قُوِّمَ
مُقَاوَمَةٌ/قِوَامٌ	مُقَاوَمٌ	مُقَاوِمٌ	يُقَاوَمُ	قُووِمَ
إِقَامَةٌ	مُقَامٌ	مُقِيمٌ	يُقَامُ	أُقِيمَ
تَقَوُّمٌ	مُتَقَوَّمٌ	مُتَقَوِّمٌ	يَتَقَوَّمُ	تُقُوِّمَ
تَقَاوُمٌ	مُتَقَاوَمٌ	مُتَقَاوِمٌ	يَتَقَاوَمُ	تُقُووِمَ
اِنْقِيَامٌ	مُنْقَامٌ	مُنْقَامٌ	يُنْقَامُ	اُنْقِيمَ
اِقْتِيَامٌ	مُقْتَامٌ	مُقْتَامٌ	يُقْتَامُ	اُقْتِيمَ
اِسْتِقَامَةٌ	مُسْتَقَامٌ	مُسْتَقِيمٌ	يُسْتَقَامُ	اُسْتُقِيمَ

Verb R$_2$ = و (قام) : Stamm II-X

Imperativ	Imperfektform			Perfektform	
	Apokopat	Konjunktiv	Indikativ		
قَوِّمْ	يُقَوِّمْ	يُقَوِّمَ	يُقَوِّمُ	قَوَّمَ	II
قَاوِمْ	يُقَاوِمْ	يُقَاوِمَ	يُقَاوِمُ	قَاوَمَ	III
أَقِمْ	يُقِمْ	يُقِيمَ	يُقِيمُ	أَقَامَ	IV
تَقَوَّمْ	يَتَقَوَّمْ	يَتَقَوَّمَ	يَتَقَوَّمُ	تَقَوَّمَ	V
تَقَاوَمْ	يَتَقَاوَمْ	يَتَقَاوَمَ	يَتَقَاوَمُ	تَقَاوَمَ	VI
اِنْقَمْ	يَنْقَمْ	يَنْقَامَ	يَنْقَامُ	اِنْقَامَ	VII
اِقْتَمْ	يَقْتَمْ	يَقْتَامَ	يَقْتَامُ	اِقْتَامَ	VIII
اِسْتَقِمْ	يَسْتَقِمْ	يَسْتَقِيمَ	يَسْتَقِيمُ	اِسْتَقَامَ	X

Tafel 20

Verb R₂ = ى (باع) : Grundstamm

Infinitiv	Passiv Partizip	Aktiv Partizip	Passiv	
			Imperfektform Indikativ	Perfektform
unregelmäßig	مَبِيعٌ	بَائِعٌ	يُبَاعُ	بِيعَ
	مَبِيعَةٌ	بَائِعَةٌ	تُبَاعُ	بِيعَتْ
			تُبَاعُ	بِعْتَ
			تُبَاعِينَ	بِعْتِ
			أُبَاعُ	بِعْتُ
			يُبَاعُونَ	بِيعُوا
			يُبَعْنَ	بِعْنَ
			تُبَاعُونَ	بِعْتُمْ
			تُبَعْنَ	بِعْتُنَّ
			نُبَاعُ	بِعْنَا
			يُبَاعَانِ	بِيعَا
			تُبَاعَانِ	بِيعَتَا
			تُبَاعَانِ	بِعْتُمَا

Tafel 20

Verb R$_2$ = ى (باع) : Grundstamm

Imperativ	Apokopat	Konjunktiv	Indikativ	Perfektform	
	يَبِعْ	يَبِيعَ	يَبِيعُ	بَاعَ	(هو)
	تَبِعْ	تَبِيعَ	تَبِيعُ	بَاعَتْ	(هي)
بِعْ	تَبِعْ	تَبِيعَ	تَبِيعُ	بِعْتَ	(أنتَ)
بِيعِي	تَبِيعِي	تَبِيعِي	تَبِيعِينَ	بِعْتِ	(أنتِ)
	أَبِعْ	أَبِيعَ	أَبِيعُ	بِعْتُ	(أنا)
	يَبِيعُوا	يَبِيعُوا	يَبِيعُونَ	بَاعُوا	(هم)
	يَبِعْنَ	يَبِعْنَ	يَبِعْنَ	بِعْنَ	(هنَّ)
بِيعُوا	تَبِيعُوا	تَبِيعُوا	تَبِيعُونَ	بِعْتُمْ	(أنتم)
بِعْنَ	تَبِعْنَ	تَبِعْنَ	تَبِعْنَ	بِعْتُنَّ	(أنتنَّ)
	نَبِعْ	نَبِيعَ	نَبِيعُ	بِعْنَا	(نحن)
	يَبِيعَا	يَبِيعَا	يَبِيعَان	بَاعَا	(هما)
	تَبِيعَا	تَبِيعَا	تَبِيعَان	بَاعَتَا	(هما)
بِيعَا	تَبِيعَا	تَبِيعَا	تَبِيعَان	بِعْتُمَا	(أنتما)

589

Tafel 21

Verb R$_2$ = ى (با ع) : Stamm II-X

Infinitiv	Passiv Partizip	Aktiv Partizip	Passiv Imperfektform Indikativ	Perfektform
تَبْيِيعٌ	مُبَيَّعٌ	مُبَيِّعٌ	يُبَيَّعُ	بُيِّعَ
مُبَايَعَةٌ (بِيَاعٌ)	مُبَايَعٌ	مُبَايِعٌ	يُبَايَعُ	بُويِعَ
إِبَاعَةٌ	مُبَاعٌ	مُبِيعٌ	يُبَاعُ	أُبِيعَ
تَبَيُّعٌ	مُتَبَيَّعٌ	مُتَبَيِّعٌ	يُتَبَيَّعُ	تُبُيِّعَ
تَبَايُعٌ	مُتَبَايَعٌ	مُتَبَايِعٌ	يُتَبَايَعُ	تُبُويِعَ
اِنْبِيَاعٌ	مُنْبَاعٌ	مُنْبَاعٌ	يُنْبَاعُ	اُنْبِيعَ
اِبْتِيَاعٌ	مُبْتَاعٌ	مُبْتَاعٌ	يُبْتَاعُ	اُبْتِيعَ
اِسْتِبَاعَةٌ	مُسْتَبَاعٌ	مُسْتَبِيعٌ	يُسْتَبَاعُ	اُسْتُبِيعَ

590

Verb R$_2$ = ى (باع) : Stamm II-X

Imperativ	Imperfektform			Perfektform	
	Apokopat	Konjunktiv	Indikativ		
بَيِّعْ	يُبَيِّعْ	يُبَيِّعَ	يُبَيِّعُ	بَيَّعَ	II
بَايِعْ	يُبَايِعْ	يُبَايِعَ	يُبَايِعُ	بَايَعَ	III
أَبِعْ	يُبِعْ	يُبِيعَ	يُبِيعُ	أَبَاعَ	IV
تَبَيَّعْ	يَتَبَيَّعْ	يَتَبَيَّعَ	يَتَبَيَّعُ	تَبَيَّعَ	V
تَبَايَعْ	يَتَبَايَعْ	يَتَبَايَعَ	يَتَبَايَعُ	تَبَايَعَ	VI
اِنْبَعْ	يَنْبَعْ	يَنْبَاعَ	يَنْبَاعُ	اِنْبَاعَ	VII
اِبْتَعْ	يَبْتَعْ	يَبْتَاعَ	يَبْتَاعُ	اِبْتَاعَ	VIII
اِسْتَبِعْ	يَسْتَبِعْ	يَسْتَبِيعَ	يَسْتَبِيعُ	اِسْتَبَاعَ	X

Tafel 22

Verb R₂ = و (خاف) : Grundstamm

Infinitiv	Passiv Partizip	Aktiv Partizip	Passiv Imperfektform Indikativ	Perfektform
unregelmäßig	مَخُوفٌ	خَائِفٌ	يُخَافُ	خِيفَ
	مَخُوفَةٌ	خَائِفَةٌ	تُخَافُ	خِيفَتْ
Stamm II - X wie قام (Tafel 19)			تُخَافُ	خِفْتَ
			تُخَافِينَ	خِفْتِ
			أُخَافُ	خِفْتُ
			يُخَافُونَ	خِيفُوا
			يُخَفْنَ	خِفْنَ
			تُخَافُونَ	خِفْتُمْ
			تُخَفْنَ	خِفْتُنَّ
			نُخَافُ	خِفْنَا
			يُخَافَان	خِيفَا
			تُخَافَان	خِيفَتَا
			تُخَافَان	خِفْتُمَا

Verb R$_2$ = و (خاف) : Grundstamm

Imperativ	Imperfektform			Perfektform	
	Apokopat	Konjunktiv	Indikativ		
	يَخَفْ	يَخَافَ	يَخَافُ	خَافَ	(هو)
	تَخَفْ	تَخَافَ	تَخَافُ	خَافَتْ	(هي)
خَفْ	تَخَفْ	تَخَافَ	تَخَافُ	خِفْتَ	(أنتَ)
خَافِي	تَخَافِي	تَخَافِي	تَخَافِينَ	خِفْتِ	(أنتِ)
	أَخَفْ	أَخَافَ	أَخَافُ	خِفْتُ	(أنا)
	يَخَافُوا	يَخَافُوا	يَخَافُونَ	خَافُوا	(هم)
	يَخَفْنَ	يَخَفْنَ	يَخَفْنَ	خِفْنَ	(هنَّ)
خَافُوا	تَخَافُوا	تَخَافُوا	تَخَافُونَ	خِفْتُمْ	(أنتم)
خَفْنَ	تَخَفْنَ	تَخَفْنَ	تَخَفْنَ	خِفْتُنَّ	(أنتنَّ)
	نَخَفْ	نَخَافَ	نَخَافُ	خِفْنَا	(نحن)
	يَخَافَا	يَخَافَا	يَخَافَان	خَافَا	(هما)
	تَخَافَا	تَخَافَا	تَخَافَان	خَافَتَا	(هما)
خَافَا	تَخَافَا	تَخَافَا	تَخَافَان	خِفْتُمَا	(أنتما)

Tafel 23

Verb R₃ = و (دعا) : Grundstamm

Infinitiv	Passiv Partizip	Aktiv Partizip	Passiv	
			Imperfektform Indikativ	Perfektform
unregelmäßig	مَدْعُوٌّ	دَاعٍ	يُدْعَى	دُعِيَ
	مَدْعُوَّةٌ	دَاعِيَةٌ	تُدْعَى	دُعِيَتْ
Stamm II - X wie لقي (Tafel 26)			تُدْعَى	دُعِيتَ
			تُدْعَيْنَ	دُعِيتِ
			أُدْعَى	دُعِيتُ
			يُدْعَوْنَ	دُعُوا
			يُدْعَيْنَ	دُعِينَ
			تُدْعَوْنَ	دُعِيتُمْ
			تُدْعَيْنَ	دُعِيتُنَّ
			نُدْعَى	دُعِينَا
			يُدْعَيَان	دُعِيَا
			تُدْعَيَان	دُعِيتَا
			تُدْعَيَان	دُعِيتُمَا

Verb R₃ =و (دعا) : Grundstamm

Imperativ	Imperfektform			Perfektform	
	Apokopat	Konjunktiv	Indikativ		
	يَدْعُ	يَدْعُوَ	يَدْعُو	دَعَا	(هو)
	تَدْعُ	تَدْعُوَ	تَدْعُو	دَعَتْ	(هي)
اُدْعُ	تَدْعُ	تَدْعُوَ	تَدْعُو	دَعَوْتَ	(أنتَ)
اُدْعِي	تَدْعِي	تَدْعِي	تَدْعِينَ	دَعَوْتِ	(أنتِ)
	أَدْعُ	أَدْعُوَ	أَدْعُو	دَعَوْتُ	(أنا)
	يَدْعُوا	يَدْعُوا	يَدْعُونَ	دَعَوْا	(هم)
	يَدْعُونَ	يَدْعُونَ	يَدْعُونَ	دَعَوْنَ	(هنَّ)
اُدْعُوا	تَدْعُوا	تَدْعُوا	تَدْعُونَ	دَعَوْتُمْ	(أنتم)
اُدْعُونَ	تَدْعُونَ	تَدْعُونَ	تَدْعُونَ	دَعَوْتُنَّ	(أنتنَّ)
	نَدْعُ	نَدْعُوَ	نَدْعُو	دَعَوْنَا	(نحن)
	يَدْعُوَا	يَدْعُوَا	يَدْعُوَان	دَعَوَا	(هما)
	تَدْعُوَا	تَدْعُوَا	تَدْعُوَان	دَعَتَا	(هما)
اُدْعُوَا	تَدْعُوَا	تَدْعُوَا	تَدْعُوَان	دَعَوْتُمَا	(أنتما)

595

Tafel 24

Verb R₃ = ى (مشى) : Grundstamm

Infinitiv	Passiv Partizip	Aktiv Partizip	Passiv Imperfektform Indikativ	Perfektform
unregelmäßig	مَمْشِيٌّ	مَاشٍ	يُمْشَى	مُشِيَ
	مَمْشِيَّةٌ	مَاشِيَةٌ	تُمْشَى	مُشِيَتْ
Stamm II - X wie لقي (Tafel 26)			تُمْشَى	مُشِيتَ
			تُمْشَيْنَ	مُشِيتِ
			أُمْشَى	مُشِيتُ
			يُمْشَوْنَ	مُشُوا
			يُمْشَيْنَ	مُشِينَ
			تُمْشَوْنَ	مُشِيتُمْ
			تُمْشَيْنَ	مُشِيتُنَّ
			نُمْشَى	مُشِينَا
			يُمْشَيَانِ	مُشِيَا
			تُمْشَيَانِ	مُشِيتَا
			تُمْشَيَانِ	مُشِيتُمَا

596

Verb R₃ = ى (مشى) : Grundstamm

Imperativ	Apokopat	Konjunktiv	Indikativ	Perfektform	
		Imperfektform		Aktiv	
	يَمْشِ	يَمْشِيَ	يَمْشِي	مَشَى	(هو)
	تَمْشِ	تَمْشِيَ	تَمْشِي	مَشَتْ	(هي)
اِمْشِ	تَمْشِ	تَمْشِيَ	تَمْشِي	مَشَيْتَ	(أنتَ)
اِمْشِي	تَمْشِي	تَمْشِي	تَمْشِينَ	مَشَيْتِ	(أنتِ)
	أَمْشِ	أَمْشِيَ	أَمْشِي	مَشَيْتُ	(أنا)
	يَمْشُوا	يَمْشُوا	يَمْشُونَ	مَشَوْا	(هم)
	يَمْشِينَ	يَمْشِينَ	يَمْشِينَ	مَشَيْنَ	(هنَّ)
اِمْشُوا	تَمْشُوا	تَمْشُوا	تَمْشُونَ	مَشَيْتُمْ	(أنتم)
اِمْشِينَ	تَمْشِينَ	تَمْشِينَ	تَمْشِينَ	مَشَيْتُنَّ	(أنتنَّ)
	نَمْشِ	نَمْشِيَ	نَمْشِي	مَشَيْنَا	(نحن)
	يَمْشِيَا	يَمْشِيَا	يَمْشِيَان	مَشَيَا	(هما)
	تَمْشِيَا	تَمْشِيَا	تَمْشِيَان	مَشَتَا	(هما)
امْشِيَا	تَمْشِيَا	تَمْشِيَا	تَمْشِيَان	مَشَيْتُمَا	(أنتما)

Tafel 25

Verb R₃ = ى (لقي) : Grundstamm

Infinitiv	Passiv Partizip	Aktiv Partizip	Passiv Imperfektform Indikativ	Perfektform
unregelmäßig	مُلْقِيٌّ	لاَقٍ	يُلْقَى	لُقِيَ
	مُلْقِيَّةٌ	لاَقِيَةٌ	تُلْقَى	لُقِيَتْ
			تُلْقَى	لُقِيتَ
			تُلْقَيْنَ	لُقِيتِ
			أُلْقَى	لُقِيتُ
			يُلْقَوْنَ	لُقُوا
			يُلْقَيْنَ	لُقِينَ
			تُلْقَوْنَ	لُقِيتُمْ
			تُلْقَيْنَ	لُقِيتُنَّ
			نُلْقَى	لُقِينَا
			يُلْقَيَانِ	لُقِيَا
			تُلْقَيَانِ	لُقِيَتَا
			تُلْقَيَانِ	لُقِيتُمَا

Verb R₃ =ى (لقِي) : Grundstamm

Imperativ	Apokopat	Konjunktiv	Indikativ	Perfektform	
		Imperfektform		Perfektform	
Imperativ	Apokopat	Konjunktiv	Indikativ		
	يَلْقَ	يَلْقَى	يَلْقَى	لَقِيَ	(هو)
	تَلْقَ	تَلْقَى	تَلْقَى	لَقِيَتْ	(هي)
اِلْقَ	تَلْقَ	تَلْقَى	تَلْقَى	لَقِيتَ	(أنتَ)
اِلْقَيْ	تَلْقَيْ	تَلْقَيْ	تَلْقَيْنَ	لَقِيتِ	(أنتِ)
	أَلْقَ	أَلْقَى	أَلْقَى	لَقِيتُ	(أنا)
	يَلْقَوْا	يَلْقَوْا	يَلْقَوْنَ	لَقُوا	(هم)
	يَلْقَيْنَ	يَلْقَيْنَ	يَلْقَيْنَ	لَقِينَ	(هنَّ)
اِلْقَوْا	تَلْقَوْا	تَلْقَوْا	تَلْقَوْنَ	لَقِيتُمْ	(أنتم)
اِلْقَيْنَ	تَلْقَيْنَ	تَلْقَيْنَ	تَلْقَيْنَ	لَقِيتُنَّ	(أنتنَّ)
	نَلْقَ	نَلْقَى	نَلْقَى	لَقِينَا	(نحن)
	يَلْقَيَا	يَلْقَيَا	يَلْقَيَان	لَقِيَا	(هما)
	تَلْقَيَا	تَلْقَيَا	تَلْقَيَان	لَقِيَتَا	(هما)
اِلْقَيَا	تَلْقَيَا	تَلْقَيَا	تَلْقَيَان	لَقِيتُمَا	(أنتما)

Tafel 26

Verben R₃ = و oder ى (لقي) : Stamm II-X

Infinitiv	Passiv Partizip	Aktiv Partizip	Passiv Imperfektform Indikativ	Perfektform
تَلْقِيَةٌ	مُلَقًّى	مُلَقٍّ	يُلَقَّى	لُقِّيَ
مُلاقاةٌ (لِقاءٌ)	مُلاقًى	مُلاقٍ	يُلاقَى	لُوقِيَ
إلْقاءٌ	مُلْقًى	مُلْقٍ	يُلْقَى	أُلْقِيَ
تَلَقٍّ	مُتَلَقًّى	مُتَلَقٍّ	يُتَلَقَّى	تُلُقِّيَ
تَلاقٍ	مُتَلاقًى	مُتَلاقٍ	يُتَلاقَى	تُلوقِيَ
اِنْلِقاءٌ	مُنْلَقًى	مُنْلَقٍ	يُنْلَقَى	اُنْلِقِيَ
اِلْتِقاءٌ	مُلْتَقًى	مُلْتَقٍ	يُلْتَقَى	اُلْتُقِيَ
اِسْتِلْقاءٌ	مُسْتَلْقًى	مُسْتَلْقٍ	يُسْتَلْقَى	اُسْتُلْقِيَ

Verben R₃ = و oder ى (لَقِي) : Stamm II-X

Aktiv					
Imperativ	Imperfektform			Perfektform	
	Apokopat	Konjunktiv	Indikativ		
لَقِّ	يُلَقِّ	يُلَقِّيَ	يُلَقِّي	لَقَّى	II
لاَقِ	يُلاَقِ	يُلاَقِيَ	يُلاَقِي	لاَقَى	III
أَلْقِ	يُلْقِ	يُلْقِيَ	يُلْقِي	أَلْقَى	IV
تَلَقَّ	يَتَلَقَّ	يَتَلَقَّى	يَتَلَقَّى	تَلَقَّى	V
تَلاَقَ	يَتَلاَقَ	يَتَلاَقَى	يَتَلاَقَى	تَلاَقَى	VI
اِنْلَقِ	يَنْلَقِ	يَنْلَقِيَ	يَنْلَقِي	اِنْلَقَى	VII
اِلْتَقِ	يَلْتَقِ	يَلْتَقِيَ	يَلْتَقِي	اِلْتَقَى	VIII
اِسْتَلْقِ	يَسْتَلْقِ	يَسْتَلْقِيَ	يَسْتَلْقِي	اِسْتَلْقَى	X

Tafel 27

Verb R₂ = R₃ (مرّ) : Grundstamm

Infinitiv	Passiv Partizip	Aktiv Partizip	Passiv Imperfektform Indikativ	Perfektform
unregelmäßig	مَمْرُورٌ	مَارٌّ	يُمَرُّ	مُرَّ
	مَمْرُورَةٌ	مَارَّةٌ	تُمَرُّ	مُرَّتْ
			تُمَرَّ	مُرِرْتَ
			تُمَرِّينَ	مُرِرْتِ
			أُمَرُّ	مُرِرْتُ
			يُمَرُّونَ	مُرُّوا
			يُمْرَرْنَ	مُرِرْنَ
			تُمَرُّونَ	مُرِرْتُمْ
			تُمْرَرْنَ	مُرِرْتُنَّ
			نُمَرُّ	مُرِرْنَا
			يُمَرَّانِ	مُرَّا
			تُمَرَّانِ	مُرَّتَا
			تُمَرَّانِ	مُرِرْتُمَا

Verb R₂ = R₃ (مرّ) : Grundstamm

Imperativ	Apokopat	Konjunktiv	Indikativ	Perfektform	
			Imperfektform	**Perfektform**	
	يَمُرَّ/يَمْرُرْ	يَمُرَّ	يَمُرُّ	مَرَّ	(هو)
	تَمُرَّ/تَمْرُرْ	تَمُرَّ	تَمُرُّ	مَرَّتْ	(هي)
مُرَّ/اُمْرُرْ	تَمُرَّ/تَمْرُرْ	تَمُرَّ	تَمُرُّ	مَرَرْتَ	(أنتَ)
مُرِّي	تَمُرِّي	تَمُرِّي	تَمُرِّينَ	مَرَرْتِ	(أنتِ)
	أَمُرَّ/أَمْرُرْ	أَمُرَّ	أَمُرُّ	مَرَرْتُ	(أنا)
	يَمُرُّوا	يَمُرُّوا	يَمُرُّونَ	مَرُّوا	(هم)
	يَمْرُرْنَ	يَمْرُرْنَ	يَمْرُرْنَ	مَرَرْنَ	(هنَّ)
مُرُّوا	تَمُرُّوا	تَمُرُّوا	تَمُرُّونَ	مَرَرْتُمْ	(أنتم)
اُمْرُرْنَ	تَمْرُرْنَ	تَمْرُرْنَ	تَمْرُرْنَ	مَرَرْتُنَّ	(أنتنَّ)
	نَمُرَّ/نَمْرُرْ	نَمُرَّ	نَمُرُّ	مَرَرْنَا	(نحن)
	يَمُرَّا	يَمُرَّا	يَمُرَّان	مَرَّا	(هما)
	تَمُرَّا	تَمُرَّا	تَمُرَّان	مَرَّتَا	(هما)
مُرَّا	تَمُرَّا	تَمُرَّا	تَمُرَّان	مَرَرْتُمَا	(أنتما)

Tafel 28

Verb R₂ = R₃ (مرّ) : Stamm II-X

Infinitiv	Passiv Partizip	Aktiv Partizip	Passiv Imperfektform Indikativ	Perfektform
تَمْرِير	مُمَرَّر	مُمَرِّر	يُمَرَّر	مُرِّرَ
مُمَارَّة (مِرَارٌ)	مُمَارّ	مُمَارّ	يُمَارّ	مُورِرَ
إمْرَارٌ	مُمَرّ	مُمِرّ	يُمَرّ	أُمِرَّ
تَمَرُّر	مُتَمَرَّر	مُتَمَرِّر	يُتَمَرَّر	تُمُرِّرَ
تَمَارّ	مُتَمَارّ	مُتَمَارّ	يُتَمَارّ	تُمُورِرَ
اِنْمِرَارٌ	مُنْمَرّ	مُنْمِرّ	يُنْمَرّ	اُنْمِرَّ
اِمْتِرَارٌ	مُمْتَرّ	مُمْتَرّ	يُمْتَرّ	اُمْتُرَّ
اِسْتِمْرَارٌ	مُسْتَمَرّ	مُسْتَمِرّ	يُسْتَمَرّ	اُسْتُمِرَّ

Imperativ	Imperfektform			Perfektform	
	Apokopat	Konjunktiv	Indikativ		
مَرِّرْ	يُمَرِّرْ	يُمَرِّرَ	يُمَرِّرُ	مَرَّرَ	II
مَارَّ / مَارِرْ	يُمَارَّ/ يُمَارِرْ	يُمَارَّ	يُمَارُّ	مَارَّ	III
أَمِرَّ/ أَمْرِرْ	يُمِرَّ / يُمْرِرْ	يُمِرَّ	يُمِرُّ	أَمَرَّ	IV
تَمَرَّرْ	يَتَمَرَّرْ	يَتَمَرَّرَ	يَتَمَرَّرُ	تَمَرَّرَ	V
تَمَارَّ / تَمَارَرْ	يَتَمَارَّ / يَتَمَارَرْ	يَتَمَارَّ	يَتَمَارُّ	تَمَارَّ	VI
اِنْمَرَّ / اِنْمَرِرْ	يَنْمَرَّ/ يَنْمَرِرْ	يَنْمَرَّ	يَنْمَرُّ	اِنْمَرَّ	VII
اِمْتَرَّ / اِمْتَرِرْ	يَمْتَرَّ / يَمْتَرِرْ	يَمْتَرَّ	يَمْتَرُّ	اِمْتَرَّ	VIII
اِسْتَمَرَّ/ اِسْتَمْرِرْ	يَسْتَمَرَّ/يَسْتَمْرِرْ	يَسْتَمِرَّ	يَسْتَمِرُّ	اِسْتَمَرَّ	X

605

Tafel 29

Verb R₁ = ء (أخذ) : Grundstamm

Infinitiv	Passiv Partizip	Aktiv Partizip	Passiv Imperfektform Indikativ	Passiv Perfektform
unregelmäßig	مَأْخُوذٌ	آخِذٌ	يُؤْخَذُ	أُخِذَ
	مَأْخُوذَةٌ	آخِذَةٌ	تُؤْخَذُ	أُخِذَتْ
			تُؤْخَذُ	أُخِذْتَ
			تُؤْخَذِينَ	أُخِذْتِ
			أُوخَذُ	أُخِذْتُ
			يُؤْخَذُونَ	أُخِذُوا
			يُؤْخَذْنَ	أُخِذْنَ
			تُؤْخَذُونَ	أُخِذْتُمْ
			تُؤْخَذْنَ	أُخِذْتُنَّ
			نُؤْخَذُ	أُخِذْنَا
			يُؤْخَذَان	أُخِذَا
			تُؤْخَذَان	أُخِذَتَا
			تُؤْخَذَان	أُخِذْتُمَا

Verb R₁ = ء (أَخَذَ) : Grundstamm

Imperativ	Apokopat	Konjunktiv	Indikativ	Perfektform	
	يَأْخُذْ	يَأْخُذَ	يَأْخُذُ	أَخَذَ	(هو)
	تَأْخُذْ	تَأْخُذَ	تَأْخُذُ	أَخَذَتْ	(هي)
خُذْ	تَأْخُذْ	تَأْخُذَ	تَأْخُذُ	أَخَذْتَ	(أنتَ)
خُذِي	تَأْخُذِي	تَأْخُذِي	تَأْخُذِينَ	أَخَذْتِ	(أنتِ)
	آخُذْ	آخُذَ	آخُذُ	أَخَذْتُ	(أنا)
	يَأْخُذُوا	يَأْخُذُوا	يَأْخُذُونَ	أَخَذُوا	(هم)
	يَأْخُذْنَ	يَأْخُذْنَ	يَأْخُذْنَ	أَخَذْنَ	(هنَّ)
خُذُوا	تَأْخُذُوا	تَأْخُذُوا	تَأْخُذُونَ	أَخَذْتُمْ	(أنتم)
خُذْنَ	تَأْخُذْنَ	تَأْخُذْنَ	تَأْخُذْنَ	أَخَذْتُنَّ	(أنتنَّ)
	نَأْخُذْ	نَأْخُذَ	نَأْخُذُ	أَخَذْنَا	(نحن)
	يَأْخُذَا	يَأْخُذَا	يَأْخُذَان	أَخَذَا	(هما)
	تَأْخُذَا	تَأْخُذَا	تَأْخُذَان	أَخَذَتَا	(هما)
خُذَا	تَأْخُذَا	تَأْخُذَا	تَأْخُذَان	أَخَذْتُمَا	(أنتما)

Aktiv — Imperfektform

Tafel 30

Verb R₁ = ء (أَخَذَ) : Stamm II-X

Infinitiv	Passiv Partizip	Aktiv Partizip	Passiv Imperfektform Indikativ	Passiv Perfektform
تَأْخِيذٌ	مُؤَخَّذٌ	مُؤَخِّذٌ	يُؤَخَّذُ	أُخِّذَ
مُؤَاخَذَةٌ (إِخَاذٌ)	مُؤَاخَذٌ	مُؤَاخِذٌ	يُؤَاخَذُ	أُوخِذَ
إِيخَاذٌ	مُؤْخَذٌ	مُؤْخِذٌ	يُؤْخَذُ	أُوخِذَ
تَأَخُّذٌ	مُتَأَخَّذٌ	مُتَأَخِّذٌ	يَتَأَخَّذُ	تُؤُخِّذَ
تَآخُذٌ	مُتَآخَذٌ	مُتَآخِذٌ	يَتَآخَذُ	تُؤُوخِذَ
اِتِّخَاذٌ	مُتَّخَذٌ	مُتَّخِذٌ	يُتَّخَذُ	اتُّخِذَ
اِسْتِئْخَاذٌ	مُسْتَأْخَذٌ	مُسْتَأْخِذٌ	يُسْتَأْخَذُ	اُسْتُوخِذَ

Verb R$_1$ = ء (أخذ) : Stamm II-X

Imperativ	Apokopat	Konjunktiv	Indikativ	Perfektform	
	Aktiv				
	Imperfektform			Perfektform	
	Apokopat	Konjunktiv	Indikativ		
أَخِّذْ	يُؤَخِّذْ	يُؤَخِّذَ	يُؤَخِّذُ	أَخَّذَ	II
آخِذْ	يُؤَاخِذْ	يُؤَاخِذَ	يُؤَاخِذُ	آخَذَ	III
آخِذْ	يُؤْخِذْ	يُؤْخِذَ	يُؤْخِذُ	آخَذَ	IV
تَأَخَّذْ	يَتَأَخَّذْ	يَتَأَخَّذَ	يَتَأَخَّذُ	تَأَخَّذَ	V
تَآخَذْ	يَتَآخَذْ	يَتَآخَذَ	يَتَآخَذُ	تَآخَذَ	VI
keine Formen					VII
اتَّخِذْ	يَتَّخِذْ	يَتَّخِذَ	يَتَّخِذُ	اتَّخَذَ[1]	VIII
اِسْتَأْخِذْ	يَسْتَأْخِذْ	يَسْتَأْخِذَ	يَسْتَأْخِذُ	اِسْتَأْخَذَ	X

---

[1]Die Assimilation von R$_1$ = *Hamza* an das *t*-Infix des VIII. Stammes erfolgt nur

beim Verb أخذ , vgl. dagegen اِئْتَلَفَ "koalieren".

Tafel 31

Verb R$_2$ = ء (سَأَل) : Grundstamm

Infinitiv	Passiv Partizip	Aktiv Partizip	Passiv	
			Imperfektform Indikativ	Perfektform
unregelmäßig	مَسْؤُولٌ	سَائِلٌ	يُسْأَلُ	سُئِلَ
	مَسْؤُولَةٌ	سَائِلَةٌ	تُسْأَلُ	سُئِلَتْ
			تُسْأَلُ	سُئِلْتَ
			تُسْأَلِينَ	سُئِلْتِ
			أُسْأَلُ	سُئِلْتُ
			يُسْأَلُونَ	سُئِلُوا
			يُسْأَلْنَ	سُئِلْنَ
			تُسْأَلُونَ	سُئِلْتُمْ
			تُسْأَلْنَ	سُئِلْتُنَّ
			نُسْأَلُ	سُئِلْنَا
			يُسْأَلَانِ	سُئِلَا
			تُسْأَلَانِ	سُئِلَتَا
			تُسْأَلَانِ	سُئِلْتُمَا

Verb R$_2$ = ء (سأل) : Grundstamm

	Aktiv				
Imperativ	Imperfektform			Perfektform	
	Apokopat	Konjunktiv	Indikativ		
	يَسْأَلْ	يَسْأَلَ	يَسْأَلُ	سَأَلَ	(هو)
	تَسْأَلْ	تَسْأَلَ	تَسْأَلُ	سَأَلَتْ	(هي)
إِسْأَلْ	تَسْأَلْ	تَسْأَلَ	تَسْأَلُ	سَأَلْتَ	(أنتَ)
إِسْأَلِي	تَسْأَلِي	تَسْأَلِي	تَسْأَلِينَ	سَأَلْتِ	(أنتِ)
	أَسْأَلْ	أَسْأَلَ	أَسْأَلُ	سَأَلْتُ	(أنا)
	يَسْأَلُوا	يَسْأَلُوا	يَسْأَلُونَ	سَأَلُوا	(هـم)
	يَسْأَلْنَ	يَسْأَلْنَ	يَسْأَلْنَ	سَأَلْنَ	(هنَّ)
إِسْأَلُوا	تَسْأَلُوا	تَسْأَلُوا	تَسْأَلُونَ	سَأَلْتُمْ	(أنتم)
إِسْأَلْنَ	تَسْأَلْنَ	تَسْأَلْنَ	تَسْأَلْنَ	سَأَلْتُنَّ	(أنتنَّ)
	نَسْأَلْ	نَسْأَلَ	نَسْأَلُ	سَأَلْنَا	(نحن)
	يَسْأَلَا	يَسْأَلَا	يَسْأَلَانِ	سَأَلَا	(هما)
	تَسْأَلَا	تَسْأَلَا	تَسْأَلَانِ	سَأَلَتَا	(هما)
إِسْأَلَا	تَسْأَلَا	تَسْأَلَا	تَسْأَلَانِ	سَأَلْتُمَا	(أنتما)

Tafel 32

Verb R$_2$ = ء (سَأَل) : Stamm II-X

Infinitiv	Passiv Partizip	Aktiv Partizip	Passiv Imperfektform Indikativ	Perfektform
تَسْئِيلٌ	مُسَأَّلٌ	مُسَئِّلٌ	يُسَأَّلُ	سُئِّلَ
مُسَاءَلَةٌ (سِئَالٌ)	مُسَاءَلٌ	مُسَائِلٌ	يُسَاءَلُ	سُوئِلَ
إِسْآلٌ	مُسَأَّلٌ	مُسْئِلٌ	يُسْأَلُ	أُسْئِلَ
تَسَؤُّلٌ	مُتَسَأَّلٌ	مُتَسَئِّلٌ	يُتَسَأَّلُ	تُسُئِّلَ
تَسَاؤُلٌ	مُتَسَاءَلٌ	مُتَسَائِلٌ	يُتَسَاءَلُ	تُسُوئِلَ
اِنْسِئَالٌ	مُنْسَأَلٌ	مُنْسَئِلٌ	يُنْسَأَلُ	اُنْسُئِلَ
اِسْتِئَالٌ	مُسْتَأَلٌ	مُسْتَئِلٌ	يُسْتَأَلُ	اُسْتُئِلَ
اِسْتِسْآلٌ	مُسْتَسْأَلٌ	مُسْتَسْئِلٌ	يُسْتَسْأَلُ	اُسْتُسْئِلَ

612

Verb R$_2$ = ء (سَأَل) : Stamm II-X

Aktiv					
Imperativ	Imperfektform			Perfektform	
	Apokopat	Konjunktiv	Indikativ		
سَئِّلْ	يُسَئِّلْ	يُسَئِّلَ	يُسَئِّلُ	سَأَّلَ	II
سَائِلْ	يُسَائِلْ	يُسَائِلَ	يُسَائِلُ	سَاءَلَ	III
أَسْئِلْ	يُسْئِلْ	يُسْئِلَ	يُسْئِلُ	أَسْأَلَ	IV
تَسَأَّلْ	يَتَسَأَّلْ	يَتَسَأَّلَ	يَتَسَأَّلُ	تَسَأَّلَ	V
تَسَاءَلْ	يَتَسَاءَلْ	يَتَسَاءَلَ	يَتَسَاءَلُ	تَسَاءَلَ	VI
اِنْسَئِلْ	يَنْسَئِلْ	يَنْسَئِلَ	يَنْسَئِلُ	اِنْسَأَلَ	VII
اِسْتَئِلْ	يَسْتَئِلْ	يَسْتَئِلَ	يَسْتَئِلُ	اِسْتَأَلَ	VIII
اِسْتَسْئِلْ	يَسْتَسْئِلْ	يَسْتَسْئِلَ	يَسْتَسْئِلُ	اِسْتَسْأَلَ	X

Tafel 33

Verb R₃ = ء (قرأ) : Grundstamm

Infinitiv	Passiv Partizip	Aktiv Partizip	Passiv Imperfektform Indikativ	Perfektform
unregelmäßig	مَقْرُوءٌ	قَارِىءٌ	يُقْرَأُ	قُرِىءَ
	مَقْرُوءَةٌ	قَارِئَةٌ	تُقْرَأُ	قُرِئَتْ
			تُقْرَأُ	قُرِئْتَ
			تُقْرَئِينَ	قُرِئْتِ
			أُقْرَأُ	قُرِئْتُ
			يُقْرَؤُونَ	قُرِئُوا
			يَقْرَأْنَ	قُرِئْنَ
			تُقْرَؤُونَ	قُرِئْتُمْ
			تُقْرَأْنَ	قُرِئْتُنَّ
			نُقْرَأُ	قُرِئْنَا
			يُقْرَآن	قُرِآ
			تُقْرَآن	قُرِئَتَا
			تُقْرَآن	قُرِئْتُمَا

Verb R$_3$ = ء (قرأ) : Grundstamm

	Aktiv				
Imperativ	Imperfektform			Perfektform	
	Apokopat	Konjunktiv	Indikativ		
	يَقْرَأْ	يَقْرَأَ	يَقْرَأُ	قَرَأَ	(هو)
	تَقْرَأْ	تَقْرَأَ	تَقْرَأُ	قَرَأَتْ	(هي)
اِقْرَأْ	تَقْرَأْ	تَقْرَأَ	تَقْرَأُ	قَرَأْتَ	(أنتَ)
اِقْرَئِي	تَقْرَئِي	تَقْرَئِي	تَقْرَئِينَ	قَرَأْتِ	(أنتِ)
	أَقْرَأْ	أَقْرَأَ	أَقْرَأُ	قَرَأْتُ	(أنا)
	يَقْرَؤُوا	يَقْرَؤُوا	يَقْرَؤُونَ	قَرَؤُوا	(هم)
	يَقْرَأْنَ	يَقْرَأْنَ	يَقْرَأْنَ	قَرَأْنَ	(هنَّ)
اِقْرَؤُوا	تَقْرَؤُوا	تَقْرَؤُوا	تَقْرَؤُونَ	قَرَأْتُمْ	(أنتم)
اِقْرَأْنَ	تَقْرَأْنَ	تَقْرَأْنَ	تَقْرَأْنَ	قَرَأْتُنَّ	(أنتنَّ)
	نَقْرَأْ	نَقْرَأَ	نَقْرَأُ	قَرَأْنَا	(نحن)
	يَقْرَآ	يَقْرَآ	يَقْرَآن	قَرَآ	(هما)
	تَقْرَآ	تَقْرَآ	تَقْرَآن	قَرَأَتَا	(هما)
اِقْرَآ	تَقْرَآ	تَقْرَآ	تَقْرَآن	قَرَأْتُمَا	(أنتما)

Tafel 34

Verb R₃ = ء (قرأ) : Stamm II-X

Infinitiv	Passiv Partizip	Aktiv Partizip	Passiv Imperfektform Indikativ	Perfektform
تَقْرِئَة	مُقَرَّأ	مُقَرِّئٌ	يُقَرَّأُ	قُرِّئَ
مُقَارَأَة (قِرَاءٌ)	مُقَارَأُ	مُقَارِئٌ	يُقَارَأُ	قُورِئَ
إقْرَاءٌ	مُقْرَأُ	مُقْرِئٌ	يُقْرَأُ	أُقْرِئَ
تَقَرُّؤٌ	مُتَقَرَّأُ	مُتَقَرِّئٌ	يُتَقَرَّأُ	تُقُرِّئَ
تَقَارُؤٌ	مُتَقَارَأُ	مُتَقَارِئٌ	يُتَقَارَأُ	تُقُورِئَ
اِنْقِرَاءٌ	مُنْقَرَأُ	مُنْقَرِئٌ	يُنْقَرَأُ	اُنْقُرِئَ
اِقْتِرَاءٌ	مُقْتَرَأُ	مُقْتَرِئٌ	يُقْتَرَأُ	اُقْتُرِئَ
اِسْتِقْرَاءٌ	مُسْتَقْرَأُ	مُسْتَقْرِئٌ	يُسْتَقْرَأُ	اُسْتُقْرِئَ

Verb R$_3$ = ء‎ (قرأ) : Stamm II–X

Imperativ	Imperfektform			Perfektform	
	Apokopat	Konjunktiv	Indikativ		
قَرِّئْ	يُقَرِّئْ	يُقَرِّئَ	يُقَرِّئُ	قَرَّأَ	II
قَارِئْ	يُقَارِئْ	يُقَارِئَ	يُقَارِئُ	قَارَأَ	III
أَقْرِئْ	يُقْرِئْ	يُقْرِئَ	يُقْرِئُ	أَقْرَأَ	IV
تَقَرَّأْ	يَتَقَرَّأْ	يَتَقَرَّأَ	يَتَقَرَّأُ	تَقَرَّأَ	V
تَقَارَأْ	يَتَقَارَأْ	يَتَقَارَأَ	يَتَقَارَأُ	تَقَارَأَ	VI
اِنْقَرِئْ	يَنْقَرِئْ	يَنْقَرِئَ	يَنْقَرِئُ	اِنْقَرَأَ	VII
اِقْتَرِئْ	يَقْتَرِئْ	يَقْتَرِئَ	يَقْتَرِئُ	اِقْتَرَأَ	VIII
اِسْتَقْرِئْ	يَسْتَقْرِئْ	يَسْتَقْرِئَ	يَسْتَقْرِئُ	اِسْتَقْرَأَ	X

Tafel 35

Vierradikalige Verben: إِطْمَأَنَّ تدحْرج دحْرج

Infinitiv	Passiv Partizip	Aktiv Partizip	Passiv	
			Imperfektform	Perfektform
دَحْرَجَةٌ	مُدَحْرَجٌ	مُدَحْرِجٌ	يُدَحْرَجُ	دُحْرِجَ
			تُدَحْرَجُ	دُحْرِجْتَ
			أُدَحْرَجُ	دُحْرِجْتُ
			يُدَحْرَجُونَ	دُحْرِجُوا
			تُدَحْرَجُونَ	دُحْرِجْتُمْ
			نُدَحْرَجُ	دُحْرِجْنَا
تَدَحْرُجٌ	مُتَدَحْرَجٌ	مُتَدَحْرِجٌ	يُتَدَحْرَجُ	تُدُحْرِجَ
			تُتَدَحْرَجُ	تُدُحْرِجْتَ
			أُتَدَحْرَجُ	تُدُحْرِجْتُ
			يُتَدَحْرَجُونَ	تُدُحْرِجُوا
			تُتَدَحْرَجُونَ	تُدُحْرِجْتُمْ
			نُتَدَحْرَجُ	تُدُحْرِجْنَا

Fortsetzung auf S. 620

Vierradikalige Verben: إطمأنَّ تدحْرج دحْرج

Imperativ	Apokopat	Konjunktiv	Indikativ	Perfektform		
			Aktiv			
	Imperfektform			**Perfektform**		
	يُدَحْرِجْ	يُدَحْرِجَ	يُدَحْرِجُ	دَحْرَجَ	هو	I
دَحْرِجْ	تُدَحْرِجْ	تُدَحْرِجَ	تُدَحْرِجُ	دَحْرَجْتَ	أنتَ	
	أُدَحْرِجْ	أُدَحْرِجَ	أُدَحْرِجُ	دَحْرَجْتُ	أنا	
	يُدَحْرِجُوا	يُدَحْرِجُوا	يُدَحْرِجُونَ	دَحْرَجُوا	هم	
دَحْرِجُوا	تُدَحْرِجُوا	تُدَحْرِجُوا	تُدَحْرِجُونَ	دَحْرَجْتُمْ	أنتم	
	نُدَحْرِجْ	نُدَحْرِجَ	نُدَحْرِجُ	دَحْرَجْنَا	نحن	
	يَتَدَحْرَجْ	يَتَدَحْرَجَ	يَتَدَحْرَجُ	تَدَحْرَجَ	هو	II
تَدَحْرَجْ	تَتَدَحْرَجْ	تَتَدَحْرَجَ	تَتَدَحْرَجُ	تَدَحْرَجْتَ	أنتَ	
	أَتَدَحْرَجْ	أَتَدَحْرَجَ	أَتَدَحْرَجُ	تَدَحْرَجْتُ	أنا	
	يَتَدَحْرَجُوا	يَتَدَحْرَجُوا	يَتَدَحْرَجُونَ	تَدَحْرَجُوا	هم	
تَدَحْرَجُوا	تَتَدَحْرَجُوا	تَتَدَحْرَجُوا	تَتَدَحْرَجُونَ	تَدَحْرَجْتُمْ	أنتم	
	نَتَدَحْرَجْ	نَتَدَحْرَجَ	نَتَدَحْرَجُ	تَدَحْرَجْنَا	نحن	

Fortsetzung S. 621

Tafel 35

Vierradikalige Verben: دَحْرَج تَدَحْرَج إِطْمَأَنَّ Fortsetzung von S. 618

Infinitiv	Passiv Partizip	Aktiv Partizip	
اِطْمِئْنَانٌ	مُطْمَأَنٌّ	مُطْمَئِنٌّ	

Die Vokalfolge bei Stamm I, II und IV der vierradikaligen Verben entspricht derjenigen von Stamm II, V und VIII der dreiradikaligen Verben.

Im Lehrbuch kommen als vierradikalige Verben nur تَرْجَم "übersetzen" und

سَيْطَر "beherrschen" vor. Die Bedeutungen der hier gewählten Musterverben

sind دَحْرَج "rollen", تَدَحْرَج "dahinrollen" und إِطْمَأَنَّ "sicher sein".

Fortsetzung von S. 619   **Vierradikalige Verben:** إطْمَأَنَّ تدحْرج دحْرج

Imperativ	Apokopat	Konjunktiv	Indikativ	Perfektform		
		Imperfektform		Perfektform		
		Aktiv				
	يَطْمَئِنَّ	يَطْمَئِنَّ	يَطْمَئِنُّ	اِطْمَأَنَّ	هو	IV
اِطْمَئِنَّ	تَطْمَئِنَّ	تَطْمَئِنَّ	تَطْمَئِنُّ	اِطْمَأْنَنْتَ	أنتَ	
	أَطْمَئِنَّ	أَطْمَئِنَّ	أَطْمَئِنُّ	اِطْمَأْنَنْتُ	أنا	
	يَطْمَئِنُّوا	يَطْمَئِنُّوا	يَطْمَئِنُّونَ	اِطْمَأَنُّوا	هم	
اِطْمَئِنُّوا	تَطْمَئِنُّوا	تَطْمَئِنُّوا	تَطْمَئِنُّونَ	اِطْمَأْنَنْتُمْ	أنتم	
	نَطْمَئِنَّ	نَطْمَئِنَّ	نَطْمَئِنُّ	اِطْمَأْنَنّا	نحن	

Beim Apokopat gibt es auch noch eine Langform: يَطْمَأْنِنْ usw.

Tafel 36

Doppelt schwache Verben: رأى أتى جاء

	جاء		أتى		رأى	
	Perfekt-form	Imper-fektform	Perfekt-form	Imper-fektform	Perfekt-form	Imper-fektform
(هما)	جَاءَا	يَجِيئَانِ	أَتَيَا	يَأْتِيَانِ	رَأَيَا	يَرَيَانِ
(هما)	جَاءَتَا	تَجِيئَانِ	أَتَتَا	تَأْتِيَانِ	رَأَتَا	تَرَيَانِ
(أنتما)	جِئْتُمَا	تَجِيئَانِ	أَتَيْتُمَا	تَأْتِيَانِ	رَأَيْتُمَا	تَرَيَانِ

	Partizip Aktiv	Partizip Passiv
	آتٍ	مَرْئِيٌّ

Infinitiv	Infinitiv	Infinitiv
مَجِيءٌ	إِتْيَانٌ	رُؤْيَةٌ

Doppelt schwache Verben: رأى أتى جاء

رأى Imperfektform	رأى Perfektform	أتى Imperfektform	أتى Perfektform	جاء Imperfektform	جاء Perfektform	
يَرَى	رَأَى	يَأْتِي	أَتَى	يَجِيءُ	جَاءَ	(هو)
تَرَى	رَأَتْ	تَأْتِي	أَتَتْ	تَجِيءُ	جَاءَتْ	(هي)
تَرَى	رَأَيْتَ	تَأْتِي	أَتَيْتَ	تَجِيءُ	جِئْتَ	(أنتَ)
تَرَيْنَ	رَأَيْتِ	تَأْتِينَ	أَتَيْتِ	تَجِيئِينَ	جِئْتِ	(أنتِ)
أَرَى	رَأَيْتُ	آتِي	أَتَيْتُ	أَجِيءُ	جِئْتُ	(أنا)
يَرَوْنَ	رَأَوْا	يَأْتُونَ	أَتَوْا	يَجِيئُونَ	جَاؤُوا	(هم)
يَرَيْنَ	رَأَيْنَ	يَأْتِينَ	أَتَيْنَ	يَجِئْنَ	جِئْنَ	(هنَّ)
تَرَوْنَ	رَأَيْتُمْ	تَأْتُونَ	أَتَيْتُمْ	تَجِيئُونَ	جِئْتُمْ	(أنتم)
تَرَيْنَ	رَأَيْتُنَّ	تَأْتِينَ	أَتَيْتُنَّ	تَجِئْنَ	جِئْتُنَّ	(أنتنَّ)
نَرَى	رَأَيْنَا	نَأْتِي	أَتَيْنَا	نَجِيءُ	جِئْنَا	(نحن)

Tafel 37

Nomina mit der Endung "ِ ـ" bzw. "ى ً ـ"

	determiniert		indeterminiert	
	f.	m.	f.	m.
N.	أَلدَّاعِيَةُ	أَلدَّاعِي	دَاعِيَةٌ	دَاعٍ
G.	أَلدَّاعِيَةِ	أَلدَّاعِي	دَاعِيَةٍ	دَاعٍ
A.	أَلدَّاعِيَةَ	أَلدَّاعِيَ	دَاعِيَةً	دَاعِياً[1]
N.	أَلْمُلْتَقَاةُ	أَلْمُلْتَقَى	مُلْتَقَاةٌ	مُلْتَقًى
G.	أَلْمُلْتَقَاةِ	أَلْمُلْتَقَى	مُلْتَقَاةٍ	مُلْتَقًى
A.	أَلْمُلْتَقَاةَ	أَلْمُلْتَقَى	مُلْتَقَاةً	مُلْتَقًى
N.	مُلْتَقَاتُهُ	مُلْتَقَاهُ		
G.	مُلْتَقَاتِهِ	مُلْتَقَاهُ		
A.	مُلْتَقَاتَهُ	مُلْتَقَاهُ		

---

[1] Diptota haben im Auslaut -a : مَبَانِيَ.

Sachregister (deutsch):

Das deutsche Sachregister umfaßt grammatische Termini und Morpheme. Die Seiten, die sich schwerpunktmäßig mit der betreffenden Erscheinung befassen, werden halbfett angegeben.

Sachregister

Sachregister

Verkleinerung **457**
Verlaufsform 113 s.a. Imperfekt, Zeitstufe
Verneinung 130, **131**, 206ff., 328, 438, 442f., 454, 473, 479
Verneinungspartikel 130ff.
Verstärkung (Hervorhebung von Satzteilen) 85f., 206, 443, s.a. Fokus
Verstärkungspartikel 441f.
vielleicht 208, 478
Vokale, Vokalisierung 19, **21**, 24, 38, 70, 74, 101, 131 s.a. *Alif, Alif maqsūra,* Diphtonge, Hilfsvokal, Hilfszeichen, Vorschlagvokale, *Wāw, Yā'*
Vokalfolge 223f., 276, 290, 303f., 340, 403, 457
Vokalkürzung 242
Vokallängung 223, 401
Vokalzeichen 72 s.a Hilfszeichen
Vokativpartikel 478
Völkernamen 89, **323**
von 103, 247
Voranstellung des Attributs 261, 350
Voranstellung von Satzteilen 179, 277ff., 325, 384ff., 472
vorausgesetzt, daß ... 440
Vordersatz 436ff. s.a. Apodosis, Bedingungssatz, Nachsatz, Protasis
Vorschlagvokal 131, 290ff.
Vorzeitigkeit 207, 384ff., 473f., 436ff.
während 385, 474
was 41ff., 245
was anbelangt 247
was (auch) immer 441
Waṣla 38 s.a. *Hamzat al-waṣl*
Wāw 21, 25, 104, 176, 242, 276, 401ff.
weder ... noch 132, 133
weil 328, 383, **404f.**
weiter(hin) 208
welche(r) 211
weniger 424
wenn 385, **436ff.**
wenn jemand/etwas ... 441

wer 41f., 245
werden 208
wessen 98
wie (auch) immer 441
Wiederholungszahlen 266
wieviel **148**, 478
wo (Konjunktion) 383
Wochentage 197
wollen 327
Wortart 70
Wortstellung 41, **86ff.**, 179, 226, **277**, 325, 372, 384ff., 442, 472 s.a. Prädikat, Objekt, Satz, Subjekt, Voranstellung
Wunschsätze 84
Wurzel 43, 70, 194, 307 s.a. Modellstruktur, Radikal
Yā' **21**, 26f., 176, 242, 276, 401ff. s.a. *Alif maqsūra*
Zahladverbien 147, **265**
Zahlen, Zahlwörter 147, **161**, 422, 478 s.a. Datum, Jahreszahlen, Kardinalzahlen, Ordinalzahlen, quantitative Angeben, Wiederholungszahlen, Ziffern
Zahl 1, 2 **147**
Zeit s. Adverbialbestimmung, Akkusativ der Zeit, Präpositionen, Temporalsätze, Uhrzeit
Zeitformen, mit *kāna* zusammengesetzte 206ff., 437ff.
Zeitstufe 84, 113, 132f., 206ff., 437ff., 473f. s.a. Gegenwart, Gleichzeitigkeit, Nachzeitigkeit, Plusquamperfekt, Vergangenheit, Vorzeitigkeit, Zukunft
Zielstamm 308
Ziffern **161**, 166, 262
Zitierform (des Verbs) **84**, 114, 365
zu, nach 103
Zugehörigkeit 98, 279
Zukunft 84, **113f.**, 131f., 206f., 437, 441
Zustand 84, 206, 349, 310, **471ff.**
Zustandsakkusativ **471**
Zustandssatz 384, **472**

632

Sachregister (arabisch):

Dieses Register ist wie das arabisch-deutsche Glossar mechanisch-alphabetisch geordnet und umfaßt grammatische Termini und Morpheme sowie Modellstrukturen. Zu den Passivformen Stamm II-X und den Partizipien Stamm II-X siehe die Tafeln im Anhang.